해방전후사의 인식
4

해방전후사의 인식 4

정해구 류상영 김명섭 김남식 고창훈 한준상 정미숙 임헌영 최 열 이효인 이완범

한길사

이윽고 맞이한 1980년 봄은 사보타주되고 있던 우리 현대사의 봄이기도 했다. 되살아나는 격동의 역사 속에서 『해방전후사의 인식』은 그 해방의 물결을 따라 번져나갔고 다시 그 물을 들어올리는 양수기가 되기도 했다.

『해방전후사의 인식 4』를 펴내며

1979년 10월 우리는 잉크냄새가 채 가시지도 않은 책을 한 권 들고 그것으로부터 이어질 사회적 떨림을 더듬어보고 있었다. 우리 출판인의 감각에 전해져오는 그 진폭은 이 한 권의 책이 단말마적인 폭압 속에 무참하게 던져질 수도 있으리라는 불안으로부터 감히 우리의 지성사에 던져질 조그만 별빛이 될 수 있으리라는 희망에 이르기까지 다양한 것이었다. 이것이 10년 전 처음『해방전후사의 인식』(이하『해방』)을 받아든 순간의 느낌이었다.

그로부터 10여 일 후 박정희정권은 우리의 불안과 함께 사라져갔다.『해방』뿐만 아니라 전 사회를 압박하고 있던 그것이 사라져버린 후에 많은 사람은 대신 무엇을 세워야 하는지를 알지 못했다. 너무나 준비가 없었던 것이다. 결국 많은 사람은 잊힌 역사적 진실에 대한 성찰을 통해 우리가 이어나가야 할 사회운동의 전통을 찾고자 했고 그러한 한 겨우내의 진통 속에『해방』이 자리 잡았다. 이윽고 맞이한 1980년 봄은 사보타주되고 있던 우리 현대사의 봄이기도 했다. 되살아나는 격동의 역사 속에서『해방』은 그 해방의 물결을 따라 번져나갔고 다시 그 물을 들어올리는 양수기가 되기도 했다. 이것이 첫돌을 앞둔『해방』의 모습이었다.

그러나 희극적으로 되풀이된 역사의 비극으로 어두운 골방과 곰팡내 나는 벽장 속에서『해방』의 첫돌을 맞이할 수밖에 없었다. 우리는 되살아나는 불안에 떨어야 했다. 그러나 일단 사회와 함께 호흡하는 책은 결코 죽지 않는다는 소박한 진실을 『해방』은 일깨워주었다. 『해방』은 우리 현대사에 대한 반성과 함께 번져나갔고 어두운 골방에서 『해방』을 읽고 토론했던 새로운 세대가 두 번째, 세 번째 그리고 다시 여기에 『해방』을 쓰고 만드는 사람들이 되었다.

이와 같이 『해방』이 성장해오는 동안 아쉬움도 없지 않았다. '해방전후사'라는 이름에 의해 규정된 연구범위, 그리고 『해방』에 부과되었던 대항적 역할 등은 일면 『해방』을 발전시킨 밑거름이기도 했지만 동시에 『해방』의 균형적 발전을 제약하는 것이 되기도 했다. 『해방』은 이제 남한의 해방전후사라는 시공간적 연구범위의 한정성을 벗어나고자 하며, 단지 도전적 시각의 대변지로 취급받는 것이 아니라 통일민족의 정사이고자 한다. 『해방』 1, 2, 3을 통해 우리는 일부 지배계급의 역사가 더는 정사로서 권위를 행사할 수 없음을 알게 되었다. 그것은 바로 올바른 민중사관의 확립과정이었다. 그러나 반쪽 민중의 역사 역시 통일민족의 정사로서는 부족한 것이 아닐 수 없다. 우리는 통일민족의 정사에 합당한 연구범위를 확보하여야 하며 단순히 대항적 시각이 아닌 좀더 균형잡힌 대안적 시각을 견지하여야 한다.

우리는 여기에서 분단과 전쟁, 전쟁과 분단의 8년사를 하나의 역사 위에 놓고 볼 수 있는 시간적 범위를 확보하고 북한지역을 포괄하는 공간적 범위를 확정함으로써 올바른 시공간적 구분에 입각하고 엄밀한 민족적 시각이 견지되도록 함으로써 통일민족의 정사로서의 내용성을 채워내고자 했다. 아울러 통일민족의 정사는 전체 민중이 공유할 수 있는 것이어야 한다고 생각했다. 그것은 단지 일부 정치사가·경제사가의 소유물이 아니기 때문이다. 그것은 좀더 폭넓은 내용을 포괄하여야 하며 흙 묻은 손, 기름 묻은 손들로 전해지며 읽힐 수 있도록 명료하게 기록되어야 한다.

이제 책을 펴내는 우리의 마음은 허약한 아기를 낳은 어머니의 마음과도 같지만 최소한 이것이 『해방』 4와 『해방』 5에 담고자 했던 우리의 기획 의도였음을 감히 기록해둠으로써 새롭게 태어날 『해방』의 지침으로 삼고자 한다.

이번 『해방』 4, 『해방』 5 그리고 한 권의 부록으로 일단 『해방』의 행렬은 마감될 것이다. 비록 『해방』의 연속은 마감되었지만 진정한 해방을 위해 이 사회와 함께 호흡하는 한 『해방』은 새로운 모습으로 다시 태어날 것이다.

1989년 8월

해방전후사의 인식 4

『해방전후사의 인식 4』를 펴내며 ·························· 6

1
정해구 | **해방8년사의 총체적 인식**

1. 머리말 ·· 17
2. 일제지배와 한국사회의 균열 ······················ 20
3. 해방과 분단 ····································· 23
4. 한국전쟁 ·· 41
5. 맺음말 ·· 52

2
류상영 | **8·15 이후 좌·우익 청년단체의 조직과 활동**

1. 머리말 ·· 61
2. 8·15 직후 한국 사회와 청년단체의 형성 배경 ········ 63
3. 좌·우익 청년단체의 계보와 전개과정 ·············· 73
4. 주요 청년단체의 조직과 활동 ····················· 88
5. 맺음말 ·· 112

| 김명섭 | **분단의 구조화 과정과 한국전쟁** |

1. 머리말 ·· 123
2. 분단의 구조화 과정과 한국전쟁에 대한 이론적 모색 ········ 125
3. 한반도문제를 둘러싼 국내외 정치정세 ······················ 136
4. 잠정분단적 양축구조의 형성과 한국전쟁의 배경 ·········· 150
5. 전쟁의 확대와 쌍방체제의 교차적 지배 ····················· 164
6. 새로운 분단선의 획정과 분단구조의 고착화 ··············· 175
7. 맺음말 ·· 201

3

| 김남식 | **1948~50년 남한 내 빨치산 활동의 양상과 성격** |

1. 머리말 ·· 227
2. 남로당의 비합법활동과 무장투쟁전술의 배합 ············· 228
3. 유격투쟁의 본격적 전개 ··· 238
4. 유격투쟁의 약화 ·· 253
5. 유격투쟁의 성격과 평가 ·· 256
6. 맺음말 ·· 264

| 고창훈 | **4·3민중항쟁의 전개와 성격** |

1. 머리말 ·· 269
2. 해방공간의 일반 상황 ·· 271
3. 제주지역의 역사적 전통과 상황적 맥락,
   그리고 민중의 대안 ·· 276

4. 민중의 평화항쟁(1947. 1~1948. 2) ······················ 285
5. 민중의 자주항쟁 ······································· 293
6. 자주항쟁의 전개와 민중의 대응 ······················ 305
7. 미국과 단독정부의 제주도 대토벌 정책과 민중대학살 ········ 323
8. 항쟁의 성격과 함의 ······································ 336
9. 맺음말 ·· 344

4

한준상
정미숙

1948~53년 문교정책의 이념과 특성

1. 머리말 ··· 373
2. 안호상과 백낙준 문교장관의 문교정책적 특성 ·············· 374
3. 정부 수립 초기(1948~50년 초) 민족교육의 허구 ············ 378
4. 한국전쟁기의 전시교육정책 ································ 385
5. 맺음말 ··· 397

임헌영

해방 이후 무장투쟁에 대한 문학적 형상화

1. 머리말 ··· 403
2. 8·15 직후 문학운동의 변모 ································ 406
3. 농민문학에 그려진 무장투쟁 ······························· 409
4. 노동자 무장투쟁의 문학적 형상화 ························· 418
5. 10월항쟁, 제주 4·3항쟁, 입산투쟁을 다룬 문학 ············ 429
6. 남한 무장투쟁을 소재로 한 북한문학 ······················ 435
7. 맺음말 ··· 437

최열 | **해방3년의 미술운동**

1. 머리말 ··· 445
2. 미술운동의 조건 ··· 447
3. 조선미술건설본부 ··· 450
4. 조선프로레타리아미술동맹 ·· 458
5. 조선미술가협회 ·· 466
6. 조선미술가동맹 ·· 468
7. 조선조형예술동맹 ··· 472
8. 소집단들의 활동 ··· 476
9. 미술단일전선으로서 조선미술동맹 ································· 480
10. 맺음말 ·· 490

이효인 | **해방 직후의 민족영화운동**

1. 머리말 ··· 501
2. 해방 직후의 정치·사회 현실과 문화·예술계 동향 ············ 502
3. 해방 직후의 영화계 현실 ·· 507
4. 해방공간에서의 민족영화운동 ······································· 522
5. 민족해방운동과 민족영화운동 ······································· 542

5

이완범 | 해방전후사 연구 10년의 현황과 자료

1. 머리말 ··· 553
2. 연구의 현황과 반성 ·· 555
3. 자료의 현황과 새로운 자료의 발굴 ························· 575
4. 맺음말 ··· 626

1
해방8년사의 총체적 인식 | 정해구

해방8년사의 총체적 인식

정해구

1. 머리말

최근 몇 년 동안 해방후사에 관한 관심이 고조되고 좀더 올바른 시각에서 이를 연구하려는 노력이 행해졌다. 그리하여 해방 직후의 상황에 대한 연구논문이 다수 나왔다. 그러나 이러한 연구들이 은폐되었던 사실들을 밝혀내고 새로운 시각에 의해 당시 역사를 새롭게 조명했다 할지라도 여전히 당시의 많은 부분이 제대로 연구되지 않은 상태로 남아 있으며, 또한 연구가 일정하게 진행된 주제라 할지라도 해방 정국의 총체적 위상 속에서 적절한 자기 위상을 지니지 못하는 경우도 많다.

이 글은 해방 직후의 상황에 대한 일정한 연구의 축적과, 그럼에도 불구하고 많은 부분에 대한 연구의 미진을 동시에 감안하면서 '해방8년사'에 대한 '총체적 인식'을 모색하고자 한다.

우선 해방이 시작된 1945년부터 한국전쟁이 종결되는 1953년까지의 해방8년사를 하나의 연속선상에서 파악하는 것이 필요하다. 그 이유는 다음 두 가지 점에서 그렇다. 첫째, 해방8년사는 그 전제로서 일제강점기의 총체적 귀결인 동시에 이후 분단시대의 출발이기 때문이다. 해방8년사는 그 이전 시기와 그 이후 시기를 연결해주는 전환기적 성격을 지닌 연속적인

한 시기인 것이다. 둘째, 이 전환기적 시기는 격렬한 혁명적 상황이 최종적으로 전쟁을 통하여 분단으로 귀결된 치열한 정치적 갈등의 한 시기이기 때문이다. 즉 해방에서 주어지는 혁명적 상황으로 출발했던 이 시기는 한국전쟁을 통해 분단의 완성으로 종결되었던 것이다. 그러므로 통상 해방3년사(또는 해방5년사)와 한국전쟁 두 기간으로 나뉘어 파악되는 해방8년사는 사실 해방 정국의 혁명과 반혁명의 갈등이 한국전쟁을 통하여 최종적으로 분단으로 고착되는 분리할 수 없는 하나의 연속된 기간인 것이다.

다음으로 해방8년사를 총체적으로 이해하여야 할 필요가 있다. 왜냐하면 이 시기에 전개되었던 모든 역사적 사건은 상호 밀접한 관계와 연결 속에서 발생했기 때문이다. 이러한 총체적 인식 속에서의 상호관계가 충분히 고려되지 않을 때, 개별 사건은 해방8년사의 역사 속에서 적절한 자기 위상을 지니지 못한다. 사실 이 기간의 개별 주제에 관한 일부 연구들은 총체적 역사 속에서 그 주제의 정확한 위상을 확보하지 못한 채 개별 주제 자체에만 매몰되는 경향도 존재했다.

해방8년사를 총체적으로 인식하기 위해서는 당시 상황을 규정했던 제반 차원들과 역사적 계기들을 체계적으로 인식할 필요가 있을 것이다. 다음 도표는 이를 개략적으로 도식화한 것이다.

해방8년사를 체계적으로 이해하기 위해서는 국내적 차원과 국제적 차원에서의 상황 변화와 이 양자의 상호 영향에 주목하면서, 해방이 한국전쟁으로 이어지는 역사의 각 계기들을 살펴보아야 한다. 국내적 차원에서는 일제하에서 심화된 민족적·계급적 분열의 잠재성이 일제권력의 붕괴와 더불어 어떻게 현재화되고, 미군정의 실시와 분단정권의 수립에 의해서 그것이 어떠한 방향으로 귀결되어갔는가를 주목해야 할 것이다. 국제적 차원에서는 제2차 세계대전의 종전으로 야기된 세계질서 재편과정에서 격화되었던 냉전 속에서, 미국이 동북아에서 형성하려 했던 지배체제가 어떠한 과정을 거쳐 구축되어갔는가를 주목하고, 특히 이것이 남한과 한반도에 어떻게 영향을 미쳤는가에 유의해야 할 것이다. 그리고 이 두 차원의 상호 규정성 속에서 해방 정국의 혁명과 반혁명의 갈등이 한국전쟁

표 1 해방8년사에 대한 인식체계

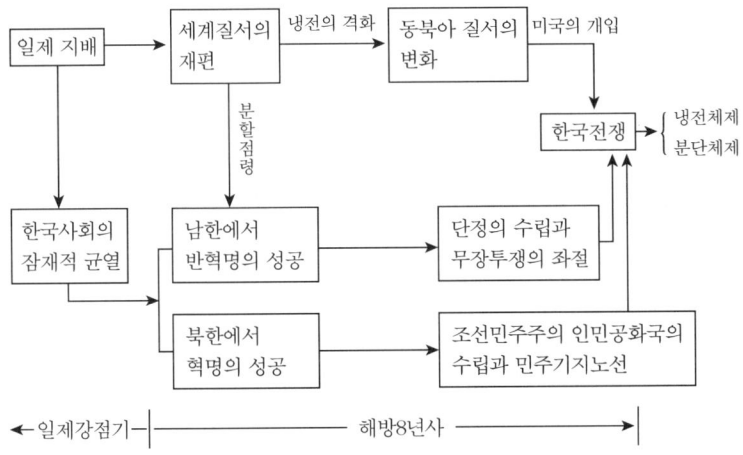

으로 점차 귀결되는 과정을 파악하는 것이 해방8년사 이해의 관건이라 할 수 있다. 이러한 과정에서 민중들의 요구와 행동의 의미를 포착하는 것이 이 시대의 역사적 의미를 올바로 이해하는 일이 된다.

이상과 같은 문제의식에 바탕하여, 2장에서는 해방8년사에 대한 예비적 전제로서 일제지배의 영향을 살펴보고, 3장에서는 국제적인 상황의 변화 속에서 해방이 분단정권의 수립으로 이어지면서 나타났던 남북한에서의 사태발전을 살펴보고, 4장에서는 이와 같은 국내외적인 정치적 갈등을 총체적으로 판가름하는 한국전쟁을 살펴보고, 5장에서는 결론적으로 해방8년사가 우리 현대사에서 가지는 의미와 이후 분단시대에 남겨주었던 영향을 살펴보고자 한다.

이 글의 목적은 해방8년사에 대한 총체적 인식틀 속에서 해방8년사의 올바른 맥락을 파악하는 것이다. 물론 해방8년사에서 제대로 밝혀지지 않은 부분이 더욱 많은 것이 사실이지만, 그럼에도 현재까지 이루어진 올바른 연구업적을 바탕으로 하여 올바른 역사의 맥락을 파악하는 일은 시급히 필요하다.

2. 일제지배와 한국사회의 균열

해방 이후에 격렬한 정치적 갈등이 야기되고 혁명적 상황이 전개된 배경의 주요한 한 측면을 이해하기 위해서는 일제지배가 한국사회에 남겨놓은 영향을 살펴보지 않을 수 없다. 왜냐하면 해방 후 표출된 현상들의 잠재적 동인은 이미 일제지배하에서 구조적으로 형성되었기 때문이다. 이 장에서는 일제지배가 남겨놓은 잠재적 영향을 살펴보도록 하자.

우선 그에 앞서 일제지배의 본질적 성격을 살펴보자. 뒤늦게 자본주의 발전이 급속히 이루어지는 가운데 일제는 주변을 필요로 했다. 제1차적 주변은 일본 농민들이었고, 제2차적 주변은 한국이었으며, 제3차적 주변은 만주였다.[1] 나아가 이것마저 부족해짐에 따라 일제는 중국과 동남아로 진출하고자 했으며 그 과정에서 태평양전쟁이 일어나게 된다. 즉 일제지배의 본질적 성격은 일본 자본주의의 급격한 발달에 따른 한국에 대한 식민지배였던 것이다. 이 과정에서 한국에 요구되었던 바는 초기에는 주로 식량공급이었으며, 1930년대 이후에는 전쟁을 위한 전시공업화의 추진과 동원체제였다.

이러한 일본 제국주의의 요구는 한국사회의 잠재적 균열을 야기시켰다. 우선 사회경제적 측면에서 계급적 모순이 심화되었다. 일제는 일본 내부의 식량문제를 해결하기 위하여 한국에 산미증식을 강요했고 이 과정에서 지주소작제가 강화되었다. 일제지배 동안 자작농·자소작농이 감소하고 소작농이 대폭 증가하여 1945년에 소작농의 규모는 약 70퍼센트에 이르렀다. 또한 일제가 1930년대 이후에 주로 북한지역에서 시행한 전시공업화는 한국 내의 전체 경제와 내적 연관성을 지니지 못한 일제 독점자본 중심의 공업화정책이었을 뿐 아니라, 그 과정에서 상당수 한국인 노동자를 만들어냈다. 따라서 노동자·농민 등의 대다수 민중은 일제지배하에서 가혹한 수탈 대상이 되었다. 반면에 지주들과 일부 한인 자본가들은 민족적 성격을 지니지 못한 채 친일적이거나 일제에 협조하는 지배계급이 되었다. 한편 일제하 한국사회의 계급적 분열과 관련하여 우리가 특히 주목해야 하는 또 하나의 사실은 인구이동이다. 일제하에서의 인구이동은 크게 두 시기로 나누어 살펴볼 수 있는데, 1930년대 중반까지 이루어진 1차 이동은 주로 토지 없는 빈농들의 만주와 일본으로의 이동이었고, 이후의 2차 이동은 북한지역의 전시공업화를 위한 잉여농업노동력의 흡수와 징병·징용에 의한 것이었다. 요컨대 궁핍화된 노동자와 농민은 잠재적 민중을 형성했고, 해방 후에 귀환하게 되는 이주민들은 전통적 질서를 약화시키는 역할을 하게 된다. 그러나 일제하에서도 한인 지배계급은 존재했고 이들은 해방 후 반혁명계급이 된다.

다음으로 일제지배는 민족적 분열과 강력한 국가기구의 유산을 남겨놓았다. 일제의 식민관료체제하에서 부일했던 한인 관료들은 자신의 동족을 핍박함으로써 민중의 원한을 샀다. 특히 한인 경찰은 민중들의 증오 대상이 되었다. 또한 유난히 가혹한 탄압을 시행하기 위하여 일제는 고도로 중앙집권적이고 강력한 관료체제를 유지시켰다. 해방 후에 민중들의 처벌 요구에 위협을 느낀 친일파·민족반역자들은 오히려 미군정과 결탁하여 반혁명의 선두에 섰고, 일제가 남긴 강력한 관료체제의 유산은 미군정의 반혁명의 물리적 수단이 되었다.

일제지배는 한국사회의 계급적·민족적 분열 이외에도, 민족해방투쟁세력들의 활동을 고립시키고 분산함으로써 해방 후에 새로운 사회 건설의 통합적 지도부가 순조롭게 형성되지 못하도록 만들었다. 즉 일제 말기에 민족해방운동의 각 세력은 고립적으로 활동함으로써 해방 후에 특히 남한에서는 미국의 개입과 더불어 통합적인 지도부의 형성을 어렵게 만들었다.[2] 그러나 각 지방에서 활동했던 중간 수준의 수많은 운동가가 해방 후에 각 지역에서 인민위원회를 비롯한 각종 대중조직을 통하여 등장했다는 사실을 잊어서는 안 된다. 연구의 미진으로 이들의 구체적 활동이 밝혀지지 않고 있지만 1920, 30년대에 항일운동을 시작했던 수많은 인물이 해방 직후에 각 지방에서 다시 등장했다고 말할 수 있다.[3]

일제지배하에서 잠재적으로 야기된 계급적·민족적 분열, 인구의 이동, 강력한 관료기구의 유산, 민족해방투쟁세력의 분산과 고립, 지방에서의 수

많은 운동가의 활동 등 이 모든 요소가 해방 후의 혁명과 반혁명의 정치적 갈등에 영향을 미쳤다. 혁명에 긍정적으로 영향을 미친 측면에서 본다면, 일제하 모순의 심화로 인하여 노동자·농민을 중심으로 한 민중들이 반제 반봉건의 과제를 수행하기 위하여 광범위하게 동원되었다는 점을 우선 들 수 있다. 자본주의가 충분히 발달하지 않은 상태에서도 친일파·민족반역자의 처벌을 비롯한 식민 잔재의 척결을 요구하는 애국적 역량과 토지개혁을 비롯한 봉건 잔재의 척결을 요구하는 계급적 역량이 동원됨으로써 반제반봉건민주주의혁명이라는 인민민주주의혁명이 가능하게 된 것이다. 또한 해방 후 귀환동포의 대량 유입은 혁명적 상황을 창출하는 데 일조했고, 지방에서 숨은 운동가들의 재등장은 전국적으로 대중을 조직할 수 있게 만들었다.

반면에 민족해방투쟁세력의 고립·분산적 활동은 해방 후 특히 남한에서 혁명지도부의 통합성을 약화시키는 요인이 되었다. 예컨대 남한에서 좌익세력과 중경 임시정부세력 사이의 대립, 1946년 신전술 전후의 여운형세력과 박헌영세력의 분열 등은 이를 보여준다. 한편 지주, 일부 한인 자본가 등의 지배계급과 친일경찰을 비롯한 친일파·민족반역자들은 해방 후에 민중들의 혁명적 진출에 직면하여 반혁명세력이 되었고, 이들은 미군정이라는 외세의 지원과 일제가 남겨놓은 강력한 관료체제를 이용하여 민중들의 도전을 물리적으로 진압하게 된다.

사실상 일제하에서 심화된 모순의 잠재적 폭발성을 전제하지 않는다면, 해방 후 민중들의 전면적 등장과 그 혁명적 열기를 이해할 수 없을 것이다. 마찬가지로 일제지배가 남겨놓은 반혁명세력 및 강력한 관료체제와 민족해방투쟁세력의 고립·분산성을 감안하지 않는다면, 해방 후 반혁명세력의 폭력적인 대응과 남한 혁명지도부의 분열적 경향을 이해할 수 없을 것이다. 일제지배가 남겨놓은 영향을 무시한다면 해방 정국의 격동적인 상황을 제대로 이해하기 불가능한 것이다.

3. 해방과 분단

앞에서 해방 후 격동적 상황의 한 배경이 되었던 일제하 사회의 잠재적 균열성을 살펴보았다. 이와 더불어 해방 정국과 한국전쟁을 규정했던 또 하나의 배경이 존재한다. 그것은 국제적 상황이다. 일제하의 상황과 해방 후의 국제적 상황은 해방 정국과 한국전쟁에 심대한 영향을 미쳤다. 이 장에서는 우선 해방 정국의 외적 조건으로서 전후 세계의 재편과정에서 미국이 한반도에 대해서 취했던 정책을 살펴보고, 다음으로 이러한 속에서 남한에서 전개된 혁명과 반혁명의 갈등과 나아가 분단을 둘러싸고 무장투쟁으로까지 이어졌던 과정을 살펴보고, 마지막으로 북한에서 전개되었던 상황을 간략히 살펴봄으로써 일제지배의 영향과 국제적 상황의 규정 속에서 남북한에서의 해방 정국의 상황이 어떻게 한국전쟁을 향해 점차적으로 나아가는가를 조망해보고자 한다.

1) 전후 세계의 재편과 미국의 한반도 정책

제2차 세계대전은 세계질서 재편의 계기가 되었다. 영국·프랑스·미국 등의 선발 자본주의 국가에 대하여 후발 자본주의 국가인 독일·일본·이탈리아 등의 파시즘 세력의 도전으로 시작된 제2차 세계대전은 독일이 소련을 침공하고 소련이 선진 자본주의 진영과 연대함으로써 파시즘 대 국제민주주의 진영 사이의 전 세계적 전쟁이 되었다. 동시에 제2차 세계대전은 식민지에 대한 제국주의 세력의 통제를 약화시킴으로써 제3세계의 민족해방투쟁을 고양했다. 그러나 제2차 세계대전이 국제민주주의 진영의 승리로 끝나게 되자 사회주의 진영을 대표하는 소련과 자본주의 진영을 대표하게 된 미국을 중심으로 새롭게 세계질서가 재편되지 않을 수 없었으며, 대전을 계기로 민족해방투쟁을 고조시켰던 제3세계 나라들도 이러한 영향을 받지 않을 수 없었다. 소련의 지원과 영향을 받을 수 있었던 지역, 특히 동유럽과 동아시아 지역에서는 사회주의를 지향하는 혁명이 촉진되었고, 반면에 미국의 영향 아래에 들어가게 된 지역에서는 사회주의적 운동이 미국의 지원에 의한 반혁명에 직면하게 되었다.

아직까지는 당시 소련의 세계전략과 동북아전략에 대하여 국내에 별반 알려진 것이 없으므로, 여기에서는 세계질서 재편에서 주로 미국이 취했던 전략을 살펴보도록 하자. 우선 미국은 경제적으로 미국 중심의 달러지배체제와 자유무역체제로서 국제통합기금(IMF)-관세무역일반협정(GATT) 체제를 성립시키는 한편, 점차 냉전이 격화되면서 유럽과 일본을 재부흥시키게 된다. 다음으로 미국은 정치·군사적으로는 얄타체제를 구상하다가 냉전체제의 세계전략을 취했다. 주로 루스벨트의 구상에 바탕하여 시도된 얄타체제는 강대국 사이의 전시동맹의 협조 기운이 전후의 세계질서 재편으로까지 일정하게 이어지는 체제로서 보다 유연한 미국의 제국주의적 의도가 반영되고 있다. 반면에 냉전체제는 미·소 대립의 격화를 반영하는 체제로서 경직된 미국의 제국주의적 의도가 들어 있다. 얄타체제에서 냉전체제로의 변화는 동북아시아에서의 미국의 전략에 당연히 영향을 미쳤다. 얄타체제의 구상에 따르면 동북아시아는 미국 입장에서는 우호적 중립지역으로서, 중국은 국민당이 지배하는 한편 한반도는 다국간 신탁통치의 대상이 된다. 그러나 얄타체제가 수립되지 못하고 점차 냉전체제로 나아가고 중국이 공산화되면서 동아시아에서의 봉쇄정책은 좀더 분명해졌고 배후지로서 일본의 지위도 더욱 중요해졌다. 그리고 중국에 공산정권이 들어서고 대만까지 위협을 받게 되자 미국은 봉쇄에서 한 걸음 더 나아가 '반격'(roll back)까지 고려하게 된다. 이러한 상황이 한국전쟁에 이르기까지의 현황이었다.[4]

그렇다면 미국의 세계전략과 동북아시아 전략 속에서 미국의 대한정책은 어떻게 전개되었는가? 여기에서는 1943년부터 한국전쟁까지 미국의 대한정책을 국제주의(internationalism), 봉쇄(containment), 반격(roll back) 등의 복합적 전개로 설명하는 커밍스의 논의를 잠시 살펴볼 필요가 있다. 그의 주장에 따르면, 1943년에서 1947년 초에 이르기까지 미국의 대한정책은 공식적으로는 국제주의의 신탁통치정책이었으나 사실상으로는 봉쇄정책이었으며, 후자의 정책은 현지 주둔군이 시행하고 있었다.

1947년부터 1949년에 이르기까지는 봉쇄정책이 공식화되지만 않았을 뿐 유엔이라는 국제주의적 외피 속에서 확립된 정책으로서 시행되고 있었고, 단지 미국이 남한에서 가지는 정치적 이해와 이를 뒷받침해줄 군사력 사이의 괴리로 인하여 미국무성과 미국방성 사이의 타협적 정책(NSC8, NSC 8/2)이 채택되었다. 봉쇄정책은 1949년 12월 30일에 확정된 NSC 48/2에 의해서 공식화되었다. 그러나 이 공식화된 봉쇄정책 속에는 반격정책이 내포되어 있었으며, 이는 중국 상실로 인한 미국의 초조함과 NSC 68에서 보이듯이 세계적 차원에서의 미·소 대립을 재평가하고 미국의 재군비를 강화하고자 하는 시도를 반영하고 있었다.[5]

커밍스의 논의를 감안할 때, 해방 후 미국이 구체적으로 남한에서 취했던 정책은 보다 쉽게 이해될 수 있다. 즉 1945년에서 1947년에 이르기까지 미군정은 미소공동위원회를 진행하면서도, 사실상 봉쇄에 상응하는 대내정책으로서 좌익세력에 대한 반혁명과 분단 정책을 실시했고, 이는 1947년 이후에 유엔을 통한 분단정권의 창출·유지로 이어졌으며, 한국전쟁 직전에는 한반도에서 반격의 실마리를 모색하는 것이었다.

2) 남한에서의 혁명과 반혁명

(1) 해방 정국에서의 혁명과 반혁명의 구조와 성격

앞에서 살펴본 바와 같이 일제지배하에서 구조화된 한국사회의 성격을 감안할 때, 일제라는 국가권력이 붕괴된 해방의 시점에서 요구되는 혁명의 내용은 반제반봉건민주주의혁명이라 할 수 있다. 첫째, 그것은 반제반봉건의 내용을 지닌다. 우선 식민 잔재의 척결이 요구되었다. 식민 잔재의 척결에는 친일파·민족반역자의 처벌과 일제 및 친일 매판자본가 기업의 국유화 등이 요구되었다. 즉 식민 잔재세력의 물적 기반을 박탈하고 그들의 정치적 지위를 약화시키는 것이 요구되었던 것이다. 다음으로 봉건 잔재의 척결이 요구되었다. 봉건 잔재의 척결에서 가장 중요한 문제는 토지개혁이었다. 둘째, 그것은 일종의 인민민주주의혁명이었다. 민주주의혁명이 국가의 강력한 파쇼적 성격에 대응하는 민중의 혁명이라면, 당시의 혁명은 식민성과 봉건성으로 야기된 일제 식민지권력의 파쇼적 성격에 반대하여 노동자·농민 등 민중들의 이해를 대변하는 인민정권을 수립하고자 하는 인민민주주의혁명이었다. 따라서 당시 혁명에서 가장 중요한 일은 당시의 객관적 조건 속에서 혁명의 주체세력이 인민정권을 수립하고 이 국가권력에 바탕하여 반제반봉건의 민주개혁을 수행하는 것이었다.

그러나 미·소의 분할점령은 이러한 혁명의 성공 여부에 결정적인 영향을 미쳤다. 소련군이 진주한 북한에서의 반제반봉건민주주의혁명은 소련군의 후원에 힘입어 순조롭게 진행되었고, 미군이 점령한 남한에서는 이러한 혁명이 미군정의 반혁명정책에 따라 결국 좌절되었던 것이다. 결국 북한에서의 혁명 성공과 남한에서의 반혁명 성공은 남북한에 적대적인 두 정권이 수립되는 상황으로 이어졌다.

남한에서 형성되었던 혁명과 반혁명의 구조를 좀더 구체적으로 살펴보자. 남한에서의 혁명과 반혁명의 구조는 아래로부터 제기되는 반제반봉건의 혁명적 요구와 위로부터 부과되는 반혁명 억압의 중첩 속에서 형성되었다. 즉 사회경제적 수준에서 민중들은 반제반봉건의 혁명적 요구들을 분출한 반면에 국제적 수준에서 새로운 외세로 등장한 미국은 소련에 대항하여 남한에서 자신의 제국주의적 이해를 관철하기 위해서 친미정권을 수립하고자 했다. 아래로부터 제기되는 민중들의 요구와 위로부터 부과되는 미국의 반공·반소의 제국주의적 이해는 직접적으로는 국내의 정치적 수준에서 미군정과 좌익세력 사이의 정치적 갈등으로 나타났다. 미군정은 반혁명을 위해서 국내의 지주 및 매판자본가들과 연대하는 한편 일제의 관료체제를 복구하고 친일파·민족반역자·친미파 등을 등용했다. 반면에 노동자·농민 등의 민중들을 대변하는 좌익세력은 민중적 조직역량에 바탕하여 이에 대항했다.

이와 같은 해방 정국의 구조 속에서 혁명세력과 반혁명세력의 성격을 간략하게 살펴보자. 혁명세력은 노동자·농민의 기층민중들을 기반으로 하여 애국적인 모든 요소와 연대하려 했으며, 조선공산당·조선인민당·남조선신민당 등을 통하여 정치세력화되었다. 반혁명세력은 미군정을 중심으로 지주계급·매판적 자본가·친일친미파 등이 결집되어 있었으며, 이들은 한민당·이승만세력 등을 통하여 정치세력화되었다. 한편 혁명세력과 반혁명세력 사이에서 이중적인 지위를 가질 수밖에 없었던 민족적 우익세력을 하나의 세력 범주로서 상정할 수도 있다. 예컨대 김구의 중경 임시정부가 이러한 세력을 대표하는바, 이들은 계급적으로 볼 때에는 우익세력에 속하면서도 민족적으로 볼 때에는 애국세력이 되는 이중적 성격을 지닌다. 김구세력의 반탁운동과 분단저지투쟁은 바로 이러한 이중성의 표현이었던 것이다.[6] 그리하여 정치적 갈등은 반혁명세력으로서 미군정을 중심으로 한 매판적 극우세력, 혁명세력으로서 좌익세력, 그리고 또 하나의 세력을 상정한다면 우익적 민족세력을 중심으로 전개되었던 것이다.

이상과 같은 해방 정국에서의 혁명과 반혁명의 구조 및 성격과 관련하여, 이에 영향을 미친 간과할 수 없는 또 하나의 요인은 당시 민중들의 생활난이다. 귀환동포들의 대량 유입, 미군정의 임기응변적인 식량정책으로 야기된 식량난, 공장폐쇄·조업단축·운영부실에 기인하는 부족공황과 인플레 등은 당시의 정치적 갈등이 민중적 항쟁과 봉기로 연결되어 폭발하게끔 재촉하는 매개적 역할을 했다.

(2) 미군정과 좌익세력 사이의 정치적 갈등의 전개

일제권력이 붕괴된 1945년 8월 15일부터 남한에 분단정권이 들어선 1948년 8월 15일까지 혁명세력과 반혁명세력의 정치적 갈등의 핵심적 문제는 새로운 정부 수립에서 국가권력은 누가 장악하느냐의 문제였다. 일제 식민지 권력의 붕괴는 새로운 국가권력이 창출될 수 있는 계기를 제공했다. 다음에서는 새로운 국가권력의 형성을 둘러싸고 전개되었던 미군정과 좌익세력 사이의 갈등을 살펴보자. 미국은 우선적으로 군정을 실시하는 한편 이를 뒤이을 친미·우익 성향의 분단정권을 세우고자 했고, 좌익세력은 반제반봉건민주주의혁명에 상응하는 인민정권을 세우려 했다. 해방3년사는 국가권력의 수립 방식이라는 견지에서 볼 때 다음과 같이 세

국면으로 나눌 수 있다.

첫째, 1945년 8월 15일부터 모스크바3상결정이 이루어진 1945년 말까지의 시기가 초기 국면에 해당한다. 이 국면에서는 미국과 소련 사이에 38선을 기준으로 일본군의 무장해제를 각각 담당한다는 것 이외에, 한국에서의 국가권력의 새로운 창출에 대한 어떠한 명확한 합의도 부재한 상태였다. 따라서 국내 상황은 임의적이고 유동적이었다. 이러한 상황 속에서 점령군으로 남한에 진주한 미군은 이미 수립된 조선인민공화국의 정부 자격을 부인하는 한편 그들이 직접 통치하는 군정을 실시했고, 군정을 실시하기 위해서 일제의 관료체제를 복구하는 동시에 일제하의 친일관료들과 친미적 인사들을 이에 끌어들였다. 한편 일제의 패망으로 곤혹스럽게 되었던 지주·자본가 등의 지배계급과 친일파·민족반역자 등의 반민족적 세력은 미군정의 실시로 새로운 구원자를 만나게 되었다.

반면에 남한의 좌익세력들은 즉각 당을 재건하고 인공을 수립하고 민족통일전선을 추구하고 민중들을 조직화하기 시작했다. 즉 좌익세력은 박헌영을 중심으로 조선공산당을 재건했고, 미군의 진주를 고려하여 조급히 인공을 수립했으며, 친일파·민족반역자를 제외한 민족통일전선을 시도하는 한편 각 부문에서 대중을 조직하고 지역마다 인민위원회를 수립했던 것이다.[7] 그러나 이러한 과정에서 좌익세력의 헤게모니 장악에 반대하고 미군의 진주에 영향을 받은 일부 우익적 또는 중립적 세력들이 이에 참여하지 않거나 이탈해나갔다.[8]

미군정과 좌익세력 사이의 대립은 국가권력을 둘러싸고 정면적 대치의 형태를 띠고 있었다. 그러나 양자 사이의 직접적 충돌은 아직 전면적이지는 않았다. 미군정은 인공과 인민위원회가 직접적인 통치행위를 수행하지 않는 한 전면적 탄압을 수행하지 않았고, 좌익세력은 가능한 한 미군정과 직접 충돌을 피하면서 그들의 지위를 기정 사실로 인정받고자 했기 때문이다. 그렇지만 양자의 전면적 충돌이 회피된 가장 큰 이유는 한국에서의 정부 수립에 대한 미·소의 명확한 태도가 아직 드러나지 않았기 때문이다. 요컨대 상황의 성격이 분명하지 않았던 초기 국면에서는 미군정이 관료체제를 확보하고 좌익세력이 민중들을 조직화함으로써 민중역량과 관료체제의 물리력 사이의 잠재적 충돌 가능성이 형성되었지만, 충돌이 전면적으로 현재화되지는 않았던 것이다.

둘째, 모스크바3상결정으로부터 제2차 미소공위가 결렬된 1947년 중반에 이르기까지의 시기가 중기 국면에 해당된다. 이 국면에서는 현실적으로 통일정부의 수립에 가장 커다란 영향을 미칠 수 있는 미국과 소련 사이에 모스크바3상결정이 이루어짐으로써 표면적으로는 한국에서 새로운 국가권력의 창출에 대한 기본적 방침이 분명해졌다. 그것은 미소공동위원회의 합의를 거쳐 한국에 조선민주주의임시정부를 수립하고 연합군이 이 정부와 협의하여 5년간 신탁통치(또는 후견)를 실시하는 것이었다. 그러나 문제는 미·소의 진정한 의도가 무엇이고, 국내의 각 정치세력들이 이에 대한 태도가 어떠한 것이고, 나아가 궁극적으로 미소공위가 과연 성공할 수 있는가에 달려 있었다.

미국은 공식적으로는 미소공위의 합의에 의한 통일정부의 수립을 표명했으나 실제적으로는 시종일관 친미적인 분단정권을 수립하고자 하는 이중적인 전략을 사용했다.[9] 또한 미군정은 제1차 미소공위가 결렬된 이후 좌익세력에 대해 양면적인 정책을 사용했다.[10] 즉 한편으로는 좌우합작공작을 통하여 좌익세력 중 온건세력을 회유하여 좌익세력을 분열시키는 동시에, 과도입법의원을 설치하여 강경 좌익세력만 배제한 채 극우에서 온건 좌익에 이른 분단정권의 예비의회를 창출하고자 했다. 다른 한편으로는 강경 좌익세력에 대한 직접적이고 대대적인 탄압을 가함으로써 그들의 세력을 약화시키려 했고, 민중들의 조직적 운동과 자연발생적 항쟁에 대해서도 무력으로 진압함으로써 좌익세력의 민중역량을 파괴하고자 했다. 요컨대 미국은 미소공위의 외피 속에서 실제로는 분단정권을 추진했고, 미군정은 회유와 강제에 의한 분할지배를 통하여 좌익세력을 분열·약화시켰고, 민중 조직역량에 대해 무력적 파괴를 시도했던 것이다. 이 같은 미국과 미군정의 태도와 후원에 힘입어, 반탁운동을 통하여 결집된 우익세력 역시 제1차 미소공위 결렬 이후 좌익세력에 대해 테러적 공격을 강화했다.

　반면에 모스크바3상결정을 총체적으로 지지하고 미소공위의 성공에 전적으로 매달렸던 좌익세력은 모든 노력을 이 목적에 집중했다. 그리하여 제1차 미소공위가 진행되는 동안 좌익세력은 이의 성공을 위해서 미군정에 대한 노골적인 적대행위를 삼갔다. 그러나 제1차 미소공위가 아무런 성과 없이 결렬되고 미군정의 좌우합작 공작과 직접적인 탄압의 양면적 공세와 우익세력의 테러적 공격이 강화되자, 좌익세력은 새로운 대응책을 마련하지 않을 수 없었다. 7월 말에 채택된 신전술(정당방위의 역공세)은 그러한 요구에 부응하는 전술 변화로서, 이는 미소공위 속개와 미군정의 탄압에 대한 정면 대응의 성격을 지닌다. 그렇지만 좌익세력이 신전술에 의한 민중들의 시위와 항쟁을 효율적으로 지도하기에는 그들 지도부내의 분열이 너무 심화되어 있었다. 좌우합작노선을 지향하는 온건세력과 신전술을 지향하는 강경세력 사이의 노선 갈등과 한층 고양된 투쟁을 위해 당의 강화를 모색하고자 하는 3당합당에서 헤게모니 장악을 위한 분파적 갈등은 민중투쟁에 대한 좌익세력 지도부의 통일적이고 체계적인 지도를 방해했다.

　미국의 미소공위 추진 및 분단정책의 이중적 태도에서 그들의 진정한 의도는 반혁명 분단정책이었고, 미군정의 회유 및 탄압의 양면정책은 좌익세력의 분열과 약화를 의도했다. 이에 비하여 좌익세력은 미소공위의 성공을 과신했고, 내부 분열 속에서 민중역량을 과도하게 노출했다. 제2차 미소공위가 결렬되었을 때, 좌익세력은 탄압과 분열로 인하여 약화되어 있었고 민중의 조직역량은 대량으로 파괴된 상태였다. 미국과 미군정의 교활성과 폭력성은 유감 없이 그 성과를 거두었고, 좌익세력의 낙관성과 분열성 및 무모성은 자신들과 민중역량을 파괴했던 것이다.

　셋째, 제2차 미소공위가 결렬된 이후부터 1948년 8월 15일 남한에 단정이 수립될 때까지의 시기가 후기 국면에 해당한다. 이 국면에서는 이제까지 이중적이고 은폐되었던 미국의 본래적 의도가 분명하게 드러났다. 미국은 이제까지 내면적으로 추진해온 분단정권 수립을 공개적으로 추진했으며, 이를 위한 명분을 획득하기 위해 유엔의 이름을 빌렸다. 한편 소련은 미소공위가 결렬됨에 따라 양군 철수와 자주적인 정부 수립 대안을 제시했다. 이제 정부 수립의 문제는 형식상 유엔의 권위나 또는 한국인 자신의 자주적인 태도에 맡겨졌지만, 실제 상황은 남북 각각에 분단정권이 수립되는 방향으로 진행되었다.

이와 같이 분단정권 수립이 분명해지자, 남한의 정치세력들은 분단 지지세력과 분단 반대세력으로 재편되게 된다. 이승만세력과 한민당만이 분단정권을 지지했고, 좌익세력을 비롯하여 김구세력 및 대부분의 중간적 정치세력들은 분단정권 수립에 반대했다. 분단 반대세력은 두 방향으로 분단저지투쟁을 전개했다. 남로당을 중심으로 한 좌익세력은 단선단정을 파탄시키기 위한 비합법적 직접투쟁을 전개하여 2·7구국투쟁, 4·3제주민중봉기, 5·8총파업 등을 일으켰다. 한편 북로당을 중심으로 한 좌익세력은 김구 및 김규식세력까지 포함하는 단정반대세력의 범연대적 시위와 통일정부 수립의 논의를 위해 남북조선정당·사회단체대표자연석회의와 남북조선정당·사회단체지도자협의회를 평양에서 개최했다. 그러나 결국 남한에서 5·10단선이 이루어지고 8월 15일에 이승만세력과 한민당세력만이 참여하는 단정이 수립되었다. 북한은 이에 뒤이어 9월 9일에 조선민주주의인민공화국을 수립했다. 남한정권은 유엔의 권위를 빌려 자신의 정통성을 주장했고 북한정권은 남북한의 총선거에 바탕하여 자신의 정통성을 주장했지만, 실제 한반도에는 성격이 상반된 두 정권이 수립되어 적대하게 된 것이다. 남한에서의 국가권력 장악에서는 미군정의 후원을 받은 극우세력이 반혁명의 분단정권 창출에 성공했고, 반제반봉건민주주의 혁명을 위해 인민정권을 세우고자 했던 혁명세력으로서 좌익세력은 일단 국가권력 장악에 실패하게 되었다. 따라서 분단정권 수립 이후에는 이승만정권에 저항하는 남한에서의 무장투쟁과 통일을 위한 남북 사이의 정권적 차원의 대결이 전개되게 된다.

(3) 민중투쟁의 전개

해방 직후 민중들의 혁명적 열기는 유례없는 것이었다. 그것의 한 이유가 일제지배하에서 형성된 사회적 균열이었음은 앞에서 살펴본 바 있다. 해방 후 민중들의 혁명적 진출의 원인은 이와 같은 일제하 계급적·민족적 착취의 심화 이외에도 좌익세력에 의한 민중역량의 전국적 조직화, 미군정의 폭력적 탄압에 대한 저항, 미군정기 생활상의 곤란 등의 요인들을 더 들 수 있다. 우선 좌익세력은 해방과 더불어 민중조직화에 착수했다. 그것은 한편으로는 노동자·농민·청년·부녀 등의 부문별로 전국적 조직을 수립하는 것이었고, 다른 한편으로는 지역별로 인민위원회를 중심으로 이들을 결집하는 것이었다. 다음으로 관료체제를 복구한 미군정은 좌익세력과 연결된 각 지역의 민중에 대하여 점차 탄압을 강화했는바, 이에 대하여 민중들이 저항했다. 마지막으로 미군정기 동안 민중들의 생활상의 어려움은 극도로 악화되었다. 수백만의 귀환동포 유입, 실업, 통제되지 않은 시장메커니즘과 인플레, 식량난과 미군정의 식량 강제매입 등 여러 요인이 민중들의 생활을 어렵게 만들었다. 특히 모리배의 매점매석과 미군정의 임기응변적인 식량정책은 민중들의 식량난을 극도로 악화시켰다. 이상의 제반 요인, 즉 일제지배가 남긴 구조적 영향, 민중역량의 조직화, 미군정의 혹독한 탄압에 대한 저항, 민중들의 생활난 등이 일정한 계기가 주어질 때에는 한꺼번에 분출할 수 있는 민중들의 내재적 폭발성을 증대시켰던 것이다. 좌익세력에게 이러한 민중들의 내재적 폭발성은 지도와 통제가 효율적으로 이루어지는 한 혁명적 역량으로 표출될 수 있는 것이었다. 따라서 중요한 것은 지도부의 조직적 지도와 통제였다.

민중투쟁은 각 부문의 조직적 투쟁과 지역단위의 항쟁적 투쟁으로 나누어볼 수 있다. 우선 각 부문의 조직적 투쟁으로는 대표적으로 노동운동과 농민운동을 들 수 있다.

당시의 노동운동은 노동자들의 경제적 이해를 도모하는 경제투쟁적 성격 이외에도 인민정권 수립과 관계되는 정치투쟁의 성격을 동시에 지녔다. 따라서 노동운동은 좌익세력과 밀접한 관계를 지니고 있었으며, 미군정 역시 이러한 점에 주목하여 정치적 고려에 의하여 노동운동에 대처했다. 즉 당시의 노동운동은 정치적 상황의 전개와 밀접한 관계 속에서 이루어졌던 것이다.[11] 노동운동의 첫 단계는 일제 소유 귀속공장에 대한 노동자의 공장관리와 미군정의 접수 시도 사이의 갈등에서 시작되었다. 1945년 11월 조선노동조합전국평의회(전평)의 결성은 노동자들의 전국적 조직과 공장관리노선의 전면화를 보여준다. 그러나 미군정과의 충돌을 회피하기 위해 전평은 산업건설협력방침을 뒤이어 천명한다. 결국 노동운동의 첫 단계에서 전평의 공장관리노선은 일정하게 양보하지 않을 수 없었고 미군정의 접수 정책은 대체로 관철되었다고 할 수 있다. 노동운동의 두 번째 단계에서는 미소공위의 개최에 상응하여 산업건설노선이라는 온건한 노선이 채택되었다. 그러나 좌익세력이 신전술을 채택하자 이제까지의 온건한 노선이 비판되고 총파업 전술이 채택됨으로써 세 번째 단계에서는 총파업이 실시되게 된다. 1946년 9월총파업은 좌익 내부 분열의 영향, 총파업 시기의 조급한 결정 등으로 충분한 준비 없이 시작되었다. 노동운동을 좌익세력의 정치투쟁으로 판단한 미군정은 이러한 총파업에 전면적인 물리적 탄압으로 대응했고 그 결과 노동운동의 조직적 역량은 대량 파괴되었다. 이후 3·22총파업, 2·7총파업, 5·8총파업 등 세 번의 총파업이 시행되었지만, 이미 약화된 노동운동의 효과는 그리 크지 않았다. 그 대신 전평의 조직이 파괴됨에 따라 우익 노동운동 조직인 대한노총이 들어서게 되었다.

한편 당시의 농민운동 역시 조공과의 관계 속에서 전국농민조합총연맹(전농)에 의해서 조직화되었다. 전농은 소작료 3·7제 투쟁, 무상몰수·무상분배 원칙에 따른 토지개혁 등을 주장했지만, 농민투쟁은 대부분 각 지역의 인민위원회 중심으로 이루어졌다. 농민투쟁이 가장 격렬히 전개되던 때는 10월인민항쟁 때였으나, 이 항쟁을 농민운동 자체로만 보기는 어렵다. 따라서 농민운동은 전농의 활동과 더불어 각 지역에서의 지방정치를 중심으로 살펴보아야 할 것이다. 농민투쟁과 관련하여 우리가 주목해야 할 문제로서 토지개혁 요구 이외에 식량문제가 있다. 당시의 식량난에 대하여 농민들로부터 추곡과 하곡의 강제적인 공출로 대처하려 했던 미군정의 임기응변적 대응은 농민들의 불만을 심각하게 증폭시켰다.

앞에서 살펴본 민중투쟁이 좀더 조직적인 투쟁이라 한다면, 다음에서 살펴볼 10월인민항쟁과 제주 4·3민중무장봉기는 더 일규적이고 폭발적인 지역적 민중항쟁이라 할 수 있다. 지역적 민중항쟁은 해방 정국 초기 전국에 뿌리박은 인민위원회와 밀접한 관계가 있다. 인공의 지역적 민중권력기관으로서 조직된 인민위원회는 비록 인민행정과 치안의 기능을 행사하는 권한을 미군정에 의해서 초기에 부인당했지만, 여전히 각 지역의 강력한 민중조직으로서 남아 있었다.

1946년 10월 1일 대구항쟁으로 시작되어 12월 중순 전주항쟁으로 종결되었던 10월인민항쟁은 약 두 달 반 동안 전국에 걸쳐 전개된 민중들의 들불과 같은 항쟁이었다. 10월인민항쟁은 친일파·민족반역자 처벌, 좌익인사 석방, 인민위원회 복구, 식량문제, 토지문제 등 복합적인 제반 원인들에 의해 야기되었다. 전체적으로 볼 때 10월인민항쟁은 반제반봉건의 제반 요구들이 해결되지 않고 나아가 식량난을 비롯한 생활난이 가중되는 상황 속에서 대구에서의 9월파업을 계기로 폭발·전개된 민중의 항쟁이라 할 수 있다. 그러나 10월인민항쟁의 전개에서 좌익 중앙지도부의 지도와 통제는 거의 효율적으로 이루어지지 않았다. 10월인민항쟁 역시 9월총파업과 마찬가지로 미군정에 무력적으로 진압됨으로써 좌익세력의 지역적 민중조직역량이 대량으로 파괴되는 것으로 귀결되었다.

1948년 4월 3일에 시작되어 약 1년에 걸쳐 제주도에서 전개되었던 4·3민중무장봉기는 반혁명이 분단으로 이어지는 상황 속에서 제주도민에 대한 육지의 경찰 및 서북청년단의 무자비한 탄압에 대항하여 민중들이 무장봉기를 일으켰던 사건이다. 이 봉기 역시 중앙의 지식 없이 야기되고 사후 추인된 듯하다. 이 봉기는 국군과 경찰의 진압으로 약 1년 만에 거의 종식되었으나 그 과정에서 약 3만~8만의 양민이 진압군에게 살해되는 참극을 낳았다.

이상에서 살펴본 해방 정국에서의 민중투쟁은 우선 대단히 격렬했다는 사실을 알 수 있다. 민중들의 가열찬 투쟁과 미군정의 폭력적 진압이 반복되면서 수많은 사상자가 발생했다. 여기에서 우리가 주목해야 할 것은, 민중들의 고조된 열기에 상응할 만큼 체계적이고 조직적인 지도와 통제가 존재했는가 하는 점이다. 9월총파업과 10월인민항쟁에서의 민중들의 드높은 투쟁은 그 성과보다 조직역량의 대량 파괴라는 결과가 컸다. 물론 이에는 미군정의 폭력적 진압에 일차적 책임이 있지만, 민중투쟁을 효율적으로 지도하고 통제하지 못한 좌익세력 내부에도 또한 책임이 있다. 제주 4·3민중무장봉기에서도 그 지역적 투쟁성이 높았다 할지라도 중앙과의 연계, 시기 선택, 투쟁 방식 등에 대해서는 여러 측면에서 숙고되어야 할 것이다.

여하튼 당시의 민중들은 미군정의 반혁명과 조국의 분단에 대항하여, 비록 수많은 피해를 당했지만 그만큼 치열하게 저항함으로써 민중 역량의 진정한 실체를 보여주었다.

3) 남한에서의 분단정권 수립과 무장투쟁

1948년 8월 15일 남한에 분단정권이 수립되고 뒤이어 9월 9일 북한에서도 조선민주주의인민공화국이 수립됨으로써 현실적으로 한반도에는 적대적인 두 정권이 들어서게 되었다. 따라서 남한 내부에서의 투쟁은 이미 수립된 국가권력에 정면으로 대항하는 무장투쟁으로 나아갔고, 동시에 38선상에서는 남북한 두 정권 사이의 충돌이 빈번하게 발생했다. 남한의 국가권력과 유격대 세력, 남한의 국가권력과 북한의 국가권력 사이의 대립은 이제 무력적인 형태를 띠지 않을 수 없게 되었다. 다음에서는 1948년 단정 수립에서 1950년 한국전쟁에 이르는 동안 남한 내부에서 전개되었던 무장투쟁을 살펴보자.

1948년에서 한국전쟁에 이르는 동안 전개되었던 무장투쟁은 다음과 같이 세 시기로 나눌 수 있다.[12] 1948년 10월 여순봉기 이후에서 1949년 5월까지의 기간이 첫 번째 시기다. 물론 남한에서 무장투쟁의 출발이라 할 수 있는 제주 4·3민중무장봉기를 여기에 포함시킬 수도 있을 것이다. 이 시기의 특징은 각 지역에서 자연스럽게 유격 전구가 형성되었다는 점이다. 남한 전역에 5개 유격전구가 형성되었는바, 호남 유격전구는 전남과 일부 전북 지역의 야산을 중심으로 형성되었고, 지리산 유격전구는 지리산 부근에서 입산한 사람들과 여순봉기에 참여했던 천여 명의 반란군이 주축을 이루었고, 태백산 유격전구는 동해안 지역의 좌익세력들이 입산하여 형성되었고, 영남 유격전구는 경남북 지역의 좌익세력과 대구 6연대 반란군인들을 중심으로 형성되었고, 제주도 유격전구는 제주 4·3민중무장봉기의 결과 형성된 유격전구였다. 무장투쟁에 참여한 유격대들은 10월인민항쟁 이후 각 지역에서 경찰의 탄압을 피해 입산한 '산사람', 단선단정 반대투쟁을 수행하면서 조직된 '야산대', 그리고 여순봉기 후 지리산으로 도피한 '반란군' 등이 주축되었다. 유격대 규모는 분명하게 파악하기 어렵지만, 제주도를 제외한다면 1949년 초에 3,500~6,000명 정도로 추정된다.[13]

본격적인 무장투쟁의 시발이 되고 무장유격대세력의 일부 주력을 형성한 여순봉기에 대해서는 좀더 살펴보자. 여수 제14연대에 침투해 있던 좌익세력들은 제주도 출동명령에 반대하여 봉기하고 여기에 여수·순천 지역의 좌익세력이 호응하여 발생한 여순봉기는 이승만정권에 심대한 타격을 주었지만, 이승만정권은 오히려 이를 계기로 남한을 경찰국가로 만들었다. 즉 국가보안법을 제정했고 순국작업을 통하여 극우 반공 일색의 군을 만들었다.[14] 여순봉기는 좌익 중앙지도부의 지시와 계획 없이 폭발되어 군 내부에서 좌익세력이 근절되고 남한의 군사적 반공체제가 구축되는 빌미가 되었지만, 무장투쟁에서는 하나의 전환점이 되었다. 여순봉기에서 살아남은 천여 명의 군인이 지리산에 입산함으로써 강력한 무장유격대세력에 의한 무장투쟁이 본격화된 것이다.

무장투쟁의 두 번째 시기는 1949년 6월 이후에서 10월에 이르기까지의 기간이다. 이 기간에 무장유격대들은 적극적인 공세를 시도했다. 첫 번째 시기의 무장투쟁이 자연발생적이고 산발적인 투쟁이라 한다면, 이 두 번째 시기의 무장투쟁은 보다 조직적으로 공세를 시도했다. 이 시기의 무장투쟁은 남북한 좌익 내부의 일련의 조직 개편 및 통일방침의 확정과 관련이 있는 듯하다. 즉 1949년 6월에 남북로당이 합당하여 조선노동당이 결성되고 남북민전이 통합하여 조국통일민주주의전선이 결성되었는바, 이것은 이제 남북의 좌익세력에 대한 통일적인 지도와 통일방침의 확정을 의미하는 듯하다. 남한 내의 유격대도 오대산의 1병단, 지리산의 2병단, 태백산의 3병단 등 3개 병단으로 조직을 재편성하고, 6월부터 공세를 강화해 9월공세·아성공격 등을 감행했다. 또한 이 시기에 강동정치학원 출신 유격대들이 수백 명 단위로 남파되었다. 그렇지만 이 시기의 이러한 대대적인 공세의 배경과 목적이 무엇인지는 분명치 않다. 미군의 철수, 조선노동당의 결성, 조국전선의 결성, 38선에서의 무장충돌의 격화 등의 제반 요소들과 관련하여 대대적인 공세가 취해진 것은 상정할 수 있으나, 무장유격대의 공세만으로 이승만정권을 전복하는 것은 상당히 어려운 일이었다. 더구나 미군이 철수했지만 미 군사고문단은 남아 무장유격대 진압을 지도하고 있었다.[15]

　무장투쟁의 세 번째 시기는 1949년 11월 이후에서 한국전쟁 직전까지의 기간에 해당한다. 이 시기에 유격대 세력은 군과 경찰의 동계토벌에 의해 거의 궤멸되다시피 했다. 계절적으로 유격대가 활동하기 어려운 겨울에 강력하게 시행된 토벌은 유격대원들에게는 고난의 시기였다. 1948, 49년 겨울에 제주도의 유격대가 궤멸되었듯이 1949, 50년 겨울에 남한 내 거의 대부분의 유격대원들이 죽었다.

　이렇게 하여 한국전쟁 이전에 남한의 혁명세력은 사실상 거의 파괴당했다. 바꾸어 말하면 1945년 진주한 미군은 남한 민중의 혁명적 열기를 진압하여 분단정권을 수립했고, 이어 이에 도전하는 무장유격대를 거의 궤멸하는 데 성공했던 것이다. 무장투쟁에 대한 진압에서 미국의 지원과 이승만정권의 강력한 물리력 사용이 결정적 역할을 했음에도 불구하고, 1945년에서 1948년 사이의 민중투쟁과 마찬가지로, 무장투쟁에서도―예컨대 여순봉기에서처럼―좌익지도부의 지도와 통제는 불완전한 것으로 나타났다. 그것은 투쟁에 대한 지도부의 지도와 계획의 부재, 아니면 지도부의 모험주의적 시도로 연결될 수 있다는 점에서 심각한 문제가 된다.[16] 여하튼간에 남한에서 약 5년에 걸쳐 혁명과 분단저지를 위한 격렬한 투쟁이 전개되고 약 10만 명의 인명이 희생되었지만, 남한 내의 혁명역량은 거의 파괴되는 상황으로 귀결되었다.

4) 북한에서의 혁명과 민주기지 노선

남한에서는 반제반봉건민주주의혁명이 성공하지 못하고 오히려 반혁명으로 귀결되었음에 반하여, 북한에서의 혁명은 순조롭게 진행되었다. 아래로부터 올라오는 민중들의 혁명열기가 소련군의 후원이라는 유리한 조건 속에서 혁명의 성공으로 이어졌던 것이다. 그러나 우리가 북한을 바라볼 때 북한 자체의 혁명의 진전이란 측면 이외에도 통일문제와 관련된 북한의 정책이 무엇이었는가를 살펴보아야 할 것이다. 특히 통일문제에서 민주기지[17] 노선으로 지칭되는 북한의 통일전략을 올바르게 이해하는 것은 한국전쟁까지 전개되는 북한의 통일에 대한 입장을 이해하는 데 관건이 된다. 물론 소련이 북한에 대해서 가지고 있는 이해와 영향 등을 동시에 살펴보아야 할 것이다. 그렇지만 소련 영향력의 실제적 규정성의 정도는 또한 엄밀하게 검토되어야 할 것이다.

우선 북한의 혁명과정을 살펴보자. 북한은 소련의 후원이라는 유리한 조건 속에서 반제반봉건을 요구하는 민중들의 혁명적 열기를 수렴하여 식민 잔재와 봉건 잔재를 척결하는 반제반봉건민주주의혁명을 수행하게 된다. 즉 혁명을 수행할 당과 정권이라는 정치권력이 수립되었고, 이에 바탕하여 제반 민주개혁이 실시되었다. 1945년 10월 10일에서 13일에 걸쳐 개최된 북조선 서북 5도 대표자 및 열성자 대회에서 조선공산당 북조선분국이 수립되었고(이는 나중에 북조선공산당으로 되고, 1946년 8월에는 신민당과 합당하여 대중적 성격의 북조선노동당이 된다), 1946년 2월에는 북조선임시인민위원회가 수립되었다. 북한은 이러한 정치권력에 바탕하여 이후부터 1947년 2월 북조선인민위원회가 정식으로 수립될 때까지 토지개혁을 비롯한 제반 민주개혁을 단행함으로써 반제반봉건민주주의혁명을 수행하고 나아가 사회주의혁명으로 나아갈 수 있는 정치적·경제적 기초를 마련했다. 그러나 1947년 2월 북조선인민위원회의 출범을 시작으로 하여 전개된 사회주의혁명에서 북한은 한국전쟁에 이르기까지에는 사회주의혁명의 핵심내용인 생산수단의 국유화를 전면적으로 실시하기보다는 자립적 경제의 기초를 구축하고 경제를 복구하는 일에 더 많은 노력을 투여했다. 그리하여 한국전쟁 직전에 이르기까지 북한은 반제반봉건민주주의혁명의 성과에 바탕하여 상당 정도의 혁명역량을 축적했다고 할 수 있다.

다음으로 한국전쟁과 관련하여 보다 눈여겨보아야 하는 민주기지 노선을 살펴보자. 민주기지의 실제적 내용은, 이에 대한 분석이 제대로 된 것은 아니지만, 당시의 상황 변화와 민주기지의 실제적 내용 변화를 감안할 때 다음과 같이 네 계기로 구분하여 살펴볼 수 있을 것이다.[18]

첫 번째 계기는 북한에서의 당 건설이다. 소련군과 김일성은 해방 직후에 남북이 처한 서로 다른 환경을 감안하여 서울이 아닌 평양에 당중앙이 수립되어야 한다고 주장한 듯하다. 따라서 10월 중순에 북한에서 수립된 조공 북조선분국은 이러한 소련군 및 김일성의 주장과 이미 서울에서 수립된 조선공산당 사이의 관계 속에서 나온 산물이라 보인다. 이후의 과정은 소련군과 김일성의 주장이 점차 관철되어갔음을 반영해준다. 그러므로 이 시기의 민주기지론은 분명하게 표현된 것은 아니지만, 당중앙의 설치 문제와 관련이 있다고 할 수 있다.

두 번째 계기는 미소공동위원회 개최와 반제반봉건민주주의혁명이다. 미소공위를 둘러싸고 민주진영과 반민주진영(또는 찬탁진영과 반탁진영)으로 분열되고 반제반봉건민주주의혁명을 둘러싸고 혁명세력과 반혁명세력으로 분열됨으로써, 특히 남한에서 두 세력의 적대적 대립이 심화되어 갔을 때, 북한은 한반도 내에서의 민주진영과 혁명세력의 기지가 될 수 있도록 제반 민주개혁을 실시했다. 그러한 맥락에서 볼 때 북한에서의 반제반봉건민주주의혁명은 민주기지를 강화하는 결정적인 계기가 되었다고 할 수 있다. 미소공위의 성공 여부가 유동적이었지만 통일적인 민주주의 임시정부를 수립하는 데 반제반봉건민주주의혁명을 통하여 북한을 민주기지로 만드는 것이 요구되었던 것이다.

세 번째 계기는 남한에서의 단정 수립이다. 미국이 유엔의 이름으로 남한에서 단정을 수립하고자 하고 소련이 양군 철수와 자주적 정부 수립을 주장함으로써 분단저지와 통일의 문제가 북한 자신의 직접적인 문제로 되었을 때 민주기지론은 미국의 분단정책에 대항하는 강력한 민주세력의 기지를 의미했다. 이때에는 미제에 대한 대항을 분명히 하고 있다. 아마도 이때의 민주기지론은 북한을 민주기지로 하면서 분단에 반대하는 모든 애국세력의 통일전선적 연대를 모색한 듯하다. 그러나 아직은 군사적 해결을 전제로 하지는 않은 듯하다.

네 번째 계기는 북한 대 미국과 남한 정부 사이의 군사적 대립의 격화다. 1949년 여름 이후 상황은 국제적으로는 중국의 공산화로 인하여 동북아에서 미국의 지위가 위협받고 있었으며, 국내적으로는 남한 내부에서 무장투쟁이 격화되고 38선상에서 남북의 군사적 충돌이 격화되고 있었다. 북한은 이러한 상황에 대배하여 남북로당과 남북민전을 합침으로써 한반도 내 혁명세력에 대한 통일적 지도를 꾀했고, 남한정부의 군사적 도발에 대한 군사적 대응을 고려하기 시작했다. 따라서 이때의 북한의 민주기지론은 군사적 성격을 강하게 내포하고 있다고 할 수 있다. 사실상 북한은 1949년 후반 군사력을 상당히 증대시켰다.

이상과 같이 북한의 통일전략으로서 민주기지론의 실제적 내용은 독립적인 조공 분국의 설치, 민주개혁을 통한 북한의 강화, 미국과 단정참여세력의 분단에 반대하는 제반 세력의 통일전선적 연대의 중심, 군사적 기지 등의 순서로 변한 듯하다. 여전히 이에 대한 많은 연구가 있어야 하겠지만, 이러한 민주기지 내용의 변화 양상을 감안한다면 남북한 좌익세력 사이의 관계도 일정 정도 추측할 수 있을 것이다. 즉 처음에 당중앙을 자처했던 남한의 좌익지도부가 두 번째 계기에서는 사실상 남한만을 지도했고, 세 번째 계기에서는 북한의 통일전선적 주도가 이루어졌으며, 마지막 계기에서는 사실상 남로당이 북로당에 흡수되는 과정을 밟은 것으로 생각된다.

북한의 혁명과 민주기지 노선과 더불어 여타의 많은 것이 연구되어야 하겠지만, 민주기지론은 통일과 한국전쟁에 관련하여 필수불가결한 핵심적 내용이라 할 수 있다.

4. 한국전쟁

1) 한국전쟁의 배경과 원인

한국전쟁은 한편으로는 일제하부터 시작되어 해방과 분단과정을 통하여 폭발적으로 분출되었던 국내적 갈등의 최종적 판가름이라는 점에서 또한 제2차 세계대전 이후 시작되어 한국전쟁에 의해 기본적으로 완성되는 동북아 냉전질서 재편의 총체적 귀결이라는 점에서 한 시대의 종결점이라 할 수 있다. 그러나 동시에 다른 한편으로는 한국전쟁의 결과 고착된 냉전체제 속에서 남북한이 서로 다른 체제와 이념 속에서 각기 상반된 방향으로 나아갔다는 점에서 분단시대의 출발점이기도 하다. 바꾸어 말하면, 제2차 세계대전 이후 동북아에서의 냉전 격화와 국내에서 해방과 분단을 둘러싼 갈등의 격화가 중첩되면서 한반도에서 전쟁이 발발했고, 전쟁의 결과는 남한에서 분단체제가 구축되고 북한에서 사회주의혁명이 본격화되도록 만들었던 것이다.

이와 같이 전환기적 의미를 지니는 한국전쟁의 배경과 원인을 살펴보기 위해서는, 우선 한국전쟁이 발발할 수밖에 없는 구조적 필연성을 역사적 맥락 속에서 확인하는 작업을 해야 하고, 다음으로는 구체적으로 전쟁이 촉발되는 원인을 밝혀내야 할 것이다.

이미 앞에서 많은 내용이 언급되었지만, 구조적인 배경을 간단히 검토해보자. 국내적인 상황을 살펴보면 일제하에서의 잠재적으로 형성되었던 계급적·민족적 분열은 해방과 더불어 혁명과 반혁명의 대립으로 폭발했다. 그러나 북한에서는 좌익세력이 정권을 수립하고 남한에서는 우익세력이 정권을 수립함으로써 남북에 적대적인 두 정권이 들어서게 되었다. 따라서 혁명과 반혁명의 갈등은 이제 남북 국가권력 사이의 갈등으로 전화되었고, 이러한 갈등은 한국전쟁 이전에 남한에서의 무장투쟁과 38선상의 군사충돌로 나타났다. 즉 통일을 둘러싸고 남북의 정권이 무력으로 대치하는 상황으로 나아갔던 것이다. 북한은 혁명의 성과에 바탕하여 혁명역량을 축적할 수 있었다. 반면에 이승만정권은 미국의 후원 속에서 좌익세력의 제거에 성공하고 있었지만, 제2대 국회의원선거에서 나타났듯이 정치권에서 이승만의 지위는 동요되고 있었다. 한편 국제적인 냉전 역시 격화되고 있었고, 특히 중국이 공산화됨으로써 동북아에서 미국의 지위는 동요하고 있었다. 이러한 상황은 미국으로 하여금 대소전략을 전면 강화하고 반격을 가할 계기를 모색하게 만들었다. 요컨대 국내외적인 배경을 전체적으로 살펴볼 때, 상황은 점차 한국전쟁이 발생할 수밖에 없는 구조적 상황으로 나아갔다.

다음에서는 이러한 구조적 상황 속에서 한국전쟁이 촉발되는 원인과 과정을 살펴보자. 1949년 여름에 38선상에서는 남북의 군사적 충돌이 빈번하게 발생했다. 그것은 주로 옹진반도를 중심으로 발생했고 충돌의 상당부분이 남한 측 공격에 의해서 야기되었다. 8월 23일에는 남한의 초계정 몇 척이 대동강 바로 위 몽금포까지 올라가 북한 어선 4척을 침몰시키는 사건까지 발생했다.[19] 1949년에 발생했던 일련의 이러한 충돌은 이를 계기로 남북 간의 무장충돌이 본격화되었다는 점, 1949년에 전투의 중심이 되었던 옹진반도가 1950년 한국전쟁 발발에서도 최초의 전투 장소가 되었다는 점, 이후 북한의 본격적인 군사력 강화가 이루어졌다는 점 등에서 한국전쟁의 발발과 연관을 지닌다. 한편 38선상의 충돌이 빈번해짐과 동시에 남한에서 무장유격대의 공세도 강화되었다. 이러한 무장유격대의 공세가 38선에서 남한의 압력을 완화하기 위한 제2전선 역할을 의미하는 것인지, 아니면 공세 자체의 목적이 별도로 존재하는 것인지는 아직은 명확하지 않다. 여하튼 38선에서의 군사적 충돌과 남한 내부에서의 무장투쟁 격화는 한국전쟁 1년 전에 이미 준전쟁상태가 시작되었던 사실을 시사하고 있다.

1950년 1월 발표된 애치슨 발언은 표면상으로는 남한과 대만을 미국의 불후퇴 방위선 밖에 놓았지만, 그것이 정확히 무엇을 의미하는지는 명확하지 않았다.[20] 또한 중국대륙을 석권한 중국의 공산 측에 의해 대만이 곧 공격을 받을 것이라는 위기감이 미국 내에서 확산되고 있었고, 미국 내부의 경제 역시 어떤 계기를 통하여 발전되어야 할 필요에 직면하고 있었다. 한국에서 전쟁이 발발한다면 이러한 제반 문제들이 일거에 해결될 수 있었다. 한편 북한은 한국전쟁 직전에 통일문제에서 유난히 적극적인 태도를 보였다. 6월 7일에 조국통일민주주의전선은 남북의 민주주의적인 제정당과 사회단체 대표자들이 협의회를 개최하여 평화통일에 대해 논의할 것을 제안했고 6월 19일에는 북한 최고인민회의가 남북의 국회가 모여 평화통일을 논의할 것을 제안했다.

한국전쟁을 향해 나아가는 구조적 배경 속에서 한국전쟁 직전의 이러한 일련의 과정은 한국전쟁의 발발과 연관이 있을 것이다. 그러나 이러한 일련의 과정이 한국전쟁의 촉발과 구체적으로 어떠한 연관을 가지는가는 정확하게 밝혀지지 않고 있다. 여기에서 한국전쟁의 발발과 관련하여 여러 가지 가설적 입장이 제시되는데, 이들을 소개하면 다음과 같다. 우선 북한의 남침론과 남한의 북침론이 있다. 전자는 남한의 정부당국과 미국을 위시한 자유진영의 공식적 입장으로서, 북한이 소련의 사주와 지원을 받아 먼저 남침을 강행했다는 주장이다. 후자는 북한을 비롯한 사회주의권에서의 주장으로서, 미국과 이승만이 공모하여 전면적으로 북침을 감행했고 이에 대해 북한이 반격을 가했다는 주장이다. 그러나 이 양측의 입장은 한국전쟁 이전의 전체적인 맥락과 관련해서라기보다는 주로 전쟁 책임을 염두에 두고 주장되고 있다. 이러한 입장 이외에도 더 주목해야 할 입장으로 함정설, 제한전쟁설 등이 있다. 함정설은 중국대륙의 상실과 예상되는 대만의 상실에 초조해진 미국이, 북한이 오판하여 남침하도록 만들고 이를 계기로 상황을 역전하려 했다는 주장이다.[21] 제한전쟁설은 북한이 서울까지 군사적으로 점령하고 이러한 상황 속에서 남북 국회가 모여 정치적 통일을 모색하려 했다는 주장이다.[22]

어떠한 입장이 더 객관적 사실에 가까운가 하는 것은 좀더 연구를 요하는 문제로 남아 있다. 그러나 한국전쟁 발발에 대한 기존의 연구가 중점을 두었던 남침이냐 북침이냐의 전쟁 발발 책임의 문제가 과대하게 고려될 필요는 없다. 왜냐하면 한국전쟁은 국내외적인 갈등이 심화된 결과이지 단지 어느 한쪽이 총을 먼저 쏘아서 돌발적으로 발생한 우연적 사건이 아니기 때문이다. 오히려 우리가 주목해야 할 것은 전쟁에 이르는 과정에서 갈등의 기본적 추동력이 무엇인가 하는 점이다.

2) 한국전쟁의 전개과정

한국전쟁의 전개과정을 살펴보는 데 주목해야 할 것은 군사적 측면에서 전쟁의 전개과정을 파악하고 정치적 측면에서 그 의미를 규명하는 일이다. 한국전쟁은 국면의 양상에 따라 다음과 같이 네 국면으로 나눌 수 있을 것이다.

(1) 제1국면

제1국면은 한국전쟁이 발발한 6월 25일부터 인천상륙작전에 의해 전세가 역전되는 9월 중순까지의 기간에 해당한다. 한국전쟁은 옹진반도에서 시작되어 점차 동쪽으로 확대되면서 개성·춘천·동해안으로 이어져나갔다. 전쟁이 처음 시작된 옹진반도는 1949년 여름 남북한 사이에 무력 충돌이 가장 격렬하게 발생했던 지역이다. 북한군은 당시 약 18만 명으로 추산되는 전 병력 중 절반가량에 해당하는 9만 5천 명 정도의 병력만을 전선에 투입했다. 북한군은 6월 28일에 서울을 점령했고, 여기에 일주일 정도 머문 후 이어 남진을 계속했다. 한편 미국은 전쟁이 발발하자 유엔 이름으로 신속히 개입을 결정했다. 그리하여 미군 제24보병사단이 우선 한국에 투입되었으나 그 선발대인 스미스특공대가 오산 부근에서 괴멸했고 제24보병사단의 주력 역시 대전 전투에서 패배하면서 사단장인 딘 소장이 포로가 되었다. 8월에 들어 전선은 낙동강 부근에서 교착되었다.

북한군은 이렇게 남진하고 남한군과 미군이 후퇴하는 동안 북한 측은 점령지역에서 인민위원회를 복구하고 토지개혁을 실시했다. 이것은 대체적으로 북한에서 1946년에 실시되었던 민주개혁의 내용과 비슷한 것이었다.[23] 한편 남한군은 후퇴하면서 과거 좌익활동에 종사하다가 전향한 사람들로 구성된 보도연맹원과 기타 좌익활동을 했던 인사 등에 대한 예비검속과 즉결처분을 행한 듯하다. 아직 그 정확한 진상이 드러나지 않고 일부 단편적인 사실들만이 밝혀지고 있을 뿐이다. 또한 일설에 따르면 자원에 의했든 강제징병에 의했든 약 40만 명의 남한 청년들이 북한의 의용군으로 동원되었다 한다.[24]

8월 말 이후 북한군은 마지막 대공세를 감행했다. 그러나 한반도에서 마지막 보루인 낙동강 이남 지역을 방어하고자 하는 미군과 남한군의 저항 역시 강력했다. 이 당시 북한군은 전선에 9만 8천 명의 병력을 투입하고 있었고, 반면에 8만 3천 명의 미군과 8만 7천 명의 남한군과 영국군이 이에 대치하고 있었다.[25]

제1국면의 특징은 북한군이 파죽지세와 같은 공격을 하고 점령지역에서 급속하게 토지개혁을 비롯한 민주개혁을 수행했다는 점과, 미군이 신속하게 전면적인 개입을 했다는 점이다. 또한 40만의 남한 민중이 자의건 강제건 간에 북한군에 참여함으로써 실제적인 전쟁의 양상은 미군 대 한국인 사이의 싸움이라는 모습을 띠게 만들었다.

(2) 제2국면

제2국면은 인천상륙작전에 의해 전세가 역전된 이후부터 중국군이 참전하여 미군과 남한군이 전면적으로 후퇴하는 11월 말까지의 기간에 해당한다. 미군과 남한군은 9월 15일 인천상륙작전에 성공함으로써 전세를 역전시켰다. 미국의 의도가 단지 원상복구에 그친다면 38선 이북으로의 북진은 불필요한 일이었다. 그러나 미국은 이제까지는 38선에서의 봉쇄에 그쳤으나, 38선 이북으로 북진함으로써 전쟁을 계기로 공산 측 지역에 대한 적극적인 군사적 점령의 의도를 내포한 반격정책을 추구했다. 미군이 38선을 넘자 중국 측은 계속하여 중국의 참전을 경고했다. 그러나 미국은 이를 무시하고 북진을 계속했다. 10월 말경에는 중국군이 의용군의 이름으로 참전하고 있음이 확인되었지만, 미군은 전진을 멈추지 않았다. 중국이 의용군의 이름으로 한국전에 참전한 이유는 국공내전 때 중국 공산 측을 도와준 한국인들에 대한 보답, 중국 국경선의 방어, 북한에 대한 소련의 영향력 배제 등이 복합된 것이었다.[26] 이제 한국전쟁은 미국의 개입에 더하여 중국군이 개입함으로써 국제적으로 확대되게 되었다.

인천상륙작전에 의해서 미군과 남한군이 북진하자, 공산 측은 퇴각하면서 일부 민간인에 대한 살상을 감행했고, 반면에 미군과 남한군은 공산 측과 관련된 사람들에 대하여 보복을 감행했다. 북한에 따르면 미군과 남한군은 북진하면서 민간인들에 대한 살상을 자행했는바, 특히 대규모적인 살상으로 북한 측 자료가 제시하는 대표적 실례는 군민의 약 4분의 1에 해당하는 사람이 죽은 신천군 대학살을 들 수 있다.[27] 점령지역에서 실시된 점령정책 중 가장 우선적으로 시행된 일은 반공단체들을 구성하고 반공적 인사들로 관료들을 임명하는 일이었다. 한편 미군과 남한군이 북진하고 북한지역이 점령당하자, 미군과 남한군의 후방에서 제2전선이라 할 수 있는 유격대들이 형성되었다. 남한지역에서는 인천상륙작전으로 북으로 넘어가지 못한 병력과 각 지역에서 입산한 좌익세력들이 모여 유격투쟁을 전개했고, 북한의 각 지역에서는 유격대들이 형성되어 미군과 남한군의 배후를 위협했다.

중국군의 참전이 분명해진 10월 말 이후 워싱턴과 맥아더 사이의 입장이 점차 어긋나기 시작했다. 워싱턴은 중국과의 충돌을 우려하여 국경 부근에 한국군 이외의 군대를 동원하지 말 것을 지시했으나, 맥아더는 이를 무시하고 국경을 향하여 미군을 전진시켰다. 11월 초순에 맥아더는 전선과 압록강 사이에 있는 지역에 대규모 폭격을 감행하여 그 지역을 초토화된 폐허로 만들어버렸다. 11월 24일에 맥아더는 북한의 잔여병력을 궁지에 몰아넣기 위하여 모든 전선에서 전면공격을 시도하는 '위력수색'에 착수했다. 그러나 이러한 군사적 압력에 대해 중국군과 북한군이 11월 27일 이후 대대적인 반격을 가함으로써 미군과 남한군은 타격을 받고 전면적인 후퇴를 하지 않을 수 없게 되었다. 전황은 또 한 번 역전되게 된다.

(3) 제3국면

제3국면은 미군과 남한군이 전면적으로 후퇴하게 된 11월 말 이후부터 전선이 38선 부근에서 교착되고 휴전교섭이 시작된 1951년 7월 초순까지의 기간에 해당된다. 군사적 상황이 다시 한번 역전되자 미국이 취할 수 있는 대안은 두 가지였다. 즉 미국은 전쟁을 확대해서 중국과 전면전을 수행하거나, 또는 어느 정도 후퇴한 후 전선을 안정시켜 휴전 교섭에 임하거나 하는 두 대안 사이에서 선택을 강요당했던 것이다. 트루만은 11월 30일 원자폭탄 사용을 들먹거렸고, 맥아더는 12월 9일에 원자폭탄 사용의 재량권을 자신에게 부여할 것을 요구했다. 사후에 출간된 인터뷰에서 맥아더는 이때의 구상을 다음과 같이 밝혔다.

> 나는 만주의 숨통을 따라 30~50발의 원자탄을 줄줄이 던졌을 것이다. 그리고 50만에 달하는 중국 국부군을 압록강에 투입하고 우리의 뒤편인 동해에서 황해까지 60년 내지 120년 동안 효력이 유지되는 방사성 코발트를 뿌렸을 것이다. 소련은 아무 일도 할 수 없었을 것이다. 나의 계획은 완벽했다.[28]

그러나 결국 이러한 맥아더의 확전 주장은 채택되지 않았고, 전선의 안정화 및 휴전 교섭 대안이 채택되게 된다.

중국군의 개입에 따라 전면적으로 철수했던 미군과 남한군은 1951년 1월에 서울 이남으로까지 후퇴했다. 그러나 이들은 북한에 대한 폭격의 강화와 울프하운드 작전, 선더볼트 작전, 라운드 업 작전, 킬러 작전, 리퍼 작전 등 일련의 군사작전의 수행으로 반격을 가함으로써 4월 초순경에 이르러 38선 북쪽을 따라 뻗는 캔사스선에 돌입하게 된다. 그리고 이후에는 대략적으로 이 부근에서 전선이 안정화되었고 전쟁은 교착상태에 빠졌다.

미군과 남한군이 철수하는 동안 많은 민간인이 월남했다. 물론 공산지배를 거부했던 사람들, 특히 기독교인들이 다수 남하했음은 분명하다. 그러나 여타의 많은 사람은 미군의 강화된 무차별 폭격을 피하여 남하했다. 특히 당시의 많은 사람이 북한 지역에 원자폭탄이 투하될 것을 예상하여 이를 피하기 위하여 남하했다. 한편 전선이 교착되어가면서 남한 내부의 유격대 활동에 대한 진압이 실시되었다. 당시 약 3만 내지 3만 5천 명으로 추산되는 유격대에 대한 진압작전이 시행되었는바, 그 과정에서 양민을 학살한 거창양민학살사건이 발생하기도 했다.

이렇게 하여 전선은 교착되게 되었지만, 이것이 전쟁의 종결을 의미하는 것은 아니었다. 오히려 휴전은 이후 약 2년이나 더 지난 다음에 이루어졌다.

(4) 제4국면

제4국면은 전선이 38선 부근에서 교착된 채 휴전 교섭이 시작된 1951년 7월 이후부터 종전이 이루어질 때까지의 약 2년에 해당하는 기간이다.[29] 휴전 교섭이 시작되었다는 사실의 의미는 이미 양측이 군사적 승리를 확실하게 거두기는 어렵다는 것을 인식했다는 것을 의미한다. 그런데 왜 휴전 교섭이 2년여의 기간이나 지지부진했는가? 그것은 휴전 교섭에서 정치적·심리적 승리의 문제가 개재되었기 때문이다. 특히 미국은 포로의 임의송환 원칙을 제시함으로써 포로 문제에서 정치적·심리적 승리를 얻고자 했으며, 그로 인하여 포로송환 문제의 합의에 18개월이나 걸렸던 것이다.

1951년 5, 6월에 미·소 사이에 휴전 문제에 대한 비밀교섭이 있었고, 이윽고 6월 23일에 소련의 주유엔대사인 말리크가 휴전 교섭을 제안했다. 그리하여 7월 10일부터 휴전 교섭에 들어갔다. 휴전 교섭에서 처음 부딪친 문제는 의제선정에 관한 것이었다. 유엔군 측은 군사적 문제만을 의제로 삼으려 했고, 공산 측은 이에 외군철수 문제를 포함시키려 했다. 양측의 이러한 의견 차이를 조정한 결과 의사일정, 군사분계선 문제, 휴전 감시 문제, 포로 문제, 관계 각국에 대한 건의사항 문제 등 5개 의제가 결정되었다.

첫 번째 문제인 군사분계선 설정 문제에서는, 공산 측이 38선을 주장하고 유엔군 측은 미국 측의 제공권과 제해권을 보장해주는 현 전선을 주장함으로써 갈등이 야기되었다. 양측의 이견으로 8월 22일에 이르러 교섭은 중단되었다.

교섭의 중단을 전후하여 미군은 공산 측에 군사적 압력을 가했다. 즉 공중에서는 공산 측의 통신망과 보급선을 차단하기 위하여 대규모 폭격 계획인 질식(strangle)작전을 수행했고, 지상에서는 하계공세와 추계공세를 펼쳤다. 이와 같은 공중과 지상에서의 공세 강화는 군사분계선 설정 문제에서 유리한 입장을 확보하려는 의도인 한편, 9월에 개최될 샌프란시스코 회의에서의 대일 강화조약에서 소련과 중국의 반대를 무릅쓰고 일본을 재강화하려는 미국의 구상을 지원하기 위한 것이기도 했다.[30]

이러한 군사적 공세로 어느 정도 점령지역을 확대한 미군은 10월 25일에 교섭을 재개했다. 12월 27일에는 현 접촉선을 기준으로 하고 쌍방이 이 분계선으로부터 2킬로미터씩 후퇴하여 비무장지대를 설치할 것에 합의했다. 교섭 4개월 만에 첫 번째 합의가 이루어진 것이다.

휴전 교섭의 두 번째 문제는 휴전 감시 문제였다. 이 문제에서 유엔군 측은 북한 내의 비행장 복구 및 건설의 금지, 휴전 감시에서 쌍방 전역에 출입할 수 있는 유엔감시 등을 주장했고, 반면에 공산 측은 중립국 감시하에 감시단의 제한된 지역의 출입, 외부로부터의 병력과 장비 반입 금지 등을 요구했다. 휴전 감시 문제 역시 5개월 만에 합의되어, 1952년 5월 2일에야 4개국으로 구성된 중립국 감시기구의 구성과 휴전 감시 5개 지역의 선정에 대한 결정이 이루어졌다.

한편 의제 5항의 관계 각국에 대한 건의사항 문제는 휴전 후 정치회의 소집에 쉽게 합의했다. 1952년 5월 현재 포로 문제가 합의되지 않은 유일한 문제로 남았다.

포로 문제는 1951년 12월 교섭이 시작되었다. 포로 명단을 교환한 다음에 미국 측은 포로송환에서 제네바협정의 강제송환 원칙에 반하는 '인도주의적 자원송환' 원칙을 들고 나왔다. 즉 포로를 심사하여 송환을 원치 않는 포로는 인도주의적 견지에서 송환하지 않겠다는 주장을 내세웠던 것이다. 이는 군사적 승리가 이제 불가능한 상태에서 '영예로운 정전'을 이룩하기 위하여 '자유를 선택하는' 포로를 만들고자 하는 의도였다. 그러나 문제는 포로의 잔류의사를 확보하기 위하여 포로수용소에서 강제적인 방법이 빈번하게 행사되면서 야기되었다. 공산 측 포로들이 심사에 반대하여 수용소 내에서 빈번히 폭동을 일으켰던 것이다. 한편 공산 측 역시 미국 측의 이러한 시도에 분노했다. 미국 측의 제안대로 한다면 공산 측 포로 약 13만 명 중에서 약 8만 명만이 송환될 수 있었다. 따라서 포로송환 문제를 둘러싸고 양측의 대립은 격화되었다.

포로송환 문제로 교섭이 난항에 부딪히는 동안, 미군 측은 1952년 수풍댐 폭격, 평양 대폭격, 금화 공세 등을 감행하여 군사적 공세를 강화하는 한편, 10월 8일에는 휴전회담을 무기휴회시켰다. 상황은 교섭에서 다시 군사적 대결로 바뀌었다. 그러나 이때는 공산 측이 전전선에서 지하갱도와 참호를 완벽하게 구축한 상태였기 때문에 군사적 압력에는 한계가 있었다.

1953년에 들어 종전 가능성은 높아졌다. 왜냐하면 한국전쟁의 종전을 주장했던 아이젠하워가 미 대통령에 당선되었고, 소련에서 스탈린이 사망했기 때문이다. 그러나 아이젠하워는 휴전조약 체결을 위해 군사적 압력을 병행하여 1953년 초에 지상에서 '신공세'를 감행했고 5월에 들어서는 평양 근교의 저수지를 폭격했다. 이런 와중에서 4월에 병상 포로교환 문제가 합의되었고 휴전교섭도 재개되어, 6월 8일에는 포로 문제가 합의되었다. 대체적으로 미국 측의 자원송환 원칙이 관철되었다. 드디어 7월 27일 휴전협정이 체결되어 한국전쟁은 종결되었다.

3) 한국전쟁의 결과와 영향

한국전쟁은 직접적으로는 남북한 쌍방에 막대한 피해를 낳았고, 구조적으로는 남북한이 각기 독자적인 체제를 구축해나가도록 만들었다.

우선 한국전쟁이 남긴 직접적인 결과를 보자.

인명피해를 살펴보면, 남한 측이 민간인 약 100만 명, 군인 약 50만 명 정도가 사망했고, 북한 측은 민간인 약 200만 명, 군인 약 50만 명 정도가 사망했다. 이밖에도 미군을 비롯한 유엔군이 5만~6만 명 사망했고, 중국군이 약 100만 명 사망했다.[31] 그러므로 적어도 한국전쟁으로 인하여 한국인 300만~400만 명, 외국인 100만 명 이상이 사망했다고 볼 수 있다.

다른 한편 한국전쟁은 남북한의 산업시설을 대부분 파괴했다. 남한의 경우 산업시설 파괴는 대부분 전선이 38선 부근에서 교착되었던 1951년 6월 이전에 이루어졌는데, 1951년 8월 현재 금속공업 26퍼센트, 기계공업 35퍼센트, 방직공업 64퍼센트, 화학공업 33퍼센트 등 전체 제조업의 42퍼센트가 파괴되었다.[32] 북한의 경우에는 3년간의 전쟁 동안 8,700여 개의 공장·기업소들이 완전히 파괴되었으며, 공업생산은 64퍼센트로 줄어들었고 그중에서 전력생산은 26퍼센트, 석탄생산은 11퍼센트, 철생산은 10퍼센트로 각각 감소되었다.[33]

한국전쟁이 남긴 또 하나의 직접적 결과는 준전시체제가 항상적으로 지속되게 되었고 따라서 남북한의 군사적 대치로 인한 적대감이 고조되었다는 점이다. 원래 휴전은 군사적 충돌의 정지만을 의미할 뿐 평화체제의 구축은 아니다. 휴전 이후 정치회의 예비회담이나 제네바 정치회담에서 평화체제의 구축이 논의되었지만 이에 성공하지 못함으로써 전쟁은 끝났으나 평화는 구축되지 못한 준전시체제가 지속되었다. 현재에 이르기까지 남북의 군사적 대치는 지속되고 있다.

한편 한국전쟁이 남긴 이상과 같은 직접적인 결과 이외에 한국전쟁이 남북한 각각의 체제 형성에 미친 구조적인 영향을 또한 살펴볼 수 있을 것이다.[34] 한국전쟁을 계기로 북한은 본격적으로 독자적인 사회주의체제를 형성해나갔다. 경제적으로는 생산수단의 사회주의적 개조를 본격화하여 1958년 8월에 사회주의혁명을 완결했고, 전후 복구 과정에서 자립적 민족경제 정책을 추구했다. 정치적으로는 한국전쟁과 전후 복구과정에서 김일성을 중심으로 하는 단일 지도체계가 형성되어갔다. 사상적으로는 자주를 핵심 내용으로 하는 주체사상이 형성되었다. 즉 한국전쟁의 영향 속에서 전개된 혁명과 건설은 북한의 사회주의체제가 독특한 성격을 지니도록 만들었다.

한국전쟁은 남한에도 영향을 미쳤는데, 그것은 경제적으로 남한이 세계 자본주의체제 속에 편입되어 종속적 경제발전을 추구하고 정치적으로 반공체제가 강력하게 구축되도록 만들었다. 요컨대 한국전쟁 이후 남북한은 독자적인 사회체제를 지향해나갔고 따라서 분단은 사회 내부에서도 재생산되었다. 그밖에도 한국전쟁은 동북아 냉전질서를 고착시켰고, 세계적으로도 냉전을 격화함으로써 냉전시대의 본격적 개막을 알렸다.

5. 맺음말

일제지배와 한국사회의 잠재적 균열, 제2차 세계대전의 종결로 인한 세계질서의 재편 및 일제의 패망으로 인한 동북아 질서의 새로운 재편 속에서 관철된 한반도에서의 미국의 이해, 해방 정국에서 남한에서의 좌익세력의 약화 및 분단정권의 수립과 무장투쟁의 실패, 북한에서의 반제반봉건민주주의혁명의 실시와 민주기지 노선에 의한 통일의 추구, 그리고 이러한 모든 요소의 총체적인 구조와 연결 속에서 귀결된 한국전쟁의 발발과 전개 등이 지금까지 개략적으로 살펴본 해방8년사의 내용들이다. 다시 한번 확인할 것은 이 모든 요소가 상호 영향을 미치면서 1945년 해방에서 1953년 한국전쟁의 종결에 이르기까지 해방8년사를 규정했다는 점이다. 개별 주제들은 이들의 총체적인 연관구조 속에서 자기 위상을 지니는 것이다.

이러한 역사의 총체적 구조 속에서 이 역사의 과정을 기본적으로 추동했던 대립축은 무엇인가? 그것은 계급적·민족적 견지에서 새로운 사회를 추구하려 했던 한국 민중들을 한 축으로 하고, 새로운 세계질서 재편과정에서 한반도에서 자신의 제국주의적 이해를 관철하려 했던 미국의 이해를 또 다른 한 축으로 하는 대립이었다고 할 수 있다. 이 기본적인 대립축을 중심으로 각종의 모순들이 결부되어 폭발했던 것이다. 그러나 그 최종적 결과는 한국전쟁을 통하여 분단으로 귀결되었다.

  한국전쟁으로 인한 분단고착화 속에서 분단의 한 세대가 지났다. 그동안 남북한은 상반되는 방향으로 나아갔다. 현재 남북한은 상호 간에 경제적·정치적·이데올로기적으로 상반된 모습을 띠고 있다. 그러나 이제 분단의 세대가 아니라 통일의 새로운 세대가 되어야 하는 현재, 남북한의 이러한 현실적 차이를 바탕으로 하면서도 남북을 통일해야 하는 과제가 우리에게 남겨져 있다.

주 _____

1) 일제하 한국사회에 대한 분석은 일본 자본주의의 영향권 안에 있었던 각 지역의 지위와 역할에 대한 전체적인 조망 속에서 이루어져야 할 것이다. 당시 일본 자본주의의 급속한 발전에서 요구되는 주변의 지위에 대한 설명의 단초는 브루스 커밍스, 『한국전쟁의 기원』(일월서각, 1986), 35쪽을 참고할 것.
2) 소련군이 진주한 북한에서는 일제하 민족해방운동의 각 세력이 좌익세력 중심으로 통합되어갔으나, 그 과정에서 민족주의세력과 일부 국내파 좌익세력이 배제되었다. 반면에 미군정이 실시되었던 남한에서는 우선 초기에 상해 임정세력과 좌익세력 사이의 민족통일전선이 이루어지지 않았고, 다음으로는 좌익세력 내부의 분열상이 노정되었다.
3) 일제하에서의 민족해방투쟁에 참여했던 각 지역의 수많은 인사가 해방 후에 각 지역의 좌익세력으로 나타났던 현상을 밝히는 문제는 대단히 중요하다. 왜냐하면 그것은 일제하 민족해방투쟁과 해방 후 좌익 활동의 관계 정도를 밝혀줄 뿐만 아니라, 해방 후 각 지역 운동가들의 성격을 밝혀줄 것이기 때문이다. 예컨대 해방 후에 경북지역에서 각 지방의 좌익활동을 지도했던 많은 인사는 일제하에서 신간회·학생·비밀결사·적색 농노조 등 민족해방투쟁에 참여했던 인물들이다. 자세한 것은 정해구, 『10월인민항쟁 연구』(열음사, 1988), 37~44쪽을 참고할 것.
4) 이상의 논의에 대한 보다 자세한 설명은 심용옥, 「'해방'과 '전쟁'의 국제정치학」, 『성균』 제40호(1988. 1)를 참고할 것.
5) 이상의 논의에 대해서는 브루스 커밍스, 「한미관계의 경과, 1943~1953」, 『한국전쟁과 한미관계』(청사, 1987)를 참고할 것.
6) 여기에서 우리는 민족적 우익세력으로서 김구세력의 자기모순성을 확인할 수 있다. 즉 계급적으로는 우익세력이면서 민족적으로는 애국세력인 김구세력은 혁명에 대해서는 반대를, 분단저지에 대해서는 찬성을 보여주었던 것이다.
7) 조선공산당의 재건이나 조선인민공화국의 수립에서 박헌영과 여운형이 소련군과 협의를 거치지 않은 것이 분명하다. 그것은 조선공산당 북조선분국의 수립과 북한 측의 인공 부인에서 드러난다.
8) 건준에서 좌익세력이 강화되면서 안재홍 중심의 신간회세력이 이탈했고, 이승만과 임정계열과 일부 한민당계 인사들이 인공에 참여하지 않았다.

9) 커밍스는 이러한 미국의 이중적 전략을 미국의 대외정책 결정에서 국제주의자와 국가주의자 사이의 대립으로 설명하여, 현지사령부인 미군정은 후자의 입장에서 시종일관 분단정책을 추구했다고 보고 있다. 그리고 분단정권 수립 추구의 구체적 방안을 랭던이 1945년 11월 20일 국무성에 보낸 서신의 정무위원회안에서 확인하고 있다(브루스 커밍스, 앞의 책, 제6, 7장). 정무위원회안에 대해서는 같은 책, 244쪽을 참고할 것.
10) 미소공위의 순조로운 전개는 모스크바3상결정에 의한 통일정부의 수립 가능성을 높이는 것이었지만, 그 결렬은 분단정권의 수립 가능성을 높이는 것이었다. 따라서 미소공위의 속개와 결렬은 당시의 정치상황에 직접적으로 영향을 미쳤다.
11) 당시 정치적 상황의 전개와 연관시켜 전평의 노동운동을 살펴본 논문으로는 정해구, 「미군정과 좌파의 노동운동」, 『경제와 사회』 제2호(까치, 1988 봄)가 있다.
12) 장규진, 「1948~50 기간의 남한 내전」, 『성균』 제40집(성균관대학교 교지편집 위원회, 1988), 233~37쪽.
13) 브루스 커밍스·존 할리데이, 『한국전쟁의 전개과정』(태암, 1989), 45쪽.
14) 여순무장봉기를 계기로 이승만정권이 취한 조치들로는 숙군작업, 국가보안법 제정, 학도호국단 설치, 청년단체들 대한청년단으로 합병, 육군 병력의 강화 등을 들 수 있다.
15) 이 두 번째 시기에 나타난 두 특징, 즉 무장유격대의 공세와 조국전선이 발표한 선언서의 통일방안 내용 사이에는 일정한 논리적 부조화가 존재한다. 선언서에 나타난 통일방안의 주요 내용은 남북 정당·사회단체 대표들이 협의체를 소집하고 선거지도위원회를 구성하여 9월에 총선을 실시한다는 것이었다. 그러나 김남식의 연구에 따르면, 조국전선의 평화통일선언서를 접한 노동당 서울지도부는 지방 당에 결정적 시기가 곧 도래하고 인민군이 진격하게 되므로 각 지방당은 정권 접수를 위한 준비를 하라는 지시를 내렸다고 한다(김남식, 『남로당 연구』, 돌베개, 1984, 413쪽). 여기에서 총선 대비와 정권 접수까지 고려하는 유격투쟁의 공세 사이에서 논리적 부조화가 나타나고 있다. 이에 관련하여 북한의 한 자료는 다음과 같이 말하고 있다. "박헌영 도당은 1949년 여름에 '조국이 불원간 통일된다'는 거짓 풍설을 퍼뜨리면서 당원들과 유격대들을 원쑤들의 총부리 앞에 내몰았다"(당 력사연구소, 『조선로동당력사교재』, 조선로동당 출판사, 1964, 240쪽).
16) 박헌영·남로당 노선에 대한 총체적인 평가에서 두 개의 경향성이 존재한다. 그

하나는 좌경적·모험주의적 지도에 대한 비판적 견해이며 다른 하나는 이들의 주체적 측면보다는 당시 남한사회가 처하고 있었던 객관적 상황, 특히 미·소의 규정성을 중시하는 견해다. 그러나 실제로 밝혀야 할 것은 구체적 사실에 근거한 객관적 상황의 규정성과 주체적 대응의 상호관계 속에서 양자의 비중 정도를 명확히 하는 것일 것이다. 박헌영·남로당 노선에 대한 평가의 두 경향성을 대표적으로 보여주는 논문으로는 이미숙, 「박헌영·남로당에 대한 비판을 비판한다」(『역사비평』제5호, 역사문제연구소, 1987 여름)와 정병준, 「박헌영·남로당 노선 무엇이 문제인가」(같은 책)가 있다.

17) 민주기지(혁명기지)란 "혁명하는 나라의 한 지역에서 승리한 혁명을 공고히 하여 혁명의 전국적 승리를 담보하는 책원지"를 말한다(김남식, 「북한문제 입문」, 『연세』 24, 1986, 73~75쪽).

18) 한국전쟁 이전까지 민주기지 내용의 변화를 살펴본 논문으로는 小此木政夫, 「민족해방전쟁으로서의 한국전쟁」, 『한국전쟁』(청계연구소, 1986), 제4장 '공산주의자—민주기지론'이 있다. 민주기지 노선의 실제적 내용 변화에 대한 깊은 연구는 현재로서는 자료의 한계상 제대로 이루어지지 않은 상태다. 따라서 다음에서 제시되는 내용은 여전히 가설적인 성격을 지니며 보다 심화된 연구를 요한다. 여기에서 서술한 민주기지론의 내용 변화에 대해서는 당 력사연구소, 『조선로동당 약사』 I(돌베개, 1989)과 과학원 역사연구소, 『조선통사』 하(오월, 1989), 그리고 당 력사연구소, 『조선로동당력사교재』 등의 해당 부분을 참조했다.

19) 브루스 커밍스·존 할리데이, 앞의 책, 53~56쪽.

20) 커밍스는 애치슨의 내셔널 프레스 클럽 연설이 한국과 대만을 미국의 극동 방위선에서 제외하기 위한 것이 아니라, 공산주의자들의 위협과 장개석·이승만 등과 미국 내부 반격주의자들의 주장을 동시에 견제하기 위한 봉쇄 구상이며, 특히 한국은 NSC68로 표현되는 미국의 재군비를 촉진하기 위한 '노출된 거점'으로서 상정되고 있었다고 주장한다.(브루스 커밍스, 「한국전쟁과 애치슨 발언」, 『창작과비평』, 1989 여름.)

21) 주 20에서 설명한 커밍스의 견해가 함정설을 시사하고 있다.

22) 이러한 주장을 뒷받침해주는 견해로는 조이스 콜코·가브리엘 콜코, 「미국의 세력전략과 한국전쟁」, 『미국의 세계전략과 한국전쟁』(청사, 1989), 제3장 '제한전쟁으로서의 한국전쟁'을 참고할 것.

23) 한국전쟁 시 북한에 취했던 점령정책에 대해서 자세한 것은 김주환, 「한국전쟁과

인민민주주의혁명」, 같은 책과 권영진, 「북한의 남한 점령정책」, 『역사비평』 계간 5호(역사문제연구소, 1989 여름)를 참고할 것.
24) 당 력사연구소, 『조선통사』 하, 412쪽.
25) 브루스 커밍스·존 할리데이, 앞의 책, 95쪽.
26) 같은 책, 115쪽.
27) 북한 측 자료에 따르면 신천군에서만 3만 5,838명이 학살당했다.(사회과학원 력사연구소, 『조선전사』 26권, 과학백과사전출판사, 1981, 130~32쪽.)
28) 브루스 커밍스·존 할리데이, 앞의 책, 130쪽.
29) 휴전 교섭과정에 대한 자세한 과정은 정해구, 「휴전회담 교착과 미국의 전략」, 『역사비평』 계간 5호를 보라.
30) 스톤, 『비사 한국전쟁』(신학문사, 1988), 321~24쪽.
31) 정확한 숫자는 자료마다 다르다. 따라서 인명피해에 대한 정확한 정도를 파악하는 일도 남겨진 연구과제다. 여기의 통계는 브루스 커밍스·존 할리데이, 앞의 책, 203쪽을 참고했다.
32) 이대근, 『한국전쟁과 1950년대의 자본축적』(까치, 1987), 104~05쪽.
33) 김한길, 『현대조선역사』(일송정, 1988), 339쪽.
34) 자세한 내용은 박찬표, 「6·25 직후의 북한과 남한」, 『역사비평』 계간 5호를 참고할 것.

2

8·15 이후 좌·우익 청년단체의 조직과 활동 | 류상영
분단의 구조화 과정과 한국전쟁 | 김명섭

8·15 이후 좌·우익 청년단체의 조직과 활동

류상영

1. 머리말

 8·15 직후는 일본 제국주의의 총독부 지배권력이 붕괴됨으로써 생긴 권력의 공백 속에서 다양한 계급들과 그들을 대변하는 수많은 정치 조직·사회단체가 스스로 권력을 창출하여 자기들의 이익과 당면목표를 관철하기 위해 치열한 대립과 직접적인 투쟁을 연출했던 실로 정치의 시기였다. 또한 이 시기의 정치과정은 첨예한 계급적·이데올로기적 대립과 투쟁이 민족적인 과제의 해결이라는 원칙적인 수준에서 발전적으로 해소·극복되지 못하고 각종 물리력을 갖춘 주요 조직·단체·국가기구들에 의하여 가장 폭력적인 방법으로 불완전하게 미해결·보류되어갔던 폭력적 재편의 과정이었다.
 이와 같이 일제의 지배질서가 무너진 후 진행된 변혁의 과정에는 새로운 사회의 건설을 지향하는 국가건설의 과제가 제반 민족적·계급적 과제를 응축한 채 현시적인 당면목표로 대두되었는데 여기에는 당시 한국 사회 내의 대립적 계급의 힘관계뿐만 아니라 그 사회를 점령 또는 해방한 새로운 외적 요소의 대립구조가 외부적 규정으로서 중요한 작용을 하게 되었다. 즉 아래로부터 분출된 엄청난 정치변혁의 압력과 이에 대응하여 위로부터의 복잡하고 긴장된 정치과정이 당시 한국 사회 전반의 역학관계를 온전히 반영한 채 미군정의 지배 아래 국가권력의 장악을 둘러싸고 일관되게 전개되어나갔던 것이다.

이 글에서 다루게 될 8·15 이후 좌·우익[1] 청년단체는 이상과 같은 맥락에서 그 의의를 찾을 수 있다. 즉 당시의 좌·우익 청년단체는 각 정당 및 통일전선체의 하부조직 혹은 외곽단체로서 계급적·이데올로기적 헤게모니와 국가권력의 창출·장악을 둘러싸고 전개된 이들 정치·사회세력들의 정치투쟁의 가장 전면에 서서 이들 간의 힘관계를 적극적으로 변화·역전시켜나갔고 궁극에는 어느 정치·사회세력이 국가권력을 장악하게 될 것이고 그 국가는 어떤 형태와 내용을 담게 될 것인가를 결정지어줄 가장 핵심적인 행위자 가운데 하나였다. 물론 당시 좌·우익 청년단체의 힘관계의 변화과정이나 그것의 성격은 역으로 당시 대립적인 정치투쟁구도와 이의 변화를 가장 상징적으로 드러내주는 시금석이기도 했다.

구체적으로 8·15 직후 한국 사회에 나타난 정치투쟁의 구도와 사회경제적 기반이 청년단체의 형성배경으로 다루어질 것이고, 좌·우익 청년단체의 기본적인 계보와 이의 전개과정에서 나타난 몇 가지 정치사적 의미와 특성이 확인될 수 있을 것이다. 이를 바탕으로 좌·우익 주요 청년단체의 조직과 활동이 밝혀지겠는데, 각 단체의 행동강령·설립취지서 등에서 이들이 설정하는 정치활동의 내용과 방향이 확인될 수 있을 것이고, 중앙 및 지방조직 주요 간부 및 회원 등을 통해서 이들의 조직적 성격을 살펴볼 수 있을 것이며, 주요 정치과정에 대응한 이들의 정치활동을 통해서 이들의 정치적 성격과 민중과의 구체적 관계가 도출될 수 있으리라 본다. 마지막으로 이들의 역할을 통해서 이들이 갖는 분단사적 의미도 확인되어야 할 것이다.

기본적으로 이 연구는 8·15 이후 한국 민중과 미군정 사이의 직접적 대립 그리고 이의 반혁명으로의 귀결이라는 한국현대사의 총체적 맥락을 논의의 바탕으로 하고 있고, 아울러 현재 한국 사회의 역사적 원형을 이룬 8·15 이후 역사를 규명하는 작업의 하나임은 두말할 나위도 없다.

2. 8·15 직후 한국 사회와 청년단체의 형성 배경

1) 8·15 직후 정치투쟁의 구도

1945년 8월 15일 정오, 히로히토(裕仁) 천황의 항복방송은 곧 일본 제국주의의 식민지 지배기구의 붕괴를 알리는 것이었고 한국 민중의 폭발적인 사회세력화를 예고해주는 서곡이었다. 1945년 9월 8일 미 제24군단 사령관 하지(John R. Hodge) 중장과 함께 인천에 상륙했던 미국의 한 저널리스트의 표현대로 "실로 수십 년 동안 잊어버렸던 한국인들의 정치에 대한 자기 표현이 금일에야 비로소 봇물처럼 도래"[2]했던 것이다. 당시 남한에서 석방된 항일 애국투사들의 숫자는 합계 1만 6천 명이나 되었다. 서울에서만 1만 명이었으며 대구에서는 1,600명이 출옥했다. 그뿐만 아니라 한인 사병 약 1만 5천 명이 일본 군대에서 제대하여 귀국했는데 그 가운데 상당수는 강제징집되었던 청년·학생들이었다.[3] 일제의 억압적인 족쇄가 풀린 후 한국 사회에는 제어할 수 없는 혁명적 상황이 초래되게 되었던 것이다. 이와 같은 상황은 우선적으로 일제 지배기구의 잔존세력에 대한 민중의 공격이라는 형태로 나타났는데, 대표적인 경우는 표 1에서와 같이 경찰 및 관리에 대한 공격이었다.

민중의 경찰에 대한 대응은 경찰서 습격·접수 등에서 경찰관과 그의 가족에 대한 살상에 이르기까지 대부분 직접적인 충돌과 유혈사태를 수반하는 것이었다.

이와 같은 상황 속에서 남한의 각 정치세력들은 서로의 계급적 이해를 기초로 하여 광범위한 민중을 장악하기 위한 정치적 조직화를 시도하고 그러한 목표의 최종적 관철이 되는 국가권력 획득을 위한 정치투쟁 구도를 형성하게 된다. 이러한 정치적 조직화의 위로부터의 최초 시도가 건국준비위원회의 결성이었다.

건국준비위원회는 조선총독부 엔도(遠藤柳作) 정무총감이 여운형에게 정권을 이양함으로써 조직되게 되었다. 총독부 당국으로부터 교섭을 받기 전에, 여운형은 민족통일전선을 구축하기 위해 8월 12일과 13일에 송진우

표 1   조선 내 사고발생건수(1945. 8. 16~8. 25)[4]

사건내용 \ 사건날짜	16	17	18	19	20	21	22	23	24	25	계
경찰관서에 대한 습격·점거·접수 요구	12	38	39	17	34	4	3	2	0	0	149
총기·탄약 탈취	1	12	12	12	3	1	0	0	0	0	41
일본인 경찰관에 대한 폭행·협박 등	3	19	16	13	9	0	6	0	0	0	66
조선인 경찰관에 대한 폭행·협박 등	4	21	26	32	24	2	1	1	0	0	111
군·면 기타 일반 행정관청에 대한 습격·점거·파괴	4	26	23	12	10	6	4	1	0	0	86
조선인관리에 대한 폭행·협박·약탈	3	28	44	7	12	13	2	0	0	0	109
조선인에 대한 폭행·약탈·협박	0	0	50	2	1	4	2	1	0	0	60
신사·봉안전에 대한 방화·파괴	21	25	27	14	45	3	1	0	0	0	136
일본인에 대한 폭행·약탈·협박 등	11	8	21	10	11	7	12	0	0	0	80
기타	5	12	20	16	16	2	2	2	0	1	76
계	64	189	278	135	165	42	33	7	0	1	914

자료: 森田芳夫·長田かな子 編, 『朝鮮終戰の記錄』 資料編 第一卷(東京: 巖南堂書店, 昭和 54 年), 13쪽.

측에 건국 준비를 위한 활동에 협력하기를 제의했으나, 양측의 의견대립으로 결렬되었다.[5] 여운형 측은 ① 일제는 이미 포츠담선언에 따라 무조건 항복이 결정되었으므로 조선민족이 자주·자위적으로 당면한 보안·민생문제를 위시하여 주권확립에 매진할 것, ② 국내에서 적과 항쟁하던 인민대중의 혁명역량을 중심으로 내외지 혁명단체를 총망라하여 독립정부를 수립할 것을 주장했고, 송진우 측은 ① 왜정이 완전히 철폐될 때까지는 그대로 있을 것이며 총독부가 연합군에게 조선정권을 인도하기 전까지는 독립정권을 허용하지 않을 것이므로 함부로 움직이지 말 것, ② 중경에 있는 임시정부를 정통으로 환영·추대할 것을 주장했다.[6]

결국 송진우를 중심으로 한 보수세력을 포섭하지 못한 채 여운형을 중심으로 각 세력을 망라한 조선건국준비위원회가 8월 15일 밤부터 조직에 착수했다. 아울러 장권을 대장으로 하는 건국치안대가 8월 16일 창설되어 약 2천 명의 청년과 학생이 동원되고 100명 이상이 지방치안대 조직을 위해 지방으로 파견되었으며 치안대 지부가 전국에 걸쳐 162개소에 설치되었다.[7] 이 당시 청년·학생을 중심으로 구성된 대부분의 치안단체들은 처음에는 치안대본부 산하에서 절충적으로 활동했으나, 점점 중앙정치에서의 좌우분열과 이의 지방수준으로의 확산이 이루어지면서 각각 좌익 혹은 우익 정치조직으로 분립되어나갔다. 건준의 지방조직은 8월 말까지 전국을 통하여 145개소에 설치되었고,[8] 그 후 중앙조직의 알력에도 변함없이 활동하다가 9월 7일 조선인민공화국이 탄생하자 건준의 발전적 해소로 인민위원회로 개편하게 되었다. 이 인민위원회 조직은 치안대 조직과 더불어 치안의 유지, 물자의 확보, 교통의 복구, 일제 잔재의 구축 그리고 소작료 3·7제 운동 등의 활동을 통하여 행정기관을 접수하고 이를 운영하기로 했다.[9] 지방인민위원회의 구성비율과 그 영향력 정도를 보면 표 2와 같다.

한편 8·15 정국의 주도권을 선점한 조선공산당·건준·인공 등의 조직적 활동에 대항하기 위하여 우익진영의 지도자들이 미군의 진주와 때를 맞추어 9월 16일 조직한 정당이 한국민주당이다. 한국민주당은 고려민주당(원세훈), 조선민족당(김병로, 백관수, 원세훈), 한국국민당(백남훈, 윤보선), 국민대회 준비회(송진우, 서상일), 중경 임시정부 및 연합군환영 준비위원회 등의 우익정치세력이 집결하여 결성되었고 임정 절대지지와 건준 및 인공 타도 등의 기치를 내건 바 있다.[10] 인공과 같은 적극적이고 호소력 있는 강령, 월등한 조직력, 한국민들 사이에서 지지를 확보할 기회를 갖지 못했던 한민당으로서는 진주하는 외국세력에 의존하는 길 이외에 다른 선택의 여지가 없었다.[11]

결국 무수히 족출한 이 시기의 정치조직들은 당시 한국 민중에게 제기

표 2 해방 직후 지방정치조직의 구성비율과 그 영향력의 정도

	총군수(A)	조직군(B)	B/A(%)	지배적군(C)	C/A(%)
경기	21	19	90	6	29
강원	12	10	83	4	33
충남	14	33	93	9	64
충북	10	7	70	3	30
전남	21	21	100	14	66
전북	14	14	100	7	50
경남	19	19	100	16	84
경북	22	22	100	8	36
제주	1	1	100	1	100
총계	134	126	94	68	51

자료: 서울대 인문대 한국현대사연구회, 『해방정국과 민족통일전선』(세계, 1987), 89쪽.

된 민족적·사회적 과제를 근본적인 변혁운동에 의해 극복·해결할 것인가 아니면 현상의 유지 또는 부분적 개혁을 통하여 미해결·보류할 것인가 하는 궁극적인 운동의 방향에 따라서 혁명 진영과 반혁명 진영의 두 세력으로 분열·대립해가게 되었던 것이다.

2) 미군정의 현실인식과 대한정책

8·15 직후 한국 사회에 대하여 미군정이 어떻게 인식했는가는 앞으로 시행될 제반 정책의 바탕이 될 뿐만 아니라 결국에는 어떤 세력이 국가형성을 주도하게 될 것인가를 결정해주는 배경이 된다. 1945년 9월 7일 태평양 방면 미 육군총사령관 맥아더 장군은 「조선인민에게 고함」[12]이라는 포고 제1호를 발표했다. 여기서 점령의 조건을 명시했는데 포고 제2조의 내용을 보면, "정부, 공공단체 및 기타 명예직원과 고용인, 또는 공익사업, 공공위생을 포함한 전 공공사업기관에 종사하는 유급 또는 무급직원과 고용인 그리고 기타 제반 중요한 사업에 종사하는 자는 별명이 있을 때까지

종래의 정상기능과 업무를 수행할 것이며 모든 기록 및 재산을 보호·보존하여야 한다"는 것이었다. 또한 항복문서 제2조 5항에서는 "관계 문·무관은 연합국 군최고사령관 또는 그 권력에 의하여 특히 그 직을 면치 않는 한 모든 현직에 머물러 비전투사무를 수행할 것"13)을 명령한 바 있다. 결국 "항복조건을 실시하기 위하여 필요하다고 인정되는" 점령조치를 취하기 시작한 것이다. 한편 진주 직후 미군정은 남한을 "점화되기만 하면 즉각 폭발할 화약통"이라고 묘사했고 "정치정세 중 가장 고무적인 유일한 요소는 연로하고도 보다 교육받은 한국인들 가운데 수백 명의 보수주의자가 서울에 존재"14)하는 사실이라고 인식했다. 미군정은 그들 가운데 많은 수가 일제에 협력했지만 그러한 오명은 결국 사라질 것이고, 이러한 인사들은 '임시정부'의 환국을 지지하고 있으며 비록 다수를 구성하고 있지는 않더라도 아마 가장 규모가 큰 단일그룹일 것이라고 분석했다. 또한 미군정은 며칠 지난 후 "서울 및 남한 지역은 현재 정치적으로 두 개의 선명한 그룹으로 나뉘어 있음"을 인식했다. 즉 "하나는 소위 민주주의적 혹은 보수적 세력으로 그 구성원의 상당수는 미국 또는 한국 내의 미국계 선교기관에서 교육받은 전문적 교육계 지도자들로 이루어져 있었고 정강과 정책 가운데서 서구민주주의를 이승만 박사와 중경 '임시정부'의 조기환국을 희망"하고 있었고, "다른 하나는 급진적 공산주의 그룹인데 이 그룹은 중도좌파에서부터 급진파에 이르는 다양한 사상적 경향을 갖고 있는 몇 개의 소규모 분파들로 이루어져 있었으며 가장 목소리가 큰 편이고 지도력을 발휘하고 있는 듯하다"15)는 것이었다.

이와 같은 인식 아래 미군정이 남한에서 취한 정책은 제2차 세계대전 이후 미국의 아시아 개입정책의 전형을 보여주는 것이었다. 즉 "첫째, 공산주의를 선택하는 것은 막아야 한다. 둘째, 미국이 지원하는 지도자들은 '분별 있는' 사람이어야 한다. 셋째, 그러한 의미에서 일단 반공적 지도자에 대한 군건한 결단이 내려지면 그 지도력을 공고히 하기 위한 과정이 당연히 뒤따라야 한다. 그 반대자들은 공산주의자든 아니든 추방되고 억압되고 정치권력에의 참가가 거부된다."16) 달리 말하면 8·15 직후 한국에 대한 미국의 정책은 "공산주의에 대한 방패제를 구축하는 것"[17]임과 동시에 남한사회 내 혁명적 조건에 대한 방패제를 구축하는 것이었다.

미국인들은 8·15 직후 한국 사회를 "혼돈이란 일언(一言)으로, 또 하지 중장이 일본인을 행정요직에 2개월 동안이나 잔류시키지 아니하면 안 될 형편이었다는 사실로써 표현했다. 그러나 하지 장군이나 맥아더 원수는 한국은 피정복국이 아니라는 것을 잊어버리고 있었다."[18] 이러한 인식논리는 상륙 일주일 전 자신의 대리인인 해리스(Charles Harris) 준장에게 하지가 보낸 정책설명서에 나타나는데, 이것의 내용과 관련하여 미군정의 한 고위 장교는 다음과 같이 술회했다.

하지는 한국을 일본제국의 일부로서 우리의 적이며 따라서 항복조건을 준수해야 하며 우리 군대는 이런 조건들의 준수를 위해 한국에 상륙하는 것이라고 말했습니다. 또한 적어도 초기에는 일본인 행정기구를 그대로 운영할 필요가 있으며 이 기간 중 일본인 기구를 한국에서의 합법적인 정부로 인정할 것이라고 말했습니다.…… 우리는 해방군이 아니었습니다. 한국인들에게 항복조건을 강제하기 위한 점령군으로서 이곳에 진주한 것입니다. 따라서 첫날부터 한국사람을 적처럼 대했습니다.[19]

8·15 직후 한국 사회에 대해서 미군정이 이와 같이 인식한 데는 일본인 정보제공자의 역할이 또한 컸다. 이렇게 해서 형성된 미군정의 인식은 미군정의 초기 몇 가지 정책에도 그대로 반영된다. 한민당에 대한 미군정 정보국(G-2)의 분석을 예로 들면, 9월 11일에 G-2 책임자 니스트(Cecil Nist) 대령은 서상일·설의식·김용무 등과 회담이 있은 후 이들에 관하여 "널리 알려져 있으며 존경받는 기업가들로서 지도자들이다"고 기록하고 한민당에 대하여도 "한국의 일반대중을 가장 잘 대표했으며 가장 많은 수의 보수분자들을 보유하고 있다"[20]고 보고했다. 일주일 후 G-2는 다시 한민당은 "주요 정당으로서 목적에서는 보수적이고 한국인민의 대다수를 대표하는 정당"[21]이라고 결론지었던 것이다. 이러한 인식논리는 10월 5일

11명의 군정장관 고문관을 뽑는 데도 그대로 반영되었다. 즉 위원장에는 김성수가 선출되었고 나머지 고문관들도 대부분 한민당 당원들이었던 것이다.[22] 미국이 제2차 세계대전 중 점령할 영토에 대하여 공식화한 정책들은 일본 및 독일의 패망과 더불어 정권을 장악할 것으로 보이는 다양한 저항운동체의 성격에 따라 달라졌다. 즉 "네덜란드령 동인도제도에 있어서처럼, 새로운 국가의 경제적 자산을 구식민지 종주국의 손으로부터 미국의 손으로 이전시켜줄 가능성이 높은 보수적 민족주의 세력이 다른 저항세력 보다 우세한 경우에는 워싱턴은 반식민주의 입장을 취했고 독립에 찬성했다. 그 반면 한국과 인도차이나에 있어서처럼, 좌익이 저항세력을 지배하고 대중적 기반을 갖고 있다고 판단되는 곳에서는 미국이 신탁통치나 혹은 '해방된' 식민주의의 지속을 원했다."[23] 이러한 정책은 '군사적 승리가 해당 지역의 국가권력 장악 여부를 좌우한다'는 국가이익 우선주의의 정책논리를 바탕에 둔 것이다.

결국 이러한 정책논리에서 미군정이 결정한 점령군의 활동목표는 다음과 같이 간추려진다. 즉 "① 남한에 군대를 창설하고, ② 남한에서의 '완전한 주도권의 장악'을 이룩하기 위하여 경찰을 증강하며, ③ 우익 정치집단과의 동맹을 강화하며, ④ 앞에 든 세 가지의 궁극적인 귀결로써 좌익을 억압한다."[24] 이러한 점은 하지의 개인적 견해에도 드러나는데, 하지는 "솔직히 말하면 우리들의 초기 임무 중의 하나는 외부의 어떤 지시와도 상관없이 또한 합동참모부나 국무성의 지시가 없더라도 공산정부(인공)를 분쇄하는 것이었다"[25]고 말한 바 있다.

위와 같은 점령정책의 목표하에서 좌·우익 청년단체와 관련하여 미군정은 한편으로는 스스로 치안을 담당했던 사설단체에 대하여 해산명령을 내린 바 있고 다른 한편으로는 억압적 물리력의 확장의 일환으로 우익청년군(Rightist Youth Army) 조직을 제의한 바 있다. 예컨대 강력한 물리력을 갖춘 청년 중심의 각종 사설 군사단체에 대한 대응으로서 이들을 국가기구 안으로 입대시키든지 아니면 해체해버리기 위한 계기를 모색하던 미군정은 1946년 1월 21일 군정법령 제28호(제3조: 여하한 자와 단체라도 여하한 종류의 경찰·육해군 군사활동의 소집, 훈련, 조직, 준비 및 경무·군무국의 관할에 속하는 행동을 행사치 못함[26])를 발표하여 사설 군사단체의 즉시 해산을 명령했다. 이리하여 30여 개 군사단체는 스스로 또는 강제적으로 해산했고 그중 "우익단체는 대부분 축차적으로 국방경비대에 들어오게 되었다."[27] 한편 1946년 10월 하지는 맥아더에게 보낸 메시지에서 "점령군 및 경찰을 증대시키고 지원할 목적으로 우익청년군을 구성"[28] 해야 한다고 주장했다. 이에 극동국장 빈센트(John Carter Vincent)는 현 상황에서 한국에 우익청년군을 조직하는 일은 적합하지 못하며 대신 군과 경찰을 강화해야 될 것이라고 말했다.[29] 하지만 하지는 그의 주장을 관철하게 되고 미국무성도 이에 따르게 된다. 이후 우익청년단체와 억압적 국가기구의 협조관계는 조직적이고 공식적인 수준으로 강화되어나가게 됨을 볼 수 있다.

이 같은 미군정의 현실인식과 정책은 미군점령기 전체를 통하여 좌·우익 청년단체의 정치투쟁과 대립국면에 줄곧 반영되어 이들 좌·우익 청년단체에 대한 탄압 및 지원 강화 등의 형태로 구체화되어나간다.

3) 청년단체 형성의 사회경제적 기반

8·15 직후 광범위하게 존재했던 실업자군과 해외로부터, 특히 38선 이북으로부터 넘어온 많은 유입인구의 존재는 당시 좌·우익 청년단체 형성의 사회경제적 기반이 되었다.

일제의 전시공업화정책으로 노동자수가 급격히 증가했는데, 1943년 6월 조선 내 5인 이상의 공장노동자수는 39만 2,953명에 이르렀으며 1944년 현재 공장노동자에 광산노동자와 토건노동자를 합친 조선의 전체 노동지수는 212만 2,374명에 달했다.[30] 하지만 8·15 직후 공장수와 노동자수에서 급속한 감소현상이 일어난다. 1947년 3월을 기준하여 남한의 공장수·노동자수의 감소 상황을 보면 표 3과 같다.

이러한 감소현상은 악성 인플레이션하의 실질임금의 저하와 더불어 실업의 만연과 광범한 실업자군 배출을 의미하는 것인데, 1946년 8월 현재

표 3　　　남한 공장, 노동자수의 감소 상황(1947년 3월 기준)

	1943년	1947년	감소수(명)	감소비율(%)
공장수	10,065	4,500	5,565	55.3
노동자수	257,393	135,979	121,414	47.5

자료: 이상록, 「마비된 공업의 현상」, 『조선경제』 3권 2호(1948. 4), 25쪽.

에 배출된 실업자수는 상무부 광공국 조사에 따르면, 공업 7만 5,306명, 운수 1만 7,450명, 광업 13만 3,120명, 사무 5만 2,103명, 기타 70만 2,177명 등으로 총계 98만 156명에 이르렀다.[31] 또한 조선은행 조사부 통계에 따르면 1946년 11월 15일 현재 남한 실업자 총수는 약 110만 2천 명으로 그 중 전재에 의한 것이 57.8퍼센트인 63만 7천 명에 달하고 그외에는 대부분 기업의 도태와 조업단축에 따른 것이라고 볼 수 있다.[32] 한편 미군정청의 통계에 따르면 1946년 3월의 남한 실업자수는 160만이나 된다고 하고 있다.[33] 또 직장을 가지고 있더라도 그것으로 생계를 이루지 못하는 노동자와 농촌 과잉인구들의 반실업자군은 수백만에 달했다.

한편 1945년 8월 이후 해외와 38선 이북으로부터 많은 수의 인구유입이 있게 되는데 1946년 8월까지 일본, 만주, 38선 이북 등 전 지역으로부터 유입된 인구수는 미군정 정보국의 통계에 따르면 186만 1,390명이고,[34] 1945년 9월에서 1948년 1월까지 약 2년 5개월간에 걸쳐 이북에서 넘어온 인구수만 보면 약 80만 3천 명이나 된다.[35] 8·15 이후 1946년 8월까지 38선 이북으로부터 유입된 인구의 월별 추이를 보면 표 4와 같다.

이 같은 유입인구의 월남동기는 대개 적극적 월남파와 소극적 월남파로 대별되는데, 적극적 월남파는 반공인사들과 친일경력자, 대지주, 자본가, 종교인 등 숙청리스트에 자동적으로 오른 사람들이었고, 소극적 월남파에는 서울 정세를 잠시 살펴보려던 회의주의적 지식인, 수업과 대학진학을 위해 상경한 학생들, 친척방문이 불가피한 사사로운 목적의 사람들, 물품 매매를 도모하는 거래상인들이 포함되었다.[36] 여기서 특히 우익 청년단체의 주요 구성원이 되는 사람들은 적극적 월남파에 속한다고 볼 수 있는데,

표 4   이북으로부터의 유입인구 상황(1945. 12~1946. 8)

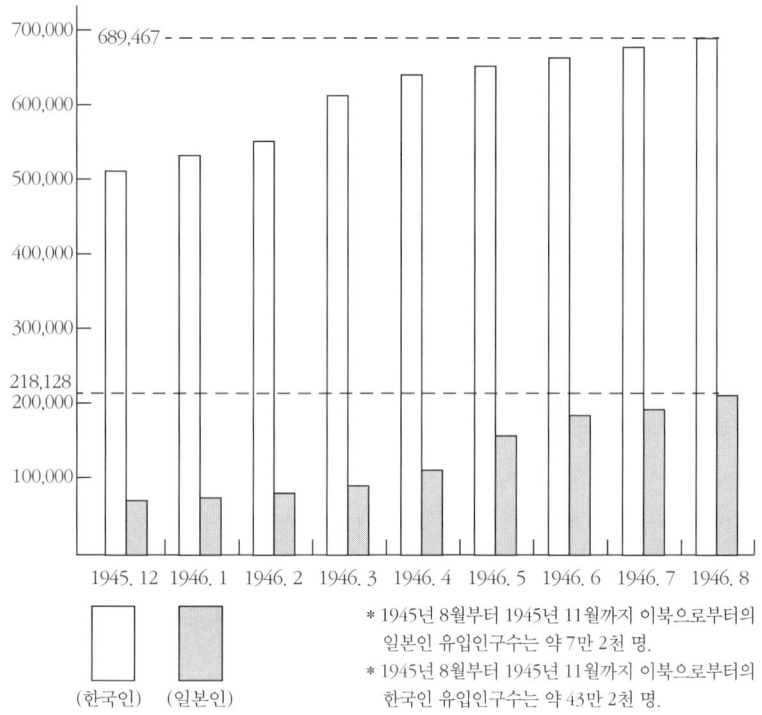

이들은 대체로 당시 "북한에서 진행된 제반 민주개혁을 반대하고 남한으로 도망하여온 자"[37]로 평가되었다.

  이처럼 실업이 극도화된 상태에 유입된 수백만 이재민은 다시 그들의 노동과 기술을 가지고 새로운 직장을 구할 가능성이 없이 자유노동자, 노점상, 지게꾼, 구루마꾼 등으로 연명하며 결국은 룸펜화하고 만다.[38] 이러한 광범위한 실업자군의 존재는 청년단체 형성에 하나의 기반이 되었고[39] 많은 '가두청년'을 만들어내게 된 경제적 조건이 되었던 것이다.

3. 좌·우익 청년단체의 계보와 전개과정

1) 좌익 청년단체

좌익 청년단체는 조선공산당 및 남로당의 외곽단체로서 존재했는데, 이는 기본적으로 광범위한 청년층을 기반으로 한 청년대중조직으로서의 성격을 가진 것이었다. 이들은 그들의 상부조직인 전위당 및 전선체의 정치노선과 조직노선을 따르면서 객관적인 조건의 변화나 투쟁국면의 전개에 따라 다양한 내용과 유형의 투쟁을 전개해나갔다.

우선 좌익 청년단체의 계보를 간략히 살펴보면 표 5와 같다.

해방 직후인 8월 18일 조직된 조선공산주의청년동맹은 장안파 공산당의 후비대였다. 이 장안파의 청년조직은 뒷날 재건파 조선공산당 산하로 흡수된다.[40] 이 동맹의 위원장인 권오직(權五稷)은 1925년 제1차 조선공산당 산하 고려공산청년회(책임비서 박헌영) 중앙위원회 추천으로 모스크바 동방노력자 공산대학(일명 스탈린대학)에 유학한 20여 명의 청년 중 한 사람으로, 1946년 10월 이후에는 해주에 있는 박헌영의 비서를 지낸 사람이다.[41] 8·15 직후의 공청은 일제강점기 4차 조선공산당까지의 고려공산청년회 조직에 그 시원을 두고 있다. 박헌영은 「8월테제」(현정세와 우리의 임무)에서 청년운동을 일으킬 것을 주장했는데, 지금까지의 소부르주아적 가두층을 중심으로 한 운동으로부터 방향을 전환하여 노동청년과 농민청년을 중심으로 한 일반근로청년 운동을 전개하지 않으면 안 된다고 하여 청년운동의 기본방향이 근로청년운동의 전개에 있음을 강조하고 그 당면과제로서 "청년들에게 교양사업을 자기과업으로 삼는 동시에 극구에는 프롤레타리아트의 해방투쟁을 지지하는 임무를 가진 공산청년운동을 전개하는 것"이라고 지적했다. 그리고 "공산청년동맹은 노동청년, 농민청년, 학생, 인텔리 청년 등 일반청년대중을 포함한 대중적 단체를 지도하며 광범한 청년대중운동을 투쟁적으로 혁명적으로 나가게 하고 일반청년대중을 자기 영향 밑에 끌어넣어야 한다"고 함으로써 공산청년동맹이 청년운동을 혁명적으로 주도해나가야 한다고 했다. 또한 사상과 주장을 달

표 5　　　　　　　　　　좌익 청년단체의 계보

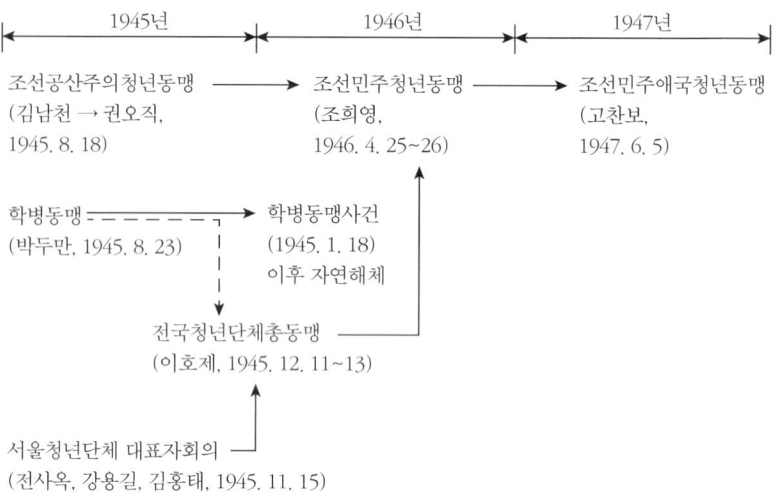

리하는 청년단체들과의 관계에 대해서는 "민족개량주의 청년단체(천도교 청년당)와 반동적 청년단체(고려청년당) 내부에서 활동을 게을리해서는 안 된다. 공산청년동맹은 진보적·투쟁적 청년단체와 민족개량주의 청년단체와의 행동 통일을 주장하고 통일전선을 결성하여야 하나 그것은 결코 민족개량주의 청년단체 지도자들의 개량주의적 타협주의와 합류를 의미하는 것이 아니며 또한 그들의 개량주의적 반동성에 대해 비판을 포기한다거나 그것을 폭로하는 전술을 중지함을 의미하지는 않는다"고 지적하면서 그들과의 통일전선을 형성하지 않으면 안 된다는 것을 강조했다. 청년운동에서 무엇보다도 노동청년·농민청년 등 근로청년들을 의식화·조직화하는 데 역점을 두고 그를 점차 공산청년동맹으로 발전시켜나가야 한다고 하는 방향제시는 공산청년동맹이 공산당의 후비대라는 공산주의 이론에서 볼 때 당연한 주장이라고 할 수 있다.[42] 이같이 제시된 청년운동의 방향은 이후 좌익 청년단체의 결성·해체·개편에 주요 원칙이 된다.

　좌익 청년단체의 계보와 전개과정은 대체로 4단계로 나누어볼 수 있다. 제1단계는 8·15 직후부터 전국청년단체총동맹이 결성되기까지의 시기에 해당한다. 이 시기에는 주로 각 지방에서 진보적 청년들이 건준지부 및 인민공화국의 인민위원회에 참여하여 보안대 혹은 치안대 등의 다양한 이름 아래 자발적인 치안유지 기능을 담당했다. 이들은 미군정의 통치체계가 지방에까지 완전히 확립되기 이전에 지방의 치안과 자치 그리고 행정업무를 자임했는데, 예컨대 전라남도 나주군의 경우 박공근(朴恭根)을 치안대장으로 하여 20대 청년들로 구성된 치안대가 중앙과 연계 없이 자발적으로 치안을 담당하고 이후 치안대는 경찰로 개편 나주경찰서를 보안서로 개칭하여 사무실로 사용하고 각 읍면 주재소를 접수한 바 있다.[43] 이 당시 「G-2 보고서」에는 "나주 경찰서장과 영산포 주재소장이 모두 인공의 회원들로서 그들의 정치조직을 확장하는 데 자신들의 지위를 최대한 이용하고 있었기 때문에 이들에게 해임을 명령했으나 무시했다"[44]고 쓰여 있다. 이처럼 8·15 직후에는 자발적인 청년조직들에 의한 일제 잔재 청산과 친일파 제거 주장이 매우 지배적으로 대두되었기에 이에 대항할 우익 청년조직의 움직임은 활발하게 전개되지 못했다. 이 같은 자발적인 청년단체와 달리 중앙에서는 조선공산당 산하의 조선공산주의청년동맹(공청)이 재건·결성되어 민주주의 과업 수행에 전진할 것을 표명하고 전국적인 조직사업을 시행하게 된다. 공청의 구체적 조직과 활동은 밝혀지지 않았으나 당시 그들의 국가건설에 임하는 입장은 확인할 수 있다. 예컨대 1945년 12월 21일 조선청년총동맹 결성식에 보내는 메시지에서 8·15 직후의 정치적·경제적 난국을 타개하기 위해서 "우리 청년대중은 총단결·총궐기하여 일제의 잔존세력을 근멸시키며 그에 추종하여 민족을 팔아먹은 반역자 무리를 철저히 숙청하고 대중을 토대로 한 진정한 민주주의적 집단 및 완전한 민족통일전선을 형성시켜 그 토대 위에 우리 인민의 정권을 수립해야"[45] 한다고 주장한 바 있다. 공청은 이후 조선민주청년동맹 조직의 기반이 된다.

제2단계는 전국청년단체총동맹의 결성에서부터 조선민주청년동맹결성 이전까지의 시기인데, 조선공산당은 8·15 직후 조직된 각종 좌익 청년단체들을 통일적으로 지도하기 시작했고 모스크바3상회의 결정안의 발표에 따른 우익의 조직정비와 아울러 본격적인 좌우충돌국면이 전개되었다. 1945년 11월 15일 개최된 서울청년단체 대표자회의는 조선공산당의 통일적 지도계획을 실천에 옮기려는 최초의 모임이다.[46] 이후 전국청년단체총동맹 서울시연맹 결성대회가 11월 29일 서울 경운동 천도교회관에서 학병동맹, 학도대, 조선해방천년동맹, 건국부녀동맹 청년부 등 44개 단체 대표 820명이 참집한 가운데 열렸다. 임시집행부 선거에서 의장단에 전사옥(全駟玉), 강용길(姜龍吉), 김홍태(金虹泰) 등 3인이 선출되었는데, 전사옥은 내외정세에 대한 본대회의 의의를 설명하고 반동세력이 도량하는 수도 서울에서의 청년의 특수 임무와 사명을 강조했다.[47] 청총 서울시연맹의 강령은 "① 우리 청년은 대동단결하여 진정한 민주주의 국가 건설에 강력한 추진력이 되기를 기함, ② 일본 제국주의 잔재와 봉건적 요소 및 모든 반동적 세력의 철저한 숙청을 기함, ③ 심신을 연마하고 진리를 탐구하여 인격의 향상을 기함, ④ 청년의 정치적·경제적·문화적 지위 향상을 기함, ⑤ 민주주의의 제국가 청년과 상호 제휴하여 세계평화 건설에 공헌함을 기함" 등의 내용으로 되어 있다. 청총 서울시 연맹 결성에 이어 각 지방의 조직이 이루어진 후 1945년 12월 11일에 전국청년단체총동맹이 결성되었다. 청총 서울시연맹에서는 김구를 방문하여 아직 서울시 연맹에 참가하지 않은 청년단체의 가입을 촉구하는 등 기존에 조선공산당이 이승만과의 제휴를 시도한 것과 같은 일환에서 통일노력을 하지만 실패한다. 이러한 가운데 모스크바3상안이 발표되자 좌익과 우익은 찬탁진영과 반탁진영으로 대립하게 되었고 조선에 통일적 임시정부를 수립하기 위한 미소공동위원회가 개설되었다. 미소공동위원회는 임시정부 설립을 위하여 조선의 정당·사회단체와 협의하도록 되어 있었고 이에 좌익과 우익은 각자 자기 진영을 통합할 필요성이 대두되었는데, 좌익은 이에 대응하여 1946년 2월 15일 좌익만의 통일전선체인 민주주의민족전선을 결성하게 되었다. 청총과 공청은 청년독립동맹과 함께 민주주의민족전선에 참가한다.

 민주의원 대 민전의 대립으로 구체화되기 시작한 좌·우익의 대립은 좌·우익 청년단체의 직접적인 무력충돌로 현시화되었는데, 대표적인 예가 1946년 1월 18일에 일어난 학병동맹사건[48]이다. 학병동맹사건을 계기로 청총 가맹단체인 학병동맹이 해산되게 되는데, 당시 민전 측의 해석에 따르면, "이 사건은 막부삼상회의 결정이 발표되자 국내에 대중적 기반을 갖지 못한 우익반동세력이 동결정의 진의를 왜곡해 소위 반탁운동을 전개하던 중 진정한 민주주의 세력을 억압하려고 음모하여 군정 내부에 들어 있는 반동경찰과 합작한 곳에 그 원인이 있었다"는 것이다.

이 같은 대립국면에서 청총은 인공 절대 사수와 3상결정 지지원칙을 고수한 채 좌익 청년단체의 통일체로서 활약한 것은 사실이나, 그 구성요소에서 가두청년층이 큰 비중에 가지고 있고 농촌의 빈농·농업노동자와 노동청년의 비중이 작다는 약점과 아울러 그 조직이 연맹체이기 때문에 급변하는 정세에 강력한 중앙집권적 조직으로서 대처하기 힘들다는 한계가 있었다.[49] 이러한 조건의 한계를 타개하기 위한 모색이 민청운동으로 나타나게 되었다.

제3단계는 조선민주청년동맹 결성부터 해산까지의 시기다. 이 시기에는 청총이 민청으로 발전되고, 공청이 기존의 청총과의 상호견제 관계를 극복하기 위해 역사적인 해소를 함과 동시에 민청으로 개편되어 좌익 청년조직의 민청으로의 일원화가 이루어진다. 청총은 자기 조직의 한계를 인식함과 동시에 민청의 필요성을 느껴 긴급 중앙위원회를 개최하여 민청조직의 주동적 역할을 담당할 것을 결의하고 민청조직의 완수와 더불어 청총을 해산할 것을 결의했다.[50] 한편 공청을 민청으로 개편하는 문제는 1946년 3월 조선공산당 중앙위원회 회의에서 김상룡의 의제로 제기되었는데, 이 문제는 1945년 10월 13일 평양에서 열린 조선공산당 서북5도 분국 책임자 및 열성자대회에서 김일성과 오기섭(吳琪燮, 함남지구)이 격렬하게 논쟁한 문제의 하나였다. 이때 오기섭이 공청을 민청으로 개편하는 것은 우경이요 해당주의적(解黨主義的)이라고 반대했던 것에 반해, 김일성은 제2차 세계대전 후의 동유럽·그리스 등의 정세를 인용하면서 광범위한 청년층을 포섭하기 위해서는 공청을 민청으로 개편하는 것이 절대적으로 필요하다고 주장했다 한다.[51] 이러한 북한의 사정이 남한에 반영되었는지, 김삼룡은 제안 이유를 설명하면서 "광범위한 청년층을 포섭하기 위해서는 공청을 민청으로 개편하는 것이 절대로 필요하며 이것은 지상명령과도 같은 것입니다"[52]고 말했다. 결국 "민주주의를 사랑하는 청년들은 언제든지 오라. 포섭할 준비가 되어 있다"는 개회사로 서울시 민청 결성대회가 1946년 4월 22일 시천교 강당에서 개최된 것을 중심으로 전국의 조직이 완료되어 4월 25일 전국 각 시도군 대표 295명이 참석한 가운데 조선민청 결성 전국대회가 시천교 강당에서 열려 조선민청이 결성되게 되었다.[53] 조선민청은 "첫째 강력한 중앙집권체인 점, 둘째 그 구성에서 완전하지는 않지만 가두·공장·농촌의 청년을 고루 포섭하고 있는 점"[54]이 조직의 특징이라 할 수 있다.

제2차 미소공위 개최 며칠을 앞둔 1946년 5월 16일 미군정은 행정명령 제2호[55]로 민청에 해산명령을 내렸다. 즉 민청을 테러단체로 지목하고 조병옥 경무부장의 요청에 의하여 안재홍 민정장관의 건의와 러치 군정장관의 인준으로 민청은 완전히 해산당하고 그 재산·서류 등 일체를 압수당했다. 민청 중앙위에서 즉시 하지 중장에게 항의서를 제출하고 민전 산하 단체들도 민청 해산명령의 철회를 촉구하는 항의문을 발표했으나, 조병옥 경무부장은 민청 해산의 이유로서 "조선민주청년동맹이 결성된 이래 그들이 실천하여온 지도방침은 반민족적·반군정적으로 일관하여 폭행, 기타 파업·맹휴 등을 선동하고 또 살인·방화·파괴·약탈 등을 감행했음은 증거로서 역연한 사실이다. 이러한 점에 비추어볼 때 경무부에서는 법과 질서를 유지하기 위하여 해체의 지상명령을 내린 것"[56]이라고 발표했다. 이로써 민청이라는 공식적인 조직은 더 존속할 수 없게 되고, 민청조직을 기반으로 조선민주애국청년동맹으로의 재조직이 있게 된다.

제4단계는 조선민주애국청년동맹이 결성된 이후의 시기에 해당하는데, 1946년 10월항쟁 이후 주요 좌익의 대중조직이 파괴된 상태에서 남로당의 외곽단체인 민애청도 더는 합법투쟁을 전개하지 못하고 비합법·유격투쟁으로 전환하게 되는 시기다. 민청이 해산당하기 전부터 더욱 광범한 민주청년층을 포섭함과 동시에 보다 강력한 전위대를 구성하고자 결성을 준비 중이던 조선민주애국청년동맹은 1947년 6월 5일 백만 조직청년의 재편성과 조선의 진정한 민주 발전과 나아가서는 세계의 모든 청년과 굳게 손을 잡고 세계평화 수립에 이바지하고 모스크바3상회의 결정을 충실히 실행하여 통일정부 수립에 매진한다는 결의 아래 대의원 140여 명과 많은 청년이 운집한 가운데 시천교당에서 결성되었다.[57] 조선민애청이 결성된 지 두 달도 채 되기 전에 8·15 2주년 기념일을 앞두고 좌익총검거령이 내려지게 되고 민애청 간부들도 지명수배를 받게 되어 민애청의 합법적 활동은 완전히 봉쇄되고 비합법태세를 취하지 않을 수 없게 되었다.[58] 단독선거 반대투쟁과 인민공화국 수립을 목표로 하는 2·7구국투쟁과 4·3제주도항쟁을 거치면서 남로당의 전술은 무장투쟁으로 전환하게 되는데, 민애청도 맹원 배가운동을 벌임과 동시에 야산대를 조직하여 그 후 전개되는 유격투쟁의 중심세력의 하나가 된다.

위의 전개과정을 통해 볼 때 몇 가지 특징을 확인할 수 있다. 첫째, 개인에 대한 충성도에 많이 의존했던 우익 청년단체와는 대조적으로 좌익 청년단체의 경우에는 개인의 이해에 따른 조직의 변화는 있을 수 없었는데, 이는 결코 복잡하지 않은 계보표에서도 드러난다.[59] 이는 좌익 청년단체는 명백히 당의 외곽단체로서 조선공산당 및 남로당의 청년부에 의해 통일적으로 지도되었음을 의미한다. 둘째, 좌익 청년단체의 전개과정은 통일전선의 확대 및 공고화 과정이었다. 즉 단계별 청년단체의 등장은 더욱 광범위한 청년대중을 포섭하기 위한 조직 확대 과정임과 동시에 "소부르주아적 가두층을 중심으로 한 청년운동에서 방향을 돌려 노동청년과 농민청년을 중심으로 한 근로청년운동"으로 전개해나가기 위한 조직의 공고화 과정이었다. 셋째, 처음의 합법적 대중투쟁으로부터 점점 비합법·무장투쟁으로 전환되었음을 보게 된다. 이는 신전술 채택, 10월항쟁, 2·7구국투쟁, 4·3항쟁 등으로 변해가는 좌익 정치세력 전체의 투쟁노선의 전환을 반영하는 것인데 조선공산당 및 남로당의 가장 전투적인 외곽단체의 하나에 속했던 좌익 청년단체의 경우 이런 투쟁노선의 전환이 훨씬 뚜렷이 반영되었던 것으로 이해된다.

2) 우익 청년단체

우익 청년단체는 우익 정치조직 및 우익 정치지도자들을 자기 활동의 기반으로 삼고 때로는 자발적으로 때로는 정치지도자들의 요구에 따라 정치활동을 전개하게 된다. 우익 정치세력 및 지도자에게 우익 청년단체는 한편으로는 정치 선전과 세력 확보를 위하여 다른 한편으로는 최소한 좌익세력으로부터의 자기 보호를 위하여 필수적인 장비가 되었던 것이다.[60] 이들은 미군정의 지배정책 아래서 좌·우익의 직접적인 대립을 연출하기도 하고 우익 정치세력 내부의 알력관계를 온전히 반영하면서 이합집산의 과정을 걷게 되는데, 결국은 이승만·한민당 중심의 극우세력이 분단국가를 형성할 수 있도록 지원하는 적극적 국가형성세력의 하나로 역할하게 된다.

우선 우익 청년단체의 계보를 간략히 살펴보면 표 6과 같다.

우익 청년단체의 계보와 전개과정은 대체로 4단계로 나누어볼 수 있다.

제1단계는 8·15 직후부터 모스크바3상회의결정안이 발표되기 이전까지의 시기인데, 8·15 직후에는 인민위원회 및 좌익 청년조직이 중심이 된 남한 내 혁명적 상황에 압도되어 구체적인 조직활동을 하지 못하다가, 미군의 진주(1945. 9. 8), 이승만의 귀국(1945. 10. 16), 김구의 귀국(1945. 11. 23)에 힘입어 38선 이북에서 넘어온 월남청년들 중심으로 우익 청년단체 조직이 시작되어 1945년 12월 21일에는 대한독립촉성전국청년총연맹이 결성되게 되었다.

조선건국청년회는 조선건설치안총본부[61]의 해산과 함께 이의 후신으로 조직된 청년단체로서, 임시정부를 절대 지지하고 건준-인공세력에 맞선 가장 강력한 조직이었다. 이들은 좌익계 인민보사를 파괴하고 제3차 전국인민위원회 대표자회의(1945. 11. 20~23) 장소를 습격하는 등 좌익에 대한 적극적인 테러활동을 전개했는데, 결국 국군준비대사건[62](1945. 12. 17)을 계기로 조선건국청년회는 분열된다. 즉 건준과 관련을 가졌던 오정방(吳正邦)세력은 조선청년당을 결성하게 되었고, 오정방세력을 좌익회색분자라고 경계해오던 이현(李玹), 박세동(朴世東) 등은 건청을 탈퇴하여

표 6

우익 청년단체의 계보

	1945년	1946년	1947년	1948년

- 조선청년당총본부 (오광선, 1945. 8. 16) → 조선건국치안회 (최흥태, 1945. 9. 29) ⋯(이범 중심)⋯→ 대한독립청년단 (서상천, 1946. 9. 12)

- 고려청년당 (1945. 9. 9 결성도중 한민당합류) (일부 고려청년회로 가입)

- 대한독립촉성중앙청년회 (김창협, 1945. 11. 30)

- 대한독립촉성전국청년총연맹 (전진한, 1945. 12. 21)

- 대한독립촉성전국청년회 (이선근, 1945. 10. 28) (가입)

- 광복군국내지대

- 대한혁신청년회 (유진산, 1945. 10. 30)

- 양호단
- 북선청년회 (김성, 일제 시부터)

(오정방 중심) → 조선청년당 (전정·광정·한국정 중심, 1946. 12. 18) ← 한국청년회 (김구식, 1946. 4. 26) → (제2차전국대표대회, 1946. 12. 19~21에서 탈퇴)

→ 조선청년동맹 (유진산·이선근·오광방, 1946. 12. 28)

→ 대한민주청년동맹 (유진산, 1946. 4. 9) → 청년조선총동맹 (유진산, 1947. 5. 3)

→ 조선민족청년단 (이범석, 1946. 10. 9)

→ 대한독립촉성국민회청년단 (진헌식 → 유화청 → 강나원, 1946. 5. 13)

→ 한국광복청년회 (오광선, 1946. 4. 15)

→ 서북청년단 (선우기성, 1946. 11. 30)

함북청년회
평안청년회
황해청년회

(선우기성 중심 일부 가입)

→ 대동청년단 (이청천, 1947. 9. 21) ⋯(탈퇴)⋯→ 자주통일청년단 (전정·한국정·삼균주의청년동맹·독촉전국청년회 중심, 1948. 7. 31)

→ 대한청년단 (신성모, 1948. 12. 19)

→ 구국청년총연맹 (국정·청총·서청·대한독립청년단 중심, 1948. 2. 14) (가입)

→ 재건서북청년단 (문봉제, 1947. 9월 말)

이승만노선을 철저히 따르는 대한독립청년단을 새로이 조직하게 되었던 것이다.[63]

대한혁신청년회는 38 이북에서 8·15 후 남하한 이북 각 도의 청년들이 주동이 되어 조직된 최초의 청년단체다. 이들은 중경 임정 요인들의 환국준비를 위해 마련한 대한민국 임시정부 특파사무국에 집결했는데, 당시 특파사무국에는 경호를 담당하고 있는 청년들이 약 40명 있었고 이들은 모두 이북출신이었다. 여기에 참가한 청년들은 평양의 대동단원과 양호단원,[64] 함흥과 신의주학생사건 관계자들이었는데, 특파사무국이 미군정의 해체성명에 이은 김구의 해체지시에 따라 해체되자 이를 기반으로 대한혁신청년회를 결성했다.[65] 이들은 임시정부의 전위대를 자처하고 강력한 행동단체로 등장하여 건국청년회와 함께 인민대표자대회장을 습격하는 등 대좌익 실력투쟁을 활발히 전개했다. 혁청은 이후 서북청년회의 주요 기반이 된다.

이와 같이 여러 분파의 우익 청년단체가 분립된 반면, 좌익의 경우 통일적 조직인 전국청년단체총동맹이 결성되자 우익 청년단체의 통합이 모색되어 1945년 12월 21일 이승만을 총재로 전진한을 위원장으로 하는 대한독립촉성전국청년총연맹이 결성되었다. 여기에 참가한 단체는 상록회, 정의청년당, 만주동지회, 대동단결본부, 건국청년회, 고려청년회, 애국청년회, 조선청년회, 국민당청년부, 기독교청년회, 불교청년회, 천도교청년회, 대한혁신청년회, 광복군국내지대, 북선청년회 등 20여 개 단체였다. 이렇게 조직된 독촉연맹은 당초에는 각 단체의 연맹체로 출발한 것이나 이승만과 그가 지도하는 독립촉성국민회의 영향을 받아 점차 단독으로 조직을 확대하여나가게 되었다. 독촉연맹은 차차 한민당·이승만의 반탁·단정노선을 지원하게 되는데, 1946년 5월 미소공위 무기휴회에 즈음하여 소집된 임시전국대회의 성명내용은 앞으로 전개될 우익 청년단체의 활동방향을 시사해준다. 즉 "…… 우리는 연합국의 의견을 극히 존중하는 일면에 결사코 탁치를 배격하여왔다. 그러나 소수의 수탁자 매국분자의 모략과 이에 협력하는 모국의 고집으로 인하여 우리의 절실한 요구는 위기에 빠지고 미소공위는 7주간의 불필요한 도로 이외에 하등의 성과 없이 결렬되고 말았다. …… 우리는 대승적 민족단체로써 국내외 사태에 대응하여 이승만 박사와 김구 주석 영도하에 독립정부 수립에 일로매진할 것을 성명한다"[66]는 내용이었다.

제2단계는 모스크바3상회의결정안이 발표된 이후의 시기에 해당되는데, 좌익과 우익의 대립이 찬탁과 반탁으로 구체화되면서 우익 청년단체의 조직이 확대된다. 우익 정치세력은 김구 중심의 '탁치반대국민총동원위원회'와 이승만의 '독립촉성중앙협의회'가 합작하여 1946년 2월 8일 '대한독립촉성국민회'를 발족시키게 되었다. 이러한 우익 연합세력의 등장을 계기로 대한민주청년동맹, 대한독립촉성국민회청년단, 한국청년회, 한국광복청년회 등의 조직이 등장하게 된다. 대한독립촉성국민회청년단은 국민회 청년부의 행동대인 국민회 청년대가 발전된 것이다. 국민회 지부가 지방행정단위까지 조직되었기 때문에 직할 청년대도 거의 정비례로 확산되어 국청대원의 공식 숫자는 약 30만에 이르게 되었다. 9월총파업과 10월항쟁 진압과정을 통해 국청은 조직기반을 더욱 확장하고 본부 지휘체계도 한층 강화했는데, 정부 수립까지 전국적으로 가장 광범위한 하부조직을 갖춘 청년단으로 평가되었다. 국청은 이승만의 '청년근위대'로서 국민회와 이승만을 수족처럼 따르면서 좌익세력에 대한 대항과 단독정부 수립에 가장 지속적인 전위대 역할을 했다. 이들은 충남과 경남지역에 전담하여 이승만의 도미외교활동 자금을 각출하기도 했고 입법의원 선거에서 국민회 소속 17명을 당선시키기 위해 적극 노력했다. 이들은 이승만의 단정노선을 따르기 위해 대동청년단에 가입하지 않은 채 이승만 추종세력을 규합하여 구국청년총연맹을 결성하게 된다. 아무튼 국민회의 출범과 국청의 활동은, "지방의 경우 좌익조직에 억눌려서 기를 펴기 어려웠던 우익 지부조직들이 국민회 지부라는 공동의 우산 밑에서 힘을 합하여 대공 반격전을 전개할 수 있게 되고, 직속 청년대가 전국적으로 조직되어 대공투쟁을 담당하게 된 사실"[67]에서 정치적 의미를 찾고 있다.

대한민주청년동맹은 유진산을 위원장으로 김두한을 감찰부장으로 하는 가장 폭력적인 테러단체로서 주로 좌익의 조선민주청년동맹과 충돌했다. 이들은 김두한의 '별동대'를 중심으로 백색테러를 연출했는데 결국은 시공관에서 벌어진 전국문화예술인 경연대회(1947. 4. 20)를 습격한 사건을 계기로 미군정 행정명령 제1호(1947. 4. 22)에 의해 테러단체로 낙인찍혀 해체되게 된다. 이후 동일한 조직을 갖고 청년조선총동맹으로 재출범한다.

반탁운동을 계기로 한 이와 같은 우익 청년단체의 조직 확대는 이승만·김구의 귀국을 계기로 한 제1차 조직 확대에 이은 제2차 조직 확대과정으로서, 이는 또한 좌익세력의 비밀활동을 규제할 뿐만 아니라 미소공위에 대비하여 우익 정당 및 사회단체의 조직을 합법화하려고 했던 미군정 법령 제55호[68]에 영향받는 바 크다.[69]

제3단계는 미군정에 의해 좌우합작이 추진되면서 우익 내부의 분열이 생김과 동시에 좌익에 대항할 물리력 확장의 일환에서 새로이 우익 청년단체가 조직된 시기다. 즉 제1차 미소공위 결렬 이후 미군정에 의해 좌우합작이 추진되는데, 이미 정읍발언을 통해 단독정부 수립을 공식화한 이승만은 이에 반대하게 되어 김규식의 중간우파와 노선의 대립을 보이게 된다. 이에 조선청년당이 결성되고 조선청년동맹이 독촉연맹의 해산을 요구하면서 이로부터 탈퇴하여 결성된다. 다른 한편 10월항쟁 이후 미군정은 군·경찰의 물리력을 보강해줄 우익 청년조직을 구상하게 되는데 이와 때를 같이하여 조선민족청년단과 서북청년단이 결성된다.

이승만계열의 독촉연맹이 연맹체라는 특성에 의해 지방 연맹지부에 대한 강력한 통제가 힘들게 되어 이를 극복하기 위한 중앙의 자체 실력단체로서 서상천을 위원장으로 하는 대한독립청년단을 새로이 조직하여 국청과 함께 이승만의 단정노선에 따라 좌우합작운동에 적극 반대하고 나서는 가운데 김구·김규식의 정치노선을 따르는 6개의 우익 청년단체가 1946년 11월 12일 좌우합작 7원칙을 적극 지지한다는 아래의 성명을 발표했다.

좌우합작의 원칙과 동위원회의 성명제안을 절대 지지하며 적극 추진을 결의하는 동시에 임시 입법의원에만 편중하지 말고 근본목적인 통일정부 수립과 자주독립 전취에 주력할 것과 전국적 완전합작을 위하여 금번 피선된 의원 중 위원회 감시원의 보고에 준하여 친일분자와 비합법적 당선자를 개선할 것을 요망한다.[70]

여기에 참가한 단체는 조선건국청년회, 한국광복청년회, 독촉전국청년회, 한국청년회, 기독청년전국연합회, 대한민주청년동맹[71] 등이었다. 이를 계기로 김구·김규식노선을 따르는 우익 청년단체가 단일 세력을 형성하고자 조선청년당 발기준비위원회를 구성하고 "우익 청년단체를 단일화하여 강력한 투쟁력과 혁신적 건설력을 갖춘 대표적 민족혁명전선을 결성한다"[72]는 취지 아래 1946년 12월 18일 조선청년당을 결성했다.[73] 이 단체는 좌우합작 실패 이후 명맥만 유지하다 대동청년단에 합류하게 된다.

독촉연맹은 제2차 전국대표자대회(1946. 12. 19~21)에서 바로 전날 결성된 조선청년당을 회색분자로 몰아 발언권을 봉쇄함과 동시에 이들에 의해 제출된 좌우합작 지지안을 부결시켰다.[74] 이에 조선청년당을 중심으로 한 중앙 6개 단체가 참여하고 탈퇴한 지방 3도 독촉연맹 지부가 합류할 것을 전제로 "극좌와 극우를 배격하고 애국적인 청년 총역량을 결집하여 민족대중의 현실적 이익 획득과 강력한 신생활운동을 전개할 것"[75]을 목적으로 조선청년동맹을 발족시켰다. 이들은 결성대회에서 "토지는 농민에게 광공업은 국영으로"[76]라는 결의문을 채택했다.

한편 "점령군 및 경찰을 증대하고 지원할 목적으로 우익청년군을 구성"해야 한다고 맥아더에게 보고한 하지의 구상에 따라 조선민족청년단이 이범석을 단장으로 하여 1946년 10월 9일 결성되는데, 이 족청은 미군정으로부터 운영비를 정식으로 지급받는 유일한 단체였다.[77] 또한 10월항쟁을 진압하는 과정에서 조직이 확대되고 이의 조직적 통합의 필요성을 느낀 여러 이북출신 청년단체가 1946년 11월 30일 선우기성을 위원장으로 하여 서북청년단을 결성했다. 서청은 미군정에서 테러단체로 간주하고 수차에 걸쳐 해체를 시도했으나 조병옥의 완강한 거부로 존속할 수 있었다. 이 당시 조병옥은 "서북청년회를 해체하는 경우에는 국립경찰만으로는 남한의 치안을 유지할 도리가 없는 실상임으로 절대로 서북청년회는 해체해서는 안 된다"[78]고 주장했던 것이다. 오히려 한국 경찰은 이들을 경찰로 임용하여 실질적인 보조기구로 사용했던 것이다.

제4단계는 1947년 9월 한반도문제가 유엔으로 이관된 이후 우익 청년단체가 이승만의 단정수립을 지원하는 시기에 해당한다. 이청천의 대동단결론에 따라 대동청년단이 결성되나 이승만을 추종하는 주요 우익 청년단체들은 이를 견제 구국청년총연맹을 결성하고 반면에 단정노선에 반대하고 통일정부 수립을 주장하는 청년들은 대동청년단을 탈퇴하여 김규식의 민족자주연맹 산하에 자주통일청년단을 결성한다.

대동청년단은 이청천을 단장으로 청년단체의 대동단결이라는 기치 아래 22개 우익 청년단체가 통합하여 발족했다. 하지만 민족청년단, 대한독립청년단, 국민회의청년단, 청년조선총동맹이 합류를 거부하고 서북청년단의 경우도 선우기성 중심의 일부만 가입하게 되었다. 대동청년단의 결성과 이에 대한 이승만의 견제는 이승만을 추종하는 극우 청년단체를 구국청년총연맹[79]으로 결집케 했다. 즉 1948년 2월 5일 국민회총본부에서 172개 우익 정치단체가 모여 행동통일을 기약하고 "대동청 동향에 유의하여 국청, 재건서청, 청총, 대한독립청년단으로 구국청년총연맹을 결성"[80] 하기로 결의했던 것이다.

또한 대동청의 5·10총선거 적극 참여와 단정수립 적극 지지에 반대한 조선건국청년회, 한국청년회, 삼균주의청년동맹, 독촉전국청년회 등이 대동청을 탈퇴하고 김구·김규식의 통일정부 수립 노력을 지지하여 1948년 7월 31일 민족자주연맹 산하에 자주통일청년단[81]을 결성했다. 이들의 노력은 단독정부 수립으로 실패하고 만다. 이들 모든 청년단체는 정부 수립 후 이승만에 의해 대한청년단으로 강제 통합되는데 이것 역시 이승만의 일인독재 지배전략에 따라, "모든 청년단체는 해체하여 민병단에 참여하라"는 성명(1953. 9. 10)에 의해 해체되게 된다. 8·15 직후부터 존재해 온 수많은 우익 청년단체 출신자들은 이승만정권에서 군 및 경찰 등의 억압적 국가기구에 충원되어 이승만 독재의 기간부대가 되든지 아니면 자유당의 주요 부서에 배치되어 자유당 독재체제를 지탱했다. 또한 이승만과 대립하게 된 인사들은 민국당을 비롯한 보수야당의 주요 구성원이 되었던 것이다.

이와 같은 우익 청년단체의 계보와 전개과정을 볼 때 다음과 같은 몇 가지 특징을 확인할 수 있다. 첫째, 우익 청년단체는 전국적인 통일적 지도 및 발전이 이루어지지 않고 주요 정치지도자들의 정치노선 및 대립 등에 따라 복잡하게 이합집산되어갔다.「G-2 보고서」에서는 "청년단체는 정치지도자들이 탐내는 목표물이 되는데 이는 이 조직으로부터 정치권력의 상당한 원천이 나오기 때문"[82)]이라고 지적한 바 있다. 또한 좌익단체와 달리 중앙과 지방의 명령계통이 확립되지 않아 더욱 많은 폭력과 테러가 빈발했던 점은 1946년 6월 인천·수원·개성 등을 순시한 장택상 수도경찰청장의 회견내용[83)]에서도 알 수 있다. 둘째, 모스크바3상회의결정안이 발표되면서 좌·우익의 대립이 찬탁과 반탁으로 전환되어 우익 청년단체의 조직 확대가 이루어지고, 이들은 반탁운동 전개과정에서 어느 정도 주도권을 만회하게 되었다고 볼 수 있다. 셋째, 좌우합작·남북협상 등의 정치과정에서 우익 청년단체 내부의 분열이 나타나는데 이런 과정은 결국 극우 청년단체의 확대 및 헤게모니 장악과정으로 귀결되었다. 넷째, 우익 청년단체와 억압적 국가기구와의 관계를 보면 처음에는 간접적이고 비공식적이었으나 10월항쟁 진압과정 이후로는 공식적이고 조직적인 협조관계로 바뀌게 되었다.[84)] 즉 경찰과 군에 우익 청년단원을 단체로 입대시키기도 하고 좌익에 대항하여 합동작전을 전개하기도 하는 등 우익 청년단체를 실질적인 경찰 보조기구로 사용했던 것이다. 이런 과정은 한편으로는 좌익세력이 철저하게 탄압되고 파괴되어가는 과정임과 동시에 다른 한편으로는 중간파 및 남북협상파를 배제한 채 이승만·한민당을 중심으로 한 극우세력들이 분단국가 형성세력으로 응집되어가는 과정을 의미하는 것이었다.

4. 주요 청년단체의 조직과 활동

1) 좌익 청년단체

(1) 전국청년단체총동맹

전국청년단체총동맹 서울시연맹에 가입한 좌익 청년단체는 아래의 44개 단체였다.

학병동맹(學兵同盟), 학도대(學徒隊), 조선근로청년동맹, 낙산청년동맹(駱山靑年同盟), 혁신청년동맹(革新靑年同盟), 여자청년동맹, 강남청년동맹(江南靑年同盟), 중앙청년동맹, 동린청년동맹(同隣靑年同盟), 경공청년동맹(京東靑年同盟), 인왕청년동맹(仁旺靑年同盟), 북악청년동맹(北嶽靑年同盟), 경서청년동맹(京西靑年同盟), 계몽청년동맹, 삼선청년동맹(三仙靑年同盟), 가문들청년동맹, 응징사(應徵士)청년동맹, 대동청년동맹(大同靑年同盟), 조선해방청년동맹, 실업청년동맹(失業靑年同盟), 해방청년동맹, 해방청년단, 신흥청년동맹(新興靑年同盟), 건청회(建靑會), 조선청년단(朝鮮靑年團), 청년반학회(靑年班學會), 청년돌격대, 금속노조청년부, 토건(土建)노조청년부, 통신노조청년부, 화학노조청년부, 목재노조청년부, 조선(造船)노조청년부, 어로(漁撈)노조청년부, 건국부녀동맹청년부, 출판노조청년부, 교통노조청년부, 일반사용인(一般使用人)노조청년부, 식료품노조청년부, 광산노조청년부, 섬유노조청년부, 철도노조청년부, 전기노조청년부, 서부청년동맹(西部靑年同盟)[85]

청총 결성대회에는 전국 13도, 22시, 218군의 2,397개 세포단체의 동맹원 72만 3,350명 회원의 대표 639명 중 602명이 참석했다.[86] 청총은 본부조직과 지방조직으로 구성되는데, 본부에는 정기대회, 임시대회, 확대위원회, 중앙위원회, 상무위원회, 감사위원회 등이 있고 지방조직은 서울시연맹과 각 도(道)연맹으로 구성된다. 도연맹은 시·군·도(島)연맹을 기반으로 하고 이 산하에 동(洞)·리(里) 청년동맹을 둔다. 청총의 재정은 의무금, 특별찬조금, 기타 사업금으로 충당되는데, 본부는 2할, 도연맹은 3할, 시·군·도(島)연맹은 5할을 분할 사용하는 것을 원칙으로 했다. 정기대회에서는 선언 강령 및 규약의 개정, 예산결산 보고, 사업보고, 당면 운동방침, 중앙위원회 및 가입연맹의 건의안, 위원장·부위원장·중앙위원·감사위원 선거 등이 다루어진다. 상무위원회 산하 상임집행부서로는 총무부·조직부·선전교양부·조사정보부·체육훈련부·경리부·원호부·소년부 등이 있었다.[87]

경성대회에서 선출된 중앙상임위원들의 명단을 보면 아래와 같다.

위원장: 이호제(李昊濟)
부위원장: 왕익권(王益權), 김양준(金陽俊)
전북: 인주봉(印柱鳳)·이창균(李昶均), 강원 북부: 지봉진(池封辰)·이세용(李世鎔), 경북: 정원택(鄭元澤)·이경욱(李景煜), 함북: 이응하(李應廈)·엄현춘(嚴鉉春), 평북: 박일훈(朴一勳)·이덕린(李德麟), 황해: 여운려(呂運呂)·김용묵(金容黙), 충북: 음진식(陰珍植)·손석태(孫錫泰), 전남: 이보성(李寶城)·선동기(宣東基), 평남: 방만영(方萬永)·이창협(李昌協), 충남: 뮤길환(文吉煥)·임완빈(任完彬), 강원 남부: 최종성(崔鍾聲)·김창호(金昌浩), 경남: 김갑수(金甲壽)·이영근(李英根), 함남: 김항진(金項鎭)·김좌룡(金佐龍), 서울: 김경준(金京俊)·전사옥(全駟玉) 경기: 간해(簡海)·박일원(朴馹遠), 중앙: 오인호(吳寅浩) 외 31명.
감사위원: 조희영(趙僖英) 외 8명.[88]

그리고 며칠 후 결정된 각 상임집행부서의 임원은 다음과 같다.

총무부: 원유석(元裕奭), 오인호(吳寅浩), 송재환(宋濟煥), 박용진(朴容鎭)

조직부: 이재양(李載陽), 나철준(羅哲準), 이규선(李揆琁), 민기주(閔岐周), 신금옥(辛金玉)

선전교양부: 문일민(文一民), 최학소(崔學韶), 김병환(金丙煥), 김도빈(金道斌), 박춘락(朴春珞)

조사정보부: 한동정(韓東正), 이동정(李東鼎), 구연행(具然幸), 최동제(崔東濟)

체육훈련부: 황익수(黃益秀), 여운희(呂運喜), 최동만(崔東晩), 오영권(吳永權)

경리부: 김영창(金榮昌), 강찬수(姜贊秀), 정방훈(丁邦勳)

원호부: 김윤하(金潤河), 태재기(太載基), 조충구(趙忠九)

소년부: 한중락(韓重樂), 김명진(金明鎭), 진혜자(陳惠子)[89]

강령은 서울시연맹 결성대회의 강령을 그대로 채택했다. 청총은 대회를 마치면서 채택한 결정서에서 "조선 청년의 모든 역량을 가장 힘차게 발휘하기 위하여 광범한 진보적 청년 즉 근로청년, 학생청년, 인테리 청년 및 기타 모든 애국청년의 전국적 통일조직체"인 전국청년단체총동맹의 깃발 아래 모였음을 맹세하고, 조선인민공화국 절대 사수를 결의했는데, 구체적으로 "우리의 정권은 전조선민족 특히 그중 절대다수를 이루고 있는 일반 근로인민의 기본적 민주주의적 요구를 내세우고 이것을 철저히 실천할 수 있는 진보적 민주주의 정권이라야 한다. 조선인민공화국은 남·북 조선을 망라한 전국적인 조직이며 해내·해외의 진정한 혁명적 요소가 집결되고 전조선민족의 정견·신교(信敎)·계급·단체 여하를 불문하고 모든 진보적 요소를 포용하고 있으며 또 앞으로 더욱 포용할 수 있고 또 진정한 민주주의 정권이 될 수 있음(11항)"[90]을 확인했다.

청총의 결성과 더불어 아직 미조직된 지역의 청년단체들이 계속하여 통합·결성되었다. 인천청년동맹,[91] 부천청년동맹,[92] 영등포청년동맹,[93] 서울 동부청년동맹,[94] 용산청년동맹[95] 등이 결성되었다. 예컨대 경기도 안성군의 경우 1945년 9월 중에 조직된 안성군 청년단을 중심으로 안성읍에 기성되어 있던 일오회(一五會), 체육동맹, 관현악단, 안성극단 등의 청년들과 통합하여 1945년 12월 초에 안성군 청년동맹을 결성했다. 이후 각 면으로 조직을 확대하고 각 면 청년동맹 대표를 소집하여 안성군 청년연맹(위원장: 李有英)을 결성했다.[96]

함남지방 청년운동을 보면 노동청년 중 공청원을 중심으로 생산돌격대를 조직하여 함흥·흥남·원산 일대에서 활동했다. 공장돌격대, 농민청년 추수돌격대, 수산돌격대 등을 구성하여 생산 증진을 위해 노력했고, 친일파·민족반역자 숙청과 소작료 전폐운동 등을 위한 각종 데모에 참가했다. 또한 정치학교 38개교를 설립, 수료생들이 각 지방 부락으로 파견되어 선전계몽사업을 벌이도록 했고 3,400여 개소의 야간학교를 개설하여 청년 중심의 문맹퇴치에 노력했다.[97]

청총의 공식적인 활동방침과 사업방침은 결성대회에서 토의되지 않고 중앙위원회에 위임되었기 때문에 자세히 알 수 없으나, 용산청총결성대회[98]에서 가결된 다음과 같은 사항을 통해 당시 청총의 대략적인 활동방향을 확인할 수 있겠다.

활동방침: ① 구제의 악착한 잔존세력에 대하여, ② 파쇼화하는 국수주의에 대하여, ③ 봉건적 잔재에 대하여, ④ 테러를 절대로 배격하고 과학적 이론으로 무장할 것에 대하여, ⑤ 민주주의 임시정부 수립에 적극적으로 협력할 것에 대하여, ⑥ 청년의 정치·문화·경제적 이익의 향상을 위하여(남녀 18세 이상의 선거·피선거권의 획득, 언론·출판·집회·결사의 자유, 18세 이하 청년의 6시간 노동제 실시), ⑦ 비애국적인 모리상인의 배격과 소탕을 위하여 과감한 투쟁을 전개하고 실천할 것.

사업방침: ① 교육사업으로 강연회·좌담회·강좌·독서회·연구회·전시회 등을 개최, ② 선전사업으로 지역·직업과 기타 모든 집단 속에 강연회·유세대 등을 조직·파견하여 대중을 계몽할 것, ③ 체육사업으로 스포츠단·원유회(園遊會) 등을 개최할 것.

(2) 조선민주청년동맹

조선민주청년동맹의 결성을 앞두고 1946년 4월 3일 열린 서울민주청년동맹 조직 준비위원회는 서울 시내 각 청년단체 및 구(區)의 청년대표 약 48명이 회합하여 김상권(金相權)을 위원장으로 전사옥 외 1명을 부위원장으로 선출하고 집행부서로 총무부·조직부·선전부·경리부·조사정보부 등을 결정했다.[99] 여기에 참가한 단체는 다음과 같다.

학병거부자동맹, 음악동맹, 조선민족혁명당, 협동조합, 연극동맹, 신민청년회(新民靑年會), 미술동맹, 가두민청(街頭民靑), 경평(京評), 과학자동맹, 청총서울연맹, 청년독립동맹, 월목회(月木會), 학병동맹, 교육자협회, 청돌(靑突), 문학동맹, 중구, 용산구, 마포구, 서대문구, 영등포구, 무소속.

1946년 4월 22일 서울민청이 결성되고[100] 잇따른 지방 민청의 결성과 더불어 4월 25·26일 양일간 조선민주청년동맹 결성대회가 열렸다. 민청은 결성대회에서 다음과 같은 강령을 채택했다.

1. 민주주의적 이념과 경향을 가진 청년들이 대동단결하여 강고한 독립국가 건설에 총역량을 집중함.
2. 정치·경제·문화에서 일본 제국주의의 잔재 및 봉건적 요소를 근본적으로 숙청함.
3. 절대적인 남녀 평등을 주장하며 특히 청년의 정치적 자유와 경제적 이익을 위하여 투쟁함.
4. 중·소·미·영 기타 제 민주주의 국가 청년들과 우의적 친선에 노력하여 세계평화와 안전보장에 기여함.
5. 진리를 탐구하고 심신을 연마하여 청년남녀 및 아동에 대한 과학적 지식의 보급과 문맹 퇴치사업에 노력함.
6. 경제적 건설을 위한 산업·교통·운수기관의 부흥에 적극 참가하며

농촌경제의 급속한 발전을 기함.

이 대회에서 선출된 중앙위원 명단을 보면 아래와 같다.

　위원장: 조희영(趙僖英)
　부위원장: 구연행(具然幸)·이성재(李性載)
　서울시: 김상권(金相權) 외 34명　　충남: 이한구(李漢九) 외 7명
　충북: 김학영(金學永) 외 7명　　　 전남: 조주순(曺柱淳) 외 9명
　전북: 인주봉(印柱鳳) 외 9명　　　 경남: 김갑수(金甲壽) 외 10명
　경북: 이영희(李永熙) 외 8명　　　 강원: 김창호(金昌浩) 외 4명
　경기: 박일원(朴馹遠) 외 8명
　감사위원: 이호제(李昊濟), 이차호(李且浩), 오기현(吳基鉉), 김금일(金琴日), 이영섭(李永燮), 이갑섭(李甲燮) 외 5명[101]

이어 4월 27일에 열린 민청 제1회 중앙위원회에서 결정된 각 부서 및 임원을 보면 아래와 같다.

　총무부: 오인호(吳寅浩), 김재규(金在奎)
　조직부: 이양재(李陽載), 권오준(權五俊), 유인철(柳寅喆), 조성식(趙誠軾), 홍준표(洪俊杓)
　선전교양부: 임동욱(任東旭), 이병억(李秉億), 김석산(金石山), 문복규(文復珪)
　조사정보부: 여운희(呂運喜)
　문화부: 문일민(文一民), 김병환(金丙煥), 황룡암(黃龍岩)
　체육부: 지봉구(池鳳九), 조소하(趙素夏)
　경리부: 김영창(金榮昌)
　여자부: 여란구(呂蘭九), 박창순(朴昌順)
　소년부: 이동정(李東正)

학생부: 염형순(廉衡淳)

사업부: 박홍서(朴鴻緖), 최남순(崔南淳)[102]

민청의 조직은 대부분 공청과 청총의 기존 조직을 기반으로 했다. 민청 주요 부서 간부의 경우 대부분 청총의 임원들로 충당되었는데, 몇몇 임원의 직책을 비교해보면 표 7과 같다.

민청 결성 이전인 1947년 4월 7일 조선공산당 중앙위원회에서 지시한 내용에 따르면 공청원은 모두 민청에 가입하도록 되어 있었는데, 18세 이상의 회원은 모두 자격심사에 따라 정회원 또는 준회원으로 민청에 가입해야 했고 18세 이하의 회원인 경우는 회원으로서 교육훈련을 받아야 했다. 조공 및 하부조직의 청년부가 이 임무에 책임을 지고, 공장 근로청년들도 민청에 가입되도록 했다.[103] 4월 11일자 조공 청년부 지시사항을 분석해보면 당시까지는 공청회원이 민청으로 가입한 상태에서 아직 세포회원은 조직되지 않은 단계였고 민청 지부들이 공장 내의 노동조합을 지원한다는 원칙만 확인한 채 농민조합 청년부 및 노동조합 청년부와 민청과의 관계를 어떻게 설정할 것인가 구체적으로 정리하지 못한 상태였다.[104]

민청의 지방조직은 중앙 민청 결성 이전에 대부분 결성된다. 경기도 민청,[105] 마포민청,[106] 종로구·중구민청,[107] 안성민청,[108] 안동민청,[109] 개성민청,[110] 담양민청[111] 등 대부분의 지방조직이 중앙 민청결성 이전에 조직을 완료한다. 영등포민청의 경우 1946년 4월 14일 조선피혁 강당에서 영등포지역 50여 개 공장의 청년단체 대의원과 13개 일반 가두 청년단체의 대의원 198명이 참석하여 결성되었다.[112] 또한 용인군의 경우, 1946년 4월 2일까지 12개 면 중 10개 면에 민청이 조직되었고 전체 회원은 3천 명이며 미조직 2개 면도 조직 중이어서 곧 군민청이 조직될 수 있었다.[113] 한편 민청 결성 이후에도 계속 지방조직이 확대되었다. 예컨대 1946년 6월 12일 농촌청년을 중심으로 하동민청이 결성되었고,[114] 7월 28일에는 "직장의 민주적 건설을 촉진하고자" 민청 경전(京電) 분회가 결성되어 당국에 테러 근절을 요구하고 회사 측에는 식량배급·임금인상을 독촉할 것

표 7　　주요 민청간부의 청총시절 직책

이름	청총시절 직책	민청시절 직책	기타 주요 경력
조희영	감사위원	위원장	민전 부의장, 남로당 청년부위원
이호제	위원장	감사위원	보전 31회 졸업생, 공청 간부, 강동 정치학원 수료 후 인민유격대 제1병단 인솔
구연행	조사정보부위원	부위원장	전농 중앙상임위원회
문일민	선전교양부장	문화부장	민전 중앙위원
오인호	총무부위원	총무부장	남로당 조직부위원
이재양	조직부장	조직부장	남로당 청년부 위원, 민전 중앙위원, 민애청 부위원장
김병환	선전교양부위원	문화부위원	
여운희	체육훈련부위원	조사정보부위원	남로당 조사부위원
전사옥	서울시연맹위원장	서울시연맹 부위원장	민전 중앙위원
인주봉	전북도위원장	전북도위원장	전북 민전 조직부위원
김창호	강원도위원장	강원도위원장	
박일원	경기도위원장	경기도위원장	1947년 전향, 수도경찰 사찰과 경위 근무, 민애청원에게 암살당함
이유영	안성군연맹위원장	안성군연맹위원장	

을 결의했다.[115]

민청은 강령에서 밝힌 사항을 활동의 주요 내용으로 했다. 민청 중앙위에서 "입의안을 즉시 철회하고 3상 결정을 충실히 실천하라"는 입장을 밝히고[116] 반탁운동과 함께 빈번해진 테러에 실력으로 대처하게 되었고 좌익 정치조직의 투쟁에 적극 참가했다. 또한 1947년 3월 6일 세계 민청에 가입했다.[117] 한편 민청은 도시와 농촌·공장·직장에서 강습회·독서회·야학·음악회·웅변대회 등을 개최하여 청년의 교양에 힘썼고 축구대회 및 조직회를 개최하기도 했다.[118] 수해가 났을 때 서강·마포 민청원들이 복구사업에 나서기도 했고[119] 전재민 구호기금을 모금하기도 했으며[120] 서

울시내 청소작업에 민청원 500여 명이 동원되기도 했다.[121]

아울러 방첩부대(CIC: Counter-Intelligence Corps) 보고에 따르면, 민청은 가장 중요한 과업의 하나로 마땅히 제거되어야 할 조선인 4가지 부류(친일파, 친미파, 경찰, 정보원들)에 누가 속할 것인가를 결정하는 일을 들고 있고, 다른 하나의 임무로 우익조직이나 군정 혹은 민정·경찰조직 내에 민청 조직원이 안정적인 세포를 구축하는 일을 들고 있다.[122] 한편 민청은 미군정에 의해 해산명령을 받은 후 다음과 같은 조직 확장 및 활동사항을 각 민청 지부에 전달한 바 있다.

1. 조선민청 해체명령에 반박하는 편지를 미국인 관리에게 보내라.
2. 회원 확장에 주력하여 민청을 확장하라.
3. 모든 학교의 학급에 당대표를 심어라.
4. 매주 정기적인 비밀회합을 개최하라.
5. 삐라와 포스터를 통한 선전활동이 계속되어야 할 것이다.
6. 우익의 테러활동에 대한 정보를 수집하고 투옥된 좌익 인사의 숫자를 확인하라.
7. 충실한 기록을 유지하고 더욱 많은 회비를 모으라.[123]

10월항쟁 이후 좌익의 대중적 공개조직이 대부분 파괴된 것과 아울러 민청의 합법적 정치활동은 봉쇄되고 비합법화하게 된다.

(3) 조선민주애국청년동맹

조선민주애국청년동맹은 1947년 6월 5일 시천교 강당에서 140여 명의 대의원과 많은 청년이 운집한 가운데 결성되었다.[124] 조선민청이 해산명령을 받은 후 당초에는 비합법단체로 존속하려던 민애청이 미소공위 재개를 앞두고, 공위에 자문기관으로 공식적으로 참석하고 합법적인 집회허가를 얻기 위한 목적[125]과 아울러 광범위한 청년대중을 조직화해내기 위한 목적에서 민청의 조직을 기초로 새로이 결성된 것이다. 결성대회에서 채택한 민애청의 강령은 다음과 같다.

  1. 전민주주의 애국청년을 단결하여 민주독립 건설에 모든 역량을 집중함.
  2. 조선에 있어서 일본 제국주의 잔재와 봉건제의 숙청을 기함.
  3. 청년의 정치적·경제적·문화적 이익을 위하여 헌신함.
  4. 모스크바3상결정의 정확한 실천에 의하여 조선을 부흥시키는 모든 사업에 전면적으로 적극 참여함.
  5. 전 세계 청년과 긴밀히 연결하고 항구적 평화 수립을 위하여 노력함.
  6. 심신을 연마하고 진리를 탐구하여 민족문화의 부흥, 과학지식의 보급·향상, 특히 문맹퇴치사업에 적극 노력함.[126]

민애청의 조직체계와 조직성원은 거의 민청과 동일하며 다만 합법성을 획득하기 위하여 간부진의 변화가 있었는데, 민애청 중앙부서의 간부를 보면 아래와 같다.

  위원장: 고찬보(高贊輔)
  부위원장: 변신억(邊信億), 이재양(李載陽)
  총무부: 김동준(金東俊), 고령규(高寧圭)
  조직부: 김연성(金鍊成), 이종민(李鍾敏), 이방령(李邦寧), 김진규(金振圭), 신종수(申鍾秀), 김덕배(金德培)
  선전부: 원태호(元泰浩), 강형구(姜亨求), 이영석(李永錫)
  여자부: 박찬순(朴贊順)

위원장 고찬보는 독립동맹 출신으로 남조선신민당 선전부장과 조선공산당 청년부장을 지냈고 민전 중앙위원이었으며 당시에는 남로당 청년부장을 겸임했는데 이는 당시 민애청과 남로당과의 관계 및 민애청의 성격을 보여주는 단면이다. 즉 민애청은 남로당의 외곽단체로서 합법적이고 대중적인 청년단체로 존재했어야 했는데도 불구하고, 그들이 지향한 대중조직과는 달리 남로당과 중복된 조직을 갖는 전위조직의 성격을 가졌던 것이다. 민애청의 조직체계를 살펴보면 표 8과 같다.

민애청은 민청의 조직을 기초로 했는데, 1947년 5월 15일자 CIC의 보고에 따르면 당시 민청의 회원수는 82만 6,940명이고 전체 지부수는 1만 7,671개였다.[127] G-2에서 분석했듯이 이들 전체 회원수는 변동이 적고 우익의 통계에 비해 덜 과장된 것이다. 또한 민애청의 경우 공위에 등록된 회원수는 78만 1,239명이었다.[128] 민애청은 1947년 8월 중앙확대위원회를 개최하여 앞으로의 활동을 진지하게 논의한 후 진정한 역량을 발휘할 수 있는 조직의 확대·강화를 위해 8·15 2주년 기념일까지 맹원 200만 돌파를 결의하고 각 도로 조직원을 파견하기로 결정한 바 있다.[129] 이 당시 민전에서도 "① 민청과 민애청의 전체 회원들이 합쳐져서 (충북)지방에서의 좌익 청년 숫자는 배가되었다. 전체 지방 청년의 3분의 2를 확보할 수 있도록 올해 말까지는 충분한 숫자를 충원해야 한다. ② 여성 회원들은 매우 중요하고 필요하다. 각 군지부는 가능한 한 많은 여성을 확보하고 5배 가하라. ③ 우익 청년들을 민전 쪽으로 끌어들이기 위해 우익 조직에 참여하도록 시도 하라"[130]는 내용을 청년단체에 지시했었다.

민애청은 8·15 2주년 기념일에 앞서 실시된 좌익 간부 대규모 검거를 시작으로 전국적으로 검거가 계속되자 이에 대응하여 조직의 확대와 재건 작업을 강행하게 되었다. 경상남도 민애청의 경우, 1949년 5월 29일 민애청 경남도위 간부가 대량 검거되자 민애청 경남도위 선전부 통신과원이던 안윤봉(安允奉)이 임시 조직수습책에 임명된 다음 6월 15일 민애청 경남도위원장 겸 경상남도 남로당 청년부책 대리에 임명되어 민애청 경남도위를 재조직한 바 있었고,[131] 이어 1949년 7월 21일 민애청 중앙위원장 수습책임자 겸 경상남도 위원장에 임명된 박억동(朴億東)이 민애청 경남조직을 재편성했다.[132] 조직 재건에서 도위원회의 경우 중앙위원회의 오르그가 수습책임자로 각 도에 배치되었고, 군위원회의 경우 각 군 남로당 청년

표 8   　　　　　　　조선민주애국청년동맹 조직체계

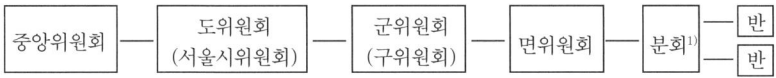

자료: 박일원, 『남로당의 조직과 전술』(세계, 1984), 85쪽.
주: 1) 분회는 리·동, 공장, 학교, 직장 단위로 되어 있음.

부책을 중심으로 우선 적임자를 뽑아 조직책에 임명하여 급속히 조직했으며, 면 및 분회의 경우 마찬가지여서 낙오자라도 재심사하여 충원했다. 이러한 재건 과정에서 나타나는 일반적 현상은 민애청조직이 남로당 청년부 조직과 구별되지 않고 대체로 동일한 조직원에 의해 겸직되고 있다는 사실이다. 이는 탄압에 대한 급속한 대응의 필요에 따른 결과이기는 하지만, 민애청의 현실적인 한계를 보여주는 것으로서 민애청이 대중조직으로 존속하지 못하고 비합법 전위조직화되게 되었음을 의미한다.

민애청은 각 조직의 파괴가 비합법적 태세가 철저하지 못한 결과임을 지적하면서 각급 조직의 비합법태세 강화와 비합법투쟁을 전개했다. 이들의 조직과 활동에 대한 제반 원칙은 당시 각 지방조직에 전달한 지시사항에 잘 나타나는데, 다음은 1949년 7월 민애청 경남 주재 중앙오르그가 민애청 경남 도위원장에게 전달한 지시사항이다.

1. 조직확대에 관한 건
    1) 시급히 조직을 확립할 것.
    2) 각 군에 '오르그'를 일제히 파견할 것.
    3) 현지 기관에 '블럭'제를 실시할 것.
    4) 각 조직부서를 복구·강화할 것.
    5) 간부를 등용·훈련할 것.
    6) 연락선을 강화할 것.
    7) 공장, 농촌, 학교, 유격지구 및 관청 내에 조직을 확대할 것.
    8) 학생조직을 확대할 것.

2. 사상통일 결속 촉구의 건

    1) 중앙집권제 실시.

    2) 민애청 동맹성의 촉구.

3. 선전교양의 건

    1) 민애청 지지 선전.

    2) 각 '블럭'의 선전부장 임명.

    3) 문건선(文件線)의 확립.

    4) 기관지(『청년해방』) 발행.

4. 투쟁의 건

    1) 노동자·농민생활 옹호투쟁.

    2) 민주개화(開化) 투쟁.

    3) 반동제압 투쟁.

    4) 유격지구 투쟁 확립.

5. 재정의 건

    1) 맹비 징수.

    2) 특수재정 탐구 확보.[133]

민애청은 파업, 맹휴, 시위, 봉화, 쌀투쟁, 삐라 살포, 벽보 및 벽서 등 다양한 형태의 단선·단정 반대투쟁을 전개해나가는데, 유엔 한국위원단에 대하여도 "남조선에 괴뢰단정을 수립하고 조국을 식민지화하려는 제국주의 국가의 대변적 역할을 하는 대행기관"[134]이라고 규정하고, 유엔 조사위원단에 항의하는 총파업위원회의 파업선언에 적극 지지하고 참여했다.[135] 이런 단선·단정 반대투쟁의 연장선상에서 당시 남한 전체 좌익 정치세력의 투쟁이 지하화·유격투쟁화되게 되는데, 이의 주요 구성요소의 하나가 좌익 청년단체원들이었다. 예컨대 1949년 8월 3일 민애청 부산시 좌동분회원들이 야산대를 조직한 바 있고,[136] 1950년 6월 27일에는 민애청 부산시 연맹원들이 중심이 되어 총사령관, 부사령관, 훈련부책, 조직부책, 선전부책, 재정부책 등의 편제를 가진 부산지구 인민유격대를 조직하여 본격적인 유격전투훈련을 실시하기도 했다.[137] 아울러 1948년 여름을 지나면서 강동정치학원의 훈련원이 거의 1천여 명으로 늘어났는데, 이 가운데 절반가량이 남로당이나 민애청 출신이었다.[138] 청총위원장을 지낸 이호제도 1949년 9월 강동정치학원 출신 유격대 360여 명을 데리고 태백산맥을 타고 남한 오대산지구에 인민유격대 제1병단을 구축하려 했는데, 이는 10월 항쟁, 2·7구국투쟁, 제주도 4·3항쟁 및 기타 단선·단정 반대투쟁에 참여했던 좌익 청년단체원들이 단정의 수립과 가중된 경찰의 탄압을 피해 월북했다가 강동정치학원을 거쳐 다시 유격대로 넘어오게 되었음을 보여준다.

2) 우익 청년단체

(1) 대한민주청년동맹

대한민주청년동맹은 좌익의 조선민청이 결성작업을 본격화하고 있을 때 이에 대한 정면대결을 자임하고 며칠 앞서 1946년 4월 9일 종로 YMCA 강당에 청·장년 300여 명이 모여서 결성했다. 박용직의 사회로 유진산의 개회사, 김후옥의 취지설명에 이어 김구 등의 축사가 있은 후 유진산을 회장으로, 이승만·김구·김규식 3인을 명예회장으로 선출했다. 이 결성대회에서 확정된 주요 임원 및 강령은 아래와 같다.

    명예회장: 이승만, 김구, 김규식
    고문: 신익희 외 6명
    참의: 설의식 외 26명
    회장: 유진산
    부회장: 김근찬(金根燦, 후에 朴仁旭), 김창경
    총무부장: 유우석(柳愚錫) 재정부장: 김치은(金致殷)
    조직부장: 조권(趙權) 선전부장: 박용직(朴容直)
    정보부장: 장우극(張愚極) 조사부장: 황인수(黃仁秀)

교도부장: 유약한(劉約翰) 문화부장: 진시헌(陳時憲)

지방부장: 안정수(安禎洙) 훈련부장: 김후옥(金厚玉)

감찰부장: 김두한(金斗漢) 여성부장: 강영순(姜英順)

중앙상임위원: 김건(金鍵), 김헌(金憲), 김종철(金鍾哲), 김치은(金致殷), 신흥국(申興國), 조희창(趙喜昌), 유지원(柳志元), 이교영(李敎永), 황인수(黃仁洙), 강덕상(姜德祥), 오찬관(吳贊瓘), 진시헌(陳時憲), 정원석(鄭元錫)

강령

1. 우리는 3천만의 전투적 전위부대임을 자임함.
2. 우리는 신명을 다하여 완전한 자주독립의 전취를 기함.
3. 우리는 만인공생의 사회건설에 방해되는 악질적 요소에 대하여 결사적 투쟁을 전개함.
4. 우리는 대의에 철하여 국가의 지상명령에 절대 복종함.
5. 우리는 절대 책임의 원칙을 엄수하여 민족적 명예를 천하에 선양함.[139]

대한민청의 회장인 유진산은 대한혁신청년회의 위원장, 대한독촉청년총연맹의 부위원장을 지낸 바 있고 이후 민주국민당의 총무부장을 맡는 등 보수야당의 중심 인물로 활동하게 된다. 대한민청의 운영자금은 유진산과 김두한이 주로 조달했다. 유진산은 한국민주당을 비롯한 호남지방 재산가들의 지원을 끌어내어 본부 운영자금으로 충당했으며 감찰부장 김두한은 때로는 협박·공갈을 구사하여 자금을 충당했다. 당시 장택상 수도경찰청장의 은밀한 활동비 지원도 있었고 백낙승 등 특정 실업가들로부터 거액의 자금을 보조받기도 했다. 대한민청 조직상의 한 특징은 종로·명동 일대에서 활약하던 폭력조직 대부분이 대원으로 망라되었다는 사실이다. 이러한 특징은 당시 우익 청년조직의 전형적인 모습을 보여주는 것이라 할 수 있는데, 왜냐하면 중앙에서뿐만 아니라 조직력이나 인원충원면에서 좌익에 비해 취약할 수밖에 없었던 지방의 경우 우익조직이 쉽게 동원할 수 있는 사람들은 곧 이들 룸펜폭력배들이었기 때문이다.[140]

1946년 여름에 대한민청은 서울지역의 조직을 확대했다. 각 구·지역·동·특별지부 등이 조직되었다. 종로구 특별지부(원서지역, 종로3가 지역, 동부특별), 중부지부(동광, 남산, 도동, 명동, 오장, 광희, 장충, 청진계, 남대문시장특별), 남대문구지부(행촌, 현저, 홍파, 냉천, 의주로, 노고산, 의주로 청과시장, 서부특별), 동대문구(창신, 답십리, 전농, 회기, 용두, 청량, 태창특별직장), 용산구지부(산천, 원효, 보광, 한남, 동빙고, 서빙고, 효창, 성남특별), 마포구지부(공덕, 마포, 염리, 창천, 와신, 아현, 만리), 성동구지부(뚝섬, 마장, 구의, 신당, 왕십리, 신장) 등이 조직된 데 이어 지방에서도 경기·개성지부, 황해·연백지부, 황해·용매지부, 부산시지부, 수원지부, 충북지부, 경전특별지부 등이 조직되었다.[141] 또한 감찰부장 김두한 직계의 '별동대'가 구성되는데, 이들이 대한민청 활동의 중심이 된다.

대한민청의 활동은 주로 좌익 정치조직의 공개행사에 대한 습격, 좌익 청년단체 간부 납치, 전평 주도하의 9월총파업에 대한 실력 저지 등 좌익의 정치활동에 대한 직접적인 대항과 무력충돌로 일관되었다. 가장 대표적인 활동은 용산역 철도파업장 습격, 전평 본부 습격, 경전(京電) 파업장 습격 등이었다. 예컨대 용산역 기관구 철도파업에는 장택상 수도경찰청장의 총지휘 아래 경찰 3천여 명과 서청·국청·독청·대한노청 등 우익 청년단원 2천여 명이 합동으로 작전을 수행했는데 대한민청 별동대는 3개 중대로 편성되어 참가했다. 즉 김두한 지휘하의 제1중대 300여 명은 용산역 정면으로 공격했고, 신영균 지휘하의 제2중대 200여 명은 후면으로, 김영태 지휘하의 제3중대 200여 명은 측면으로 공격했던 것이다. 이때 대한민청은 장택상으로부터 넘겨받은 경찰전문학교 실습용 총 300여 정과 수류탄 3상자를 가지고 합동작전을 수행했다.[142] 이후 김두한 지휘하의 대한민청원 약 200명이 전평 본부를 습격했고, 다시 경전 파업장을 습격하여 해산시킨 후 운행되는 전차에 대한민청 별동대원이 완장을 두르고 승무하여 감시하기도 했다. 또한 인천의 조선기계제작소 파업현장에도 대한민청

대원 200여 명이 트럭 5대에 분승하여 출동, 미군 헌병의 감시도 하랑곳하지 않고 죽창으로 진압한 바 있었다. 대한민청은 이처럼 1946년 9월과 10월 사이에 집중적으로 대좌익 실력투쟁을 전개했는데, 김두한 중심의 이러한 적나라한 테러와 폭력이 대한민청 간부 내부에서도 반발을 일으킨 바 있다. 김두한은 후에 "나는 사실 백색테러리스트다. …… 이때에 힘을 통한 멸공 이외에는 누란의 위기에 선 조국을 구출할 방법이 없다고 확신했기 때문에 무자비한 피의 대공투쟁을 전개"[143]하게 되었다고 회고했다.

테러단체로 규정되어 해체된 이후 대한민청 조직을 기반으로 청년조선총동맹이 새로이 결성되었다. 감찰부 별동대 위주의 중앙에서의 테러활동으로 특징되던 대한민청과 달리 청년조선총동맹은 지부 단위의 독자적 활동도 이루어졌고 조직 확대와 교육·선전활동도 전개하게 된다. 이후 대동청년단에의 합류도 거부하고 이승만의 단정노선을 적극 지지하여 선거추진위원회를 구성하게 된다.[144] 유진산을 위원장으로 지방유세 담당, 조직 담당, 선전 담당, 독려반, 연락반 등이 중앙 간부를 중심으로 구성되어 5·10선거를 적극 추진하게 되는데, 이들의 주요 임무는 첫째 5·10선거를 유권자들이 대거 참여하도록 계몽·선전하는 것이고, 둘째 경찰과 향보단을 도와 좌익의 단선 반대투쟁을 지지하고 치안유지에 협조하는 것이었으며, 셋째 청총의 추천으로 출마한 입후보자 및 그들과 정견을 같이하는 입후보자를 적극 지원하는 것이었다.

(2) 조선민족청년단

조선민족청년단은 1946년 10월 9일 이범석을 단장으로 하여, "정치적 실망과 경제적 혼란과 사상적 갈등을 타개하는 데 새로운 힘의 원천으로 요구되는 청년의 수련을 목적"으로 설립되었다. 이들이 채택한 강령의 내용을 보면 아래와 같다.

   1. 민족정신을 환기하여 민족지상·국가지상의 이념하에 청년의 사명을 다할 것을 기함.

1. 종파를 초월하여 대내 자립, 대외 공존의 정신하에 민족의 역량을 집결할 것을 기함.
1. 현실을 직시하여 위대한 곳에 착목하고 비근한 점에 착수하여 건국도상에 청년다운 순정을 바칠 것을 기함.[145]

위의 강령에서 볼 수 있듯이 족청은 직접적인 반좌익투쟁은 선언하지 않고 민족지상·국가지상의 기치 아래 청년의 교육과 훈련을 목표로 했다.[146] 족청은 이범석이 거느리던 광복군 제2지대 간부들이 중심이 되어 발족했는데, 기존의 여타 우익 청년단체들과는 달리 '점에서 선으로, 선에서 면으로' 확고한 조직을 펼쳐나갔고 중앙훈련소와 지방훈련소를 설치하여 단원을 교육하고 여기서 교육을 받은 단원이 다시 각 지방으로 파견되어 조직사업을 전개해나갔다. 족청의 조직과 주요 임원을 보면 표 9와 같다.

이와 같이 족청은 최고기구로 전국위원회를 두었고 그 밑에 상임위원회 격인 이사회를 두었으며 상임집행 기능을 수행하는 상무위원회를 두었다. 이러한 의결기구 밑에 단장·부단장과 집행부서 8개 부를 두어 일상 단무를 수행토록 했는데 이 같은 조직기구는 각급 단부에 동일했다. 족청 중앙부서의 간부를 보면, 부단장 이준근은 광복군 출신이고 김형원은 시인이며 언론인 출신이다. 기타 주요 부서장을 맡은 노태준·안춘생·유해준·송면수·장준하·조일문 등은 광복군 출신이고, 김근찬은 국내파로 체육계 인사이며 교사 출신이다. 재정부의 백두진·유창순은 조선은행 재직 당시 미군정에 의한 족청운영비 지급 창구역할을 하면서 기용되었다.[147]

족청은 설립 당시 300여 명에 지나지 않던 단원이 불과 9개월 만에 20만에 이르고 창립 2주년 기념일을 맞이할 때는 무려 120만에 이르게 되었다. 이같이 급속히 성장할 수 있었던 이유는 미군정의 실질적인 지원이 있었기 때문이기도 했지만, 족청의 중앙훈련소와 지방훈련소를 통한 훈련 효과 또한 컸다. 즉 중앙훈련소를 개설하면서 각 청년단체들에 문호를 개방하자 교육훈련을 받은 다른 단체원들이 족청으로 유입되었고, 족청단원

표 9　　　　　　　　　　조청의 조직계통표

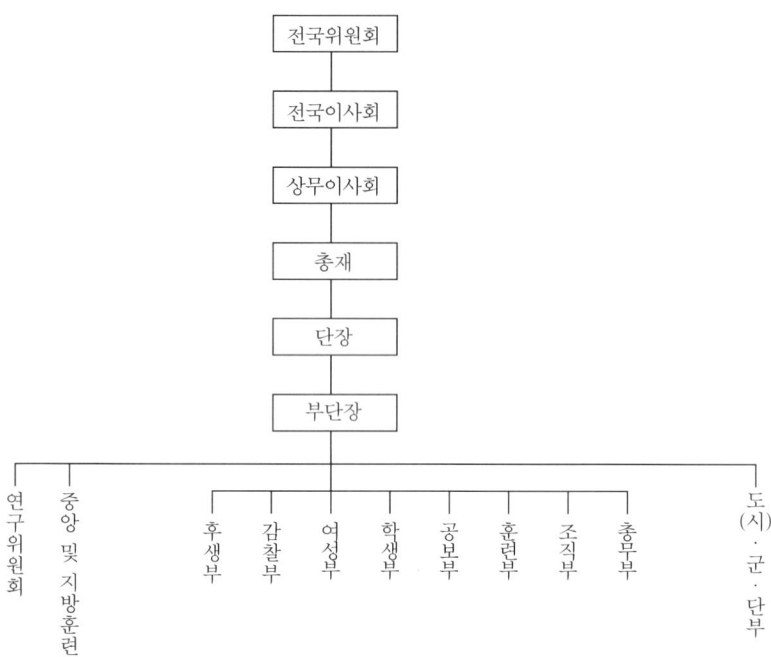

이사: 김웅권(金雄權), 김형원(金炯元) 외 10명
단장: 이범석(李範奭)
부단장: 이준근(李俊根), 김형원(金炯元)
총무부장: 김웅권(金雄權) 차장: 강인봉(姜仁鳳)
조직부장: 노태준(盧泰俊) 차장: 정일명(鄭逸明)
선전부장: 송면수(宋冕秀) 차장: 조일문(趙一文)
재정부장: 백두진(白斗鎭) 차장: 유창순(劉彰順)
훈련부장: 안춘생(安椿生)
학생부장: 유해준(兪海濬) 차장: 장준하(張俊河)
여성부장: 최이권(崔以權) 차장: 김현숙(金賢淑), 박봉애(朴奉愛)
감찰부장: 김근찬(金根燦)
후생부장: 김정희(金晶熙)

자료: 선우기성,『한국청년운동사』(금문사, 1973), 698쪽.

의 경우는 교육을 마친 후 간부요원으로 육성되어 족청조직 확장에 주력했던 것이다.

수원에 위치한 족청의 중앙훈련소는 1946년 12월 2일 단원 200여 명의 입소식을 천도교당에서 실시한 이후 200명씩 1개월 단위로 교육훈련을 실시했다.[148] 훈련소장은 이범석 단장이 겸했고, 부소장은 광복군 장교였던 송면수, 훈련대장은 김근찬, 그밖에 훗날 육군 장성을 지내게 되는 이형석·유해준·박임항·최주종·박영준·이성가 등이 교관·구대장·조장 등을 담당했다. 또한 이범석의 요청에 의해 맥아더는 필리핀에서 보이스카우트 조직훈련을 지휘해오던 육군대령을 특파하여 훈련 교관단을 관장토록 했던 것이다. 훈련교육 과목을 보면, 정신훈련(윤리, 역사, 독립운동사, 사회심리, 단무[團務], 교무, 명상시간, 국기게양 및 하기식, 창가), 지능교육(정치, 경제, 법률, 시사, 국문, 철학, 특별강좌, 조직, 선전, 측도[測圖]), 체력훈련(체조, 체육, 아침구보), 생활훈련(대무[隊務], 근로, 동작회, 음악감상, 방송청취, 학습, 세면, 식사), 실천훈련(강연회, 실습, 토론회, 소조회, 독서회) 등으로 구성되어 있었다. 정신훈화 및 지능교육시간에는 임정원로 및 학자·언론인 등의 강의가 있었지만, 훈련과정은 전체적으로 잘 짜인 군대의 집체훈련과 다를 바 없었다.

200명씩의 기본과정은 제1기에서 제10기에 이르기까지 1,921명의 수료생을 배출했다. 그뿐만 아니라 시·도·구·읍·면 단위의 단장을 훈련하는 '단장과정'과 지방단부의 조직부장·선전부장·훈련부장·감찰부장 등을 기능별로 훈련하는 '전문과정'을 운영했으며 과정별 수료생을 보면 기본과정(1,921명), 단장과정(186명), 조직부장과정(196명), 선전부장과정(227명), 훈련부장과정(227명), 감찰부장과정(186명), 특별과정(478명) 등이었다.[149] 중앙훈련소 수료생들의 학력별 통계를 보면 전문·대학졸업자 13퍼센트, 중졸 68퍼센트, 국졸 19퍼센트로 당시 청년들의 교육수준에 비해 매우 학력이 높았다. 이 같은 고학력 수료생의 대량 배출은 족청의 조직 확대를 급속히 진행시켰는데, 이들이 도·시·군 연고지로 내려가서 단부마다 지방훈련소를 설치하여 청년층을 흡수·훈련시켰던 것이다. 각급 단부 훈련소 및 수료생수를 보면, 서울(14개소, 4,669명), 경기(13개소, 3만 1,818명), 강원(7개소, 2,346명), 황해(3개소, 2,831명) 충북(6개소, 1,435명), 충남(22개소, 6,176명), 전북(6개소, 6,485명) 전남(17개소, 1만 5,180명), 경북(10개소, 6,453명), 경남(15개소, 7,910명), 직장(6개소, 445명) 등으로 전체 119개 훈련소에 8만 5,217명을 배출했던 것이다.[150] 이와 같은 훈련을 통해 족청의 이념과 세력을 확대한 것과 아울러 대외적인 활동으로 도로수리, 청소작업, 문맹퇴치, 난민구제, 이앙추수, 운동경기, 순회강연, 위문연극공연 등을 하기도 했다.

족청은 5·10총선거를 앞두고 상무위원회를 소집하여 선거 참여 여부를 놓고 토의를 했는데, 결국 총선 참여를 결정하되 공개적인 발표는 하지 않고 각 도단부와 시·군단부의 선거구 형편에 따라 국회의원 후보 출마를 결정하도록 위임했다. 족청 이름으로 20명이 출마했는데 그중 6명이 당선되었다. 6명의 당선자는 홍희종(김제 을), 이정기(남원), 정균식(담양), 문시환(부산 갑), 안준상(의령), 강욱중(함안) 등으로 이들은 지역 단부의 공식적 지원에 힘입어 당선되었다. 이들 이외에 족청은 이재형(시흥), 윤재근(강화), 김웅권(파주), 김웅진(수원 을), 연병호(괴산), 윤병구(예산), 신상학(김해 갑), 홍범희(원주) 등 8명을 당선시키는데, 이들은 족청 중앙단의 상무이사·지방위원·지방단 부단장 등의 단적을 가지고 있으면서 선거구 형편에 따라 무소속 또는 국민회 이름으로 출마했다.[151] 이들 당선자를 중심으로 국회 내에 청구회(靑丘會)라는 20개 의석의 교섭단체를 결성하여 족청세력을 키우고 결국은 이범석이 초대 국무총리에 취임하게 된다. 이 당시 이범석이 국방부장관을 겸임했기 때문에 국군의 정식 발족과 편제증강 과정에 족청계 인사가 참여하게 되었다.

한편 족청은 단정 수립 후 대한청년단의 결성에 따라 이승만의 성명에 의해 이에 통합되게 되고 1949년 1월 전국 이사 및 각 도 단장 연석회의에서 해산을 결정하게 된다. 이들은 이후 원외 자유당을 결성하여 자유당 내에서 족청계와 비족청계 사이의 알력을 표출시키게 되는데, 결국은 이승만에 의해 공식적으로 숙청당하게 되었다. 하지만 족청 출신들은 현재까지도 한국 사회에서 커다란 영향력을 발휘하고 있다.

이처럼 족청은 미군정에 의한 경찰력 강화 및 대체 정치세력 육성이라는 장기적인 계획과 지원 아래 이범석에 의해 결성되어 급속한 조직 확대를 하게 되었고, 다른 우익 청년단체와 달리 직접적인 좌우투쟁보다는 청년의 교육훈련에 힘썼다. 족청의 궤적은 미군정기에서보다 정부 수립 이후의 정치과정에서 더 중요한 의의를 갖는다.

(3) 서북청년단

서북청년단(西北靑年團)은 대한혁신청년회, 함북청년회, 황해회청년부, 북선청년회, 양호단, 평안청년회 등 이북출신 청년단체가 통합하여 1946년 11월 30일 결성되었다. 이들은 "조국의 완전 자주독립 전취, 균등사회의 건설, 세계평화의 건설"을 강령으로 내걸고 좌익에 대한 전면적인 대결을 선언했다. 이후 12월 13일에 열린 제1차 중앙집행위원회에서는 아래와 같은 임원 인선을 완료했다.

> 위원장: 선우기성(鮮于基聖, 평남 정주)
> 부위원장: 장윤필(張允弼, 함북 청진), 조영진(趙英珍, 영흥)
> 총무부장: 김성태(金星泰, 황해) 조직부장: 장창원(張昌元, 함북)
> 선전부장: 심돈섭(沈惇燮, 평북) 정훈부장: 강시룡(姜時龍, 평북)
> 훈련부장: 반성환(潘星煥, 함북) 사업부장: 김성주(金聖柱, 평북)
> 정보부장: 이주효(李周孝, 함남) 학생부장: 송태윤(宋泰潤, 평남)
> 여성부장: 김경배(金庚培, 강원) 심사부장: 손달수(孫達壽, 황해)
> 심계부장: 박상준(朴常俊, 강원) 감찰위원장: 이영호(李永浩, 황해)
> 감찰부위원장: 차종연(車鍾淵, 평남)

서청의 서울조직은 종로지부를 시작으로 중구지부, 동대문지부, 성동지부, 영등포지부, 서대문지부, 성북지부, 명동지부, 경전지부, 수양지부, 해방촌지부, 묵정동지부 등이 1947년 초까지 결성되었다.[152] 또한 1947년 1

월 38선 접경지에 설치된 청단지부는 남하하는 청년들을 서청으로 인도하는 일을 했고, 서울역 앞에는 안내소가 설치되어 월남 청년들에게 임시숙소 및 음식을 제공하고 이들의 명부를 작성한 후 신분조사를 의뢰하기도 했다. 한편 서청의 지방조직은 서울에서 흡수하지 못하는 청년들을 지방으로 파견하게 되고 지방에서는 좌익 타도를 위해 서청 중앙에 구원 요청을 하게 됨으로써 진행되었다. 각 지방 우익세력 및 경찰로부터의 파견요청이 오고 이에 서청은 각 지방에 진출하여 우선 각 도 수준의 본부를 조직하고 이를 기반으로 좌익세력을 파괴한 후 각 군·면 수준까지의 지부를 확대하는 형태를 띠었다. 예컨대 경기지방의 경우 기존에 활동하던 황해청년회·함북청년회·평안청년회 등이 서북청년단으로 통합하여 경기도지부를 결성하고, 이의 강화된 투쟁력을 바탕으로 인천지부·개성지부·수원지부·포천지부 등으로 조직을 확대했던 것이다.

    서청의 지방조직 확대는 주로 서청 남선파견대의 지방에서의 좌익 파괴활동에 의해 추진되었다. 남선파견대는 1947년 봄 임일(林一)의 건의로 조직되어 대전에 본부를 두고 남부지방의 좌익 파괴활동을 본격화했다. 처음 임일을 중심으로 약 30명이 대전에 내려가 합숙소를 마련한 후 서울로부터 200여 명의 서청원이 확충되었다. 이들은 대전천에서 열린 3·1절 기념집회를 습격하고 군제제사공장·대전방직공장 노조를 파괴함으로써 활동을 본격화했다. 이같이 남선파견대 본부의 활동이 본격화되면서 충남·전북·전남·충북의 순으로 도본부를 결성해갔고 시·군까지 조직을 확대해갔다. 충남도본부의 경우 남선파견대 본부 임원들이 대체로 겸임하여 조직되었는데 서산군을 제외한 전 지역에 지부가 결성되었고, 전북지역의 경우 전주·군산·김제·임실·남원·이리 등에, 전남지역의 경우 광주·목포·여수·순천·담양·화순·장성 등에, 충북지역의 경우 충주·청주·제천·옥천·영동·보은 등에 지부가 결성되었다. 특히 전남도본부의 경우 제주도에까지 조직을 확대했는데, 전국적으로 남선파견대의 활동에 의해 약 57개 시·군 지부가 결성되게 되었다.[153] 1947년 3월 '부안사건'의 경우 지부조직차 파견된 서청 선발대원이 살해되자, 대전에서 300여 명의 서청원이 출동하여 국민회 지부에서 좌익으로 찍은 모든 집을 습격하고 파괴·구타했는데 이는 지방지부 조직과정에서 서청이 보여준 보복·파괴활동의 대표적인 예다. 아울러 훈련부장 반성환의 지휘 아래 경남·경북도본부가 조직되어 부산을 중심으로 좌익계 신문사·집회·공연 등을 습격하고 남로당 경남도당부와 민애청 본부 등을 파괴했다. 이후 이 지역에 피난해 있던 서북청년들을 규합하여 밀양지부, 삼랑진지부, 김해지부, 마산지부, 진주지부, 통영지부, 의령지부, 방어진지부 등이 결성되었고, 경북지역의 경우에도 1947년에 접어들어 포항, 영덕, 상주, 예천, 청도, 금천, 영천, 경주, 경산, 달성, 성주, 영주 등으로 조직이 확대되었던 것이다.

서청은 남선파견대의 활동에 힘입어 전국적인 조직을 갖춘 후 제주도에까지 파견된다. 1947년 봄부터 이미 제주도에 대원들이 파견되어 있었는데 본격적인 진출은 4·3항쟁 진압을 위한 것이었다. 조병옥 경무부장의 요청으로 500여 명의 서청대원이 하루아침에 경찰로 임용되어 김태일 경무부 경무과장이 지휘하는 현지 전투경찰에 편입되어 경찰과 합동으로 작전을 수행했다. 이밖에도 100~200명씩 편성된 토벌대가 계속 파견되었는데 이들은 군·경의 신분으로 혹은 서청의 신분으로 활동했다.[154] 1948년 초 제주도에 배치된 서청회원의 상황을 보면, 제주읍 300명, 대정면 40명, 서소면 70명, 한림면 50명, 성산면 40명, 애월면 40명, 아덕면 40명, 남원면 30명, 구좌면 50명, 중문면 50명, 표선면 30명, 조천면 20명 등 합계 760명이었는데,[155] 이들은 제주도 경찰과 긴밀한 협조하에 죽창을 휘두르며 항쟁 진압에 앞장섰다.

또한 서청은 월남청년들의 신분을 조사함과 동시에 이들을 대학에 편입학시켜 당시 국대안 반대투쟁을 벌이던 좌익 학생들과 대립케 했다. 서청 중앙본부 제2대 학생부장 김계룡(金桂龍)이 유억겸 문교부장에게 학력증명을 요구해 서청위원장의 확인증으로 학력을 증명하고, 이를 실행키 위해 문교부장이 전국 각급 학교에 이 같은 내용을 전달할 것을 합의했다. 1947년 2월 중순부터 한 달 사이에 3,600명이 서청 위원장 선우기성의 도장이 찍힌 증명서 하나로 대학을 비롯한 중등학교에 편입학할 수 있었고

그해 가을학기까지 발급된 증명서는 무려 6천여 장이나 되었다.[156]

서북청년단의 좌우투쟁은 군 내부로도 확대되었는데, 이것 역시 당시 국방경비대 내에 있는 좌익세력에 대항하기 위한 것이었다. 유동열 통위부장, 조병옥 경무부장, 선우기성 위원장 사이에 합의가 있게 되고 서청 내부로서도 대동청년단으로의 합류파와 재건파 사이에 분열이 있게 되면서 제3의 진로로 군을 선택한 서청원이 많았다. 예컨대 1947년 10월 23일에 경비사관학교에 입교한 5기생 가운데 서북 출신이 무려 3분의 2를 차지했고, 이들 380명은 6개월 교육을 마치고 1948년 4월 6일 육군소위로 임관된 후 각 연대에 배치되게 되었다.[157] 5기생 서북 출신자 모두가 서청회원은 아니었으나 이들은 모두 군 내부의 좌우투쟁에 중요한 역할을 하고 그 이후로도 계속 충원되어 한국군부의 하나의 맥을 형성하게 되었다.

서청의 활동자금은 서북 출신 실업가들과 군정청 고위 관리들에게 의존했다. 서북 출신 실업가들은 기부금을 내놓았고 군정청 관리들은 자신들의 직위를 이용하여 구호물자 및 생활필수품 배급표를 무더기로 서청에 제공했던 것이다. 또한 이승만계열의 독립촉성국민회의가 다량의 지원금을 제공했는데, 서청이 지방조직 확대를 위해 파견될 때 숙식과 보호처를 제공하기도 했다. 심지어 몇몇 지방의 경우 이 두 조직이 한 사무소를 사용하기도 했다.[158] 서청은 줄곧 이승만·한민당 중심의 정치노선에 입각하여 우익 내에서도 좌우합작파와 남북협상파를 배제하는 데에 결정적 역할을 하게 된다. 이러한 현상은 문봉제 중심의 재건서청에서 더욱 뚜렷이 나타나 이후로는 이승만의 친위대 역할을 하게 되는데, 이 같은 성격은 "경찰이 행동의 배후였다면, 이승만은 정신적인 배후였다"[159]고 말한 재건서청 위원장 문봉제의 회고에서도 분명히 확인된다.

5. 맺음말

좌익 청년단체는 조공·민전·남로당 등의 외곽단체로서 이들의 통일적 지도에 따라 정치활동을 전개했다. 공청의 재건 이래 민주주의적 과업 수행에 전진할 것을 표명하고 진보적 청년대중에 대한 조직사업에 착수했다. 최초의 통일적 지도의 산물인 청총이 전국에 걸쳐 조직되고 이후 모스크바3상회의 결정안을 둘러싸고 전개된 좌우대립의 국면에서 3상결정 지지와 인공 사수를 결의, 백색테러에 대한 실력대응과 아울러 구체적인 교양전선사업을 전개했다. 공청의 대중화 요구와 청총의 조직적 한계를 극복하고자 전개된 민청운동은 공청의 발전적 해체와 조직 강화를 통해 민청을 탄생시킴으로써 좌익 청년조직이 민청으로 일원화되고 조직구성에서도 기존의 청총과 달리 노동·농민청년층이 고루 참여하게 되었다. 이후 재조직된 민애청은 맹원 확장사업과 미소공위에의 합법적 참여 노력에도 불구하고 더 이상의 공개활동은 불가능하게 되고 조직의 전위조직화 현상을 보이면서 비합법 무장투쟁의 주요 세력의 하나가 되었다.

한편 우익 청년단체는 주요 정치지도자의 귀국과 반탁운동의 전개과정에 급속히 조직을 확대하고 대중적 지지기반을 만회하면서 대좌익 실력투쟁을 전면적으로 수행하기 시작했다. 이들은 단일 정치조직에 의해 통일적으로 지도된 것이 아니라 주요 우익 정치지도자들의 노선 분열에 따라 복잡하게 이합집산되어갔다. 주로 좌익 정치조직에 대한 파괴와 인민항쟁에 대한 진압과정을 통해 지방조직을 확대해나갔는데, 이 과정에서 군·경찰과의 합동작전을 전개하는 등 공식적·조직적 협력관계를 이루었던 것이다. 결국 우익 청년단체의 확대과정은 극우 청년단체의 헤게모니 장악과정임과 동시에 단정세력에 의한 분단국가 형성과정이었다.

8·15 이후 좌·우익 청년단체의 좌우대립과 정치활동은 우익 청년단체와 단정세력에 의한 분단국가 형성으로 일단락되었고, 우익 청년단체원들은 현재까지도 분단의 확대재생산 역할을 담당하고 있다. 분단국가 내에서 의식적으로 좌·우이념 대립의 구도를 전면에 내세움으로써 극우 파시즘의 기반을 조성하고 분단을 확대 재생산하고 있는 극우 사회단체들은 그 조직이나 성격에서 이미 8·15 이후 우익 청년단체에 그 뿌리를 두고 있었던 것이다.

주 _____

1) 좌익과 우익을 구별하는 데는 여러 가지 기준이 사용되고 있고 이것은 다양하게 해석되기도 한다. 하지만 "현금의 사정은 이 좌·우익의 구별이 저윽히 혼동되고 있는 경향을 간취하게 된다"(海學西人, 「좌우의 대립과 청년」, 『새한민보』 제1권 제7호〔1947. 9. 5〕, 5쪽)는 견해가 시사해주고 있듯이 8·15 직후 한국 사회에 대한 연구에서 흔히 사용되고 있는 좌·우라는 구별 개념은 대단히 혼동되어 있는데, 이 개념으로 설명해낼 수 있는 범위는 그렇게 넓지 않으며 오히려 한국 민중과 미군정 사이의 모순관계를 희석화해버릴 가능성도 있음을 지적해둔다. 하지만 필자는 이 개념을 잠정적으로 사용하겠다. 예컨대 커밍스는 이 개념의 사용 이유를 ① 그 시기의 한국인들과 한국 문헌들이 그 용어를 사용했고, ② 미군정이 한국의 스펙트럼을 이러한 방식으로 설명했으며, ③ 다른 적절한 용어를 찾지 못했기 때문이라고 말했다(Burce Cumings, *The Origins of the Korean War*, Princeton: Princeton University Press, 1981, 455~56쪽). 한편 미군정은 좌·우 구별의 기준으로 ① 동기부여의 출처, ② 토지개혁의 방법, ③ 산업의 국가화, ④ 외국무역과 투자, ⑤ 개혁을 달성하는 방법, ⑥ 미·소·중에 대한 태도, ⑦ 탁치, ⑧ 친일파 숙청 요구 정도 등을 들고 있는데 자세한 사항은 United States Armed Forces in Korea(USAFIK), "History of United States Armed Forces in Korea," Manuscript in Office of the Chief Military History, Washington D.C.(Seoul and Tokyo, 1947. 1948), Part II, Chapter II, 11~14쪽.
2) 리처드 E. 라우터백, 『韓國美軍政史』(국제신문사 출판부, 1948), 33쪽.
3) Bruce Cumings, 앞의 책, 73쪽; 국방부 전사편찬위원회 편, 『한국전쟁사』 1권 (국방부 전사편찬위원회, 1967), 46쪽에서는 15, 16일 양일간에 석방된 애국투사들의 숫자는 1만 1천 명이고, 이들의 대부분은 정치범·사상범의 죄명을 쓰고 있었다고 기록하고 있다.
4) 이 통계는 총독부의 전국에 걸친 통신망을 통해서 신고된 사건만을 포함한 것이다. 함남·함북지방의 경우는 통신 불통으로 여기에 포함되지 않았다. 당시의 사정상 알려지지 않은 사건이 많을 것이므로 이 통계가 정확하다고 볼 수는 없다.
5) 홍인숙, 「건국준비위원회의 조직과 활동」, 강만길·김광식 외, 『해방전후사의 인식』 2(한길사, 1985), 64쪽.

6) 여운홍,『몽양 여운형』(청하각, 1967), 145쪽; 민주주의민족전선편,『조선해방연보』(문우인서관, 1946), 79~80쪽.
7) 송남헌,『해방3년사』I(까치, 1985), 39쪽.
8) 민주주의민족전선 편, 앞의 책, 81쪽.
9) 같은 책, 90쪽.
10) 송남헌, 앞의 책, 177~30쪽 참조.
11) Bruce Cumings, 앞의 책, 99쪽.
12) 한국법제연구회 편,『미군행정법령집』(국문판) (여강출판사, 재간행), 1쪽.
13) 송남헌, 앞의 책, 93~94쪽.
14) 「재한국정치고문이 국무장관에게」(1945. 9. 15),『해방3년과 미국』(돌베개, 1984), 55~56쪽.
15) 같은 글, 70쪽.
16) 브루스 커밍스,「미국의 정책과 한국해방」, 프랭크 볼드윈 편,『한국현대사』(사계절, 1984), 57쪽.
17) E. Grant Meade, *American Military Government in Korea*(New York: King's Crown Press, 1951), 52쪽. 미드는 1945년 10월 맥아더 사령부에서 한국으로 출발하는 민사장교들에게 행한 정책설명에서 한국에 대한 미국의 정책이 "공산주의에 대한 방파제를 구축하는 것"이라는 인상을 받았다고 기록하고 있다.
18) 라우테백, 앞의 책, 40쪽.
19) 마크 게인,『해방과 미군정 1946 10-11』(까치, 1986), 109~10쪽.
20) "G-2 Periodic Report," no. 3, 4a(1), 22(1).
21) 같은 보고서, no. 10, 4b(2), 63(1).
22)『자유신문』, 1945년 10월 7일.
23) 조이스 콜코, 가브리엘 콜코,「미국과 한국의 해방」, 김정원·서대숙 외 편저,『한국현대사의 재조명』(돌베개, 1982), 28쪽.
24) 브루스 커밍스, 앞의 글, 60쪽.
25) Hoag Leonard, "American Military Government in Korea: War Policy and the First Year of Occupation, 1941-1946," *Draft Manuscript*(Washington, D.C.: Department of Army, 1970), 312쪽. 하지는 1950년 한 친구에게 보낸 편지에서 "인민공화국을 세우려는 공산주의자들의 노력은 장기간 잘 계획된 책략"이었고 소비에트로부터 지원을 받았다고 쓰면서 위의 정책을 말했다.

26) 한국법제연구회 편, 앞의 책, 145쪽.
27) 국방부 전사편찬위원회 편, 앞의 책, 262쪽.
28) 「육군대장 더글라스 맥아더가 참모총장(아이젠하워)에게」(1946. 10. 28), 『해방3년과 미국』, 365쪽.
29) 「극동국장(빈센트)이 국무장관에게 보내는 비망록」(1946. 10. 29), 같은 책, 366쪽. 이 비망록은 10월 28일 맥아더가 아이젠하워에게 보낸 전문의 내용을 빈센트가 국무장관에게 보고한 것인데, 빈센트는 여기에서 G-2에 의해 전체적인 상황을 분석할 때까지 당분간 '우익 청년군' 조직안은 무시할 것을 제안한 바 있다.
30) 조선은행 조사부 편, 『조성경제통계요람』(조선은행 조사부, 1949), 70, 134쪽.
31) 노동상, 「도탄에 빠진 남조선의 민생경제」, 『조선경제』 3권 2호 (1948. 4), 49쪽.
32) 조선은행 조사부 편, 『조선경제연보』(조선은행 조사부, 1948), 203~04쪽.
33) 『동아일보』, 1946년 3월 7일.
34) "G-2 Weekly Summary," 53, Incl #3, 291(12).
35) 국방부 전사편찬위원회 편, 앞의 책, 81쪽.
36) 이경남, 『분단시대의 청년운동』 상 (삼성문화개발, 1989), 23쪽. 월남동기별로 보면 사상적·정치적 이유(31.2%), 농지개혁 등 재산몰수(15%), 종교탄압(11.8%), 학업(4.3%), 취업(4.3%), 취업(4.3%), 기타(31.2%) 등이었다.(조형·박명선, 「북한출신 월남인의 정착과정을 통해서 본 남북한 사회구조의 비교」, 변형윤 외, 『분단시대와 한국사회』, 까치, 1985, 150쪽.)
37) 김기동, 「테러의 본질」, 『민주주의』 29호(1947. 10), 7쪽.
38) 노동상, 앞의 글, 49쪽.
39) Gregory Henderson, *Korea — The Politics of the Vortex*(Cambridge: Havard University Press, 1978), 140쪽.
40) 김남식, 『남로당 연구』(돌베개, 1984), 63쪽. 조공 재건 후 중앙기구를 개편하여 책임비서에 권오직을 선출했다.
41) 『조선인민보』, 1946년 4월 19일.
42) 김남식·심지연 편저, 『박헌영 노선비판』(세계, 1986), 44~45쪽.
43) 나주군지 편찬위원회 편, 『나주군지』(나주군지 편찬위원회, 1980), 195~97쪽.
44) "G-2 Periodic Report", no. 152, 4b(1), 49(2).
45) 『해방일보』, 1945년 12월 14일.

46) 김남식, 앞의 책, 85쪽.

47) 『해방일보』, 1945년 12월 2일.

48) 자세한 사항은 민주주의민족전선 편, 앞의 책, 242~51쪽.

49) 민청중위, 「청년운동의 개괄과 자기비판」하, 『청년해방일보』, 1946년 9월 2일.

50) 조선청총은 조선민청의 결성 후에도 당분간 존속했었다(『노력인민』, 1947년 6월 21일). 예컨대 1946년 4월 29일 현재 민전에 가맹된 좌익청년단체는 조선민주청년동맹(65만 6,269명)과 조선청년단체총동맹(34만 7,600명)으로 되어 있다(『해방일보』, 1946년 5월 1일).

51) 북한에서는 서울의 청총 결성 날짜보다 약 15일 앞서 1945년 11월 27일에 이미 민주청년동맹 결성대회를 개최했다(『조선중앙연감』, 평양 조선중앙통신사, 1949, 715쪽; 김남식, 앞의 책, 95쪽에서 재인용).

52) 고준석, 『해방: 1945-1950』(흔겨레, 1989), 123쪽.

53) 『조선인민보』, 1946년 4월 26일.

54) 민청중위, 앞의 글.

55) 자세한 사항은 『독립신보』, 1947년 5월 20일.

56) 『독립신보』, 1947년 5월 22일.

57) 『독립신보』, 1947년 6월 6일.

58) 조선통신사, 『조선연감』(1948년판), 269쪽.

59) "G-2 Weekly Report," no. 97, 6c, 504(13).

60) Gregory Henderson, 앞의 책, 140쪽.

61) 선우기성, 『한국청년운동사』(금문사, 1973), 640~41쪽.

62) 자세한 사항은 민주주의민족전선 편, 앞의 책, 231~38쪽.

63) 선우기성, 앞의 책, 645쪽; 선우기성·김판석, 『청년운동의 어제와 내일』(햇불사, 1969), 22쪽.

64) 선우기성, 앞의 책, 773쪽.

65) 같은 책, 648~52쪽.

66) 같은 책, 656쪽.

67) 이경남, 앞의 책, 150쪽. 국청에 대해서는 이 책 143~204쪽 참조.

68) 『조선일보』, 1946년 2월 24일. 1947년 9월 미군정 공보부는 등록 없이 새로운 주소로 본부 또는 지부를 옮기는 것은 제55호 등록사항을 위반한 것이기에 30일까지 이에 대한 수속을 마치지 않으면 해당 단체는 모두 해산된다는 성명을 발표했

는데 여기의 해방단체에는 전평·민애청 등 좌익단체 약 35개가 지적되었다(『독립신보』, 1947년 9월 18일).

69) 오유석, 「미군정하의 우익 청년단체 연구: 1945-1948」(이화여대 사회학과 석사학위논문, 1988. 5), 30쪽.
70) 『독립신보』, 1946년 11월 13일; 『조선일보』, 1946년 11월 13일.
71) 대한민청은 이 성명에 참가하기는 했으나 1946년 11월 16일 독촉연맹성명에도 참가했다. 이들은 기본적으로 이승만의 노선을 따르는 청년 단체로서 후에 청년조선총동맹으로 개편된 다음 남북협상파에 반대하여 이승만의 단정노선을 추진하는 구국청년총연맹의 주요 구성부분이 된다.
72) 『서울신문』, 1946년 11월 16일.
73) "G-2 Weekly Summary", no. 67, 6b(2), 506(12).
74) 『독립신보』, 1946년 12월 24일.
75) 『조선일보』, 1946년 12월 25일.
76) 선우기성, 앞의 책, 657쪽.
77) 러치 장관은 이범석에게 처음 6개월 동안의 활동비로 500만 원과 기타 물자지원을 했고 1947년의 경우 군정예산에서 1,900만 원을 지급했다(마크 게인, 앞의 책, 119쪽).
78) 조병옥, 『나의 회고록』(민교사, 1959), 155~56쪽.
79) 『조선일보』, 1948년 12월 15일.
80) 이경남, 앞의 책, 198쪽.
81) 『조선일보』, 1948년 8월 3일.
82) "G-2 Weekly Report," no. 97, 6c, 503(13).
83) 『청년해방일보』, 1946년 6월 28일.
84) 류상영, 「초창기 한국경찰의 성장과정과 그 성격에 관한 연구(1945~1950)」(연세대 정치학과 석사학위논문, 1987. 12), 119쪽.
85) 『해방일보』, 1945년 12월 2일; 김남식, 앞의 책, 86쪽.
86) 『해방일보』, 1945년 12월 14일.
87) 자세한 사항은 청총규약 참조(『建設』6호, 1946. 1. 19, 5~9쪽).
88) 김남식, 앞의 책, 92쪽.
中央執行委員 中央: 吳寅浩, 朴容鎭, 宋濟煥, 李載陽, 呂秀喜, 丁邦勳, 陳惠子, 元裕萬, 金潤河, 金榮昌, 具然幸, 崔東濟, 閔岐周, 文一民, 太載基, 金道斌, 韓東正,黃益洙, 金丙煥, 辛金玉, 崔東晩, 羅哲準, 崔學韶, 李東鼎, 姜贊秀, 韓重樂, 朴春珞, 金明鎭, 趙忠九, 李錫太, 李揆玹, 吳永權

監査委員: 趙僖英, 李泰鎭, 李浩燮, 權遺根, 金虹泰, 李哲遠, 尹道淳, 金大中, 李丙鶴

89) 『해방일보』, 1945년 12월 23일.
90) 『해방일보』, 1945년 12월 18일.
91) 『해방일보』, 1945년 12월 23일.
92) 『해방일보』, 1945년 12월 23일.
93) 『해방일보』, 1946년 2월 28일.
94) 『해방일보』, 1945년 12월 19일.
95) 『해방일보』, 1946년 2월 15일.
96) 『해방일보』, 1946년 2월 17일. 1945년 12월 9일 경기도 내 시군 22개 연맹 대표가 박일원·김도빈을 중심으로 회합하여 경기도 청년연맹을 결성하고 청총대회에 참가한 바 있다.
97) 『해방일보』, 1945년 12월 19일. 함남지방 정세보고를 통한 당시 북한에서의 청년운동 상황에 대한 분석은 김남식, 앞의 책, 94쪽 참조.
98) 『해방일보』, 1946년 2월 15일.
99) 『해방일보』, 1946년 4월 8일; 『조선인민보』, 1946년 4월 5일.
100) 『조선인민보』, 1946년 4월 23일.
101) 『조선인민보』, 1946년 4월 27일; 『서울신문』, 1946년 4월 26일.
102) 『조선인민보』, 1946년 4월 29일.
103) "G-2 Weekly Summary", no. 41, Incl#2, 66(12).
104) "G-2 Weekly summary", no. 41, Incl#2, 67(12).
105) 『조선인민보』, 1946년 4월 19일.
106) 『조선인민보』, 1946년 4월 18일.
107) 『조선인민보』, 1946년 4월 9일.
108) 『조선인민보』, 1946년 4월 18일.
109) 『조선인민보』, 1946년 4월 26일.
110) 『조선인민보』, 1946년 4월 9일.
111) 『조선인민보』, 1946년 4월 29일.
112) 『해방일보』, 1946년 4월 26일.

113) "G-2 Weekly Summary", no. 41, Incl#2, 67(12).
114) 『조선인민보』, 1946년 6월 25일.
115) 『조선인민보』, 1946년 8월 9일.
116) 『조선인민보』, 1946년 11월 29일.
117) 문일민,「민청 세계민청가입의 의의」,『민주주의』19호(1947. 6. 11), 5~6쪽.
118) 민주주의민족전선 편, 앞의 책, 185쪽.
119) 『조선인민보』, 1946년 6월 27일.
120) 『독립신보』, 1947년 2월 23일.
121) 『독립신보』, 1946년 12월 17일.
122) 이 내용은 민청 부위원장 구연행이 민청 결성 직전인 4월 17일에 사적으로 한 말이다. "G-2 Weekly Summary", no. 33, 6e 547(11).
123) "G-2 Weekly Summary", no. 93, 3c, 374(13).
124) 『독립신보』, 1947년 6월 6일.
125) "G-2 Weekly Report", no. 97, 6c, 504~505(13).
126) 『독립신보』, 1947년 6월 8일.
127) "G-2 Weekly Summary", no. 98, 6c, 534(13).
128) "G-2 Weekly Summary", no. 97, Incl#2, 514(13)
129) 『노력인민』, 1947년 7월 10일.
130) "G-2 Weekly Summary", no. 98, 6c, 535(13).
131) 대검찰청 수사국,『좌익사건실록』제2권, 374~91쪽.
132) 같은 책, 제4권, 309~72쪽.
133) 같은 책, 제4권, 327~28쪽.
134) 『노력인민』, 1948년 2월 2일.
135) 『노력인민』, 1948년 3월 2일.
136) 대검찰청 수사국, 앞의 책, 제6권, 226~68쪽.
137) 같은 책, 제9권, 364~66쪽.
138) 존 R. 메릴,『침략인가 해방전쟁인가』(과학과사상, 1988), 175쪽.
139) 이경남, 앞의 책, 224쪽.
140) 오유석, 앞의 글, 33쪽.
141) 이경남, 앞의 책, 236~40, 257~58쪽 참조.
142) 김두한,『피로 물들인 건국전야』(대한공론사, 1963), 152쪽.

143) 같은 책, 104~05쪽.
144) 이경남, 앞의 책, 298쪽.
145) 선우기성, 앞의 책(하), 700쪽.
146) 강령에 대한 상세한 배경설명은 이범석,『민족과 청년』1집(백수회, 1948), 63~78쪽 참조.
147) 이경남, 앞의 책(하), 171~72쪽.
148)『동아일보』, 1946년 12월 3일.
149) 이경남, 앞의 책(하), 184쪽.
150) 같은 책, 186~87쪽.
151) 같은 책, 197쪽.
152) 선우기성, 앞의 책, 713쪽.
153) 문봉제,「남기고 싶은 이야기들―서북청년회」,『중앙일보』, 1973년 1월 18일.
154) 문봉제, 앞의 글,『중앙일보』, 1973년 2월 9일.
155) 金奉鉉,『濟州島血の歷史』(東京: 國書刊行會, 昭和 53年), 76쪽.
156) 이경남, 앞의 책(상), 84쪽.
157) 이경남, 앞의 책(상), 125~26쪽.
158) "G-2 Weekly Summary," no. 90, Incl#2, 313(13).
159) 문봉제, 앞의 글,『중앙일보』, 1973년 1월 4일.

분단의 구조화 과정과 한국전쟁

김명섭

1. 머리말

1980년대에 들어서면서 한국현대사에 대한 광범위한 연구성과들이 다양한 형태로 표출되었다. 이러한 흐름은 비단 학계뿐만 아니라 전 사회적 수준에서 보이던 우리 현대사 인식의 불모성을 극복하고 새로운 사료의 발굴과 참신한 역사적 시각의 제공을 통해 잊혀가는 역사적 진실을 현재적 의미에서 복원하는 데 커다란 기여를 해오고 있다.

그러나 연구범위와 관련하여 그와 같은 현대사 연구들은 대부분 '해방 3년사'에 그것도 남한의 단독정부 수립과정까지의 역사에 집중되어 있다. '남한지역으로 한정된 해방3년사'가 자칫 한국현대사의 전부인 것처럼 취급될 수 있는 이와 같은 연구범위의 상대적 집중은 통일민족국가의 수립이라는 우리 현대사의 일차적 과제[1])에 부응하는 역사 연구의 내용성을 담아내는 데 일정한 한계로 자리 잡고 있다. 따라서 이제 한국현대사에 대한 연구는 '남한의 해방3년사'에 대한 기존의 축적된 연구들을 바탕으로 시간적으로는 해방5년사 내지 해방8년사로 확장되고, 공간적으로는 북한지역과 남북한 간의 상호작용까지를 적극적으로 분석범주에 포괄함으로써 명실공히 한국현대사의 공백을 채워나가야 할 시점에 이르렀다.

한편 연구시각에서 현대사 연구에 대한 그간의 성과는 일정하게 지배적인 이데올로기 편향에 대한 대항적 시각에 기초하여 성장하여왔다. 이것은 새로운 시각이 일정 정도 '역사적 사실의 대응적 재편성'에 골몰할 수밖에 없었음을 의미하는 것이기도 하다. 즉 새로운 계급적 시각에 대한 의도적 합리화가 역사적 사실에 우선했던 측면이 있었던 것이다. 이러한 새로운 계급적 시각이 역사에서 은폐된 측면들을 들춰내는 데 기여한 점을 높이 평가하면서도 그것이 빠질 수 있는 좌편향적 오류를 감안할 때, 이제 현대사 연구는 계급적 시각을 가지고 역사적 사실을 조합하는 데 그치는 것이 아니라 좀더 균형잡힌 시각에 기초한 역사적 진실을 복원해 당시에 존재했던 계급편향적 시각까지도 재평가해보아야 할 연구수준에 이르고 있다.

결국 이와 같은 두 가지 문제점에 대한 극복 방안은 우리의 현대사 연구에 민족전체사에 알맞은 범위와 관점을 확보하는 것으로 요약될 수 있겠다. 여기서 민족전체사적 연구범위를 확보한다는 것은 단순히 북한현대사와 남한현대사의 기계적인 산술합이 아니라 상호 간의 교섭작용까지를 포괄하는 것이어야 하며, 민족전체사적 시각을 견지한다는 것은 그저 중립적이거나 절충적인 시각을 마련하는 것이 아니라 적극적인 대안적 시각을 제시하여야 함을 뜻하는 것이다.

이상과 같은 연구사적 배경에 기초하여 연구자는 일단 남북한을 하나의 범주 위에 놓은 연후에 오랜 단일민족의 전통을 지닌 우리 민족이 어떠한 과정을 거치면서 현재와 같은 적대적 분단구조하에 놓이게 되었는가 하는 점에 연구의 눈을 돌리게 되었다. 그리고 그와 같은 분단의 구조화 과정에서 남북한에 걸친 최대의 상호작용을 결과했고, 현재까지도 살아 있는 역사현실로서 남북한사회를 지배하고 있는 한국전쟁[2)]이라는 폭발적 사건의 분단사적 의미를 탐색하고, 그와 같은 일련의 역사를 민족전체사의 관점에서 재구성해보고자 하는 것이다.

남북분단 구조화의 기점에 관하여는 흔히 다음과 같은 세 가지 견해가 있어왔다. 첫째로 8·15 직후 미·소군의 진주 당시를 중심으로 한 기점 설정(1945. 8~9), 둘째로 남북한 단독정부의 수립을 전후로 한 기점 설정 (1948. 8~9), 그리고 끝으로 휴전조약의 성립과 정치협상의 결렬 당시를 중시하는 기점 설정(1953. 7) 등이 그것이다. 필자는 이 세 시점을 일련의 과정으로 파악하면서 분단의 최종 봉인기라고 할 수 있는 두 번째 시점과 세 번째 시점에 특별히 주목했다. 이와 같은 연구범위의 설정은 1948년을 잠정분단적 양축구조[3]의 형성기로 파악하고 그 이전의 시기를 잠정분단화의 과정으로 파악하는 역사인식에 기초한 것이다. 남북분단의 구조화 과정을 이와 같은 일련의 과정들로 파악할 때, 이제까지 잠정분단적 양축구조의 형성기에 해당되는 연구물들은 비교적 많이 축적되었다고 볼 수 있으나 정작 그와 같은 분단화가 최종적으로 완결되어가는 과정에 관한 연구는 아직 미흡하다.

결국 필자의 이와 같은 문제제기는 해방5년사 혹은 해방8년사에 걸친 일련의 분단 구조화 과정에서 그 잠정분단적 양축구조의 최종적 봉인과 한국현대사의 최대사건으로서 한국전쟁이 지니는 상관성을 보다 면밀히 추출해보는 것으로 모아진다고 할 수 있으며, 이것이 이 글에서 다룰 핵심적 주제다.

2. 분단의 구조화 과정과 한국전쟁에 대한 이론적 모색

분단의 구조화 과정에서 한국전쟁이 지니는 의미를 살피기 위해서는 먼저 전쟁을 통해 완결되었지만 이미 그에 앞서 진행되고 있었던 분단 구조화 과정의 주요 동인이 무엇이었는가 하는 것에 관한 이해가 필요하다. 이 과정에서의 주요 동인을 파악하는 문제는 한국전쟁을 분단사적으로 자리매김하는 문제, 그리고 전후 고착되는 남북한 분단구조의 성격을 파악하는 문제와 직결되는 것이다.

물론 여기서 한 가지 주의할 것은 분단 성격의 변화·발전 가능성을 항상 염두에 두어야 한다는 점이다. 따라서 분단의 원인은 이미 주어진 객관

표 1 분단의 구조화와 한국전쟁의 성격을 보는 여러 시각

구분	초기의 외인론	외인론 I	내인론* (복합론 I)	복합론 II	외인론 II
주요 논자	김창순, 홍종혁	노재봉, 신용하, 이정식, 조순승, 김학준, 방선주	강만길, 이호재, 유영준, J. Merrill	박현채, 박승구, 김우정, 백욱인, 강정구, B. Cumings, J. Halliday	김광식, 한홍구, 조진경
이론의 배경	적어도 1980년대까지 남한 정부측의 공식입장	· 미국에 대한 무조건적 변호론 탈피 · 임정정통성 강조 · 북방정책, 用外세론 등의 이론적 근거	· 외인론 I 에 대한 비판에서 출판 · 주체적 반성의 문제제기(외인론=외세결정론)	· 외인론 I에 대한 비판에서 출발(외인은 내인 없이 발현 불가능) · 복합론 I보다 계급 모순에 대한 인식 강함 · 이후 외인론 II의 논지를 일부 수용	외인론 I에 대한 내인론 및 복합론의 상대적 진보성을 인정한 위에서 민족모순 강조
분단 원인론	소련과 그 대리세력인 김일성의 통일안 거부	전적으로 외세(특히 미국과 소련)에 기인	외세(일제 포함) 뿐만 아니라 일제하 이래 민족통일전선의 구축 실패로부터 말미암음 (지정학적 특수성도 무시할 수 없음)	미국과 우파세력의 책동	제2차 세계대전 후 미국의 세계체제 재편전략에서 기인
분단 자체의 책임론	소련과 그 괴뢰인 김일성일파	정책 실수한 미국과 소련	극내의 극좌, 극우	분단을 의도한 미국과 그에 편승한 민족 내부의 우파	분단을 의도한 미국
해방에 대한 인식	타력에 의한 해방	타력에 의한 해방	타력에 의한 해방	타력에 의한 해방	자력에 의한 해방을 강조
분단의 결정적 계기	분할점령	분할점령	단정 수립	단정 수립	분할점령을 분단의 주요한 단초로서는 인정하나 분단의 결정적 계기는 한국전쟁
분단·민족·계급모순의 관계	-	-	-	민족모순이 계급모순을 규정·결합하여 분단모순 생성	분단모순은 민족모순이 체제 간 모순에 가려 있는 것

한국전쟁의 발발 원인	소련의 사주를 받은 김일성의 무력도발	소련의 사전 승인 하에 김일성이 주도	국내의 내전적 상황에 의해 유인됨	냉전체제의 구축과 독점력 강화를 위해 유도되고, 북한의 무력간섭에 의해 촉발됨	미국에 의해 강요됨
한국전쟁의 성격	소련의 팽창주의를 김일성집단이 대리수행	다양한 국제정치적 역학관계에서 폭발한 양대 진영 간의 대리전(제3차 한반도 국제전쟁)	좌우대립의 미해소에 따른 내전적 성격	내부갈등의 측면에서는 서구의 '시민혁명'에 준하는 성격, 국제적으로는 제2차 세계대전 후 세계자본주의 체제의 모순을 해소하는 전쟁	식민지 피압박민족의 해방전쟁적 성격
전쟁 이후의 남한 사회에 대한 인식	모범적인 신생 자본주의사회	상부구조에는 문제가 있으나 자본주의는 그런대로 발전	내부분열로 자본주의 발전의 파행성 있음	신식민지국가독점자본주의사회(혹은 주변부자본주의사회)	식민지반봉건사회 혹은 식민지반자본주의사회
전쟁 이후의 북한사회에 대한 인식	소련 혹은 중공의 괴뢰	소련과 중공의 이익이 관철되고 있는 사회	극좌파에 의해 오도된 사회	변이적인 사회주의 사회	자주적인 사회주의사회
다른 입장에서의 비판	-	·내인론(복합론 I)의 비판: 분단원인의 문제에 대해서는 외세 결정론, 분단극복 문제에 대해서는 이세이존론(비주체적 인식, 실천적 유용성 없음). ·복합론 II의 비판: 민족내부 분단고착세력의 실체 은폐, 소련의 상대적 진보성 간과, 소부르주아 민족주의 이데올로기.	·외인론 I 의 비판: 우리 민족에게 분단 책임을 전가하는 것에 동조하는 타율적인 역사 인식, 강대구이 책임을 면제해주는 식민사관. ·외인론 II의 비판: 외세의 책임을 희석시키는 과오. 분단 자체의 책임(外)과 분단극복의 책임(內)을 혼동함.	·외인론의 II의 비판: 민족문제를 잘못 인식, 민족모순과 계급모순의 외연을 잘못 설정. 체제 간 모순에 경도됨. 통일운동역량의 효과적인 배치를 저해하는 사관.	·복합론 II의 비판: 계급적 관점을 결여한 배외민족주의적 관점, 민족 내부에도 반민족적 세력 존재.

주: 내인론(복합론 I)자들이 전적으로 외세의 문제를 도외시했다고 보기는 어렵다는 점에서 그들의 총체적인 입장을 놓고 볼 때는 복합론 I이라는 명칭이 합당하겠으나 이들이 외인론 I과의 논쟁과정에서 펼친 논지만을 놓고 볼 때는 내인론이라는 기존 학계의 통칭도 적당하리라고 본다.

적 사실인 반면 분단의 성격은 역사적으로 변화하기 때문에 분단의 원인에서 분단의 성격을 직접 유추하는 것은 '분단원인 환원론'이라는 비판[4]은 경청할 만한 것이다. 그러나 객관적 사실은 그것대로 따로 떨어져서 존재하는 것이 아니며 따라서 그것이 지니고 있는 규정성 자체를 경시할 수는 없는 노릇이다. 우리는 당연히 그와 같은 시원적 사실로부터 출발하여 분단의 구조화 과정을 분석하여야 할 것이다. 이후 분단 모순의 본질이 변화했는가 하는 점에 관해서는 계속 살펴보게 되겠지만 우리의 출발점은 애초에 분단 모순이 어떻게 형성되었고 그것의 본질이 무엇이었는가 하는 점에서 시작한다. 먼저 해방과 38선 획정에 따른 영토적 분단, 1948년 남북한의 단정 수립에 따른 잠정적 분단구조의 성립, 한국전쟁의 성격, 그리고 전후 남북한 사회의 분단구조적 성격 등에 관한 기존 시각들을 몇 개의 범주로 연관시켜 단순화해보면 표 1과 같다.

1) 초기의 외인론과 외인론 I

먼저 초기의 외인론은 한국분단의 원인을 소련의 세계정책에서 구하고 있다. 따라서 이와 같은 입장에서는 분단의 구조화 과정을 제정러시아 이래로 집요하게 계속되던 슬라브민족의 남하정책[5]과 마르크스-레닌주의 이데올로기의 세계혁명전략 등이 허수아비 김일성을 통해 관철된 과정으로 파악한다. 따라서 이 입장의 논자들은 분단 구조화, 그리고 나아가서 한국전쟁의 주요 동인과 책임은 전적으로 소련 측에 있다고 주장한다. 이와 같은 주장은 오랫동안 남한 정부 측의 공식적인 이론으로 되어왔다. 최근 이것은 좀더 세련된 이론가들에 의해 다듬어진 외인론, 즉 소련이 주도한 미·소 양국의 체제 간 경쟁으로부터 분단 구조화의 시원을 찾는 외인론 I의 논리로 대체되어가고 있다. 그러나 현실정치에서 전통적 외인론의 입장은 여전히 남한 정부에 의해 수호되고 있는 주요한 이론틀이다.[6]

외인론 I은 한반도를 둘러싼 미국과 소련의 상충하는 국가이익이 한반도의 영구분단을 결과했다[7]고 보는 견해다. 이 입장에서는 분단의 구조화 과정을 철저히 국제적인 성질의 문제로 파악하고 해방의 주체인 미국과 소련에 의해 일본군 무장해제의 책임한계선이라는 명분으로 설정되었던 양진영 간의 경계선8)이 냉전체제의 심화에 따라 남북 간의 경계선으로 굳어졌다는 논지를 제시한다. 이와 같은 입장에서는 후술하게 될 내인론에 맞서서, 독립운동세력은 사회주의와 민족주의로 운동노선이 분화되었음에도 불구하고 해방 직전에 이르러서는 좌우연합전선을 형성하여 건국을 준비하고 있었을 뿐만 아니라, 해방 이후 단정추진세력은 '독립운동'과 하등의 관계가 없는 극좌·극우세력이며, 이들에 의한 분단의 추진과 수락은 주로 외세의 정치체제와 관련된 체제문제 및 정권장악과 관련된 것이라는 주장이 전개되고 있다.9) 결국 외인론 I 로 범주화되는 입장에서는 기본적으로 사상과 노선의 차이는 모든 민족과 나라들에서 계급문제에 관련되어 나타났던 보편적인 현상이었던 것이지 한국의 민족독립운동에 국한된 것이 아니며,10) 한반도의 분단은 해방군으로 들어온 미·소 양국이 "각각 통일된 친미·친소정권을 수립하지 못할 바에는 분단된 한반도의 반쪽씩이라도 친미·친소정권을 수립하여 이를 그들의 직접적 영향력하에 두려고 했던 때문"11)이라고 봄으로써 분단이 구조화되어가는 주요 동인과 책임을 미국과 소련으로 구성된 외세에 있었던 것으로 파악하고 있는 것이다. 따라서 이와 같은 시각에서 보면 한국전쟁은 과거 러일전쟁 혹은 청일전쟁과 비견되는 미·소 양대국의 세력분쟁을 그 본질로 하는 것이 된다.

이러한 견해에 대해서는 처음 내인론(복합론 I)으로부터 그리고 이후에는 복합론 II와 외인론 II의 입장들로부터 몇 가지 비판이 가해졌는데 그것은 인식론상의 비주체성이라는 문제12)로 시작하여 소련의 상대적 진보성을 인정하지 않고 분단 책임을 미·소 양국에 균등하게 부과함으로써 한반도 분단에 대한 미국의 책임을 희석시키고 있다는 당파성의 문제13)에 이르기까지 다양한 것이었다. 특히 "군사적 역할분담, 책임한계선이었던 38도선이 국경선으로 고착되었다"는 외인론 I의 주장은 마치 한반도의 분단을 파시즘의 재생을 막기 위한 국제적 합의로 분단된 독일의 경우와 같이 전적으로 '국제적 성질의 문제'로 해석하는 왜곡된 이해를 조장하고 있다는 점에서 비판이 제기되고 있다. 여기서 외인론 I의 이해에 기초하게 되면 한반도의 분단이란 마치 어쩔 수 없는 숙명인 것처럼 받아들여지게 되고, 분단 극복의 방안에서도 민족자결의 원칙에 의거해서가 아니라 열강의 승인에 의한 통일이라는 외세의존론으로 귀결되고 말 우려가 있는 것이다.

2) 내인론(복합론 I)

내인론(복합론 I)은 주로 외인론 I에 대한 논쟁과정을 통하여 민족분단의 원인에 관하여 한반도가 위치하고 있는 지정학적인 요인과 항일민족해방운동의 과정 및 8·15 이후 통일민족국가를 실현하기 위한 운동과정에서 협동전선을 결성하지 못하고 좌우대립으로 일관했던 사실[14] 등 민족사 내적인 요인이 결국 남과 북의 두 정권을 생성시키기에 이르렀다는 주장을 개진하고 있다. 한국분단의 내적 동인을 중시해서 보고자 하는 이들 논자들은 통일논의에의 유용성[15]이라는 관점에서도 '우리를 중심에 놓은 분단문제의 파악'[16]이 필요함을 강조하면서 해방 이후 좌·우 정치세력과 지도자들이 정치력의 집중화에 성공했다면 한반도 통일의 가능성이 없지 않았을 것이라고 주장한다.[17] 결국 이와 같은 입장에서 볼 때, 분단의 주요 동인은 국내 정치세력의 계급적 갈등에서 찾아지게 되며 한국전쟁의 본질은 '좌·우파 간의 적대적 기본확신'[18]에 기초한 내전으로 되고 마는 것이다. 한국 분단의 내적 동인을 강조하는 이들 논자들이 역설적으로 지니는 특징 중 하나는 이들이 일제하로부터 분단의 원인을 구해내는 과정을 통하여 일본 제국주의의 분단책임에 대한 인식을 심화해준다는 점에 있다.[19]

대체로 이들의 논리는 해방 이후 민족분단이 구조화하게 되는 근본적인 원인에 관한 천착이 부족한 채 단지 현상적인 분열상만을 좌익=찬탁=반단정노선 대 우익=반탁=단정노선이라는 단순화된 대립구도로 이해하는 문제점을 안고 있다. 특히 분단의 문제를 민족 내부로 돌리는 것은 8·15 이전 우리 민족이 지니고 있던 독립국가 건설의 잠재력에 대한 외부적 평가[20]와 8·15 이후 자생적으로 급속하게 조직되었던 '건국준비위원회'가

적어도 미·소군의 진주가 있기까지 남북을 포괄하는 광범위한 통일체로서 기능할 수 있었던 역사적 사실과도 위배된다. 더욱이 '건국준비위원회'를 계승한 각급 각처 '인민위원회'가 최소한 북한지역에서는 이후 주권기관으로까지 정착될 수 있었다는 점에 주목할 필요가 있는 것이다.[21] 결국 해방 당시 민족주체역량의 미비에서 분단의 원인을 찾으려는 내인론의 견해는 민족 내부의 좌우대립을 지나치게 현상적으로만 강조함으로써 은연중에 외세면책논리를 전파한다는 비판을 면할 수가 없다. 좌우대립이라는 현상적 분열상에서 분단의 원인을 찾고 있는 이들의 논리는 결국 분단 극복의 방안에서 중국의 국공합작과 같은 실세 간의 결합을 통한 통합적 주체의 형성이라기보다는 하나의 정치그룹의 형성에 지나지 않았던 해방직후 좌우합작운동에 대한 과대평가,[22] 미군정의 정치공작에 대한 과소평가, 그리고 현재로는 실체가 모호한 중간세력이 주체로 되는 중립화통일론으로 귀결되고 있다.

3) 복합론 II와 외인론 II

좀더 계급적인 시각을 강조하고 있는 복합론 II는 우선 분단과 체제 간 모순, 민족모순과 계급모순, 제국주의 열강 간의 모순, 그리고 제국주의 내부의 계급모순 등 현대 세계 4대 기본모순과의 동태적 관련성을 이해함이 중요하다고 주장한다. 이들 논자들은 체제 간 모순이 주요한 모순으로 등장한 8·15해방 이후 민족문제의 위상이 식민지시대와는 달리 매우 복합적인 성격을 가지게 되었다고 보고 민족모순이 계급모순으로 내재화된 결과로서 분단의 구조화 과정을 이해한다.[23] 결국 이들은 체제 간 모순과 국내 계급모순의 결합으로서 분단구조의 성격을 규정짓고 있다는 점에서 특징적인데, 실제 설명과정에서는 국내 계급모순의 측면보다는 체제 간 모순에 의한 분단이라는 측면이 부각되고 있다.[24] 복합론 II의 입장에서는 이처럼 제2차 세계대전 후 개편된 제국주의 세계시장과 확대된 사회주의 세계시장 사이의 모순에 의해 설명되고 있는 분단구조의 성격으로부터 한국전쟁의 성격이 파악될 수 있다고 보고 있다.[25] 복합론 II의 논자들은

1948년 단정 수립으로 분단구조가 완결된 것으로 파악함으로써[26] 남한사회가 독자적으로 변혁을 추진할 수밖에 없는 기반이 조성되었다고 규정짓는다. 따라서 이들에게 1948년에서 1950년 사이의 전쟁상황은 사회주의 진영의 지원을 받는 남한의 민중진영 대 미국의 지원을 받는 예속파쇼체제 간 모순의 폭발이라는 남한사회 내부의 갈등으로 파악될 뿐이다. 이들은 남한사회의 독자적인 민중역량이 부족한 가운데 전개되었던 그와 같은 내전적 상황이 잘못된 역량편성이라고 할 수 있는 북한의 '민주기지노선'에 의해 매개됨으로써 전국적 규모의 한국전쟁으로 확대되었다는 논리를 개진하고 있는 것이다.[27]

이처럼 복합론 II의 입장이 전후 세계 4대 기본모순에서 체제 간 모순이 주요 모순으로 되었다는 주장을 펼치고 있는 데 비해 외인론 II의 입장은 제국주의 대 민족운동세력 간의 모순이 주요 모순이라는 이론을 내세운다. 복합론 II의 논자들은 소비에트의 공식입장이라고 할 수 있는 진영테제에 입각하여 한반도 분단에서 진영 간 모순이 시니는 규정성을 강조한다. 즉 제국주의 열강들끼리의 모순을 활용하여 세계혁명전선을 급속하게 확대하려는 계획 아래 뒤늦게 전쟁에 참가한 소련이 이미 한반도의 상당한 지역에까지 남진한 상황에서 미국을 비롯한 세계독점자본과 한국의 자본가계급이 취할 수 있는 가장 손쉬운 방법으로서 한반도의 분할이 성립되었다는 것이다. 이러한 분할은 양대 진영의 중심인 미국과 소련이 직접 맞서지 않아도 되는 중간지대를 만들어주기도 했기 때문에 분단구조가 현실화될 수 있었다고 보는 것이다.[28]

외인론 II의 입장에서 볼 때 복합론 II의 모순론은 현대 세계사의 발전을 추동하는 기본동력을 미·소로 대표되는 양체제 간의 경쟁으로 보는 입장으로서 결국 전후 세계의 3대 변혁세력에서 사회주의 진영을 중심에 놓고 여타 민족운동역량과 제국주의 내 평화·민주운동세력의 역량을 이에 종속시키는 편향이다. 소비에트의 일국사회주의적 이해를 다분히 반영하고 있는 진영테제의 실천적 함의는 그와 같은 소비에트이론에 입지한 인도, 수카르노의 인도네시아, 나세르의 이집트, 그리고 버마 등지에서 답습했던 이른바 '비자본주의적 발전의 길'의 민족민주혁명노선의 구현과정에서 이미 그 파행성을 노정한 것으로 해석되고 있다. 결국 외인론 II의 입장에서는 이와는 달리 전후 세계사의 기본동력은 모순구조의 절박성이나 과제, 그리고 그로부터 발현되고 있는 역동성의 모든 측면에서 제국주의적 지배에 맞서 투쟁하는 식민지 및 종속국의 민족해방운동역량에서 구해져야 한다고 주장한다.[29] 한반도의 분단은 비록 체제 간 모순에 의해 가려져 있기는 하지만 그 본질은 민족모순이라는 점이 강조되는 것이다.[30] 따라서 한국전쟁의 성격은 반제반파시즘연합전선의 일환으로 제2차 세계대전에 참여했던 식민지피압박민족의 대(對)제국주의전쟁으로 시작하여 베트남전쟁에 이르는 선상에 위치한 식민지 민족해방전쟁적 성격으로 파악되는 것이다.[31]

둘째, 복합론 II의 입장에서는 8·15 이후 민족문제의 위상이 일본 제국주의의 침탈하에 놓여 있던 시기와는 다르게 변화되었다고 주장하면서 8·15 이후의 사회적 격동을 민족 내부의 계급관계를 매개로 해서 수반된 격렬한 계급투쟁으로 파악함으로써 분단의 구조화과정이 국내의 계급적 갈등구조에 의해 매개되었다고 주장한다.[32] 이에 근거하여 이들은 1948년 남북한 단정 수립을 분단구조의 완결로 파악하고 있는 것이다. 이에 비해 외인론 II의 입장에서 민족문제의 위상은 이미 19세기 말 제국주의시대로 접어들면서 변화된 것이고 8·15 이후 새롭게 변화된 것은 없다는 본질불변론의 관점에 서서[33] 국내의 계급적 갈등관계가 분단구조에 각인되어 있다고 하는 주장에 대해 분단 자체의 책임과 분단 극복의 책임을 구분하여 볼 것을 제안한다.[34] 즉 계급모순의 발현으로 분단구조가 성립된 것이 아니라 오히려 계급적 차별성을 강조했던 당시의 노선이 분단 극복을 어렵게 했다고 보는 것이다.

셋째, 복합론 II에서 설정하고 있는 바와 같은 '민족모순의 계급모순으로의 내재화'라는 외연 설정에 맞서 외인론 II의 입장은 민족문제와 계급문제의 외연을 다음과 같이 인식할 것을 주장한다. 먼저 이들은 민족이란 단순히 경제적인 요인만을 가지고 규정될 수 없는 '민족적인 생활양식'을 공유하고 있는 집단이라는 것, 그리고 그와 같은 민족을 단위로 하는 민족 지주권이 사람들의 사회적 지위와 역할을 규정하는 기본요인이 된다는 점을 강조한다. 따라서 민족문제는 오랜 인류의 역사과정 속에 공통적으로 존재해왔다는 점을 인정하고 다만 그것이 세계사의 이행과정과 함께 변화되어왔다고 보는 것이다.

민족 주권의 문제는 세계사의 단계가 로마교황권에 기초한 중세적 다원주의에서 벗어나 세속적인 민족국가로서의 자율성과 최고성을 획득하려고 했던 근대민족국가의 시대로 변화되는 시점에서 경제적 시장권의 압도적 규정성을 받으면서 처음 제기되었다. 이후 이미 자주권을 확보한 근대민족국가 내부에서는 그것이 최종적으로 어디에 또는 누구에게 귀속되는가를 둘러싼 권력투쟁의 차원에서 군주 주권에 대한 국민 주권의 대립이 노정되게 된다. 그러나 후자 또한 부르주아적 시민 주권이었다는 점에서 진정한 의미의 민족 주권은 아니었으며, 따라서 부르주아 대 프롤레타리아 간의 투쟁은 불가피한 것으로 되었다. 바로 이 경우에 있어서 주권 회복의 문제란 계급투쟁의 문제에 다름아니었다. 이러한 단계에 위치한 사회에 있어서 민족주권의 문제란 곧 계급 주권의 문제에 다름아니었다. 따라서 체코민족과 남슬라브민족의 주권을 부정하는 엥겔스의 난장이민족론은 이와 같은 사회상황에서 제한적 타당성을 지니는 것이었다. 그러나 세계사의 단계가 다시 각 민족국가들이 자본주의적 국제관계 속에서 대등한 독립국으로서의 위치를 확보하려는 시대로 접어들게 되면서, 민족 주권의 문제는 새로운 역전을 경험하게 된다. 즉 대내적 주권 문제를 해결하지 못한 자본주의 국가의 제국주의적 팽창은 다시금 대외적 민족 주권의 문제를 제기하게 된 것이다. 더욱이 이제 그것은 근대국가성립기에서와는 달리 이미 그 안에 대내적 주권의 문제—계급 간 귀속의 문제—를 함유하는 질적 변환을 이루고 있었다. 즉 대외적 민족 주권을 분명히 세우는 일은 대내적으로 주권을 올바로 귀속시키는 문제와 분리된 것이 아니라 그것까지를 해결할 수 있

는 주권 문제의 주요한 측면으로 등장하게 된 것이다.[35]

이처럼 민족 주권의 문제를 새롭게 인식할 경우, 이미 그 자체 내에 계급모순을 함유하고 있는 민족모순이 다시 계급모순으로 내재화되었다는 복합론 II의 주장은 식민지시대 민족모순이 지니는 질적 성격을 이미 경과하거나 아직 도래하지 않은 단계의 질적 성격으로 파악한 데서 빚어진 오류임이 드러난다.

결국 현재로서는 외인론 II의 입장이 한국 분단과 한국전쟁을 보는 가장 적절한 시각이라고 판단된다. 다만 외인론 II의 입장 역시 다음과 같은 몇 가지 미결된 숙제를 안고 있는 것이 사실이다. 첫째, 분단과 한국전쟁에 대해서는 외세의 책임부분을 강조하면서 8·15해방에 대해서는 애써 자력적 측면을 강조하는 것은 논리적 모순이라는 점이다. 둘째, 분단원인과 한국전쟁에 대한 외세책임론에서도 그것은 전적으로 미국책임론일 뿐 소련 측의 책임에 관해서는 비록 아직 1차자료의 미공개로 말미암아 충분히 확인되지는 않고 있다고 하더라도 그 개연성마저도 고려되지 않고 있다는 점이다. 비록 미·소의 책임을 차별적으로 인식하는 것이 필요하다고 하더라도 소련의 상대적 진보성만을 강조하면서 애써 한반도 분단에 대한 소련 측 책임 부분에 대한 천착을 회피해서는 안 된다. 오히려 그에 대한 책임 규명이 명확해질 때, 해방 이후 민족자주성을 보위해나가고자 했던 우리 민족의 지난한 투쟁의 역사가 선명하게 기술될 수 있는 것이다. 셋째, 두 번째와 같은 이유로 일본 제국주의의 가혹한 식민지배로 인한 분단요인 생성과 한국전쟁에 대한 책임부분이 삭감되고 있다. 즉 일본 제국주의에 의한 분단요인이 내인론적으로 취급되면서 분단에 대한 외세의 책임에서 미국의 책임만을 강조하는 것은 일제의 책임을 면책해주는 논리로 차용될 수 있다는 점이다. 그러나 이와 같은 미결점들은 외인론 II의 틀 내에서 충분히 해명되고 보완될 수 있는 것들이다.

3. 한반도문제를 둘러싼 국내외 정치정세

1) 전후 국제정세와 한반도에 대한 미·소의 입장

제2차 세계대전은 제국주의화한 독점자본주의의 잔인한 인류학살로의 외화요, 파시스트화한 제국주의에 대한 식민지피압박민족의 해방전쟁이요, 소비에트 사회주의를 필두로 새롭게 형성되고 있던 대안적 세계질서와 자본주의적 세계질서 간의 대결이라는 복합적 성격을 지닌 것이었다. 그러나 이미 논구된 바와 같이 그 기본적인 성격은 역시 자본주의적 질서의 필연적 산물이었던 파시즘적 제국주의의 극악성에 맞서서, 소비에트 사회주의세력 및 선진 복지자본주의적 국가들과의 연대 속에 구축된 반제반파시즘통일전선을 통하여 이제까지 억눌리고 소외되고 있던 피압박민족들이 역사의 새로운 주체로 등장하게 되었다는 점에 있었다.

따라서 전후 세계질서의 개편에서 보이는 가장 두드러지는 특징은 세계 각처에서 대항전쟁을 수행했던 반제반파시즘통일전선을 모태로 한 새로운 국가권력의 수립이었다. 이와 같은 세계사적 보편성에 발맞추어 우리 민족에게도 민족통일전선을 중심으로 세계 역사의 주체로 등장할 수 있는 기회가 마련되었고, 전후 이것은 미·소군의 진주에 앞선 각급 각처 인민위원회의 수립으로 표현되었다. 그러나 제2차 세계대전 당시 파시즘적 제국주의에 맞선 격렬한 저항과 또 마지막까지 항전할 수밖에 없는 가장 직접적인 적대적 모순관계를 통해 새로운 역사적 주체로 등장하고 있던 민족적 주체의 성장은 제2차 세계대전의 식민지쟁탈전적 성격에서 벗어나지 못하고 있던 자본주의 국가들의 제국주의적 마각에 의해 그 순조로운 발전이 억압받게 된다. 이와 같은 민족주체의 성장과 제국주의적 억압은 결국 중국내전의 장기화, 인도의 내전적 상황, 동구에서의 진통, 그리스전쟁, 영국 식민주의자들을 배후로 한 말라야전쟁,[36] 프랑스의 제국주의적 지배노력에 맞선 베트남민족의 항쟁 등으로 표출되게 된다.

이와 같은 세계정세 속에서 미국은 1947년 3월 12일 "소수 무장세력과 외부로부터의 압력에 맞서 싸우는 자유인민을 지원하는 것이 미국의 정책으로 되어야만 한다"는 이른바 트루만독트린[37]을 발표하게 되는데, 이는 전후 민족주체의 새로운 분출을 인정하지 않고 이를 소련의 팽창정책의 일환으로 취급하고자 하는 미국 측의 입장을 명시화한 것이었다.[38] 한편 "한 영토를 점령하는 자는 또한 자기 자신의 사회제도를 그곳에다 강요"[39]하기 마련이라는 스탈린의 언급에서도 드러나고 있듯이 즈다노프노선으로 대표되던 새로운 강국 소련의 좌편향적 외교노선은 자본주의 국가들에 비해 비록 부차적인 것이기는 했지만 역시 민족주체의 성장을 억압하는 요소로 자리 잡고 있었다. 즉 국제주의라는 미명하에 펼쳐진 소련의 간섭주의는 새롭게 대두되고 있던 민족주체와 제국주의 간의 대립구도를 미·소 간의 대립구도로 왜곡하는 역할을 수행하고 말았던 것이다.

이러한 국제정세 속에서 전 세계를 대상으로 한 트루만독트린의 한국적 적용은 이미 한국을 "한편으로는 공산주의와 그리고 다른 한편으로는 서구적인 의미의 민주주의가 대립하는 양진영 사이의 …… 투쟁의 일부분이 되고 있는 것"[40]으로 간주하고 있었던 미군정 정책의 강화와 함께 같은 해 7월 17일 한국문제를 유엔으로 가져가겠다는 미 국무장관 마셜의 미소공위 파산선언으로 나타났다.[41]

한편 소련의 대한반도정책의 기조 역시 자국의 이익에 근거하는 것이었다. 1946년 3월 20일에 행한 슈티코프(T.F. Shtikov) 수석대표의 공위 개막연설에서 명시되고 있는 바와 같이, 소련의 정책목표는 한국을 "우호하고 장래에 소련에 대한 공격의 기초가 되지 않는 진정한 민주국가"[42]로 되게 하는 데 있었다. 소련군이 한반도 북부지역에 진주했던 초기에 발표한 다음과 같은 포고문들은 비록 미군정과 같이 노골적이지 않았다 하더라도 자국의 정책목표를 실현하기 위한 그들의 저의를 짐작하게 한다. 그것이 소련 대한정책의 실수였든 아니면 본질이었든 간에 그것은 미군이 남한에 진주하면서 발표했던 포고문과 마찬가지로 다음과 같이 우리 민족의 자주성을 침해하는 내용을 담고 있었다.

일본 관헌은 종래와 같이 행정에 임한다. 치안유지는 일·소 공동으로

행하고 …… 일본인을 박해하는 행위는 엄벌에 처한다.[43]

　반일당과 민주주의단체들은 자기의 강령과 규약을 가지고 와서 반드시 지방자치기관과 군경무사령관에 등록하여야 하며 동시에 자기의 지도기관의 인원명부를 제출할 것.[44]

　이처럼 소련군사령부의 '허가'와 '협의'하에 제반문제를 처리할 것을 요구하는 적극적 개입자의 입장에서 북한 내의 정치에 간여했던 소련 측은 최소한 북한지역에서는 소련에 우호적인 세력이 지도권을 장악할 수 있는 기본토대를 마련했다고 판단할 수 있었고 이와 같은 판단을 기초로 1946년 2월 북조선임시인민위원회가 수립된 이후로는 방관적 자세로 역할을 축소할 수 있게 됨으로써 한반도문제를 둘러싼 국제적 협상무대에서 미국보다 유리한 위치를 점할 수 있었다. 결국 이와 같은 상황에 처해 있었던 소련 측으로서는 우세하거나 최소한 동등한 발언권을 행사할 수 있는 미소공위체제를 버리고 미국의 '기계적 다수'가 보장되어 있는 유엔으로 한국문제를 이관한다는 것은 한반도 전체를 미국의 진영으로 넘겨주는 것과 다름없었다. 미국 측의 변화된 입장에 대해 소련 외상 몰로토프는 공동위원회에서 취할 수 있는 행위의 가능성이 모두 없어진 것은 아니라고 하면서, 루스벨트와 함께 순장(殉葬)되지 아니한 모스크바협정의 유효성을 들고 나와 미국 측의 입장을 곤경에 빠뜨렸다. 이와 같은 소련 측의 입장은 1947년 8월 15일 북조선주둔사령관 코로도코프가 계속해서 미소공위를 통한 임시정부 수립을 다짐하고 있었던 데서도 확인되고 있었으며,[45] 9월 17일 미 국무장관 마셜이 조선문제를 유엔에 제출할 것을 공식 제안하자 유엔총회 소련 수석대표 비신스키(A.Y. Vyshinsky)의 "전 조선문제를 유엔에 제출하는 것은 미·소 간의 협정에 직접 위반되는 것"[46]이라는 반대연설을 통해서도 고수되고 있었다. 그러나 이와 같은 소련의 반대에도 불구하고 1947년 9월 23일의 유엔총회는 한국문제의 유엔 상정을 가결했다.

이와 같은 한국문제의 유엔 상정 노력에 맞서서 1947년 10월 6일 슈티코프는 미국 측이 한국에 대한 후견이 요구되지 않는다고 고집한다면 미군 및 소련군이 철퇴하는 조건하에서만 연합국의 원조·참가 없이 조선 인민 자체가 정부를 수립하도록 그들에게 가능성을 부여할 수 있을 것이라고 주장하면서, 1948년 초순 미군과 소련군이 동시철병할 것을 제안했다.[47] 그러나 미소공위의 미국 측 대표는 이를 의제로 상정하는 것 자체를 거부했다. 이후 10월 18일 미소공위 소련 측 대표단은 "조선에서 미·소 양군을 동시에 철퇴하고 조선인에게 조선정부를 수립할 가능성을 부여하자"[48]는 제안을 확인하고 서울을 떠났다. 이처럼 철수문제가 거론되기 시작하자 제이콥스(Joseph E. Jacobs) 미군정청 정치고문은 "불행한 일이지만 현재와 같은 사태 아래서 우리는 소련에 대한 대항이라는 임시방편을 위해 이승만·김구 같은 극우지도자들을 지원할 수밖에 없다"[49]는 입장을 천명했다. 이와 같은 미군정 측의 의견을 접수하고 있던 국무성은 '전 세계 인민의 자유의사가 집결된' 유엔으로 한국문제를 이관하자는 종전의 입장을 고수하게 된다.

미국 측은 이미 마셜의 유엔연설이 있던 1947년 9월 17일 오스틴(W. Austine) 대사를 통해 공식적인 미국의 안을 유엔에 제출해놓고 있었다. 이와 같은 결의안에 대하여 소련진영은 즉각 비난성명을 발표하고, 외국군이 점령하고 있는 가운데 실시되는 선거는 한국민의 의사를 진정으로 반영하는 것이 될 수 없으며 남북한으로부터 대표단이 초청되어 그들의 견해가 경청되어야 한다는 추가수정안을 제출했다.[50] 한국민의 대표를 그들의 장래문제에 참석시켜야 한다는 소련의 주장은 다분히 북쪽의 정돈된 상황을 염두에 둔 것이었다고 보이지만, 어쨌든 그것은 한국민에게는 물론 국제적으로도 상당한 설득력을 지니는 것이었다.[51] 더욱이 이러한 원칙은 유엔총회에서 팔레스타인의 장래문제를 논의할 때 이미 채택되었던 전례를 지닌 것이기도 했다. 그러나 문제는 도대체 누가 한국민을 대표하느냐 하는 점이었다. 이 문제에 관해 서울의 하지는 "자신이 조선인 대표를 선택하거나 파견할 권한이 없으며, 남조선의 단독적 행위는 조선통일의 장래에 위험을 가져올 것"[52]이라는 요지의 성명을 발표했다. 이에 대한 소련 측의 주장은 모든 한국민이 독립을 희구한다는 데는 일치하고 있으므로 누가 대표하는가는 본질적인 문제가 아니고 필요한 세부상황에 관한 논의는 지정된 위원회의 과제로 부여하면 된다는 것이었다. 굿리치(Leland M. Goodrich)는 후일 이 제안이 상당한 호소력을 지닌 것이었다고 평가하고 있는데,[53] 그에 대한 미국의 반응은 유엔한국임시위원단을 설치하자는 수정안으로 나왔고, 그것은 11월 14일 유엔총회에서 약간의 토의를 거쳐 다음과 같은 결의안으로 통과되었다.

　1. 오스트레일리아, 캐나다, 국부중국, 엘살바도르, 프랑스, 인도, 필리핀, 시리아, 우크라이나소비에트 사회주의공화국 등의 대표로 구성되는 한국임시위원단을 설치할 것.
　2. 후에 통일정부를 수립할 전국적인 의회를 구성하기 위한 대표를 선출하는 선거를 한국에서 1948년 3월 31일 이전에 실시할 것.
　3. 유엔위원단은 새로 수립되는 정부와 국가보안군에 관하여 협의할 것이며 그 군대에 포함되지 않는 군사적 혹은 반(半)군사적 조직은 해체할 것, 군사령부와 남북한의 민간당국으로부터 정부의 기능을 인수할 것, '가능한 한 90일 이내에 외국군대의 완전철수를 위한' 방식을 마련할 것.[54]

총회의 이와 같은 결의는 다음과 같은 두 가지 점에서 소련 측의 입장을 궁지로 몰아넣었다. 첫째, 미국 측 제안에 따른 토의과정은 남북을 막론하고 한국인 대표가 참석할 수 있는 가능성을 배제하는 것이었다. 둘째, 유엔이 북한에서의 선거까지 감시할 수 있게 규정한 것은 소련군의 점령하에서 1946년 12월에 실시된 북한의 제1차 인민위원회의 적법성을 부인하는 것이었다. 결국 소련군 당국은 유엔한국임시위원단의 북한지역에서의 활동은 물론 그들과 협의하는 것 자체를 거부하면서, 선거를 실시하여 중앙정부를 수립함으로써 한국의 독립을 달성하려는 제의는 보다 고위의 정책

표 2   단정수립을 둘러싼 미·소 간의 쟁점과 양자의 입장

	미국	소련
남북한에서 선출되는 대표들로 임시정부 구성 후 연합국 측과 협의	미소공위 미국 측 대표의 제안	반대 남북 분열의 우려
한국문제를 미소공위에서 유엔으로 이관	미국무성 장관 마셜의 제안	반대 모스크바협정에 배치, 유엔헌장 제107조 위반
미·소 양군의 동시철수 후 한국민의 자결	반대 정부 수립 후 점령국과의 협정을 거쳐 점령군 철수	미소공위 소련 측 대표의 제안
남북한 대표의 유엔 총회 참석	반대 점령군은 대표단을 선출할 권한이 없으며, 대표단을 선출하기 위한 선거는 분단을 조장	소련 외상 그로미코의 제안
유엔임시위원단의 활동	적극 협조	협조 거부

결정과정 즉 관계정부 간의 직접적인 협상에 의거해야 할 것이라는 입장을 견지했다. 그러나 고위정책자를 대표하여 그로미코는 위원단에의 협력에 대한 소련 측의 부정적 입장을 확인했다.[55] 총회의 결의안이 통과되기 직전 그로미코는 다음과 같은 경고를 발했던 바 있었는데, 이미 그 경고의 문구는 설사 그와 같은 위원단이 구성된다 하더라도 그 활동은 결국 남한 지역에 국한될 것이라는 점을 명확히 하고 있었다.

이와 같은 위원단의 구성이란 허용될 수 없는 것이다. 왜냐하면 그것은 한국민의 자결권과 모순되는 것이기 때문이다. 이는 단지 한국의 식민지화를 목표로 한, '남한에서의 미국의 일방적 행동을 은폐시켜주는 차양막'이 될 따름이기 때문이다.[56] (강조는 필자)

이상에서 살펴본 단정 수립과정을 둘러싼 미·소 간의 대립구도를 몇 가지 쟁점별로 정리해보면 표 2와 같다.

그와 같은 쟁점 가운데 어느 것도 한반도의 통일민족국가의 수립이라는 견지에서 해결되지 않았다. 그것은 앞에서 상술한 과정에서 보이는 바와 같이 미·소 모두 자국의 이해를 중심으로 협상에 임했기 때문이다. 특히 점령 이후 탁치구상이 좌절된 뒤 미국은 분단을 통해서라도 자국의 이해를 관철하려 했고,[57] 이와 같은 일련의 과정에서 소련 역시 자국의 이해를 중심으로 대처했다.[58]

2) 국내 주요 정치세력들 간의 갈등

유엔 결의가 결과할 수 있는 단선단정의 위기에 대한 인식이 점차 심화됨에 따라 당시까지 계급적 문제[59]에 집착하면서 대립하고 있었던 정치세력의 역학구도가 새롭게 변화되었다. 그것은 한국민주당과 이승만의 독촉계열만을 제외한 대부분의 정치세력들이 통일민족국가의 수립이라는 문제에 대해 협력 가능한 입장을 취하게 되었다는 데서 단적으로 드러나고 있었다.

이처럼 변화된 정치구도하에서 누구보다 정치노선을 확정하기 어려웠던 세력은 바로 미군정에 의해 중간우파로 분류되었던 정파[60]와 격렬한 반탁운동을 통해 미소공위를 그들의 의도대로 결렬시킬 수 있었던 김구세력이었다. 이들에게 있어서 이제까지 표방해왔던 기본적인 강령을 견지하면서 통일민족국가의 수립이라는 선차적 문제를 놓고 좌파와 일정한 협동전선을 구축하는 것은 곤란한 일이 아닐 수 없었다. 또한 일찍이 좌우합작파를 향해 "반동이냐 진보냐 독립이냐 예속이냐 하는 이 엄숙한 시문(試問)은 중간노선의 존재를 용허치 않는다"[61]고 공박해왔던 남로당계열 역시 때늦게 통일전선을 확장하는 작업은 매우 지난한 문제가 아닐 수 없었다. 한편 이미 내부적인 체제의 공고화를 달성해가고 있었던 북한 측의 대응양식 역시 매우 복잡한 것이었다고 하겠다. 이렇게 볼 때 반탁운동노선으로부터 단정노선으로 이어진 이승만과 한민당의 '선건국 후통일안'은 어쨌든 그들 정파 내부적으로 가장 단순했고 또 가장 강력한 배타적 단결력을 제공해주는 노선이었다.

먼저 이승만과 한민당은 제1차 미소공위가 협의대상의 선정문제를 놓고 난항을 거듭하다가 일단 휴회하게 되는 시점에서 이미 단정노선의 가능성을 시사하고 있었다. 이승만은 1946년 6월 3일 정읍에서 "우리는 남방(南方)만이라도 임시정부 혹은 위원회 같은 것을 조직하여 삼팔선 이북에서 소군이 철퇴하도록 세계 공론에 호소하여야 될 것"[62]이라고 언명함으로써 단정문제를 둘러싼 국내 정치구도의 재편시점을 열었다. 이어 한민당에서는 이승만의 단정 주장을 비난하는 각당·사회단체의 성명을 오히려 반박하는 성명을 발표하고, "이승만 박사의 연설을 무슨 역적질이나 한 것같이 선전하나 그 이유를 알 수 없다"[63]고 공산당을 비난·공격함으로써 이승만과 함께 단정노선을 주도하겠다는 자신들의 입장을 분명히 했다. 이후 1947년 5월 18일 제2차 미소공위의 재개를 사흘 앞둔 시점에서 이승만은 다시 다음과 같은 발언을 통해 반공을 위한 단정 수립 노력의 정당성을 역설했다.

> 만약 우리가 수수방관한 채 공동위원회의 결론을 기다린다면, 우리가 신탁통치도 묵인하는 것으로 간주될 것이다. 우리는 종래 미국의 정책과 다른 트루만 대통령의 정책을 지지하기 위해 노력하고 있다. 우리는 우리나라가 공산화되는 것을 보고 싶지 않다. 이 회담에서 기대되는 것은 기껏해야 공산주의자를 포함한 연립정권이다. 이것은 남한에 있어서 공산주의를 저지하려는 우리의 노력을 가로막을 것이다. 우리는 적어도 남한을 민주주의의 발판으로 구축하고자 하는 것이다.[64]

이승만과 한민당은 한국문제의 유엔 이관이라는 미국 측 제안에 대해서 적극적인 찬성의사를 표시한 반면 미·소 양군의 동시철수라는 소련 측 제안에 대해서는 반대의 입장을 견지했다. 또한 이승만은 평양과 교섭하고자 하는 유엔위원단의 일부 요구에 대해 다음과 같이 반대의사를 분명히 했다.

위원단은 조선공산당(노동당) 지도자와 협력하거나 의견을 교환해서는 안 되며, 무엇을 토론해서도 안 된다. …… 만일 우리가 북한 공산당과 대화를 통해 나라를 통일할 생각이라면 그러한 일은 유엔이 없어도 할 수 있을 것이다.[65]

이처럼 함께 반탁노선을 걸었던 이승만과 한민당이 단정지지노선을 구체화해가고 있었던 데 비해 김구계열은 이승만의 정읍발언 당시부터 민족의 분단은 '역사적인 비극'이라고 반박함으로써 입장의 상위성을 시사해주고 있었다.[66] 그러나 이후에도 김구계열은 탁치문제와 국내의 계급적 문제의 해결에 대한 입장에서 이승만과 계속적인 공동보조를 취하고 있었다. 이와 같은 이승만과의 공동보조 경험은 단정문제가 본격화한 이후 정치적 입장의 일관성을 견지하기 어렵게 만들었다. 이들은 귀국 초기에는 임정의 법통성을 고집하면서 타 정치세력과의 연합을 거부하면서도 정작 친일적 정당이라는 비판을 받고 있던 한민당과는 반탁노선에 공동보조를 취하면서 연합한 바 있었다. 또한 미소공위에는 반대하면서도 정작 미·소 양군의 동시철수에 관해서는 미·소 점령하의 통일정부 수립이 선결되어야 할 것을 주장하는 소극적 입장을 표명하고,[67] 소련 측의 반대로 남한지역에 국한된 선거가 될 것이 분명한 유엔한국임시위원단 감시하의 총선거에 대해서 시국대책협의회를 통해 한독당 전체가 참여할 것임을 결정[68]하는 등의 자기모순을 되풀이함으로써 스스로 정치적 선명성을 흐리고 정치적 주도권을 장악하는 데 실패하고 있었다. 이후 한국문제가 유엔으로 이관되면서 남북 단정 수립의 가능성이 점차 확연해지게 됨에 따라 김구계열은 김규식과 함께 일찍이 여운형의 활동[69]을 통해서도 시사된 바 있었던 남북협상노선을 새롭게 제기하게 된다. 미군정과 단정론자들의 반대에도 불구하고 김구가 북행을 결행하면서 발한 성명문에는 실로 절박한 바가 있었다. 다음에서 보이는 바와 같은 그의 성명문은 통일민족국가의 수립을 위한 결연한 의지가 담겨 있는 것이었을 뿐만 아니라 김구 자신의 정치적 지도력을 건 사활적 노력의 표현이기도 했다.

공산주의나 여하한 주의를 가진 자를 불문하고 외각(外殼)을 벗기면 동일한 피와 언어와 조상과 풍속을 가진 조선민족이지 이색민족이 아니므로, 이러한 누란(累卵)의 위기에 처하여 동족과 친히 좌석을 같이하여 여하한 외부의 음모와 모략이라도 이를 좌쇄하고 우리의 활로를 찾지 않으면 아니 되겠다. 그러므로 나는 외국인의 유혹과 국내 일부인의 반대를 물리치고 남북회담에 참가키로 결정했다. …… 민족의 정기와 단결을 위하여 생사를 불문하고 피와 피가 통한 곳으로 활로를 찾으려고 나는 결연히 떠나련다.[70]

이러한 김구의 북행에 공동보조를 취했던 것이 김규식·조소앙 등의 중도파들이었다. 특히 여운형과 함께 좌우합작운동을 벌였던 김규식으로서는 일찍이 여운형이 좌우합작의 지난한 과정에서 항상 북쪽을 염두에 두고 있었듯이 단정수립문제를 둘러싸고 새롭게 재편된 정치구도하에서 누구보다도 먼저 북쪽과의 협상 필요성과 가능성을 타진해볼 수 있었고 김구보다 앞서 남북요인회담을 제의하게 되었던 것으로 보인다. 이런 점에서 김규식은 김구만큼의 조직기반을 지니지는 못했지만 그 이상으로 일관된 입장을 견지하고 있었다. 일찍이 독립외교의 경험을 가지고 있었던 그로서는 외세가 지니고 있는 현실적 규정력을 정확히 타산하면서도 결코 외세에 의존해서는 안 된다는 입장을 지니고 있었다. 그는 미·소 양군의 동시철수안에 대해서도 "남의 집에 들어왔다가 나갈 때에는 응당 주인을 찾아 집열쇠를 돌려주고 가야 하지 않겠는가"[71]라고 하면서 미·소가 문제의 당사자인 만큼 그 해결을 위해 일정한 조치를 취해야 한다는 선조치 후 철수 입장을 취했다. 그러나 통일민족국가를 수립하는 기본적인 힘은 민족 내부로부터 나와야 하고 외세에 의존해서는 안 된다는 인식이 그로 하여금 남북협상을 제기하게 만들었던 것이다.

한편 박헌영이 지도하는 남한 내의 좌파는 단정수립문제를 놓고 정치권의 재편이 모색되자 모든 구국세력과 협조할 것을 천명하면서 통일전선조직이라고 할 수 있는 민주주의민족전선을 통해 다각적인 노력을 펴게 된다. 그러나 보다 일찍이 광범위한 통일전선의 구축에 실패했던 경험은 이 시기의 '구국통일전선'의 확충을 저해하는 것으로 되었다. 이전까지 이들이 보였던 통일전선의 구축을 위한 노력은 주로 하층적 성격을 지닌 것이었다. 이와 같은 통일전선전술은 당시 이들의 외세인식에 기초한다고 볼 수 있는데, 이들은 미·소 간의 평화적인 협력관계가 일정 기간 지속되리라고 예상하고 있었고 구체적으로는 미군정에 대한 나이브한 인식과 소련에 대한 지나친 의존심을 지니고 있었다. 이러한 외세 인식은 자연히 상층 통일전선전술을 통한 민족적 연대라는 전술보다는 대중적인 지지기반의 확충을 통해 타 정치세력을 남로당의 정치노선으로 압박하는 전술로 이어지는 것이었다.[72] 이러한 전술은 3당합동의 과정 등에서 보이는 바와 같이 일정한 정도 박헌영의 조직노선을 성공으로 이끄는 것이기는 했지만 정치세력의 여러 중심을 형성하고 있었던 명망 있는 인사들을 민족적 대의를 중심으로 포괄해내는 데는 실패한 것이었다. 더욱이 이들 사이의 분열적 앙금은 이후 단정문제를 앞에 놓고도 쉽게 해소되지 못함으로써 오히려 많은 인사를 민족협동전선으로 끌어들이지 못했을 뿐만 아니라 서로 협동을 모색한 인사들이라 할지라도 남로당계열과의 제휴보다는 북로당과의 협력을 모색하는 요인이 되었다.[73]

당시 이들의 단정문제에 대한 기본입장은 모스크바협정에 따른 미소공위를 통한 해결이었고, 소련 측이 미·소 양군 동시철수 후 한민족자결안(韓民族自決案)을 제시한 이후에는 그를 지지하여 "미·소 양군의 철퇴 후 우리의 민주통일정부 지도하에서 외국의 간섭 없는 자유로운 자주적 총선거를 실시할 것"[74]이라는 입장을 취하게 된다. 따라서 이들은 한국문제의 유엔 이관이라는 미국 측 제안에 대하여서는 "국제협조를 파기하고 조선인민의 의사를 무시하야 일방적으로 구성된 유엔감시위원단을 반대한다"라는 제하의 다음과 같은 성명을 통해 미국의 안을 비난하고 소련 측의 제안을 옹호하는 입장을 분명히 하게 된다.

조선인민 대표의 참가도 없이 채택된 이 결정은 조선인민의 자주권을 반대하는 것이며 해양을 건너온 주인들에게 충실한 반공정부를 조선인 민에게 강요하려는 미제국주의의 시도인 것입니다. 우리는 모스크바결 정을 실현하는 방법으로 조선문제를 해결하며 조선으로부터 쏘미 양국 군대를 동시에 철거함에 대한 쏘베트의 제의를 실현하기 위하여 투쟁하 여야 되겠습니다. 이것은 우리 국가 독립을 위하여 유일하고도 정당한 길입니다.[75]

이것은 일면 대중적 의사를 반영한 것이기도 했으나 다분히 친소적인 성격을 담고 있다는 점에서 그들이 내세우고 있는 바와 같은 '조선인민 의 자주권'이 중심에 놓여 있다고 보기에는 어려운 것이었다. 2차 미소공 위가 재개될 무렵 이들은 전향적인 통일전선전술의 일환으로서 민전 측과 우익 측의 협의대상을 5 대 5로 하자는 특별성명을 발표하는 등 합법적인 협동전선의 구축을 위한 노력을 전개하기도 했으나 좌우합작문제와 3당 합동문제를 둘러싸고 벌어졌던 균열을 메우지는 못했다. 이후 남한 내의 중도파인사들과 김구계열, 그리고 북로당의 합작으로 남북협상이 본격화 되게 되자 이에 대한 지지를 표명하기도 했지만 결국 남한 내의 통일전선 을 주도하지는 못했다. 남북협상의 움직임에 대해서 처음 이들은 "문제는 남조선 순수 이익이 …… 원칙적·애국적 투쟁에 가담하느냐 못 하느냐에 있다. 이러한 원칙적 투쟁 위에서만 남북회담이 가능도 할 것이며 또는 필 요도 할 것이다"[76]라는 전제조건을 제시하면서 다음과 같이 언급했던 것 은 좌우대립의 구도를 벗어나지 못하고 있던 이들의 한계를 노정하는 것 이었다.

이러한 (중간노선을 자처하는) 정당들은 그들이 의지하는 노선의 실 현이 오직 남조선의 반동의 폭압과 반인민적 죄악에 대하여 강경하고 계속적인 투쟁이 없이는 불가능한 것을 모르고 있다. 남북회담이 현재 와 같이 …… 인민의 민주주의적 권리가 송두리째 유린된 환경하에서 어떻게 실시될 것인가 …… 남북회담은 오직 자유로운 정치적 환경하에

인민이 자유로운 정치적 의사를 발표할 수 있을 것을 절대적인 조건으로 하는 것이다.[77]

결국 이들은 소련이라는 또 하나의 외세에 대해서는 의존적이었던 반면 정작 민족통일전선을 구축하는 데는 실패하고 말았다. 더욱이 이 시기 미군정의 좌익에 대한 탄압이 가중되고 이들의 활동이 점차 비합법화하게 됨에 따라 통일전선의 구축을 위한 합법적 노력은 그나마 단절되었고, 유엔한국임시위원단의 내한에 즈음한 '2·7구국투쟁'과 5·10선거에 즈음한 '4·3단정단선반대투쟁'이 촉발됨으로써 남한사회는 격렬한 내전상태로 진입하게 된다.

남한 내 각 행위자들의 행동정향이 이처럼 복잡한 양상을 띠고 있는 동안 북한 쪽의 상황은 신민당과 북조선공산당의 합당체인 북조선노동당에 의해 제시되고 있던 이른바 민주기지노선에 의거하여 상대적으로 통합된 모습을 보여주고 있었다. 민주기지노선이란 첫째 당을 조직사상적으로 강화하고 그 주위에 각계 각층 군중을 결속함으로써 이북사회를 강대한 정치적 역량으로 전변시킨다는 것, 둘째 제반 '민주개혁'을 실시하고 경제를 부흥·발전시켜 튼튼한 자립적 민족경제를 실시한다는 것, 셋째 자주국방을 담보하는 막강한 군사력을 확보한다는 것 등으로 요약되는 것이었다.[78] 결국 이것은 미·소의 분할점령이라는 현실조건하에서 일정한 역사적 시기까지 남북 두 지역에서 각기 다른 형태와 방법으로 외세에 대한 자주성을 증대해나감으로써 통일민족국가를 수립해나가는 전략이라고 할 수 있다.

북한의 좌파들은 이와 같은 민주기지노선에 입각하여 한편으로 북한 사회에서의 인민민주주의혁명을 강화·발전시키면서 단정수립문제에 대해서는 미·소 양군의 동시철수 후 한민족에 의한 자주적 해결을 주장하는 등 남한 내의 좌파와 동일한 노선을 견지하고 있었다. 그러나 이들의 건국사업은 남한 내의 중도파는 물론 김구 등이 이끄는 우익과도 일정한 협상 창구를 열어놓고 있었다는 점에서 남북협상에 대해 소극적이던 남한 내의 좌파나 그것을 명백히 거부했던 이승만과 한민당의 단정노선과는 차이점을 보이고 있었다.

이미 이 시기에 이에 대응할 만한 북한 내의 우파들은 최소한 합법적 공간의 독자적 정치세력으로서는 소멸상태에 이르고 있었다. 우파적 노선을 지녔던 인사들은 대부분 남쪽으로 도피하거나 북로당의 통일전선에 가담했다. 따라서 북한 내의 조선민주당 혹은 청우당 등은 단정 문제에서 대체로 북로당의 입장을 추종했다. 반면 월남 인사들이 중심이 되어 구성되었던 남한의 조선민주당은 철저하게 이승만의 노선을 지지하게 된다. 이상과 같은 단정수립문제에 대해 국내 행위자들의 행동정향을 주요 쟁점별로 정리하면 표 3과 같다.

이처럼 단정수립문제를 둘러싸고 이승만과 한민당을 제외한 국내 행위자들의 행동정향은 일단 남북협상을 통한 자주적 해결이라는 합의점에 이르게 되었으나 그와 같은 상층적 결합에의 도달은 이미 서로 간의 불신이 심화된 이후 연착(延着)된 것이었을 뿐만 아니라 불균형적인 것이었다. 이것은 체제 간 갈등구조의 심화에 따라 증대되는 외압력을 극복해내기 위해 요구되는 내발력의 신장이 지체되었음을 의미하는 것이었다. 이후 유엔임시위원단 내부에서는 남한지역에 국한된 활동의 적법성 여부 등을 둘러싼 갈등[79]이 보이기도 했지만 이미 우크라이나 등 소련진영의 참가가 거부된 상황에서 위원단의 활동은 미국 측 입장에 따라 남한지역에 국한되어 실시되었고 남북협상파와 좌파가 거부한 이 선거에서 이승만의 독촉계열과 한민당은 쉽게 주도권을 장악하게 되었다. 그리고 그 결과 이제 한반도는 '유엔 감시하 선거지역에서의 합법정부'[80]와 '북한에서의 선거 및 남쪽에서의 비밀선거를 통해 수립된 정부' 간의 대결로 치닫게 되었음을 의미하는 것이었다.

4. 잠정분단적 양축구조의 형성과 한국전쟁의 배경

1) 남북한 단정의 수립과 이승만정부의 위기

미군정의 후견하에 수립된 이승만과 한민당 중심의 단독정부가 친미적 성격을 지닌 것이었다고 한다면 북한에서 수립된 '조선민주주의인민공화국'은 어쨌든 친소적 성격을 지닌 것이었다. 남한에서의 단정수립이 미국 외교정책의 구현이었다고 한다면 북한의 단독정부가 지니고 있는 성향은 소련 외교정책목표의 성공을 담보하고 있는 것이었다. 왜냐하면 미국무성이 주장하는 것처럼 정부 수립 이후의 북한이 소련의 위성국이나 '소연방의 한 공화국'(a republic of USSR)은 아닐지라도 소련 측으로서는 최소한 자국에 우호적인 정부였기 때문이다. 이와 같은 평가는 다음과 같은 북한 측의 문건들에 나타난 북한지도부의 인식을 통해서도 확인된다.

> 쏘베트 군대는 조선인민을 일제의 기반에서 해방시켰을 뿐만 아니라 주권을 조선인민에게 이양한 북조선 인민위원회의 초기로부터 조선민주주의인민공화국 수립에까지 우리 민족적 부흥의 모든 단계를 쏘베트 정부의 친소적 원조의 혜택으로 경과했다.[81]

> 쏘련 군대의 북조선 진주는 해방된 조선인민을 제국주의의 새로운 침해로부터 보호하는 튼튼한 담보로 되었으며 조선인민이 민주주의 새 조선을 건설하는 데 결정적으로 유리한 조건으로 되었다.[82]

그러나 북한의 단독정부는 빠른 시일 내에 비교적 안정된 국내적 기반을 확보함으로써 점차적으로 소련의 대국주의적 경향으로부터 벗어나 자주성을 증대시켜나가고 있던 상태의 친소적 성격이었다고 한다면 이승만정부의 친미적 성격은 결국 계속적인 체제위기를 낳게 된다.

먼저 남북한의 잠정분단적 양축구조가 두 개의 정부 수립이라는 양상으로 공식화됨에 따라 간헐적으로 진행되고 있던 물리적 갈등의 양상은 내

표 3   단정구조의 수립과 관련한 국내 정치세력의 입장*

주요 정파 \ 주요 쟁점	한국문제의 유엔 이관	미·소 양군의 동시철수	남북한대표의 유엔총회 참석	남북협상
이승만과 한민당(남한의 조선민주당)	유엔총회의 결정에 따를 것이나 소련 측의 불응 시 남조선의 단독적 총선거 또는 조치를 취할 것.	무책임한 말이다. 미국이 물러가는 것은 미국민의 정의감에 있어 용납되지 못할 일.	유엔총회의 지시에 따라.	소련 목적에 성원하는 것 이외에 아무 희망도 없는 것. 남의 반선거파와 북의 반독립파의 공동작전.
김구의 한독당	김구: 나의 주장과 거의 일치하는 제안에 대하여 미국 관민에게 사의를 표함.	일보 진전된 것. 그러나 통일정부 수립이 선결요건. 미국의 신제안과 합병하여 유엔총회에서의 미·소 협조 기대.		주의를 불문하고 민족활로 모색.
김규식·조소앙·안재홍 등의 중도파		수속과 절차(통일 여건 조성) 후 철퇴.		남북 정치지도자 간의 협상만이 통일단결의 기본공작.
박헌영과 민전	미소공위를 수호.	정당한 주장이요, 시의적절한 방법.	지지	그 취지만은 좋다고 본다.
북조선노동당(조선민주당, 청우당)	모스크바협정에 의거해야.	지지	지지	미제국주의 기도를 분쇄할 일대 구국대책 강구하여야.

* 쟁점화된 직후의 반응을 중심으로 정리
자료: 『새한민보』 제1권 6호~2권 10호, 1947년 8월 하순~1948년 5월 상·중순; 『노력인민』 1호~84호, 1947년 6월 19일~1948년 3월 26일; 『진통의 기록: 전조선제정당 사회단체대표자 연석회의 문헌집』, 서울평화도서주식회사, 1948.

전으로 본격화되었다. 여기서 내전이란 남한지역 내에서의 폭력적 갈등과 아울러 38도선 부군에서의 남북 간 군사적 충돌까지를 포함하는 범주다. 잠정분단적 양축구조의 형성과 함께 고조되었던 이와 같은 폭력적 갈등은 표 4와 같은 다섯 시기에 걸쳐 전개되면서 당시의 분단구조를 오히려 강화하는 영향을 초래하고 말았다.

표 4   6·25 이전의 내전상황

시기	개괄
제1기 (~1948년 가을)	해방 이후 계속적으로 첨예화된 대립양상이 1947년 미소공위의 결렬 이후 폭력적 대립으로 격화되다가 '유엔한국임시위원단'의 서울 도착을 맞이하면서 '2·7구국투쟁'과 '4·3투쟁'으로 폭발, 남북한의 정권수립기를 맞이하면서 일시적 소강상태를 맞이함.
제2기 (1948년 가을 ~1949년 2월)	제주도에서의 항쟁이 진압군 내의 반란(여수, 순천)을 촉발하면서 남한단정을 극도의 위기로 몰아넣음.
제3기 (1949년 봄 ~1949년 여름)	북한경비대와 남한정규군 상호 간의 호전적 도발로 말미암은 38선 근처에서의 전쟁행위와 해상사건 급증.
제4기 (1949년 가을 ~1950년 2월)	격렬한 투쟁을 거쳐 남로당의 군사조직이 실질적으로 와해됨.
제5기 (1950년 봄 ~1950. 6. 25)	남쪽에서 활동하던 무장조직의 일부가 북으로 이동하고 남한 내부의 폭력적 갈등과 38선에서의 남북 간 충돌이 일시적으로 격감함.

자료: 김점곤, 『한국전쟁과 노동당전략』(박영사, 1983); John Merrill, "Internal Warfare in Korea 1948-1950: The Local Setting of the Korean War," Bruce Cumings(ed.), *Child of Conflict*(Seatle and London: Univ. of Washington Press, 1983).

이와 같은 폭력적 갈등의 행위자로서 이승만정부는 경제적 인플레이션의 압박에도 불구하고 군·경의 강화비용을 증대시키게 된다.[83] 1949년~50회계연도 첫 3-4분기에 국방부에 할당된 금액을 보면 그 총액은 190억 원에 이르고 있고, 분야별로는 국방부 1억 2천만 원, 육군 165억 2천만 원, 해군 21억 5천만 원, 공군 2억 5천만 원이 각각 배당되었다. 특히 육군에 대한 자금 배당에는 민간요원을 위한 7억 2천만 원이 포함되어 있었다. 또한 1949~50회계연도 중 1950년 2월 초까지 경찰에 지급된 경비는 지방경찰 39억 5천만 원, 치안유지를 위한 잠정경비 36억 원을 포함 총 84억 3천만 원에 달했다.[84] 이와 같은 폭력비용의 책정에 비해 이승만정부는 극심한 인플레이션[85]에 시달리고 있었다. 물론 이 시기 인플레이션의 주도

요인이었던 과다한 은행대출은 일정 정도 새로운 국가건설을 위한 기간산업 혹은 빈민구제 등을 위해 사용되었지만 국가예산의 상당부분은 폭력적 갈등에서 우세를 점하기 위한 치안비용 또는 국군강화비용으로 소모됨으로써 이승만정부의 재정위기를 압박했던 것이다.[86] 결국 6·25 이전의 폭력적 갈등은 남한의 단정체제로 하여금 물리적·심리적 수준에서의 위기를 강요했을 뿐만 아니라 단정체제가 직면한 위기에 대한 자정비용(自淨費用)은 재정적 위기마저 압박함으로써 이승만정부의 체제 통합능력을 심각하게 훼손하는 결과를 초래했다.

이와 같은 위기의 절정은 2대 국회의원선거를 통한 새로운 의석 분포로 나타났다. 이승만행정부의 2년을 결산하는 1950년 선거에서 이승만의 수족이라고 할 수 있는 독촉계·서북계 인사들이 대거 탈락했던 것이다. 이와 같은 새로운 의석 분포는 부통령문제로 인하여 구한민당계열인사들과도 갈라서게 되었던 이승만행정부의 입장을 더욱 곤경에 몰아넣었다. 특히 이 선거에서는 일찍이 남한 단독선거를 보이코트했던 인사들이 대거 무소속으로 출마, 당선되었을 뿐만 아니라 이승만의 지도력에 도전할 수 있는 가능성을 지닌 조소앙·안재홍·장건상 등의 명망가들이 압도적인 지지 속에 국회에 진출함으로써[87] 간선제를 택하고 있던 당시의 대통령제하에서 단정체제를 위협하는 殷수로 등장했다.

이상과 같은 단정체제의 위기에 대응하여 이승만정부는 공산당을 불법화하고 1948년 11월 20일 국가보안법을 국회에서 통과시킴으로써 체제보위를 위한 법률적 토대를 마련하게 된다. 이 국가보안법에 의거 이승만정부는 1949년 한 해 동안 11만 8,621명을 검거·투옥하고 같은 해 9, 10월 사이에만도 132개의 정당과 사회단체를 해체했다. 또한 1949년 5월 18일에는 김약수(金若水) 부의장과 이문원(李文源) 의원 등을 포함한 소장파의원 13명을 국회공산당프락치사건으로 검거함으로써 진보적 인사들의 움직임에 쐐기를 박게 된다. 특히 같은 해 6월 27일에는 남북협상을 주장하고 남북한 단정을 공히 반대하던 김구가 현역군인에게 암살됨으로써 이승만의 지도력을 위협하는 강력한 경쟁자가 제거된다.

이와 같이 합법공간이 위축되는 상황하에서 북쪽으로부터 남파된 '권위 있는 선'[88]과 남로당의 잔존세력인 '서울지도부'에 의해 지속되고 있던 활동 역시 북로당 '남반부정치위원회' 총책 성시백(成始伯)[89]의 체포, 김삼룡(金三龍)·이주하(李舟河)의 검거 이후 침체되게 된다. 이처럼 남한 내에 잔존해 있던 좌파의 조직선이 차단되는 것과 때를 같이하여 이미 월북한 남로당지도부의 지휘를 받고 있던 무장조직들이 월북 혹은 와해되고, 38도선을 넘어 재투입되던 무장조직들마저 초기에 그 활동이 봉쇄되고 있었다.

이처럼 일련의 조치들을 통해 단정체제의 통합력을 보존하고자 했던 남한의 단정체제가 보였던 가장 근본적인 노력은 당시 초두의 관심사 중 하나였던 토지문제와 관련하여 농지개혁법(1949. 6. 21), 농지위원회법(1950. 3. 25), 농지개혁법의 실시를 위한 관계 시행령(1950. 4. 28), 농지분배의 등급제에 관한 법(1950. 6. 21) 등 법규의 예방적 선포로 나타나고 있었다. 이로써 당시 남한정부는 물리적으로 체제 보위력을 확보해가는 한편, 체제위기에 대처하기 위한 노력의 일환으로서 당시 초두의 정치적 쟁점이 되고 있던 토지문제에 대해 자본주의적 방식하에서 적극 대처해나가게 된 것이다. 그러나 당시 한반도 민중들의 통일정부 수립에 대한 염원을 감안할 때 이와 같은 이승만 단정체제의 공고화는 분단체제의 강화를 의미하는 것이었으며 따라서 이승만정부는 이를 상쇄하기 위한 정치적 슬로건을 표방하지 않을 수 없었는데 그것이 바로 무력에 의거한 북진통일 노선이었다.

2) 남북한의 통일노선과 1950년 6월 25일

(1) 남북한의 통일노선

앞 절에서 살펴본 바와 같은 이승만정부의 체제수호방식은 한편으로는 잠정적으로 설정되었던 분단구조의 제도화를 의미하는 것이기도 했다. 그럼에도 불구하고 1949년 유엔한국위원회가 평가하고 있는 다음과 같은 한반도의 정치정세는 이승만정부로 하여금 민족적 숙원이라고 할 수 있는 분단구조의 극복을 위해 노력하지 않으면 안 되는 이율배반적인 위치에 놓이게 했다.

    1. 한국민에게 있어서 통일에 대한 열망은 압도적이다.
    2. 한국민에게 분단은 정치적 좌절과 고통, 그리고 소요를 야기시키고 있다.[90]

이와 같은 처지에서 나올 수 있었던 통일노선이란 결국 북쪽의 기존체제에 대한 전면부정의 논리인 무력에 의거한 '북진통일론'이었다. 이승만정부의 각료인 윤치영이 유엔한국임시위원단과 회담한 후 행한 다음과 같은 발언은 이승만정부의 통일노선을 한마디로 대변하는 것이었다.

    남북의 평화적 통일이란 정치적 음모 이외에는 아무것도 아니다. 남북한을 통일하는 유일한 같은 대한민국으로서는 북한을 무력으로 장악할 수밖에 없다.[91]

이와 같은 이승만정부의 입장은 1949년 4월 10일 이승만이 주병옥에게 보낸 서한에서도 드러나고 있는데, 이 편지에서 그는 남한의 힘이 약한 것은 미국의 책임이라고 하면서 "우리에게는 세계 어느 나라보다 무기를 요구할 정당한 근거가 있다. 소련을 불러들여 북한을 점령하게 한 것은 미국이었다"고 주장했다. 그는 이어서 조병옥에게 "남북통일에 대해서 우리가 가지고 있는 계획을 그들에게 아주 비밀리에 말할 것, 참으로 이제 모든 점에서 통일을 위한 준비가 다 갖추어졌지만 단 하나 무기와 탄약만이 부족하다는 점을 그들에게 주지시켜라"고 말하는 등 호전적인 수사를 통해 그의 의지를 과시했다.[92] 이승만정부의 이와 같은 북진통일노선은 실제로 38선에서의 잦은 군사적 충돌을 뒷받침해주고 있었다.

메릴은 당시의 군사적 충돌이 특히 남한 측의 지휘관에 의해 계획적으로 주도된 경우가 많았고, 미군사고문단의 로버츠(Roberts) 단장이 남한 측 군대의 '보이스카우트 같은 전술'이 초래할 수 있는 커다란 전란에 대해 우려하고 있었다고 쓰고 있다.[93] 이와 같은 메릴의 언급은 남한정부의 정보계통에 종사했던 최덕선의 다음과 같은 진술로도 뒷받침되고 있다. "당시 남한군대의 지휘관들은 거의가 북한에서 남하한 사람들이거나 공산주의를 증오하는 사람들이었다. 그들은 1950년 6월 25일 이전에 이미 수차례에 걸쳐서 3, 4마일가량 깊숙이 북한을 침공했었다."[94] 그와 같은 행동정향의 배후에는 이승만정부의 묵인 혹은 적극적인 명령이 뒷받침되고 있었다. 남한의 해병사령관을 지낸 바 있는 이용운에 따르면 당시 남한의 해군부대에 의해 행해진 몽금포에 대한 공격은 국방장관 신성모의 구체적인 명령에 의한 것이었다.[95]

이처럼 당시 남한정부는 호전적인 통일노선을 표방하면서 간헐적인 행동을 실천에 옮기고 있었다. 그러면서 이들은 전면적인 공격의 순간을 모색하고 있었는데 이때 무엇보다 문제로 되는 것은 바로 미국의 지원이었다. 이와 관련하여 이승만은 1949년 9월 30일 그의 미국인 정치고문 올리버에게 다음과 같은 편지를 보냈다.

> 지금이야말로 우리가 공격행동을 취하여 우리에게 충성스러운 북한 공산군과 합세, 그 잔당들을 평양에서 소탕해야 할 가장 심리적인 호기라고 나는 열렬히 느끼고 있소. 우리는 김일성 부하들을 산악지대로 몰아내서 그곳에서 그자들을 서서히 굶겨 항복시켜야 될 것이오. …… 여기저기 영향력 있는 몇몇 인사들과 조용히 접촉을 가지시오. 그리고 그들의 지지와 찬성을 얻도록 합시다.[96]

이와 같은 이승만의 편지에 대해 올리버는 '때때로 공격이 최상의 혹은 유일한 방어가 된다는 느낌'에 동감을 표하면서, 다만 '대한민국이 북쪽을 공격해서는 안 된다는 여론을 바꾸기 위해 노력할 것'이나 그전에 '그와 같은 계획을 시사하는 것은 미국 혹은 유엔으로부터의 지원을 상실할 위

험이 있다'고 부연했다.[97]

　이처럼 당시 이승만정부는 북침을 표방하고 또 제한적으로 그것을 실행하기도 했으나 여론의 압력과 그에 따른 지원 부족으로 전면적 북침을 단행하지는 못하고 있었다. 이와 같은 남한정부의 북진통일노선에 비해 북한 측은 한편으로 민주기지노선에 입각한 국방력 강화에 힘쓰면서 다른 한편으로는 남북협상을 꾸준히 제안하고 있었다. 이는 공산주의자들의 전통적 통일전선이었다. 특히 남북협상을 위한 적극적인 노력은 정당지도부 간의 결합을 강조하는 상층통일전선을 지향한 것이었다.

　2대 국회의원선거 결과 표 5와 같이 국회 내 세력분포가 변화됨에 따라 평양 측은 통일을 위한 평화적 협상 노력을 강화하기 시작했다. 1948년에 설립된 바 있는 조국통일민주주의전선은 남한의 국회의원과 유명인사 개개인에게 초대장을 보냈으며 그들을 새로운 통일협상에 초대했다. 단 이승만, 조병옥, 장면, 김성수, 국방부장관 신성모 등을 포함한 '8명의 민족반역자'만은 참가를 금지한다는 조건이 붙어 있었다. 이와 아울러 평양방송을 통해 발표된 6월 3일의 성명은 북한인 530만 명이 평화와 통일을 위한 호소문에 서명했다고 밝혔다. 그 후 며칠 간은 남북 쌍방의 민주적 정당과 사회단체에 보낸 호소의 편지에 관한 방송이 있었다.

　북한 측에 의해 추진된 이와 같은 노력은 명백히 평화통일을 추구하는 남한 측의 남북협상파 인사들을 겨냥한 상층통일전선적 의미를 지니는 것이었다. 이는 '높은 형태의 공동투쟁을 통하여 부분적인 연합을 전반적인 연합에로 발전시켜나가는' 방법이다. 그리고 여기서 부분적인 연합으로부터 전반적인 연합에로의 발전이란 '투쟁강령의 깊이, 포섭된 정당·단체의 폭, 지역적 범위 등의 측면에서 전국적·전민족적 규모에로의 조직형태의 발전을 의미하는 것'이라고 할 수 있다. 이와 같은 북한 측의 통일전선을 위한 노력은 전술한 바와 같이 평화통일을 지향하는 남북협상파 인사들이 1950년 선거를 통해 대거 국회에 진출했던 상황에 의해 고무되고 있었다. 남북협상파 인사들의 평화통일 노력은 당시 벌어지고 있던 내전상태의 종식을 지향하는 것이었으나 이승만의 북진통일노선과 물리력에 의해 제압

표 5 6·25 이전 남한국회 내 세력분포의 추이

```
         1948. 5. 10              1949. 2. 10    1950. 5. 30          (단위: 명/%)

명시적   (총원¹⁾ 약   한국독립당(1/0.5)              │ 사회당(2/1.0)
남북     17/8.5)     조선공화당(1/0.5)              │ 민족자주연맹
협상파                                              │
         무                                         │      (1/0.5)
                                                    │ 무
                                                    │                  총원²⁾
                                                    │                  약 53/25.2

         소                                         │ 소
                                                    │                  야당계열
                     한국민주당(29/14.5) │ 민주국민당│ 민주국민당      (총원 약
                                          │         │   (24/11.4)      149/71)
여당
계열
(총원 약
183/91.5)
                     대동청년단(12/6)                │                  총원
                     조선민족청년단(6/3)              │                  약 96/45.7
                     대한청년단(1/0.5)                │
                     대한노-농촌(3/1.5)      ─ ─ ─ ─ │ 속 ─ ─ ─ ─ ─ ─
                     조선민주당(1/0.5)                │
                     기타 6개 단체                   │ 대한국민당(24/11.4)
         속          각 1인(6/3)                     │ 국민회(14/6.7)
                                                    │ 대한청년단(10/4.8)   여당
         (85/42.5)                                   │ 대한노총(3/1.4)     계열
                                                    │ 여자국민당(1/0.5)   (총원 약
                                                    │ 기타 3개 단체        57/27.1)
                                                    │ 각 1인(3/1.4)
                                                    │      총원 약 57/27.1

         200/100                            210/100
```

자료: 대한민국선거사편찬위원회, 『대한민국선거사』 제1집(중앙선거관리위원회, 1973), 447~61쪽, 607~32쪽, 1067~1109쪽; 대한민국정당사편찬위원회, 『대한민국정당사』 제1집(중앙선거관리위원회, 1973), 121~207쪽.

주: 1) 총원 추정치는 초대 대통령선거 당시의 투표상황과 무소속 당선자들의 인적 사항을 대조 참고하여 작성했음.
    2) 총원 추정치는 2대 국회의장단 선거(1950. 6. 19) 당시의 투표상황과 무소속 당선자들의 인적 사항을 대조·참고했음.

되고 말았다. 이와 같은 평화통일 노력의 계속적인 좌절은 결국 1950년 6월 25일 새로운 전쟁을 일으키게 되고 만다.

(2) 1950년 6월 25일의 의미

1948년에서 1950년 사이에 걸쳐 치열하게 격화되어오다가 일시적 소강상태를 맞이한 폭력적 갈등의 국면은, 북한 측의 이니셔티브에 의해 6·25전쟁의 형태로 확대되었다. 여기서 '북한 측의 이니셔티브'란 표현은 다음과 같은 세 가지 함축을 지닌 것이다. 첫째, 1950년 6월 25일 북한 정규군의 전략적 이동이 있었다는 것이다. 둘째, 그것은 이미 살펴본 바와 같이 남한의 이승만정부 역시 염두에 두고 있던 통일을 위한 모종의 조치에 대해 북한 정규군이 기선을 제압했다는 의미다. 셋째, 그것은 소련의 교사에 의한 것이 아니라 북한 지도부가 주도한 군사행동이었다는 것이다.

이처럼 북한 측의 이니셔브에 의해 한국전쟁이 6·25전쟁이라는 새로운 국면으로 진입하게 된 배경에 대해서는 다음과 같은 몇 가지 계기들이 고려되어야 한다. 첫째 전술한 바와 같은 당시 남한 내부의 상황, 둘째 미국의 대한반도전략, 셋째 이와 같은 정황에 대한 북한지도부 및 소련의 인식 등이다.

당시 남한의 내부상황은 이미 살펴본 바와 같고, 이에 직면한 미국의 대한반도전략은 군사적으로는 철수정책을 표방하면서도 정치·이데올로기적으로 계속적인 개입정책을 고수하는 양면성을 지닌 것으로 나타났다. 이와 같은 군사적 철수전략을 반영하면서도 정치·이데올로기적 개입의 지속을 뒷받침하고 있었던 것이 그리스·터키 등의 유럽지역에 비해 극히 미미한 수준에서나마 계속되고 있던 경제원조였다.

우선 군사전략적 측면에서 주한 미점령군의 철수는 1947년 4월 전쟁장관 패터슨(Robert Patterson)이 애치슨에게 보낸 편지,[98] 1947년 9월 포레스탈(James Forrestal)이 마셜 국무장관에게 보낸 편지,[99] 맥아더의 서한[100] 등에 의해서 계속적으로 표명되어오다가 1948년 4월 NSC$_8$에 의해서 최초로 결정되고, 1950년 1월 흔히 '남침의 초대장'이라 불리는 애치슨 미국무장관의 연설, 즉 "미국 태평양지역의 군사적 안전보장에 관해서는 누구라도 이 기타 지역을 군사적 공격으로부터 보전할 수 없다"는 선언을 통해 대중에게 공표되었다. 그러나 이 연설에서는 애치슨은 "만일 군사적 공격이 발생한다면 …… 우선 의지해야 할 것은 공격을 받고 그에 대항하려는 국민이어야 하며, 그다음으로는 전 문명세계가 유엔헌장 아래서 맺은 서약이다"[101]라고 말함으로써 계속적인 개입 여지는 남겨놓고 있었다.

이와 같은 미국의 군사적 철수와 정치·이데올로기적 개입 의지라는 긴장성 사이에 있었던 것이 당시 미국의 대한(對韓)경제원조였다. 즉 미국은 정치·이데올로기적 개입전략을 관철하기 위한 지렛대로 경제원조를 사용했다. ECA경제원조법안의 경우에도 "대한민국에 공산당 혹은 현재 북한정부의 영향권하에 있는 정당이 하나라도 포함되는 연립정부가 구성될 경우 ECA는 즉각 원조를 중단해야만 한다"[102]는 조항을 삽입하는 것을 잊지 않았던 것이다. 그러나 비록 철군을 하더라도 남한 내의 정치적 안정을 희구했던 행정부의 의도와는 달리 미국의 경제원조는 구제원조로는 실천되었으나 경제재건수준의 원조는 계속적으로 의회의 반대에 부딪히다가 6·25전쟁의 발발 직전에서야 실행됨으로써 큰 효과를 거둘 수 없었다. 특히 공화당은 경제원조계획에 대해서 극히 비판적이었는데 이들의 주장은 대한원조는 중국에 이은 또 하나의 패배자를 지원하는 것일 뿐이며 미군 철수가 공식화된 이 시기에 남한에 막대한 경제원조를 한다는 것은 침공군 내지 내란음모자들이 차지할 상금만 높이는 결과가 되리라는 것으로서 이는 다분히 새로운 전쟁의 도래를 예상하고 있음을 시사하는 것이었다. 이와 같은 형편은 군사원조에서도 마찬가지였다. 미국정부는 상호방위 원조협정에 관한 법안이 제정된 이후 이 법안에 따라 총 13억 1,401만 달러에 달하는 군사원조를 제공했는데, 1950년 1월 체결된 한미상호방위원조협정에 의거 남한정부가 배당받은 원조액수는 총경비의 0.8퍼센트에도 이르지 못하는 1,020만 달러에 불과했다.[103]

결국 당시 미국의 대한반도전략은 점차적으로 주한 미점령군의 철수를 추진해나가는 군사전략과 함께 다른 한편으로는 남한을 미국 중심의 세계체제에 묶어두려는 정치·이데올로기적 전략의 두 가지 기조로 구성되면서 양자가 반영된 경제원조가 지렛대적 역할을 수행했다. 이와 같은 미국의 대한반도전략은 남한 내부 갈등행위자들 간 타협을 통한 연립정부의 구성 내지는 남북 간 협상에 의한 통일정부의 수립 노력 등의 가능성을 억압하면서 정작 새로운 전쟁의 발발을 방치하는 것이었다.

그러면 최종적으로 이와 같은 미국의 대한반도전략과 남한 내부의 사정을 당시 소련 및 북한의 지도부가 어떻게 인식했는가 하는 점이 관건이 될 것이다. 먼저 흐루쇼프 회고록에 따르면 적어도 6·25전쟁의 발발에서 소련 지도부는 소극적 방관 내지 방조의 입장을 취했던 것으로 풀이된다.[104] 흐루쇼프의 회고에 따르면 1950년 3월 모스크바에서 있은 스탈린·김일성 회담에서 한국내전에 대규모 북한 정규군을 투입하는 문제가 논의되었고, 이 자리에서 그것을 적극적으로 주장했던 것은 어디까지나 김일성이었다는 것이다.[105]

그러나 북한 지도부 내의 정세판단은 좀더 복잡했던 것으로 보인다. 당시 회담을 수행했던 박헌영이 코민포름 기관지 『영원한 평화를 위해, 인민민주주의를 위해』(1950. 3. 24)에 발표한 논설은 이미 당시 남한 내부의 무장투쟁이 소강상태에 접어들고 있는 정세였음에도 불구하고 그가 무장투쟁에 대한 낙관적인 평가와 아울러 상당한 정도의 기대감을 가지고 있음을 보여주고 있다.[106] 그러나 보다 명확하게 북로당계열의 통제하에 있었던 북한 정규군은 당시 38선상의 교전에 대해서도 좀처럼 개입하지 않는 절제된 양상을 보여주고 있었다.[107] 이와 같은 차이점은 남로당계열과 북로당계열이 각기 '남조선혁명노선'과 '민주기지노선'에 충실했음을 보여준다.

남한 내부의 물리적 역량이 소진상태에 이르고, 평화통일을 위한 노력이 이승만정권의 폭압과 북진통일노선에 의해 억압되면서 개량적 토지개혁의 추진 등 남한정부의 한지적(限地的) 통합력의 강화가 예상되는 상황에서 김일성·김두봉·박헌영 등 북한 지도부의 3두는 다음과 같은 상황에 합의할 수밖에 없었을 것이다. 즉 당시까지 꾸준히 지속되고 있던 상층

통일전선의 구축을 압박하기 위하여 제한적으로 남한의 수도 서울을 점령하고 2대 국회의원 선거결과에 따른 남한 국회 내의 새로운 세력분포에 의거하여 통일민족국가를 국내외에 선포한다는 것이다.[108] 아울러 1950년 6월 19일 한국을 방문한 덜레스(John Foster Dulles)의 남한 국회연설과 이승만과의 회담 그리고 38도선 시찰 등 일련의 접촉이 지니는 정치적 의미는 이제까지 군사적 철수와 정치·이데올로기적 개입 의지라는 두 가지 기조를 보이고 있던 미국의 대한정책이 적극적 개입이라는 쪽으로 다시금 선회하는 징조로 평가되었다.[109] 덜레스의 방문이 지니는 정치적 의미에 대한 북한 측의 민감한 해석은, 6·25전쟁이 발발한 직후 북측이 유엔에 제출한 일련의 문서들을 통해서 덜레스가 이승만과의 회담에서 그의 북침을 충동했다고 주장하고 있는 것에도 나타나고 있다.[110] 물론 덜레스가 이승만에게 북침을 권고했는지[111] 또 권고했다고 하더라도 실제로 북쪽에 대한 공격이 행해졌는지[112]에 관해서는 의문의 여지가 많다. 그러나 최소한 북한 측은 덜레스의 일련의 동태를 한미동맹관계가 새롭게 강화되는 조짐으로 해석했던 것이다.[113] 이승만정부에 대한 미국의 새로운 지원이 행해진다면 그것은 남한정부가 내부로부터 붕괴됨으로써 통일을 달성할 수 있을 것이라는 기대가 무산됨은 물론 당시까지 이승만이 표방하고 있던 북진의지가 본격화됨을 의미하는 것이었다. 이와 같은 상황은 결국 당시까지 절제되고 있던 북한 정규군의 투입을 통한 정세의 역전을 도모하는 결정적 계기가 되었다.[114]

한편 박헌영은 북한이 38도선을 따라 '군사적으로 분쟁거리가 될 만한 지역'을 점령함으로써 먼저 민족통일을 위한 주도권을 쥐어야 한다고 제안했다. 그것은 남한에서의 대중봉기를 촉발할 수 있을 것이라고 기대되었다. 반면에 김두봉은 부모를 잃은 전 독립운동지도자의 자녀들에게 장학금을 주어 남한의 사관학교에서 수학토록 하는 전략을 제안했다. 이들이 전방부대를 지휘하도록 임명되면 북한은 이들과 모의하여 남한에서 군사반란을 일으킬 수 있을 것이라는 생각이었다.[115] 이와 같은 제안들은 모두 제한전을 통해 수도 서울을 점령한 후, 협상에 유리한 의석 분포를 보이고 있던 남한의 국회를 소집, 상층통일전선을 압박·창출시키는 방법을 선택하는 방향으로 쉽게 수렴될 수 있는 것이었다.

당시 방호산부대(제6사단)의 정치보위부 책임장교로 파견근무를 하고 있다가 6·25를 맞은 최태환의 증언은 이와 같은 필자의 입장을 강화해주고 있다. 그에 따르면, 6월 23일 조선노동당 5인 정치국원 중 한 사람인 김두봉이 6사단에 직접 내려와 중앙당 정치위원회 결정사항 보고회의가 열린 자리에서 다음과 같이 읍소했다는 것이다.

> 지금까지 평화적 통일을 위해 모든 노력을 다했으나 실패했다. 부득이 해방전쟁을 개시할 수밖에 없다. 일주일 동안에 서울을 해방시켜서 남조선국회와 합작하여 조국통일을 결의하고 전 세계에 이 사실을 알릴 것이다. 그러면 어느 외국도 이에 간섭·침범할 수 없을 것이다.[116]

이와 아울러 김일성의 다음과 같은 언급은 그 역시 1950년 6월 25일의 전쟁을 1948년 이후 지속되고 있던 내전적 양상의 연장으로 규정하고 있었음을 보여준다.

> 우리들의 전쟁은 그 과정에서 성격이 전변되었습니다. 만일 전쟁의 초기를 내전이라고 한다면 미제가 무장간섭을 시작한 이후에 있어서는 조선인민의 위대한 조국해방전쟁으로 되었습니다.[117]

이상에서의 논의를 통해 얻을 수 있는 결론은 다음과 같다. 잠정분단적 양축구조가 형성된 이후 한반도는 이미 사실상(de facto)의 전쟁상태에 놓여 있었다. 그러나 그것은 아직 북한 정규군의 사용이 절제되고 있다는 점에서 한반도 전체를 포괄하는 전면전과는 구별되는 것이었다. 이것은 일면 남북협상파 인사들이 주도하는 북한 측의 상층통일전선의 구도가 반영되고 있는 상황이었다. 남한에서의 '준내전적 상황'은 특히 물리력에 의거하여 이승만정부를 붕괴하고 통일정부를 구성하려는 목적을 겨냥한 것이었다. 그러나 이와 같은 의도와는 달리 그와 같은 폭력적 갈등은 결과적으로 분단의 잠정적 성격을 오히려 고정화하는 요인이 되었다. 그와 같은 극단적 대립은 남북협상파 인사들의 정치적 입지를 더욱 어렵게 만들었고 남북 간 협상에서도 불리한 조건이 되었다. 남북협상파 인사들의 정치적 공간이 협애해진 대신 이승만정부의 북진통일노선이 남한 주민의 통일열망에 대한 단일창구로서 제시되었다. 그러나 2대 국회를 통한 남북협상파 인사들의 정치적 진출은 북한 측이 상층통일전선구도를 다시 한번 강화하게 되는 배경을 조성했다. 이 시점에서 남로당계열을 포함한 북한 지도부는 남한정부의 토지개혁 실시가 가져올 분단구조의 고착화, 이승만정부의 계속적인 북진통일노선과 도발, 그리고 덜레스의 방문에 대한 민감한 해석 등으로 인해 서둘러 북한 정규군을 투입하여 기선을 제압하고 미국의 개입[118])에 앞서 국회를 소집, 이승만과 일부 한민당 인사만을 배제한 상층통일전선을 물리적으로 압박·창출하고자 했던 것으로 보인다. 이것은 한국 내의 좌파들에 의해 추진된 바 있는 두 가지 통일노선, 즉 주로 남로당계열에 의해 추진되었던 민중봉기노선과 주로 북로당계열에 의해 지속되었던 민주기지노선에 근거한 상층통일전선이 결합된 형식이다. 이것은 잠정분단적 양축구조가 두 개의 축으로 제도화되어가고 있던 시점에서 분단의 고정화를 저지하고자 하는 북한 지도부의 합의에 의거하여 추진된 것이었으나 결과적으로는 분단된 양축구조를 봉인하고 내면화하는 최종적 계기를 이루게 된다.

5. 전쟁의 확대와 쌍방체제의 교차적 지배

1) 북한에 의한 통일구조 형성기

북한군은 6월 28일 서울점령이라는 제한적 목표를 달성했으나 남북한 국회를 합동소집하여 통일국가를 선포하지 못했을 뿐만 아니라 서울 이남에서의 대중적 봉기를 촉발하지도 못했다. 이와 같은 상황에서 북한군은 서울에서 3일간을 정체하다가 한강 이남으로의 진격을 전개하게 된다. 아울러 미군은 6월 27일 정오 트루만의 성명을 통해 미 해·공군의 투입을 정시 발표함으로써[119] 전쟁의 성격은 이미 국제전적 양상으로 전변되고 있었다. 이와 같은 한국전쟁의 새로운 확대는 분단의 제도화과정을 경과하고 있던 남북한 체제를 하나의 체제로 엮고자 하는 노력이 이제 철저하게 물리력에 의거하여 이루어지게 되었음을 의미하는 것이었고 그것은 일시적이나마 통일구조를 형성시키게 된다. 그러나 이것은 공히 위로부터의 체제이식이라는 복제적 한계를 지니고 있는 것이었으며 결국 그와 같은 복제적 노력이 좌절된 이후 그것은 오히려 분단고정화의 요인으로 자리 잡게 된다.

한편 북한 정규군의 투입으로 밀리기 시작한 이승만정권은 이에 대처해 나가기 위한 전시체제의 구축을 서두르게 된다.[120] 먼저 국내적으로는 이승만의 권한을 강화하기 위한 조치가 강구됨과 아울러 '국민보도연맹'[121] (國民保導聯盟) 가입자들에 대한 학살이라는 극단적 방법으로 내부적 통합을 도모했다. 또한 1949년 당시 300만에 달하는 청년단원을 집결시켰던 대한청년단 조직을 청년방위대 조직으로 개편하여 연고지 방위에 종사케 하는 등 좀더 일사불란한 지휘체계를 수립했다.[122] 체제 보위력을 제고하기 위한 이와 같은 노력과 아울러 7월 12일에는 유엔의 이름으로 개입하게 된 미국과의 보다 밀접한 협력관계를 위해 현재의 적대행위가 계속되는 동안 한국군에 대한 일체의 지휘권을 유엔군사령관 맥아더에게 이양하는 '대전협정'이 체결되었다.[123] 여기서 일체의 지휘권이라 함은 한국군 예하부대의 가용자원의 사용, 계획운영 편성·지시·협조 등을 포함하는 광범위한 권한이다. 따라서 이제 전쟁은 그 본질에서나 실제에서나 그 일방으로서 미국의 위치를 분명히 해나가고 있었다.

한편 북한정부는 통일체제의 대중적 기반을 다지기 위하여 최소한 1949년 7월 이전부터 준비해오고 있었던 사회개혁을 실시했다. 이것의 내용은 이미 1946년 2월부터 1947년 2월까지의 기간을 통해 집중적으로 실시되었던 북한식 민주개혁과 유사한 것이었는데 다만 '인민재판'의 실시를 통해 더욱 폭발적으로 이루어졌다.

먼저 북한 측은 서울을 점령한 직후 남로당계열의 이승엽에게 당의 복구와 인민위원회의 구성을 위한 전권을 위임했다. 이것은 남한에서의 혁명은 남한의 실정을 잘 알고 그 혁명에 절실한 이해관계를 가진 남한 출신들에 의해 더욱 잘 수행될 수 있다는 인식[124]에 근거한 것이었으나, 이것은 한편으로 각 지방에서 수행된 사회개혁이 개인적 원한을 반영한 잔인한 성격을 갖게 되는 결과를 초래했다.

6·25 이전 사실상의 궤멸상태에 빠졌던 서울지도부가 재건됨에 따라 7, 8명씩의 당조직요원이 북한군의 진주를 전후하여 거의 붕괴되어 있던 당조직을 재건하는 작업을 본격적으로 수행하기 시작했다. 이때 건설된 당조직[125]은 북한군이 패주한 이후에 남한지역에서 전개된 빨치산조직의 근간으로 되면서 계속적인 지하당공작을 전개하게 된다.

당의 조직과 아울러 북한 측은 민주청년동맹, 여성동맹, 직업동맹, 농민동맹, 문화단체총연맹 등 당을 보조할 외곽단체들을 조직하는 한편, 당조직에 의거한 인민위원회의 구성에 나섰다. 표 6과 같은 선거 및 조직체제를 지니고 있었던 인민위원회는 당의 방침에 따라 모든 정책을 직접 집행하는 정권기관이었고, 그 상무위원회의 구성에서도 해당지역의 당간부가 겸임하도록 되어 있었다.[126]

북한 측은 이처럼 당과 인민위원회를 건설하는 동시에 남한지역에 대한 일대 사회개혁을 단행하게 된다. 먼저 토지개혁에 관해서 보면, 북한 측은 당을 재건하고 서울시 임시인민위원회를 수립한 직후인 7월 4일 '토지개혁 실시에 관한 정령(政令)'을 발표하고 곧 500명의 토지개혁지도위원을 남파했다. 직접적인 개혁은 이들의 지도를 받으면서 '인민위원회'의 승인하에 '농촌위원회'가 담당했다. 1950년 9월 북한 측의 '내각보도'에 따르면 개혁의 결과 몰수된 토지는 59만 6,200정보이고 분배한 것은 57만 3,334정보이며 나머지 2만 2,800여 정보는 국유화한 것으로 되어 있다. 또한 이미 과거에 농민이 지주로부터 8만 9,994정보의 토지를 사들이면서 지게 된 부채는 모두 폐기되었고 몰수된 토지는 농업노동자·소작농·영세

표 6   북한군의 남한점령 당시 인민위원회의 선거 및 조직체제

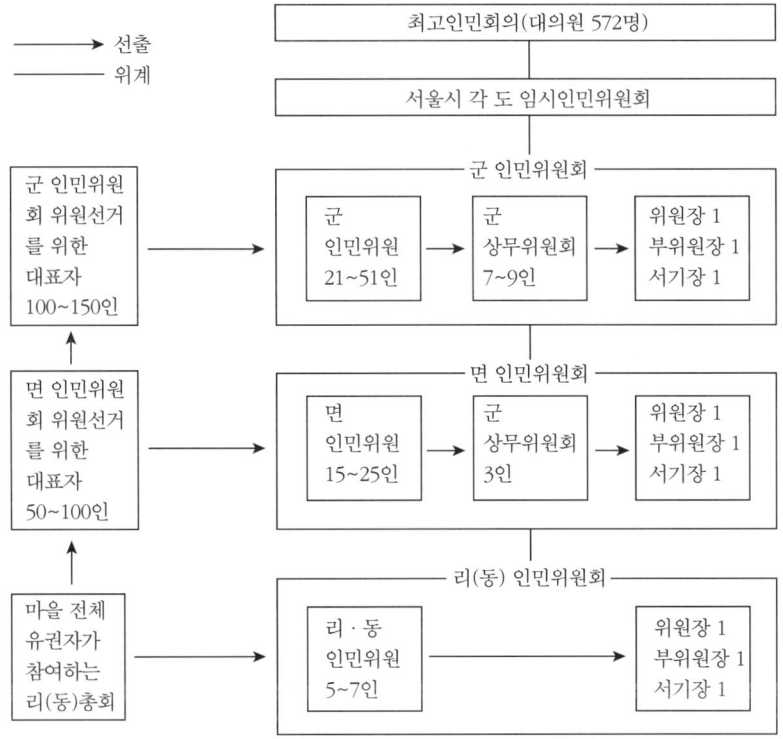

농에게 분배되었다.127)

한편 노동분야에 대한 개혁은 8월 19일 남쪽의 "국가기관, 사회단체, 협동단체 및 개인의 모든 기업소, 사무기관의 노동자, 기술자, 사무원들에게 공화국 북반부에서 실시되고 있는 노동법령" 및 기타 노동에 관한 제반 법규의 남쪽에서의 확대 실시를 선포한 '내각결정 146호'에 의거하여 이루어졌다.128) 확대 실시된 법령의 주요 내용을 보면 8시간노동제의 실시(제1조), 14세 이하 소년노동의 금지(제4조), 노동시간의 연장 시 직업동맹단체의 승인(제5조), 동일노동, 동일기술에 대한 동일임금 지불(제7조), 여성노동자에 대한 보호 규정(제14, 17조), 사회보장제도의 의무적 실시(제18조) 등이다.

이와 같은 사회개혁정책은 북한체제의 대중적 기반을 확충해나가기 위한 노력의 일환으로서 매우 철저하게 수행되었다. 당시 북한군에 대한 남한 민중의 반응을 기록해놓고 있는 인민군병사의 수첩[129]이나 CIA 일일정보개요[130]의 내용은 공히 "열광과 순응이라는 두 가지 반응만이 있었을 뿐 어떠한 저항도 그리고 저항의 조짐도 없었다"[131]는 딘(W. Dean) 소장의 술회와 맥을 같이하고 있다. 미국 측의 정보에서도 북한군이 강한 규율하에서 절제된 모습을 보인 것으로 기록되고 있다. 그럼에도 불구하고 통일국가의 원형을 이루기 위한 사회통합이라는 측면에서 볼 때 그와 같은 사회개혁은 다음과 같은 몇 가지 문제점을 지니고 있었다.

우선 남한군 전역장군인 최석남의 술회에서도 드러나듯 북한군은 절제된 군기를 지니고 있었으나 남한 내에 억눌려 있던 증오감의 표출을 올바로 통제하지 못했다. 대체로 토지개혁 추진의 최고지도부는 북한으로부터 남파된 토지개혁지도위원들이었던 데 비해 그것을 실시해나간 실무자들은 주로 각 지방에 잔존해 있던 남로당 출신자들이었고, 이들은 과거 남한 정부로부터 탄압받은 경험을 지니고 있었다. 이와 같은 보복의 역학관계는 보도연맹원들에 대한 학살사건에 의해 증폭되었다. 흔히 갖가지 연고로 얽혀 있는 집단촌이 대부분인 한국의 농촌에서 벌어진 이와 같은 보복살상은 대중적 지지를 감소시키는 요인이 되었다. '친지를 잃고 토지를 얻은' 농민들은 흔히 정치적 딜레마에 빠지곤 했다.

이처럼 북한식 사회개혁이 지니고 있던 문제점은 이후 남로당계열에 대한 숙청작업에서 다음과 같이 간접적으로 시인되었다.

해방된 지역에서의 민주건설사업을 파괴하기 위하여 암해공작을 적극적으로 감행하였다. 놈들은 토지조사위원회, 의용군 특수부 등 테로학살조직으로써 진실한 노동당원들과 애국인민들을 무수히 학살하였으며 인민들 속에서 조선민주주의인민공화국 정부에 대한 사업을 훼손하여 남조선인민들의 반목을 조성하려고 온갖 흉계를 다하였다.[132]

더욱이 실제로 분배된 토지의 평균면적은 0.23정보(경남)에서 0.34(충남) 정도에 불과했고,[133] 공식적으로 총생산고의 25퍼센트로 규정되어 있던 현물세의 비율 역시 전쟁의 와중에서 제대로 지켜지지 않았다. 더욱이 미군의 참전 이후 전선의 남하에도 불구하고 점점 확연해지고 있던 전력의 열세를 메우기 위한 대면(對面的) 징발 행위는 주민의 원성을 자아냈다. 이와 같은 사회주의적 전비조달체제의 허점은 미국으로부터 공급되는 풍부한 잉여물자와 비인격적 인플레이션 정책이라는 전비조달 메커니즘을 지닌 남쪽과 현격한 대조를 이루고 있었다. 남쪽의 경우 '보이지 않는 손'에 의한 전비조달체제는 전비조달에 따르는 반감을 희석해주었고, 애초에 미국의 원조로 전비부담 자체가 경미했던 것이다. 노동법령 역시 이미 한반도 전역이 전시동원체제로 돌입하고 군·민간시설의 복구 및 신축을 위한 각종 '노력동원'이 실시되고 있는 상황하에서 별 의미를 지닐 수 없었다. 전쟁의 과정에서 수행된 이와 같은 사회개혁의 양상은 결국 통일국가의 모형으로서는 여러 가지 한계를 드러내고 있었다.

2) 유엔군에 의한 통일구조 형성기

유엔군의 전략적 후퇴와 낙동강전선에서의 지연전술에 말려든 인민군은 이미 군사적 역량을 소진하고 있었고 결국 10월 1일 유엔군 산하 한국군이 38선을 돌파한 이후 맥아더가 전 유엔군에 대해서 북한지역에서의 작전 실시를 명령함으로써 전쟁은 새로운 국면으로 접어들었다.[134] 우선 그것은 중국의 개입을 촉발하는 계기적 의미를 지닌 것이었다. 당초 중국은 미군이 주축을 이루고 있는 유엔군이 38선을 넘어 월북하는 것에 대하여 심각한 우려를 표명하고 있었다. 그럼에도 불구하고 미국무성에서는 '38선이란 측량기사가 그어놓은 선'에 불과하다는 강경노선이 관철됨으로써 맥아더의 중대한 결정을 사후 승인해주었고 결국 북한지역에 대한 작전 실시과정에서 빚어진 중국 영공의 침해는 중국의 개입을 촉발했다.

유엔군의 38선 돌파는 무엇보다 북한 내 유엔군 점령지역에 대해서 미군사령관 맥아더가 최고주권을 갖는 군정이 실시되기 시작했음을 의미하

표 7   미육군성의 북한점령을 위한 일반구상

구분	기간	권한의 귀속	주요 임무
제1단계	점령 후 북한지역 내의 질서가 회복되어 내적인 안정을 되찾을 때까지.	유엔군사령관이 최고권한을 행사하고 유엔·미국 이외로부터는 지시를 받지 않는다.	치안유지가 최대 관심사이며 정부활동은 주로 전재구호의 제공과 최소한의 지원 제공, 법질서의 확립과 유지, 초보적이고 실제적인 지방 및 행정의 확립 등.
제2단계	한반도 전역에서 자유선거가 실시되어 완료될 때까지.	유엔군사령관이 계속해서 완전한 권한을 행사.	군사활동은 부차적으로 되고 군사적 활동에 관여하지 않는 조건과 한도에서 유엔한국위원단의 지도하에 정상적인 경제 및 정치 활동 권장.
제3단계	자유선거 이후.	대한민국이 통치권한을 인수.	통일공화국에 기능을 위임하고 국가적 안전을 위해서 소요되는 유엔병력은 계속 주둔.

자료: *FRUS*, vol. VII, 854~57쪽.

는 것이었다. 후에 맥아더는 이때 자신의 임무를 "북한 전역을 깨끗이 청소하여 북한을 자유롭게 하고 또 한국을 통일시키는 것"[135]이라고 술회했다. 10월 3일 미육군성은 북한 수복지역 점령정책에 관한 구상이 담긴 전문(電文)을 미극동군 최고사령관 맥아더 앞으로 정식 발송했다. 이 전문은 북한점령을 위한 미육군성의 일반 구상을 담고 있는데, 그 내용을 정리하면 표 7과 같다.

이처럼 북한지역에서 대한 이승만정부의 주권을 부정하고 일정 기간 맥아더를 수반으로 하는 군정을 펼치고자 했던 미국 측의 기본구상은 1950년 10월 12일 다음과 같은 '국제연합군 임시행정에 관한 유엔결의'를 통해 국제적으로 공식화되었다.

  대한민국정부는 국제연합에 의하여 유엔한국임시위원단(UNCOK)이 감시 및 협의할 수 있었던 한국지역에 대해서만(남한지역에 국한하여—인용자) 효과적인 통치력을 가진 합법정부로서 승인되었음과, 결과적으로 '한국에서 다른 지역(북한지역—인용자)에 대한 합법적이며 효과적인 통치력을 가졌다고 국제연합에 의하여 승인된 정부가 없음'을 상기하는 바이다. 통합군사령부(United Command)에 대하여 전쟁행위의 발발 당시 대한민국정부의 효과적인 통치하에 있다고 국제연합에 의하여 승인되지 않았으며 또한 현재 유엔군에 의해 점령되어 있는 한국지역의 모든 책임을 유엔한국통일부흥위원단이 이 지역의 행정을 검토하게 될 때까지 (유엔군사령관이) 임시로 담당할 것을 권고한다.[136] (강조는 인용자)

이처럼 유엔은 북한을 점령하려는 미국의 계획을 승인하면서 유엔한국임시위원단을 대체한 유엔한국통일부흥위원단(UNCURK)을 구성하고 여기에 유엔을 대표하여 북한문제를 결정할 수 있는 권한을 위임했다. 그러나 유엔한국통일부흥위원단을 즉각 한국에서 업무를 수행할 수 없었기 때문에 위원단의 도착에 앞서 활동할 임시위원회가 구성되었고 이 임시위원회가 북한에 대한 책임을 떠맡았다.[137] 그러나 이 임시위원회 역시 북한에서의 점령정책을 주도하지는 못했다.

전술한 바와 같이 북한지역의 점령과 동시에 미군과 유엔군의 점령정책이 실시되도록 되어 있었고 이승만은 한국군에 대한 일체의 지휘권이 주한미군에 이양된 상황에서 나름대로 자신의 수족인 대한청년단 조직을 행정기관 대신으로 북한지역에 침투시켜 점령지구에 대한 행정과 치안을 남한정부가 담당해야 한다는 입장을 고수했기 때문이다.[138] 대한청년단에 흡수되어 있던 서북청년단과 같은 사설단체들은 앞장서서 불과 몇 년 전에 그들이 떠나왔던 북한지역에 대한 치안을 담당했다. 한편 연합국사령부는 임시위원회에 대해 북한의 모든 현지관리가 도망쳐버렸기 때문에 북한 점령지역에서의 남한 관리의 등용이 불가피하다고 주장함으로써 가능한 한 최대한도로 북한 점령지역에 대한 행정력을 확보하고자 했던 이승만정부의 입장에 동조했다. 결국 임시위원회는 38선 이북지역에 대한 남한 관리 및 경찰의 임용을 승인했다.[139] 그러나 여전히 북한지역에 대한 최고통치권은 동경의 맥아더사령부에 있었다.

북한지역에서 실시된 유엔군정의 양상은 미8군 관할지역과 미10군단 관할지역 간에 각기 그 제제와 시정방법 등에서 차이가 많았다. 미10군단은 주한 미지상군사령관 워커 중장의 지휘를 받지 않는 맥아더 사령부 직속부대였다. 그러므로 미8군과 미10군단이 전투에서 각각 독자적인 작전을 전개한 것과 같이 수복지구에서의 군정도 두 부대 간의 긴밀한 횡적 협조 없이 제각기 실시되었다. 먼저 서부에서는 1950년 10월 21일 평양에 제1군단 소속의 군정부가 설치되어 먼스키 대령이 군정관이 되고, 미8군에 의해 지명된 서북청년단 출신의 김성주가 평남지사로 임명되었다. 이때 이승만정부 측에서는 조선민주당계열의 김병연을 평남지사로 임명했으나 전술한 바와 같이 유엔군사령관이 최고권한을 지니고 있는 상황이었으므로 관철될 수 없었다.[140]

또한 당시 헌병사령부의 김종원 대령이 치안을 담당함으로 말미암아 먼스키·김성주·김종원 3자 간에는 행정에 관한 의견차이로 불화가 잦았다. 예를 들어 11월 27일 먼스키는 평양시민을 피난시키도록 도에 지시했으나 김성주가 반대했고, 이에 먼스키는 자기 부하들을 시켜 피난벽보를 붙이게 했으나, 김성주는 도행정요원들로 하여금 뒤따라다니며 벽보를 철거토록 하는 등 일치된 시정을 펴지 못했다. 특히 김종원은 임의대로 포고문을 게시하는 한편 전쟁 전 북한의 조직에 가담했던 자들에 대한 처벌방침을 발표하는 등 민심을 이반시키는 비현실적 조치들을 취하기도 했다. 그뿐만 아니라 적색분자 검거에서도 헌병대와 경찰, 그리고 현지 치안대가 각각 분리 운영되면서 잦은 시행착오를 범했으며, 약탈·재산반출·보복살인 등의 사례가 속출함으로써 북한주민의 불안감을 조성했다.[141]

한편 동부지역에는 미 제10군단이 진출했으나, 함경도에서는 한국군 제1군단이 미군보다 약 15일 먼저 진주하게 됨으로써 제1군단 민사참모 유원식 소령이 최초의 군정관이 되어 군단 민사처에서 군정을 실시하게 되었다. 또한 군단 민사처의 지도 아래 함경남도 자치위원회를 조직하고 도지사에는 이구하를 선출하는 등 서부에 비해 비교적 조직적이고 체계적인 군정을 실시했다. 특히 군정하의 과도기 행정지침인 「북한시정요강」을 작성하여 적용했는데, 이에 따라 각 시·도 단위에는 자치위원회를 조직·운영했으며, 양곡·비료 등의 압수물자는 모두 주민들에게 분배토록 조치하고, 파괴된 전기와 수도는 산에 피신했던 우익청년 1,800여 명으로 1개 연대를 조직하여 부전고원(赴戰高原)을 점령해서 발전소를 복구·해결하는 한편, 공장에는 모두 관리위원회를 조직해서 자체적으로 운영하도록 했다. 그러나 이곳에서도 역시 미10군단이 상륙하자 라모 소령이 군정고문관으로 파견되어 26명으로 구성된 유엔군정반(軍政班)과 함께 군정업무를 인계받아 기존의 「북한시정요강」에 따른 유엔군정이 실시되었다.[142]

이와 같은 북한점령지역에 대한 유엔사령관의 행정권 장악은 남한식 체제를 복제해내기 위한 기초가 마련되었음을 의미하는 것이었다. 그리고 이와 같은 체제 확대를 위한 노력에는 일찍이 북한의 남한점령과정에서 남한 출신자들이 실무를 담당했던 것과 마찬가지로 북한지역에 연고를 지닌 북한 출신자들의 협조가 컸다. 그것은 주로 조선민주당원 및 천도교청우당원들의 일부와 연합군과 함께 북진해온 북한지역 출신자들과의 연대를 통해 이루어졌다. 이와 같은 북한 출신자들과의 연대를 통한 점령정책이 북한체제에 미친 위협에 대해서 북한의 문건은 다음과 같이 기록하고 있다.

적지 않은 (천도교)청우당원들과 (조선)민주당원들이 적들과 합류하여, 또는 소위 치안대 멸공단 등 반동단체에 가입하여 우리의 로동당원들과 열성자들을 학살 모욕 탄압한 사실들이 있습니다. 이것은 청우당이나 민주당에 잠입한 반동분자들의 소행입니다. …… 적의 일시적 점령지대에서 적들과 합류하여 소위 치안대 멸공단 및 기타 반동단체에 가맹하였던 자에 대한 문제입니다. 적들은 인민을 기만하며 공갈하며 점령지대에 많은 반동단체들을 조직하였습니다. 이 반동단체의 악질분자들은 적들과 합세하여 온갖 폭행과 만행을 감행하였습니다.[143]

이상에서 살펴본 바와 같이 유엔군 진주하의 북한 점령정책은 크게 다음과 같은 세 가지 계통을 따라 수행되었다. 먼저 국제법적으로 북한은 유엔한국통일부흥위원단의 관할하에 있는 점령지역으로 취급되면서, 그 임시위원회에 의해 전체 행정이 지도되도록 예정되어 있었다. 그러나 실제적으로 해당 지역에 진주한 연합군 민정장교가 맥아더사령부의 지휘하에 점령정책을 수행했다. 이들은 일차적으로 군의 명령과 요구에 따라 민정을 실시했다. 이때 남한 측의 군대는 유엔군사령관의 지휘하에 배속되어 그 명령에 따라 복무하고 있었다. 이와 같은 상황하에서 남한 측은 행정권을 장악하기 위한 노력의 일환으로서 서북청년단 출신자들이 중심이 된 대한청년단 북한총단부 조직으로 하여금 지역주민과 연대를 통해 행정기관으로서의 역할을 수행하도록 했다. 이와 같은 북한 점령정책의 양상은 6·25전쟁에 앞서 남한의 인민위원회 조직을 복구하여 그것을 통해 정책을 시행하고자 계획함으로써 비교적 체계성을 지닐 수 있었던 북한의 남한 점령정책과는 많은 차이를 보여주는 것이었다. 그것은 각 계통 간 마찰과 알력을 야기함으로써 북한 주민을 더욱 도탄에 빠지게 하고 말았다. 더욱이 이승만정부가 행정권을 장악하기 위한 궁여지책으로 동원한 청년조직의 행정활동이란 전문성을 결여한 것이었을 뿐만 아니라 공권력을 빙자한 잔인한 보복행위와 비행을 초래하고 말았다. 결국 중국 인민군의 참전으로 인한 연합군의 패퇴로 말미암아 유엔의 북한에서의 군정이 중단될 때까지 단기간 동안 이룩되었던 통일구조는 바람직한 통일정부의 모형을 제시하지 못한 것이었을 뿐만 아니라 오히려 분단구조를 내면화하는 결과를 초래한 것이었다. 그리고 그 가장 큰 문제점은 그와 같은 점령정책의 최고권한이 유엔군, 즉 미군에 귀속되어 있었다는 점이었다.

6. 새로운 분단선의 획정과 분단구조의 고착화

1) 소모전의 전개와 새로운 분단선의 획정

상호 간에 서로의 체제를 복제하고자 하는 노력과 수호의 길항과정을 한 차례씩 경험한 이후, 1951년 6월부터 전선은 교착상태로 접어들었고 유엔주재 소련대표 말리크의 제안에 따라 휴전이 교섭되기 시작했다. 이제 한반도는 어느 일방에 의한 완전한 군사적 점령이란 불가능해진 채 새로운 분단선에 의해 나뉘게 되었다. 그것은 단순히 지리적 수준에서만 아니라 질적인 차원에서 전혀 새로운 것이었다. 상호체제의 교차적 지배에 의한 일시적 통일구조의 경험은 오히려 외세에 의한 분단구조를 내면화하는 계기를 이루었다. 더욱이 이미 어떠한 정치적 의미도 상실하고 만 소모전의 전개는 새로운 분단의 골을 더욱 심화하게 된다.

이제 전쟁은 새로운 분단선을 획정하기 위한 줄다리기에 불과했으며, 이미 1950년 12월 이후 미공군의 군사적 목표는 오직 새로운 분단선의 획정과 관련된 쟁점에서 미국 측의 제안을 강요하기 위한 것으로 모아지고 있었다. 휴전협상에서의 주요 쟁점은 전쟁포로문제와 분단선의 지리적 위치를 설정하는 문제로 압축되었다.

전쟁포로문제는 무엇보다도 휴머니즘적 차원에서 다루어져야 하는 것이었다. 1949년 제네바협약은 전쟁이 종식된 직후 전쟁포로들이 본국으로 송환되어야 한다고 규정한 바 있었다. 제네바협약을 비준하기를 거부하고 있던 미국 측은 전쟁포로에 대한 미국적 휴머니즘의 관점을 제시했다. 즉 전쟁포로의 송환은 그 개인의 의사에 따라 수행되어야 한다는 것이었다. 이것은 물론 제네바협약에 위배되는 것이었지만 휴머니즘적 관점에서 선용된다면 충분히 수용될 수도 있는 것이었다. 문제는 그 제안의 배후에 남한체제의 우월성을 부각하기 위한 프로파간다의 재료로 전쟁포로를 이용하고자 하는 의도가 숨겨져 있었다는 점이다.

북한군 포로 중 상당수가 남한에 남기를 희망한 것은 분명한 사실이다. 그러나 다음과 같은 몇 가지 사실들을 고려하다면 이것이 결코 전후 남한

체제의 이데올로기적 안정을 위해 정치적으로 이용될 수 있는 사안이 될 수 없는 것임이 드러난다. 주지하다시피 북한군은 1950년 6월 25일 이후 자발적 혹은 강제적으로 상당수의 의용군을 모집했고 같은 해 8월 15일까지만 해도 의용군에 모집된 남한 청년의 수는 40만 명에 달했다. 인천상륙이 있기까지 그 수는 더욱 불어났고 또 인천상륙 이후 그들 중 상당수는 전쟁포로가 되었다. 이와 아울러 '거창양민학살사건'에서 보여준 바와 같은 무차별적인 대(對)게릴라작전의 결과 상당수의 남한 양민이 전쟁포로로 취급되었다. 물론 그와 같은 민간인들 중에는 길가에서 무참히 학살되거나 아사하기보다는 차라리 수용소 신세를 지고자 했던 사람도 있었다.[144] 이것이 이른바 남한에 억류되어 있던 전쟁포로들의 내부구성이었던 것이고 보면 이들 중 상당수가 가족이 있는 남쪽에 남기를 희망했던 것은 지극히 당연한 것이었다. '반공포로'라는 이름으로 분류할 수 있었던 수치는 차라리 가족과의 이별을 결심하면서까지 이승만체제하에 살기를 끝까지 거부한 상당수의 남한 출신자들이 존재했음을 반증해주는 것은 될지언정 남한체제의 우월성에 대한 프로파간다로서의 이용가치는 처음부터 기대하기 어려운 것이었다.

이처럼 전쟁범죄의 피해자들인 전쟁포로들이 오히려 전범으로 취급되면서 정치적 선전수단으로 이용되었던 데는 전후 남한체제 내부의 정치적 안정을 도모하고 유엔의 참전을 도덕적으로 정당화함으로써 자유세계의 결속을 다지고자 했던 정치적 목적이 깔려 있었다. 아울러 미군 포로들 중 70퍼센트 이상이 세균무기 사용을 자백하는 등 공산 측에 부역하고 있던 사실, 그리고 장갑차까지 동원된 비무장포로들에 대한 살상진압과 미 공군의 무차별한 폭격이 유엔군 포로들에게까지 피해를 주고 있는 것 등과 관련한 비판적 여론에 대한 미군 측의 히스테리컬한 반응이 뒤섞여 있었던 것이다.

다음으로 새로운 분단선의 지리적 위치와 관련하여 미군과 유엔군 측은 자신들은 현재의 전선에서 휴전선을 설정할 것을 제안하고 있는 데 반해 공산군 측은 38선으로 복귀할 것을 강변함으로써 협상이 결렬되고 있다고 서방 측 기자들에게 발표하고 이에 대한 국제적 선전을 위하여 외신 기자들의 '애국심'과 '우애'를 강요했다. 그러나 실제 협상 테이블에서 조이(C.T. Joy) 제독을 단장으로 하는 유엔군 측은 미군의 해·공군력상의 우위가 반영된 훨씬 북쪽의 정전선을 요구하고 있었다. 오히려 북한 측이 1951년 11월에 이르러 현전선에서의 정전을 처음 제안했던 것이다.[145] 미국 측은 그와 같은 정치적 목적을 실현하기 위하여 미 공군의 작전개념을 종전의 지상군을 대상으로 한 작전개념에서 광의의 파괴대상을 설정하는 공중압력(Air Pressure)작전으로 변경했다[146] 이에 따라 미국 측은 협상이 결렬될 경우 한반도가 새로이 개발된 전술핵의 시험장이 될 가능성을 시사하는 한편 가능한 모든 파괴역량을 실제로 동원했다.[147]

그러나 중국이 세계 제3의 공군력을 보유하게 됨에 따라 미 공군의 제공권은 점차 위협을 받게 되었고 새로운 전술을 모색하지 않을 수 없게 되었다. 이런 상황에서 북한 외상 박헌영은 1951년 5월 8일 이후 미 공군이 세균무기를 사용하고 있다는 성명을 발표했다.[148] 공산 측은 제2차 세계대전의 전범으로 구속되어 있던 일본인 세균전문가가 참여한 미 공군의 세균작전으로 말미암아 북한 및 중국의 화북지방 등지에 전염병이 번지고 있다고 주장했고 연합군 측은 "그것은 원시적 생활조건, 불결한 위생시설, 불충분한 의료 및 공산침략에 따른 대학살의 결과"라고 맞섰다. 공산 측은 적십자사의 조사 제의를 거절하고 중립적인 국제조사단에 의한 진상조사를 요청했다. 이에 따라 국제과학조사단과 국제민주법률가협회 한국관계 위원회 등이 조직되었는데, 니담(J. Needham) 등이 참여한 국제과학조사단은 "북한의 160개 눈 덮인 지역의 산과 가옥의 지붕 등지에서 페스트·콜레라·천연두 등을 감염시킬 수 있는 보균자들이 발견되었다"고 보고했다. 이에 대해 미군과 유엔군 측은 북한 및 화북지역에서 번지고 있는 전염병은 "원시적 생활조건, 불결한 위생시설, 불충분한 의료 및 공산침략에 따른 대학살의 결과"[149]라고 반박했다. 그러나 다음과 같은 몇 가지 점에서 한국 민중 일반에 대한 학살을 의미하는 미국의 세균전 혐의는 가능성의 수준에서 확실성의 차원으로 옮겨가고 있다.

첫째, 미국 측이 부인했던 것과 달리 그들이 중국 의용군의 개입에 따른 어이없는 패배를 경험할 무렵 공산군에 대해 사용할 요량으로 대량의 신경가스를 비축하고 있었다는 사실이 확인되고 있다는 점이다.[150] 이것이 세균무기와 함께 문제가 됐던 독가스의 진상이라고 한다면 세균무기에 대한 미국 측의 부인 역시도 신빙성을 지니기 어려운 것이다.

둘째, 미국과 영국은 이미 제2차 세계대전 이래로 세균무기의 사용을 적극적으로 고려하고 있었다는 점이다. 처칠이 유럽 전황의 마지막 국면에서 독일의 루르지방 일대에 탄저병균을 살포하기 위한 예비작업을 서둘렀고 미국 역시 제2차 세계대전 말 일본에 대해 세균전을 감행할 것을 숙고했음은 이제 공공연한 사실로 받아들여지게 된 것이다. 아울러 1945년에서 1952년에 걸친 일련의 미국 정부문서는 세균무기에 대한 지극한 관심을 담고 있음이 확인되고 있으며, 더욱이 미 군부(특히 공군과 해군) 내의 여러 수뇌에 의해서 세균전은 "핵전에 버금가는 실용적인 전투형태요 가능성의 범주 안에 있는 것"[151]으로 확인되고 있음이 밝혀지고 있다. 예를 들어 1952년 2월 25일 미 군부의 기관지 『성조』(星條)는 미군화학부대장 크리지(Creasy) 대령이 워싱턴에서 "경제시설을 다 파괴하지 않고 적은 비용으로 저항을 분쇄시킬 수 있다는 견지에서 세균무기의 유용성에 대해 언급했다"[152]는 것을 인용·보도하고 있다.

셋째, 1970년대 들어 정보자유법하에서 입수된 문서에 따르면 미국 측이 제2차 세계대전 직후 일본 세균부대인 731부대의 책임자였던 이시이를 비롯한 관련자들의 천인공노할 범죄를 소상하게 밝혀주고 있는 문서들을 입수하고서도 이들을 재판에 회부할 것에 대한 소련 측의 요구를 거부한 사실이 밝혀지고 있다.[153] 뉘른베르크에서 연합국 측이 동일한 항목의 전범자에 대해 사형을 선고했던 것에 비추어볼 때, 이러한 사실은 미국 측이 소련군의 진주를 피해 동경으로 후송되어 있던 일본군의 세균표본과 기술, 그리고 그 주요 기술자들을 독점하고 비밀리에 접수했음을 확인해주는 것인 동시에 그것을 실전에 활용하려는 의지가 있었음을 반증해주는 것이다. 더욱 가증스러운 것은 조선인·중국인·러시아인 등을 표본으로 한 생체실험을 통해 그와 같은 세균전 기술을 축적해왔던 이시이 자신이 1951년 말 한국에 출현한 적이 있다는 또 다른 보고조차 나오고 있다는 점이다.[154]

전선이 교착된 상황에서 북한지역에서는 대규모 전염병이 발생했고 이것은 아무런 정치적 명분마저 없어져버린 소모전의 참혹상을 가중하고 말았다. 이와 같은 소모전이 전개되는 동안 미군은 각종 석유화학병기(네이팜탄, 가솔린탄) 등을 포함한 우세한 테크놀로지를 동원하여 승리를 구가할 수 있었지만 이는 미국 내에서 "전투적 승리, 도덕적 패배"[155]라는 여론을 불러일으키고 말았다.

당시 BBC 특파원이었던 컷포스(R. Cutforth)는 대전차무기로 분류되고 있던 네이팜탄이 한국 민중을 어떻게 유린하고 있었는가를 다음과 같이 기록해놓고 있다.

> 약간 쭈그린 듯한 기이한 물체가 두 발을 벌리고 우리 앞에 서 있었다. 그 양옆으로는 팔 같은 것이 뻗쳐 있었고, 눈조차 없이 온 몸뚱아리는 검은 껍질과 노란 고름으로 뒤덮여 있었다. 한 한국 여인이 그 옆에서 말을 하고자 애쓰고 있었고 통역자는 다음과 같은 이야기를 들려주었다. "그는 앉을 수도 누울 수도 없답니다. 그를 덮고 있는 것은 더 이상 피부가 아니라 다만 쉽게 바스러져버릴 껍질이기 때문이죠."[156]

바로 미군과 유엔군만이 보유하고 있던 테크놀로지의 산물인 네이팜탄에 희생된 민간인의 모습이다. 그토록 강경했던 처칠조차도 네이팜탄은 단지 탱크와 강고한 요새지역에 대해서나 사용될 수 있는 것으로 보았었다.

비단 네이팜탄뿐만이 아니었다. 이미 공중압력작전 개념이 채택되기 이전인 1950년 9월까지의 불과 세 달 동안 미 공군은 남북한 전역에 걸쳐 780만 갤론의 네이팜탄과 아울러 9만 7천 톤에 달하는 폭탄을 쏟아부었던 것이다. 군사적 목표에 제한할 것에 관한 형식적인 언명조차 생략되었다.

그리하여 1951년 6월 25일 미극동 전폭부대사령관 오도넬(O'Donnell)은 한 상원청문회에서 "한국에 더 이상의 폭격 목표는 없다. 모든 것이 파괴되었다. 전 한반도(북한만이 아니다: 인용자 주)는 단지 끔찍스런 잿더미일 뿐이다"[157]라고 증언했다. 그는 또한 "처자를 대동하지 않았던 북한군은 북으로 돌아간다 하더라도 모든 것이 파괴된 것을 보게 될것이다"[158]라고 공언했다. 그나마 오도넬이 증언한 시점은 아직 공중압력작전 개념이 공식적으로 채택되지 않고 있던 3분의 1의 전쟁기간에 불과했다는 점을 상기할 필요가 있다.

이와 같은 무차별한 폭격에도 불구하고 미군과 유엔군은 결국 힘의 균형선에서 휴전선을 설정할 것에 동의하지 않을 수 없게 되었다. 결국 정전은 성립되었지만 단지 새로운 분단선을 획정하기 위한 소모전이 전개되고 있는 동안 민족적 생활기반의 파손은 극에 달하고 있었다. 북한군 및 중공군의 병참지원, 미 공군 공습 등의 부담을 모두 안고 있었던 북쪽에 비해 미국의 풍부한 물자와 공군력 덕분에 비교적 전쟁지원의 부담이 적었고 공급의 위험으로부터도 벗어나 있을 수 있었던 남쪽에서 민중생활의 어려움이란 무엇보다도 물자 부족과 통화량 증대에 따른 전시인플레이션, 그리고 실업사태 등에서 오는 것이었다. 아울러 주거용 주택의 파괴, 각급 학교 및 교육기관의 시설 파괴, 상·하수도, 전신, 전화, 도로, 교량 등 생활편의시설의 파괴, 그리고 병원을 비롯한 각종 의료·보건 및 공익문화시설의 파괴가 민중생활을 압박하고 있었다. 한국전쟁이 본격화된 1950년 6월 25일 이후 남한 측의 사상자는 실종자를 포함하여 민간인이 99만 968명, 군인이 30만 1,864명에 이르렀다.[159]

1950년 9월 15일 전세가 역전된 이후 미 공군의 보호막 아래 있었던 남한지역의 피해상황이 이처럼 혹심했다고 한다면 1951년 전선이 교착된 이후까지도 미 공군의 공습에 시달려야만 했던 북한사회의 파괴 정도는 훨씬 더 심각했을 것이라는 점을 쉽게 추정할 수 있다. 한국전쟁 시기를 통해 북한 측의 대규모 산업시설의 파괴 및 토지의 유실, 인명피해 등은 1950년 6월 29일 미 공군의 제공권 장악으로 인해 이미 전쟁 초기부터 광범위하게 진행되고 있었다. 이후 한미연합군에 의한 38도선 이북에서의 작전 실시는 맥아더의 표현대로 '북한을 깨끗이 청소'하는 것이었는데 이는 단순히 사상적 소제에 그치는 것이 아니라 인명손실 및 산업의 망실을 동반하는 것이었다.

이후 중국군의 참전으로 인해 한미연합군이 패퇴한 시기에도 북한지역의 생산수단 및 노동력은 계속적인 파괴를 경험했다. 당시 '역사상 가장 장기적인 후퇴를 경험하고 있던' 미군의 철수를 뒷받침하는 임무를 부여받고 있던 미 공군은 피난민 행렬에게까지 기총소사를 가하는 등[160] 신경질적인 폭격을 감행했고, 그 결과 흥남을 비롯한 북한지역의 주요 도시들은 공장·영화관·병원·교회 등을 포함하여 90퍼센트 이상이 파괴되었다.[161]

한국전쟁 중 북한군의 인명손실은 52만 명에 달했고 민간인 피해는 사망·실종·부상자 등을 포함하여 남쪽의 80만 명에 비해 무려 2.5배에 해당되는 200만 명에 달했다. 이는 이후 북한사회의 노동력 결핍과 직결되는 문제로서 각종 가공할 만한 전쟁의 참화와 원폭투하의 공포를 피해 남하한 인구를 포함하면 손실된 북한지역의 노동력은 민간인만도 300만 명 이상에 달한다.[162]

또한 농·공업부문의 피해도 극심했는데, 먼저 공업시설면에서 8,700여 동의 공장제조소의 건물과 생산설비 등이 파괴되었다. 공업생산면에서는 1949년과 비교할 때 전력공업은 26퍼센트, 연료공업은 11퍼센트, 야금공업은 10퍼센트, 화학공업은 22퍼센트로 급격히 감소되었으며 철광석, 선철, 강철, 조동, 조연, 전동변압기, 황산, 화학, 비료, 카바이트, 가성소다, 시멘트 등의 생산시설들은 완전히 파괴되었다. 농업부문의 피해를 보면 광대한 면적의 관개시설, 하천제방의 파괴와 농토에 대한 융단폭격으로 37만 정보의 농토가 피해를 입었으며 9만 정보의 농경지가 감소되었다. 또한 25만 두의 소와 38만 두의 돼지가 피해를 당했으며 9만 그루의 과수가 폭격에 소실되었다.[163]

소모전의 결과는 무엇보다 당시까지 존속되어오던 민족의 공동생활 기반을 결정적으로 훼손시켰다. 비록 일제치하에서 대륙침략을 위한 공업과 농업의 병참기지로 각각 분절된 산업구조를 지니기도 했지만, 남북한은 오랜 기간 하나의 완결적인 경제구조를 지니고 있었고 38선에 의해서도 물자의 교류는 쉽게 막을 수 없었다. 그러나 이제 소모전이 결과한 황무지 위에서 남북한은 분절적 형태로 각각 새로운 생활기반을 발전시켜나가게 되었다. 더욱이 그와 같은 소모전을 경과하면서 쌓인 상호 체제에 대한 적개심은 최소한의 교류마저도 가로막는 장벽으로 자리 잡게 된다.

2) 분단구조의 고착화

일제하에서 남북한지역은 공히 지주적 토지소유 대 생산의 사적 성격 간의 갈등을 근간으로 하는 반(半)봉건적 경제구성을 지니고 있었다. 따라서 해방과 함께 요구되었던 반(反)봉건적 사회개혁은 한반도 전역에 걸쳐서 생산의 사적 성격에 부응하는 방향으로 진행될 것을 요구하고 있었고, 그것은 다름 아닌 '경자유전'(耕者有田)의 원칙에 입각하여 토지를 분배함으로써 사적 토지소유관계를 확립하는 것이었다. 남북한은 각기 이와 같은 시대적 요구를 충족하기 위하여 일정한 노력을 가했다. 그러나 북한 측이 사회주의로의 이행을 염두에 두고 그와 같은 작업을 수행한 반면, 남한에서의 그것은 어디까지나 자본주의적 경제제도의 수립을 목표로 한 것이었다는 점에서 양자는 그 방식과 목표에서 현격한 차이를 지니고 있다. 1950년 이전 북한사회는 사회주의적 농업형태라고 하기에는 아직 요원하기는 했지만 분명 여타 산업부문의 사회화에 의해 영향받는 농촌의 경영형태를 지니고 있었다. 반면 남한지역에서는 토지자본을 산업자본으로 전화하기 위한 독자적인 농지개혁을 통해 토지의 사적 소유를 실현하고자 했다. 남한 측이 이와 같이 자본주의적 방식으로 농지개혁을 수행하려고 했던 것은 북한 지도부에게 경제적 토대의 이질화 조짐으로 인식될 수 있는 것이었고, 북한 정규군의 남하는 일면 이에 대한 저지의 성격을 지니고 있었음은 이미 살펴본 바와 같다. 그러나 전쟁의 전 기간을 결산할 때 한국전쟁은 오히려 남북한 경제구성의 이질화를 촉진하고 완결하는 결과를 초래했다.

먼저 북한 측은 한국전쟁으로 인한 황량한 폐허 위에서 사회주의적 생산력과 사회주의적 생산관계 중 어느 것에 중점을 두어 그들의 사회경제관계를 발전시켜나갈 것인가 하는 문제에 봉착했다. 이에 대해 1953년 8월 제6차 조선노동당중앙위원회 전원회의에서는 '중공업의 우선적 성장을 보장하면서 경공업과 농업을 동시에 발전시키는 노선'을 기본노선으로 하고 '국민경제의 각 부분에서 전전(戰前)의 수준을 회복하는 것'을 목표로 하는 '3개년 인민경제계획'(1954~56)이 채택되었다.[164] 이것이 지니는 의미는 생산력의 발전이 화급한 문제이기는 하나 생산관계의 후퇴를 통해서가 아니라 생산관계의 진보를 통해 생산력을 끌어올리겠다는 것이었다. 따라서 농·공업 및 상업에서의 사회주의적 개조는 생산력 발전을 위해서 연기되어야 할 것이 아니라 병행되어야 할 것으로 제시되었다. 이처럼 생산관계의 사회주의적 개조, 특히 농업협동화를 서둘러서 진척하고자 한 북한당국의 의도는 1954년 11월 3일 당중앙위원회 전원회의 석상에서 있었던 김일성의 다음과 같은 언급을 통해 잘 드러나고 있다.

> 우리는 또한 부농들이 부단히 산생(産生)되고 있는 데 대해서 묵과할 수 없습니다. 물론 우리는 토지개혁을 잘 실시했습니다. 토지개혁 후 아직까지 큰 문제로 될 것은 없다고 하더라도 이 사람들은 비록 토지개혁의 혜택을 입기는 했지만 그들의 경리가 점차 자본주의적 성격을 띠게 되므로 남조선 반동층의 영향을 받을 수 있는 것입니다. 일시적 후퇴시기에 반동에 가담한 자들을 분석해보면 그중에는 토지개혁의 혜택을 입은 자들과 실제로 지주 앞에서 머슴살이하던 자들도 있습니다. 그들은 모두 우리 농촌에서 토지개혁 후 부농화하면서 남조선 반동층의 영향과 미제국주의자들의 영향을 받아서 그렇게 된 것입니다. 이와 같은 농촌에서 부농이 산생되고 이들에게 주는 반동적 영향이 있는 조건하에서 아직 노골적으로 표면화된 것은 없다고 하더라도 어쨌든 농촌에서 계급투쟁은 있으며 이것이 앞으로 점차 첨예화될 수도 있습니다.[165]

이처럼 농업협동화란 단순한 농업정책이 아니라 사회주의적 생산관계를 확립하는 방향으로 사회성격을 변화시켜나가기 위한 치열한 계급투쟁을 의미하는 것이었다. 즉 노동계급에 대한 지원을 강화하고, 고농·머슴·빈농에 의거하며 중농과 동맹하여 부농을 고립화하고 지주의 반항을 분쇄하고자 하는 일단계 인민민주주의혁명 당시의 계급정책과는 달리 중농을 고립화하고 부농의 반항을 분쇄한다는 새로운 계급정책이 표방되고 있었던 것이다.[166] 이는 1970년대 이후의 중국에서처럼 생산력의 제고를 위해 생산관계를 일정하게 후퇴시키는 것이 아니라 사회주의적 생산관계의 확립을 통해 생산력의 발전으로 나아가는 과정이었다.

그러나 이와 같은 인민민주주의혁명의 강화·발전방식에 대해 북한 내의 일부 정치세력은 사회주의적 농업협동화 시기상조론과 공업화우선론을 내세우며 반론을 제기했다. 전자는 당시에 농민층의 토지를 국유화하는 계획 자체를 보류해야 한다는 입장으로서, "남북이 통일되어 전국적으로 반제반봉건민주주의혁명이 승리할 때까지 북반부에서 혁명을 더 전진시켜서는 안 된다"[167]는 주장에 입지하고 있었다. 이들은 북조선노동당으로 합당하기 이전 농민층, 특히 부농과 중농층에 넓은 지지기반을 가지고 있었던 북조선신민당 혹은 청우당계열[168]이었을 것이라고 추측된다. 신민당은 공산당과 합당할 당시에도 많은 갈등을 노정한 바 있는데, 당시 신민당 내부에서는 "공산당에는 무식한 사람이 많이 모이고 신민당에는 유식한 사람이 많이 모이기 때문에 배우려고 합동한 것이다"[169]는 해석이 존재하고 있었고, 공산당 내에서도 "신민당원은 수준이 낮고 믿을 수가 없으니 재심사해서 입당시켜야 될 것"이라든가 "로동당으로 합동되면 공산당원들은 프락치공작을 진행시켜야 될 것이다"[170]고 주장하는 경향이 있었다. 이것은 반제반봉건적 과제를 해결하기 위한 연대의 과정에서 신민당이 지니고 있던 계급적 기반과의 마찰이었다고 볼 수 있다. 양당의 합동 이후에도 그 균열은 온존되고 있었던 것으로 보이는데, 이는 양당의 합당 이후 전(前)신민당원이 월남하는 사례가 눈에 띄게 발생하고 있음을 보여주는 전쟁 직전 38도선 접경지역의 조선노동당보고서에 의해서도 확인되고 있다.[171] 이와 같은 계급적 기반의 차이에서 빚어진 균열과 사회개혁노선상의 차이가 이제 농업의 협동화라는 다음 단계의 혁명노선의 진행을 놓고 새롭게 표출·대립되게 된 것이었다. 이와 같은 입장은 후자의 입장, 즉 농업협동화 계획을 실시하되 "사회주의적 공업화를 실현하지 않고서는 농업협동화는 불가능하다. 현대적인 농기계가 없이 농업을 협동화할 수 없다"는 점 등을 들어 선진 사회주의국인 소련에 의존하여 중공업을 발전시키고자 했던 입장[172]과도 공동보조를 취할 수 있는 것이었다.

이와 같은 갈등은 소련과 동유럽에서 농업집단화로 나아갈 때에 겪었던 갈등과 유사한 성격을 지닌 것이었다. 이미 소련의 경우 스탈린의 대숙청이 이와 같은 갈등의 성격을 내포하고 있었고,[173] 동유럽의 경우에는 농민층에 기반을 둔 농민당 인사들의 발언권을 보장해주는 정책을 통해 이와 같은 갈등이 무마된 바 있었다.[174] 그러나 북한은 동유럽과 유사한 인민민주주의 혁명노선의 강화·발전단계에 들어서고 있었음에도 불구하고 이미 한국전쟁을 통해 이와 같은 저항의 폭발성이 미연에 해소되었던 것이다.[175]

결국 당주류인 김일성계열은 1955년 12월 2일에 소집된 당중앙위원회 전원회의에서 '도시와 농촌에 사회주의적 개조사업을 강화할 것에 대하여'를 주요 의제로 채택하고 '개인농 성분을 사회주의적 농민성분으로 개조'할 것 등을 주요 골자로 하는 혁명적 민주기지 강화를 위한 농촌진지강화론을 고수할 것임을 확인했다. 이 회의에서 김일성은 농촌의 사회주의적 개조사업을 강행하는 농업협동화가 소련을 비롯한 동유럽 공산국가에 비하여 너무 빠른 속도로 진행되고 있다고 비난하는 입장을 교조주의로 규정하면서, 농촌으로부터 예상되는 반발에 대해서는 단지 농촌지도자 및 기획부문 담당자들이 농촌경리의 피해 정도와 기타 구체적 조건들을 신중히 타산하여 계획과제의 실행을 보장할 수 있는 조건을 고려할 것을 강조하는 데 그쳤다.[176]

이처럼 전쟁 전에 토지분배를 매개로 성취되었던 노농연대가 토지집단화정책을 계기로 변화된 것과 관련하여 부농층의 반발을 초래할 소지를 안고 있던 상황에서 당주류의 노선에 결정적으로 유리하게 작용했던 것이 바로 한국전쟁으로 인한 다음과 같은 영향들이었다. 즉 농촌의 황폐와 농민생활의 영락으로 말미암아 당시 농민의 계층별 구성에서 빈농이 점하는 비율은 40퍼센트로 크게 늘어났으며, 중농은 빈농과 대차가 없게 되었으며 부농은 단지 0.6퍼센트를 점하는 상황이 되었다는 점이다.[177] 한국전쟁으로 말미암은 이와 같은 계급구성상의 변화는 이후 생산관계의 사회주의적 개조에서 관건이 되는 농업협동화사업에 결정적으로 유리한 여건이 되었다. 이와 아울러 노동력의 절대량이 부족했던 전시하에서 불가피할 수밖에 없었던 집단적 생산작업과 집단적 복구작업은 인민민주주의혁명을 강화·발전시켜나가기 위한 농업집단화의 유리한 경험적 기초가 되었다. 더욱이 전쟁기간을 통하여 체제불만세력이 이미 노출되어 월남민들 속에 합류하게 됨으로써 상대적으로 이를 체제내적으로 소화해내야 할 부담이 줄어들었던 것 역시 일사불란한 농업집단화정책의 수행에 기여했던 것이다.

이처럼 한국전쟁이 북한의 사회경제구조 변화에 미친 영향에 대해서는 북한 측 문건 역시 다음과 같이 시인하고 있다.

> 국내의 계급적 역량관계도 사회주의적 개조에 결정적으로 유리하였다. 전후시기에 우리 농촌에서 사회주의적 개조를 반대하는 세력은 미약하였다. 우리의 농민대중은 일제와 지주를 반대하는 오랜 기간의 혁명투쟁과 해방 후 새 생활을 창조하기 위한 투쟁을 통하여, 특히 조국해방전쟁의 가열한 시련을 통하여 정신적으로 각성되었으며 당과 수령의 두리에 한마음 한뜻으로 굳게 뭉쳤다. 이것은 농촌에서 사회주의적 개조를 그와 같이 빨리 성과적으로 실현할 수 있게 한 중요한 담보였다.[178]

이와 같은 방식에 입각하여 사회개조가 완수되어나감에 따라 농·공업 및 상업에서의 사회주의적 생산관계는 1958년 6월에 이르러 100퍼센트에

가깝게 확립될 수 있었다.[179)]

이처럼 북한사회에서 한국전쟁의 영향이 반국적(半國的) 사회주의로의 전변을 촉진하는 동안 남한사회에서는 한국전쟁의 폐허 위에 파행적 자본주의 질서가 발전하게 된다. 전쟁기간 중 남북한 양 체제에 의해 추진되었던 토지개혁의 경험, 그리고 전쟁으로 인한 인명의 손실 등은 사적인 토지소유를 확립할 수 있는 주요한 계기로 작용했다. 그러나 전쟁의 영향에 의지한 이와 같은 토지관계의 재정립은 그것이 의도하고 있던 또 하나의 목적, 즉 토지자본의 산업자본으로의 전화를 이룩하지 못하는 파행성을 지닌 것이었다. 여기에 전쟁으로 인한 기간산업의 피해, 비교적 자원이 풍부한 북한지역과의 단절은 남한의 산업구조가 대외의존적 성격을 지니게 되는 배경이 되었고 이것이 다시 농업부문의 희생을 강요함으로써 지주·소작관계의 재생을 초래했다. 더욱이 상대적으로 자원이 풍부한 북한지역과의 단절과 농업부문으로의 압출인구 및 월남민의 유입 등으로 인한 유휴노동력은 경공업 편중의 산업구조를 만들어내는 환경을 조성함으로써 1960년대에 이르기까지 경·중공업의 비중을 7 대 3의 비율로 묶어놓게 되었다.[180)] 이와 같은 경제구조는 결국 미원조 중심의 대외의존적 경제체제로의 귀결을 의미하는 것이었다.

남한 측에서도 한국전쟁의 경험은 1960년대 이후 급속한 산업발전의 기틀을 다지는 데 순기능적인 역할을 했던 것으로 풀이된다. 그것은 지나친 대의의존성이라는 문제를 안고 있는 것이기도 했지만 그 발전 속도는 자본주의적 방식을 취한 여타 후진국들의 모범이 되었던 것도 사실이다. 무엇보다 한국전쟁은 사상의식적으로 자본주의체제에 부응하는 '기업가정신'을 배양했다. 상대적으로 교육의 기회가 많지 않았던 당시로는 미국식으로 조직된 군의 재교육기능 또한 무시할 수 없는 것이었다. 당시 백낙준은 한국전쟁을 통한 군의 역할에 대해 다음과 같이 언급한 바 있다.

여러 비극과 동시에 유익한 혁명적 변화를 가져오기도 했다. 군에 입대하여 군사훈련을 받고, 군대전쟁의 정밀한 무기의 용법을 알게 된 농부의 아들들의 정신에 어떠한 변화가 일어나고 있는가를 상상할 수 있다. 이들은 역시 여러 나라에서 온 각종 사람들과 접촉하여 정치·사회·경제적 이념에 대해서도 눈을 뜨게 되었는데 이러한 것은 다른 방법으로 배우려면 참으로 오랜 시일을 요하는 것이다. 요컨대 이러한 마음의 변화는 우리 한국 청년들의 정신에 굉장한 변혁을 일으키고 있다는 것이다.[181]

이제 남한과 북한은 각기 분리된 구조하에서 서로의 분절적 경제구조를 키워나가게 된 것이다. 북한의 경우 이러한 분절적 경제구조는 가치의 순환에서 자기완결적 경제구조를 지향하는 것이었던 반면 남한의 경우 그것은 국제적 정향 혹은 미·일 자본주의 체제와 결합된 경제구조였다. 그 자신 한국전쟁에서 전사하고 말았던 미사령관 워커는 생전에 "한국의 농토는 수년간 비료가 필요없게 되었다"[182]고 말한 바 있었는데, 전쟁의 참혹상을 표현한 그와 같은 은유는 이후 한국전쟁이 한반도의 분단된 경제성장을 위한 거름으로서 미친 영향을 함축하는 뜻으로도 쓰일 수 있게 되었다. 이처럼 분리된 체제하에서의 남북한은 공히 경제발전에만 매진할 수 있었지만 그것은 동시에 그와 같은 체제에 익숙한 기득권층(clients)을 양산했다. 이제 경제적 부를 위해 분단을 전제하고 통일을 위한 노력은 경제성장에 저해가 된다는 이데올로기의 물적 기초가 마련되기 시작한 것이다.

한편 사상의식적 측면에서 한국전쟁은 북한사회가 반미의식이라는 소극적 공격형 이데올로기와 주체사상이라는 적극적 통합형 지도이데올로기가 지배하는 사회로, 남한사회가 반공이데올로기라는 소극적 공격형 이데올로기와 자유민주주의라는 적극적 통합형 지도이데올로기가 지배하는 사회로 각각 변화되는 데 결정적인 매개변수 역할을 수행하게 된다. 주지하다시피 석기시대 이래로 이 땅 위에 생활공동체를 건설하기 시작한 우리 민족은 3면이 바다로 둘러싸인 지리적 특수성에 의하여 더 이상의 이동이 제한, 적체되면서 혈연·언어·관습적으로 매우 농축된 공동체를 형성했으며, 이처럼 마련된 민족적 응집력의 농밀성은 바로 강고한 민족의식의 토대로 되어왔다. 그러나 한국전쟁의 참혹성은 이와 같은 민족의식에마저도 균열을 초래하고 말았다.

남한의 경우 계급적 기반에 따라 약간의 차이가 보이기는 하지만 대체로 반공이데올로기가 민족에 대한 애정과 민족적 정체감을 압도하고 있는 양상이 나타났다. 1952년 12월의 설문조사[183]에서 한반도 문제의 해결방법으로 휴전회담에 찬성한 사람은 노동자의 경우 약 18퍼센트, 학생과 교사의 경우 약 21퍼센트에 불과했고 나머지는 모두 원자탄의 사용과 전쟁의 지속, 유엔군 또는 국군의 급속 증강 등의 호전적 방법에 의한 해결을 주장했다. 특히 휴전회담을 택한 응답자수에서 경찰의 경우는 휴전을 주장한 사람이 전혀 없었고 정부공무원의 경우도 7퍼센트에 불과하여 전쟁 피해자인 상이군인의 9퍼센트보다 낮은 수치를 나타내었다. 더욱이 한국전쟁에 일본군이 투입되는 문제에 대해서조차 무려 20~30퍼센트가량이 찬성 혹은 모르겠다는 입장을 취하고 있음을 볼 수 있다. 특히 원자탄의 사용을 찬성한다고 한 사람은 경찰과 군인의 경우 각기 70퍼센트와 61퍼센트에 달했고 비교적 찬성률이 적은 노동자와 학생의 경우도 각각 52퍼센트, 43퍼센트에 달했던 것이다. 이와 같은 의식의 일단은 아이젠하워의 방문에 대한 99퍼센트의 환영으로 이어지면서 아이젠하워가 평화를 가져다주리라는 과도한 기대로 표현되고 있음을 볼 수 있다. 이처럼 같은 민족에 대한 적개심이 조국강토에 핵을 뿌려달라고 갈구하는 지경에 이르고, 심지어 근 40년간 잔혹한 침탈을 자행했던 일본에 대한 적개심을 희석하고 오히려 일본군의 재투입도 생각해볼 수 있다는 사회의식이 조성되었던 데는 전쟁에 대한 공포를 반공친미이데올로기적 원리에 접합해내고자 했던 각종 이데올로기적 국가기구의 매개작용을 염두에 두지 않을 수 없다. 역으로 그와 같은 사회의식은 이후 분단국가의 이데올로기적 층위로 자리 잡았다.

한편 월남자들에 대한 설문조사[184]를 근거로 한 국토통일원의 의식조사는 북한사회에서도 전후 10년간 민족의식이 전체 민족보다는 사회주의 조국(祖國) 즉 북한지역에 국한되어 왜곡·위축되는 경향이 있었음을 보여주고 있다. 이와 같은 북한주민들의 사상의식의 일단은 국제경기에서 남한선수들에 대한 성원도의 양상을 보여주는 조사결과에서도 나타나고 있음을 볼 수 있다. 즉 전후 국제경기에서 남한선수들에게 성원을 보내겠다는 인식이 근 10년간 급격히 감소하는 추세를 보였던 반면, 경쟁적으로 대하거나 혹은 남한과 중국의 대전 시 중국 측을 응원하겠다는 수치가 증가하고 있음을 볼 수 있는 것이다.[185] 아울러 같은 조사에서 "지주·자본가도 노동자·농민과 같은 민족"이라고 보는 인식은 1953년 이전의 73.3퍼센트에서 전후 10년간 52.6퍼센트로 감소하는 경향을 보였던 반면, 같은 기간 "민족보다 계급이 앞선다"는 인식은 13.3퍼센트에서 21.4퍼센트로, 그리고 "민족주의는 부르주아사상이다"는 인식은 0퍼센트에서 10.5퍼센트로 각각 증대되는 추세를 보여주고 있다.[186]

한국전쟁의 결과 북한주민이 지니게 된 반미의식은 전쟁피해로 인한 원초적 적개심을 기반으로 광범위한 이데올로기적 선전기구가 동원된 결과 상당한 정도로 내면화되었다. 한국전쟁을 통한 이와 같은 반미의식의 내면화는 다음과 같은 대담의 한 구절에서도 극명하게 드러나고 있다.

삼촌, 방금 삼촌이 말씀하신 것과 같이 그리스도인들이 인간을 그처럼 사랑하는 사람들이라면 미국 사람들은 다 그리스도인이지요. 그런데 전쟁 중에 행한 그들의 행동은 조금도 그리스도인답지 않았습니다. 그런 것이 전쟁의 짓거리라고 그런 만행을 한마디로 합리화할 수도 있겠지만, 굶주린 창자를 움켜쥐고 낟알이 여물기만 기다리던 전답의 곡식을 불살라버리고 또 아무런 군사시설이 없는 농촌의 평화스러운 새벽에 폭격으로 진동시켜 할아버지와 여러 형제가 화염에 싸여 죽게 한 것도 미국군인의 소행이었습니다. 거기서 우리는 미움을 배웠고 복수를 다짐했습니다.[187]

이처럼 전쟁에 의해 매개된 북한주민의 반미의식은 귀순자들을 대상으로 한 국토통일원의 의식조사에서도 확인되고 있다. 즉 1953년 이전까지 서방국가에 대한 호의는 북한사회체제의 변화에도 불구하고 최소한의 수준을 유지하고 있었던 것으로 나타나는 데 비해 한국전쟁을 경과하면서 영국과 미국 등에 대한 호의적 태도는 계속적으로 급격히 감소했고(일본의 경우 13.7퍼센트에서 6.6퍼센트로, 영국의 경우 26.5퍼센트에서 14.8퍼센트로, 그리고 미국의 경우 33.8퍼센트에서 10.7퍼센트로), 반면에 휴전협상을 중재했던 인도와 중국에 대한 친밀도는 매우 높아졌음을 보여주고 있는 것이다. 그러나 소련에 대한 친밀도의 신장은 중국에 비해 저조했는데 이러한 현상은 한국전쟁 기간을 통한 소련의 소극적인 원조와 연관된 것으로 보인다. 이와 같은 주변 열강들에 대한 북한주민의 전후 의식세계는 전쟁과정을 통해 훼손되었던 민족의식을 민족자주의식 중심으로 회복시키는 데 순기능적으로 작용했다. 즉 전쟁의 참혹상으로 인한 적개심은 남한의 같은 민족에 대해서보다는 미국을 향하게 되었을 뿐만 아니라 소련에 대한 친밀도의 상대적 저조는 해방 이후부터 지속되어왔던 대소 자주성의 신장 노력에 부합될 수 있는 것이다.

한편 남북한을 총괄하여 전쟁으로 인한 사상의식의 변화를 추동했던 요인 중 하나로 지적될 수 있는 것이 전쟁기간 중 대규모 인구이동이었다. 특히 남한에서 전쟁으로 인한 대규모 인구의 남행과 이도향촌(離都向村) 현상은 다시 종전 후에는 거꾸로 도시로의 인구 역류현상을 낳음으로써 남한의 전 주민으로 하여금 그야말로 '체로 털듯'하는 대규모 인구이동을 경험하게 했다. 새로운 생활공간에서의 경험, 그리고 다른 생활공간으로부터 온 사람들과의 접촉 등은 유교적 신분의식과 정체성을 자본주의적으로 극복하는 데 유리하게 작용했다. 이와 관련하여 한 외국인 관찰자는 전후 남한의 상황을 다음과 같이 묘사하고 있음을 볼 수 있다.

유교의 연장자에 대한 존경은 전시상태로 말미암아 크게 동요되고 있으니, 군인으로서나 혹은 노무자로서나 그 중노동에 견딜 만한 젊은 세대를 요구하고 있으며, 심지어는 장군들도 대부분이 30대이다. 국회의

원의 평균연령은 48세이고 만 명의 공무원들은 평균연령이 45세이다. 수세기 동안 나이 먹은 것을 지도자의 불가결한 조건으로 삼았던 국민들로서는 놀랄 만한 역전이다.[188]

결국 남한에서 유교적 사상의식의 잔재는 한국전쟁을 거치면서 적지 않게 파손되었다. 그리고 이제 그 자리에 서구식 자본주의 원리와 결합된 새로운 가치관이 자리 잡게 된 것이다. 이와 같은 점은 북한사회에서도 동일하게 작용되고 있었는데 다만 북한사회는 남한사회에 비해 봉건적인 사상의식의 일부가 사회주의적 지도원리와 좀더 색다르게 결합된 양상을 보여주었다. 그것은 북한사회가 이른바 급속한 '부정의 부정 과정'을 경과했기 때문이다. 즉 북한사회는 성숙한 자본주의 단계를 거치지 않은 채, 전쟁 이후 급속하게 사회주의의 완전승리 곧 공산주의의 낮은 단계를 향한 도정 위에 들어섰던 것이다. 이것은 북한사회가 세계사적으로 유례가 드물 만큼 강고하게 인간을 구속했던 봉건제의 궤멸을 위해 예의 노력하는 동시에 그 사체(死體)로부터 자본주의가 번식하는 것을 회피하기 위하여 투쟁했음을 의미하는 것이다. 따라서 봉건적 잔재를 척결하기 위한 싸움에서는 자본주의적인 사적 소유제가 무기로 이용되기도 했지만 반대로 생산관계가 자본주의적으로 뻗쳐나가는 것을 제어하는 과정에서는 전 자본주의 시대로부터 내려오는 일부 전통이 사회주의적 원칙에 새롭게 접맥되어 보존·활용되기도 했던 것이다.[189] 예를 들면, 소(牛)거리반 사업의 추진, 품앗이활동의 강화를 통한 농업협동화의 증대, 자연촌락을 범위로 한 작업반제도, 그리고 특히 전시 혹은 전후의 복구사업에서 봉건사회로부터 전래된 유교적 질서는 자본주의로의 길을 회피하고 사회주의제도를 확립하는 과정에서 수반되는 국가적 소유 및 자본주의적 사적 소유로 구성되어 있는 이중소유제로부터 전인민적 소유와 협동적 소유로 구성되는 이중소유제로의 전환, 그에 기초한 개인주의적 사상의식의 집체적 사상의식으로의 변화를 추동하는 데 징검다리적인 수단으로 이용되었던 것이다.

정치·군사적인 분단구조는 이상과 같은 경제적 기반의 이질화와 사상의식의 분절화에 근거한 분단구조의 총체적 표현이라고 할 수 있다. 따라서 그것에 대한 분석은 전술한 바와 같은 경제토대의 변화, 대중의 사회의상의 변화에 대한 이해에 기초하는 것이다. 그렇지 못할 때 그것은 단지 권력엘리트 간의 파벌투쟁에 의한 권력구조의 개편으로 기술될 우려가 있는 것이다.

전쟁이 진행되고 있던 시기에 북한에서는 전쟁수행상의 과오를 비판하는 과정을 통해 이미 정치질서에 일정한 변화가 있었다. 먼저 연안파의 군사지도자이며 제2군단장으로서 김일성과 계속적으로 반목관계에 있었다고 알려지고 있는 무정[190]은 후퇴 당시 평양방위사령관으로 임명되었으나 김일성의 평양사수 명령을 거부한 바 있었다. 이것은 전시체제의 수립을 통해 당시 최고사령관의 지위에 있던 김일성의 통수권을 부정하는 것이었으며 그와의 오랜 갈등관계를 표출한 것이었다. 결국 2군단장직에서 해임된 무장은 중국군의 개입으로 전세가 역전되고 있던 1950년 12월 21일 강계에서 개최된 당중앙위원회 제3차 전원회의에서 있은 김일성의 다음과 같은 비판과 함께 정치적 생명을 종료하게 된다.

> 군대 내에서 명령을 집행하지 않고 전투를 옳게 조직하지 않았으므로 우리에게 많은 손실을 가져오게 한 무정은 제2군단장의 직위에서 철직(撤職)당했습니다. 그는 이와 같은 처벌을 받은 이후에도 우리가 퇴각하는 과정에서 혼란된 상태를 이용하여 아무런 법적 수속도 없이 사람을 마음대로 총살하는 봉건시대 제왕과도 같은 무법천지의 군벌주의적 만행을 감행했습니다.[191]

이와 같은 무정의 숙청은 이후 중국 인민군의 개입에도 불구하고 연안파의 세력 확장을 제어하는 효과를 가져왔다. 한편 북한군이 패주하는 과정에서 조선노동당의 파괴가 수반되었는데, 이것은 많은 수의 전사자가 생겼기 때문일 뿐만 아니라 김일성이 지적한 바와 같이 전쟁을 통해 '불순, 비겁, 이색분자들이 무자비하게 폭로, 적발'[192]되었기 때문이다. 파괴된 당조직의 복구책임은 소련계 한인 허가이(許哥怡)에게 맡겨졌다. 이와 같은 당의 파손과 그 복구과정을 통해 허가이는 남로당과 연합하여 김일성과의 관계를 변화시킬 수 있는 기회를 얻을 수 있었다. 원래 그는 박헌영과의 관계에서 김일성과는 달리 꽤 융화적이었다. 그는 온실에서 육성된 북로당원들보다는 지하투쟁을 통해 단련된 남로당원들이 훨씬 더 강한 당성을 지니고 있다고 보았다. 위급에 처했을 때 북로당원 10명이 남로당원 1명을 당해낼 수 없다는 것이 그의 지론이었다. 이와 같은 입장을 지닌 허가이였기 때문에 일찍이 남북노동당 합당 시에 과거 남로당 출신(월북자)을 입당시키는 데 협조적이었던 것이다. 박갑동의 증언에 따르면 이러한 허가이가 전쟁과정을 거치면서 박헌영 쪽으로 접근하기 시작했다는 것이다.[193]

결국 남로당계열에 대해서는 관대했던 반면 임춘추·김일 등의 김일성 직계를 포함한 북로당계열에 대해서는 엄격한 재심사를 실시했던 허가이는 당 4차 전원회의에서 관문주의(關門主義) 내지 책벌주의로 비판당하게 된다.[194] 그러나 김일성의 비판에도 불구하고 허가이는 계속해서 당조직의 실권을 유지하고 있었다. 1953년 8월 허가이가 숙청되게 되는 죄명은 그가 '남로당계의 동조자이며 민족반역자'[195]였다는 것이었다. 허가이와 함께 소련공산당원증을 소지하고 있었으며 그와 친밀했던 김열도 그 이듬해에 숙청되었다.[196]

이와 같은 소련계의 몰락과정에서도 보이듯이 전쟁으로 인한 참화의 책임소재를 놓고 소련파와 연결된 남로당계열과 김일성파 간에는 치열한 갈등이 빚어지고 있었다. 전쟁이라는 참화의 책임은 어쨌든 전쟁과정을 주도했고 군사위원회 위원장의 위치에 있었던 김일성이 져야 한다는 것이 당시 남로당계의 입장이었다. 그러나 김일성파로서는 북한 정규군이 투입되어 서울을 점령하게 되면 남한의 인민이 봉기하여 전쟁을 승리로 이끌 수 있으리라고 장담했던 남로당계열에 전쟁의 책임을 돌리려 했다. 이런 와중에서 허가이와 박헌영의 접근은 이들로 하여금 당권의 4분의 3을 장악할 수 있는 가능성을 주었다. 결국 김일성은 연안파와 제휴할 수밖에 없었고 연안파의 도움으로 중국 의용군 최고사령관 팽덕회의 후원도 얻어낼 수 있었다.[197] 결국 남로당계는 '정부전복 음모'로 숙청당하게 되었고, 전쟁 실패의 책임은 '남조선 전역에 걸친 조선인민의 애국적 민주역량을 교살하기 위한 미제의 정책에 합치되게 조직적이고 계통적인 간첩범행과 민주역량 파괴를 위한 각종 모략과 해독적 활동을 감행'[198]한 그리고 '인민군대가 남으로 내려가면 20만 남조선인민들이 봉기할 것이라고 한 거짓말장이'[199]인 박헌영에게 돌려졌다.

전쟁의 과정은 주체사상을 지도이데올로기로 하는 북한의 정치체제를 확립하는 데 영향을 미쳤다. 원래 공산주의자들에게 하나의 사상이 지도사상으로 되기까지에는 숱한 사상투쟁의 역사가 깔려 있게 마련이다. 현실문제와 결부된 치열한 사상투쟁은 사상 그 자체가 발전하는 계기이자 조건으로 작용한다는 것이 공산주의자들의 인식인 것이다. 1950년 중반 이후 주체사상이 북한 공산주의자들의 유일사상으로까지 체계화되는 과정 역시 치열한 당내외의 사상투쟁과정을 거쳐 그의 사상체계가 더욱 정교화되어가는 도정이었다. 한국전쟁과 함께 북한정권의 최대 위기였다고 자타가 공인하는 1956년 연안파 및 소련2세파 반당사건은 그 현실적 계기와 조건을 집약적으로 표현하고 있다. 이 사건은 '사회주의 과도기의 임무'에 대한 노선대립으로 표면화되고 있었는데, 김두봉 등 소위 '연안파'는 중국의 노선을, 박창옥 등 이른바 '소련2세파'는 소련의 노선을 추종한 반면, 김일성은 이들을 비판하고 소위 자주노선이라고 명명한 자신의 노선을 견지하려 했다. 따라서 소련2세파와 연안파, 그리고 김일성 및 그의 동료들 사이에는 치열한 정책대결이 불가피하게 되었는데 그것은 여타 공산주의당의 정책사에서 보이듯이 엄격한 사상투쟁을 동반하는 것이었고 전후 북한의 정치체제는 이를 통해 체계화되는 주체사상을 중심으로 재편되었다.

당시 박창옥을 중심으로 하는 소련2세파들의 사회건설노선은 타국의 사회주의 경제건설을 지원·원조하는 데 대한 소비에트의 기본입장을 반영하고 있었던바, 그 주장의 요지는 다음과 같은 것이었다.

인민민주주의 나라들에서의 사회주의적 공업화의 실현은 소련의 공업화과정에서 특징적이었던 것과 똑같지만, 그러나 소련의 경험을 자국의 구체적 특수성에 따라서, 또한 소련에서 사회주의가 승리한 새로운 조건에 입각하여 그것을 이용할 수 있다. 이러한 새로운 내외적 조건 속에서 인민민주주의 국가들은 이제 긴장된 속도로 공업화를 확보하는 것이 필요치 않다. 이들 나라에서는 소비물자 생산을 광범하게 발전시킬 가능성이 커졌다.[200]

즉 인민민주주의혁명을 경과한 나라들에 대해 이제 각국은 사회주의 세계경제체제에 들어 있는 유리한 조건하에 놓여 있으므로 소련이 내외부로부터의 반혁명공작에 맞서 서둘러야만 했던 스탈린시대 일국사회주의 발전의 길의 경험과는 상이한 사회주의 국제분업체계가 강조되었던 것이다. 그러나 이와 같은 관점에 입각하여 사회주의 분업체계 속에 북한을 위치짓고자 했던 이들의 노선과는 달리 김일성과 그의 동료들은 일찍이 레닌이 말한 바와 같이 사회주의 경제의 기본이 되는 기계제대공업을 건설하는 동시에 경공업과 농업을 발전시켜 국내의 수요를 자체적으로 충족할 수 있는 다방면적이고 종합적인 경제를 건설한다는 노선을 내세웠다.[201] 이에 대해 소련2세파는 없는 살림에 기계제작공업에 주력할 필요는 없으며 프롤레타리아 국제주의에 입각하여 자력적 민족경제란 민족주의적 편향이요, 폐쇄적 경제라는 인식을 가지고 그것은 정치적으로는 위험하고 경제적으로는 유해한 노선이라는 입장을 취하고 있었다. 결국 김일성과 그의 동료들은 다음과 같이 소련을 간접적으로 비난하면서 '소련2세파'에 대한 혹독한 사상검토를 요구하게 된다.

그들은 종합경제의 간판 밑에서 형제국가들의 경제적 자립을 없애고 이 나라들의 민족경제의 발전을 통제하며, 그것을 다른 나라 경제에 얽매인 기형적인 것으로 만들려고 하고 있다. …… 경제적 자립이 상실되면 나라의 완전한 독립과 자주권도 보장할 수 없다는 것은 뻔한 일이다.

독립과 자립권이 없는 곳에서는 진정한 국제적 평등도 사실상 존재할 수 없다.[202]

결국 1958년 3월 노동당 대표자회의에 이르러 김일성이 "우리나라에서 수정주의가 체계적으로 나온 것은 없지만 우리 당을 반대하는 자들이 소위 국제사조에 휩쓸려 수정주의를 퍼뜨렸다"고 한 것은 다분히 '국제사조', 구체적으로는 소련의 수정주의적 흐름과 그것을 답습한 이른바 '소련 2세파' 중심의 정치세력을 겨냥한 것이었다.

한편 비교적 오랫동안 협력관계를 유지하고 있었던 '연안파'와 김일성 세력이 대립하게 된 사상적 배경은 연안파식 표현을 빌리면 '김일성과 그의 동료들의 관료주의적 사업작풍'이었다고 할 수 있으며, 반대로 김일성의 입장에서 '당의 영도와 프롤레타리아독재에 대한 수정주의적 오류'에 기인하는 것이었다. 김두봉이 최고인민위원회 상임위원회가 당보다 높다고 한 것이라든가, 혹은 서휘(당시 직업총동맹위원장)가 당원보다 직맹원의 수가 많으므로 직맹이 당보다 큰 조직이고 따라서 당이 직맹을 영도할 수 없고 오히려 당기관에서 일하는 사람들을 모두 포괄하고 있는 직맹이 당의 시집살이에서 벗어나 당을 영도해야 한다고 한 것, 그리고 김을규가 인민군대는 당의 군대가 아니라 통일전선의 군대라고 말한 것 등은 모두 당의 영도와 프롤레타리아독재를 거부하는 수정주의 사상이라는 것이 김일성과 그의 동료들의 주장이었던 것이다.[203]

이와 같은 사상투쟁의 과정을 통해서 김일성은 "우리나라는 어떤 다른 나라의 혁명도 아닌 바로 조선의 혁명을 하고 있습니다. 우리가 소련공산당의 역사를 연구하는 것이나, 중국혁명의 역사를 연구하는 것이나, 마르크스-레닌주의의 일반원리를 연구하는 것이나 다 우리 혁명을 옳게 수행하기 위해서 하는 것입니다. 소련에서 나온 사람은 소련식으로 중국에서 나온 사람은 중국식으로 하였습니다"고 말하면서 주체사상의 체계화에 박차를 가하게 되었다. 이처럼 1950~60년대에 걸친 '전후 복구 및 사회주의의 과도기 임무' 수행을 위한 북한 노동당과 정부의 일련의 정책 구현과정과 당내외의 사상투쟁과정 및 그 성과에 기초하여 주체사상은 점차 그 유일사상으로서의 위치를 확립해갔던 것이다.

이와 같은 전후 북한 정치체제의 개편을 보는 데 무엇보다 중요한 것은 자유민주주의라는 틀에 맞추어 그것을 평가해서는 안 된다는 점이다. 왜냐하면 북한의 정치체제는 단 한 번도 자유민주주의체제를 표방한 적이 없기 때문이다. 오히려 북한의 정치체제가 표방하고 있는 것은 수령 중심적 민주주의[204]에 가깝다고 할 수 있다. 독재란 인민대중의 침묵과 굴종을 기반으로 하는 것인 반면 수령 중심적 민주주의란 전체 집단의 모랄과 창조적 에너지가 인격화된 개인이 존재하고 그 개인에 대한 계속적인 지지와 개입(commitment)을 기반으로 하여 구성원 간의 평등을 달성하는 체제인 것이다. 자유민주주의적 틀에 따라 분석·평가되어야 할 대상은 항시 그러한 이데올로기를 표방하고 있었던 남한의 정치체제라고 할 수 있다.

남한에서는 1951년 6월부터 휴전협정이 진행되는 동안 이듬해 6월의 대통령선거를 겨냥한 이승만의 재집권계획이 수행되고 있었다. 이미 전쟁 초기에 국회 내의 남북협상파 의원들은 많은 수가 월북 혹은 납북되었을 뿐만 아니라 전시상황이 결과하고 있던 전술한 바와 같은 사상의식구조하에서 그 정치적 생명을 지속하기도 어려웠다. 따라서 이제 이승만정부의 주요한 반대세력은 구한민당계열의 체제 내 야당세력뿐이었다. 이승만은 집권연장을 위한 직선제개헌안이 야당이 지배하는 국회에서 부결되자(1951. 11. 30), 정당무용론을 주장하면서 백색테러단을 동원하여 의사당을 포위하게 하고는 정작 자신은 불출마선언을 발표했다(1952. 3. 26). 이와 동시에 이승만의 재출마와 직접 대통령을 선출할 수 있는 권리를 요구하는 관제 군중시위가 임시수도 부산을 휩쓸었고 군부는 이를 빙자하여 부산 일원에 계엄령을 선포했다. 결국 생명의 위협을 느끼는 공포분위기 속에서 이승만의 의도가 관철되고 1952년 대통령선거에서 총투표수의 74.6퍼센트라는 압도적 표수로 대통령에 재선되었다.

이승만의 재집권에 결정적인 공로자는 족청(族靑)계열의 지도했던 동시에 전경찰의 총수였던 이범석이었는데, 정작 이승만은 이범석의 기대와 달리 함태영을 부통령 후보로 지명했다. 이것은 장택상 등 비족청계열의 주도로 이루어졌다고 하지만 1953년 5월에 있었던 자유당의 제2차 전당대회에서 중앙위원회를 조종하여 중앙위로 하여금 이범석과 그의 추종자들을 '분열분자'들로 몰아 이범석의 자유당 부의장직을 박탈한 것에서 보이듯이 족청계열을 견제하고자 했던 이승만의 의도에 따른 것이었다.[205]

결국 이승만은 한국전쟁을 통해 남한 내의 반미세력을 거세해냈을 뿐만 아니라 이남의 지주계급을 기반으로 했던 한민당의 후신인 민국당을 중심으로 하는 국회 내의 자유민주주의적인 반이(反李)세력까지도 제압하기 위해서 이범석을 앞세워 지극히 비자유민주주의적인 테러전술을 구사했던 것이다. 이들 반이세력의 굴복은 직접적으로는 이승만의 카리스마와 물리력이 결합한 결과였지만 그것을 뒷받침하고 있었던 것은 한국전쟁을 통해 남한사회의 지배적 이데올로기로 확립된 분단이데올로기와 한국전쟁을 통한 지주계급의 몰락이었다.

이와 같은 정치구조의 구축과 함께 한국전쟁은 당연히 남북한의 비대화된 군사적 대립구조를 결과했다. 한국전쟁 기간만 보아도 남한의 군사력은 1950년 경찰과 대한청년단을 제외한 육·해·공군의 총병력수 약 10만명에서 1953년 휴전조약 체결 당시에는 무려 63만 3,411명[206]으로 증가를 보였던 것이다. 또한 군사비 측면에서 볼 때에도 남한의 군사비는 전쟁 중이었던 1950~53년 동안은 연간 평균 62퍼센트, 그리고 전후 1957~60년 동안에는 연간 평균 40퍼센트라는 높은 비율의 증가를 기록했다.[207]

한국전쟁이 지니고 있는 최대 특징 중 하나는 미국의 전폭적인 군사적 개입이 있었다는 점이다. 한국전쟁에서 미국은 대대적으로 개입했고 한국군의 작전지휘권을 이양받아 사실상 전쟁을 주도했다. 이와 같은 특징은 휴전 이후 남북 군사정세의 형성에서 그 기본적인 조건과 기반을 형성하게 된다.[208] 1953년 10월 1일 체결된 한미방위조약은 이를 구체적으로 표현하는 것이었다. 이 조약 제4조에는 미 육·해·공군을 합의에 따라서 한국의 영내와 인접지역에 배치할 권리를 허용하고, 미국은 이를 접수한다고 함으로써 미군의 주둔을 보장하고 있는 것이다. 이와 같은 미군의 주둔은 결국 "헌법 절차에 따라 한국을 군사적으로 지원한다"는 단서를 붙여, 유럽 혹은 북미의 어느 한 나라에 대한 공격은 곧 북대서양조약기구 전체 국에 대한 공격으로 간주되는 것과는 달리 미국의 자율성을 보장해주면서도 사실상 연계철선(trip wire)적으로 자동개입할 수 있는 형태를 띠고 있는 것이다.[209]

전쟁이 결과한 군사정세에서 또 하나의 기본적인 특징은 미국에 의한 남한의 대소핵기지화다. 1954년 직후부터 휴전이 파기될 경우 중국군의 인해전술을 상쇄하기 위하여서라는 명분 아래 미국의 전술핵(tactical nuclear warheads)이 배치되기 시작했던 것이다. 반면에 소련이 한국전쟁 이후에 북한에 대하여 핵보호를 공약하거나 언급한 예는 없었다.[210] 미국은 남한에서의 대량보복전략에 따른 전술핵무기의 사용과 배치에 관하여 수차 언명하면서[211] 주한미군과 남한의 군사력 감축을 전략적으로 뒷받침하고 있었다. 이러한 미국의 전략에 따라 남한 군사력의 감축이 이루어졌던 것이다. 1958년 3월 31일 한·미 간에 한국군 6만 감축원칙에 대한 합의가 이루어졌고, 이어서 5월 1일 중부전선에서 미국 측의 보증을 상징하는 어네스트 존(Honest John) 로케트와 원자포의 시범발사가 있었다.[212] 이러한 감축 합의에 따라 남한은 1958년도에 전년도보다 약 1억 달러가 증액된 3억 5,350만 달러의 군원을 제공받았고 남한의 군사력은 70만에서 60여 만으로 감축되었다. 한편 미지상군은 12만에서 1956년에는 5만으로 감축되었다. 이러한 미국의 군사정책은 그들의 대량보복전략에 바탕을 둔 것으로서 공산 측의 남침은 핵무기로 억지하고 남한의 군사력은 북한보다 우위에 놓지 않고 오히려 한 단계 하위에 두면서 균형은 미국이 조정한다는 방침에 따른 것이었다.[213]

이에 맞서 북한 측은 과중한 군사비 부담을 지지 않으면 안 되었다. 1958년 중국 의용군의 철수를 앞두고 북한은 미군 예하의 남쪽 전력에 대응하여 급속한 군사력 증대를 도모함으로써 1950년 18만 2천 명이었던 총병력수[214]는 1958년 38만 3천 명에 이르게 되었다.[215] 한국전쟁을 경과하면서 이룩된 이와 같은 남북한 군사력의 비대화는 어느 일방의 무력에 의거한 통일을 경계하는 상호불신의 악순환을 반영하는 것인 동시에 내부적으로는 분단구조의 기득권자들을 보위하는 물리력의 성격을 지닌 것이기도 했다.

7. 맺음말

분단현실을 극복하기 위해서는 먼저 분단의 성격을 올바로 이해하지 않으면 안 될 것이다. 외국의 한 한국연구가는 제3세계 경제성장의 관점에서 "남북한은 각기 가장 전형적인 자본주의 국가요 사회주의 국가처럼 보인다"고 말하면서 그러나 제3세계 정치발전의 측면에서 양자는 각기 최악의 자본주의요, 최악의 사회주의라고 보는 시각이 있음을 지적한 바 있다.[216] 이러한 언급은 현재 우리 민족이 안고 있는 가능성과 질곡의 이율배반적 수수께끼[217]에 대한 제3자적 평가를 담고 있다. 그 이율배반적 수수께끼는 현재의 분단구조가 안고 있는 여러 모순을 함축하고 있는 것이다.

기존의 많은 연구는 분단의 기원에 주목함으로써 이와 같은 수수께끼를 푸는 데 기여해왔다. 그러나 연구자는 분단의 최종 봉인과정이라고 할 수 있는 한국전쟁이 이에 대한 보다 완결적인 해답을 줄 수 있다고 생각했다. 분단구조화의 과정에서 한국전쟁의 기원, 전개과정, 그리고 그 성격 등은 어떻게 설명될 수 있으며, 역으로 한국전쟁이 분단구조화의 과정에 미친 영향은 무엇이었는가? 결국 한국전쟁을 어떻게 기록할 것인가라고 하는 이와 같은 문제제기는 통일을 위한 기초작업으로서의 의미를 지니는 것이다. 외적으로 민족자주, 내적으로 민족단합을 공고히 하는 통일의 구체적 모습이란 단순히 영토적 연합이나 이산가족의 만남일 뿐만 아니라 우리 민족이 가져야 할 하나의 역사를 세우는 일이기도 하기 때문이다.

이 글을 통해 우리가 살펴본 바와 같이 한국전쟁은 1948년의 잠정분단적 양축구조를 고정분단적 양축구조로 전변시킨 결정적인 매개변수로서 작용했고 그 결과 그것은 다음과 같은 의미를 지니는 분단현대사의 가장 중요한 결절점으로 자리 잡게 되었다. 첫째로, 한국전쟁은 우리 민족에게 해방의 기회를 안겨준 제2차 세계대전 이후 새롭게 생성·발전되고 있던 민족모순이 폭발된 것이었음과 아울러, 역으로 자본주의 내적 위기의 해소 혹은 지연을 결과했던 그 국제적 성격을 통해 한반도에서의 역사적 흐름을 보편적 세계사의 현대사적 전개 속에 총체적으로 맞물리는 구조로 정착시켰던 것이다. 즉 한국전쟁의 경과를 통해 비로소 한국사는 진정한 의미에서 세계사의 일부가 되었고 이후의 세계사는 한국사에 곧바로 투영되는 구조가 마련되었던 것이다. 둘째로, 한반도 내부갈등의 발현과정에 주목하여 보더라도 한국전쟁은 그것이 불수의적으로 결과한 시민혁명적 성격으로 말미암아 분단현대사의 새로운 기점을 형성하게 된다. 비록 아직까지도 완전하게 청산되지는 못했지만 조선시대 이후 지속되어온 반봉건적 상·하부 구조는 한국전쟁을 통한 폭발적 토지개혁, 인구의 수직·수평 대이동, 전화(戰禍)로 인한 봉건적 경제구조의 파괴, 그리고 다수 인구의 사망 등으로 결정적인 파손을 경험했던 것이다. 끝으로 한국전쟁은 개항 이래 지속되어오던 외압력을 주체적으로 극복하고자 했던 내발력의 통합적 신장이 민족사의 중심 형성으로 이어지지 못하고 다시 한번 침잠하게 되는 계기를 이루었다.

   제2차 세계대전 이후의 과정에서 변함없이 지속되어온 전쟁당사자는 새롭게 대두하고 있던 민족통일전선과 제국주의라는 두 주체 이외에는 찾을 수 없다. 한국전의 공중에 나치 출신 조종사들이 투입되었던 것이나, 미군의 원산상륙에 앞서 일제의 기뢰제거함정이 동원되고 식민지피압박민족을 생체표본으로 한 세균기술이 공유되었던 것은 결코 우연한 일이 아니었던 것이다. 따라서 전쟁의 당사자를 묻고 또 개전의 책임을 따지고자 한다면 이 두 전쟁당사자들만이 심판대 위에 설 수 있는 것이며 그것만이 전쟁책임론에 대한 궁극적인 응답을 마련해줄 수 있을 것이다.

   우리는 한국전쟁이 결코 단순과거적 사건이 아니며 바로 지금 이 순간에도 우리 민족이 전쟁상태를 강요당하고 있다는 사실을 일상생활 속에서 너무도 쉽게 망각한다. 국제법상 우리 민족이 지금까지도 준전쟁상황에 놓여 있다는 사실은, 항상 반민주적 논리의 선전자료로서만 활용되어왔다. 그렇기 때문에 무엇이 우리 민족주체가 세계사 속에서 평화적으로 기여할 수 있는 기회를 박탈했고, 민족상잔으로 치닫는 필연의 활시위를 당겼던가 하는 물음 앞에 정면으로 서는 일은 대내적 주권의 귀속문제를 둘러싼 민주화의 도정에서도 피할 수 없는 관문인 것이다. 과거사로 묻어두고 분단을 고정화하는 선전자료로서만 방치해두고 있는 한, 한국전쟁은 계속적으로 복제되는 이데올로기적 괴물로서 진정한 주권자들을 압박할 것이다.

이제 우리는 더 이상 한국전쟁의 장으로부터 탈영할 수 없으며 한국전쟁의 진정한 종식을 위하여 노력하여야 한다. 그것은 일괄적인 방식이든 단계적인 방식이든 한국전쟁을 매개했고 또한 그 결과물이기도 한 분단상황의 종식을 필요조건으로 하는 것이며, 역으로 한국전쟁을 정면으로 인식하려는 노력은—민족해방과 인간해방이라는 기축 위에 우리의 통일운동이 위치지어지는 것인 한—또한 통일운동세력의 회피할 수 없는 의무로 되는 것이다.

한국전쟁이 남겨놓은 분단구조는 외세의 지배구조를 응축하고 있는 그 성격으로 인해서 오늘의 통일운동이 때로 반제운동보다 상위에 놓일 수 있는 근거로 된다. 이와 같은 현실에 의한 역규정성으로 인해 분단극복의 문제는 단순히 자주화운동에 종속되는 차원으로서가 아니라 자주화운동과 동일한 위치에서 자주화운동을 매개하는 주요한 위치를 확보하게 된 것이다. 한국전쟁의 기본성격이 제2차 세계대전 후 반제반파쇼통일전선이 주체가 되어 수행했어야 할 미결과제를 완수하는 것이었다고 해서 휴전협정 이후 지속되고 있는 민족적 과제를 그와 같은 미결과제의 선결로 기계적으로 치환할 수는 없다. 현재로서는 반제적 과제를 달성함으로써 통일과업으로 나아갈 수 있는 것이 아니라 오히려 통일운동의 증폭을 통해서 민족자주화의 사명을 달성할 수 있는 여지가 주어지는 것이다. 이것이 오늘의 실천적 맥락에서 한국전쟁의 세계사적 의미와 분단사적 의미 간에 교차되고 있는 변증법을 올바로 이해하는 방식일 것이다.

여기서 통일운동세력이 잔인한 광폭성을 지니며 기능해왔던 분단구조의 본질을 밝혀낸다는 것은 그것이 합리화해주고 있는, 우리 민족뿐만 아니라 전 인류의 생존을 위협하고 있는 핵무기 및 기타 살상무기의 제조·판매 등을 포함한 제국주의적 이해관계를 폭로하는 것으로 되며, 그 자체 통일운동으로서의 성격을 내포하고 있으면서도 역설적으로 현단계 통일운동의 대중적 확산을 가로막고 있는 한국전쟁의 잔영과 제2차 한국전쟁의 암영을 우리 민족의 분단사와 함께 영원히 지워버리기 위한 작업이 되는 것이다. 결국 이것이 단일민족의 통일된 역사교과서 위에 한국전쟁이 기록되는 유일한 방식일 것이다.

주 _____

1) 강만길 교수는 해방 후의 현대사를 기본적으로 통일민족국가시대의 전사(前史)로 파악하여 그 명칭에서도 '분단시대' 혹은 '통일운동시대'라고 이름할 것을 제안한 바 있다(강만길, 「분단시대 사학의 성격」, 『분단시대의 역사인식』, 창작과비평사, 1978, 15쪽).
2) 한국전쟁이 지니고 있는 다대한 함의에도 불구하고 민족전체사적 관점에서 이를 적극적으로 인식하려는 노력은 아직 부족한 실정이다. 우선 역사교과서를 보더라도 미국의 고등학교 세계사교과서에는 6·25전쟁에 관한 내용이 별도의 단원을 차지하여 2쪽을 차지하고 있고, 다른 쪽에서 6·25전쟁을 설명하기 위하여 한반도 지도가 1쪽을 메우고 있는가 하면, 일본과 영국의 세계사교과서에는 6·25의 배경으로서 세계적인 냉전체제의 형성과 미·소대립의 첨예화, 6·25의 세계사적 여파가 상세하게 취급되고 있는 데 반하여, 우리의 한 교과서에는 단 8행만이 그것을 언급하고 있고, 다른 한 교과서에는 단 한 문장만으로 그것을 설명하고 있다(『조선일보』, 1987년 1월 9일). 학술적인 연구의 성과를 비교해보더라도 이와 유사한 경향이 드러나고 있음을 볼 수 있는데, 최근 미국에서 출판된 한국전쟁관계 문헌목록만 보더라도 무려 2,311권에 달하는 한국전쟁관계 문헌의 대부분이 외국인 연구자에 의해 이루어진 것임을 알 수 있다(Keith D. McFarland, *The Korean War: An Annotated Bibliography*, New York: Garland, 1986).
3) 이 개념은 다음에서 차용한 것이다. 한흥수, 「한국전쟁의 국내적 환경」, 한국정치외교사학회 제10회 연구발표회(1987. 12).
4) 김우정, 「분단모순의 재인식」, 서울지역 교지 편집인연협회, 『백두에서 한라까지』(돌베개, 1988), 12쪽.
5) 슬라브민족의 세력확장정책과 한국분단의 상관성을 주장하고 있는 이 입장의 논자에 관해서는 홍종혁, 『한국분단의 역사적 고찰』(인문출판사, 1974), 16~24쪽.
6) 그러나 초기 외인론 자체의 세련화가 이루어지고 있기도 한다. 북한의 '소비에트'화(化)가 분단의 주요 계기였고 분단국가로서 북한은 곧 소련의 위성국가와 다름없다고 파악하는 이 입장의 논리를 정교화하고 있는 글로는 서대숙, 「소련의 북한의 위성국가화」, 한국전쟁연구회, 『한국전쟁 전후 민족격동기의 재조명』(한국전쟁연구 심포지엄, 1987. 6. 15~6. 16).
7) 조순승, 『한국분단사』(형성사, 1983), 13쪽.

8) 38도선 설정의 기원문제는 한국분단을 외인론 I의 견지에서 파악하는 논자들에게 특히 주요한 쟁점으로 되어왔다. 이에 관하여서는 종래 얄타밀약설과 군사적 편의주의설이 대립되어왔으나 최근 '포츠담밀약설'이 새롭게 제기되고 있기도 하다. 이것은 미·소의 공동책임을 전제하고 있다는 점에서는 종래의 입장과 유사하나 양대국의 '정치야합'의 측면을 좀더 부각하고 있다. 신용하, 「8·15해방 전후 한국인의 역사인식」, 동아일보사 편, 『현대사를 어떻게 볼 것인가 1』(동아일보사, 1987), 27~32쪽; 최봉대, 「분단책임은 누구에게 있나」, 『월간중앙』, 1988년 8월, 359~60쪽.
9) 김광식은 이 입장에 대해서 한국분단을 초기의 외인론에 의거하여 예단하고 미국에 대해서는 기대어린 원망의 관점에서 분단의 책임을 추궁함으로써 양국의 균등책임론 혹은 소련 우위의 공동책임론을 주장하고 있다고 비판한다(김광식, 「8·15 직후사를 바라보는 두 가지 관점」, 『녹두서평』, 녹두, 1986, 385쪽).
10) 신용하, 앞의 글, 26쪽.
11) 같은 글, 33쪽.
12) 이것의 논리적 귀결은 분단 자체가 민족적 역량으로는 막을 수 없었던 불가항력적인 것이 될 수 있으며, 따라서 분단불가피론, 나아가서 분단당연론으로까지 빠질 수 있다(강만길, 「남북분단, 누구의 책임인가」, 『신동아』, 1988년 8월, 231쪽; 강만길, 『한국현대사』, 창작과비평사, 1984, 163~65쪽). 이와 같은 비판은 내인론과의 논쟁과정에서 처음으로 제기되었다. 이처럼 분단구조의 주체적 극복을 위하여 내재적 요인에 대한 분석을 중시하는 것은 후술하게 될 내인론의 기본논지를 이루고 있다.
13) 이와 같은 비판은 복합론 II의 논자들에 의해서 주도되었다. 특히 김우정, 앞의 글, 11~16쪽; 백욱인, 「분단과 민족문제」, 『실천문학』 11호(실천문학사, 1988년 가을), 352쪽을 참조.
14) 이것은 특히 외인론 I의 범주에 속하는 신용하 교수의 논리와 배치되는 역사 해석이라고 할 수 있다. 노선의 분화에도 불구하고 통일민족국가 수립의 모태가 될 수 있었던 민족협동전선이 존재했다는 신용하의 주장과는 달리 강만길은 일본이 패망할 무렵의 민족운동전선을 (1) 가장 우익 측에는 김구 등을 중심으로 하는 한국독립당세력, (2) 그보다 조금 좌익 측이라 할 수 있는 김규식·김원봉 등의 민족혁명당세력, (3) 국내 비밀결사로서 여운형의 건국동맹세력, (4) 김두봉·최창익 등의 독립동맹세력, (5) 만주의 조국광복회세력, (6) 국내의 박헌영 중심의

공산당 재건운동세력의 6개 계통으로 파악함으로써 그 계통파악에서부터 (1), (2), (3), (4)의 계통만을 인정하고 있는 신용하의 해석과는 차이를 보여주면서, 결국 "민족분단의 민족사 내적 원인의 하나는 이와 같은 민족운동전선의 통일이 이루어지지 못한 데 있으며, 그 구체적인 결과는 전선연합운동의 핵심체 중 하나였던 임시정부세력이 모두 개인자격으로 귀국했고, 어느 독립운동세력도 전체 한반도의 새로운 국가 건설을 위한 총선거를 담당하는 세력이 될 수 없었던 것이다"라고 분석하고 있다(강만길, 『남북분단, 누구의 책임인가』, 226~27쪽; 강만길, 「민족분단의 역사적 원인」, 『한국민족운동사론』, 한길사, 1985, 87~95쪽).

15) 이들은 해방 당시는 물론 현재에까지 중도파가 중심이 되는 중립화통일이 분단 극복을 위한 가장 적합한 방안이라고 보고 있다. 중립화통일에 대한 이들의 주장과 관련해서는 강만길, 『분단시대의 역사인식』을 보라.

16) 이호재, 「한반도 분단 피할 수 없었는가」, 『새로운 한민족외교』(나남, 1987), 139쪽.

17) 같은 글, 132쪽. 이와 아울러 내인론자들은 오히려 외인론자들보다 한국분단에 미친 지정학적 영향이라는 측면을 강조하고 있음을 볼 수 있는데, 이것은 그들이 과거 지정학적 위치에 대한 적극적 평가작업을 통해 그것이 한반도의 분단극복에 주체적으로 이용되어야 했으며 현재에도 이용될 수 있다고 인식하고 있는 것에 기초한다. 이것은 또한 이들이 내세우는 중립화통일론의 근거이기도 하다. 강만길, 『한국현대사』, 169쪽; 강만길 『한국민족운동사론』, 87쪽; 이호재, 앞의 글, 182~84쪽

18) 이호재, 앞의 글, 138쪽.

19) 외인론의 입장이 미국 혹은 소련이라는 외세의 책임에만 착목하고 있는 데 비해 한국분단에 대한 일제의 책임을 오히려 준열하게 파헤치고 있는 것은 적어도 현재까지 다른 여타의 입장과 구별되는 내인론의 장점이라고 할 수 있을 것이다.

20) 1942년 4월과 1945년 5월에 주중 미대사 클란스와 주소 미대사 해리만은 조선의 북부 국경지대에 조선인으로 구성된 방대한 무장력이 있는데 그들이 대일전쟁에 참전하여 독립정부를 세울 것으로 보인다는 보고를 미 대통령 앞으로 제출한 바 있다.

21) 이남에서는 1945년 10월 말까지 7개 도, 12개 시, 134개 군에 각급 인민위원회들이 창설되었고 1945년 8월 말까지 함경남도 안에 3개시, 16개 군, 129개 면에서 인민위원회가 창설된 것을 위시하여 1945년 11월 말까지 이북의 6개 도 안의 모

든 시·군·면·리 등에 걸쳐 인민위원회가 창설되어 활동을 개시했다. 이에 관한 자세한 내용은 김용복, 「해방 직후 북한의 정권기관에 관한 연구―북조선임시인민위원회의 수립과 활동을 중심으로」(서울대 정치학과 석사학위논문, 1988)를 참조.

22) 이 입장의 논자들이 당시의 좌우합작운동에 대하여 기대어린 높은 평가를 하고 있는 복합론 II의 논자들이 당시 우익과의 통일전선의 가능성에 대하여 회의적 평가를 가하고 있는 것과 비교해볼 때, 역사인식상의 커다란 차이점이다(강만길, 「좌우합작운동의 경위와 그 성격」, 『한국민족주이론』(창작과비평사, 1983). 그러나 좌우합작은 외세의 실체에 대한 충분한 인식이 결여된 상태에서 남한만의 명망가들을 중심으로 추진되었던 반면, 남북협상운동은 외세의 의도가 이미 노골화된 상황에서 중국에서의 국공합작과 비견될 수 있는 포괄성을 지니면서 진행된 것이라는 점이 강조되어야 할 것이다. 외인론 II의 입장에서 보았을 때, 내인론은 전자를 과대평가하려는 점에서, 복합론은 후자를 과소평가하려는 점에서 각각 우편향 및 좌편향적 해석으로 분류된다.

23) 김우정, 앞의 글, 16~22쪽; 백욱인, 앞의 글, 352~60쪽; 박승구, 「해방과 분단의 과정과 의미」, 윤한택·조형제 외, 『사회과학개론』(백산서당, 1987), 95~297쪽; 박형준, 「외세와 재배계급 그리고 민중」, 『실천문학』 1988년 여름호(실천문학사), 40~40쪽.

24) 허성혁, 『민중민주운동론』(참한, 1988), 151쪽. 이처럼 한국분단에 미친 체제간 모순의 규정력을 비교적 일찍부터 체계적으로 분석해놓고 있는 글로는 손영원, 「분단의 구조」, 김홍명 외, 『국가이론과 분단한국』(한울, 1985), 59~92쪽이 있다.

25) 허성혁, 앞의 책, 183쪽.

26) 같은 책, 188~92쪽, 이것은 외인론 II의 입장과 비교할 때 매우 중요한 차이점이다.

27) 같은 책, 182~84쪽.

28) 박승구, 앞의 글, 295쪽.

29) 조진경, 『민족자주화운동론』 I(백산서당, 1988), 71~86쪽.

30) 한석재, 「조국의 자주적 평화통일을 위하여」, 『연세』 27집 (1988), 23쪽; 한홍구, 「반외세 자주화와 민족통일」, 『대학신문』, 1987년 11월 16일.

31) 최장집 교수 역시 외인론 II의 유사한 관점에서 이러한 해석을 제시하고 있음을

볼 수 있다(동아일보사 주최, 대토론―「현대사를 어떻게 볼 것인가 IV: 6·25의 국제적 성격과 국내적 영향」(1988. 6. 10);『동아일보』, 1988년 6월 11일.
32) 백욱인, 앞의 글, 356~57쪽.
33) 조진경, 앞의 책, 53~54쪽.
34) 한홍구, 앞의 글, 22쪽.
35) 김범찬,「한반도 통일문제와 미국」,『숭실』29호(숭실대학교, 1988), 95쪽.
36) 이에 관해서는 이범준,『'말라야' 공산게릴라전연구』(고려대학교 아세아문제연구소, 1968) 참조.
37) 이에 상응하는 소련의 편파적 세계정책으로서 즈다노프노선이 있다. 김학준,「분단의 배경과 고정화 과정」,『해방전후사의 인식』(한길사, 1979), 97쪽.
38) John Lewis Gaddis, "Was The Truman Doctrine A Real Turning Point?," *Foreign Affairs*, vol. 52. no. 2(1974, January), 386~402쪽.
39) 밀로반 질라스,『스탈린과의 대화』(여명문화사, 1962), 100쪽.
40) 하지의 발언, Hugh Borton et., *The Far East 1942-1946*, 473쪽; 데이비드 콩드,『분단과 미국 2(1945-1950)』(사계절, 1988), 138쪽에서 재인용.
41) "Secretary Marshall's Speech on Korea in the U.N."(September 17, 1947); Donald G. Tewksbury, *Source Materials on Korean Politics and Ideologies*(New York: International Secretariat Institute of Pacific Relations, 1950), 82쪽;『새한민보』1권 9호(1947년 9월 하순).
42) United States, Department of States, *Foreign Relations of the United States, Diplomatic Papers*(이하 *FRUS*), 1945, vol. VI(Washington D.C.: United States Government Printing Office, 1969), 1074쪽;『조선인민보』, 1946년 3월 21일.
43) 북조선 주둔 소련 25군사령관 치스차코프 대장의 성명서(1945. 8. 25); 森田芳夫,『朝鮮終戰の記錄: 米ソ兩軍の進駐と日本人の引揚』(東京: 巖南堂書店, 1964), 184쪽. 또한 8월 30일의 보고서에 따르면, 함경남도 소련군 사령관은 도지사와 공동으로 다음과 같은 성명을 발표했다는 기록도 있다. "한국에 대한 정치일정이 결정될 때까지, 소련군은 기존의 정부와 (일제의) 군사기구를 통하여 각 도를 통치할 것이다. …… 공공치안을 파괴하거나 해롭게 하는 자는 중벌이나 사형에 처할 것이다."『대중』, 1945년 9월 30일; B. Cumings, *The Origins of the Korean War*(Princeton: Princeton University Press, 1981), 387쪽에서 재인용.
44) 북조선주둔 소련 25군사령관 치스차코프 대장의 성명서(1945. 10. 12);『조선중

앙년감』, 1949년([평양]: 조선중앙통신사, 1949), 55쪽.
45) 『새한민보』 27호, 1947년 9월 21일.
46) 『새한민보』 1권 9호, 1947년 9월 하순. 이와 아울러 소련 측은 "적국을 패배시키는 데 책임진 정부가 평화안전에 관한 사항을 결정할 의무가 있다"고 규정되어 있는 유엔헌장 제107조에 의거하여 미소공위를 통해 한국문제를 해결하는 것이 정당하다는 주장을 개진했다.
47) 『새한민보』 1권 10호, 1947년 10월 상순.
48) 『새한민보』 1권 12호, 1947년 10월 하순.
49) 구영록·배영수, 『한미관계: 1882-1982』(서울대학교 미국학연구소, 1982), 52~53쪽.
50) 『새한민보』 1권 11호, 1947년 10월 중순.
51) 이 문제와 관련하여 당시 일반 민중들의 행동정향은 어떠한 것이었는가 하는 점이 중요하다고 하겠다. 당시 『조선일보』에서 실시한 여론조사의 결과는 다음과 같다.

   * 유엔이 한국문제 해결에 성공하리라고 보십니까.

   　　찬성: 17% / 반대: 83%

   * 미·소군의 동시철수라는 소련 측 제안에 대하여 어떻게 생각하십니까.

   　　찬성: 57% / 반대: 43%

   Kang, Han Mu, "The United States Military Government in Korea, 1945-1948: An Analysis and Evalution of Its Policy," University of Cincinnati, Ph. D., 1970(Ann Arbor: University Microfilms International, 1984), 179쪽.
52) Hans Kelsen, The Laws of the United Nations(London: The London Institute of World Affairs, 1951), 199, 809쪽: 최봉윤, 『민족통일운동사』(한백사, 1988), 79쪽에서 재인용.
53) Leland M. Goodrich, Korea: A Study of U.S. Policy in the United Nations(New York: Council on Foreign Relations, 1956), 30쪽.
54) "Résolutions adoptées par l'Assemblée générale au cours de as cent-douzième séance plénière"(14 Novembre 1947).
55) Leland M. Goodrich, 앞의 책, 43쪽.
56) "A.A. Gromyko's Speech on Korea in the U.N."(November 13, 1947), Donald G. Tewskbury(comp.), 앞의 책, 87쪽.

57) Rebert M. Slusser, "*Soviet Far Eastern Policy, 1945-50*," Yonosuke Nagai and Akira Iriye ed., *The Origins of the Cold War in Asia*(Tokyo: University of Tokyo Press, 1977), 138쪽.

58) 다만 이 점에서 "소련사람들은 별로 인기가 없었지만 보다 대중적인 정책을 폈던 반면 미국인들의 경우는 그 반대였다"(J. Halliday, "Anti-Communism and the Korean Wor(1950-1953)," R. Milliband et al. ed., *The Socialist Register 1984*(London: The Merlin Press, 1984, 132쪽).

59) 이는 단지 당시 좌우대립의 양상에 대한 서술일 뿐이다. 실제로 당시 남한사회가 직면하고 있던 주요한 문제가 계급적 문제였던 것은 아니다.

60) 미군정에 의한 정파 분류에 관해서는, United States Armed Forces in Korea, "History of United States Armed Forces in Korea," Manuscript in Office of the Chief of Miliary History, Washington D.C.(Seoul and Tokyo, 1947, 1948), part II, chapter II, 11~14쪽.

61) 강만길, 『한국현대사』, 205쪽.

62) 『독립신보』 제256호, 1946년 6월 5일.

63) 『조선일보』, 1946년 6월 8일; 송건호, 「탁치안의 제의와 찬반탁 논쟁」, 변형윤 외, 『분단시대와 한국사회』(까치, 1977), 67쪽에서 재인용.

64) Scripps-Howard correspondent, *Washington Daily News*, 1947년 5월 19일; 데이비드 콩드, 앞의 책, 127쪽에서 재인용.

65) 같은 책, 86쪽.

66) 이승만의 정읍발언이 있자 한독당은 선전부장 엄항섭을 통해 "미소공위가 재개되어 자주독립의 임시정부 수립에 적극적 원조가 있기를 바란다"는 뜻을 밝히면서 "항간에 단독정부수립설이 유포되고 있으나 우리 당으로서는 이에 찬성할 수 없다"는 입장을 분명히 했다(『독립신보』 제256호, 1947년 6월 5일).

67) 『새한민보』 1권 10호, 1947년 10월 상순.

68) 『새한민보』 2권 3호, 1948년 2월 상순.

69) 여운형은 주요한 정치적 국면에 앞서 북한을 방문하곤 했으며 북한의 정치지도자들과 계속적인 서신연락을 취하면서 협력관계를 유지하려고 노력했다. 그가 북한의 정치지도자들과 교환했던 서신은 다음에 수록되어 있다. 방선주, 「미국 제24군 G-2 군사실 자료 해제」, 『아시아문화』 제3호(한림대학 아시아문화연구소, 1987), 40~46쪽.

70) 『새한민보』 2권 10호, 1948년 5월 상·중순.
71) 『새한민보』 1권 12호, 1947년 10월 하순.
72) 공산주의자들의 전통에서 상층통일전선과 하층통일전선의 개념은 제4차 코민테른대회에서 처음으로 정식화되었다. 상·하층의 구분은 통일전선 대상의 계급적 직위와 신분을 고려하여, 보다 정확하게는 연대의 대상이 되고 있는 정당 혹은 단체 내의 지도부와 일반구성원을 구분해서 보는 것이다. 공산주의적 전통에서 볼 때, 하층통일전선전술은 사회세력들을 공산주의자들의 지도력 아래 집결하기 위하여 먼저 통일전선의 대상이 되고 있는 정당 혹은 단체의 일반구성원을 포섭함으로써 그 지도부의 고립·약화에 주력하는 전술이다. 반면 상층통일 전선전술은 대상 정당 전체를 동맹자로 간주하면서 지도부 간의 교섭도 중시하는 전술이라고 할 수 있다. 양원석, 「공산주의의 통일전선전술에 관한 연구」(중앙대학교 정외과 석사학위논문, 1984), 6~35쪽; 김용규, 「북한의 통일전선에 관한 연구」, (동국대학교 행정대학원 석사학위논문, 1987), 23~25쪽.
73) 특히 남북협상과정에서 남로계열과 여타 좌파 명망가들 간의 균열적인 모습에 관해서는 고영민(고준석), 『해방정국의 증언-어느 혁명가의 수기』(사계절, 1987), 206~12쪽을 보라.
74) 『독립신문』 제467호, 1947년 10월 24일.
75) 『노력인민』 제72호, 1947년 12월 6일.
76) 『독립신보』 제469호, 1947년 10월 28일.
77) 『노력인민』 제70호, 1947년 12월 6일.
78) 高日京 外, 『現代民族史の再認識』(東京: 扶邦文化社, 1984), 148~53쪽.
79) K.P.S. 메논, 「국제연합 임시위원단 의장으로서 소총회에서의 성명」(1948년 2월 17일); 모윤숙 편·정인섭 역, 『메논 박사 연설집』(문화당, 1948), 33~61쪽.
80) 이와 같은 규정은 유엔임시위원단의 감시하에 수립된 대한민국이 한반도의 남쪽 지역에서만이 그 합법성이 인정된다는 규정으로서 사실상 한반도의 분단을 승인한 것이라고 볼 수 있다. 이후 이와 같은 규정은 한미연합군에 의한 북한점령 시 북한지역에 대한 대한민국의 최고통치권이 부인되고 유엔군정이 실시되게 되는 국제법적 근거로 된다.
81) 조선민주주의인민공화국 내무성 문화국 편, 『소련의 대외정책 1947~50년 동기 전투 정치훈련기간(하사 및 전사조)』『정치상학교재』, no. 18([평양]: 내무성 문화국, 1950), 20쪽.

82) 조선민주주의인민공화국 과학원 력사연구소, 『조선통사』 하(東京: 學友書房, [1958]), 120쪽.
83) 1949년 8월 당시 남한에서는 '지원' 봉사를 요구하는 군사노동징병법이 제정되었다. 이 법률은 대한민국 청년의 30~70퍼센트에 달하는 징병기피자들을 병력화하고 모든 중학교에서 군사교육을 강제할 수 있는 근거가 되었다.
84) 서동구 역편, 『한반도의 긴장과 미국—25년 오늘, 미국무성 외교문서가 벗긴 6·25 비록』(대한공론사, 1977), 45~47쪽.
85) 국방부 정훈국 전사편찬위원회, 『한국동란 1년지: 1950~1951』(국방부, 1951), D-66.
86) 당시 이승만정부의 정치고문이었던 올리버의 증언에 따르면 이승만은 이 문제로 인해 상당한 곤란에 처해 있었던 것 같다. 다음은 올리버가 증언하고 있는 당시 이승만의 고백이다. "예산은 점점 균형을 잃어가고 정부 전체가 혼란에 빠져 있소. 이 일에 대해 무엇인가 해야겠소"(로버트 T. 올리버, 『이승만 비록』, 한국문화출판사, 1982, 315쪽).
87) 갖가지 심리적·물리적 압박에도 불구하고 단기(單記)투표에 의한 다수대표제를 채택하고 있던 2대 선거에서 이들에게 보인 다음과 같은 지지도는 당시 민심의 일단을 보여주는 것이었다. 조소앙 3만 4,035(전국최다득표), 원세훈, 1만 1,608 표, 오하영 2만 1,199표(이상 서울. 서울지역 입후보자 평균득표수 3,259표), 안재홍 1만 4,549표, 조봉암 1만 4,095표(이상 경기. 경기지역 입후보자 평균득표수 2,289표), 장건상 2만 6,720표(경남. 경남지역 입후보자 평균득표수 3,242표)
88) 이들의 활동에 관해서는 고영민, 『해방정국의 증언—어느 혁명가의 수기』, 144~53쪽; 이기하, 『한국공산주의운동사』(국토통일원, 1976), 294~306쪽 참조.
89) 성시백은 김일성에 의해 밀파되어 남로당에 대한 감시와 보고, 남한에 대한 전반적인 탐지보고와 남로당과는 별개 조직체제 조성 등의 임무를 담당했다(이기하, 앞의 책, 296쪽).
90) 유엔한국위원회, 「한반도의 정치정세」(1949).
91) Richard Rovere and Arthur Schlesinger, Jr., *The General and the President: The Future of American Foreign Policy*(New York: Farrar, 1951), 110~11 쪽; 데이비드 콩드, 『한국전쟁, 또 하나의 시각』 1(과학과사상, 1988), 46쪽에서 재인용.

92) *Facts Tell*(Pyongyang: Foerign Languages Publishing House, 1960), 13쪽; 데이비드 콩드, 앞의 책, 22쪽에서 재인용. *Facts Tell*은 한국전쟁 중 북한 측이 노획한 비밀문서 모음집인데, 고덴커(Gordenker)에 따르자면 이 책에 수록된 문서의 자료적 가치는 믿을 만한 것이라고 할 수 있다. 그는 남한정부 역시 이에 대해 그 진실성을 부정하고 있지는 않은 점을 지적하고 있다. Leon Gordenker, *The United Nations and the Peaceful Unificaton of Korea*(The Hague: Nijhoff, 1959), 294쪽; *The Socialist Register*, 1984(London: The Merlin Press, 1984).

93) J. Merrill, 앞의 책, 146쪽.

94) 이용운과 J. Halliday와의 면담(New York, April 3, 1977); J. Halliday, "Anti-Communism and the Korean War(1950-1953)", 137쪽.

95) 이용운과 J. Halliday와의 면담; 같은 글, 137쪽에서 재인용.

96) 이 편지의 사본은 이후 북한군의 서울 점령 당시 노획되어 소련의 몰로토프에 의해 남한 측이 먼저 전쟁을 일으켰다는 증거물로 제출되기도 했다. 당시 미국의 유엔대표였던 오스틴은 이 편지가 결코 실재한 것이 아니고 소련에 의해 조작된 상상의 소산일 뿐이라고 주장했다. 그러나 이 편지의 수신자인 올리버는 이후 이 편지가 자신이 받았던 서한의 사본임을 확인했다. 로버트 T. 올리버, 앞의 책, 323~24쪽.

97) "Oliver to Rhee,"(1949. 10. 10); 이 편지는 『아시아문화』 창간호(한림대학 아시아문화연구소, 1986), 114~15쪽에 수록되어 있다.

98) *FRUS*, 1947, vol. VI, 626~27쪽.

99) 같은 책, 817~18쪽.

100) 같은 책, 946쪽.

101) 구용록·배영수, 앞의 책, 77쪽.

102) U.S. Department of State, *United States Policy Regarding Korea 1934-1950*, Source Material 1(Chunchon: Hallym University, 1987), 179쪽.

103) 조순승, 앞의 책, 211쪽.

104) 유엔한국통일부흥위원단(UNCURK)의 오스트레일리아 측 수석대표였던 프림졸(James Plimsoll)에 따르면 당시 상당한 정보망을 수중에 지니고 있었던 맥아더 역시 이와 같이 판단하고 있었던 것이다. 1950년 11월 21일자 프림졸의 보고서는 다음과 같은 맥아더의 진술을 기록해놓고 있다. "북한의 침략이 소련

과 어떠한 밀접한 연계를 지니고 있다는 아무런 증거도 없다. 유일한 연계는 소련의 장비가 사용되었다는 점이다." 프림졸은 계속해서 맥아더가 "만일 북한의 공격이 소련에 의해 교사되었다면 그토록 완벽하게 북한인들을 저버리지 않았을 것"으로 생각했다고 쓰고 있다. Public Records Office(UK), F0371/840 75; J. Halliday, 앞의 책, 140~41쪽에서 재인용.

105) 『흐루시초프 비록』(어문학, 1971), 114~16쪽. 메릴은 회고록을 둘러싼 그동안의 논쟁을 소개하면서 사료로서 비판의 여지는 남아 있으나 그 진부논쟁은 진본이라는 쪽으로 결말이 났다고 쓰고 있다(존 R. 메릴, 『침략인가 해방전쟁인가: 한국전쟁의 국내적 배경, 1948-1950』, 과학과사상, 1988, 32쪽).

106) For a Lasting Peace, for a People's Democracy, no. 12(72)(Bucharest: Organ of the Information Bureau of the Communist and Workers Parties, March 24, 1950), 3~4쪽.

107) 북한군의 건군과정에 깊숙이 참여했던 주영복의 증언에 따르면 북한군은 물론 남한군보다 유세한 전력을 보유하고 있었다(김순현, 『배신과 음모: 한국전쟁에 대한 논증과 실증적 증언』, 을지서적, 1988, 188~224쪽). 그럼에도 불구하고 38선 부근의 군사충돌에서 북한 측은 대개의 경우 경비대병력만으로 응전했으며 중무기의 사용에서도 절제된 방침을 견지하고 있었다(국방부 전사편찬위원회, 『한국전쟁사』 제1권, 국방부 전사편집위원회, 1968, 507~46쪽).

108) 실제로 서울 점령 직후 북한 측은 당시까지 서울에 남아 있던 국회의원들을 한 호텔에 합숙시킨 바 있는데 이는 북한 측이 국회를 수집하려 했던 흔적의 일단으로 해석된다(박진목, 『민초』, 원음출판사, 1983, 67~68쪽).

109) 맥아더는 6·25전쟁이 발발하기 일주일 전에 덜레스가 한국에 대한 미국의 정책을 분명하게 역전시키고자 했다고 진술하고 있다(Douglas MacArthur, Reminiscence, New York: Crest Paperback, 1965, 324쪽). 실제로 덜레스는 국무장관으로서 소련과 중공의 국경선을 미국의 경계선으로 하는 방위개념을 정착시킨 강경론자였다. 그는 NATO, SEATO, 바그다드조약, ANZUS, 그리고 대만과 일본의 쌍무조약을 통해 전체 공산세계를 둘러쌀 수 있는 군사벨트를 설치하고자 했다(K.J. Holsti, International Politics-A Framwork For Analysis, New Jersey: Prentice Hall, 1983, 108쪽).

110) Ministry of Foreign Affairs Of the Democratic People's Republic of Korea, Documents and Materials Exposing the Instigators of the Civil

War in Korea: Documents From the Archives of the Rhee Syngman Government(Pyongyang, 1950), part IV; J. Halliday, 앞의 책, 138~39쪽에서 재인용. 「덜레스가 외무장관 임병직에게 보낸 고별 서한」의 한 구절을 보면 다음과 같다. "나는 우리가 직면하고 있는 매우 어려운 문제, 용기 있고 대담한 결정을 요구하는 문제에 관해 당신과 그리고 이 대통령과 토의할 수 있는 기회를 갖을 수 있었던 것에 대해 고맙게 생각한다"(*The US Imperialists Started The Korean War*, Pyongyang: Foreign Languages Publishing House, 1977, 196~97쪽에서 인용). 이처럼 북한 측이 펼치고 있는 북침론의 근거로서 덜레스의 방문은 특히 많은 분량을 할애하고 있는 부분이다. 이것은 북한 측이 당시에도 덜레스의 방문을 상당히 민감하게 해석하고 있었을 가능성을 시사해준다.

111) 이것은 주 110)에서와 같은 북한 측의 자료에서도 명확하게 제시되고 있지 못하다. 다만 그러한 가능성을 시사하고 있다고 주장되는 은유적인 표현만이 있을 뿐이다.

112) 1950년 6월 25일 남한 측에 의한 해주 침공이 있었다고 주장하면서 북침 가능성을 주장하고 있는 글로는 K. Gupta, "How did the Korean War Begin?," *China Quarterly*(October/December, 1972), 699~716쪽이 있다. 이 글에 대한 비판으로서는 R. Simmons, 이정식, 그리고 W.E. Skillend 등의 코멘트가 *China Quarterly*(April/June, 1973), 354~63쪽에 실려 있다. 필자가 보기에 당시 해주에 대한 공격이 있었다는 굽타의 주장은 옳은 것 같다. 그러나 그것은 공격적 방위개념에 입각한 '작전명령 제38호 단기'에 의거한 것이었지 전면적인 선제공격이었음을 입증할 수 있는 근거는 희박하다. 1949년 12월 27일자 육군본부 정보국(국장 장도영)의 『敵情 종합보고서』를 기초로 작성된 이 작전명령의 제6항에 따르면 제17연대는 옹진지구를 방어해야 하며 특히 적의 주공이 제1사단 정면의 이동지구에 지향될 경우 (신속한 공세이전으로) 해주 이북지구에 대한 유격전을 준비하라고 지시되어 있었다.

113) 홀스티(K.J. Holsti)는 군사동맹의 여러 성립여건을 논하면서, 그것이 조약·협정·선언 등의 공식적 요건과 아울러 군사고문단의 파견 혹은 군대시찰 등의 비공식적인 형식을 통해서도 성립될 수 있다고 보면서, 전자는 전쟁의 억지에 도움이 되는 반면 전쟁이 실제로 발발했을 경우 후자에 의거한 동맹이 더욱 강력하게 발동되는 경우가 종종 있었음을 지적하고 있다(K.J. Holsti, 앞의 책, 110~11쪽). 이와 같은 홀스티의 이론틀에서 보더라도 덜레스가 보여준 일련의

활동은 북한 지도부의 입장에서 볼 때, 충분히 한미 간 결속의 재강화로 비춰질 수 있는 것이었다.

114) 일반적으로 공격역량이 방어역량의 3배에 달해야 한다는 군사학의 초보지식에 비추어본다면 당시 북한군의 전력은 결코 남침태세를 완비한 것이었다고 보기 어렵다(이기봉, 「군은 6·25 진실을 은폐했다」, 『현대공론』, 1988년 6월, 136~53쪽). 이 글에 대해서는 다음과 같은 일련의 논쟁이 전개된 바 있으므로 함께 참고할 필요가 있을 것이다. 유관종, 「군은 6·25 진실 은폐한 사실 없다」, 『현대공론』, 1988년 10월, 298~317쪽; 이기봉, 「반론: 유관종 씨의 반론에 답한다」, 『현대공론』, 1988년 11월, 262~79쪽; 유관종, 「재반론: 이기봉 씨의 반문에 답한다」, 『현대공론』, 1988년 12월, 340~47쪽. 특히 주목할 것은 북한군이 강이 많은 남쪽에 대한 공격을 감행함에 있어서 거의 도하장비를 갖추고 있지 않았으며, 북한군 6사단(방호산사단)이 남하 때에 보유한 작전지도에는 38도선인 평택까지밖에 나와 있지 않았다는 사실이다. 결국 북한군은 3일간의 시간을 낭비하게 되는데, 이것은 이제까지 도하장비나 작전준비가 갖추어지지 않아서였다고 해석되어왔으나 역으로 애초에 서울점령만을 목표로 설정하고 있었기 때문에 그에 합당한 준비만이 갖추어져 있었다고 볼 수 있다.

115) 金三奎, 『今日の朝鮮』(東京: 河出書房, 1956), 110~14쪽.

116) 「6·25전쟁 발발의 실상을 밝힌다」, 『역사비평』 계간 2호(역사문제연구소, 1988년 가을), 366쪽.

117) 「김일성수상연두사」, 『새조선』, 1951년 1월 8일; 朴慶植 編, 『朝鮮問題資料叢書』 第十卷(川崎: 亞細亞問題研究所, 1983), 5쪽.

118) 북한이 미군의 개입이 없을 것으로 예상하고 남침했을 것이라는 추론의 근거는 없다. 전술한 바와 덜레스의 방문 등 일련의 움직임은 미국의 개입의사로 간주되고 있었다. 다만 미군이 그토록 신속하게 그리고 이후에는 유엔의 기치 아래 그토록 대규모로 개입을 할 것이라고 예측하지 못했을 뿐이라고 보인다. 당시 남한 측에는 북한이 보유하고 있던 야크전투기에 필적할 만한 전투기가 없었음에도 불구하고 북한군의 고사포부대가 그들의 기계화부대와 더불어 서울에 진입했던 사실은 북한 측이 미공군의 개입을 염두에 두었던 것으로 판단된다. 전영호, 『324일: 6·25 참전 소대장의 전투실기』(청림출판, 1987), 41쪽.

119) 오코노키 마사오, 『한국전쟁: 미국의 개입과정』(청계연구소, 1986), 103~04쪽.

120) 김남식, 『조선노동당연구』(국토통일원, 1977), 507쪽.

121) 국민보도연맹은 1948년 12월 1일 공포·시행된 국가보안법의 구체적 운용대책의 일환으로서 국가보안법에 저촉, 전향자로 분류된 인사들로 하여금 의무적으로 가입토록 했던 단체였다. 6·25전쟁이 발발하자 (당시 총맹원수 약 30만 명) 서울지역의 보도연맹가입자들은 급작스러운 점령으로 학살을 모면할 수 있었으나 한강 이남 지역에서는 군·경 및 특무대(CIC)에 의한 대대적인 학살행위가 있었다.
122) 선우기성, 『한국청년운동사』(금문사, 1973), 753쪽.
123) 서울신문사 편저, 『주한미군 30년: 1945-1978』(행림출판사, 1979), 168~70쪽.
124) 『조국해방전쟁사』(평양: 조선노동당출판사, 1980), 35쪽.
125) 당시 당조직에 대한 자세한 내용은 김남식, 『남로당연구』(돌베개, 1984), 447쪽; 권영진, 「북한의 남한점령정책」, 『역사비평』 5호(역사문제연구소, 1989년 여름), 80~83쪽 등을 참조.
126) 「공화국 남반부 해방지역 군·면·리 인민위원회 선거에 관한 규정」, 『민주조선』, 1950년 7월 15일.
127) 「조선민주주의인민공화국」(1950. 9), 『조선중앙연감』 1951년, 1952년판, 120~23쪽. 내각보도의 수치는 다음 정기간행물의 발표에 기초하고 있는 것으로 보인다. 『해방일보』, 1950년 8월 12일(경기); 『민주조선』, 1950년 8월 25일(경기); 『민주조선』, 1950년 8월 25일(강원); 『민주조선』, 1950년 8월 25일(서울); 『민주조선』, 1950년 9월 7일; 『로동신문』, 1950년 8월 30일(충남); 『로동신문』, 1950년 8월 30일(충북); 『해방일보』, 1950년 8월 23일, 9월 7일(전남); 『해방일보』, 1950년 9월 7일(전북, 경남, 경북).
128) 같은 책, 120~23쪽.
129) 방성주, 「노획북한필사문서해제(1)」 『아시아문화』 창간호(1986), 87~115쪽.
130) CIA, 「일일정보개요」, 7월 4, 5, 6, 9, 12, 14, 19, 28일자 및 8월 9, 15, 30일; 조지프 굴든, 『한국전쟁: 알려지지 않은 이야기』(일월서각, 1982), 147~48쪽에서 재인용.
131) William F. Dean, *General Dean's Story*(London, 1954), 68쪽.
132) 조선민주주의인민공화국 과학원 력사연구소, 앞의 책, 195쪽.
133) 윤종현, 「6·25 당시의 북괴남한점령정책에 관한 연구」(국토통일원, 1977), 39쪽.
134) 이와 같은 전세의 역전은 다시 한번 보복학살의 악순환을 초래했다. 이러한 보

복은 남한지역에서 후퇴하던 북한군과 그 추동세력에 의한 학살과 납북에 이어 유엔군의 도움으로 정치적 지배력을 회복한 이승만정부의 '부역자' 처형으로 극에 달했는데 당시 미국 외교관이었던 헨더슨(Gregory Henderson)은 이 숫자가 아마도 십만 명을 넘을 것이라고 추정하고 있다(G. Henderson, *Korea: The Politics of the Vortex*, Cambridge: Havard University Press, 1968, 167쪽). 이와 같은 보복적 학살극은 개인적 윤리와 도덕성의 차원을 이미 벗어난 메커니즘에 의해서 자행되고 있었다. 로버트 올리버가 이승만에게 보낸 한 서한에서 그들의 노력에도 불구하고 6·25 전까지 이승만정부의 주요한 협력자였던 한 인사가 특무대에 의해 처형되고 마는 당시 상황을 증언해주고 있다(로버트 T. 올리버, 『이승만 비록』, 한국문화출판사, 1982), 340쪽 이하).

135) *MacArthur Hearings*, 19쪽; 프랭크 볼드윈 편, 『한국현대사: 1945-1975』(사계절, 1984), 110쪽에서 재인용.
136) 국방부 전사편찬위원회, 『국방조약집』(국방부, 1982), 600쪽.
137) 프랭크 볼드윈 편, 앞의 책, 110쪽.
138) 이 청년단의 정식명칭은 대한청년단 북한총단부(北韓總團部)였다(선우기성, 앞의 책, 754쪽).
139) 프랭크 볼드윈 편, 앞의 책, 110쪽.
140) 이 당시 김성주는 자신이 서북청년단 출신이었음에도 대한청년단의 비행을 엄격하게 다스렸는데, 이와 같은 김성주의 평남지사대리직 수행은 휴전 후 그가 이승만에 의해 사형에 처해질 당시 정부전복을 음모한 근거로서 제시되었다(선우기성, 앞의 책, 783~89쪽).
141) 권병기, 「북한지역 자유화시 민사정책에 관한 연구」, 연세대학교 행정대학원 석사학위논문, 1988, 38~39쪽.
142) 김득주, 『수복지역 행정기구의 편성 및 운영문제연구』(국방대학원, 1984), 39쪽.
143) 김일성, 「현정세와 당면과업」(1950. 12. 21). 김준엽 외 공편, 『북한연구자료집』 제2집(고려대학교 아세아문제연구소, 1974), 102~03쪽에서 재인용.
144) Joyce and Gabriel Kolko, *The Limits of Power*(New York: Harper & Row Publishers, 1972), 613쪽.
145) 이에 관해서는 당시 공산 측 대표를 수행했던 호주기자의 증언을 담은 W. 버쳇, 『북한현대사』(신학문사, 1988), 105~18쪽; 일본육전사연구보급회 편, 『한국전

쟁』9, 10권 (육군본부 군사연구실, 1986) 등을 참조.

146) 공군본부, 『UN공군사』 하(공군본부 작전참모부, 1978), 46쪽.

147) 그 대표적인 경우 중 하나는 북한지역의 주요 수력댐에 대한 폭격이었다. 특히 모내기철인 5월을 겨냥해서 평양의 북부에 위치한 주요 댐들에 대한 공격은 가히 잿더미가 되어버린 도시와 농촌을 청소하는 단계의 작전이라고 할 만한 것이었다(같은 책, 51~62쪽). 이와 같은 수공(水攻)작전은 네덜란드지구 독일군 최고사령관이 1944년 제방을 무너뜨림으로써 초래했던 농작물피해와 인명손실의 죄목으로 뉘른베르크전범재판소에서 교수형에 처해졌던 전례와 좋은 대조를 이루는 것이었다. 차라리 그와 같은 행위는 북한의 수력댐에 대한 미공군의 폭격에 비하면 최소한 연합군의 파상적인 공세를 저지하기 위한 군사적 불가피성이라는 변명의 여지는 지니고 있는 것이었다.

148) 『조선중앙연감』 1951~1952, 111~12쪽.

149) 데이비드 콘드, 『한국전쟁 또 하나의 시각』 2(과학과사상, 1988). 356~78쪽; *The US Imperialists Started the Korean War*, 258~64쪽.

150) J. Gittings, "Talks, Bombs and Germs: Another Look and the Korean war," *Journal of Contemporary Asia*, vol. 5, no. 2(1975), 207쪽.

151) 1946년 6월 15일 미군의 세균전 담당책임자 오든 화이트(Orden White)의 발언. Hershel D. Meyer, *The Modern History of the United States*, Kyoto, 248쪽; *The US Imperialists Started the Korean War*, 254쪽에서 재인용.

152) *Stars and Stripes*, 1952년 2월 25일, J. Ginneken, 앞의 글, 135쪽에서 재인용.

153) "Materials on the Trial of Former Servicemen of the Japanese Army Charged with Manufacturing and Employing Bacteriological Weapons" (Moscow: FLPH, 1950); G. McCormack, 앞의 책, 154쪽에서 재인용.

154) Reports by Reuter and Telepress: Jaap van Ginneken, 앞의 글, 135쪽에서 재인용.

155) *New York Times*, Feb. 21, 1951. 1951년 11월 현재 트루만행정부에 대한 지지도는 23퍼센트로 하락했다(이재원, 「미국 중요언론에 비친 한국전쟁」, 『계간현대사』, 언론문화클럽, 1980. 11, 125쪽).

156) Rene Cutforth, "A Generation Ago," *The Listener* 11, September 1969, 343쪽; G. McCrmack, 앞의 책, 132쪽에서 재인용.

157) Senate Committee on Armed Services, *Military Situation in the Far East*,

3545~46쪽; Joyce and Gabriel Kolko, 앞의 책, 615~16쪽에서 재인용.
158) 공군본부, 앞의 책, 47쪽.
159) 한국은행, 『한국경제연감』, 1955년판.
160) 고지마 노보루, 『한국전쟁』(종로서적, 1981), 466~68쪽.
161) 『조선중앙연감』 1951~1952, 45쪽.
162) 김양명, 『한국전쟁사』(일신사, 1980), 492쪽.
163) 조선민주주의인민공화국 과학원 력사연구소, 앞의 책, 285쪽.
164) Joseph S. Chung, "Economic Planning in North Korea," Robert A. Scalapino and Jun-Yop Kim ed., *North Korea Today: Strategic and Domestic Issues*(Berkeley: Institute of East Asian Stuidies of California, University of California, 1983), 165~66, 191~92쪽.
165) 『김일성선집』 제4권, 1963년판, 19쪽.
166) 김용규, 앞의 글, 44~47쪽.
167) 김남식, 「북한의 공산화과정과 계급노선」, 『북한공산화과정연구』(고려대학교 아세아문제연구소, 1972), 155~56쪽.
168) 청우당의 계급적 기반과 동향에 관해서는 「청우당의 일반적 동향(1974」, 한국편찬위원회, 『북한관계자료집 I: 조선노동당자료(1945-1950년)』(국사편찬위원회, 1982), 264~83쪽.
169) 「북조선노동당 창립대회 회의록」, 국사편찬위원회, 앞의 책, 126쪽.
170) 같은 자료, 133쪽.
171) 「북조선노동당 강원도 인제군당상무위원회 회의록」 제60호(1949. 9. 10)에 실려 있는 당원 책벌에 관한 내용을 보면 전체 책벌자 수 119명 중 북조선공산당 출신은 43명인 데 비해 조선신민당 출신은 62명으로 그 대부분은 월남자들인 것으로 기록되어 있다(국사편찬위원회, 『북한관계사료집 III: 조선노동당자료(1948-1949년)』, 국사편찬위원회, 1985, 565~92쪽).
172) 김남식, 앞의 글, 155~56쪽.
173) 일찍이 공산주의 이론가였던 로자 룩셈부르크는 이와 같은 가능성을 예견하고 러시아볼셰비키의 대농민정책에 대하여 다음과 같은 반론을 피력한 바 있다. 즉 그녀는 볼셰비키의 잠정적 토지분배정책이 사유재산을 폐지하는 것이 아니라 오히려 이를 더욱 강화해주고, 부농과 고리대금업자에게 큰 이익을 가져다줌으로써 농촌 부르주아를 만들어내고 전 러시아의 농촌사회에 토착세력

을 키워주는 결과를 가져올 것이라고 말한 바 있었다. 그리하여 당시 러시아의 일반적인 생산수단이 되고 있는 농업을 미래에 국유화하려면 도시 프롤레타리아계급과 농민대중 사이의 적대와 투쟁을 겪지 않으면 안 될 것이라고 예견했던 것이다. Rosa Luxemburg, *The Russian Revolution and Leninism or Marxism?*(Westport: Greenwood Press, 1981), 41∼46쪽.
174) 동유럽에서의 '인민민주주의혁명'의 후기과정에서 농업집단화가 어떻게 이루어졌는가 하는가에 관한 비교를 위해서는 Francois Fejto, *Histoire des democraties populaires: Apres Staline 1945-1952*(Paris: Editions du Seuil, 1952), 312∼20쪽을 참조하라.
175) 비슷한 시기에 농업집단화를 추진하고 있었던 중국의 경우도 비교적 순조롭고 철저하게 목표를 달성한 바 있는데, 한국전쟁에서의 대규모 중국 의용군(주로 농민층이었던)의 참전 경험과 전쟁으로 인한 여파가 농민층의 반발적 대중운동의 가능성을 미연에 봉쇄했다. 이에 관해서는 박두복, 「한국전쟁과 중공정치」, 한국전쟁연구회, 제2차 한국전쟁학술 심포지엄, 1989. 6. 22∼23.
176) 방인후, 『북한 조선노동당의 형성과 발전』(고려대학교 아세아문제연구소, 1967), 196쪽.
177) 국토통일원, 『북한자료집』(1972), 544쪽.
178) 조선민주주의인민공화국 사회과학원 경제연구소, 『경제사전』 제2권(평양: 사회과학출판사, 1970), 296쪽.
179) 국토통일원 조사연구소, 『북한자료집』(국토통일원, 1978), 544쪽.
180) 한국은행, 『국민소득연보(1953-67)』(1968), 82∼83쪽.
181) 로버트 T. 올리버, 『한국동란사』(문교부, 1959), 199쪽.
182) 박계주, 『자유공화국 최후의 날』(정음사, 1955), 2쪽.
183) 국방부 정훈국, 『한국동란삼년지(1954)』, 72∼75쪽. 표 120, 121.
184) 이 조사는 국토통일원의 주관하에 1978년 5월 24일에서 6월 13일에 걸쳐, 귀순자 80명과 도별로 선정된 이북 5도 출신자 15명으로 구성된 분단대상을 월남시기별로 편성하여 실시되었다. 자세한 조사방법에 관해서는 국토통일원, 『북한이질화실태조사―시기별·지역별·계층별행동특징』(국토통일원, 1978), 1∼4쪽.
185) 이와 같은 조사결과는 1987년 초 한국일보사가 주관한 국민의식조사 결과, 북한이 미국 혹은 일본과 축구경기를 할 경우 미국을 응원하겠다고 한 응답자의

수치가 76.6퍼센트, 일본을 응원하겠다고 한 응답자의 수치가 51.9퍼센트에 달했던 것과 대비해볼 필요가 있다. 서울대학교 사회과학연구소, 『전환기의 한국사회―국민의식조사자료집』(한국일보사 출판국, 1987), 55~56쪽.

186) 국토통일원, 『북한자료집』, 98~100쪽.
187) 고마태오 신부, 『아, 조국과 민족은 하나인데』(중원문화, 1988), 111쪽.
188) 로버트 T. 올리버, 『한국동란사』, 241쪽.
189) 연구자가 6·25 이전 북한의 행정구역이었던 인제군지역에 대한 현장조사를 통해 확인한 바에 따르면 북한 측은 토지의 사적 소유가 확립된 1947년 직후부터 점차로 농업집단화를 위한 기초산업을 시작했는데, 6·25 이전까지 그것은 주로 전래의 상부상조하는 관습을 농촌경리에 도입하는 형태로 이루어졌음을 알 수 있었다. 「인제군 학술조사 (1988. 8. 4~8. 11) 자료집」(미간행원고).
190) 전쟁 이전 김일성과 무정과의 반목에 관해서는 당시 평남인민정치위원회 위원, 『평양민보』 편집국장 등을 역임한 한재덕의 증언을 참고할 수 있다. 한재덕, 『김일성을 고발한다』(내외문화사, 1965), 222~27쪽.
191) 김준엽 외 공편, 앞의 책, 88쪽.
192) 같은 책, 102쪽.
193) 박갑동, 「내가 아는 박헌영」, 『중앙일보』, 1973년 9월 8일.
194) 같은 글, 『중앙일보』, 1973년 9월 14일.
195) 김정원, 『분단한국사』(동녘, 1985), 221쪽.
196) 같은 책, 221쪽.
197) 박갑동, 앞의 글, 『중앙일보』, 1973년 9월 10일.
198) 조선민주주의인민공화국 과학원 력사연구소, 앞의 책, 195쪽.
199) 김일성, 「우리의 혁명과 인민군대의 과업에 대하여」(1963).
200) 김범찬, 「주체사상의 역사적 형성과정」, 『사회와 사상』, 1988년 12월호, 125~26쪽.
201) 소련 과학아카데미 동양학연구소, 『소련과 북한과의 관계: 1945-1980』(국토통일원, 1987), 159쪽.
202) 『로동신문』, 1963년 10월 28일.
203) 국토통일원, 『김일성 주체사상 형성과정 연구』(국토통일원, 1977).
204) George Bourdeau, (Paris: Seuil, 1956), 54~55쪽.
205) 김민용, 「발췌개헌」, 『전환기의 내막』(동아일보사, 1982), 607~12쪽.

206) *FRUS* 1952~1954, vol. 15, 1017쪽.
207) 경제기획원, 『예산개요』, 1962, 1964.
208) 이기택, 『한반도의 정치와 군사: 이론과 실제』(일신사, 1988), 408쪽.
209) 같은 책, 410쪽.
210) 같은 책, 408쪽.
211) 1951년 초에 핵폭탄기술자 셈 코헨은 당시 진행 중인 전쟁에서 핵무기를 사용할 수 있는 가능성을 타진하기 위해 한국을 비밀리에 방문한 바 있었다고 증언한 바 있다. 한국전쟁은 전술핵공격을 연구하기 위한 '훌륭한 기회'로 여겨졌으며 1951년 9~10월 몇 차례의 모의 핵폭격이 '허드슨만 훈련'이라는 이름으로 실시되었다. 전쟁 후에는 휴전협정에 의해서 신무기의 도입이 금지되었고 중립국감시위원회가 이를 감시·확인했다. 그러나 1958년 1월 28일 주한유엔군 사령부는 28미터 핵포와 어네스트 존 미사일의 남한으로의 반입을 확인했다. 당시의 핵배치는 세계적 규모에서 미 육군의 편제를 펜토믹사단(핵무기를 갖춘 5개 사단)으로 재편성하는 작업의 일환이었다. 피터 헤이즈 외, 『핵무기는 가라』(기독교사회문제연구원, 1988).
212) 서울신문사 편지, 앞의 책, 572쪽.
213) 최길용, 「한·미 군사협력에 관한 연구」(연세대학교 행정대학원 석사학위논문, 1982), 25~26쪽.
214) Roy E. Appleman, *South to the Naktong, North to the Yalu, June~November 1950*, vol. I in the series, *The United States Army in the Korean War* (Washington: Government Printing Office, 1960), 7~18쪽.
215) '유엔군사령부발표'(1958). 이기택, 앞의 책, 416~19쪽.
216) B. Cumings, *The Two Koreas*(New York: Foreign Policy Association, 1984), 3~5쪽.
217) 이와 유사한 문제의식을 담고 있는 글로서는 J. Halliday, "The North Korean Enigma," *New Left Review*, no. 127(May/June 1981), 18~52쪽.

3

1948~50년 남한 내 빨치산활동의 양상과 성격 | 김남식
4·3민중항쟁의 전개와 성격 | 고창훈

1948~50년 남한 내 빨치산 활동의 양상과 성격

김남식

1. 머리말

그간의 우리나라 현대사에 관한 학문적인 연구업적들은 대체로 해방 후부터 정부 수립까지에 이르는 시기에 국한되어 있는 경우가 많았다. 이 시기에 해방 후 출현한 이념정당을 비롯한 여러 정치세력이 정권을 장악하기 위해 합법적인 정치투쟁들을 전개했으며 모스크바3상회의의 결정에 따른 정부 수립에 대한 지지와 반대, 유엔 결의에 대한 지지와 반대라는 상반된 세력들이 좌·우라는 이분법적 갈등구조 속에서 서로 대립하고 있었다. 결국은 미소공동위원회를 반대하고 유엔의 결의를 지지한 이승만·한민당을 비롯한 일부 우익 정치세력들이 미국의 비호하에 정권을 장악하게 되었다.

이후 정권을 장악하지 못한 남로당을 비롯한 진보적인 정치세력들은 대한민국정부 수립과 더불어 지하로 완전히 들어갈 수밖에 없었으며, 북한지역에서 이미 인민공화국이 수립되었기 때문에 남한의 대한민국정부에 대한 부정과 반대를 정치투쟁의 목표로 삼게 되었다. 이러한 투쟁은 당시의 박헌영 일파가 무장투쟁이라는 전술형태를 택함으로써 지리산을 비롯한 산악지대와 호남·영남·태백산·제주도 등지에서 전구를 형성하여 무장투쟁을 전개하게 된다. 1950년 초에 이르러서는 당시의 남한 혁명세력을 총지휘했던 김삼룡·이주하가 체포됨으로써 사실상 지하조직망은 붕괴되었으며 그와 함께 산악지대에서 활동하던 유격대들도 경찰과 정규군에 의해서 거의 전멸되고 만다.

이 시기에 남로당 지도부가 왜 무장투쟁전술을 전개하지 않으면 안 되었으며, 수많은 혁명역량이 파괴될 수밖에 없었는가를 총체적 시각으로 규명한 연구작업들은 거의 없는 상태다. 따라서 우리나라 현대사 연구에서 정부 수립 이후 시기 남로당의 무장투쟁전술이 과연 올바른 투쟁전술이었는가를 정확히 규명해내고 그에 대한 성격 규명과 평가가 반드시 뒤따라야 할 것이다.

이 시기에 대한 연구 역시 사실기록에 충실해야 하는데 당시의 기록은 대부분 유격투쟁을 진압·토벌했던 입장에서 본 것이기 때문에 유격투쟁을 전개한 주체적인 입장에서 연구한다는 것은 어려운 실정이다. 그러나 다행히 그 당시 남로당 지도부가 정리한 유격투쟁에 대한 종합적인 논문들과 일부 수사기록들을 입수할 수가 있어 이 글은 그에 근거하여 서술할 수 있었다. 그러나 남로당 지도부가 작성한 논문들은 자신들의 입지를 강화하기 위해서 당시의 유격투쟁을 과장되게 서술한 측면이 있기 때문에 '유격투쟁의 성격과 평가'라는 항목을 특별히 설정하여 그에 대한 해명을 해야만 했다.

따라서 이 글에서는 이와 같은 연구가 갖는 현실적 한계를 극복하지 못하고 일정한 자료와 기록들에 의거하여 개괄적으로 정리할 수밖에 없었음을 밝혀둔다.

2. 남로당의 비합법활동과 무장투쟁전술의 배합

1) 초기 무장조직으로서의 야산대

남로당의 무장투쟁전술은 1948년 2월에 전개된 2·7구국투쟁과 5·10

선거 반대투쟁을 계기로 전개된 부분적인 무장투쟁에서 그 시발을 찾아볼 수 있다. 폭력투쟁의 성격을 띤 운동형태는 이미 1946년 10월에 대구를 중심으로 일어났던 10월인민항쟁에서 시작되었다. 10월인민항쟁은 어디까지나 비폭력적인 투쟁단계에서 전개되었음에도 불구하고 그 운동의 전 과정은 예상치 못했던 폭력투쟁 형태를 띠었다.

10월인민항쟁에 적극적으로 참여했던 핵심세력들은 미군정의 체포령으로 그 후에 전개된 합법적인 정치활동에 참여할 수 없었으며, 따라서 비합법활동 또는 산간지대에 피신하는 경우가 많았는데, 이들은 '산사람'으로 불리게 되었다. 이에 대하여 남로당의 부위원장인 이기석은 1950년 3월 『인민』에 실린 논문에서 다음과 같이 말하고 있다.

> 이로부터 거대한 인민항쟁이 폭발되었다.
> 정당한 요구에서 평화로이 진행하는 인민들의 시위행렬을 향하여 발포·사살하는 악독한 반동경찰과 테로분자들을 숙청하기 위한 인민들의 봉기는 너무나 당연하고 정당한 일이었다. …… 미군정은 비행기로 전투함으로 총으로 칼로 뚜드려 보았으나 뚜드릴수록 항쟁의 기세는 열화같이 불붙어 오를 뿐이었다. 혼비백산한 미군정은 부득이 총머리를 죽이지 않을 수 없었다. 표면상이나마 인민들의 정치적 집회는 허락하게 되었다.
> 그러나 원쑤들의 발광적 발악으로 각 지방에서 애국투사들에 대한 박해와 체포령은 의연히 계속되었다.
> 이때로부터 지목된 투사들은 집과 처자를 버리고 지하로 들어갔다. 아지트를 산속에 설치하고 거기에서 생활하게 됨에 따라 이때부터 그들의 일흠이 '산사람'으로 불러졌다.[1)]

그 후 산사람의 형성과 더불어 남로당의 모든 정치활동은 불법으로 제재를 당하게 되고 따라서 많은 당원이 지하에서 비합법활동을 전개하지 않으면 안 되게 되어 1948년에 들어서면서 남로당의 투쟁전술은 부분적으로 폭력투쟁으로 전환하게 되었다.

1947년 5월에 속개된 제2차 미소공동위원회는 각 정당·사회단체 대표들을 임시정부 수립에서의 협의대상으로 삼고 있었기 때문에 당시 남로당을 비롯한 모든 진보적인 좌익단체의 정치활동은 결코 불법의 대상이 될 수 없었다. 그러다가 한반도 문제가 미측에 의해서 유엔에 상정되고 미소공동위원회가 사실상 결렬되자 남로당의 활동방향은 한반도 문제에 대한 유엔의 결의를 전면적으로 부정하고 소련 측이 제안한 '양군 철수와 남북의 자주적 통일정부 수립'을 지지하고 이를 실현하기 위한 투쟁을 전개하게 되었다.

이러한 상황의 변화는 미군정으로부터 남로당 활동이 탄압과 제재를 당하게 되는 계기가 되었고 서울의 중앙기관의 활동 이외에 지방 당조직의 활동은 거의 불법적 활동으로 규제·탄압받게 된 것이다. 사실상 이때부터 남로당은 반합법 또는 비합법투쟁을 전개하지 않으면 안 되었다. 특히 제2차 미소공동위원회의 결렬 후, 남로당을 비롯한 좌익활동에 대한 탄압과 주요 핵심인물에 대한 검거선풍은 남로당 전술을 폭력전술로 바뀌게 하는 주요 요인이 되었다. 또한 유엔 결의에 의한 단독정부 수립을 파탄시키는 것은 합법적인 정치투쟁만으로는 불가능한 것이었으며 물리적 방법을 쓰더라도 이를 저지해야 했던 남로당으로서는 무장투쟁전술을 배합할 수밖에 없었던 것으로 보인다.

부분적인 무장투쟁은 이미 2·7구국투쟁을 계기로 야산대 조직에 의해서 전개되고 있었다. 2·7구국투쟁은 유엔 결의에 의해 조직된 유엔한국위원단이 남한에서 단독선거를 수행하기 위한 구체적인 활동을 전개하는 것을 저지하기 위해 남로당이 전개한 투쟁이다. 2·7구국투쟁은 전국적으로 전개되었다. 경인 일대를 비롯하여 경남북 일대와 전남북·제주도에 이르기까지 거의 전국적인 규모로 폭동과 파업이 확대되었다. 그들은 파업으로 각 생산기관을 마비시키는 동시에 교통·수송을 혼란에 빠뜨리고, 교량을 폭파했으며 철도에서는 기관차까지 파괴했다. 전신·전화의 파업은 물론 전신선의 절단과 전신주의 파괴로 통신을 두절시킴으로써 남한의 행정을 교란했다. 또한 부산항만 안의 선박노조원들까지도 참여하여 해상파업을 전개했으며 장성탄광과 화순탄광 등의 노동자들도 파업에 들어갔다. 서울과 각 지방에서는 '민주학생연맹'의 활동으로 일부 학생들이 맹휴에 돌입했다. 목포와 인천·강릉 등지의 관상대와 측후소에서도 일부 종사원들이 파업에 가담함으로써 기상 관측마저도 한때 큰 장해를 받게 되었다. 수원과 경남지방에서는 농민들이 경찰관서를 습격하기도 했다.

남로당의 지령에 의해 감행된 이른바 2·7구국투쟁은 전국적 규모로 확대되었다. 종합된 자료에 따르면 1948년 2월 7일부터 20일까지 파업 30건, 맹휴 25건, 충돌 55건, 시위 103건, 봉화 204건, 총검거인원 8,479명이다.

당시 2·7구국투쟁에서 남로당이 제시한 구호는 ① 조선의 분할침략 계획을 실시하는 유엔한국위원단을 반대한다, ② 남조선 단독정부 수립을 반대한다, ③ 양군 동시철퇴로 조선통일민주주의 정부 수립을 우리 조선 인민에게 맡겨라, ④ 국제제국주의 앞잡이 이승만·김성수 등 친일파를 타도하라, ⑤ 노동자·사무원을 보호하는 노동법과 사회보험제를 즉시 실시하라, ⑥ 노동임금을 배로 올려라, ⑦ 정권을 인민위원회로 넘겨라, ⑧ 지주의 토지를 몰수하여 농민에게 무상으로 나누어주라, ⑨ 조선민주주의인민공화국 만세 등 9개 항이었다.[2]

이와 같은 2·7구국투쟁과 그 후에 전개된 5·10선거 반대투쟁은 남로당의 전술상으로 볼 때는 폭력과 비폭력의 배합투쟁이었다. 그렇기 때문에 이때부터 서울에서는 행동대를 조직하고 지방 당에서는 무장부대로서 야산대까지 만들었다. 야산대는 2·7구국투쟁을 계기로 그 조직이 본격화되었다. 남로당원 중 주로 일본군 출신으로 군사경험이 있는 자, 그리고 1946년의 10·1폭동 때 가담하여 추적을 받아 지하에서 직업적인 당활동을 하고 있는 자들을 중심으로 만들었는데 지방에 따라서 구성상의 차이는 있으나 1개군에 50~100명 정도였다. 이들의 장비는 초기에는 38소총, 장도, 칼 그리고 지서 습격으로 탈취한 무기, 경비대로부터 유출된 무기 등이었다.

이러한 야산대는 당의 무장부대이기 때문에 당조직체계에 준해서 조직했다. 당시 지방 당의 조직은 완전히 비합법체제로 넘어갔기 때문에 도당위원회의 규모를 줄이고 그 대신 도내를 2, 3개 지역으로 나누어 지구 블록을 만들고 1개 블록이 몇 개의 군을 지휘하도록 했다. 그렇기 때문에 야산대라는 무장부대를 조직·운영하는 기구로서 도당에 야산대 도사령부를 설치하고 사령관은 도당부위원장이 겸했다. 그리고 각 지구 블록에는 야산지구사령부를, 각 시·군당에는 ○○야산대를 두는 3단계조직으로 구성되었다. 이와 같이 조직된 야산대는 당시 '2·7구국투쟁' '3·1절기념투쟁' '5·10선거 반대투쟁' 그리고 극우반동 숙청을 목적한 '6·10투쟁', 인민공화국 창건을 위한 '8·25지하서명투표투쟁'[3] '인공기 게양투쟁' 등에 직접 참여했다.

이때만 하더라도 남로당은 인공 창건이라는 정치목적을 달성하기 위해 비폭력적인 정당활동을 주로 했기 때문에 무장부대인 야산대는 당활동을 원만히 보장하기 위한 수단으로서 이용되었다. 야산대가 조직되고 폭력을 썼다 하더라도 본격적인 무장투쟁단계로의 이행을 뜻하지는 않았다. 그러나 제주도에서는 1948년의 4·3폭동을 계기로 남로당 제주도당부의 투쟁전술은 폭력일변도로 전환되고 유격투쟁으로 넘어가고 말았다. 제주도당부를 비롯해서 민전과 당의 외곽단체들까지도 그 지도부가 도시와 시골마을로부터 한라산 골짜기로 들어가게 되었다. 그렇기 때문에 당 및 사회단체의 합법적인 활동이란 있을 수 없으며 유격투쟁이라는 단일전술만 사용되기에 이르렀다.

2) 유격투쟁으로의 이행과 전구의 형성

제주도에서는 4·3사건 이후 유격투쟁전술로 전환되었으나, 내륙에서는 1948년 10월 여수군반란사건이 계기가 되었던 것으로 보인다. 이에 관해 당시의 남로당 출판물에서는 다음과 같이 말하고 있다.

남조선 인민들에게는 계속되는 저 제주도 형제들의 유격전술이 전남조선 인민들의 투쟁에 있어 자기들의 환경에 적합되는 방법의 하나인 것을 날이 갈수록 더욱 깊이 인식하게 되었다. 여기에서 남조선 본토에서도 대규모의 유격전투가 조직되었으며 이것이 곧 여수폭동사건을 계기해서 진전된 유명한 지리산 주변지역의 유격전투인 것이다.[4]

여수군반란사건은 여수지역에 창설된 제14연대의 하사관을 중심으로 일어난 군반란으로 1948년 10월 20일 제주도폭동을 진압하기 위하여 출동하기 직전에 "경찰 타도, 제주도 출동 거부, 남북통일을 위하여 인민군으로 행동하자"는 슬로건을 내걸고 전개한 군폭동이다. 이들 폭동군은 20일 여수시를 완전히 장악하고 인민대회를 개최했으며, 불법화되었던 인민위원회·노동조합·농민조합·여성동맹·청년단체 등을 부활시키고 여수의 행정기구를 접수하기에 이르렀다. 10월 24일부터는 반란을 진압하기 위해 국군의 공격이 개시되었는데 그로 인해 여수시에서는 시가전이 전개되는 등 치열한 전투가 벌어졌으며 27일에는 국군에 의해 여수시가 장악되었다.

여수군반란을 일으키고 이에 가담한 폭동군들은 순천·광양 등 산악지대로 후퇴하면서 계속 무장투쟁을 전개함으로써 지리산을 중심으로 한 일대가 유격전구로 변화했다. 당시 남로당 지도간부의 글에서는 "여수폭동은 물론 여수를 영구히 장악함에 그 목적이 있는 것이 아닌 것은 누구에게나 명백한 것이다. 폭동한 병사들이나 무장한 인민들은 남조선 매국정권과 장기적이요 조직적인 항쟁을 전개하기 위하여 지리산을 중심하여 광범한 유격전구를 창설함에 그 계획의 중심을 두었던 것이다"[5]고 밝히고 있는데, 반란을 일으킨 하사관들이 처음부터 그와 같은 계획을 가지고 반란을 일으켰다고 보기는 어렵다. 당시의 상황으로 보아 지방 당조직들은 이 사건을 시발로 별다른 계획이나 준비도 없이 유격투쟁전술로 전환한 것으로 보인다.

반란군 중 일부가 10월 20일 새벽에 열차에 분승하여 순천 방면으로 진격하여 당일 순천시를 완전히 장악하고, 그중 다른 한 부대는 계속해서 벌교·고흥·보성 방면으로 진격했으며 나머지 부대는 구례·곡성·남원 등으로 북상하면서 약 2천 명[6](700명 폭동군, 1,300명 민간인)의 무장세력들을 형성하여 백운산과 지리산 등에 거점을 확보하고 유격근거지를 구축했다. 이와 같이 근거를 확립한 지리산 중심의 유격대는 그 후 자기 활동구역을 점차적으로 확대하여 지리산 주변 함양·하동·순천·구례·남원 등에서 15개 경찰지서를 완전 폐쇄케 하고 자기의 유격전구를 담양의 일부에까지 확대했다. 여수·나주·고흥·보성·광양·벌교·장성 등지도 유격대가 점거하여 그 세력이 증대되었다. 한편 지리산 유격전구 내에서는 인민위원회가 부활되었으며 부분적으로 토지개혁이 일시적이나마 실시되었던 것으로 알려져 있다. 11월 말경에는 구례읍에서 800명의 폭동군이 군경연합부대와 교전했고 12월 초에는 광양에서도 이들 간의 교전이 있었다.

대체로 전남 일대의 유격대들은 당시 주민들로부터 지원과 지지를 받았던 것으로 볼 수 있으며, 따라서 백운산·지리산 등 유격근거지로서는 적합하지 않은 지리적 상황에도 불구하고 일정한 기간 무장투쟁을 전개할 수 있었던 것으로 보인다.

한편 이 무렵 경북을 중심으로 한 여러 산악지대에서도 유격부대들이 조직·확대되어가는 추세에 있었다. 특히 1948년 12월 2일 대구국방군 제6연대의 일부 병사들이 국군을 반대하여 무기를 휴대하고 산으로 들어간 후부터 본격적인 유격전이 전개되었다. 금천·첨곡·달성·팔공산·예천·봉화·경산·밀양·함양·경주 등 각지 산간을 근거로 하여 인민무장대와 함께 활발한 유격전을 개시했다. 12월 6일 대구 연대의 일부가 지리산 유격대 토벌 귀환 도중 달성에서 또다시 무기를 휴대하고 산으로 들어감으로써 이 지역의 유격대는 더욱 확대되었다.

또한 강원도 산악지대를 기반으로 한 유격대의 활동은 5·10단선 반대투쟁이 한창인 5월 초 강릉군 사천면 지서 습격과 강릉 용연사 주둔 형사부대의 습격을 계기로 시작되어 오대산지구에 강력한 유격전구가 형성되었다. 11월 5일 오대산 유격부대는 삼척군 말로지서를 습격하여 무기를 탈취했으며 계속해서 평창·원주 방면으로 진출했다. 이 지역의 유격부대는 오대산과 태백산을 중심으로 하여 영월·제천·봉화·단양·영주의 일부 지대를 자기의 활동영역으로 삼고 있었다.

이러한 경북과 강원지역의 유격대는 지리산 유격대에 비할 바 없이 소규모였으나 그 역할이 컸던 것은 사실이었다.

전남·경북·강원도 산악지대에서의 이와 같은 무장투쟁의 전개는 점차적으로 그 활동구역들이 확대되어 농촌지역에서 비합법적으로 활동하는 지하조직의 청년들이 산악지대로 거점을 이동하고 이미 조직되어 있는 야산대활동이 강화됨으로써 유격전구라는 활동구역이 형성되기에 이르렀다. 대표적인 유격전구는 다음과 같다.

첫째, 호남 유격전구는 나주·영광·함평·장흥 등 주로 동남지역이며, 대부분 평야지대이고 산이 있다 하여도 최고 800미터가량으로 지리적으로 유격대활동에 불리한 곳이다. 그러나 지리산 지구와 가깝기 때문에 협동작전이 가능했다.

둘째, 지리산 유격전구는 후에 남한지구 유격대의 총본산으로서 남으로는 백운산 북으로는 덕유산을 연결하는 전남·경남·전북의 산악지대에 걸쳐 있는 곳이다. 경남의 산청·함양·거창·합천·창녕·하동·진주·함안·사천·남해, 전남북의 무주·장수·임실·남원·순창·구례·곡성·고창·장성·영광·무안·함평 등의 중소도시까지 영향을 미쳤다.

셋째, 태백산 유격전구는 북으로는 태백산과 소백산, 국망봉을 중심으로 하여 남으로 안동·청송에 이르기까지의 지역이다.

넷째, 영남 유격전구는 경북의 경주·영천·영일·청도·경산 및 대구 주변 일대와 경남의 양산·울산·동래 및 부산 주위 일대를 포함한다.[7]

그밖에 제주도 유격전구가 있었다.

3) 비합법활동

유엔 결의에 의한 단독정부 수립을 반대하는 데 총력을 기울였던 남로당의 투쟁 목표는 5·10선거를 통해 대한민국정부가 수립됨으로 해서 그를 부정하는 투쟁과 1948년 9월 9일에 창건된 조선민주주의인민공화국을 적극적으로 지지하면서 그의 통치영역을 남한지역까지 미치게 하는 활동으로 전환하게 되었다. 따라서 이는 대한민국정부를 부정하고 그를 약화시키기 위한 투쟁이었으므로 철저하게 비합법투쟁의 성격을 띨 수밖에 없었다.

그런데 북한에서는 인민공화국을 선포한 직후인 9월 12일에 인민공화국 수립 경축대회를 개최할 것을 각 지방 당조직에 지시했으며, 이를 기념하기 위하여 남로당에서는 인민공화국 국기 게양투쟁을 전개했다. 인공기 게양투쟁은 10월 5일 새벽을 기해 일제히 달도록 지시되었으며, 사전에 인공기의 도안을 그려서 배포하기도 했다. 이날 개성·인천·대구·광주 등 여러 지방에서 인공기가 게양되고 인민공화국 만세라는 내용의 전단들이 배포되었다. 인공기를 게양한 장소는 주택가가 아닌 공공건물인데 대부분 학교·면사무소 등이었다. 서울에서는 눈에 띄는 고층건물과 심지어 독립문과 중앙청에까지 한때 인공기가 걸렸다. 이 인공기 게양투쟁은 그 뒤에도 계속 산발적으로 이루어졌는데 10월 15일경에는 인천 월미도·전주·춘천·장단 등에, 16일에는 부산 및 광주시의 중심가에, 18일에는 다시 전주시 중심가에, 21일에는 부산·대구·의정부·대전·연안·장단·경인선·오류동·강릉·인천 등으로 확대되었다. 대구의 경우는 일주일 동안에 36개소에서 인공기가 게양되었다고 한다.

한편 인민공화국 창건을 위한 최고인민회의 1차회의 마지막 날인 9월 10일에 미·소 양군 철퇴 요청서를 발표했는데, 이에 대한 회답으로 9월 18일에는 소련 정부로부터 미·소 양국 동시철퇴 요청을 수락한다는 전문이 최고인민회의 앞으로 도착했다. 그 내용을 보면 1948년 12월까지 북조선지역에서 소련 군대를 완전철수한다는 것과 함께 미국 정부도 이 기간 안에 남한에서 미국 군대를 철수함에 동의하리라는 희망을 표시했다. 소련 정부로부터 소련군 철수에 대한 응낙을 받게 되자 인민공화국 정부는 '스탈린 대원수께 드리는 감사문' 서명투쟁을 전개하도록 지시하여 남한지역에서도 동시에 진행되었다. 이 '감사문' 서명투쟁은 극비리에 진행되었는데 12월 15일까지 남한 인구의 거의 절반인 993만 8,186명이 서명했

다고 선전되었다. 도별로 그 참가인원을 보면 다음과 같다.[8]

서울시	1,022,008명
경기도	1,700,217명
충북	721,008명
충남	451,130명
전북	600,301명
전남	1,600,129명
경남	1,340,114명
경북	2,002,027명
강원	501,252명
합계	9,938,186명

그밖에 인민공화국을 지지하고 미군 철수를 주장하는 투쟁의 하나로서 1948년 11월 30일 2시간 총파업을 강행했다. 이날 서울·인천·대전·청주·부산·대구·단양·제천 등 8개 시군에서 파업한 공장 및 기업체는 304개소였으며, 노동자 5만 명이 참가했고, 동맹휴학을 한 학교는 104개교이며, 시위는 314개소에서 15만 3,412명이 동원되었다. 전단 배포에는 1,904명이 동원되었으며, 살포된 전단 총수는 211만 3,550매에 달했다고 한다. 당시 제시된 구호를 보면 2시간 총파업투쟁의 목적과 의의를 구체적으로 보여주고 있는데, 그 내용은 다음과 같다.

첫째, 매국정권의 미군 계속주둔 요청을 절대 반대한다.
둘째, 미군은 즉시 철퇴하라.
셋째, 조선사람의 일은 조선사람에게 맡겨라.
넷째, 이승만 괴뢰단정을 절대 배격한다.
다섯째, 조선민주주의인민공화국 만세 등등이다.[9]

그리고 이 무렵에 전개된 비합법활동들은 남한 전역에서 산발적이나마 전단 배포, 지서 습격, 시위, 봉화 등의 형태로 계속 진행되었다. 이러한 비합법투쟁과 관련하여 당시 발행된 남로당 출판물에서는 무장투쟁이 그 당시의 유일한 투쟁전술이 될 수밖에 없음을 다음과 같이 지적하고 있다.

남조선 인민들에게는 소위 합법적 투쟁이라고는 있을 수가 없다. 놈들은 소위 국회에서 국가보안법이란 일제시대에도 볼 수 없던 악법을 만들어 더욱 인민학살의 도구로 이용하고 있다. 인민들의 정치활동이란 모조리 무력으로써 탄압되어 무장적 항쟁을 인민들에게 무조건적으로 요구하고 있다. 그러한 까닭으로 조선민주주의인민공화국을 수호하는 투쟁으로부터 시작하여 일상적인 세미한 경제적 요구에 이르기까지 남조선 인민들의 투쟁은 무력반격의 형태를 취하지 않을 수 없다. 남조선 인민들의 투쟁은 놈들의 경찰테로하에서는 작으나 크나 유혈적인 희생을 각오하지 않으면 아니 된다. 이러함에도 불구하고 남조선 인민들은 조국통일과 자유와 독립을 위하여 불요불굴의 용감한 투쟁을 벌이고 있으니 이것이 오늘날 남조선 인민들의 영웅적 구국투쟁의 모범인 것이다.[10]

3. 유격투쟁의 본격적 전개

1) 조국전선의 결성

남로당에서는 1949년에 들어서면서 미군 철수와 인민공화국 기치하에 국토 완정을 실현하는 투쟁을 강력히 전개하기 시작했다. 이러한 투쟁방침은 혁명기지인 북한지역을 강화하는 한편 남로당이 앞장서서 남한 안에서 각종 투쟁(유격투쟁)을 보다 적극화하여 대한민국정부를 극도로 약체화하고 주변정세가 유리하게 전개될 때를 국토 완정의 결정적 시기로 포착한다는 것이었다.

이와 같은 기본전략을 실천에 옮기자면 남북으로 조직되어 있는 통일전선체와 노동당을 하나의 조직체로 단일화하고 혁명세력을 결집할 필요가 있었다. 그리하여 1949년 6월 '남조선민주주의민족전선'과 '북조선민주주의민족전선'을 통합하고 그 단체들을 망라하여 '조국통일민주주의전선'을 결성했으며 남로당과 북로당이 합당하여 '조선로동당'으로 그 이름을 바꾸었다.

남북을 통틀어 단일한 정치세력으로 통합하는 구상은 1949년 4월 중순께부터 구체화되었다. 먼저 남북의 통일전선기구를 합치는 것부터 시작했는데 남로당을 비롯한 남북의 몇 개 좌익정당에서 먼저 제의하는 형식을 취했다. 1949년 5월 12일 남로당·민주독립당·조선인민공화당·근로인민당·남조선청우당·사회민주당·남조선민주여성동맹·전평 등은 공동명의로 '북조선 및 남조선 제정당·사회단체 여러분에게'라는 표제로 '조국통일민주주의전선'(조국전선)을 결성하자고 제의했다. 그리고 북조선민전 중앙위원회에 같은 내용으로 된 서한을 보냈다. 이들의 제의내용은 다음과 같다.

…… 조선인민들의 당면한 간절한 과업은 하루속히 미군을 우리 강토로부터 철퇴시키는 것이다. 미군의 계속 주둔은 조선인민을 죽음으로 끌고 가는 길이다. 미군 철퇴와 조국통일을 위한 투쟁에 전인민을 총궐기시켜야겠다. …… 모든 정당·사회단체들은 자기들의 역량을 총집결하여 한층 광범한 전조선적 민족통일전선을 결성할 시기가 박두했다. 그 시기는 닥쳐왔다. …… 만약 당신들이 조국이익을 중히 여기고 동포를 사랑하고 조국의 운명을 근심하고 자주독립과 민주개혁을 원한다면 이에 열렬히 찬동하리라고 확신한다. 이에 우리는 단일한 '조국통일민주주의전선'을 결성하고 미군 철퇴와 통일을 위한 투쟁에 더욱 조직적으로 일치 협력할 것을 제의하는 바이다. 당신들의 이에 동의하는 회답을 우리는 기다리고 있다.

이러한 제의에 따라서 '조국전선' 결성준비위원회가 조직되고 몇 차례의 회의가 열린 다음 '조국통일민주주의전선' 결성대회가 1949년 6월 25일에서 28일까지 평양 모란봉극장에서 남북의 71개 정당·사회단체 대표 704명이 모인 가운데 열렸다. 대회에서는 먼저 남로당의 위원장 허헌의 '현하 국내외 정치정세와 우리의 임무'라는 표제의 보고가 있었다. 허헌은 이 보고에서 "현하 정세는 조국전선의 기치 아래 모든 역량이 결집되어 조국의 평화적 통일과 독립을 쟁취하기 위한 구국대책을 수립해야 한다"고 주장했다. 허헌의 보고에 따라 토론이 진행되었는데 북조선로동당 대표 장순명은 남북 조선을 통한 통일적 총선거를 실시하자는 북로당의 제안을 내놓기도 했다. 토론이 모두 끝난 다음 허헌의 보고에 대한 결정서가 채택되었는데 그 요지는 다음과 같다.

1. 조국전선 결성에 관한 8개 정당·사회단체의 발기를 찬동한다.
2. 이 대회에 참가한 제정당·사회단체의 연합에 기초하여 조국통일민주주의전선을 결성한다.
3. 조국전선의 활동을 지도할 목적으로 중앙위원회를 선거로 구성한다.
4. '조국전선' 시·도·군 위원회를 결성한다.
5. '조국전선'에 가입하려는 단체는 중앙위원회에서 심의한다.
6. '조국전선' 결성준비를 위한 준비위원회의 사업을 찬동한다.[11]

이 대회에서는 '조국전선'의 강령을 결정하고 '남북 조선의 제정당·사회단체들과 전체 인민들에게' 보내는 선언서를 채택했다.

강령(요지)
1. 미군과 유엔위원단을 철수케 하고 완전독립을 위해 투쟁한다.
2. 통일 달성에 인민의 총역량을 동원한다.
3. 북한의 민주개혁을 한층 공고히 발전시킨다.

4. 인공의 활동 협조.
5. 민주주의적 권리와 자유를 보장하기 위하여 투쟁한다.
6. 남한에서 인민위원회 부활과 합법화를 위한 투쟁을 전개한다.
7. 무상몰수 무상분배의 토지개혁을 실시한다.
8. 일제 소유였던 기업을 국유화한다.
9. 투옥된 좌익계 인물 석방.
10. 사회주의국가들과의 친선 강화.
11. 일본의 제국주의적 부활 반대.
12. 세계평화를 위해 투쟁.
13. 민족경제와 민족문화 발전.

선언지(요지)
1. 평화적 통일사업을 조선인민 자체로 실천하자.
2. 미군의 철퇴 요구.
3. 유엔한국위원단의 철퇴 요구.
4. 남북선거의 동시 실시.
5. 제정당·사회단체로 구성된 위원회의 지도 아래 선거.
6. 남북 정당·사회단체 대표들의 협의회를 소집하고 선거지도위원회를 구성.
7. 입법기관 선거를 1949년 9월에 실시.
8. 선거의 자유보장으로 정치범 석방과 좌익정당·사회단체의 정치활동의 자유 보장
9. 선거지도위원회는 남북에 현존하는 정부와 기관에 선거준비와 실시에 관계되는 필요한 지시를 주며 외군의 철수를 감시.
10. 남북의 경찰·보안기관은 선거지도위원회의 관할 아래 넘어오며 제주도폭동과 유격운동 진압에 참가한 경찰대를 해산.
11. 선거에서 수립된 입법기관은 인공의 헌법을 채택하고 정부를 수립한다.

12. 남북의 군대를 인공정부가 연합시킨다. 폭동진압·토벌에 참가한 부대도 해산.[12]

이 선언서 마지막 부분에서는 "만일 반동이 고집하고 평화적 통일사업을 방해하는 때에는 그는 조선인민의 처단을 면치 못할 것이다. 조선인민은 조국의 통일과 민주화와 독립을 향하여 앞으로 나아가는 길에서 장애를 주는 모든 놈들을 자기의 길에서 능히 소탕할 것입니다"[13]고 함으로써 통일방안을 실현시키기 위해서는 폭력투쟁도 불사하겠다는 강력한 의지를 표현했다.

이 결성대회와 관련하여 특기할 만한 것은 조국전선 결성대회 제2일인 6월 27일 지리산 유격전구 유격대 지휘자 및 전사 일동으로부터 온 메시지가 전달되었다는 점이다. 이 메시지의 한 구절을 소개하면 다음과 같다.

미국제 카빈과 엠완에서는 탄환이 빗발치듯 쏟아지고 있습니다. 미국제 박격포의 포탄들은 머리 위에 작렬하고 있습니다. 미국제 비행기는 끊임없이 위협하고 있습니다. 그러나 공화국 남반부 살진 지역을 원쑤의 손에서 해방하고 우리의 사랑하는 부모형제들을 도살·학살의 참경에서 구출할 것을 맹서하고 일어선 우리들은 이르는 곳마다 원쑤를 무찌르면서 용감하게 나아가고 있습니다. 동무들의 시체를 넘어 우리들은 전진에 전진을 거듭하고 있습니다. 우리의 활동구역은 나날이 장성하고 있습니다. 우리들의 병력은 나날이 증가되고 있습니다.
이미 우리들은 1천 메터의 험준한 산악에서 백설과 싸워 이겨냈습니다. 주림도 피곤도 우리들에게는 아무러한 타격도 줄 수 없습니다.[14]

결성대회 마지막 날인 6월 28일에는 '조국전선' 중앙위원회 제1차 회의를 열고 ① 중앙상무위원과 의장단 선거, ② 중앙위원회 구성 및 간부 승인, ③ 기관지 발간 결정, ④ 8·15해방 4주년 기념 준비위원회 선거를 했다. 이 대회에서 선출된 '조국전선'의 중앙간부는 다음과 같다.

의장단: 김두봉, 허헌, 김달현, 이영, 유영준, 정노식, 이극로

중앙상무위원: 김일성, 김두봉, 허헌, 박헌영, 김달현, 김원봉, 이영, 이용, 최용건, 박창옥, 이승규, 홍명희, 이극로, 김병제, 최경덕, 강진건, 박정애, 한설야, 이기영, 유영준, 김남천, 강양욱, 현정민, 서창섭, 이규훈, 정노식

서기국장: 김창준(부국장: 이규, 김백동)

조직연락부장: 장득명(부국장: 김병기)

재정부장: 장권(부국장: 고재천)

기관지 조국전선사 책임주필: 홍순철[15]

'조국전선' 결성대회가 끝나자 남과 북에서는 이를 지지토록 하는 군중동원이 시작됐다. 6월 29일에는 평양에서 시민대회를 열고 "'조국전선' 결성을 환호·지지하는 우리들은 미국 군대와 유엔위원단을 하루속히 물러가게 하며 이승만정부를 타도·분쇄하기 위한 투쟁을 한층 장엄하게 전개할 것을 굳게 결의한다"는 공세적인 결의문을 채택했다. 한편 해주 제1인쇄소의 남로당 전초지휘소에서는 『노력자』지를 비롯한 각종 출판물을 통해 '조국전선' 결성소식과 함께 선언문·강령 등을 실었다. 또한 '조국전선' 중앙위원회 서기국은 '평화적 조국통일방책에 관한 선언서' 1처여 통을 남한의 제정당·사회단체, 언론·출판기관, 교육·문화기관, 산업·경제기관, 상계, 종교계, 보건·체육계 그리고 미주둔군 및 유엔위원단, 국회의원 등에게 보냈다. 7월 2일에는 '평화통일선언서'를 유엔 사무총장 트리그브리에게 보내어 유엔 회원국 정부에 전달해달라고 요청했다. 7월 13일에는 '조국전선' 제2차 회의를 열고 평화통일선언서에 대한 각 정당·사회단체와의 사업에 대하여 (허헌과 김원봉이 각각 보고) 토의를 했다. 여기서 '조국전선'에 가입치 않은 정당·사회단체에 그들의 태도 결정을 독촉하는 공개서한을 보내는 한편 그들 대표들과 만나고 연락을 취하기 위해 허헌·이영·이극로·정성언·박윤길·김창준 등을 뽑아 위원회를 구성했다. 그 공개서한이란 다음과 같이 매우 강렬한 어조로 일관된 것이었다.

…… 우리에게는 다른 길이 없다. 우리 조국 남반부와 인민들을 미제국주의자들에게 팔아먹은 매국역도들의 민족분열정책과 식민지 예속화 정책의 길을 걷든지, 그렇지 않으면 우리 조국의 남반부와 남반부 인민들을 미국과 이승만 매국역도들로부터 구출하는 국토완정, 조국통일독립의 길을 걷든지 하는 것이요, 세 번째 길은 없다. …… 인민의 힘은 역도들의 힘보다 거대하며 위대하다. ……16)

2) 9월공세

1949년 6월 말 이른바 '조국전선'이 결성되고 '평화통일선언서'가 발표된 뒤인 7월부터는 무장투쟁이 보다 새로운 단계로 넘어갔다. 1949년 상반기에는 전남북과 경남북의 산악지대에서 지역단위 유격대들의 투쟁이 산발적으로 지속되었는데 7월에 들어서면서 유격투쟁을 조직적이며 보다 대규모로 전개하기 위해 인민유격대를 편성했다. 1949년 7월에 인민유격대를 지구별 3개 병단으로 편성했는데 오대산 지구를 제1병단, 지리산 지구를 제2병단, 태백산 지구를 제3병단으로 하고 이들에 대한 통일적인 지휘를 북에 있는 박헌영 일파가 관장했다. 1949년 6월 말 남북로동당이 합당하여 조선로동당으로 바뀌어 김일성이 위원장이 되었지만 대남정치공작은 부위원장 박헌영과 이승엽 등 남로당계가 전담했다.

제2병단의 조직체계를 보면 총사령부(사령관 이현상) 밑에 4개 연대가 들어 있었고 각 연대는 몇 개 군을 대상으로 하는 활동지역을 갖고 있었다.

제6연대: 총사령부의 경호연대로서 지리산에 본거를 두고 산청군, 함양군, 구례 북부, 남원군 일대에서 공작.

제7연대: 연대사령부는 백운산에 있었고 공작지역은 순천 남부, 곡성 북부, 하동, 광양, 구례 남부에 걸침.

제8연대: 조계산에 본거를 두고 순창군, 화순군, 곡성 남부, 순천 북부를 대상으로 공작.

제9연대: 덕유산을 중심으로 무주, 장수, 거창군 일대에서 공작.

이와 같은 제2병단의 조직편성은 겨울철에 접어들면서 3개 지대로 재편성되어 2개 지대를 전북·전남의 평야지대로 진출시켜 월동투쟁과 새로운 활동지대로 개척하도록 했으며, 1개 지대만을 이현상 총사령관의 지휘하에 지리산에 그 근거지를 갖고 활동하도록 했다.

제3병단의 경우는 1949년 8월 초에 김달삼(제주도 4·3폭동의 주모자이며 월북하여 이른바 최고인민회의 대의원이 됨)을 사령관으로 부사령관 남도부, 그밖에 나훈·성동구 등 300여 명이 경북 안동·영덕 경계선에 상륙하여 경북 동해안 일대에서 활동했다.

그리고 제1병단(이호제부대 또는 제1군단이라고 불렸음)은 1949년 9월 6일 이승엽의 지령에 따라 강동정치학원의 학생 360여 명으로 편성되었는데, 침투과정을 살펴보면 다음과 같다. 5개 중대로 된 이 군단의 군단장은 이호제(고대 31회 졸업생, 해방 후 남조선 민청위원장 역임)이고, 그밖에 정치위원 박치우, 참모장 서철 등 강동정치학원의 간부들이 끼었다. 개인장비로는 쌀·담요·우의·농구화·건빵·발싸개(양말 대용)·바늘·실 등을 갖춘 배낭과 M1소총·실탄 150발 등이었다. 9월 7일 강동정치학원 소재지인 승호역에서 기차편으로 양양에 도착했다. 위장을 위해 기차는 객차가 아닌 화물차를 이용했는데 한칸에 1개 중대씩 수용했다. 38선을 돌파할 때에는 인민군의 지원을 받는데 인민군으로 하여금 먼저 총격을 하게 하여 국군과 접전을 벌이게 함으로써 통과한 지점의 국군병력을 딴 곳으로 유도한 다음 그 틈을 타서 넘어오는 방법을 썼다. 38선을 무사히 넘어선 이들은 낮에는 잠자고 밤에는 행군하는 식으로 오대산-건봉산-태백산으로 남진했는데 정찰중대를 앞세게 하고 1개 종대로 침투했다. 그러다가 오대산을 지나 건봉산 근처부터는 중대 단위의 행군으로 남하했다.

이와 같은 인민유격대의 편성과 함께 남한의 각 지방 당조직에서는 무장투쟁을 효율적으로 전개하기 위한 조직 개편들이 이루어졌다. 1949년 7월 '조직전선'이 결성되고 '평화통일선언서'가 발표되자, 남한의 지하조직을 총지도하고 있던 서울 지도부에서는 각 지방 당에 다음과 같은 지시를 내렸다

결정적 시기가 불원간 도래한다. 결정적 시기를 맞이하기 위하여 각 지방 당은 정권 접수를 위한 준비를 하라. 또한 인민군이 진격하게 되므로 각 도당은 '해방지구'를 1, 2개 확보하라. 모든 당조직은 군사조직으로 개편하고 결정적 투쟁을 전개하라. 돈 있는 사람은 돈을 바치고 집 있는 사람은 집을 바쳐서 무기를 준비하라.

서울시당의 경우를 보면 1949년에 들어서면서 이른바 폭력투쟁을 진행하기 위해 2월께 아현·일신·협성·동양흥업 등 선반시설이 있는 공작소를 매수하여 폭동에 필요한 수류탄을 만들기 시작했다. 이를 위해 염산·유황 등도 사들였다. 제1차로 250개, 제2차로 6천 개의 수류탄을 9월 18일까지 만들 계획 아래 다이너마이트 40개, 앰플 400개 등과 함께 4만여 원의 자금이 지급되었다(앰플은 유리관에 비산과 염산을 넣어 얼굴에 던지는 데 쓰였다). 이러한 준비를 하고 있는데 7월 8일 선언서가 전달되자 서울 지도부와 시당에서는 ① 8월 20일에 대한민국정권 접수, ② 9월 1일에 박헌영이 선거위원장으로 서울에 도착, ③ 9월 20일에 총선거 실시, ④ 9월 21일 서울에 '조선민주주의인민공화국' 중앙정부가 수립된다는 등의 선전선동을 했다. 그뿐만 아니라 정권을 접수하면 은행금고가 해방될 것이니 당원들은 4개월간의 최저생활비를 제외한 전 재산을 7월 말까지 당에 바치라고 각급 당부와 세포에 지령했다.[17]

전남도당에서는 서울 지도부의 지시에 따라 모든 조직을 유격투쟁 형태로 개편했다. 전남을 지형에 따라 북부 지구(노령산)와 광주 지구(무등산) 및 지리산 지구로 구분하고 야산대를 확대·강화하여 유격대를 편성했다. 지리산 지구는 제2병단에 3개군(구례·곡성·광주)을 넘겨주었다. 북부 지구인 노령 지구에서는 각 세포위원장과 열성당원 약 300명을 입산시켜 유격훈련을 받게 했다.

'조국전선'에서 발표한 '평화통일선언서'에 선거지도위원회를 먼저 구성하고 9월에 입법기관을 선거하자는 내용이 있었기 때문에 이른바 '9월 공세'라는 구호가 나왔다.

지리산과 태백산 지구의 이른바 인민유격대가 3개 집단으로 편성되고 각 도당을 비롯한 지방당 조직도 군사체제로 개편된 뒤 유격투쟁은 보다 격렬화했다. 모든 당조직은 지도부의 일부를 자기 관내의 산악지대로 이동시켜 이로 하여금 무장투쟁을 지휘케 했다. 현지에서 지휘한다 해서 '○○현지당부'라는 이름을 붙이기도 했다. 지방 당에서는 당조직망을 통해 서울 지도부의 지령에 따라 "멀지 않아 해방이 된다. 북으로부터 인민군이 넘어온다"는 등의 허위선전으로 당원들을 강제입산시킴으로써 야산대와 인민유격대를 확장했다.

  경북지방에서 마을 청년들이 입산한 예를 보자.

  7월 21일 경북 영일군 신광면에서 43명의 좌익청년들이 마을에 내려온 수명의 무장유격대의 강요로 입산했다. 같은 날 영일군 죽장면 원용부락 청년 4명, 합덕리 부락 청년 21명이 입산했다. 23일 같은 부락에서 13명, 24·25일 이틀 동안 기계면에서 48명, 26일 동해면과 청하면에서 26명이 강요에 의해 입산당했다.

  7월 21일 경북 봉화군 재산면에서는 75명이 한꺼번에 유격대로 들어갔다. 그밖에 경산·경주·영주·안동·청도·영덕 등에서도 그러했는데 7월 21일부터 30일까지 열흘 동안에 경북에서만 451명의 좌익청년이 입산하여 야산대 또는 유격대에 합류했다.

  전남지구의 예를 한번 보자. 7월 24일 새벽 광양군 다암면에서 29명이 입산한 것을 비롯하여 7월 30일까지 334명이 유격대에 들어갔다.

  이들 무장유격대의 장비를 보면 처음에는 낫·호미·곡괭이·죽창·장도 같은 원시적인 것이었는데 점차 카빈·M1과 경기관총·중기관총 심지어 몇 문의 박격포까지 가지게 되었다. 지리산 지구에서는 무기를 수리하고 폭탄을 만드는 철공장도 운영했고 무전대와 촬영기대가 제2병단 사령부에 배속되어 있었다. 그밖에 유격대 복장을 만들고 수선하는 몇 대의 재봉틀과 오락용 악기들도 갖추어놓았다. 이른바 해방지구(유격근거지)에서는 등사판을 이용하여 신문(속보)과 각종 인쇄물을 발행하여 무장유격대원과 부락 주민에게 배포하는 선전·선동활동도 전개했다.

남로당 서울 지도부에서는 유격전구가 형성된 뒤 이른바 9월공세를 앞두고 지리산 지구에 지리산 문화공작대로서 남로당 문화부장 김태준과 시부 유진오, 음악부 유호진, 영화부 홍순학 등 작가·예술인들을 파견한 바 있다. 이들은 유격대 안에서 문화활동에 참가했다(1949년 9월 30일 모두 사형선고받음).[18]

야산대·무장유격대 그리고 직업적인 당원들의 수가 늘어나 이들이 야산 또는 산악지대에서 연명하자면 무엇보다도 식량해결이 가장 큰 문제였다. 초기에는 지방 당과 부락 당세포와의 연계 아래 공작이 전개되었기 때문에 그로부터 협조를 받을 수 있었으나 지방 당조직이 파괴되고 모두 입산한 조건 아래에서는 마을에 내려와 식량이 될 만한 것들은 무엇이나 빼앗아가는 수밖에 없었다.

당시 무장유격대들이 농민들로부터 빼앗아간 식량과 돈과 옷가지 등에 대해 노동당 기관지는 마치 모든 것을 농민들이 자진해서 유격대에 제공한 것처럼 다음과 같이 말했다.

…… 남반부의 농민대중이 각 전구의 유격대에 열렬한 동정과 원호를 하고 있는 것은 다음의 사실로써 우리들은 명백히 알 수 있다. …… 1949년 8월 인민들로부터 식량 2천여 말과 옷가지 2,600여 점·현금 97만 원이 자진 원조되었다. 그리고 11월에 이르러서는 식량 1만 2,900여 말, 옷가지 3,500여 점, 그리고 현금 6,300여 만 원을 가진 원조하였다. 이승만도당이 각처의 산간부락을 파괴·방화하고 그곳의 농민들을 강제 축출하는 것은 기실 농민들과 유격대와의 연락을 단절하려는 발악에서 나온 것이지만 가면 갈수록 유격대를 원호하는 농민들의 열정과 애정은 높아가고 있다.[19]

또한 노동당 기관지에서는 농민들이 유격대활동을 위해서 헌신적으로 협력하는 사례를 소개하고 있는 것도 찾아볼 수 있다.

강원도 영월군 상동면 내덕리의 신태순 노인은 자기의 아들 셋과 딸·며느리를 모두 빨치산으로 보내고 그 60노인은 늙은 마누라와 같이 태백산·백운산·문수산의 험한 길을 하루도 빠짐없이 넘나들면서 후방연락에 헌신 분투하다가 원쑤들에게 붙잡혔으나 최후까지 원쑤들에게 굴치 않고 원쑤의 총탄을 받아 애국적 선혈을 뿌리면서 "빨치산들아! 용감한 아들딸들아! 잘 있거라. 싸워서 이겨다오! 사람들아, 우리의 보배를 지켜다오!"라고 외친 것은 그 산 사실의 하나이다. 신태순 노인은 젊은 빨치산들에게 '빨치산의 아버지'라고 불리우던 인민의 모범이다.[20]

무장유격대는 식량을 구하기가 점점 어렵게 되자 부락을 기습하여 우익계·중도계 농민 또는 자기들에게 비협조적인 농민들을 '반동분자' '지주'로 몰아 숙청하거나 총칼로 위협하여 창고에 있는 곡물을 털어갔다. 이 식량을 유격대의 근거지까지 운반하기 위해 주로 밤중에 부락민을 강제동원했다. 한 사람에 1, 2말씩 등에 지워서 군경의 추격으로부터 어느 정도 안전한 지대까지 일단 옮겨놓고 끌고 간 부락민들을 하산시킨 다음(유격대가 있는 곳이 노출되는 것을 막기 위해) 본대에 연락하여 자기들이 운반해 갔다. 이러한 식량 약탈에 대해 무장유격대들은 '토지개혁'이라는 명분을 내세워 합리화하는 방법을 쓰기도 했다. 곧 유격대가 어느 부락을 습격·점거하면 그 부락 출신 유격대원을 앞장세워 "멀지 않아 해방된다" "인공치하가 되면 토지개혁을 해야 한다"는 등 부락민을 선동하고 지주·부농의 집에 불을 질러 토지문서 등을 태워버렸다. 그리고 이들의 토지를 무상으로 소작인에게 분배하고는 유격대에 식량을 바칠 것을 강요하는 것이었다. 다음은 유격전구에서 농가의 '방화'와 '토지개혁'에 대해 이승엽이 선전책자에 발표한 내용의 일부다.

…… 1949년 10월에 들어서서 벌써 45개소의 면사무소와 많은 반동지주의 가옥이 없어졌다. 11월에 이르러서는 경북의 봉화·안동·영주·성주 등지에서 22회의 농민폭동이 일어났으며 전남북 일대에서는 담양·

영광·광양·장성·보성·남원·구례·나주·임실·고창 등지에서 24회의 농민투쟁이 전개되었다. 11월 중 토지개혁을 위한 폭동에 참가한 농민의 수는 4만 2,900여 명에 달했다. …… 10월 29일 전남 담양군 수복면의 46개 부락에서는 4천여 명의 농민들이 유격대원 70명의 원조 아래 악덕지주들을 인민재판에서 준엄하게 처단하고 토지의 무상분배를 실시했다. 같은 날 영광군 대마면에서도 농민들이 무장대에 호응하여 토지개혁을 단행했다. 11월 6일 봉화군 선체면에서 2천여 명이, 같은 날 영덕군 지품면에서 700여 명이, 22일에는 함평군 해보면에서 1천여 명이 유격대와 함께 봉기하여 지주의 토지를 무상으로 분배했다.[21]

이와 같은 이승엽의 글은 물론 허위·과장이지만 유격대가 토지개혁이라는 명분으로 농민들로부터 식량을 강제 약탈했다는 것은 틀림없는 사실이었다.

1949년 8월 말 동해안 안동지구에 침투한 김달삼부대의 활동상황을 보면 다음과 같다.[22]

   8월 말께: 김달삼·나훈·성동구 등 300여 명이 의성경찰서 및 동서 무기고, 의성 우편국·금융조합 등에 방화하고 경관 6명 살해, 트럭 2대 약탈.
   10월 중순: 안동읍 옥동국민학교 주둔 국군 3사단 22연대 습격.
   11월 초순: 9월 태백산에 침투한 제1병단(이호제부대)과 제3병단이 합류하여 3개 대대로 편성하고 11월 8일에는 일월산에서 경찰과 교전, 경관 수십 명 살해.
   11월 25일: 안동의 화악산에서 국군 25연대와 접전, 장병 7명 살해, M1 7정과 군모 등을 약탈, 또한 이 무렵 일월산에서 경찰과 교전, 11명 살해.

겨울철에 들어서면서부터 유격대의 거점·전구인 산악지대와 민간부락과의 연계가 점차 두절되고 심한 설한에 부딪혀 무장유격대의 활동은 매우 불리하게 되었다. 반면 유격대에 불리한 계절을 이용하여 군과 경찰은 강력한 토벌작전을 전개했다. 1949년 3월 이미 군에서는 지리산 지구 전투사령부와 호남 지구 전투사령부를 설치하여 작전을 계속해왔다. 9월 22일 당시 내무장관·국방장관 및 내무차관·육군참모총장·참모차장·내무부 치안국장 등 군경수뇌가 회동하여 군경활동으로 대대적인 지리산 지구 토벌작전을 단행하기로 결정했다. 한편 조직적인 토벌작전을 강력히 전개하기 위하여 당시 경찰에서는 지리산 지구 전투경찰대 및 그 본부를 남원에 설치했다.

군에서는 10월 말부터 12월 1일까지 유격대의 본거지인 지리산을 중심으로 백운산·장안산·덕유산·백아산·회문산·암산 일대를 포위, 귀순공작 위주의 선무공작을 하고 11월 1일부터 12월 15일까지를 전투공세기로 하여 군경활동으로 섬멸작전을 벌였다.

이른바 9월공세를 총지휘하고 있던 이승엽은 군경의 동계토벌작전과 그 전술에 대해 다음과 같이 실토한 바 있었다.

첫째, 남한의 유격구들을 나누어 5개의 토벌구를 정하고 각 전구에 토벌사령부를 두어 …… 총사령부의 명령을 받게 되었다. 곧 호남 토벌지구, 지리산 토벌지구, 영남 토벌지구, 태백산 토벌지구, 중부 토벌지구로 나누었다. …… 유격대들이 격렬하게 활동하고 있는 지구에는 비록 산간벽지에라도 상당한 병력을 주둔시키며 일상적 수색, 요로매복을 강행하고 있으며 한번 우리 유격대와 만나면 그것을 놓치지 않고 끝끝내 쫓아다니는 장축전술을 채용하고 있다.

둘째, 각 지구 유격대의 상호연락을 단절시키고 또한 유격지구 내 소속 대와 대 사이의 연락도 단절, 각 대를 고립시켰다. 또한 각 대를 분단하여 장기적으로 포위하는 전술을 채용하고 있다.

셋째, 동계토벌의 전술 중 가장 중요한 것은 각 지구에 대한 각개격파의 전술이다. 10월부터 11월까지는 호남 지구에서, 다음 12월부터 1월

중순까지는 지리산 지구에서, 그다음부터는 영남 및 태백산 지구에서 집중적 토벌을 감행하고 있다.[23)]

이러한 동계토벌작전은 무장유격대에게는 결정적인 타격이 되었다.

호남 유격전구에서는 집중적인 토벌에 부딪히게 되자 산에서 마을로 침투하는 전술을 썼다. 그리고 큰 부대를 소부대로 나누어 분산활동을 함으로써 피해를 극소화하는 방향으로 나갔다. 그러나 1949년 10월 전남 해남군전투에서 사령관인 최현이 사살된 뒤 대부분이 귀순·생포·사살되고 소수 인원이 호남 지구를 벗어나 지리산 지구로 이동했다. 최현이 사살된 뒤 호남 지구 유격대 사령관 자리는 당시 전남도당 부위원장이었던 김선우가 맡아보았다.

이러한 무장투쟁이 9월공세를 계기로 확대·강화되는 것은 남파된 강동정치학원 출신 유격대들이 활동한 결과였다. 1948년 10월 여순반란사건이 발생하자 군경병력이 호남 지구에 집중되고 모든 관심이 이에 쏠리고 있는 틈을 타서 강동정치학원 출신 유격대 180명은 11월 17일 오대산 지구로 침투했다. 그 뒤 약 6개월간(1949년 5월까지) 이 학교에서는 유격대 양성에만 주력해오다가 이른바 '조국전선' 결성과 함께 선언문이 발표된 뒤 9월공세에 대비하여 수백 명씩 집단적으로 남파시켰다.

　1949년 6월: 400여 명의 유격대를 오대산 지구로 투입.
　1949년 7월: 200여 명의 유격대를 오대산 방면으로 투입.
　1949년 8월: 김달삼을 사령관으로 한 300여 명의 유격대를 안동·영덕 경계선에 침투시킴.
　1949년 9월 초순: 이호제가 지휘하는 이른바 인민유격대 제1군단 360명을 태백산을 통해 침투시킴.
　1949년 11월 6일: 약 100명의 유격대가 배를 타고 경북 해안으로 침투.
　1950년 3월 24일과 26일: 양양, 양구, 인제 부근에서 대기 중이던 유

격대 김상호·김무현부대의 약 700명을 남파시킴.[24]

다음의 자료는 유격대에게 유리하게 과장되어 발표된 것이지만 7월 공세를 전후해서 이루어진 그들의 행동이 얼마나 가열찼는가를 짐작하게 한다.[25]

연동원인원: 37만 6,401명
교전횟수: 6,768회
사살: 1만 103명
각종 무기 약탈: 4,260점
탄환 약탈: 31만 1,700발
(1949년 4월부터 11월까지의 좌익 발표 '전과')

군경토벌대는 유격대와 주민의 연계를 두절하기 위해 유격활동지역인 산간지대에 거주하고 있는 농가들을 이주시켰는데 지리산 토벌전투지구만 해도 다음과 같이 상당수에 달했다(치안국 자료).

남원:	859호	4,555명	무주:	501호	622명
장수:	534호	2,765명	광양:	1,694호	9,329명
구례:	2,570호	12,492명	곡성:	3,478호	18,129명
하동:	1,240호	7,698명	함양:	3,772호	17,786명
산청:	2,363호	12,582명	거창:	477호	2,134명

4. 유격투쟁의 약화

각 전구의 유격대들은 군경의 강력한 동계토벌작전으로 치명적인 타격을 받았으나 1950년에 들어서도 부분적인 투쟁을 계속했다. 1949년 12

월 29일에도 당 중앙위원회에서 '전당원에게 보내는 편지'가 나왔고 1950년 1월 9일에는 '조국통일민주주의전선 중앙위원회'에서 '전체 조선인민과 전조선 애국적 정당·사회단체와 전체 애국적 인사 및 사회활동가에게 고하는 호소문'이 발표되었다. 이 편지와 호소문은 전좌익계에 제시된 투쟁의 방향인 동시에 유격대에 대해서는 전투의 지시문이며 격려문이었다. 당시 투쟁상황을 이승엽 일파는 다음과 같이 서술하고 있다.

1950년 3월께 해빙기에 들어서자 지리산을 비롯한 경북·전남 일대에서 유격투쟁이 다시 시작되었다. 지리산 유격부대는 1950년 1월 1일에 산청군 화개면에서 국군 70여 명을 기습, 30분 만에 소탕하고 기세를 몰아 3일에는 화개·지곡·산청·오곡 4면을 휩쓸어서 군경특수부대 70여 명을 격멸하였다. 경북 부대는 1월 2일에 영주·영천 합동부대를 편성하여 경주 어림산을 중심으로 5개 방면에서 기어드는 군경 6개 중대를 격파하고 210명을 사살하였으며 21일에는 태백산 부대가 공동작전을 세우고 경북 영덕군 영해·창수·병곡·축산(이상 4면이 과거 영해군), 지품 5개 면을 일시에 진격하여 봉기한 2천여 농민들과 더불어 주둔 국군 및 경찰 등 일체 매국기관·반동분자·가옥 등을 모조리 파괴하고 군경 및 그 주구들을 소탕하였으며 양곡 7천여 가마니를 탈환하여 인민들에게 분배한 다음 뒤이어 몰려오는 군경의 응원부대를 만나는 대로 분쇄하였다.

남로당 부위원장이었던 이기석은 1950년에 들어선 유격투쟁의 특징을 다음과 같이 쓰고 있다.

올해에 들어와서는 각 지방의 유격대 진공에는 인민들의 호응 궐기가 대개 동반되었고 또 그 활동이 대규모적인 것이 특징으로 되었다. 한 번 전투가 벌어지는 때에는 일격에 몇 동·리 및 면을 소탕하고 군경의 몇 중대 혹은 몇 대대 내지 몇 사단을 상대한 것이 드문 예가 아니다. 그와 동시에 전투의 규모가 크면 클수록 유격대들은 혈투를 통하여 대원 배가운동과 해방구 설정에 많은 진취가 있었음을 우리는 보는 것이다.[26]

그는 그 실증으로서 그들의 이른바 '전과'를 다음과 같이 과장, 선동에 인용했다.

3월 중 유격대 동원횟수 1,962회, 교전횟수 1,038회, 군경사살 570명, 반동숙청 459명, 농민대회 300여 회, 해설집회 1,274회, 출동연인원 6만 2,793명이었다.

4월에는 동원횟수 2,948회, 교전횟수 1,423회, 군경사살 2,868명, 반동숙청 666명, 해설집회 942회, 무기탈취는 박격포 3문, 기관총 2문, 소총 220여 정.[27]

이러한 이기석의 이른바 '전과' 발표는 유격전을 격렬하게 행하던 1949년 10월의 '전과'와 거의 같은 숫자였다. 1949년 10월에 유격대 동원인원이 8만 9,900명이며 교전횟수가 1,330회였다고 발표한 바 있었다. 그러나 실은 군경합동에 의한 동계작전에 유격대는 심한 손실을 입었으며 태백산 지구에서는 기본부대였던 제3병단과 제1병단이 거의 전멸되다시피 하여 살아남은 모든 병력이 월북·도망해버렸다. 그러므로 소수의 지방 유격대만 산재했다. 지리산·호남 지구에서도 소수 인원으로 편성된 유격대가 있을 뿐 전체적인 유격대 세력이 극도로 약체화된 상태였다. 그러므로 1950년 3·4월에 매달 1천여 회의 교전과 300여 회의 농민대회를 열었다는 것도 당시 상황으로는 납득하기 어려운 발표다.

남한에서의 제2대 국회의원 선거인 '5·30'선거를 앞두고 이를 파괴하기 위한 유격투쟁이 경남 산청을 비롯한 각 지방에서 일어났는데 그리 심한 편은 아니었다.

5월 10일 충남 대덕을 중심으로 한 중부지구 유격대, 12일은 옹진 유격대, 15일에는 경북 청도부대, 16일에는 지리산부대(함양지구), 정읍지구의 전북부대, 경북 봉화지구의 태백산부대, 18일에는 전남 장흥지구의 전남 서남부대, 19일에는 경북부대, 20일엔 충북 괴산부대, 23일엔 강릉지구의 오대산부대 등 여러 소부대로 된 유격대가 각각 만들어져 5월 30일까지 선거 파탄을 목적으로 한 소규모 유격투쟁이 있었다. 일부 지방에서는 면사무소와 선거사무소가 이들에 의해 파괴되기도 했다.

그러나 1950년에 들어서면서 서울 지도부를 비롯한 각 지방 당이 모두 깨진 상황에서 '고기는 물을 떠나서 살 수 없다'는 격언을 신조로 삼고 있는 유격대가 당과 군중의 기반을 상실한 채 유격대로서 더 이상 존재하고 활동하기란 불가능했다.

이 무렵 유격대가 거의 전멸상태에 있었다는 것은 6·25 당시 인민군의 남진에 따르는 호응투쟁을 거의 전개할 수가 없었다는 데서 찾아볼 수 있다. 이현상·배철 등이 지휘하는 극소수 유격대들의 소규모 활동이 있었을 뿐이다.

5. 유격투쟁의 성격과 평가

1948년 남과 북에서 각기 독자적인 정권이 수립되는 것을 전후로 하여 남한지역에서 전개된 무장투쟁(유격투쟁)은 1949년을 고비로 하여 결국은 약화 또는 소멸되었는데, 이러한 무장투쟁의 성격을 규명하기 위해서는 무장투쟁에로 전술적 전환을 하게 되는 불가피성과 그로 인한 유격대의 성장과정, 특히 그 성원들의 성분 분석 또는 투쟁을 통해서 달성하고자 하는 정치목표, 그리고 유격투쟁을 전개할 수 있는 해방구(유격근거지)의 문제, 유격투쟁을 총체적으로 지도하는 지하정치조직, 유격대와 인민과의 유대관계의 성장과정 등을 살펴보아야 한다.

우선 첫째, 무장투쟁에로의 전술 전환과 유격대의 성장과정을 살펴보기로 한다.

마르크스-레닌주의의 혁명이론을 보면 무장투쟁은 정치투쟁의 가장 높은 형태의 투쟁전술로서 대체로 결정적 시기에 택하는 전술로 설명하고 있다. 따라서 마르크스-레닌주의를 표방하는 당들은 투쟁에서 항상 폭력전술을 예상하면서 정치투쟁을 전개한다.

해방 후 9월에 조직된 박헌영을 중심으로 한 조선공산당은 1946년 후반에 들어서면서 적극적인 투쟁전술로 전환하게 되는데 정당방위의 역공세라는 구호 아래 다음과 같은 신전술을 제시했다.

…… 지금까지 우리가 미군정에 협력하여왔으며 미군정을 비판함에 있어서는 미군정을 직접 치지 않고 …… 간접적으로 미군정을 비판하였으나 앞으로는 우리가 이런 태도를 버리고 미군정을 노골적으로 치자. 지금부터는 맞고만 있을 것이 아니라 정당방위의 역공세로 나가자. 테러는 테러로, 피는 피로써 갚자.[28]

이러한 적극적이며 폭력적인 신전술은 그 후에 전개된 9월총파업과 10월인민항쟁 등 그밖의 각종 투쟁을 전개할 때 좌경모험주의적인 성향을 띠게 함으로써 당 조직 및 외곽단체에 대한 파괴를 가져왔으며, 당의 정치적 세력 확대에는 아무런 도움을 주지 못했다. 특히 1946년 11월에 조직된 남조선로동당은 광범한 근로대중들이 참가할 수 있는 대중정당을 표방했음에도 불구하고 합법적 활동을 보장받지 못하고 또한 합법적 활동을 쟁취하지 못한 채 지방 당들에서는 처음부터 비합법활동을 전개할 수밖에 없었다. 따라서 남로당은 당세 확장에 한계를 가질 수밖에 없었고 미소공위원회 개최기간에 합법적인 당활동이 보장되는 것을 최대한으로 이용하여 5배가·10배가 운동을 전개하는 방식으로 당세를 확장했다. 그러나 이와 같은 방식으로 확대된 당원들에 대하여 사상교육을 통한 의식화활동을 거의 하지 않았기 때문에 남로당의 구성원들은 근로인민의 전위대로서 철저한 사명감을 가지고 헌신적으로 투쟁할 수 없었다. 그러므로 1948년 2·7구국투쟁 후 격렬해지는 정치투쟁에서 실효를 거둘 수 없었을뿐더러 당의 대열에서 이탈해나가는 현상이 두드러졌다. 그러나 산악을 끼고 있는 지방당들에서는 비합법투쟁과 부분적인 폭력투쟁을 전개하는 과정에서 무장조직의 필요성을 인식하고 당조직과 당활동을 보장한다는 차원에서 무장조직들이 자연발생적으로 형성되었다.

이러한 무장부대들은 야산대라고 불리면서 당시의 비합법적인 당 사업을 전개하는 데 조직목적을 두었으며, 따라서 당조직에 직속으로 소속되었던 것이다. 그러다가 1948년 10월에 있었던 여순군반란사건을 계기로 무장부대에 대한 새로운 편성이 이루어지게 되었는데, 이는 주로 지리산을 중심으로 한 유격지구에서 이루어졌으며 그밖의 지구에서는 전구형식으로 구분할 수 있는 정도의 무장세력들이 조직되었다. 그리고 1948년 말과 1949년에 이르러 북한지역으로부터의 열 차례에 이르는 유격대 남파는 주로 월북한 남로당 출신으로 구성되었으나 남한지역에서 형성된 무장세력과 합세하여 해당 당조직의 지휘하에서 활동하지 않고 독자적인 무장조직으로 활동했다.

이처럼 무장투쟁으로의 전술 전환은 당이 하나의 전술로서 채택한 것이 아니라 여순반란과 같은 예기치 못했던 사건으로 인하여 불가피하게 사후적으로 취해진 조치이며, 따라서 무장유격대의 구성에서도 다양성을 띠지 않을 수 없었다. 여순반란사건을 계기로 입산한 당시의 사병들은 사건을 일으킨 목적과 지리산에 입산한 후의 자기들의 처지가 서로 달랐기 때문에 반란을 일으킨 일부 의식적인 하사관 및 사병과 그밖에 반란에 동조해서 투쟁에 참여한 사병들 사이에는 완전한 의견일치가 이루어지지 않아 이에 불만을 가진 사병들이 이탈하는 경우가 많았다. 또한 무장투쟁에로의 전술 전환은 정치투쟁 형태의 점진적인 발전이라는 합법칙성을 띠고 전환한 것이 아니며 무장부대의 편성에서도 충분치 못한 준비상태에서 여순사건이라는 예기치 못했던 결과로 인한 전술 전환이었다. 따라서 북한에 있는 박헌영·이승엽으로부터 수차에 걸쳐 남하한 유격부대들은 지방당조직과는 관계없이 자기들이 설정한 활동구역에서 유격투쟁을 전개했던 것이다. 요컨대 당시의 무장투쟁은 남로당의 정치투쟁 발전이라는 내적 필연성과는 무관하게 전개되었던 전술이었다고 볼 수 있다.

둘째로, 유격투쟁을 전개할 수 있는 해방구 또는 유격근거지 문제를 지적할 수 있다.

당시의 유격투쟁은 당의 정치투쟁 발전이라는 차원에서 전개된 투쟁이 아니었으므로 처음부터 해방구가 없거나 또는 해방구 역할을 충분히 할 수 있는 근거지를 가지지 못한 채 전개되었다. 물론 해방 후부터 조직되어 일정한 세력을 확보한 남로당의 지하조직과 그밖의 청년단체·농민단체·노동자단체 또는 인민위원회와 같은 외곽단체의 조직 및 그 활동들이 무장유격투쟁을 전개할 수 있는 정치적 기반이라고 볼 수 있으나, 일정한 지역을 확보하여 유격투쟁을 전개할 수 있는 해방구를 설정한다는 것은 매우 어려운 상태였다. 그러므로 수백 명 또는 수십 명으로 조직된 유격부대들은 지리산을 비롯한 산악지대에 거점을 가질 수밖에 없었으며, 산악 주변의 민가와 단절되는 경우에는 고립무원의 상태에서 타 지역으로 이동해야 하는 형편이었다. 유격투쟁을 전개하기 위해서는 확실한 후방(유격근거지, 해방구)이 있어야 하며, 최소한의 식량과 무기공급, 환자 및 부상자 치료 등이 해결될 수 있는 상태에서만 장기성을 띤 무장투쟁을 전개할 수 있는 것이다. 그러나 태백산맥·소백산맥 등 우리나라의 산악지대는 자연지리조건으로 보아 유격투쟁을 전개하기에는 불리한 지형이며, 결코 대부대에 의한 장기적인 투쟁은 거의 불가능한 조건이라고 볼 수 있다.

따라서 장기적인 투쟁을 할 수 있는 해방구도 없을뿐더러 자연지리적 조건도 매우 불리한 상태에서 그와 같은 대부대 유격투쟁을 전개했다는 것은 유격대원들의 완전소멸을 전제한, 어떠한 목적을 실현하기 위해 시한성을 띤 투쟁이었다고 볼 수 있다. 그러나 여순반란사건으로 인해 군대 내에 침투시킨 남로당 프락치가 모두 노출되어 군인들에 대한 숙군이 대대적으로 전개되었고, 조직역량이 결정적으로 손실을 입었으며 국가보안법 제정 등으로 좌익활동에 대한 탄압은 더욱 강화되는 추세였다. 또한 1949년에 들어서면서, 특히 6월에 조직된 조국통일민주주의전선의 결성과 이 대회에서 채택된 '선언서'를 계기로 전개된 7월공세·9월공세는 당시 남로당 간부들이 발표한 것과는 달리 유격대의 전멸이라는 결과를 자아내게 했고 유격전구의 주민들로부터도 지지를 받지 못하는 실정이었다.

　그러므로 조국전선에서 제시한 총선을 통한 정부 수립은 전혀 불가능한 것이었으며, 9월공세의 실패 후 새로운 투쟁목표에 대해 뚜렷한 지시도 하지 않은 채 무모한 투쟁만을 전개하게 했다는 것은 시한적인 무장투쟁이었다고도 볼 수 없다. 즉 2년여에 걸친 남한지역의 무모한 유격투쟁은 북한의 박헌영·이승엽을 비롯한 남로당 지도부인사들이 자신들의 입지를 강화하기 위해 수많은 유격대원의 희생을 전제로 한 무장투쟁이었다는 논리도 성립될 수 있는 것이다. 따라서 처음부터 당조직의 파괴와 무장유격대의 희생을 각오한 전술이었다고 볼 수 있다. 결국 해방구 및 유격근거지가 형성되어 있지 않은 상태에서 또한 그것이 불충분한 상태에서 무장투쟁전술로 전환한다는 것 자체가 무모한 것이었다. 만약 지하당 조직에서 여순반란사건 후에 전개된 상황들을 조직적으로 수습하여, 본래의 지하당 조직을 중심으로 한 비합법정치활동을 주로 전개하면서 부분적인 무장투쟁을 소조단위로 편성하여 필요에 따라 전개했더라면, 당의 조직역량과 그를 중심으로 한 정치세력들은 보존·축적되었을 것이며 그 많은 희생은 면했을 것으로 예상된다.

　셋째로, 유격투쟁과 당과의 관계를 들 수 있다. 앞서 지적한 바와 같이 유격투쟁은 당의 지도와 통제하에 전개되는 것이 원칙으로 되어 있다. 그러므로 당을 통한 정치활동이 자연스럽게 무장투쟁으로 발전하는 형태가 가장 바람직한 것인데, 이 경우에도 당에서는 주·객관적인 역량과 여러 가지 조건을 고려하면서 무장투쟁전술을 택하게 되는 것이다. 결코 당은 무장투쟁전술을 자연발생성에 방임하거나 이에 끌려가서는 안 되는 것이다.

　그러나 당시에 전개된 무장투쟁은 당에 의해서 목적의식적으로 전개된 것이 아니라 자연발생적으로 성장해가는 무장투쟁에 당이 끌려간 추미주의적 입장이었다고 볼 수 있다. 본래 무장투쟁을 전개하면 할수록 당조직은 보다 강화되어야 하며, 무장부대를 당에서 완전히 장악한 위에서 무장투쟁을 전개해야만 하는 것이다. 1946년 11월에 조직된 박헌영 중심의 남로당 조직은 조선공산당·인민당·신민당 등의 3개 정당을 합동하는 형식으로 조직되었는데, 박헌영의 좌경노선으로 처음부터 3개 정당의 내부분열이라는 결과를 가져왔으며 그 후 당세 확장에 주력하기보다는 무모한 투쟁만을 강요함으로써 지방 당조직들이 제대로 체제를 갖추지 못했고 당중앙의 지시·결정들이 민주주의중앙집권제 원칙하에서 전달되지도 못했다. 일부 지방 당들에서는 3당 합당과정에서 박헌영 일파의 편협성 때문에 일탈하는 경우가 생겼으며 당중앙의 지시에 대한 무조건적인 집행이 사실상 이루어지지 못했다.

더욱이 제2차 미소공동위원회가 결렬된 후부터는 중앙당을 제외한 모든 지방 당조직들의 합법활동은 금지되었고, 1948년의 2·7구국투쟁과 5·10단선 반대투쟁, 그 후의 인민공화국 창건과 지지를 위한 투쟁들은 모두 비합법투쟁이었으며 그로 인해 지방 당 지도부는 농촌 또는 도시에서 산악과 연결된 농촌부락 등으로 이동해야만 했다. 이와 같은 상황하에서 당의 비합법활동을 보장하기 위해서 야산대라는 무장조직이 필요했는데, 그와 함께 당은 도시와 농촌에서 합법 및 비합법활동 등 대중투쟁들을 전개했어야만 했다. 즉 당조직의 안전을 위하여, 지방 당 지도부의 안전을 위하여 도시와 농촌으로부터 떨어진 산간지대로 이동하는 것은 불가피한 것이었다 할지라도, 합법 또는 반합법적인 정치활동들을 도시와 농촌에서 계속 전개했어야 했다. 특히 1948년 말 남로당의 활동이 불법화됨으로써 남한의 모든 당조직을 총체적으로 지도하고 있던 서울 지도부는 각 도당과의 연계가 단절되는 경우가 생겼고 따라서 통일적인 지도가 불가능했다. 다만 북에 있는 박헌영·이승엽과의 관계를 유지하는 데 급급한 형편이었다.

따라서 상부의 올바른 지도 결여로 지방 당들에서는 모든 활동이 목적의식을 가질 수 없었으며 파괴된 조직을 수습할 능력도 없었다. 서울 지도부를 비롯한 지방 당조직들은 일원화된 체제 속에서 활동이 불가능했고 많은 지방조직이 파괴된 상태하에서 당의 지도를 받아가면서 전개해야 할 무장투쟁이 과연 가능했겠는가, 가능했다면 투쟁을 위해 한 투쟁이지, 정치목적을 달성하기 위한 실효성 있는 투쟁은 결코 될 수 없는 것이다. 서울시당의 경우를 보면 1949년에 접어들면서 조직이 붕괴되었고 전남북·경남북 도당들에서도 당조직을 개편하여 산악지대로 이동했고 서울 지도부와의 연계가 사실상 두절된 상태였으며, 전남북도당의 경우 서울 지도부와 선을 연결하기 위해 노력했으나 끝내 실패하고 말았다.

당시의 투쟁에 대해서 이승엽·이기석 등의 논문들에서는 유격투쟁을 전개하는 각 전구들에서 농민대회를 개최하고 토지개혁을 실시했다고 기록하고 있는데 해방구가 아닌 여건에서 또한 유격부대들이 장기적으로 생활하고 있지 않은 상태에서 토지개혁을 실시했다는 것은 별 의미가 없는 것으로서 과장된 선전에 불과하다. 당시 상황으로 보아서 지주들을 처단하고 그 토지를 소작인에게 무상으로 분배한다고 선포했다 하더라도 그 소작인은 분여받은 토지를 전혀 자신의 것으로 생각지 않았음은 너무도 자명한 일이다. 이승엽의 글에서는 1949년 11월 중에 토지개혁을 위한 농민폭동에 참가한 농민의 수가 4만 2,900여 명에 달했다고 주장하고 있는데 이는 사실과 다른 것이며 앞서 지적한 바와 같이 당의 무모한 유격투쟁 전술을 합리화하는 데 그 목적이 있다고 볼 수 있다.

마지막으로 유격대와 인민의 관계를 보자. 유격투쟁은 인민의 가장 긴밀한 지지와 연계 속에서만 가능한 것이다. '고기는 물을 떠나서 살 수 없고 유격대는 인민을 떠나서 살 수 없다'는 유격투쟁에 관한 속언은 이러한 사정을 반영한 얘기다.

해방 후 공산당을 비롯한 농민조합·청년단체 등이 급속한 속도로 조직되었으며 농민조합의 경우 이(里)단위까지 조직되어 당시 남로당에서 제시한 투쟁과업에 대해 절대적인 지지를 했다. 이러한 정치적 기반들이 계속 유지되면서 그에 망라된 성원들의 의식화가 일정한 수준에서 이루어졌더라면 아무리 비합법투쟁을 전개한다 하더라도 당조직은 그들로부터 보호를 받았을 것이다. 그러나 1948년부터는 당조직이 농촌지역으로부터도 철수하지 않으면 안 되는 상황이었다는 것은 농민들로부터 그만큼 지지를 받지 못했음을 말해주는 것이다. 그것은 당이 농민들의 성숙된 요구와 이해관계에 결합된 투쟁을 효과적으로 전개하지 못했으며 무모한 투쟁만 전개함으로써 많은 농민이 일탈된 것을 보여주고 있다. 특히 유격전술로 전환된 후 산악지대의 농민들에 대한 물질경제적 피해는 말할 수 없이 컸기 때문에 남로당노선을 지지하던 농민들도 그 지역을 떠나는 사태가 벌어졌던 것이다. 때로는 산간지대 농민들의 신고로 유격대원들이 생포되거나 희생되는 경우도 많았다.

유격대 성원들의 인민들에 대한 태도와 입장도 철저하지 못하여 자기들에게 조금이라도 비협조적인 징후가 보이면 그를 이해해주는 대신 반동분자라는 딱지를 붙여 처형하는 경우가 있었다. 그리고 앞서 지적한 바와 같이 유격투쟁을 장기적으로 전개할 수 있는 여건이 마련되어 있지 않은 상태에서 투쟁을 전개했기 때문에 인민들의 자발적 협조라는 것은 거의 기대할 수 없었으며, 있었다 하더라도 일시적인 것에 불과했다.

그러므로 무장유격전술은 인민의 지지 속에서 전개될 수 없었고 시간이 갈수록 무장유격대는 인민에게서 유리되는 결과를 가져왔다. 이는 산에 있는 유격대들이 투쟁보다는 생존을 위해서 부락에 내려가야만 했고 지주에 대한 숙청을 통해 농민들에게는 토지분배라는 명분을 주면서 식량을 조달할 수밖에 없었음을 보여준다. 한편 유격대 성원을 확장하는 방법에서도 설복과 해설로써 농촌청년들을 입산시키는 것이 아니라 강제 또한 반강제성을 띠는 경우가 많았다. 이러한 여러 문제는 유격대로 하여금 본연의 투쟁을 전개할 수 없게 만들었으며 인민들로부터 지방 당조직과 유격대들이 유리되는 결과를 가져오게 했다.

1949년 9월공세를 앞두고 문화공작대의 명분으로 지리산에 입산한 시인 유진오의 예는 당시 유격투쟁에서 인민과의 관계의 한 측면을 보여준다고 할 수 있다. 유진오는 1949년 2월 28일에 입산했는데 당시 그곳 유격대원들은 일정한 근거지도 없이 추위와 굶주림에 지쳐 전의를 잃고 있었으며 문화공작과 같은 한가한 활동을 할 수 있는 상황이 아니었다고 법정에서 진술했다. 그리하여 문화공작을 제대로 할 새도 없이 부대가 이동함에 따라 체력으로 더 버틸 수 없이 하산, 서울로 귀환하려고 남원의 어느 부락 어귀에 숨었다가 더 안전한 곳을 찾기 위해 하산 중 민보단(주민자경 조직)에 붙잡히게 되었다. 다시 말해 유진오는 2월 말에 입산하여 3월 29일 1달 만에 문화공작은 할 겨를도 없이 도망치다가 체포된 셈이다.

이러한 예는 당시 지리산 지구에서 활동하던 무장유격대들이 해방구와 같은 근거지 없이 또한 인민들의 지지도 받지 못한 채 활동했다는 것을 말해주며, 따라서 인민들의 지지를 받을 수 있는 투쟁을 전개해야 한다는 유격투쟁의 원칙이 얼마나 지켜졌는가를 의심하지 않을 수 없게 한다.

6. 맺음말

8·15와 더불어 정치무대에 출현한 박헌영을 중심으로 한 조선공산당은 1946년에 대중정당으로 그 성격을 바꾸었으며, 노동자·농민·부녀 단체 등 대중단체를 조직하고 진보적 성향을 띤 정당·사회단체·종교단체·문화단체 등을 망라한 민주주의민족전선을 결성했다. 그리하여 진보적 민주주의 세력은 어느 세력보다도 수적으로 우세하고 가장 조직적이고 투쟁적이며 강력한 역량으로 성장했다. 이와 같은 혁명세력들은 당시 정치투쟁의 목표였던 모스크바3상회의를 지지하고 미소공동위원회의 성공을 위한 투쟁을 전개했다. 그러나 한반도문제가 미국 측에 의해 유엔에 상정되어 단독정부 수립이 결정되자 이들 혁명세력은 일부의 우익 및 중간단체들과 같이 평양에서 정치협상회의를 개최하여 단정 반대투쟁을 결의하고 5·10선거 반대투쟁을 전개했다.

1948년 8월 대한민국정부 수립 후부터는 그 당시까지의 합법 및 반합법 정치활동이 불가능하게 됨으로써 대한민국정부를 정면으로 반대하고 인민공화국을 지지하는 투쟁을 전개했다. 당시 박헌영 일파는 1948년 10월 여순군반란사건을 무장투쟁전술로 전환하지 않으면 안 되는 단계로 인식했다. 이후 1949년 6월에는 남북의 정치세력을 하나의 세력으로 통합한 조국통일민주주의전선이라는 통일전선체가 전면에 나서서 남북총선을 통한 정부 수립이라는 선언서를 채택하고 이를 실현하기 위한 정치투쟁을 전개했다. 이러한 투쟁을 통하여 모든 활동이 비합법화되어 있는 상황하에서 남로당은 전면적인 무장투쟁을 단일전술로 채택하는 단계로 전환되었다.

이 단계에 이르러 혁명역량은 거의 파괴된 상태가 되었으며 산악을 낀 농촌지대 일부와 유격부대만이 활동하고 있는 유일한 세력이었다. 북한지역으로부터 남한 출신의 약 2천 명에 달하는 무장부대가 남파되었으나 1950년 중반에 이르러서는 지리산을 거점으로 하는 극소수의 유격대만이 잔존했다. 이처럼 해방 후에 급속도로 성장한 혁명세력들은 통일정부 수립을 위한 정치투쟁과정에서 거의 파괴되고 그 후의 무장투쟁을 통해서 전멸되다시피 했다.

1949년 9월공세는 결과적으로 남한지역의 혁명세력을 완전히 소멸시키는 계기가 되었다. 조국전선의 '선언서'에 대해 지지·호응하는 세력은 파괴되지 않은 일부 지하조직뿐이었으며 실제로 그것을 대중적으로 공개화해 정치투쟁으로 연결하는 정치활동은 전혀 이루어지지 않은 상태였다. 그럼에도 불구하고 유격부대를 편성하거나 북으로부터 남파된 유격부대로 하여금 전투력면에서 월등히 뛰어난 남한의 정규군과 전면투쟁을 하게 한 것은 결국 토벌을 자초한 것이었다. 그러나 박헌영·이승엽 일파는 1950년 초반까지도 지리산을 비롯한 여러 전구에서 매일같이 유격투쟁이 전개되어 농민대회를 개최하고 인민공화국을 지지하면서 토지개혁 등을 실시하고 있다고 선전했으며, 유격부대가 정규군에 의해서 전멸되어가는 상황에 대해서는 언급하지 않고 이를 대단한 세력으로 과장했다. 따라서 당시 박헌영 일파의 행위를 혁명역량을 파괴한 범죄로 보는 것은 결코 지나친 평가가 아닐 것이다.

한편 박헌영을 비롯한 당시의 남로당 지도부와 달리 일반 유격대원들은 초기에는 자주적인 통일정부 수립, 다음에는 인민공화국 지지라는 그들 나름의 숭고한 정치목표를 실현하기 위해서 간고하게 그 어려운 환경 속에서 정규군과 맞부딪치면서 고귀한 생명을 바쳤다는 것은 다른 차원에서 평가되어야 할 문제다. 여기서 교훈으로 삼을 것은 좌경모험주의가 혁명활동에 얼마나 유해로운 것인가, 또한 지도자의 올바른 지도가 얼마나 중요한 것인가 하는 사실이다.

주

1) 이기석,「남반부 인민유격대의 영용한 구국투쟁」,『인민』(1950. 8), 46~47쪽.
2)『좌익사건실록』제1권, 372쪽.
3) 8·25선거는 인민공화국 창건을 위한 최고인민회의 대의원선거를 말하는데 남한에서는 간접선거의 형식을 취했다. 남로당은 '민전'을 앞장세워 '선거지도위원회'를 조직하고 인민대표자대회에 참가할 각 지방대표들을 선출하여 육로와 해로를 통해 월북시켰다. 한편 7월 15일부터는 산하단체에 이들 대표들을 지지한다는 '서명투표'로서 '연판장운동'을 전개시켰다. 북한지역에서는 직접선거에 의해서 최고인민회의 대의원을 선출했다.
4) 김광일,「조선민주주의인민공화국 기치를 높이 들고 구국투쟁에 총궐기한 남조선 인민들의 영웅적 투쟁」,『근로자』제2호(1949. 1. 31), 31쪽.
5) 같은 글, 34쪽.
6) 2천 명이라는 숫자는 당시에 입산했던 지방 당 간부들의 증언으로 밝혀진 것이다. 반란군이 700명이었다는 것은 몇 사람의 증언에서 공통된 숫자임이 확인되었다.
7) 이승엽,「원쑤들의 '동기토벌'을 완전 실패시킨 영용한 남반부 인민유격대와 그들의 당면 임무」,『근로자』제6호(1950. 3. 31), 12~14쪽.
8) 김광일, 앞의 글, 42쪽.
9) 같은 글, 39쪽.
10) 같은 글, 45쪽.
11)『조선중앙연감』(1950), 233쪽.
12) 같은 책, 88~93쪽.
13) 남북 조선의 제정당·사회단체들과 전체인민들에게 보내는「선언서」, 12쪽.
14) 조희영,「애국적 무장투쟁의 선두에 선 남반부 청년들」,『청년생활』, 1949. 8, 28쪽.
15)『조선중앙연감』(1950), 237쪽.
16) 같은 책, 235쪽.
17) 양한모,『제3세계의 본질』(1968), 13~17쪽.
18)『현대공론』, 1989. 1, 421쪽.
19) 이승엽,「조국통일을 위한 남반부 인민 유격투쟁」,『근로자』제1호(1950. 1. 15),

22쪽.
20) 이기석, 앞의 글, 55쪽.
21) 이승엽, 「원쑤들의 '동기토벌'를 완전 실패시킨 영용한 남반부 인민유격대와 그들의 당면 임무」, 『근로자』 제6호, 24쪽.
22) 육군본부, 「남도부사건기록」, 『공비토벌사』(1954).
23) 이승엽, 「조국통일을 위한 남반부 인민 유격투쟁」, 『근로자』 제1호, 10~11쪽.
24) 『민족의 선봉』, 『대한경찰전사』 제2집(1952), 74, 78쪽.
25) 이기석, 앞의 글, 45~48쪽.
26) 같은 글, 57쪽.
27) 같은 글, 58쪽.
28) 『남로당총비판』, 46쪽. 이 책에서는 1946년 7월 26일을 계기로 수세에서 공세로 전환하게 되었다고 전제하고 신전술의 내용을 ① 지금까지 협조·합작노선을 진보적으로 전환, ② 극동에서 중공당과 일본공산당들과 연계하에 반미운동 적극화, ③ 북조선과 같은 개혁을 요구, ④ 미군정의 정책을 비판적으로 폭로하고 투쟁을 적극적 공세로 전개, ⑤ 정권을 군정에서 인민위원회로 넘기는 투쟁 전개, ⑥ 희생을 각오하고 투쟁을 할 것 등으로 요약하고 있음.

4·3민중항쟁의 전개와 성격

고창훈

1. 머리말

이 글은 해방공간의 상황 속에서 1948년 4월에 발생한 제주 4·3항쟁의 전개과정과 성격을 분석하기 위한 것이다. 제주 4·3항쟁을 올바르게 인식하기 위해서는 그것이 발발하게 된 역사적 맥락과 시대상황 그리고 그 시대상황 속에서 실천주체들이 어떻게 시대문제를 인식하고 대응했는가를 총체적으로 검토하여야 한다. 따라서 4·3항쟁의 총체적 검토를 목표로 하는 이 논문에서는 다음과 같은 점에 주목하고자 한다.

첫째, 4·3항쟁을 가능케 한 역사적인 맥락은 제주지역의 저항주의적 전통, 일제 식민지시대의 민족해방투쟁의 전통, 일제 잔재의 청산과제, 제국주의 극복의 구조적 요인 등 다양한 요소를 내포하고 있다. 제주 민중으로 하여금 항쟁을 결행하도록 한 원동력은 제주 민중들의 끈질긴 역사의식이라 할 수 있다. 즉 제주지역은 역사적으로 제국주의나 중앙지배권력에 시달려온만큼, 제주 민중들은 이러한 모순과 억압에 저항하여 스스로의 세계를 세우려고 했던 것이다. 이러한 역사적 원동력에서 출발한 제주 민중들의 항쟁이 민족문제와 지역문제를 해결해나가는 지속적인 실천운동으로 승화된 것이 4·3항쟁의 근원이었다. 우리는 여기에서 제주 해방공간의

4·3항쟁이 제주 민중사의 결집이자 한국 민중운동사의 핵심에 선다는 것을 확인할 수 있다.

둘째, 4·3항쟁은 제주지역 민중의 시대문제와의 대결이라는 차원에서 비롯되었지만, 그 항쟁은 미국의 세계지배전략과 대결했다는 차원에서 세계적 함의를 지닐 뿐만 아니라 민족분단 구조화의 구체적 진행에 정면으로 맞선 민중들의 민족통일운동이었다는 차원에서 민족주의적 의의를 지닌다. 따라서 4·3항쟁은 지역적 맥락을 넘어서서 남한 민중의 미제국주의와의 정면대결이라는 국제적 맥락을 내포하면서 동시에 반통일세력과의 대결이라는 민족적 의의를 지닌다.

셋째, 이와 같은 역사적 맥락과 공간적 상황 속의 시대적 함의를 고려할 때 항쟁주체인 민중들의 대응은 각기 다르게 나타난다. 민중들의 대응은 그들이 삶의 시간과 공간을 살면서 시대문제를 인식하고 그것을 해결하려는 실천운동으로 나타나기 때문이다. 따라서 필자는 민중의 삶과 투쟁들이 4·3항쟁의 총체적 성격을 이해하는 열쇠라고 생각하며, 이러한 관점을 민중적 관점이라고 부르고자 한다.[1] 민중적 관점에서 민중들의 인식과 실천, 그리고 그것이 운동과 투쟁으로 승화되어가는 과정을 고찰할 때에 항쟁의 성격을 올바로 파악하고 역사적으로 자리매김할 수 있을 것이다.

우리가 4·3항쟁을 총체적으로 파악할 때 비로소 민중의 삶과 시대적 과제를 인식하게 된다. 이를 통해 우리는 그것을 우리 시대의 삶과 과제에 연관시키면서, 나아가 그것이 내포하는 사상적·현재적 의미를 찾게 된다. 이러한 입장에서 이 글은 역사적 맥락과 상황적 연관 속에서 민중의 삶과 실천의 의미를 유념하면서 다음과 같은 순서로 쓰였다.

첫 번째, 해방공간의 일반적 상황을 고찰함으로써 4·3항쟁의 상황적 배경을 고찰한다. 두 번째, 제주지역의 역사적 전통과 제주사회의 상황을 살핌으로써 4·3항쟁의 역사적·지역적 배경을 검토한다. 여기에서 그것들이 민중의 삶과 투쟁에 어떻게 결합되어 자치정부로 발전되었는가를 설명한다. 세 번째, 1947년 3·1평화항쟁을 고찰함으로써 제주 민중이 미군정을 어떻게 인식했고, 그들과의 직접적인 대결로 발전되었는가를 고찰한다. 여기에서 우리는 연속적인 민중항쟁이 4·3항쟁으로 증폭·발전되었음을 밝혀보고자 한다. 네 번째, 4·3항쟁의 결행으로 표출된 민중과 항쟁지도부 그리고 미군정과 이승만세력 간의 대응과 투쟁을 검토하여, 그것이 내포하는 성격을 규정해보고자 한다. 이러한 논의를 토대로 4·3항쟁을 해석하여 그것이 남긴 사상과 현재적 함의를 제시하고자 한다.

2. 해방공간의 일반 상황

　미국과 소련이 1945년 한국을 반으로 나누어 각각 주둔하면서 분단구조의 고착화가 진행되었다. 그 이전 한국은 20세기 전반을 일본 제국주의의 식민지로서 그 지배를 받으며 고통과 억압을 경험하면서 일제에 항거해왔다. 일본은 한국 민족을 파괴시키면서 제국주의적인 식민지 통치구조를 완성했다. 일본은 제국주의적 관료체제를 확립하면서 민족의 독립을 말살하고 자주국가의 기틀을 무너뜨렸다. 그들은 제국주의 문화정책을 펴 민족문화를 말살하고 제국 신민으로서의 교육과 문화를 강요하면서 한국인을 식민으로 길들여나갔다. 거의 모든 저항세력을 찾아내 처벌하는 동시에 일본 군대에 충성하고 일본 정부에 부역하는 친일세력을 포상했다. 새로운 산업구조로의 개편과 철도·항만·도로를 건설하면서 일본의 국익에 따라 철저히 조선경제를 착취했다. 이러한 상황 속에서 민족주의 및 공산주의 저항운동, 친일로 얼룩진 경제·군사·문화·관료 등의 상층계급 및 태평양전쟁으로 시달려 고통에 가득 찬 농민과 노동자계급, 식민지 통치 말기에 강제로 추진된 공업화 등의 요소가 전후 한국을 뒤흔드는 원인으로 작용했다.[2]

　일본의 지배가 남겨놓은 유산은 심대한 것이었다. 첫째, 사회경제적 분열구조를 창출하여 지주소작제는 강화되었고, 농민을 점점 영세화함으로써 지주와 농민의 계급적 균열을 야기했다.[3] 아울러 일본의 전시공업화정책은 일본 독점자본의 비대화와 한국 노동자의 착취라는 결과를 초래하면서 일본 자본과 한국 노동자의 갈등구조를 심화했다.[4] 전자는 소작쟁의투쟁을 거쳐 적색농민운동으로 발전하여 해방 후 농민조합운동과 인민위원회의 토지개혁운동으로 나타난다. 후자는 일본 자본의 힘에 동화된 조선의 영세기업에 대한 노동자들의 뿌리 깊은 불신으로 작용했다. 이로 인하여 해방 후 노동자들은 노동자 자주관리운동을 전개했으며, 중요 산업의 국유화를 요구하는 운동을 전개하게 되었다.[5]

둘째, 일제강점기의 식민지 국가는 강력한 친일 관료세력을 육성했다. 일제 밑에서 부일했던 관료세력과 경찰세력들은 해방 이후 그들의 기득권 유지와 처단의 방지를 위하여 후원자를 필요로 했고, 미군정은 정책의 충실한 이행자로 이들을 수용함으로써 친일세력의 후원자가 되었다. 이러한 일제 잔재세력의 수용은 민중들에게 커다란 충격이 아닐 수 없었다. 미군정은 일제강점기의 식량공출·징용·징병·강제노역·여자정신대의 동원 등에 앞장서 민중에게 고통과 억압을 주었던 그들의 지위를 보장할 뿐만 아니라 강화해주었다. 민중들은 이를 통해 미군정에 의한 해방이 거짓된 해방임을 깨닫고, 민중들 스스로의 진정한 해방을 모색하게 되었다.[6] 제주지역의 민중들이 보여준 실천운동과 항쟁 역시 이러한 민중해방에 대한 소망을 담고 있다.

셋째, 일제의 가혹한 탄압은 이에 저항하는 민족투쟁세력들이 지역적으로·계급적으로·사상적으로 다양하게 분산되어 존재하게끔 했다. 이와 같이 일제하에서 통합된 단일세력이 존재할 수 없는 상황이었기 때문에, 해방 후 민족독립국가를 세워야 하는 시기에 민족적 대안이 형성되지 못했고 오히려 미군정의 등장과 더불어 복잡한 사회적·경제적 갈등과 대결이 야기되었다.[7]

한국 민중들은 이러한 혹독한 경험과 갈등 속에서 1945년 해방을 맞이했다. 그러나 그 해방은 진정한 해방이 아니라 외세의 침략과 갈등에 의한 분단의 출발점이 되었다. 이 시기의 연표는 분단 과정을 다음과 같이 보여준다.

1945년 8월 15일	: 미군 일반포고령 제1호 발표. 미국이 38도 이남의 남한을 접수한다. 소련은 이를 승인했다.
9월~10월	: 인민위원회가 구성되어 조선인민공화국 수립. 서울에 중앙정부를 두다.
9월 8일	: 미군, 남한에 들어오다.
9월 말	: 김일성, 한국에 돌아오다.
10월 16일	: 이승만, 한국에 돌아오다.
12월 12일	: 미국이 인민위원회를 불법화하다.
12월 27일	: 모스크바3상회의에서 한국의 독립계획 합의하다.
1946년 3월~5월	: 미소공동위원회 서울에서 열렸으나 결렬되다. (1947년 5월 10일에 다시 열리다.)
10월~11월	: 대구인민항쟁이 일어나다.
1947년 9월	: 소련, 미·소 동시철수를 제안하다. 미국은 한국문제를 유엔에 상정하다.
1948년 4월 초순	: 제주도에서 항쟁이 일어나다.
4월 하순	: 이승만을 제외한 남북 정치지도자가 평양민족회의에서 미국과 유엔의 남한 단독선거 강행을 반대하다.(5·10선거 실시되다.)
8월 15일	: 서울에 대한민국 정부 수립되다.
9월 9일	: 평양에 조선민주주의인민공화국 수립되다.
10월	: 남한에 봉기가 다시 일어나다.

이 연표는 분단 3년사가 외세의 개입, 민족의 여러 세력과 민중 간의 대결과 갈등의 연속이었음을 한눈에 확인해주고 있을뿐더러, 4·3항쟁이 미국과 이승만세력의 분단고착화에 대한 최대의 항쟁이었음을 보여준다. 이 항쟁의 근원은 미국의 점령정책에서 찾아진다. 해방이 되던 날 발표된 포고령은 한국의 해방이 아니라 남한과 북한의 미·소 분할점령을 공식화하

고, 특히 미국은 남한의 점령국임을 명백히 했다. 그래서 남한에 미군정이 실시되고(포고령 1호) 미군정의 체계는 행정권의 독점 관장(제1조), 공무원 및 공공단체 종사자에 대한 감독지휘권(제2조), 점령군에 대한 반항운동의 금지와 처벌(제3조), 소유권 존중(제4조), 영어를 공용어로 선포(제5조) 등으로 구체화되었고, 계속 발동된 포고령에 의해 보완되었다.[8] 미국이 포고령 전체를 통해서 분명히 한 것은 일본 제국주의 통치를 그대로 이어받아 남한을 점령하고 남한을 그들의 식민지로 만들어가겠다는 것이었다.

마크 게인(Mark Gayn)의 증언은 이를 뒷받침하는데, 그는 "우리는 해방군이 아니었다. 우리는 점령하기 위해서, 한국인이 항복조건에 복종하는가 안 하는가를 감시하기 위해 온 것이다. 우리는 상륙 첫날부터 한국인의 적으로서 행동했다"[9]고 고백했다. 그들의 한국인에 대한 인식 역시 식민지 민중에 대한 멸시를 반영하는 것이었다.[10]

이러한 미국의 점령에 맞선 한국 민중의 결집된 의지는 '건준'을 통해 나타났다. '건준'의 결성 의도와 과정에 대해서는 논란이 많지만 그 당시의 상황을 고려할 때에 건준은 한국민이 제시할 수 있는 대안이었다. 이 대회에서 국호를 '조선인민공화국'이라고 하고 임시조직법을 채택하고, 9월 14일에는 27개 조의 시정지침을 마련했다.[11]

당시 대회위원장인 여운형의 연설을 통해 건준의 상황인식과 과제를 알아보자.

> …… 전후처리의 국제 해결에 의하여 우리 조선에도 해방의 날이 찾아왔다. 그러나 우리 민족의 완전한 해방을 위해서는 수많은 투쟁과제가 남아 있다. 우리들의 새로운 국가는 노동자, 농민, 일체의 근로대중을 위한 국가가 아니면 안 된다. 우리들의 새로운 정권은 전 인민의 정치적·경제적·사회적 기본요구를 완전히 실현할 수 있는 진정한 민주주의 정권이 아니면 안 된다. 따라서 우리들은 일제의 잔재세력과 또한 반동적·반민주주의 세력과도 과감한 투쟁을 전개하지 않으면 안 된다.[12]

'인공'은 지도자 내부에 복잡한 대립요인을 갖고 출발했기 때문에 강력한 중앙정부로서의 기능을 완수하지 못했지만, 그것이 내건 정강과 지방 인민위원회의 운동에서 볼 때 그것은 민중이 지향하는 정치적 소망을 담지하는 것으로서 미군정에 대항할 수 있는 대안이었다.[13]

민중은 자발적 의지와 각성을 통해 각 지역에서 인민위원회를 구성하고 민중의 자치정부로 활성화해나간다. 민중의 자치운동이 결집된 인민위원회는 각 지역의 행정기관을 접수하고 지역의 자치정부로서 역할을 담당했다. 이러한 민중자치운동은 일제의 잔재 청산, 토지개혁, 교육운동 등 반봉건·반식민지의 과제를 해결하는 방향으로 나아가면서 민중의 삶에 뿌리를 내리기 시작했다. 그러나 미군정은 눈엣가시 같은 존재로 인공을 인식하여 인공을 거부하고 불법화해버렸다. 민중은 미군정이 인민위원회의 자치성과 자주성을 부정하는 데 좌절과 분노를 느끼게 되었다. 좌익세력의 중앙지도부는 미군정의 '인공' 거부조치로 '인공'이 정부기능을 사실상 잃어버리자 여운형은 '조선인민당'으로, 박헌영은 '조선공산당'으로 각자 독자적인 조직활동을 강화해나갔으며, 이는 민중의 의지를 하나로 결집해나가지 못하는 계기가 되고 말았다.[14] 그러나 각 지역에서는 조선공산당과 조선인민당의 지방 당원들이 지역자치운동의 주역이 되어 민중의 역량을 정치적으로 결집해 각 지역의 지배세력으로 자리를 잡아갔고 토지개혁과 일제 청산의 과제를 수렴해나가는 운동을 전개했다. 1945년에 조직된 각 지역 인민위원회는 미군정의 탄압과 중앙지도부의 부재로 1946년 초에 이르러 일부는 해체되고, 일부는 민주주의민족전선의 산하단체로 흡수되어갔다.[15]

1946년에 들어서면서부터 미국과 소련 그리고 국내의 각 세력 간에 분단구조 수립을 둘러싼 각축이 본격화되고, 그것은 미소공동위원회에서의 대립에서부터 단선·단정의 강행과 저지운동으로 비화되었다.

분단구조화와 관련지어 각 행위자들이 지향하고 있던 것을 살펴보자. 소련은 장래에 소련에 우호적일뿐더러 자국에 대한 공격의 기초가 되지 않을 진정한 민주국가의 수립을 지향하면서 북한에 우호적인 정치세력이 지도권을 장악할 수 있는 기본토대를 마련했다. 그들은 1946년 2월 북조선인민위원회의 수립까지는 허가와 협조의 차원에서, 그 이후는 방관적 자세로 역할을 축소할 수 있을 만큼 미국보다 유리한 위치를 구축했다.[16]

한편 미국은 트루만의 정책에서 표현된 "소수 무장세력과 외부로부터의 압력에 맞서 싸우는 자유인민을 보호하는" 원칙에서 출발하여 한국문제의 유엔 해결을 지향한다. 이러한 지향은 미국의 세계전략구도에 따른 한국적 적용을 의미하는 것으로서, "소련과의 대항이라는 차원에서 이승만·김구 같은 우익 지도자들을 지원할 수밖에 없는"[17] 정책으로 구체화된다. 이러한 미국의 입장은 제1차 미소공동위원회의 결렬(1946. 1), 이승만의 정읍발언(1946. 6), 제2차 미소공동위원회의 결렬(1947. 9) 등으로 반영되어 나타났다. 또한 이러한 구상은 모스크바협정의 찬반 논쟁인 찬탁·반탁의 대결과 맞물리며, 단선·단정의 분단세력과 통일정부의 통일세력과의 직접적인 대결국면으로 확대되었다.

1946년의 대결은 미군정의 좌우합작 정책의 실패와 남로당의 10월인민항쟁으로 특징지어진다.[18] 1947년의 대결은 미국의 유엔을 통한 한국문제 해결 추진과 더불어 미소공동위원회의 결렬을 초래했다. 이러한 분단구조화의 구체화 작업에 통일정부세력은 합법적인 총파업투쟁과 비합법적인 투쟁으로 맞섰다. 1948년의 대결은 미국과 단독정부파의 강행과 이에 맞선 제주항쟁으로 집약될 수 있다.

3. 제주지역의 역사적 전통과 상황적 맥락, 그리고 민중의 대안

1) 제주지역의 역사적 전통

제주도는 한반도 남단의 섬이다. 제주도는 섬이라는 조건과 자연적 조건과의 투쟁만큼이나 역사적으로도 반도와는 다른 특유의 정치·경제·사회·문화를 갖는 공동체였다. 척박한 땅과 거센 바람, 바다와 더불어 사는 삶, 그것들과의 투쟁 속에서 제주 민중들은 자치적이고 자주적인 해방공동체를 형성해왔다. 노동의 일상적 삶들이 연결되어 독자적인 생산관계를 이루는 생산공동체를 이루고, 그것을 바탕으로 정치적 자치체계와 사회적 자율체계를 이루며 독자적인 문화를 가꾸어가는 하나의 나라로 출발했다.[19] 제주도는 삼국시대에 하나의 속국이 되면서 독립적 틀을 지닌 나라가 아니라 중앙정부에 예속된 부분으로 편입되었다. 고려시대에 이르러 제주도는 자주권을 상실한 채 중앙의 착취대상으로 전락하게 되고, 여기에 대항하는 투쟁 역시 시작되었다(1168년 양수의 난).

한반도의 한 부분으로 편입된 이래 제주 민중이 보여준 첫 번째 역사적 투쟁은 삼별초항전이었다. 김통정을 중심으로 몽고와 몽고에 야합한 투항주의자들과 맞선 제주 민중의 항전은 4년여에 걸쳐 전개한 민족자주의 기념비적 항쟁이었다. 그것은 고려가 몽고에 짓밟히는 상황을 극복하려는 제주 민중의 자치주의적 삶과 자주적 사상을 결합한 것이었다. 그것은 가장 작은 민중들이 거대한 몽고와의 피어린 항쟁을 전개함으로써 민중의 자치사상과 자주사상의 전통을 남겼다. 제주 민중들의 봉기는 1813년 양제해의 조선 봉건정부 거부투쟁,[20] 1862년의 농민항쟁(9·10·11월의 세 차례의 난, 강제검의 난), 1891년의 일본 어민의 어장 침탈에 대한 어민봉기, 1898년의 방성칠의 민중운동, 1901년의 이재수의 민중운동 등 제주 민중들의 투쟁은 조세착취구조나 행정의 수탈체제에 대한 저항, 중앙정부의 거부 등 반봉건 자치주의적 성격과 반외세의 자주주의적 성격이 혼합되어 있었고, 저항이 격렬하다는 특징을 가졌다. 제주 민중의 투쟁은 반도의 투쟁과 그 지향점이 동일하지만[21] 다른 점은 자치주의적이고 자주적인 성격이 강하게 나타난다는 점과 투쟁이 점화되면 격렬하다는 것이다.[22]

일제강점기에도 제주 민중의 저항주의적 전통과 자주적 항쟁은 그대로 이어진다.[23] 3·1독립운동에서부터 사회주의 사상운동, 비밀결사농민투쟁동맹운동, 적색농민운동, 그리고 1932년의 잠녀항쟁 등에 이르기까지 제주 민중들의 자주적 항일운동은 지속적으로 나타났다. 1921년 도내 최초의 사회주의 민족해방운동단체인 '반역자구락부'[24]가 조직되고, 1927년에는 사회주의 해방운동단체인 신인회²⁵⁾가 결성되었다. 신인회는 청년동맹·소년 소녀단·독서회 등을 조직하면서 사회주의 민족운동의 토대를 마련했다. 또한 1930년 신재홍·문도배 중심의 적색혁우동맹이 결성되어 좀 더 대중적인 사상운동의 전개와 더불어 민족해방운동을 전개해나간다.²⁶⁾

1931년 재건조선공산당은 제주도 야체이카(사회주의비밀결사체)를 결성하여 각 면·리 단위까지 방대한 조직을 구축한다. 즉 야체이카의 도(道) 중앙통제하에 각 면·리 야체이카를 결성하여 각 부문운동과 외곽단체를 조직해냈다. 아울러 제주도 농민요구 투쟁동맹도 전도적인 조직체를 갖추어 면·지역·지방위원회를 구성했으며, 이것이 모체가 되어 제주도 적색농민조합이 탄생되었다. 앞의 세 조직은 전도적인 조직을 갖추면서도 자율적인 하부조직을 갖추어 통일전선적 조직체로서 제주지역의 민족해방운동을 조직적이고 체계적으로 주도했다. 앞의 세 조직은 제주도 내 토착민족세력이 주류를 이루었던 데 반해, 뒤의 조직은 제주도 출신 노동자들의 전협계열(일본노동조합전국협의회)과 연계되었다는 점이 다르다. 이는 제주도의 민족운동세력과 일본의 사회주의운동사상의 접합이 구체화되었다는 단서를 제공한다. 1941년의 니카이노(挭野)사회주의운동에서도 제주 출신 운동가들이 주도했다는 점도 이를 뒷받침한다.

이러한 민족운동과 맥을 같이한 부문운동으로 노동·학생·해녀·농민운동 등이 있었다. 주목할 만한 것은 농민과 잠녀 부문이었다. 이들 부문운동은 사회주의 민족운동의 지도를 받으며 이루어졌는데, 제주사회에 자작농이 압도적으로 많았던 관계로 지주와 소작의 투쟁보다는 일제 식민지의 국가기구에 대한 정치적 투쟁이 주류를 이루었다. 이러한 부문운동 가운데 가장 빛나는 항쟁은 잠녀항쟁이었다.²⁷⁾ 일제의 무자비한 탄압에 맞선 제주 잠녀들의 항쟁은 1931년 5월의 생존권 요구투쟁에서 시작되어 1932년의 1월 12일의 항쟁으로 전개되었다. 잠녀항쟁은 일본인 도지사에 대한 해녀들의 생존권 요구에서 시작되었다. 그 요구는 ① 일본상인들에게 해산물 구매상권을 주지 말 것, ② 해산물을 정당한 가격으로 공판할 것, ③ 잠녀조합비 징수제도를 폐지할 것 등이었다. 이러한 잠녀의 생존권 요구가 거절되자 1932년 1월 12일 1천 명이 잠녀복 차림으로 전복채취용 낫과 빗장을 들고 순시 중인 일본인 도지사 다쿠치 데이키(田口禎喜)의 승용차를 공격하는 등 생존권투쟁을 전개했다. 1월 24일 잠녀들은 구속 잠녀의 석방을 요구하면서 경찰주재소를 공격하고, 1월 26일 우도에서 일경이 잠녀 30명을 체포하려는 것을 육탄으로 저지하고 일경을 쫓아내는 등 그들의 투쟁은 지속적이었다.

이러한 일제강점기의 민족운동과 사상운동은 제주도의 저항주의적 역사를 이어받는 것일 뿐만 아니라 민족의 해방을 위한 항쟁의 한 근원이 되었음을 우리는 확인할 수 있다. 제주지역의 민중은 일제 지배에 저항하는 민족해방투쟁의 전통을 남긴 반면, 일제는 제주사회에 여러가지 잔재와 영향을 남겼다. 일제 지배의 영향으로 제주사회에는 농업·어업의 농업구조에 축산물과 수산물을 원료로 하는 제조업이 소개되었다. 1925년 통조림공장, 단추공장, 양조공장, 양말공장, 표고공장, 금융·전기·해운 등 주요 분야의 회사(11개)가 설립 운영되고 있었다. 1918년에 일제는 동양척식회사를 통하여 농토와 농산물을 수탈했고(신한공사 관리 토지 961정보, 일반농지 937정보), 1938년 제주도 목축사업에 손을 뻗쳐 시험농장을 경영하고, 1941년 고구마 전분공장의 조업을 했다. 이러한 산업구조의 창출은 제주사회의 신분 변화와 더불어 도민들에게 새로운 생존방식을 모색하게 했다. 이러한 새로운 생존방식의 유입이 일제의 인력정책과 맞물리면서 일본으로 진출하여 노동자가 되는 사람이 많았다. 그들은 열악한 노동조건 밑에서 노동으로 벌어들인 수입을 고향으로 송금했다(1926년: 2만 3,584명이 1명당 10.51원 송금, 1938년: 2만 5,950명이 1명당 32.01원 송금).[28] 이들은 일본에서 노동 경험과 노동자로서의 계급의식을 조금씩 터득하게 되고, 일부는 적색노조운동에 가담하기도 했다. 해방 후 이들의 대거 귀환은 도민의식에 새로운 변화를 가져왔다. 이들은 인민위원회의 구성과 교육운동에 앞장서게 된다.[29]

1920년 후반부터 일제는 제주도를 군사작전기지로 설정하여, 모슬포 군사기지와 제주시 정뜨르 비행장과 각 해안지역에 지하동굴을 파놓았다.

그리하여 전쟁 말기에는 야하다부대를 비롯한 관동군과 남방군을 배치한 최후의 요새로서 30만 정도의 병력이 주둔하고 있었다.[30]

이러한 일제의 정책으로 제주도민은 강제노역에 시달릴뿐더러, 미국의 공습을 많이 받는 이중의 고통을 겪게 되었다. 아울러 미국의 지속적 폭격은 일제와 마찬가지로 미국에 대한 부정적 인식의 한 요인으로 자리 잡아 해방 후 미국에 대한 거부의식과 연결되었다.[31] 한편 일본 패망 후 일본군이 도내에 남긴 무기들은 대부분 일본이 자체 폐기하거나 미군이 발견, 폐기해버렸다. 따라서 일제의 잔류무기가 4·3항쟁 때 무장대의 무장에 중요한 보급원이 되었다는 것은 사실과 다르며, 오히려 이것들은 도민에게 폭발 등의 불안요인으로 작용했다.[32]

2) 해방공간의 제주지역 상황

해방공간의 제주지역 상황은 대체적으로 한국사회 상황과 그 맥락을 같이하고 있었다. 제주사회는 농촌사회였고, 일제통치의 잔재가 깊었다는 점에서 다른 지역과 동일하나, 인구이동이 현저히 많았고 자영농이 상당히 증가해 토지문제보다는 농민운동·곡물수집문제 등 민중생존문제 등이 더 시급했다는 게 특징이었다. 제주사회의 상황을 개략적으로 살펴보면 다음과 같다.

첫째, 당시의 제주사회는 전형적인 농촌사회였다. 제주사회의 산업구조는 다른 지역과 마찬가지로 농업이 주를 이루었으나(1947년 기준: 전국 77%, 제주 68.8%) 다른 지역과 달리 자영농 비율이 높고(1947년 기준: 전국 16.47%, 제주 68.11%) 지주소작관계가 약했다.[33] 이러한 상황이었지만 제주도에는 논이 적고 땅이 척박하기 때문에 다른 지역에 비해 토지생산성은 매우 낮았다. 따라서 통계상으로 나타난 수치와는 달리 대부분 빈농이었고, 대부분 농가는 보조 생계수단을 갖거나 육지나 일본으로 진출하기도 했다.

아울러 제주도는 한반도에서 멀리 떨어진 섬으로서 독립된 혈연공동체를 유지해왔다. 제주도의 혈연공동체는 해안 중심과 중산간 중심의 집촌적 촌락공동체의 성격을 유지하고 있었고, 운송·통신수단에 불과했던 산업시설은 극히 제한되어 있었다. 육지와 제주의 거리적 단절은 제주사회가 촌락공동체이면서도 자치적이고 자주적인 정치·경제·문화적 공동체로서의 독립성을 성숙케 했고 농민의 계층적 분화가 이루어지지 않아 공동체적 의식이 상대적으로 강하다는 것을 알 수 있다. 이러한 공동체의식이 긍정적으로 작용하여 독립적인 문화를 창출해내기도 하고 부정적으로 작용하여 배타주의적이고 폐쇄적인 성격으로 나타나기도 한다. 해방 후 1개월 정도의 기간에 민중들이 각 면과 각 리의 인민위원회를 조직해낸 것도 민중들의 독립적이고 자치적인 공동체의식에 기인한 것이다.[34]

둘째, 해외교포 등의 대거 귀환으로 인구가 급증하고(1925년 21만 9,548명, 1946년 27만 6,148명)[35] 이는 사회적·경제적 어려움을 동반했다. 재외도민의 송금 감소, 대일교역의 불법화와 원료공급의 단절상태로 빚어진 조업중단사태 등으로 실업률이 급증하게 되었다. 이러한 상황에서 미군정에 의한 곡물수집정책과 귀환자의 재산압수 방침은 도민들의 반발을 초래했다. 인민위원회는 이러한 미군정의 정책에 맞서 곡물수집 거부운동을 전개했는데 민중들은 이에 적극적으로 호응했다. 인민위원회를 중심으로 한 곡물수집 저지의 선전활동과 거부운동에 대해 민중들은 폭넓은 지지를 보냈으며, 곡물수집 관리를 집단구타하거나 마을별로 거부하기도 했다. 또한 귀환자의 재산압수 정책은 일정한 액수(천 원) 이상의 금품이나 소유를 금지하고 있는데 그것마저도 귀환자가 세관·항만청·경찰서 등의 관청을 거치고 나면 빈털터리가 되는 상황이었다. 그리고 사설단체들은 가택수색이라는 미명하에 귀중품을 탈취하고 금품을 강요하며 폭행·구타하는 등의 일들을 끊임없이 자행했다.[36] 일제의 경제적 수탈과 억압보다도 더 악랄한 미군정의 수탈과 착취에 분노한 민중은 스스로 이를 극복해나가야 한다는 결론을 내리기에 이르렀다. 이러한 제주지역의 상황 속에서 제주 민중이 보여준 대안은 자치정부의 구성과 자주교육운동의 활성화였다.

3) 제주 민중의 대안: 자치정부의 구성과 자주교육의 운용

제주지역 민중이 해방 후 제일 먼저 착수한 것은 다른 지역과 마찬가지로 자치정부의 구성과 자주교육의 실시였다. 제주 민중들은 민중의 자치를 수렴해나갈 수 있는 인민위원회의 구성에 몰두했다. 제주도 인민위원회는 미군이 진주하기 6일 전인 9월 22일 구성되어 9월 말경까지 각 면·리 단위까지 투표에 의해 설치되었다.

이러한 결성을 가능하게 한 근원은 민중의 좌익 민족세력에 대한 신뢰와 자각, 일제강점기부터 지속된 민족해방운동의 전통, 민중들의 민족해방에 대한 욕구와 자각 등이었다. 제주지역의 경우 1948년 9월 7일 건준 제주지부가, 9월 15일 공산청년 제주도위원회·제주읍 인민위원회가 이미 결성되어 있었기 때문에 인민위원회의 구성은 순조롭고 신속하게 진행되었다. 12월 9일에는 조선공산당 제주도위원회가 조직되었으며 곧이어 청년단체·부녀동맹·공장관리위원회·소비조합·협동조합 등 각종 외곽단체가 조직되었고, 1946년 2월에는 민전제주위원회를 결성하기에 이른다.[37]

제주도 인민위원회는 좌우연합적 성격을 띠었을 뿐만 아니라 제주도 민중의 자치의식을 반영하는 것이었다. 인민위원회는 역사적으로는 일제강점기의 민족운동세력의 발전적 결합을 추구했으며, 수직적으로는 전국적인 민주주의민족전선과 연결되었고,[38] 수평적으로는 민중의 자치의식을 담아나가는 면·리 수준의 자치조직과 부문별 조직을 확대하여 지역자치체계를 구체화했다.

해방 당시에는 옳은 일이라는 생각에서 대부분 사람들이 '건준'이나 '인민위원회'로 들어갔소. 우리는 이것을 정식 우리 정부라 생각했고, 합법정부라고 생각했지. 우리같이 일제에 협력했던 사람들은 인민위원회에 들여주지도 않았소. …… '인민위원회'는 행정기관이었지. '인민위원회'는 모든 사람이 전적으로 지지했고, 모든 사람의 호응을 받을 만큼 활동을 했지. …… 그 당시 이념은 그것을 주장하는 사람들의 명목뿐이지, 실제로 정치든 뭐든 우리가 해야 한다는 생각들을 갖고 있었고 그렇

게 한 것이었지.[39]

　인민위원회의 구성과 병행하여 민중이 주력한 것은 자주교육운동을 통한 사상과 문화의 보급이었다. 일제강점기에는 농업학교가 하나밖에 없었던 제주도에 오현중·제주중·제주여중 등을 창설하는 것을 필두로 1945년부터 1946년까지 27개 학교를 세웠을 뿐만 아니라 문맹퇴치를 위한 무수한 강습소를 세우고 『제주신문』도 펴냈다. 바로 이러한 교육운동과 문화운동이 제주도 인민위원회와 민중을 연결하는 공간이었고 민중의 자치의식과 민족의식을 드높이는 근원으로 작용했다.
　자주교육운동의 가장 대표적인 경우가 조천중학원이었는데, 1946년 가을에 생겨 5·10선거 때 강제폐교를 당할 때까지 진보적인 지식인과 지역의 유지들에 의해 운영되었다. 조천중학원의 경우 교사 13명이 전부 일본에서 귀환한 유학생이었는데 이덕구(역사), 김동환(영어), 윤일○(국어), 김민학(수학), 현복유(사회) 등이었다. 당시 주·야간 합쳐 1,200명의 학생이 수업을 받았다. 수업은 『자본론』과 『공산주의운동사』를 교재로 쓸 정도로 대학강의 수준이었고, 선생들 모두가 4·3항쟁 시 항쟁지도부에 참여했다. 학생들은 자치위원회를 구성하여 운영했을 뿐만 아니라 지역의 민중과 연대투쟁을 전개하는 역할을 담당했다.[40]
　이러한 제주지역에 미군이 첫 상륙한 것은 1945년 9월 28일이었다. 그러나 미군정이 라우렐 대령의 제59연대를 제주도에 주둔시켜 실질적인 통치기능을 수행하기 시작한 것은 10월 중순이었다. 이때 제주도에서는 인민위원회의 구성이 완료되어 실질적인 자치행정체제를 갖추고 활동하고 있었다. 59연대가 도착한 후에도 내적으로는 준비와 인원의 부족으로 외적으로는 인민위원회와 자주교육운동의 강력한 영향력 때문에 통치업무를 제대로 수행치 못하고 인민위원회에 협조적이었다.[41]
　미군정은 1946년 말에 이르러 점령지 통치를 위한 통치기구와 구축에 착수하며 이를 행정개혁이라 했다. 이는 실제적으로 일제 식민지 지배기구의 계승으로 나타났는데, 경찰제의 경우 일본경찰을 그대로 승계하여

주인만 바꾼 식민지 경찰체제였다. 다른 관료기구와 법원의 경우도 미국의 유자격 기준에 부합하는 사람들 즉 친일경력의 전문가, 한민당 계열의 인물들, 영어를 잘하는 유능인 등으로 충원되었다.[42] 이러한 미군정의 통치기구 개편은 민중에게 좌절과 분노를 심화했고, 민중은 미군정이 일제와 동일한 제국주의 점령세력이라는 인식을 하게 되었다. 따라서 민중은 민중의 뜻을 억압하는 미군정과는 대결하고, 민중의 뜻을 수렴하는 인민위원회를 지지하고 이에 참여하게 되었다. 이에 대하여 미군정은 제주를 도로 승격시키면서 헤게모니를 장악하는 이중적인 정책을 펴나간다.

미군정은 1946년 7월 제주도에서의 우익 중심의 도제승격운동을 수용하여 우익의 입지를 넓혀주면서 민중들 사이에 지지기반을 넓혀나가고, 동시에 인민위원회의 해체를 위해 좌익계열을 공개적으로 탄압하기 시작했다. 이러한 정책적 전환은 세 가지 방향에서 이루어졌다. 첫째 우익정당의 창설로 지부조차 들어서지 못했던 한민당 계열을 강화했고, 둘째 대동청년단 등 우익조직을 확대 조직화하여 지원했으며, 셋째 경비대 등을 창설하여 물리력을 확보하고자 했다. 미군정은 각 도에 1개 연대씩 8개 연대의 경비대를 창설했는데 11월 16일 제주지역에 4연대를 모체로 한 9연대를 창설했다.[43]

제주도 민중들은 미군정 1년 3개월의 정책과 인민위원회에 대한 평가를 남조선 과도입법의원 선거에서 명백하게 보여주었다. 이는 민중의 소망과 투쟁을 수렴한 대안이 자치적이고 독립적인 인민위원회, 즉 민중자치정부에 있음을 보여주는 것이었다. 이러한 인민위원회를 미군정은 불법화했으며, 이와 때를 같이하여 반미의식이 촉발되기 시작했다는 점도 이를 확인시켜준다. 제주도의 좌익세력은 10월인민항쟁에는 동참하지 않고 오히려 그해 10월 말에 있었던 입법의원 선거에는 참여했다. 1946년 10월 말 입법의원 선거를 군정 연장의 음모이자 남조선 단정수립 기도라는 이유로 중앙의 좌익세력이 전면적으로 거부했음에도 불구하고, 제주도의 경우는 참여를 결정하고 선거에서 2명의 좌익 계열 인사를 당선시켰다.[44] 이러한 자치정부의 운영과 자주교육의 확산에 힘입어 제주 민중은 미군정의 점령정책에 정면 대항하며 민중항쟁을 전개해가게 되었다. 자치교육운동이 선생-학생-민중을 연결하는 매개고리였다면, 자치정부는 민중의 뜻을 구체화한 정치·행정적 대안이었다. 이러한 민중의 대응은 1947년의 민중평화항쟁으로 민중의 역량을 결집하여 미군정과 우익세력에 맞서고, 1948년에 이르러서는 미국과 우익세력의 분단 기도를 저지하는 자주항쟁으로 승화해나갔다.[45]

4. 민중의 평화항쟁(1947. 1~1948. 2)

1) 3·1평화항쟁의 전개와 내용

1947년의 해방공간은 미군정과 민중이 본격적으로 갈등을 일으켜 대립하는 대결의 시기다. 전국적으로 미군정이 좌익에 대한 본격적인 탄압을 전개하면서 남한에서의 헤게모니 장악과 분단작업의 구체적 준비를 해나가는 시기였다. 전국적으로 10월인민항쟁의 여파를 이용하면서 미군정은 미소공동위원회의 결렬과 구체적인 단독정부의 구상을 조직적으로 추진해나간다.

1947년 미군정의 정책은 분단구조를 추진하기 위하여 좌익민족세력과 민중운동에 대한 공격의 강도를 보다 심화해나간다.[46] 미군정은 1947년 2월 민전과 전평의 핵심인물들을 체포하며 3월 들어 미소공동위원회의 재개와 좌익민족세력과 민중의 연대 강화의 계기가 되는 3·1시위를 금지하며 강력한 대응을 해나간다.

10월인민항쟁의 참여를 거절하고 오히려 입법의원 선거에 참여한 제주도 인민위원회는 다양한 노선을 포용하며 민중자치와 자주교육을 확립하면서 미군정을 능가한다. 그러나 1947년 3·1시위를 계기로 제주도 민중과 좌익민족운동세력은 제주도 자치정부를 탄압하는 미군정과 정면으로 대결하면서 자치투쟁과 생존권투쟁에서 반제자주화 평화항쟁으로 전환해나간다. 3·1시위의 상황을 증언을 통해 들어보자.

나는 그날 벗들하고 가보자 하고 우리 동 단위로 5,60명이 갔는데, 가마니에 막대기를 꽂아서 숯으로 '신탁통치반대'라고 쓴 것을 들고 관덕정 기념식을 한참 하노라니까 남문통 거리로 '왓샤' 하며 학생들이 내려온다 말이여. 우선 피해야 할 거로구나 생각을 해서 관덕정 댓돌 위에 올라가 뒤편으로 고개를 기울여서 보았지. 그 왓샤부대는 경찰의 경비가 심하여 북국민학교 쪽으로도 제주세관 쪽으로도 갈 수가 없었지. 그래서 원정로 쪽과 칠성통 쪽으로 사람들이 합세해가지고 관덕정으로 밀고 들어올 때, 기동대가 나와가지고 그걸 만류시키려다가 어린아이가 말발굽에 다쳐 쓰러졌단 말이여. 그걸 보고 분노해서 돌이 빗발치듯이 날아갔는데 그 때문에 대기해 있던 경찰이 사람들에게 총을 쏜 거라. 양○○가 첫 번째 쓰러지고 연이어 7, 8명이 쓰러졌는데, 그게 분노가 된 거라. 당시의 상황은 총을 쏠 상황은 아니었지. 무슨 데모대가 덤벼들 것도 아니고, 어린아이를 다치게 한 경찰관만 잡으려고 와- 하고 달려드니 겁나서 쏘은 거지. 죽은 사람은 식에 참석하러 나온 사람들이지 무슨 시위대가 아니거든. 그런데 나중에 보니 경찰서 앞에는 기관총까지 설치되었어. 그 왓샤부대 사람들과 기동대 거리는 멀었거든. 그 시위대를 쏜 것도 아니고 앞에 서 있는 사람들을 쏘았으니 …… 대기해 있던 경찰에서 발포했어. 그것도 구경 나온 사람 쪽을 향해, 그 사람은 우리같이 무식한 사람이라 …… 그 기념식 하는 광장에서 누가 쏘아라고 하지 않았는데 감히 하급 순경이 쏠 수 있나? 사람들은 총을 쏜다는 것을 생각도 못했지.[47]

위의 증언을 근거로 한 3·1평화항쟁의 상황은 표 1과 같이 정리할 수 있다. 1947년의 평화항쟁은 제주지역에만 3만 명, 서귀포 지역까지 합쳐 5만 명이 넘게 참여한 전도적인 항쟁이었다. 3·1항쟁의 주장은 '미군 철수, 삼상회의 절대지지, 3·1정신의 계승', 파쇼세력의 타도, 경찰의 학원탄압 반대 등으로 민족의 자주화와 민중자치와 민중평화를 요구하는 것이었다.[48]

그러나 미군정은 평화적인 3·1시위를 폭력으로 진압하고 발포하여 6명

표 1 　　　　　　　　　　평화항쟁의 상황표

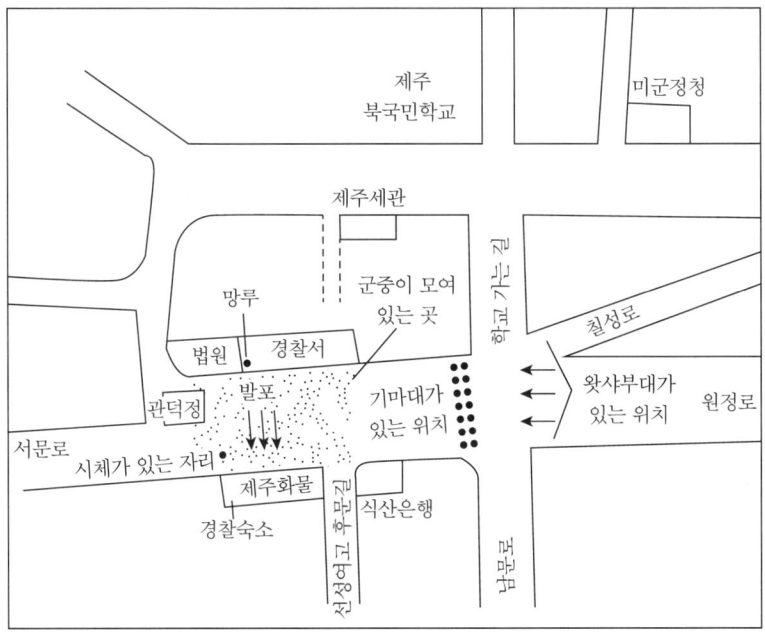

자료: 4·3연구소 편, 『이제사 말햄수다』(한울, 1989), 27쪽.

을 사망케 하고 수명을 부상케 했다. 미군정은 보다 강경한 탄압을 위하여 목포에서 100명의 군정경찰을 증원받아 대대적인 체포와 구금을 한다. 이에 민중세력은 민전과 각 지역 인민위원회를 중심으로 총파업으로 맞선다. 직장별로 3·1사건 대책위원회와 3·1공동투쟁위원회를 조직하여 미군정에 평화적 대결을 벌이며 3월 10일에는 제주도총파업투쟁위원회를 결성하여 전도적인 조직을 갖추어 전면적인 대응을 해나간다.[49]

제주도총파업투쟁위원회는 3·1절기념행사에서의 군정경찰의 과잉진압에 의한 6명 사망에 항의하는 총파업을 3월 12일부터 19일까지 8일간 계속했다. 이때에 참여한 집단은 군정청관리, 행정공무원, 사업단체, 금융기관, 중등·초등학교 등에 이르기까지 광범위하여 전 도민의 15퍼센트 수준(4만 852명)에 이르렀고, 투쟁방식은 민관합동의 총파업이었다. 투쟁요구는 ① 감찰청장 해임, ② 친일경찰 추방, ③ 발포경찰 추방, ④ 피살자 및 부상자에 대한 사과와 보상, ⑤ 불법적 검거와 투옥 금지, ⑥ 수습책 제시, ⑦ 미군책임자의 사죄, ⑧ 조국의 분단음모 분쇄, ⑨ 무장응원경찰대의 즉각 철수, 미소공동위원회의 속개 등으로 민중탄압의 중지 및 제주지역 민중탄압의 극복과 민족문제의 해결로 요약된다.[50] '3월폭동설'을 전파한 미군정과 단정파들은 이를 제주도의 좌익운동을 남김 없이 분쇄하고 일망타진하려는 계기로 삼았으나, 도의 애국세력은 3·1절 투쟁에의 대규모 참여와 총파업에서의 일치단결로 대응한 결과, 오히려 도 전체를 '민중의 해방구역'으로 만들었다.

미군정 측은 이러한 민중의 정당한 요구를 극좌경향의 요구로 해석할뿐더러, 제주도민의 80퍼센트가 좌익에 동정적이거나 좌익지향적이라고 매도하여 '빨갱이들의 섬'으로 규정하는 구체적인 계기로 삼는다. 제주도 군정경찰과 군정관리까지 경찰의 행위에 항의하여 사임하는 사태에 이르자 미군정은 군정청과 주한미군사령부의 파견과 400명의 군정경찰을 증파하면서 강경탄압을 감행한다. 제주경찰의 전면수사, 대량검거(2,000명), 대량구속(200명), 대량파면(66명), 무자비한 고문(고문치사 3명) 등 미군정의 탄압은 극에 달한다. 이러한 강경진압에 박경훈 지사가 항의의 표시로 도지사직을 사임하고 민전(民戰)에 가입하자, 미군정은 좌익과 민중탄압에 보다 강경한 대응책을 마련하여 유해진을 도지사로 하는 극우파들로 행정기관을 개편하고, 나아가 미군정의 대리 탄압세력인 극우 서북청년단을 제주도에 파견함으로써 미군정이 조작한 '빨갱이들의 섬'이라는 전략적 음모에 '빨갱이들의 사냥'이라는 현실적 탄압을 준비해나간다.[51] 이러한 미군정의 전략은 제주 민중의 자치운동과 사회주의사상과의 결합을 저지하면서 제주의 상황을 좌·우의 대립으로 몰고 가는 고도의 전략이었다.

민중은 이러한 미군정의 강경진압과 조직적인 조작전략, 살인적인 탄압에 분노와 경악을 더해가고 미군정에 대한 감정은 점점 격화되었다. 민중은 이러한 미군정의 대탄압과 조직적인 조작에 직면하여 즉각 전면적인 저항을 감행하지는 않았다.[52] 이 시기에 나타나는 민중의 저항은 중문리의 석방요구사건과 종달리의 경찰체포사건 등으로 나타났다. 3월 15일 중문면의 농민 300명은 중문지서 앞까지 데모를 하면서 구속자 석방과 경찰의 탄압 중지를 요청했는데,[53] 이러한 시위에 경찰은 발포하여 1명을 사살했다. 또한 6월 6일에는 종달리에서 경찰이 애국청년회의장을 급습했다가 마을청년들에게 체포되어 규탄받는 사건이 생겼는데, 경찰은 이를 빌미로 100명의 무장경찰을 동원하여 70여 명의 종달리 주민을 체포·구속했다.

이에 민중들은 3·1항쟁에서의 현실인식과 투쟁경험을 토대로 미군정과의 실력대결도 불사해야 한다는 결의로 발전하게 되었다. 민중의 미군정에 대한 인식의 증폭, 그것은 1946년 학생 중심의 반미의식에서 민중 중심의 반미의식으로 광범위하게 자리 잡아나갔다. 1946년 5월의 학생들의 시위(제주농고와 각 중학원 중심)에서 나타난 "① 양과자는 조선을 좀먹는 미제침략자들의 독약이다, ② 양담배를 비롯한 미제상품을 사지 말고 팔지 말라, ③ 미제와 결탁하여 사리사욕을 채우는 모리간상배들을 일소하라. ④ 미제에 추종하는 식민지교육을 반대한다"는 구호와 주장이 3·1항쟁 때에는 "미군은 남조선에서 즉각 철수하라"는 내용으로 발전했다. 3·1항쟁 시 미군정이 6명을 학살하고 민중을 탄압해나가자 민중은 실력대결의 반미의식으로 인식을 확장했다. 바로 이러한 반미의식의 확대를 현실적으로 드러낸 것이 종달리 사건이었다.[54]

2) 평화항쟁과 민중과 미군정의 대립

미군정은 1947년의 중반을 넘으며 미소공동위원회에 관계없이 남한 단독정부 구성을 보다 확실히 한다. 한국은 미소가 직접 대결하고 있는 나라 가운데 하나다. 그러므로 한국은 미국의 영향력과 힘을 과시하기 위한 동서 간의 대결에서 미국의 능력을 시험하는 상징적인 장소일 뿐만 아니라, 미국의 군사적·안보적 차원에서 전략가지의 모범이었다. 따라서 미국에 미소공위는 한국의 전략기지화의 걸림돌로 인식되었는데, 이것이 결렬되자 미국은 공산주의자가 한국독립에 유해한 장애물이라는 논리로 한국민의 민주주의를 허물어버리고 한국 민중을 억압하는 정책을 진행해나간

다.[55]

이러한 미국 정책이 가장 시범적으로 채택된 곳이 제주도다. 미국은 사회주의 확산 위기의 봉쇄를 위해 제3세계 민중의 자치정부투쟁과 피압박 민족들의 자주화투쟁을 전략적으로 억압했다. 바로 이러한 미국의 전략이 최초로 시행된 곳이 제주도다. 미국은 1947년 8월 들어 제주도를 '빨갱이들의 섬'이라는 차원에서 한 발 더 나아가 '작은 모스크바'라고 명명한다. 미국의 이러한 의도적 전략은 그들의 목표가 공산주의자를 분쇄하는 것이라는 데서 더 명백하게 나타난다. 이는 제주도를 그들의 한반도 지배전략의 최초의 장소로 선택했으며, 그 결행이 준비되고 있음을 시사하는 것이었다.[56]

미군정과 군정경찰, 행정관료, 서북청년단 등이 좌익지도자 수십 명을 체포할뿐더러 연일 마을을 수색하고 금품을 탈취해갔다. 특히 서청은 조직의 활동자금을 마련하기 위해 도를 순회하면서 테러를 자행하고 금품을 갈취했다. 미군은 미국의 지휘하에 서북청년단을 풀어 민중을 난도질해놓고, 1947년 말 형식적으로 서북청년단의 광범위한 테러행위를 경고하는 미국적 위선을 보였는데, 그 당시의 신문들은 서북청년단에 대해 다음과 같이 쓰고 있다.

> 서북청년단이 온 이후 섬주민들과 육지에서 온 사람들 간의 감정은 격화되었다. …… 주민들이 공산주의자들에 의해 고무되었을 수는 있다. 그러나 3만 명이 넘는 사람들이 총칼에 개의치 않고 행동으로 떨쳐 일어난 것을 어떻게 이해해야 할 것인가? 원인 없이는 행동도 있을 수 없다.[57]

제주 민중이 총칼에 개의치 않고 떨쳐일어날 수밖에 없었던 원인의 하나는 미군정에 의한 서북청년단 투입이었다. 민중들의 서북청년단에 대한 분노와 적의가 엄청난 것이었음은 다음에서 확인된다.

군인도 아니고 경찰도 아니고 사람 피쟁이(백정) 서북청년단들, 다 사람 백정이지. …… 순 엿장수나 하던 무식한 것들이었지. …… 매일 소 한 마리 말 한 마리 잡으라 하고, 조금만 거슬리면 잡아다가 총대가리로 때리고, 죽였지. …… 시계 달라고 해서 안 주면 죽여버렸지. 낮에는 일 시키고 밤에는 대창 들고 보초 서고 …… 징그럽고 억울하게 그 빌어먹을 놈들의 종노릇 하며 생명까지 바치며 산 우리들. 우리들끼리 울며 분노하며 한탄하며 떨며 살았지. 산 목숨으로 산 게 아니었지. 지옥살이 하듯 죽지 못해 살았지. …… 그래 살기 위해 싸우기 위해 산으로 갔지. ……58)

서북청년단은 경찰보다도 경찰력을 더 행사하는 테러와 만행의 집합체였다. 제주 민중들은 미군정의 무자비한 탄압정책과 폭력에서 살아남기 위해 자구책이 필요했고 은신처가 필요했다. 그들은 체포, 테러 그리고 죽음의 공포를 벗어날 수 있는 한라산의 중산간지역 곳곳으로 은신하기 시작했다. 이때 좌익 민족세력들은 미군정·경찰·우익테러의 적극적인 탄압과 때를 같이하여 투쟁 목표를 반미로 설정하고 한라산에 투쟁의 거점을 확보한다. 그들은 민중의 적은 미국·경찰·우익테러집단이라고 규정하면서 반미자주화투쟁이 제1의 목표임을 천명했다.

조선을 조선인으로부터 빼앗아 제멋대로 하려는 미군을 몰아내자. 무기를 가지고 민중을 탄압하는 경찰을 타도하자. 조선민족의 흡혈귀, 우익추종자를 저주하자.59)

이러한 남로당의 투쟁목표 전환은 민중의 절박한 요구와 투쟁결의를 수렴하는 것이었다. 왜냐하면 민중은 미군정의 정책과 탄압으로 죽음의 공포에 휩싸였다. 이제 살아남는 길은 미군정과의 대결뿐이라는 민중적 합의가 이루어진다. 미군정은 민중에게 생존터전을 마련해주기보다는 생활을 어렵게 했고, 곡물의 수집정책으로 식량난을 가중시켰다. 더욱이 미군정은 일제의 경찰, 우익 영합세력을 비호할 뿐 아니라 더 나아가 민중을 탄압·착취·살인하게 하고 민중을 생활터전에서 몰아내는 데까지 이른다.

미군정청는 예정된 전략과 작전에 따라 제주도를 행정상으로 도로 승격시키는데 이는 효과적인 통제와 우익 세력의 강화를 위한 것이었다. 이것을 빌미로 물품의 방출에 부과세(상륙세나 통과세)를 징수했고 경찰비, 우익단체 후원비까지 징수하는 등 민중수탈적 정책이 지속되었다. 더욱이 3·1시위에서의 발포는 민중들의 분노와 인식전환의 확실한 계기가 됨으로써 반미의식은 보편화되었다. 따라서 제주도 남로당은 이러한 민중의 의식을 수렴할 수밖에 없었기 때문에 중앙남로당의 지시나 전국적인 상황에 관계없이 반미투쟁으로 전환하게 된 것이다. 앞에서 살펴본 것처럼 당시 민중의 반미투쟁은 미군정의 생존위협에서 비롯되었고, 반미의식은 지속적으로 나타났다. 특히 기층민중의 반미의식은 훨씬 강렬했고 투쟁대상을 미군정으로 인식했다. 이것은 증언을 들어보아도 확인되고 있다. 문제는 미국이 도단위로 조직되고 기관총을 휴대하고, 민중들의 눈에 띄지 않아 직접 공격할 기회를 갖지 못했을 뿐이다.[60]

이 시기 민중들의 투쟁이 민중의 생존권에 근거를 두고 있음은 미곡수집 반대투쟁과 행정체제에 대한 저항에서도 찾아볼 수 있다. 8월 13일 200명이 미곡수집 반대투쟁의 일환으로 함덕지서를 공격했고,[61] 이러한 투쟁은 도 전체적으로 발생했다. 그들의 투쟁을 알리는 전단은 "살인마 경찰에게 1일 5홉씩 분배되고, 테러리스트 광복청년단의 배를 채우는 강제적인 미곡수집을 어떠한 대가를 치르더라도 반대하자"는 것이었다. 9월 말 도 군정청 관리 13명은 미군정 정책에 항의하여 남로당에 입당하고, 극우 도지사 유해진의 처단을 요구하는 전단을 뿌리고 암살을 계획하기도 한다.[62]

1947년의 대결양상은 3·1평화항쟁으로 특징지어진다. 3·1평화항쟁은 민중의 미군정에 대한 직접 대결의 계기를 열었다. 민중들이 살기 위해서는 미군정과 대결해 그들을 몰아내야 한다는 민중적 합의가 이루어진다. 그러한 민중적 인식과 결의가 남로당으로 수렴되고, 남로당은 미군정에 대한 방어적이고 기습적인 공격준비를 하게 한다. 그리하여 남로당은 거점을 한라산에 두고 군사부를 설치하여 자위적 공격 준비를 시작해나갔다. 남로당의 항쟁파는 경찰에 정의(正義)가 서지 않으면 제주도 내 치안 관계기관을 공격하여야 한다는 민중들의 여론을 등에 업고 남로당의 주도권을 장악하려 했다. 이들은 젊고 교육수준이 높아 자주교육운동을 주도했고 군사경험이 있는 사람들(30대 전후)로서 해방 후 남로당을 이끌어온 민족해방운동세력의 명망가들(40대 전후)을 대체한다.[63]

제주도의 3·1평화항쟁은 민중이 미군정의 실체를 깨닫고 지역의 자치와 평화는 민중의 힘에 의해서만 지킬 수 있으며, 그것은 반미자주화여야 한다는 것을 인식하는 계기가 되었다. 『조선연감』이 말하듯 그것은 조선에서 처음 보는 관공리의 총파업이었으며,[64] 또한 그것은 박헌영의 10월인민항쟁의 강경노선보다는 온건노선을 지향한 평화항쟁이었다. 민족사적으로는 3·1정신을 계승·실천하는 것이었고, 민중사적으로는 조선시대와 일제강점기의 민중운동을 연결짓는 민중의 평화항쟁이었다.[65] 아울러 그것은 민중의 평화가 민족의 자주화에 있다는 인식을 확대하여 4·3자주항쟁을 예비하는 계기를 열었고, 식민지체제에서의 자주화투쟁은 평화항쟁만으로 가능하지 않다는 한계 역시 일깨워주었다.

5. 민중의 자주항쟁

1) 제주지역의 상황과 4·3자주항쟁의 결행

1948년 제주지역의 상황은 민중과 미군정의 갈등과 대결로 긴장이 고조되고 있었다. 그 긴장은 미군정이 한 사람의 남로당 연락책(1947년 12월 중문면 강정리에서 검거)을 고문·전향시켜 제주도당의 실체를 파악하여 와해시키면서 촉발된다. 미군정은 1948년 1월 22일 제주도 남로당 조천지부의 비밀회합장소를 습격하여 106명을 체포한다. 이 당시의 미군정 정보보고서는 이 습격을 '시민들의 불온'(Civil Unrest)이라는 항목으로 다음과 같이 보고하고 있다.

…… 1월 22일 폭동지령 유인물(2월 중순과 3월 5일 사이에 폭동을 일으키라는)이 발견된 공산주의자들의 불법회합과 관련해 106명의 좌익주의자들이 체포되었다. 1월 26일까지 115명이 더 체포되었다. 221명의 체포자 가운데 63명은 경찰 심문 후 석방되었다. 그 방면자들은 남로당원들이었다. 구금자들의 정치적 성향(정당가입 여부)은 보고되지 않았다.[66]

이 보고서의 내용을 놓고, 방면자는 평당원이라는 의견과 함께 남로당은 합법정당이라고는 했지만 그 활동에는 제한이 따랐다고 해석할 수 있다.[67] 문제의 본질은 미군정의 무자비한 탄압과 이 탄압에 남로당 도당조직이 대항하여 4·3항쟁의 결행을 결정한 '신촌회담'의 내용이 노출되었다는 사실이다. 남로당의 전면노출로 핵심간부인 안세훈·김유환·이좌구·이덕구·김양근 등이 체포되고 김달삼과 조몽구 정도가 탈출·피신할 수 있었다.[68]

당시 남한의 상황은 미국과 이승만세력의 단독정부 구성을 위한 단독선거의 강행을 준비하고 있었다. 유엔은 소련의 불참 속에 미국의 안을 통과시키고 임시위원단을 1948년 1월 8일 서울에 도착시켜, 13일부터 활동을 시작한다. 소련 측은 임시위원단의 북쪽 진입을 거부했고, 남한에서는 이승만세력과 김성수세력이 남한에서의 단독선거를 공공연히 지지했다. 이러한 상황전개 속에서 남로당 측은 유엔의 한국문제에 대한 결의와 유엔한국임시위원단의 파견이 남한단독정부 수립에 있다는 인식 아래 전면적인 반대투쟁을 천명했다. 이에 따라 남로당과 민전은 전국적인 차원의 2·7구국투쟁을 결정하고 투쟁을 전개해나간다.

제주도의 경우 미군정의 지속적인 탄압으로 핵심인물들이 '신촌회담' 시 대거 구속되고 남로당의 항쟁 계획이 노출되어 당원들이 대거 구속됨으로써 항쟁 결행을 연기한 상태였는데, 2월 7일 안덕면 사계리에서 경찰

구타 사건이 발생했다. 이 사건은 안덕면 사계리에 순찰나갔던 안덕지서 소속 경찰관이 동네청년들에게 뭇매를 맞고 한 명은 도망가고 또 한 명은 잡혀 모래밭에 '묻히다 만' 미수사건이었다.[69]

2·7사건 이외에 제주지역에서는 2월 9·10·11일에 걸쳐 17차례 시위가 벌어지고 여섯 개 경찰서가 공격당하고, 각종 삐라가 배포되었다. 미군정과 경찰은 이러한 사건을 계기로 290여 명을 체포하고 남로당 제주도 당본부를 습격했다.[70]

우리는 이제 4·3항쟁을 결행한 배경과 원인을 종합할 수 있다. 우선 제주도 민중이 해방공간 속에서 이루어낸 업적은 시대상황과 민족문제에 대한 적극적인 참여로 나타난다. 앞에서 살펴보았듯이 민중이 1946년까지의 자치정부의 참여와 자주교육 운용에 나타난 자치·자주운동, 1947년까지의 3·1평화항쟁에서 보여준 민중의 평화운동의 업적은 단독선거·단독정부를 구성하려는 민족문제와 마주한다. 아울러 제주도에서의 일반 여론은 미군정·경찰·서청의 무자비한 탄압과 억압을 경험한 결과, 민중이 모든 조직과 역량을 동원하여 이들 기관을 공격해 정의(正義)를 바로잡아야 한다는 결론을 내리고 있었다. 항쟁지도부는 이러한 해방공간 속에서의 제주지역의 경험과 민족분단에의 구체적 저항을 항쟁의 정당성(단선반대=통일)으로 확보하고 민중적 지지를 수렴하는 계기로 삼았다. 결국 항쟁지도부는 미군정의 강력한 탄압에 맞서는 반미·반경·반서청의 평화적 저항과 '선거인등록저지=단선저지=통일'이라는 적극적 저항을 결합하는 항쟁의 결행을 결정했다. 이러한 항쟁의 결행과 원인에 대해 각 실천주체의 입장과 상황을 결부해보면 다음과 같다.

첫째, 미군정은 제주도를 전체 도민의 80퍼센트가 좌익인 '빨갱이들의 섬'으로 조작하고 '제2의 모스크바'로 규정해왔다. 아울러 그들은 지속적인 물리력 보강을 통해 경찰과 서청의 대리대결을 시도하는 한편, 1948년 1월부터 항쟁지도부의 조직체계만이 아니라 항쟁 결행의 시기를 파악하고 이를 기다리고 있었다. 이는 미국이 제주도에 대한 인식 및 그들의 일관된 정책과 그 당시의 활동(「G-2 보고서」의 내용), 그리고 군정경찰이

무장훈련의 현장을 확인하고도 모른 체했을뿐더러 비상근무령조차 내리지 않았다는 점 등에서 확인된다.[71]

둘째, 제주도 남로당은 1947년 후반 조직개편을 하고 두 개의 파로 나뉜다. 하나는 인민위원회 활동의 주역이었고 나이가 비교적 많고 대중적 지지가 두터웠던 온건파이며(대표적 인물은 강규찬, 김정노 등), 또 하나는 남로당의 군사부를 신설하고 주도한 젊고 군사경험이 많은 강경파였다. 이들은 3·1항쟁 이후 계속해서 주도권을 다투다 1947년 가을에 이르러 강경파는 군사부 직속의 자위대를 편성하여 한라산의 몇 개 오름에서 훈련을 시키는 한편, 국방경비대에 입대시켜 군대 내의 지지세력을 도모하고, 각종 외곽단체를 이용하여 무기확보에 착수한다. 이 두 파는 항쟁의 결행에서도 이견을 보이는데 전자는 무장항쟁의 결행은 지역적 역량에 바탕을 두어야 하고, 혁명과 민중에게 이익을 가져올 시기에 이루어져야 한다는 입장에서 소극적인 태도를 보인 반면에 후자는 무장항쟁의 결행은 전국적인 상황과 제주도적인 상황하에서 일종의 기폭제가 되어 전국적인 봉기를 유발할 것이라는 낙관적인 현실인식을 갖고 있었다.[72] 이러한 현실인식에 바탕을 둔 강경파는 ① 미국의 직접개입은 국제적 여론 때문에 불가능하고, 국방경비대도 최소한 중립을 지킬 것이라는 낙관적 결론을 내리고, ② 3·1평화항쟁에서 보여준 민중적 역량은 항쟁의 결행을 지지하며, ③ 남로당의 전면 조직노출에서 비롯된 지하활동의 한계를 극복하는 방안으로 광범위한 민중의 대중투쟁과 무장투쟁을 결합해야 한다고 주장했다. ④ '단선반대=통일'이라는 시대적 명분과 미군정과 경찰의 무자비한 억압으로 일어난 민중적 분노를 무장투쟁 결행의 조건으로 인식했다. 이러한 시대적 과제와 상황의 절박성, 제주지역 청년활동가들의 결연한 분위기 등은 강경파의 결행론이 '신촌회담'에서 온건파의 신중론을 압도하면서 승리할 수 있게 했다.

제주지역의 민중들은 미군정·경찰·서청의 지속적인 탄압과 억압에 정면으로 맞서야만 할 상황에 처한다. 이러한 대결의식은 3월 들어 발생한 두 개의 고문사건을 계기로 민중의 분노로 분출하게 했다. 3월 6일과 14일

경찰의 고문으로 민간인이 사망하는 사건이 발생하자, 제주도 민중들은 스스로 생존을 방어하기 위하여 항쟁을 결행할 수밖에 없다는 민중적 합의에 이른다.[73]

이제 이러한 민중들의 현실의식과 대응을 한 마을의 움직임을 통해 확인해보자.

> 3·1평화항쟁은 제주 사람들에게 무장봉기의 타당성을 인지하는 촉매제로 작용했다. …… 인민군이 1948년 봄에 마을로 들어오고, 농민위원회가 조직되고, 매일 회합이 있었다. …… 마을 사람들은 3·1항쟁을 직접 체험한 이들이 많아서 군인이나 경찰을 무조건 불신했다. 여자든 남자든 할 것 없이 그들이 오는 걸 먼 발치에서라도 보기만 하면 우선 숨어버릴 궁리만 했다. 그러나 3·1 때 그들의 총부리를 경험한 후에는 마을사람들은 군·경에 대한 소극적인 생각에서 벗어나 무기에는 무기로 맞서야 한다는 의견이 지배적이었다. 민중의 무장봉기에 대해 마을의 의견은 두 갈래였다. 하나는 무력으로 사회변혁을 이루는 것이 무모하다는 소수 의견과, 또 하나는 일어서야 한다는 다수 의견이었다. 마을의 전반적인 분위기는 일어서야 한다는 쪽으로 기울었고, 손에 죽창이라도 들고 해방되는 그날까지 투쟁하자는 쪽으로 의견이 일치되었다. 결정이 내려지자 처녀들은 집집마다 거둔 쌀 한 홉으로 점심을 지어 무기 만드는 이들을 대접했다. 이후 쌀 한 홉씩 거두는 일은 지속되었고 마을사람들은 독립운동을 위해 쌀 한 홉을 내는 것을 자랑스러워하며 자진해서 내놓았다. 4월 3일 이전까지 마을 청년들은 죽창 등 무기 만드는 일들을 마을의 자체 결의에 의해 결정했다.[74]

우리는 제주 민중들이 생존을 위해, 그리고 민족의 해방을 위해 투쟁하여야 한다는 일에 너무나 당당하게 참여했음을 확인한다. 그들은 항쟁을 독립운동을 하는 것으로 인식하고 민중적 합의 속에서 항쟁주체의 길을 선택했다.

표 2

4월 3일의 무장기습상황도[1)]

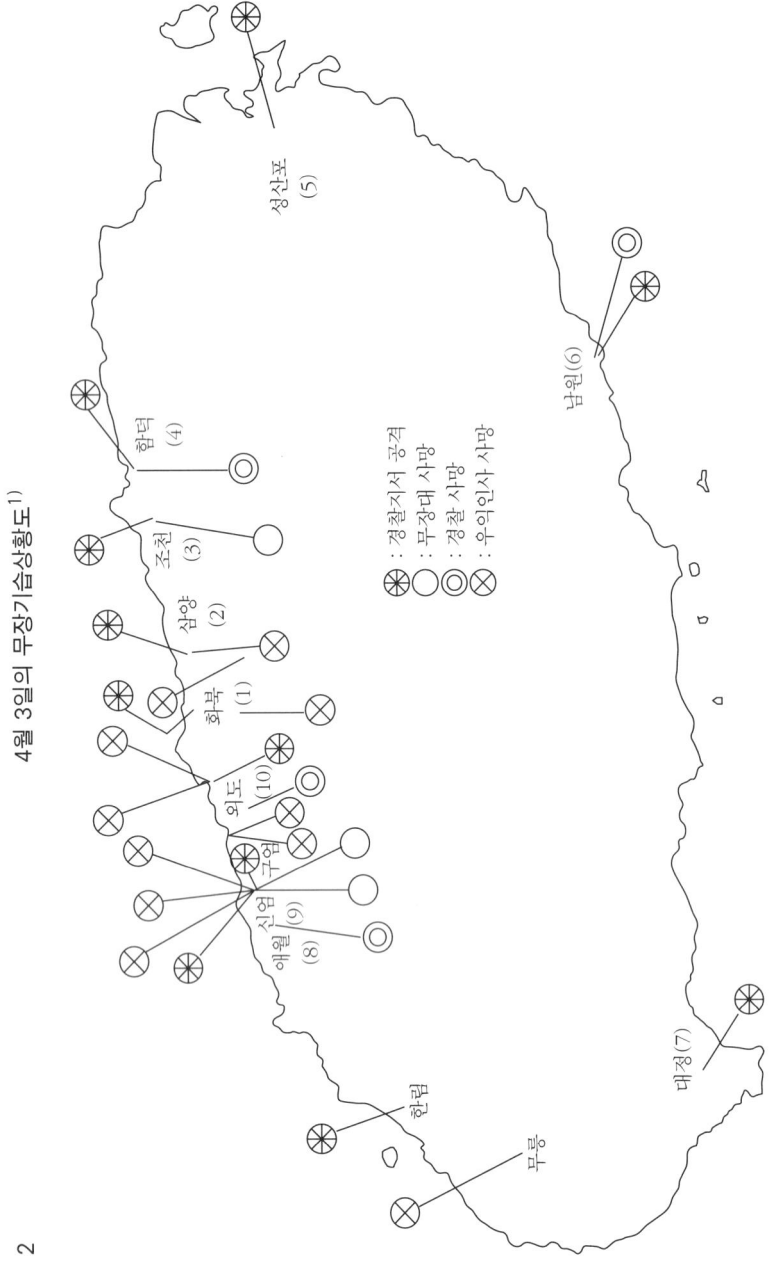

298

	사망	부상	생포	행방불명
경찰	4	7		2
무장대	3		1	
우익인사	6	19		

자료: 『제주신문』, 1989년 4월 6일, 11일, 14일, 28일, 5월 2일, 19일, 23일, 26일의 4·3의 증언을 종합하고 기존의 자료를 검토·수정하여 작성되었다.

주: 1) 지금까지 4월 3일 상황에 대한 9가지 기록이 현장확인과 증언검증 없이 사용돼왔다. ① 『공비토벌사』(육군본부, 1954), ② 『대한경찰전사 제1집: 민족의 선봉』(내무부 치안국, 1952), ③ 『좌익사건 실록』(대검찰청 수사국, 1965), ④ 『제주도지』상(제주도, 1982), ⑤ 『제주도 인민들의 4·3무장투쟁사』(김봉현·김민주, 1963), ⑥ CHe ju-do Rebellion (John Merill, 1980), ⑦ 『나의 회고록』(조병옥, 1959), ⑧ 『새한민보』(1948년 5월분), ⑨ "G-2 Periodic Report"(Hq. USAFIK, 1948년 4월)의 기록들이 집필자의 선택에 따라 기준없이 인용되어왔다. 『제주신문』 4·3특별취재반은 현장검증과 증언확인을 통해 위의 표와 같이 정리했다(『제주신문』, 1989년 4월 14일). 필자 역시 현장확인과 증언검증을 통하여 위 사실을 확인·정리했다.

2) 「G-2 보고서」(Hq. USAFIK, "G-2 Periodic Report," No. 801(1948. 4. 3~5)에 집계된 기록은 공격·피해상황이 부정확한 뿐만 아니라 민간인 분류의 기준이 잘못되었으므로 수정되어야 한다(경찰: 사망 4명, 부상 5명, 행방불명 4명, 우익: 사망 9명, 부상 16명, 행방불명 4명, 좌익: 사망 13명으로 표기).

3) 4월 3일의 무장기습은 20개 지서 중 10개의 경찰지서(아라비아숫자표시지역)와 11개 지역에서 이루어졌고, 조천지서의 경우 경찰의 반격으로 4월 3일의 공격이 실패로 돌아가자 4월 4일 밤에 재차 공격을 시도했다. 따라서 김봉현의 15개 지서 중 14개 지서의 공격과 11개 지역 41명의 우익인사를 공격했다는 기록은 당시의 계획이었으며, 실제 상황은 축소되어 실행되었으므로 역시 수정되어야 한다.(金奉鉉, 『濟州道血の歷史』, 大阪; 國書刊行會, 1979, 107~13쪽)

2) 4·3자주항쟁의 발발과 민중과 미군정의 대결(1948. 4)

제주도 4·3자주항쟁은 1948년 4월 3일(음력 2월 24일) 새벽 1시 한라산과 제주지역의 89개 오름에 일제히 봉화가 오르면서 1,500여 명의 민중자위대(당시의 표현으로는 인민자위대: 무장 500명, 비무장 1,000명)가 도내 20개 경찰지서 가운데 10개를 공격하면서 결행되었다. 이날 공격을 받은 지서는 제주경찰서 관내에는 화북·조천·함덕·외도·애월·신엄·삼양지서, 서귀경찰서 관내의 남원·성산, 대정경찰서 관내의 대정이었다. 서청 관사와 우익인사의 집들도 공격을 받아 우익인사 6명이 사망하고 19명이

부상당했다.[75]

이날 30명의 무장대의 공격을 받은 남원지서의 상황을 들어보자.

> 밤 12시께 순찰에서 돌아와 부인회장 등이 마련한 야식을 먹고 숙직실에서 눈을 붙이려는 순간에 쿵 하는 소리와 함께 아이고 하는 한 동료의 비명소리가 들렸습니다. …… 당시 남원지서에는 4명이 있었다. 무장대가 뛰어들면서 총을 쏘자 경찰 협조원이 죽고, 한 순경은 몸을 피했습니다. …… 또 다른 한 순경은 칼에 찔려 죽었습니다. 나는 각목에 머리를 맞고 쓰러졌습니다. ……[76]

4월 3일 인명피해가 가장 많았던 신엄지서 관내 구엄의 경우를 살펴보자.

> 2일 밤 늦게부터 수산봉, 고내봉, 파군봉에 봉화가 올랐고 마을 습격은 밤 12시 이전부터 시작되었다. 무장대는 4, 5개 조로 나누어 국민회, 대동청년단에 관여했던 다섯 사람의 집을 차례로 습격, 살상하거나 방화했다. …… 무장대는 골목길을 다니면서, "양민들은 나오지 마시오. 나오면 괜히 살생되니까 피해본다"고 소리쳐 지목된 집안을 집중 습격하는 인상을 남겼다. …… 신엄지서에서 경찰과 무장대 간의 총격전이 벌어져 산사람 2명이 죽고 경찰 한 명이 심한 중상을 입었다. …… 이날의 습격으로 구엄에서는 민간인 3명이 숨지고 10명이 중상을 입었다.[77]

이날 무장대의 습격을 받고 피해를 많이 입었던 곳은 신엄·남원·화북 등이며 피해를 입지 않은 지서는 성산포·조천·애월·삼양 등지였다. 성산포는 미리 감지하여 공포를 쏘았고, 애월은 폭발물이 던져졌으나 불발했고, 조천은 역시 공포탄을 쏘아 무위로 끝나 4월 4일 새벽에 재차 공격했다.

무장대는 경찰지서와 우익인사집을 선별하여 기습공격을 하고 곧이어

다음과 같은 두 가지 호소문을 배포했는데 하나는 경찰들에게 또 하나는 시민들을 향해 쓰였다.

친애하는 경찰관이여!
탄압이면 항쟁이다. 제주도 유격대는 인민들을 수호하며 동시에 인민과 같이 서고 있다!
양심 있는 경찰원이여! 항쟁을 원치 않거든 인민의 편에 서라!
양심적인 공무원들이여! 하루빨리 선을 타서 소여된 임무를 수행하고 직장을 지키며 악질 동료들과 끝까지 싸우라!
양심적인 경찰원, 대청원들이여! 당신들은 누구를 위하여 싸우는가? 조선사람이라면 우리 강토를 짓밟는 외적들을 물리쳐야 한다!
나라와 인민을 팔아먹고 애국자들을 학살하는 매국매족노들을 꺼꾸려뜨려야 한다!
경찰원들이여!
총뿌리를 놈들에게로 돌리라!
당신들의 부모형제들에게 총뿌리를 돌리지 말라!
양심적인 경찰원, 청년, 민주인사들이여!
어서 빨리 인민들의 편에 서라! 반미구국투쟁에 호응 궐기하라!

시민·동포들에게!
경애하는 부모형제들이여!
'4·3' 오늘 당신의 아들·딸·동생은 무기를 들고 일어섰습니다. 매국 단선단정을 결사적으로 반대하고 조국의 통일독립과 완전한 민족해방을 위하여!
당신들의 고난과 불행을 강요하는 미제 식인종과 주구들의 학살만행을 제거하기 위하여!
오늘 당신들의 뼈에 사무친 원한을 풀기 위하여! 우리들은 무기를 들고 궐기하였습니다.

당신들은 종국의 승리를 위하여 싸우는 우리를 보위하고 우리와 함께 조국과 인민이 부르는 길에 궐기하여야 하겠습니다!⁷⁸⁾

이 호소문은 4·3항쟁의 목표가 지역적인 차원에서는 민중생존권의 방어를 위한 자위적 공격이며, 정치적으로는 단선단정의 저지를 통한 조국의 통일문제의 해결에, 민족적으로 투쟁 목표를 민족해방에 둠으로써 민족자주화투쟁임을 명백히 하고, 적을 미제국주의와 이에 빌붙은 세력으로 한정하고 있다.[79] 또 하나의 호소문은 항쟁의 대열에 동참할 동지로서 양심 있는 경찰원, 공무원, 대청원 및 민주인사를 지목하고 있다. 이 호소문에서 표명된 투쟁전략은 적에 대한 선별적이고 상징적인 무장기습투쟁과 민중과 경찰 및 대동청년단의 양심에 호소하는 대중연대의 심리전이 결합된 것이라 해석할 수 있다.

우리는 이제 4·3의 무장기습의 성격과 정도를 고찰함으로써 그것이 무장항쟁인지 아니면 전체 항쟁에서의 부분적이고 제한적인 공격인지를 명백히 하여야 한다.

첫째 공격의 대상은 경찰지서와 우익인사의 집으로 한정하여 일시에 공격했기 때문에 항쟁을 알리는 상징성을 지닌 보복적 차원의 제한적 공격이었으며, 둘째 공격의 폭력성과 유형 피해의 정도와 공격에서의 무장수준을 고려해볼 때 ① 10월인민항쟁이나 2·7구국투쟁, 미곡반대투쟁의 수준을 크게 넘지 않았고, 3·1항쟁 이후 지속적으로 희생된 사망자의 피해보다 그날의 피해가 적으며, ② 당시의 미군정과 경찰은 항쟁의 발발을 파악하고 있었는데도 비상근무령조차 내리지 않고 방임했으며, ③ 당시 무장대의 무장 수준은 소총 30정 정도(대정면의 경우 소총 3정)와 나대, 칼, 죽창 및 사제 폭발물이었는데, 이러한 무기 수준은 군정과 경찰의 현대식 무기에 비교의 대상도 되지 못했다. 조천·성산지서의 경우 공격을 받았지만 우세한 경찰의 무기로 반격하여 무장대 2명을 사살했음은 이를 입증하는 사례다. 따라서 무장기습은 민중의 대중투쟁과 결합된 형태로서 선별된 특정 대상에 대한 자위적이고 제한적이고 상징적인 기습공격이었다.

다음으로 민중의 지지 정도를 검토해보자. 4·3일의 항쟁 결행 이후 군경의 봉기는 없었으나 외곽단체의 지지투쟁은 지속되었다. 그것은 봉화를 올리거나 지지선언을 담은 삐라를 살포하는 일들이었다. 봉화투쟁과 삐라투쟁은 마을에 사는 지지자들 중심으로 지속적으로 이루어졌다.[80]

아울러 4월 3일의 선별적 무장기습과 마을단위의 봉화투쟁은 전면적인 항쟁의 시작을 알리는 것이었다. 4·3봉기 후 전면적인 호응투쟁과 동시봉기가 발생하지 않았기 때문에 전조직이 총동원된 전면항쟁이 아니라는 주장은 타당성이 없다. 왜냐하면 항쟁의 시작과 동시에 민중들의 삐라투쟁과 봉화투쟁은 전도적으로 전개되었고, 이러한 지지가 지속되어 5·10단선 저지투쟁은 완벽하게 성공하게 되었다. 따라서 민중이 4·3항쟁의 대의명분에 적극적으로 지지했으며, 민중이 보여준 지지방식이 무장기습이 아니라 봉화와 삐라투쟁 등의 대중적 평화적 투쟁이었다.

다음으로 항쟁 결행과 관련한 남로당 중앙당과 제주도당과의 관계 그리고 제주도당 조직의 내부 역학관계는 어떠한 것이었는가를 살펴보자. 4·3항쟁 결행은 중앙당의 지령에 의한 것이라는 지령설과 단독 감행설이 있다. 전자의 주장은 박헌영이 지리적 조건을 갖춘 제주도를 선택했으며 3월 중순에 김달삼에게 지령을 내렸다는 것이다. 그러나 이러한 논리는 명백한 증거를 제시하지 못할뿐더러 상황전개에도 어긋난다. 오히려 남로당 제주도 당위원회가 단선·단정 반대의 전국적 맥락과 미군정·경찰·서청의 탄압에 맞서야만 하는 제주도적 상황을 결합해 독자적으로 결정을 내려 감행했고, 감행 이후 도당대회에서 의견조정을 거쳐 중앙당에 보고했고 중앙당은 이를 조정함과 동시에 전남당부 조직지도원(남도 오르그)을 파견하여 지도했다고 해석된다.

이러한 논리의 첫 번째 근거는 남로당은 이 시기(1948년 4월)를 무장투쟁의 시기로 설정하지 않았는데, 제주도당은 1947년 12월부터 치안 관계기관에 대한 공격을 계획함과 동시에 남로당 내에 자위대를 편성하여 훈련했다는 사실이다. 둘째, 제주도 남로당은 중앙과 일정한 연대투쟁을 하면서도 상당히 독자적인 노선을 걸어왔다는 점이다. 10월인민항쟁에의 참여 보류하든가 1946년 과도입법의선거에의 참여 등에서 보듯이 제주도당은 중앙의 결정과는 다른 독자노선을 취했다. 셋째, 무장봉기에 관한 남로당의 신촌회담에서 강경파와 온건파의 의견대립이 조정되었다는 점이다. 중앙당의 지령이 내려졌다면 의견대립이 일어날 수 없었을 뿐 아니라 전국적인 지원책이 있어야 하는데 없었다는 점이다. 넷째, 4월 20일 평양대회에서도 제주도의 상황과 4·3에 대한 논의가 없었다는 점은 4·3봉기가 중앙당의 지령에 의한 것이 아니었음을 의미한다. 다섯째, 4월 15일 열린 제주도 당대회에서 4·3봉기에 대한 평가와 조정이 이루어졌으며, 이 대회 이후 평화회담을 추진했다는 점 역시 제주도당의 독자적 감행이었음을 입증하는 것이라 생각된다.

이제 미국은 4·3을 어떻게 인식하고 대응했는가를 고찰해보자. 그들은 한국의 민중봉기를 극단적인 무규율에서 나타나는 행위이며 오직 가혹한 진입만이 필요하다고 인식하기 때문에 군대식 진압으로 처리되어야 한다는 전략을 세웠다. 이러한 미국적 인식의 근저에는 남한에서의 민중봉기는 소련이나 북한의 조정을 받을 뿐만 아니라 그들의 사주를 받아 행동한다는 전제가 깔려 있다. 따라서 그들의 인식은 민중봉기의 객관적 상황 분석보다는 미국적 고정관념과 이해관계의 틀에 맞추는 것이었다. 군정장관의 4·3에 대한 "제주 외에서 들어온 공산주의자들의 선동과 모략에 의해 제주 청년들이 살인·방화를 하고 있다"[81]는 논리나 "5·10선거의 방해를 위하여 스탈린이 제주도에서 게릴라전을 선택했다"[82]는 신문보도의 논리에서 우리는 미국적 인식체계를 확인한다. 그들은 이와 같은 기본적인 인식체계의 연장선에서 제주도를 보다 의도적으로 규정했는데, 제주인의 70퍼센트 이상을 좌경지향적 사람들에서 '빨갱이'로, 또한 제주도를 빨갱이들의 섬에서 '제2의 모스크바'로 의도적으로 점차 확대해갔다.

이러한 미국의 인식과 조언에 미군정은 즉각적으로 대응했다. 우선 경찰과 군대의 증원이 점차적으로 이루어졌는데, 4월 중순에 경찰의 증원이 있었고 5월 초에는 국방경비대의 증원이 있었다. 미군정의 당시 병력 수준은 경찰 450명(420명이란 설도 있음), 국방경비대 제9연대 1개 대대, 미군 수십 명, 우익단체 수백 명이었다.[83] 이러한 병력의 증강은 사태의 원인과 배경을 무시한 미국의 과장된 인식과 무자비한 정책에 근거한다. 미국의 정책은 미군의 피해를 최소화하는 것, 즉 미국의 이익을 최대화하기 위해서는 제주도를 초토화하더라도 항쟁을 빠른 시간 내에 진입하는 것이었다.

진압군의 최고 지휘관인 브라운 대령의 인식과 예측은 "사건의 원인에는 흥미가 없다. …… 본관의 계획대로 된다면 사건의 평정은 2주일이면 될 것이다"[84]는 것인데, 이러한 발언은 이러한 논리를 입증해준다. 미국이 그들의 진압작전과 무장대의 능력을 객관적으로 비교할 때 2주일의 기간이면 될 것으로 분석함으로써 제주 민중의 총체적 역량을 간과했다.

여기서 우리가 주목할 것은 경비대의 대응이었다. 그들은 4·3봉기의 원인을 경찰과 청년단에 대한 민중저항에 있기 때문에 미군정과 경찰의 무력진압작전에 개입을 거부했다. 김익렬 등 경비대의 고위층들은 미군정이 무차별 진압을 요구했을 때 동족상쟁을 할 수 없다는 이유로 이를 거부한다. 이는 국방경비대와 경찰 간의 갈등도 작용했겠지만, 근원적으로 항쟁의 원인이 경찰의 체포·고문치사 등 억압적인 탄압에서 비롯되었다는 진단에서 취한 행동이었다.[85] 이러한 국방경비대의 인식은 항쟁이 폭동이나 반란이 아니라 민중항쟁이었음을 시사하는 것이다.[86]

6. 자주항쟁의 전개와 민중의 대응

1) 자주항쟁 전개의 시기구분

4·3자주항쟁의 전개는 제주지역 해방공간의 전체적 상황전개 속에서 파악하여야 한다. 필자는 앞에서 1946년의 상황을 민중의 자치정부 구성과 자주교육 운영의 시기로, 1947년의 상황을 민중의 평화항쟁과 민중과 미군정의 대립시기로 파악했다. 1948년의 상황은 본질적으로 민중이 미군정에 정면으로 맞서는 자주항쟁과 또한 미군정과 이승만세력의 단독정

표 3　　　　　　　　　　제주도 남로당 조직표

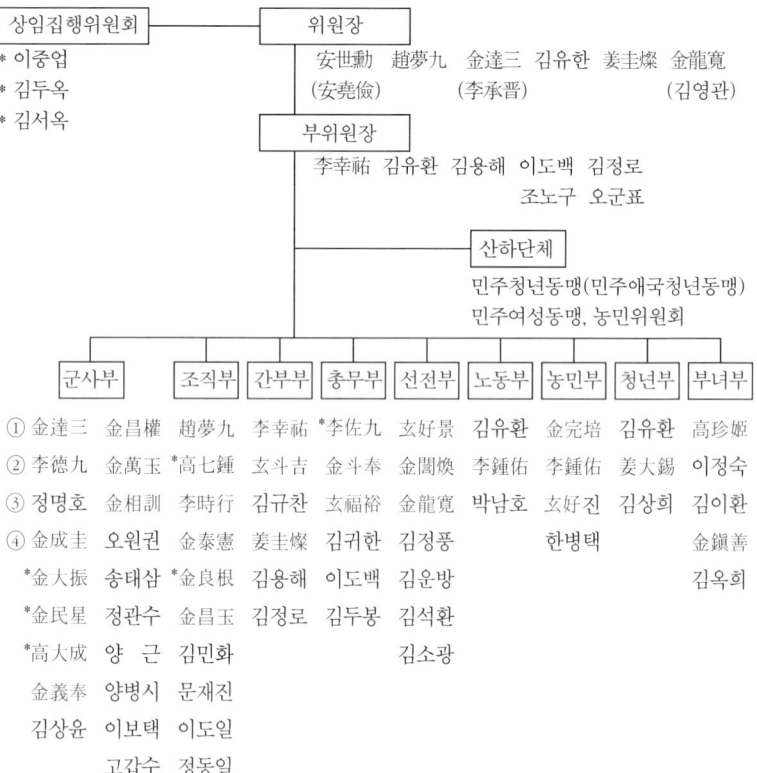

자료: 『제주신문』, 1989년 4월 21일, 4월 25일, 4월 28일의 내용과 김봉현의 증언(『濟州道 血の歷史: 4・3武裝鬪爭の記錄』, 大阪; 國書刊行會, 1978)과 『제주민중항쟁』 I (소나무, 1988)의 인명록, 필자가 얻은 증언을 토대로 작성했는데, 조직 간의 상호관계와 구체적인 인적 구성과 활동상황은 차후의 연구에서 정리하겠다.

주: 1) 아라비아숫자는 각 시기의 무장대의 총사령관을 표시하는데 제1대 김달삼(1948. 2~7), 제2대 이덕구(1948. 8~1949. 5), 제3대 정명호(1949. 6~1949 말), 제4대 김성규(1949 말~1950. 6)였다. 김성규는 1950년 6월 초 살오름(서귀포시 서홍리 북쪽의 오름)에서 무장대의 해단식을 했다. 특경대장은 김대진이, 특공대장은 고대성이 맡았다(필자가 얻은 김모씨의 증언).

2) 4・3 항쟁에 대한 남로당의 결정은 1948년 1월 22일 '신촌회담'에서 결정되었다. 이때 김정로・강규찬・김용해는 신중론을 김달삼・이덕구는 결행론을 주장하여 논쟁이 벌어졌다. 당 책임자 조몽구는 신중론과 결행론을 조정하다가, 대다수가 결행론으로 기울자 3월 초의 항쟁 결행을 수용하여 결정을 내렸다. 그러나 이날 미군정의 기습으로 모두 체포되고, 조몽구와 김달삼만이 탈출하며, 양자는 의견조정을 거쳐 항쟁 일자를 4월 3일로 바꾸었다. 총무부의 이좌구는 재정을 총괄했는데, 일본 내 진보적이고 재력 있는 법환리・신촌리 사

람 중심의 후원회를 조직·연결하여 자금을 끌어들였다(『해방 후 제주도는 해방구역』, 4·3연구소 편, 『4·3자료집』 창간호, 1989년 6월, 10~13쪽).
3) *표는 4·3 직후 남로당 중앙당 또는 전남도당부에서 파견된 조직책(오르그)으로 알려진 사람을 말한다. 군사부는 총사령관의 관장하에 지역사정과 교통 등을 고려해 3개 지대로 나누어 관리했다. 각 지대는 총대장과 군단장의 관장하에 군사부지역책들이 지역별로 작전을 수행했다. 조직부는 고칠종(제주농업학교 교감)과 김양근의 관장하에 투쟁전략과 대중투쟁을 전담했다(필자가 얻은 증언).

부 수립 관철과 이에서 비롯한 민중대탄압의 시기다. 이렇게 제주지역의 상황을 전제할 때, 자주항쟁은 크게 세 시기로 나누어 고찰할 수 있으리라 본다.

이러한 시기구분은 주체들의 대응과 전략적 내용 및 객관적 정세변화(분단국 수립)와 상황변화를 고려한 것이다.[87] 제1시기는 민중과 남로당이 공동으로 미군정과 치열한 대결을 벌여 단선·단정투쟁을 성공적으로 거부한 것이 가장 특징적인 양상이었다. 제2시기는 남한에는 대한민국이 북한에는 조선민주주의인민공화국이 성립됨으로써 항쟁의 성격이 변한다. 이와 더불어 항쟁지도부가 축소되며 민중은 생존의 길로, 잔류 항쟁부는 방어적·고립적 게릴라전의 길로 나뉘어간다. 아울러 이 시기에 미국의 조종·지원을 받은 이승만세력은 지속적인 대토벌작전과 민중대학살을 감행한다. 제3시기는 항쟁지도부가 무너져 항쟁이 종결된다. 그리고 민중은 4·3공포증이라는 굴레를 걸머지게 되고 6·25전선에서 반공전사로서의 희생을 강요받게 된다.

2) 민중·남로당과 미군정의 대결시기(1948. 4~1948. 8)

자주항쟁의 결행에서 민중 및 남로당과 미군정의 직접적 대결은 4월 초순의 무장대의 공세, 남로당의 4·15도당대회, 4·28평화회담의 개최, 민중의 단선 저지, 미군정의 공세로 특징지을 수 있으며, 8월에 이르러 남한의 대한민국의 출범과 9월의 조선민주주주의인민공화국의 출범으로 항쟁은 축소되며 그 성격이 변화된다.

(1) 남로당의 대응과 민중과의 연대투쟁: 4·15도당대회 전후

남로당의 첫 번째 대응은 4·15도당대회에서 나타난다. 이 대회는 4·3 자주항쟁을 선포한 4월 3일의 무장공격 이래 10일간의 경찰과 청년단 및 우익인사에 대한 일련의 공격에 대한 평가를 토대로 중앙남로당에의 보고와 제주도당 내의 의견조정, 본격적인 유격전의 준비체제정비, 단선저지의 대중투쟁, 민중과의 연대강화 등을 논의한 것으로 보인다. 제도당의 입장정리는 온건파와 강경파 간의 견해차이를 조정하고 무장기습의 정당성을 승인하여 중앙당에 보고하고, 중앙당은 이를 수용하여 투쟁의 전환을 요구했을 것으로 보인다. 이러한 해석의 근거는 첫째 4월 16일부터 무장대의 이름으로 5·10망국 단선반대의 성명이 표명되었고, 둘째 인민유격대의 체제를 보다 조직적으로 개편하여 본격적인 대결체제를 준비했고, 셋째 전략적인 차원에서 기습공격과 유화적인 평화회담을 병행해나간 점 등을 들 수 있다.

남로당의 조직을 개편하는 데 고려한 점은 군사부 중심으로 개편하되 민중의 강렬한 대결의식과 온건파의 의견을 수용하는 것이었다.

남로당은 4월 3일 공격을 지휘·감행한 무장대의 공격이 상당한 성공을 거두었다고 평가하고 조직체계를 확대·개편하고 공식조직화해나간다. 1월부터 훈련을 받았던 사람과 각 면에서 열렬한 혁명정신과 전투경험을 지닌 사람들로 3명을 선별하여 인민유격대를 조직했다.[88] 당시 남로당 조직은 표 3과 같이 개편되었고, 남로당 군사부 직속의 편제는 다음과 같다.

    3·1지대: 조천, 제주, 구좌면
    2·7지대: 애월, 한림, 대정, 안덕, 중문면
    4·3지대: 서귀, 남원, 표선면
    총대장: 이덕구
    군단장: 고대성
    예비지대: 특공대대(대장: 김대진, 경찰업무관장과 부대 간 업무조정)
                 특경대대(대장: 고대성, 경찰·서청 등의 동정 파악과 3지

대의 관리와 연결)

정치소조원(각 지대의 사상교육)

자위대(유격대와 외곽조직 및 각 마을과의 연결)

이러한 조직개편은 남로당의 조직을 군사부 중심으로 하되 민중과의 연대를 통하여 기존의 조직을 유지하도록 한 것이다. 따라서 군사작전은 군사부가 맡아 실시했고, 대중투쟁은 조직부가 맡아 각 지역에서 민중적 지지를 받고 있는 공식조직을 활용한 것으로 볼 수 있다. 여기서 중요한 역할을 한 것으로 보이는 예비대대는 전반적인 정보파악 및 지대 간의 연락 그리고 마을 간의 연락을 전담했고 민중들을 대중투쟁으로 유도하는 일을 했다. 따라서 4·15도당대회를 통해서 남로당이 전반적인 항쟁의 방향설정과 역할을 정해주고 군사부는 지대별로 기습과 방어를 전담했다. 당시 자기의 거주지에서 쫓겨나 남로당의 선전부원이 된 한 학생은 대중투쟁의 정도와 민중과의 연대관계를 다음과 같이 증언한다.

산에 가니까, 나는 선전부에 배치를 받았지. 등사기로 삐라도 만들고 …… 당시는 나같이 쫓기던 학생들이 많이 올라갔지. 간부들에게 교육도 많이 받았는데, 이름은 몰라. 그 사람들이야 가명을 썼지. 하루는 밤에 선전활동하러 북촌으로 갔지. 마이크로 골목골목을 다니면서 "아버지 어머니 안녕하십니까? 우리는 여러분의 자위대 자식들입니다. 우리가 하는 일을 도와주십시요"라는 등의 선전을 하고 다니는 거였지. 그러고 나면 그 동네는 난리가 나지. 우리들을 잡아들이지 않았다고 경찰이 난리를 피지. …… 어떻게 신고를 하겠어. 모두 자기들의 아들딸인걸. 그때야 경찰이 잡으로 오면, "어느 집에 가서 숨어라" 하고 오히려 숨겨주었지. …… 토벌대가 산으로 올라오면 우리 선전부는 제일 앞에 도망을 갔지. 그다음은 당, 총무부, 다음에 군인들 순으로 …… 그리고 피난민은 군인들과 뒤섞여서 도망갔지. 백록담까지도 두 번이나 도망갔지. 선전부가 제일 안전지대로 가야 된다고 등사기와 무전기를 짊어지고 도망갔지. …… 재미있는 것은 군인이 올라오면 산으로 도망가고 경찰토벌대가 오면 거꾸로 밑으로 내려가서 숨었지.[89]

남로당의 단선 저지 무장봉기투쟁의 선언(4월 16일)과 더불어 무장대의 공격은 지속적으로 이루어지는데 공격대상은 경찰지서로 집중되다가 면사무소·선거사무소 등으로 확대된다. 도당대회 이후 4월에 이루어진 무장대의 주요 습격을 보면 다음과 같다.[90]

    4월 16일: 모슬포 습격
    4월 17일: 제주시 습격
    4월 19일: 제주시 전화회선의 일체 절단
    4월 18일: 토평리 선거사무소와 선거관계 공무원 습격과 선거서류 탈취
    4월 21일: 북촌리·이호리·동일리 등의 선거사무소 습격과 선거 관계 서류 탈취
    4월 24일: 제주공항에 착륙하는 미군 C-47기 저격
    4월 24일: 미군정청 내의 PX건물 공격

이러한 공격과 병행된 대중투쟁(삐라투쟁)의 내용은 경찰 타도와 통일정부 수립, 도민의 대동단결 호소 등이었고, 이러한 삐라투쟁은 마을별로 젊은 층(주로 학생과 여성)이 담당했다. 선거관리 공무원에게 보내진 삐라는 "사임하라, 그렇지 않으면 죽음을 면치 못하리라"는 내용을 담고 있었는데 그 당시 선거공무원들 다수가 선거사무를 거부하는 호응을 했다.[91]

이제 항쟁 초기의 투쟁을 정리해보자. 첫째, 남로당의 기습공격투쟁은 민중의 봉화투쟁과 삐라투쟁과 결합하여 상당한 성공을 거두었다. 둘째, 투쟁의 목표가 단선·단정 저지의 통일투쟁과 미군정과의 대결로 상승되었다. 셋째, 무장기습공격이 선별적으로 이루어졌기 때문에 유혈의 정도가 타지역보다 조금 높은 수준이었다.[92] 이 기간 중에 총사망자는 60명이었

는데, 그 내용은 경찰 8명, 우익 및 그 가족 27명, 무장대 또는 좌익 25명으로 좌·우익이 균형적이었다. 전국의 사망자가 154명이었으며 제주지역의 사망자는 전국의 3분의 1정도였다.[93] 넷째, 경비대는 중립을 표명함으로써 미군정의 탄압에 무언의 저항을 했을뿐더러 민중의 진압작전에 투입되지 않았다. 다섯째, 미군정과 경찰·서청의 진압작전은 민중의 항쟁 참여와 경비대의 중립 등으로 성공하지 못했다.

따라서 4·3자주항쟁은 민중의 생존권을 방어하여 지역의 평화를 이루고, 나아가 통일된 조국을 지향하는 항쟁이었다. 이러한 항쟁의 목표는 민중의 삶과 욕구에 부합되는 것이었다. 그래서 민중은 지역의 정의를 세우고 민중의 자치를 세우고 민족의 자주를 이루는 항쟁의 실질적인 주체가 되어 지도적 주체인 남로당과 결합되었다. 바로 이러한 점에서 4·3항쟁은 민중의 자치의식과 평화의식과 자주의식을 결합한 자주항쟁이 되었다.

(2) 미군정의 의도와 전략: 4·28평화회담의 결렬

4·15도당대회 이후 계속되는 무장대의 기습공격과 민중의 항쟁 동참은 미군정을 당혹하게 했다. 그들의 '2주일 내 진압한다'는 전략은 빗나갔다. 상황이 이렇게 되자 미군정은 4월 27일 경비대의 진압작전투입을 결정했다.[94] 바로 이러한 진압작전 발표를 전후하여 국방경비대는 평화적 해결을 모색하게 되었다. 미군정의 허가를 얻은 제9연대장 김익렬은 이윤락 중위를 협상추진의 중간연락책으로 하여 김달삼에게 회담을 제의한다.[95]

이러한 회담 제의의 배경에는 양측이 대립의 원만한 해결을 모색해보아야 한다는 필요성이 있었다. 미군정 측은 ① 완벽한 단독선거의 이행을 위해 일시적으로라도 원만한 해결이 필요했다. ② 미군정의 1차 진압작전이 예상(2주일 이내 진압)과는 반대의 결과를 초래하는 상황이었으며, ③ 미군정의 강경파는 강경절대조기진압을 관계기관에 하달해놓은 상태였고,[96] ④ 미군정은 경비대의 중립적 입장에 의혹을 갖고 있었지만 경비대의 제의를 거절만 할 수 없는 상태였다. 무장대 측은 ① 무장공격으로 일정한 성공을 거둠으로써 소정의 목표를 달성했고, ② 4·15 이후의 공방전에서 피해가 컸을 뿐만 아니라 일반도민의 피해도 컸으며, ③ 항쟁 이전부터 제의해온 온건파의 주장을 무시할 수는 없었을 뿐만 아니라 민중의 원만한 해결 요구를 거절할 수도 없었고, 군사부 내에서도 평화적 해결의 요구가 많았으며,[97] ④ 상황인식에서 낙관론도 지배했지만 전체적인 신중론, 특히 경비대의 상황분석의 논리와 입장을 절대적으로 수용하여야 했다.[98]

이리하여 4월 28일 구억리 구억국민학교 교정에서 이윤락이 배석한 가운데 김익렬과 김달삼의 회담이 열렸다. 김익렬은 ① 전투행위 즉각 중지, ② 무장해제, ③ 범법자 명단 제출 등 3개 항을 요구했고, 김달삼은 ① 단선·단정 획책하는 미군 철수, ② 제주도민이 행정과 경찰업무를 수행하고 악질경찰과 서청 추방, ③ 제주도민의 경찰이 편성될 때까지 군대가 치안을 맡고 지금의 경찰을 해체, ④ 의거참여자를 전원 불문에 부치고 안정과 자유를 보장할 것 등 4개 항을 요구했다. 양측은 김익렬의 요구 가운데 ①, ②항에 대해 "72시간 안에 전투를 완전히 중지하되 산발적인 충돌이 있으면 연락 미달로 간주하고 5일 이후의 전투는 약속 위반의 배신행위로 본다. 무장해제는 점진적으로 하되 약속을 위반하면 즉각 전투를 재개한다"고 합의했다. 김익렬 측은 김달삼의 요구 ①항은 국방경비대가 다룰 수 없는 문제이고 ②, ③항에 대해 개편하는 방향으로 최선을 다한다는 선에서 약속을 했다. 양측은 문제의 ④항에 대해서 항쟁지도자가 책임을 진다는 선에서 합의를 함으로써 4·28회담은 성공리에 끝났다.[99] 이러한 합의에 따라 무장대는 일부 지역의 무장기습 중단조치를 취하여 3일 후 무장대결은 종식되고 김익렬은 미군정의 입회하에 무장해제를 실시할 마지막 조치를 성사시키려 했다. 그러나 미군정이 5월 1일 오라리사건을 조작하여 4·28평화회담의 합의를 깨버린다. 문제의 오라리사건은 경찰이 무장대로 위장하여 오라리를 기습·방화한 사건이었고,[100] 애월리 기습은 경찰과 경비대가 애월리를 기습하여 불을 지르자 주민 100여 명이 이들에 대항하여 싸운 사건을 말한다.[101] 같은 날 오후 입산자 200명이 귀순한다고 하여 미고문과 드루스 중위의 인솔하에 미군 2명과 9연대 소속 병사 9인이 이들을 호송해오던 도중 일단의 무장병력에 의해 공격받은 사건이 발생했다.102) 이로써 4·28평화회담은 깨지고 양측은 다시 대결의 길로 들어섰다.

5월 6일 미군정은 단선을 나흘 앞둔 상태에서의 대결은 미군정의 완벽한 단선 실시에 위협이 된다고 판단, 딘 군정장관 주재로 긴급대책회의를 열었다.103) 그러나 이 회의는 4·3항쟁의 원인과 대책에 대한 국방경비대 측과 경찰 측의 격렬한 싸움으로 난장판이 되었고 회의장은 아수라장이 되었다. 경찰 측의 입장은 공산주의자들의 폭동이기 때문에 군·경 합동의 대대적인 진압작전만이 대책이라고 했고, 군 측은 경찰과 서청에 대한 반발이기 때문에 경찰의 문란한 기강을 바로잡아야 하며 효과적으로 진압작전을 하기 위해서는 경찰지휘관을 군에게 넘겨줘야 한다고 요구했다.104) 여기에서 경찰 측은 군 측의 입장이 경찰을 모략하기 위한 허위수작일뿐더러 공산주의적이라고 몰아세우고, 군 측은 경찰의 기강이 문란해 진압작전에 방해가 된다는 논리로 치열하게 맞섰다. 이 긴급대책회의는 딘 장관이 미군헌병을 투입하여 수습하는 것으로 끝났다. 미군정은 회의 후 온건한 입장의 김익렬을 연대장에서 해임하고 박진경을 연대장으로 임명함과 동시에 1개 대대를 증파함으로써 강경진압작전으로 선회한다.105) 그러면서도 딘 군정장관은 기자회견을 열고 "현재의 제주도는 평온을 유지하고 있다. 지금 경찰과 국방경비대가 활동하고 있음으로 불원간 완전히 평정되어 평화와 질서를 회복할 것"106)이라고 발표했다.

이제 우리는 4·28평화회담과 5월 1일 미군정의 오라리사건 조작 그리고 5·6대책회의와 강경진압정책의 결정에 대한 해석을 내림으로써 4·28평화회담의 결렬 이유를 객관적으로 해석해보자.

메릴(John Merill)은 남로당에 책임이 있다고 하면서도 논리적인 근거를 제시하지 못하고 있고,107) 『한국전쟁사』는 오일균의 계략으로 김달삼이 회담을 제의 김익렬·김달삼·오일균 3자간의 회담이 열렸으나 3자간의 "암중모색의 탐색전으로 협상을 결렬되었다"는 사실무근의 결론을 내려 결렬의 책임을 회피하고 있다.108) 김봉현은 김익렬이 유격대·경비대·경찰 간의 3자회담을 제시했으나 경찰 측의 거부로 무산되었다고 기술했으나[109] 사실과 다르다. 박명림은 경찰 측의 파괴로 그 길은 봉쇄되고 말았다고 설명했다.[110] 그러나 본질적인 이유는 미군정의 정책에 있다. 미군정은 이미 강경진압작전을 세워놓고 그것을 합리화하기 위해 평화회담으로 위장해놓았다가, 경찰로 하여금 공격을 하게 하여 평화회담을 결렬시키고 대책회의라는 기구를 통해 그들의 전략을 관철한 것으로 볼 수 있다. 이러한 해석의 근거로 ① 당시 경비대를 좌경시했는데도 불구하고 김익렬 연대장에게 회담을 제의한 점, ② 4월 27일 강경진압작전 방침을 이미 정한 상태에서 김익렬의 회담제의를 수용했다는 점, ③ 딘 군정장관이 4월 29일 비밀리에 제주도를 방문하여 평화회담 결렬 지시를 한 점, ④ 5·6대책회의를 열어서 제대로 의견수렴도 없이 강경진압작전을 결정한 점, ⑤ 김익렬의 해임과 경비대 1개 대대 증파가 동시에 추진된 점, ⑥ 평화회담의 결렬 원인은 무장대 측에 있다고 하면서도 명백한 근거는 고사하고 허위사실(오일균 중재)을 유포했을 뿐만 아니라 「한국에서의 메이데이」[111]라는 영화를 급조하여 무장대의 잔인성을 강조하고 경찰의 진압작전을 정당화한 미국의 의도적인 전략, ⑦ 경찰 측이 협상을 어기고 5월 1일과 3일에 공격하여, 그것을 무장대가 한 것으로 조작한 점, ⑧ 딘 군정장관이 내부적인 강경방침을 이미 정해놓아서, 경찰과 군 간의 갈등이 첨예화되었음에도 사실과 달리 군·경의 협조체제로 평화와 질서가 회복되고 있다고 위장한 기자회견의 내용 등을 들 수 있다. 따라서 4·28평화회담은 미군정이 요식행위로 위장한 것이며, 미군정의 강경진압작전을 감추는 고도의 사전 전략이었다. 그러므로 4·28평화회담의 결렬 책임은 전적으로 미국에 있으며 그다음으로 미군정 경찰 내의 강경세력에 있었다.

(3) 민중의 통일정부 투쟁과 미군정의 공격: 5·10단선을 중심으로

5·10단선이 임박해지자 남한에서의 대결이 치열해졌다. 그러나 평양에서의 남북지도자 연석회의의 노력과 제주지역의 4·3항쟁에도 아랑곳없이 미국은 단선을 추진했다. 5·10단선은 미국의 지원을 받는 이승만 중심의 독촉계와 김성수 중심의 한독당 세력만이 참여하는 선거이자 분단의 구조

화를 의미하는 것이었기 때문에 좌익·민족세력뿐만 아니라 민중들도 반대투쟁에 총력을 기울이고 있었다.[112] 단선은 내전에 준하는 대결 속에 결행되고 선거는 실시되었다. 그리고 미군정은 선거결과를 발표했다. 유권자의 80퍼센트가 선거인 등록을 했고, 그 가운데 95퍼센트가 투표에 참가하여 민주적으로 치러졌다고 발표했다.[113] 이러한 공식적인 발표는 미국의 단선계획이 조선 민중의 의사에 부합되는 것임을 과시하는 의도를 나타낸 것이었다. 오히려 단선의 실질적인 참여세력과 내용은 조선 민중의 민주적이고 자주적인 의지를 거역하는 것이었다.[114] 투표참가율은 미군정과 이승만세력에 지지를 표하는 것처럼 포장되었지만 단선세력은 8분의 1밖에 되지 못했고,[115] 당선자의 내용도 무소속이 200석 가운데 85석을 차지했고 이승만의 독촉계는 55명이었다.[116] 미군정의 발표와 달리 남한의 민중들은 보다 분명하게 미군정의 종식을 원했음을 의미한다.

단선을 감시한 유엔감시단의 입장도 단선의 의미가 조선문제에 도움을 주지 않을 뿐만 아니라 선거의 정당성마저도 인정할 수 없는 것임을 분명히 했다.

> 대표들 중에는 금번 선거의 결과가 조선문제의 해결에 공헌하리라는 것을 의심하는 대표도 있으며, 그들이 설사 이러한 의심을 갖지 않는다고 할지라도 그들은 남조선에 있어서의 선거를 전국적으로 인정하길 원치 않는다.[117]

제주도지역은 단선을 파탄시킴으로써 단선이 민중의 뜻과 상반됨을 명백하게 보여주었을 뿐만 아니라 미군정의 단독정부 구성을 정면 거부했다. 미군정은 평화회담으로 위장하여 시간을 벌면서 강경진압작전을 통해 단선을 성공시키려 했다. 무장대와 민중은 총력을 다하여 단선저지투쟁에 나섰다. 이 당시의 투쟁은 5월 7·8·9·10일 집중적으로 나타났다.[118] 목표는 단선 가부로 집중되어 구호가 ① 단선을 기어이 분쇄하고 단정을 절대 부인하자, ② 투표하면 인민의 반역자다, ③ 단선에 참가한 매국노를 단죄하자 등이었다. 공격의 내용은 선거사무소인 읍사무소의 공격, 선거관계 공무원 납치, 선거인명부 탈취였다. 아울러 대중투쟁은 선거인들에게 투표 거부를 요구하고, 선거 관계자들에게 사표를 종용하는 것이었다.[119]

5월 10일 제주도의 65개 지역의 투표구가 선거관계 공무원의 투표사무 거부와 무장대의 습격, 민중의 투표용지 소각과 투표참가 거부로 기능이 완전히 마비되어 선거가 사실상 거부됐다.[120] 이 시기의 단선저지투쟁은 무장대와 민중의 합일된 연대투쟁으로 완벽한 성공을 거두었다. 이 기간의 투쟁이 가장 큰 성공을 거둔 것은 민중의 절대적 지지와 동참에 있다. 이때 무장대의 사망자가 우익 사망자의 3배가 되었다는 점[121]은 무장대의 공격보다 우익의 방어력이 강했고, 이 시기 투쟁의 주류가 평화적이었음을 시사한다. 이러한 상황 속에서 치러진 제주도의 선거는 완벽한 실패였다. 남제주군 선거구만이 간신히 선거가 치러져 오용국(무소속)이 당선되고 북제주군 2개 선거구는 표 4에서 보는 바와 같이 투표자 수가 모자라 선거가 무효화되었다.[122]

제주도 선거관리위원회는 제주도의 2개 지역 선거의 무효화를 건의하고, 딘 장관은 5월 24일 제주도 2개 지역 선거의 무효화와 동시에 6월 23일 재선거를 실시한다고 발표했다.[123] 이러한 미군정의 계획은 무장대와 민중의 철저한 반대로 재선거를 실시할 수 없는 상황이었기 때문에 좌절되고 말았다. 공무원은 아예 사직하거나 직무를 포기한 상태였고, 선거인명부가 절반 이상이 탈취당했거나 불타버린 상태였다.[124] 6월 10일 딘 군정장관은 행정명령 제22호를 발표함으로써 제주지역의 재선거를 무기 연기했다.[125]

이러한 선거의 실패는 제주 민중에게는 단선거부의 승리를, 미국에는 전략의 실패를 의미하는 것이었다. 미군정에 이 실패는 제2차 세계대전 이후 미국의 점령지 정책이 실패한 것이자, 일본은 제외하고는 실패할 수밖에 없었던 미국적 지배논리의 모순을 노출한 것이었다.[126] 제주 민중의 승리는 통일정부운동으로 가는 투쟁은 민중의 지지를 받고 민중 동참 속에서만 가능하다는 것을 보여주었다.

표 4   단선거부의 투표현황

북제주군	갑구	을구
등록인수	27,560명	20,917명
투표인수	11,912명(43%)	9,724명(46.5%)
총투표구수	73개소	61개소
투표실시 투표구수	31 개소(42%) 42 개소 미실시	32개소(52%) 29개소 미실시
각 후보자 득표 상황	양귀진 3,647표 김시학 3,479표 김충희 2,147표 문대우 1,693표	양병직 3,474표 박장희 3,190표 김덕준 691표

자료: 『조선일보』, 1948년 4월 14일, 5월 16일, 5월 20일.
    투표등록률: 전국: 64.9%
              제주: 46.9%
  전국투표율: 전국: 90.82%

　

이러한 제주 민중의 업적은 남한지역 내의 유일한 단선 거부를 역사 속에 남긴 만큼 미군정과 단정세력으로부터 대토벌과 대학살의 보복을 당하게 된다. 이러한 민중들의 업적이 어찌해서 가능한 것인가를 앞에서 인용한 용강리 민중들의 4·3에서 5·10선거 이후까지의 대응을 통해 확인해 보자.

4·3이 일어나고, 그다음 날 용강리에 그 소식이 들어왔다. 이날 공격을 총지휘한 사람이 이덕구라는 것이 알려지자 마을사람들은 "아, 조천고등공민학교 수신 선생이 사령관이었구나" 하면서 무릎을 쳤다. ······ 소문이 마을에 파다하게 퍼진 후부터 죽창을 만드는 청년들은 저들의 결정이 옳았다고 신명이 났다. 그 당시 용강리 마을은 자위대 1명을 한라산의 자위대원으로 올려보냈고, 마을에는 남로당 조직책 한 명이 있었다. 해방 이후 마을에 예고도 없이 경찰(경찰과 서청을 동일하게 불렀다)이 들이닥쳐 집집마다 들쑤시고 다니며 빨갱이들 나오라고 소리질렀

다. 그러나 아이들과 아낙만 남고 다른 사람들은 어디론가 숨어 있었다. 마을의 유일한 남로당원은 수류탄 한 자루와 단도 한 자루를 휴대하고 다녔는데, 경찰대가 마을을 떠나갈 때 정자나무에 올라 "돌격, 돌격. 인민들이여 앞으로 나가자"고 고함을 질렀다. …… 4·3 일주일 후 국방경비대 1개 중대가 용강마을로 행진해왔다. 남로당원이 우리 편이 되려고 오는 것이라 하여 마을사람들은 환영나갔고, 그들의 대장은 "여러분의 독립운동을 도우러 왔다"고 인사했고 마을사람들은 식사를 대접했다. 산군인들은 밤이면 산에서 마을로 내려가고 낮에는 마을에서 산으로 올라갔다. 그즈음부터 마을사람들은 밤이 되면 이웃사람들과 합세하여 수백 명이 왓샤왓샤 구령을 붙이며 시위를 했다. 그들을 이름하여 죽창부대라 했다. 며칠 후 누가 죽고 누가 죽었다는 불길한 소식이 들려왔다. 경찰의 잦은 수색과 산군인들이 머물다 가는 고무적인 선동으로 활기에 차 있었다. 그해 여름은 농민위원회 세상이었다. 용강마을에는 5·10선거에 대해 잠잠했다. 그럴 정도로 마을은 농민위원회가 장악하고 있었으며 그들 스스로 거기에 동조했다. 그즈음 화북사람들이 피신을 왔는데 그들을 통해서 비로소 남한만이 단독선거를 치른다는 것을 알게 됐다. 피신해온 사람들은 이번 선거를 막지 못하면 나라는 독립하기는커녕 두 동강이 난다고 말해줬다. 용강마을에는 아예 투표구도 설치되지 않고 그날을 넘겼다.[127]

우리는 4·3에서 5·10까지 민중들의 대응이 마을 단위로 이루어졌고, 마을 단위 민중의 대응이 자주항쟁의 원동력이었음을 분명하게 확인했다. 이러한 민중의 대응으로 단선이 파탄되자 미군정은 강경한 1차 토벌작전을 감행하기 위하여 5월 4일 창설한 제11연대를 제주도로 이동시키며, 경비대를 진압작전에 투입하고 경찰 특수부대까지 파견한다.[128] 진압작전을 경찰에서 경비대로 바꾼 미군정은 5월 12일 첫 공격을 개시하여 두 마을에서 218명을 체포한다.[129] 이와 같은 무자비한 공격을 시작으로 미군정은 5월 중에만 무려 3,126명의 포로를 체포하는 기록을 남겼고 6월 중순에 이르러 포로의 숫자는 6천 명을 넘어설 정도였다.[130] 이러한 제1차 대토벌의 성공으로 박진경은 대령으로 1계급 승진되었다. 그가 승진하여 제주시내의 요정에서 자축하는 연회를 베푼 6월 19일 새벽 그는 부하 병사에게 살해되었다.[131]

박진경의 토벌작전은 유격대의 근거지를 집중 공격하되 민중을 대거 체포함으로써 무장대와 민중의 연결망을 절단내고, 나아가 민중에게 죽음의 공포를 불러일으킴으로써 민중이 유격대에 등을 돌리게 하는 것이었다. 이러한 박진경의 무자비한 공격의 근본적인 목표는 무장대의 투항이었다. 그러나 무장대는 경비대의 공격에도 응전을 하지 않으면서 그들과의 평화적 타협을 끝까지 시도했다. 그러나 끝내 타협이 불가능함을 인식한 무장대는 항전으로 결론을 내리며, 군사부를 인민해방군으로 편재를 개편함과 동시에 생명을 건 대결을 결정한다. 이 결정은 다음과 같은 삐라로서 박진경의 투항요구에 항전으로 대응하겠다고 했다.

친애하는 장병형제여! 제형의 민족적 양심과 정의에 불타는 올바른 행동을 우리는 믿는다. 만일 친애하는 장병들이 왜 우리들이 총대를 메지 않으면 안 되었던가 그 원인을 몰각한다면 …… 우리는 정의의 이름 앞에 백만군이 오더라도 싸울 것이다. …… 사태의 평화적인 해결을 위하여 다음에 우리들의 정당한 요구를 제시하노라. 1. 무장경관대의 즉시 해산, 1. 사설 테러단체의 해산과 처벌, 1. 도지사 유해진을 즉시 파면하라, 1. 유엔조선위원단 철수, 1. 미소 양군 즉시 철퇴, 1. 단정반대, 1. 남북통일정부 수립 절대 추진.[132]

이러한 제주도의 항쟁이 박진경과 최경록의 무자비한 학살로 전개되자 대결을 평화적으로 해결하려는 노력은 전국의 사회단체를 포함한 재육지 제주친목단체 중심으로 추진되었다. 그러나 미군정의 대토벌은 확고했다. 그들은 이미 제주를 봉쇄하여 제주에서 육지로, 육지에서 제주로 가는 길을 차단했을 뿐만 아니라 이러한 호소들을 외면함으로써 대

토벌과 대학살의 무자비한 작전이 확고부동한 미국의 전략임을 더욱 분명히 했다.[133]

(4) 항쟁의 성격 변화와 민중의 갈등: 두 정부의 출범을 중심으로

박진경과 최경록이 지휘한 국방경비대의 진압작전 투입과 이들의 무자비한 강경진압이 있은 후 무장대와 토벌대의 격렬한 충돌은 현저히 줄어들고 소강상태에 접어든다.[134] 이러한 소강상태의 근본이유는 서로 다른 두 개의 정부가 남과 북에 세워져 출범하는 데 기인한다. 남북한 모두 정부 출범에 전력을 기울임으로써 항쟁의 성격과 목표가 변화되어 소강상태를 유지하게 되었고, 항쟁의 지도세력인 남로당 지도부 핵심들이 제주를 떠남으로써 지도부가 축소되어버리고 항쟁의 실질적 주체인 민중들은 이와 같은 상황의 변화와 무자비한 탄압으로 죽음의 공포에 휩싸이고 생존의 길을 선택한다.

> 4·3 이후 중산간 부락인 우리 마을에 경찰과 군인들이 왔다. …… 그때 이웃마을 도두리에서 양민증을 발급받으러 많은 사람들과 함께 남편과 나는 줄을 서서 기다렸다. "저기 빨갱이 중대장이 있다"하는 누군가의 말에 남편은 빨갱이가 되어버렸고 3일 동안 구금되었다가 총살당했다. …… 남편이 빨갱이가 되어버려 우리집의 젊은 사람들은 살아남기 위해 피신하여야 했다. …… 며칠 뒤 학교운동장에 끌려가 많은 사람들과 함께 앞뒤로 어긋나게 세워졌다. '인민공화국 만세'를 부르라 했다. …… 그리고 총소리가 울렸다. …… 죽은 사람들은 구덩이에 옮겨져 묻혔다. …… 4·3이 지난 후 습격이 끊이지 않았다. …… 산으로 피신했다 해서 산사람이 되어야 했고 마을에 남았다 해서 군인이나 경찰 가족들처럼 죽임을 당해야 했다. 4·3 이후 죽은 것은 마을사람들뿐이었다. …… 오늘 죽을지 내일 죽을지 모르는 공포의 나날 속에서 차라리 빨리 죽었으면 싶을 때도 있었다.[135]

박진경과 최경록의 무자비한 제1·2차 대토벌작전은 미군정에 잔인한 승리를, 민중에게는 참혹한 죽음을 던져줌으로써 미국의 의도를 일정 정도 충족시켰다.

첫째, 미군정과 이승만정부는 불완전한 단선을 치르면서 대한민국의 수립에 전력했다. 그들은 제주도의 항전을 초강경으로 1·2차 진압을 하고, 7월 12일 '토벌의 성공'을 천명함으로써 표면적으로나마 항쟁을 일단락지었음을 과시하려 했다.[136] 그것은 미국의 대한민국 출범이 정당한 것이었다는 것을 알릴뿐더러 미국의 세계전략에서의 승리를 보여주려는 것이었다. 따라서 미군정은 남한정부의 정통성에 도전한 제주도의 항쟁을 철저하게 분쇄하려는 전략을 구사한다.

둘째, 남로당 역시 남한에 단독정부가 출범함에 따라 단선 저지의 통일운동에서 남한정부 반대, 북한정부 지지로 항쟁의 목표를 바꾼다. 이러한 상황의 변화에 따라 제주도 남로당은 8·25지하선거에 역량을 집중했다. 제주도는 '인민해방군구'라고 부르면서 3개의 선거구에서 선거를 실시했다. 선거는 통일정부와 북한에서의 선거를 지지하고 남한정부를 반대하는 내용에 지지서명을 받는 서명투쟁이었고, 주로 밤을 이용해 중산간 마을이나 세력이 강한 마을에서 이루어졌다. 이렇게 실시한 8·25지하선거는 시간의 촉박함과 지도부의 과대 목표로 자발적인 지지에 의하기보다는 강제성을 띠었기 때문에 예상만큼 많은 지지를 못 받아내었을 뿐만 아니라 서명을 거부하거나 북한정권과 북한정부에 반대하는 사람들에 대해 살해·구타·방화하는 잘못도 있었다.[137] 이러한 선거를 끝내고 이 선거명부를 가지고 남로당의 실질적 대표들이 북한 해주대회에 참석하기 위해 8월 초순 제주도를 떠난다. 이 시기에 지도부가 떠났다는 것은 항쟁을 정리했다는 것을 의미할 뿐만 아니라 항쟁이 축소되었음을 의미한다. 이러한 항쟁의 축소에는 ① 두 개의 정부가 출범함에 따라 남로당이 항쟁에 지원을 할 수 없게 되었고 북조선 건설에 총력을 투입해야 한다는 점에서 항쟁을 정리했다는 점, ② 대한민국의 출범과 동시에 항쟁에의 민중지지가 위축되고 있다는 점, ③ ②와 연관되지만 4·3 당시 중립적이었던 국방경비대가 무자비한 진압작전에 투입됨으로써 상황이 불리하다는 점 등이 작용했다고 생각된다. 이렇게 해석하는 근거는 급박해져가는 제주도의 상황에서 4·3 이후 항쟁의 핵심지도부인 김달삼·강규찬·고진희가 해주대회에 참여했다는 사실에 있다.[138]

셋째, 민중은 객관적 정세 변화에 갈등을 느끼기 시작하지만 생존의 삶터에서 계속해서 추방당하여 입산한다. 민중들은 토벌대의 공격이 완화되어도 돌아갈 곳이 없었다. 많은 수의 마을은 불타 가옥과 양식이 소실되어 그들은 삶의 근거지도 생존의 기본 양식도 잃어버렸기 때문이다. 좀더 더 중요한 이유는 하산과 함께 폭도로 몰려 죽을 것이기 때문이었다. 이러한 생존의 갈등 속에서 민중들은 두 가지 중 한 길을 분명히 선택하여야 했다. 8·25지하선거에 참여하여 끝까지 싸우든가 아니면 생존을 위해 은둔을 하든가였다. 이러한 이유 등으로 7·8월의 지하선거는 단선 거부의 지지에 훨씬 못 미치게 된다. 민중의 갈등을 더욱 심화시킨 것은 항쟁 목표의 변화와 항쟁 승리의 불확실성이었다. 단독정부의 출범으로 항쟁의 목표가 변화되고 승리를 장담하던 항쟁지도부의 예견에 불신이 일어났다. 경비대의 강경진압 이후 항쟁지도부는 북조선지지 선거투쟁으로 전환하다가 항쟁지도부가 축소되면서부터 민중과의 단절현상이 일어나고, 민중들은 항쟁 실패와 생존에의 불안감으로 항쟁 대열에서 점점 이탈하여 생존의 길을 모색한다.[139] 아래의 증언은 민중들이 항쟁에서의 패배를 인식하고 있음을 말해준다.

우리가 소개한 것이 1948년 10월 21일인데, 한 달 전쯤부터 산에 있는 사람들이 밀리고 있구나 하는 걸 알았지. …… "곡식 있는 것을 땅 파서 묻으라" 하는 말이 처음 나왔지. …… "아 이젠 산사람들도 별수가 없구나" 하는 생각이 들었지. …… 그러나 당시 분위기에선 이런 말을 할 수가 없었지. …… 그전엔 연락병도 있고, 보급도 끊이지 않아 곡식을 묻어둘 필요가 없었는데 이제 상황이 변하였음을 알았지. …… 곡식을 비장하라고 하니 이젠 지고 있는 거지.[140]

항쟁은 강경한 미군정의 두 차례 토벌작전과 단독정부의 출범, 항쟁지도부의 축소로 성격이 변화되고 있었다. 이러한 상황의 변화는 민중에게 생존에의 갈등과 공포를 가져다주었고, 아울러 항쟁주체로서의 길을 이탈하게 했다.

7. 미국과 단독정부의 제주도 대토벌 정책과 민중대학살

1) 제주도 대토벌 정책의 원인과 배경

(1) 단독정부의 정통성 확립과 대토벌 정책의 감행

해방 3주년과 두 개의 정부의 출범은 제주 4·3항쟁의 성격을 북조선 지지운동으로 변화시켰다. 8월 14일 한라산의 봉우리에 50개의 봉화가 오르고 '조선인민공화국 만세'라는 외침이 울렸다. 이제 출범한 단독정부는 이러한 도전을 응징함으로써 정통성이 있다는 것을 대외적으로 과시하여야 했고, 미국은 자기들이 탄생시킨 단독정부가 강력하다는 것을 입증시키는 계기로 삼았다.[141]

이러한 미국의 전략과 단독정부의 입장은 8월 25일 제주도 경비사령부의 "최대의 토벌전이 있으리라"는 발표로 구체화되었으며,[142] 이러한 토벌전을 위해 8월 14일 제6연대의 2개 중대(350명)를 제9연대에 합류시켜놓고 있었다. 토벌대는 제3차 대토벌 정책의 일환으로 무장대의 9월과 10월의 산발적 공세[143]를 계기로 10월 8일 계엄령을 선포했다.[144] 그다음 제주도 경비사령부를 설치하여 제9연대 1개 대대, 제6연대 1개 대대, 제5연대 1개 대대, 해군부대(해군함정), 제주경찰대를 통합함으로써 제3차 대토벌 작전의 준비를 완료하며, 10월 17일 통행금지령을 내린다.[145]

한편 10월 19일 제주도 진압을 거부한 여수의 제14연대가 군인봉기를 일으켰고, 제주도 인민유격대는 10월 24일 정부에 선전포고를 했다.

친애하는 장병, 경찰원들이여!
총뿌리를 잘 살펴라! 그 총이 어디서 나왔느냐.
그 총은 우리들의 피땀으로 이루어진 세금으로 산 총이다.
귀한 총자루, 총탄알을 허비 말라.
당신네 부모, 형제, 당신들까지 지켜준다.
그 총은 총 임자에게 돌려주자.
제주도 인민들은 당신들을 믿고 있다. 당신들의 피를 희생으로 바치지 말 것을.
침략자 미제를 이 강토로부터 쫓겨내기 위하여
매국노 이승만 일당을 반대하기 위하여
당신들은 총뿌리를 돌리라.
당신들은 인민의 편으로 넘어가라.
내 나라, 내 집, 내 부모, 내 형제 지켜주는 빨치산들과 함께 싸우라.
친애하는 당신들은
내내 조선 인민의 영예로운 자리를 차지하라.[146]

위에서 보듯이 미군정과 단독정부는 정통성을 확보하고 좌익세력을 척결하기 위하여 제주도의 끈질긴 항쟁을 전면적으로 진압하는 전략으로 일관했다. 북조선 지지의 봉홧불[147]을 한라산에서 올린 제주도 민중과 무장대의 투쟁은 그들의 전면적인 대토벌에 직면했다.

제주도 경비사령부 작전의 전과를 「G-2 보고서」 중심으로 살펴봄으로써 박격포와 전투기를 동원한[148] 제3차 진압작전이 무서운 대토벌이었음을 확인할 수 있다.

제3차 대토벌작전의 전황(10. 29~12. 8)
10월 29일: 표선면 고성리 135명
11월 3일: 제주시 6명
11월 5일: 중문 경찰 2명, 경비대 1명, 무장대 50명

11월 10일: 월왕봉 무장대 21명
　　　　　토평 무장대 25명
11월 11일: 신양리 무장대 80명
　　　　　조천 경찰 1명
11월 13일: 행원리 무장대 115명
　　　　　행원리 부근 무장대 4명
　　　　　오동리 무장대 4명
11월 18일: 북촌리 경비대 2명
11월 19일: 모슬포 무장대 3명
11월 21일: 월평리 무장대 15명
　　　　　모슬포 무장대 88명
11월 23일: 선흘리 무장대 15명
11월 24일: 노형리 무장대 79명
11월 28일: 남원, 위미리 무장대 30명, 민간인 50명, 경찰 부상 3명
12월 3일~6일: 무장대 105명
12월 14일: 무장대 105명
12월 18일: 무장대 130명[149]

　위의 전과를 중심으로 정리하면 10월 29일부터 12월 18일까지 50일간 무장대 1,032명 사살, 민간인 50명 사살, 경비대 3명 사망, 경찰 3명 사망, 경찰 3명 부상으로 나타난다. 이는 하루 평균 21명 정도(최소한)로 사살하는 전과를 남겼음을 말해준다. 여기에서 더욱 중요한 대목은 무장대와 군경토벌대의 전사자 비율이 150 대 1로 나타난다는 사실과 전사자를 모두 무장대로 분류한 점에 있다. 무장대로 분류한 근거가 명확하지 않을 뿐만 아니라 집단적으로 분류했기 때문에 무장대의 사망자에는 민간인 다수가 포함되어 있다고 보아야 한다. 아울러 군경토벌대의 토벌방식이 직접교전이라 하지만, 한 명의 사망자도 없이 150명 정도를 몰살시키는 작전은 논리상으로도 현실적으로도 불가능하다. 따라서 직접교전의 토벌이 아니라

집단몰살의 토벌이었다고 해석할 수 있다.[150]

당시의 증언에 따르면 위의 '토벌대의 무장대 15명 사살'(양력 11월 23일)은 잘못되었고 실제 사망자는 21명이었으며, 그들의 신분도 무장대는 1명이고 나머지는 마을 청년들이었으며, 이들은 교전 중 전사한 것이 아니라 집단 총살로 처형되었음을 알게 된다.

함덕국민학교 관사에 성을 쌓고 응원대가 주둔하고 학교운동장에는 착검한 군인들이 보초 서고 있었다. 선흘리 젊은이들 1개 분대가량을 태워 함덕국민학교로 데려갔다. …… 군인들은 조사를 하여 혐의자로 판단되면 곧바로 사살했다. 10월 29일(음력) 선흘리로 가는 길 동편 '억수동'(지명)에서 주모자와 청년 20명이 총살됐다.[151]

이러한 작전은 동시에 마을 단위로 체포(젊은 사람들)→소개→방화→처형의 순으로 진행되었다.[152] 이러한 진압작전의 전율할 효과에 대해 「G-2 보고서」는 ① 민간인의 협력, ② 경비대의 훈련 강화, ③ 대유격전에의 자신감과 좋은 전과를 올리려는 과대한 욕망에 있다고 분석했다.[153]

이러한 3차 대토벌전을 감행한 진정한 배경은 무엇인가. 미국의 대한전략과 이에 따라 구성된 이승만 단독정부의 정통성 강화가 대토벌전의 근원이었다. 제주도의 북한지지 운동으로의 전환과 여수·순천의 군인봉기는 그들에게 위기로 인식되었고 이로써 무자비한 살육의 대토벌작전이 더욱 잔인하게 감행되었던 것이다. 바로 이러한 군·경의 무자비한 3차 대토벌을 통해 제주 민중들은 철저하게 살육당하고 말았다.

(2) 민중 대학살의 감행과 실상

3차 대토벌이 엄청난 성과를 거두자 미국과 단독정부는 제9연대에서 제2연대로 부대를 교체하여 제3차 민중대학살을 준비한다. 여수·순천의 봉기를 겪은 주한임시고문단(PMAG)[154]은 연대 선정을 신중히 한 끝에, 여수·순천 봉기의 성공적 진압으로 가장 신뢰할 수 있는 제2연대(연대장:

함병선 중령)를 12월 29일 제주도에 투입했다.[155] 제2연대는 1949년 1월 4일 육해공구 합동작전으로 제4차 토벌작전을 시작했다. 해군함정의 해안선 차단과 박격포 사격, 공군 비행기(L-4, L-5형)의 공중 폭탄공격과 육군의 무차별 포격과 집단학살과 무차별 방화의 공격이었다. 육해공군의 합동작전은 해안에서 한라산에 오르는 4킬로미터 이내의 부락을 불태워 초토화하고 부락마다 무차별 학살을 감행하는 것이었다. 그것은 적을 상대로 한 전쟁 같은 작전이었다. 학교운동장으로 모아놓고 무차별 총살하거나, 해수욕장이나 비행장이나 동굴에 생매장하는 등 다양하고 잔인한 방식으로 진행되었다. '공산주의 토벌' 작전은 지속적인 민중학살로 변화되었다.

민중대학살의 상황을 현장 증언을 통해 확인해보자. 우선 토산리 경우를 보자.

1948년 11월 12일(음력) 중산간 부락 토산리에 거주하는 리민은 바닷가에 위치한 토산2리로 전부 철거하라는 명령을 받고 일제히 이주를 시작해서 오막살이나 소외양간 등 닥치는 대로 빌고 빌려주고 해서 토산 1·2리의 2개 부락이 순식간에 한 개 부락으로 바뀌어 세상을 원망하고 한숨만 짓고 있었는데, 1948년 11월 14일(음력) 17시, 당시 표선에 주둔했던 제9연대와 부수 대원들이 부락에 들이닥쳐 리민들을 향사(리사무소)에 집합시키고 그중 18세 이상 40세까지 분리하여 밧줄로 포박하고 백사장으로 끌고 가서 죄의 유무와 이유 여하를 막론하고 광폭한 군인 한 사람의 명령에 따라 무참히 총으로 폭살하고 창으로 도륙하여 157명의 순진한 양민이 죽었으니 표선 백사장은 피바다가 되고 진동의 울음소리는 천지를 울리며 우리 고장의 피맺힌 비극이 되어 영원히 잊을 수 없는 한이 되고 지울 수 없는 멍울로 남았습니다.[156]

같은 시기 북촌리의 경우를 보자.

1949년 1월 17일(음력 1948년 12월 19일) 세화리 주둔 군인 2명이 함덕리로 오다 두 명이 무장대의 기습으로 사망했다. …… 군인들은 급했던지 2명의 전사자를 내버린 채 본부로 가버렸다. 얼마 후 중위가 인솔하는 2개 소대가 북촌리로 들어왔다. 마을사람들을 교정으로 모이라 했다. 곧바로 무차별 사살을 시작했다. 1차·2차·3차·4차에 걸쳐 학교 서쪽 밭과 남쪽 밭 등에서 무차별 총살형을 집행했다. …… 마을의 연로자 8명이 앞의 두 군인의 시신을 끌고 함덕리 대대본부로 찾아갔다. 대대장은 부재중이었다. 하급장교는 시신을 들고 온 노인들을 해변 서우봉 기슭으로 끌고 가서는 모두 사살해버렸다. …… 다음 날도 군부대는 빨갱이 가족을 색출한다고 북촌 사람들을 모았다. 그 당시 해군정보원이 사람들을 지목했고 처형하였다. 이틀간 처형된 사람은 600명 정도에 이른다. …… 300호 이상이 사는 마을에 남자는 4명쯤 살아남았다.[157]

이토록 잔인하고도 무자비한 학살을 누가 시작했는가? 이 학살의 감행은 현장에 있는 토벌대 군인의 지시로 가능한가? 그렇지가 않다. 학살을 집행한 현장의 군인은 학살명령을 거역하지 않은 점과 학살의 무자비한 집행에 가담한 잘못이 있지만 학살 결정 자체의 책임은 없다. 그렇다면 이승만정부에 있는가? 그들은 학살 결정의 한 주체였으며 실제 집행을 독려했기 때문에 책임이 있다. 그렇다면 보다 근원적인 책임은 누구에게 있는가? 그것은 미국이다. 그 이유는 명백하다. 미국은 한국의 분단화를 실시했고, 그에 맞선 제주항쟁의 진압을 결정했고, 대토벌작전과 민중대학살 계획을 수립하고 직접 지휘·감독했다. 4·3자주항쟁이 미국과의 대결이었기 때문에 미국은 전쟁을 하듯이 제주도의 대토벌과 민중대학살의 감행을 결정했다. 미국은 전략과 작전의 결정·지휘·감독을 하기 때문에 집행 현장에는 안 나서면서도, 그들의 전략을 대리인을 시켜 관철했다. 이러한 전략은 한국에서뿐만 아니라 제3세계 곳곳에서 자행되었고 심지어 그들의 나라에서도 자행되었다. 이러한 미국의 대학살 작전은 미국의 인디언 학살을 연상케 하는 것이었다. 이러한 대학살 정책을 합리화하기 위해 미국이 제주도를 규정하는 매카시즘 논리(좌익주의자에 온정적→빨갱이들의 섬→제2의 모스크바→빨갱이들의 사냥 작전의 타당성: 공산주의자 분쇄의 실험작전 장소로 선정)는 미국 내에 쓰기 전에 제주도에서 처음 사용했다. 그것은 독일의 순수성을 위하여 유대인 대학살을 감행한 히틀러의 망령이 평화의 가면을 쓴 미제국주의의 야수로 되살아나 제주도에 나타난 것 같았다. 미국의 위대한 힘을 위하여 미국의 세계전략을 위하여 제주도 민중대학살은 인디언을 학살하듯이 완벽하고 무자비하게 집행되었다. 세계의 가장 큰 힘의 학살작전 앞에서 작은 땅의 작은 민중들이 살아남는다는 것 자체가 기적이었다. 키가 작아 살아남은 사람 또는 사형장으로 끌려가다 차에서 뛰어내려 살아남은 사람, 굴 속에 몇 년을 숨어 살아남은 사람, 총알을 피해 살아남은 사람들의 삶, 그것은 공포와 처형의 지옥을 연상시킨다.[158]

이제 이 시기에 자행된 민중대학살의 참상을 23개 마을을 중심으로 정리함으로써 부분적으로나마 대학살의 진실에 다가서보자. 우리는 표 5를 통해 다음과 같은 점을 추론해볼 수 있다. ① 1일 평균 23명 즉 한 마을에서 한 사람씩 죽었음을 알 수 있다. 이를 제주도 전체 마을(169개 마을)에 그대로 적용할 경우, 한 마을에서 한 사람씩 매일 169명이 죽었다는 결론이 나온다. ② 사망자의 비율이다. 무장대에 죽은 사람과 토벌대에 죽은 사람의 비율이 1 대 16으로 나타난다는 사실이다. ③ 무장대에 죽은 사람은 명백히 드러나지만 토벌대에 죽은 사람은 막연할 뿐만 아니라 빨갱이로 분류했다는 점이다. ④ 앞에서 지적되었지만 마을을 습격하여 젊은 사람을 체포하고 마을사람들을 소개하고 난 후 체포자를 빨갱이로 몰아 죽이는 방식을 채택했다는 점이다. ⑤ 표에서 보듯이 토벌대가 죽이는 방식은 집단총살과 질식사 그리고 생매장이었다.

이러한 민중대학살을 자행한 미국과 단독정부는 또다시 부대를 교체하고 최대의 민중대학살을 전개한다. 1949년 3월 2일 제주도 지구 전투사령부를 설치했다(지휘관: 유재흥).[159] 이 시기에 제주도를 방문한 국무총리 이범석은 제주도의 비극은 미군정에 의해 채택된 무력에 의한 진압방침에

표 5 23개 마을의 민중대학살의 실상(제4차 대토벌작전 시의 일부 사례)

지명	가구수	가해자(무: 군) 희생자(숫자)	집단처형일 및 장소
한림읍 명월리	200호	무: 5 군: 65 소개일 10. 20	1948. 11. 10(음) 한림읍민회관 앞 30명 1948. 11. 18(음) 까마귀왓 20여 명
조천읍 교래리 (도리)	100호	군: 100명 소개일 10. 23	1948. 10. 12(음)
조천읍 선흘리	(300호)	군: 117명(20)	1948. 10. 28(음) 억수동 20명 총살
제주시 이호동 오도롱	200호	군: 150 소개일 12. 15	1948. 11. 5(음)
제주시 외도동 (도평)	200호	군: 70~80	1948. 12. 5(음) 60명 총살
제주시 오라동	380호	무: 4 군: 146	1948. 10~11월경 9~12명 총살 1948. 1. 15(음) 97명 총살
구좌읍 동복리	208호	무: 3 군: 113	1948. 12. 19(음) 굴왓 108명
한경면 조수리	550호	무: 30 군: 50 소개일 11. 18	10. 21 학교마당 20명 총살 * (1950. 7. 7: 송악산)
안덕면 감산리	180호	무: 16 군: 47	1948. 11. 4(음) 경찰지서 10명 총살
표선면 가시리	363호	군: 386 실종 12호 소개일 10. 15 1. 11	1948. 11. 22(음) 67명 총살 10. 15(음) 30명 총살
조천면 북촌리	332호	군: 400~600	1948. 12. 19~20(음) 북촌국민학교 400~600명 총살
봉개동 용강리	130호	군: 135 소개일 10. 20	1949. 1. 7(음) 93명 총살
표선면 토산리	200호	군: 157 소개일 11. 12	1948. 1. 7(음) 리사무소 157명 총살
제주시 사수동	70호	군: 50	
성산읍 동남리	(200호)	군: 28	1948. 12. 15(음) 우뭇개 백사장

제주시 해안동	170호	군: 60~70 소개일 10. 19	1948. 11. 7~8(음) 28명 질식사
제주시 영평동	150호	무: 5 군: 25	
제주시 노형동	90호	군: 30~40 무: 다수	1948. 11. 7(음) 호병밭과 관덕정 30~40명 총살
표선읍 성읍리	(400호)	무: 30	1948. 12. 14(음)
구좌읍 세화리	300호	무: 48	1948. 11. 3(음)
성산읍 오조리	(250호)	무: 다수 군: 60	1948. 1. 4일경 터진목 1차 20명, 2차 40명 총살
한림읍 금악리	300호	무: 1~4 군: 23~24 75명(?)	1949. 2. 20(음) 한림지서 5명 모슬포 제3구 경찰서 16~17명
아라동 오두승	169호	17명(?)	
총 23개 마을	6,092호	무: 145명 군: 2,275명 ?: 85	

자료: 오성찬 채록, 『한라의 통곡소리』(소나무, 1989)의 증언 가운데 마을 희생자를 정리한 것이다. 이 실상은 한정된 시기와 한정된 마을에 관한 증언에 불과하다. 4·3연구소 및 여러 단체가 마을별 조사를 진행하게 되면, 전체적인 실상에 접근해나갈 수 있을 것이라 생각한다.

주: 1) 마을수 및 호수: 1946년 현재 제주도의 총인구는 27만 6,148명이고, 총호수는 5만 5,229호, 총마을수는 169개로서 이 표에서의 23개 마을은 전체 마을의 13.6퍼센트 정도다. 호당 평균인원은 5명이다. 괄호 안의 호수 표수는 필자의 조사다.
2) 결과: 1가구당 0.5명 사망
주민의 13.2퍼센트 사망
무장대에 의한 사망자 수 : 군경토벌대에 의한 사망자 수=1 : 16
3) 군경 합동의 대토벌과 학살작전은 크게 다섯 차례 진행되었다. 1차 1948. 5. 6~6. 18(박진경), 2차 1948. 6. 21~7. 25(최경록), 3차 1948. 10. 8~12. 28(송요찬), 4차 1948. 12. 29~49. 3. 1(함병선). 5차 1949. 3. 2~5. 5(유재흥).

큰 책임이 있다고 진압작전의 과오를 시인하면서 앞으로 진압작전과 선무작전을 병행하겠다는 것이었다. 그러나 그것은 구두선일 뿐 지속적으로 군사작전 위주였다.[160] 3월 25일까지 선무작전은 상당한 효과를 거두어 하산자가 늘어났고 무장대의 진지·무장력·규모 등이 알려졌다. 하산자가 많앉던 것은 강경한 토벌작전의 공포와 죽음 같은 삶, 굶주림과 추위 속에서 고통받는 겨울 한라산의 생활에서 벗어나려는 인간의 생존본능 때문이었다.[161] 정부는 3월 25일까지 귀순기간을 설정해놓고 제5차 대토벌을 감행하여 계속해서 민중대학살을 자행했다. 유엔한국위원단에 제출한 보고서는 제5차 대토벌(3. 12~4. 12)의 전과를 폭도 2,345명, 민간인 1,608명[162]으로 최소한 하루에 40명 이상을 학살했음을 보여주었다. 유재흥 부대의 5차 대토벌작전으로 항쟁의 불길은 꺼졌으나, 그것은 민중대학살의 비극을 초래했다.

단독정부는 1949년 5월 5일 제주도지구 전투사령부를 해체하고 소규모의 주둔군으로 대체한 다음, 이어 5월 10일 무기한 연기했던 국회의원 선거를 치러 단선의 정통성을 인정받았다. 6월 9일 제2대 제주도 인민군 사령관 이덕구가 살해되었으며 전투사령부가 해체된 후에도 1953년까지 진압작전은 지속되었다.[163] 이제 항쟁은 미국과 단독정부의 무자비한 대토벌정책과 민중대학살로 종식되었다. 항쟁의 땅 제주도, 그리고 삼다(돌·바람·가뭄이 많다)의 제주도는 통곡의 삼다도(주검이 많고, 학살이 많고, 눈물이 많은)로 변모하며, 또 다른 삼다도로 변모를 강요당한다.[164] 미국과 단독정부의 무자비하고 지속적인 대토벌작전과 민중대학살,[165] 국가보안법의 제정과 실시,[166] 예비검속과 연좌제 장치,[167] 공동체의 전면 파괴와 문화의 왜곡,[168] 6·25전선으로의 투입,[169] 사면과 선무작전들, 그것은 제주도 자체를 원자탄으로 날려버리는 일 이외에는 다 한 것이었으며 제주도의 역사와 정신 전부를 잠들게 하는 것이었다. 민중에게 항쟁에의 이상은 수난의 현실 속에 잠기고 자치와 평화와 자주의 항쟁 사상은 죽음의 공포와 좌절과 절망의 늪에 가려 긴 세월에 잠긴다. 반면에 미국은 이러한 민중대학살을 토벌의 성공이라 말하면서 그 이유를 민간인 대량 살륙작전(A program of mass slaughter among civilians)의 완벽한 수행에 의하여 최소한 1만 5천여 명을 죽였고, 군경의 합동 토벌대가 그 사망자의 80퍼센트를 살해한 것이라 해석함으로써[170] 군경토벌대의 대학살로 그 원인과 책임을 돌리고 있다. 그러나 그것은 현상적인 측면만 확대한 미국적 해석이다. 앞에서도 논의했지만 진정한 이유는 미국의 세계지배 전략과 한국 분단정부의 정당성을 위해, 그 정당성에 끈질기게 저항한 제주 민중을 선정하여 무자비한 살육을 한 것이었다. 이 대학살은 같은 시기의 콜롬비아의 보헨시아 대학살(1947~58)과 유사하다. 그러나 콜롬비아의 대학살에서는 10년이라는 시간에 5만 명 이상이 학살당했지만 제주의 세계사적 참상에서는 1년여 시간에 5만 명 이상이 집단학살되었다. 20세기에 들어와서 제1·2차 세계대전, 6·25전쟁, 베트남전쟁을 빼고는 전쟁이 아닌 민중항쟁에서 이렇게 작은 공간과 짧은 시간 내에 28만 명에 불과한 적은 인구 가운데 5만 이상이 살육당한 유례는 없었다.[171]

이제 한 소녀의 삶과 경험을 통하여(1948년 초부터 지금까지) 4·3항쟁을 조명해보기로 한다. 그 소녀는 4·3 당시 학살과 방화의 처절함에서 살아남았다.

나는 국민학교 2학년에 다니는 열세 살 때에 4·3을 만났다. 나는 내가 다니는 국민학교 옆에서 폭도들이 내려와 어느 경찰관의 부친을 살해했다는 소문을 들었다. …… 그 얼마 후 폭도를 잡아왔다고 해서 폭도를 구경했다. 그때까지 짐승처럼 생겼을 거라고 생각해왔던 폭도는 하얀 바지·저고리를 입은 사람이었다. 그해 11월 15일 군인들이 올라와 마을 어른들을 동네 한가운데 모아놓고 두 줄로 세워 총살을 했다. 이때 죽은 사람들은 당시 40대, 50대의 마을 유지였다. …… 내가 더 큰 충격을 받은 일은 11월 21일 일어났다. 그때 동네사람들은 며칠이면 사태가 끝날 것이라고 생각해서 며칠간의 식량을 갖고 마을 주변 토굴이나 해안가로 피신 갔는데 우리 식구는 외삼촌네의 메밀·산디 같은 농작물을 정리하느라 집을 떠나지 못했다. …… 그날 모슬포에서 올라온 토벌대가 집마당에 있는 외삼촌을 보더니 다짜고짜 총을 쏘았다. 외삼촌이 순경으로 재직 중이던 인척을 대어가며 살려달라고 애원했으나 총은 발사되고 외삼촌은 쓰러졌다. 옆에 있던 외숙모가 "이럴 수가 있느냐"고 나서다가 총알로 끝장이 났다. 이어 세 명의 토벌대는 짐을 챙기던 12살난 사촌동생을 쏘아 죽였다. 마당에는 외할머니와 내가 있었다. 이제 내 차례구나 하고 생각이 미치자 마당을 순간적으로 뛰쳐나가 대나무숲으로 숨었다. …… 조금 있으니까 토벌대는 호루라기 소리를 불더니 열 명 가량의 대원이 트럭을 타고 마을을 떠났다. 이날 마을은 온통 불바다였다. '산사람'의 은거처를 없앤다고 집집마다 불을 놓은 것이었다.[172]

여기서 우리는 무장대가 무서운 폭도가 아니라 흰 바지·저고리의 이웃사람임을 확인할 뿐만 아니라 무자비한 대학살과 방화의 처절한 상황을 만난다. 다시 생존을 위해 산사람이 되어 죽음의 공포와 싸우는 그 소리의 경험을 들어보자.

겁에 질려 숨었던 우리들은 집에서 나와 밭에 구덩이를 파서 동네 사람들과 은거했다. 해안마을로 피신할 엄두고 못 낸 우리들은 며칠 분의 양식을 갖고 마을에서 1킬로쯤 떨어진 넝쿨 속으로 거처를 옮겼다. 외삼촌네는 세 명이 토벌대에 죽고 나이 어린 동생 세 명도 난리통에 숨져 4명이 남아 우리 일행은 7명이었다. 넝쿨 속에는 다른 사람들도 있었다. 며칠 후 넝쿨 속에서는 추워서 견딜 수가 없어서 마을서 10킬로 떨어진 돌오름 근처에 사람들이 많이 모였다는 소식을 듣고 거처를 옮겼다. 나는 이때부터 폭도 아닌 폭도가 되었다. 나는 산사람들을 보았고, 피난민들은 노인네와 아녀자, 어린이들이었다. 동굴에 온 지 일주일이 되던 날 토벌대에 들켜 공격을 받았다. 토벌대는 동굴 안으로 들어오지 않고 밖에서 총을 쏘거나 폭발물을 던졌다. 이날 몇 명만 부상당했고 사망자는 없었다. 이 일로 굴 안에 있던 사람이 동요했고 살기 위해서는 한라산 쪽으로 더 올라가자는 의견이 있었다. 외할머니는 어린 손자를 데리고 갈 수 없다고 해서 나는 어머니와 함께 영실 서쪽인 볼래오름으로 향했다. 맨 처음 간 곳이 숯 굽던 집이며 이틀 후 초기밭으로 옮겼다. 그곳은 '산사람'이 많았고 우리를 '피난민'이라 부르며 따로 취급했다. 이곳에서 다시 토벌대의 공격을 받은 것은 보름 뒤였다. 사방에서 총알이 날아왔다. 나는 뛰는 것만이 사는 길이라 생각하고 어머니의 손을 끌고 뛰었다. "저기 꼬마다! 잡아라!"는 소리에 이어 총알이 귓전을 때렸다. 이때 잡힌 사람들을 서귀포 정방폭포 위에서 총살, 폭포 아래로 떨어뜨렸다는 소식은 한참 후에 들었다.[173]

우리는 여기에서 살기 위해 산으로 도망갈 수밖에 없는 민중들이 바로 그것으로 '폭도'란 멍에를 짊어지게 되었음을 알게 된다. 아울러 토벌대의 공격이 치열함과 무장대의 어려운 행로를 확인할 수 있다. 그 이후 소녀의 삶을 다시 보자.

다시 외토리가 된 모녀는 겨울산에서 살 수 없다고 생각해 고향집 근처로 돌아왔다. 낮에는 넝쿨 속에 숨어 있다가 밤에는 밤고양이처럼 폐허가 된 마을 안을 뒤져 한 톨의 곡식이나 먹을 만한 것이면 무엇이든지 찾아 연명했다. 그해 겨울을 동네 근처에서 보낸 1949년 3월 우리는 동네 사람들이 귀순하면 목숨을 살려준다는 권유에 따라, 그리고 "저 한길을 대낮에 한 번만 걸을 수 있으면 죽어도 한이 없겠다"는 나의 뜻에 따라 깃대에 하얀 천을 달고 6명이 자수했다. 우리는 조사를 받은 후 서귀포 단추공장에 마련된 수용소에서 2개월을 보냈다. 나의 비극은 여기서 끝나지 않았다. 외할머니가 은신처에서 토벌대의 총탄에 숨졌다는 비보를 들었다. 그리고 6·25가 터진 후 어머니가 '예비검속'이란 이름으로 잡혀가 처형되었다. 어머니가 모슬포 군비행장에서 죽은 것을 확인하였으나 시신은 찾을 수 없었다. 천애 고아가 된 내가 아버지의 고향인 김녕에 가보니 나는 폭도가 되어 이미 죽은 걸로 기록되어 호적에 제적되어 있었다. 41년이 지난 지금도 관절염에 시달리며 어머님의 시신조차 못 찾는 한에 밤잠을 못 이루는 아픔—어느 세상, 어느 하늘에 이런 일이 있을 수 있습니까. ……[174]

"대낮에 한 번만 걸을 수 있으면 죽어도 한이 없겠다"는 그 소녀의 삶의 고통, 그리고 은신처에서 그리고 예비검속에 죽어간 식구들, '폭도'가 되어 호적에 사망 처리된 상황, 어머님의 시신조차 못 찾은 한—그 한과 분노는 아직 그치지 않음을 본다. 어느 하늘 어느 세상에서도 일어날 수 없는 무자비한 민중대토벌과 대학살의 늪에서 기적과 같이 살아남은 민중의 분노는 그 원인과 책임을 묻는 분노로 되살아나고 있다. 「쓰여지지 않는 비문」[175]의 주인공들은 이제 비문만이 아니라 아직 밝혀지지 않은 민중의 항쟁과 수난, 그리고 항쟁의 진실을 써야 한다는 인식으로 모두어지고 있다. 이러한 인식의 지평은 6월항쟁 이후 두드러지게 나타나 진상을 규명하여[176] 잃어버린 역사를 복원하고 나아가 새로운 역사의 자리매김 작업으로 나아가고 있다.[177]

8. 항쟁의 성격과 함의

1) 항쟁의 성격

우리는 앞에서 4·3항쟁의 전개과정, 그 상황 속에서 각 주체들의 대응을 민중의 삶과 투쟁을 중심으로 고찰했다. 이제 그 성격을 규정하여야 한다. 성격 규정은 현상에 대한 해석에 근거한다. 우리는 4·3이 폭동·반란·수난·무장투쟁·민중항쟁 등[178] 여러 가지로 해석되고 있음을 확인할 수 있다(표 6 참조). 이러한 해석의 차이는 보는 시각이 다른 데 기인하며 시각은 사회현상을 해석하고 규정하는 역사관의 차이에 있다. 민중이 현실의 삶 속에서 시대의 과제를 수용하며 실천하는 것이 역사다. 따라서 4·3민중항쟁은 한국 민중운동사의 지평 위에서 민중의 요구와 실천이 시대문제와 어떻게 맞물리는가 하는 민중적 관점에서 파악하고 해석하여야 한다. 왜냐하면 민중이 시대문제를 인식하고 참여하는 계기의 한 줄기는 역사 속에서, 또 다른 한 줄기는 시대상황을 인식하고 변혁해나가는 삶에서 만나기 때문이다. 민중적 관점에서 4·3항쟁의 본질을 캐내려면 항쟁의 주체와 내용 및 투쟁방법이 결합되어 나타나는 상황전개 속에서 민중의 삶

표 6   4·3의 성격을 보는 여러 시각

구분	폭동론	반란론	사태론	인민무장투쟁론	민중항쟁론
주요 논자	김점곤	존 메릴	오성찬·현길언	김봉현·김민주 노동신문	현기영, 김석범, 양한권, 이산하, 박명림, 김석희
주체 설정	남로당	1. 좌익세력 2. 우익세력	불분명함	1. 남로당 2. 인민	1. 민중 2. 남로당
원인 규정	인민공화국의 수립	좌익의 헤게모니 쟁탈	불분명함	제국주의와의 대결 및 인민정부 수립	제국주의에 저항 및 통일정부 수립
성격 규정	남로당의 극좌 모험주의적 폭동	좌익의 우익정부에 대한 반란	민중수난의 역사	인민의 반제국주의 무장투쟁	민중의 방어적 자주항쟁
책임론	남로당	1. 좌익의 도전 2. 우익의 탄압	1. 우익의 학살 2. 좌익의 공격	1. 제국주의 2. 우익	1. 제국주의 2. 우익 3. 좌익
설명의 초점	남로당의 무모상과 잔인성	좌익과 우익의 대결	제주도 공동체의 파괴와 민중의 수난	인민의 무장투쟁과 미제국주의의 잔인성	민중의 삶과 투쟁 및 민중의 민족문제에의 대응
설명의 맥락	국내적 대결 맥락, 제주도의 지리적 조건과 혈연관계	국내적 대결 맥락, 제주도의 사회적·역사적 조건	제주도적 맥락, 제주사회와 제주도민의 수난	반제국주의 투쟁, 사회주의국가를 위한 인민무장항쟁	제국주의적 세계전략 및 분단전략에 대한 민중항쟁
이론의 문제점	1. 주체 설정의 혼란(민중의 객체화) 2. 해석의 도식화(항쟁의 축소·왜곡)	1. 주체 설정의 혼란(미국의 역할을 간과) 2. 해석의 도식화	1. 원인과 과정을 무시하고 수난만을 다룸 2. 역사적 인식의 결여	1. 주체 설정의 불분명(남로당=인민) 2. 해석의 도식화(무장투쟁만을 강조)	1. 객관성의 문제(실증적 검증이 미약) 2. 민중과 남로당의 관계설정 불명확

* 소설에서는 사태론과 민중항쟁론을 공유하는 경우가 많다.
  주요 논자의 분류는 필자의 기준에 따른 것이며, 양한권의 경우 최근의 입장표명을 고려한 것이다.

과 투쟁을 살펴야 한다.

첫째, 항쟁주체는 민중이었다. 남로당이 일정한 문제제기와 투쟁을 한 것은 사실이었지만 결국은 민중이 삶 속에서 민중생존과 민족해방의 과제를 수용하고 통일운동에 주체적으로 참여했다. 민중이 항쟁 주체가 된 원동력은 1945년에서 1946년 사이의 자치정부의 구성과 자주교육의 운용과 1947년의 평화항쟁을 주체적으로 경험했다는 데 있다. 그리고 4·3자주항쟁에서의 봉화투쟁과 삐라투쟁, 완벽한 단선거부 투쟁에도 민중은 주체적으로 참여했다. 따라서 4·3항쟁에서 민중과 남로당은 공동 주체였는데 남로당은 지도세력이었고 민중은 실질적인 주체세력이었다. 공동 주체가 균열된 것은 미국과 단독정부의 무자비한 토벌, 남북의 두 개 정부 출범과 남로당의 북조선 지지 선회 후 항쟁의 성격이 변화되었기 때문이다. 따라서 남로당만을 주체로 설정하는 폭동론이나 좌·우세력으로 설정하는 반란론의 인식은 주체 설정의 오류를 범하고 있다. 또한 남로당을 핵심으로 한 인민무장투쟁론의 주체 설명도 민중을 수동적인 주체로 파악하고 있는 반면에 민중항쟁론은 민중을 주체로, 남로당은 민중의 요구를 수렴한 세력으로 설정한다.[179]

둘째, 항쟁의 원인은 무엇인가? 항쟁에는 주된 원인이 있고 부수적인 원인이 있다. 항쟁의 근본적인 원인은 미국의 세계전략과 미군정의 정책에 있다. 미군정은 한국의 점령자였고, 한국의 분단구조화를 추진했고 민중을 억압했다. 미군정이 해방공간의 제주지역에서 보여준 것은 잔인한 억압과 수탈이었다. 1945년에서는 1946년 사이의 자치정부 및 자주교육의 와해와 서북청년단의 투입과 무자비한 탄압, 1947년의 평화항쟁의 진압과 제2모스크바로의 규정, 분단구조화의 추진과 민중의 지지 없는 세력과 단독정부 추진 등은 미국의 전략과 정책에서 나온 것이다. 따라서 4·3의 원인은 미제국주의의 한반도 전략과 민중에 대한 억압에 있다. 이 원인을 기본축으로 인식할 때, 좌우의 대결은 부수적인 원인일 뿐만 아니라 미국의 전략에서 비롯되었음이 명백해진다.[180]

셋째, 4·3항쟁의 성격은 어떠한 것이었는가. 4·3항쟁은 민중의 생존을 위한 자치투쟁, 민중의 평화를 짓밟는 세력에 대한 항쟁, 민족의 통일을 저해하는 세력에 대한 자주항쟁이었다. 따라서 4·3항쟁은 제주 민중의 독립적 자치주의 사상에 민중의 평등을 이루는 항쟁이었다. 제주 민중도 다른 지역의 민중과 마찬가지로 사람다운 삶과 조국의 진정한 통일을 염원했기 때문에 민중의 자주적인 생존권 요구와 민족통일의 요구를 평화적인 운동으로 전개해왔는데 미군정이 무자비하게 탄압한 것은 이를 입증한다. 즉 미군정은 1946년 제주 민중의 자치정부와 자주교육을 와해시켰으며 1947년 3·1평화항쟁에는 시민 학살을 감행했다. 민중이 미군정의 시민 학살을 눈으로 확인하자 민중은 그들 투쟁의 제일목표를 반미로 설정하게 되며 4·3자주항쟁 시에는 직접공격의 형태로까지 발전시켰다. 아울러 제주 민중은 미군정이 민중을 탄압하면서 지역의 정의를 파괴하자 스스로 지역의 정의와 평화를 세워나가기 위해 일어섰다. 4·3을 극좌모험주의와 폭동으로 규정하는 것은 좌익의 폭동만을 부각함으로써 항쟁의 성격을 극도로 왜곡하는 것이며, 좌익의 헤게모니 쟁탈을 위한 반란이라고 규정할 때 항쟁을 권력찬탈의 싸움으로 성격을 왜곡해버리게 된다. 따라서 4·3의 성격을 규정할 때는 제주지역의 자치주의적 전통과 항쟁의 주체인 민중들의 지역 모순을 극복하려는 의지, 그리고 외세의 침략으로부터 민족을 지켜내려는 피나는 노력을 기본축으로 설명하여야 한다. 4·3은 제국주의가 한국의 지배자로 들어서고 그들이 끝내는 민족분단을 구체적으로 진행해나가자, 민중들이 이러한 제국주의 전략과 정책에 저항하는 것이었다. 문제는 무장투쟁이었는가와 민중항쟁이었는가에 있다. 이를 가늠하기 위하여 우리는 최소한 두 가지의 기준 즉 미군정·항쟁지도부·민중의 전략과 대응 그리고 각 주체들의 병력과 무기 수준을 동시에 검토하여야 한다.

 미국의 전략과 정책은 명백하다. 점령지를 보다 예속화하기 위하여 그들의 이익을 관철하는 것이었다. 제주지역의 경우 두 가지 점에서 이를 확인할 수 있다. 전략적 차원에서 미국은 제주인을 좌익에 온정적인 사람들, 빨갱이들로, 제주도를 빨갱이들의 섬, 제2의 모스크바로 지속적으로 확대 규정했다. 군사적 차원에서 미국은 끊임없이 정예화된 군인·경찰·서북청년단을 파견했다. 아울러 대토벌을 할 때마다 그들을 교체함으로써 진압 군대를 감시했고, 더욱이 경쟁적으로 진압을 하도록 유도했다. 그들의 전략적 차원과 군사적 차원을 잘 보여주는 것은 서북청년단의 무자비한 횡포를 경고하면서도 그들을 끊임없이 증파해 민중을 삶의 장소에서 내몰아 산으로 가게끔 만들었다는 점이다. 결정적으로 그들의 전략을 드러낸 것은 오라리사건을 조작하여 4·28평화회담을 결렬시키고 대학살을 지속적으로 감행함으로써 미국의 고강도 전략과 저강도 전략을 제주도에 구사한 것이었다. 이미 군대를 파견하고 대토벌작전을 감행할 것을 공표해놓고도 평화회담을 결렬시킨 것은 미국의 계획이 제주도를 미국 전략의 시험장소, 학살의 시험장소로 삼았다는 것을 시사하는 것이다.[181]

이와 반대로 남로당은 대중투쟁과 무장기습 투쟁을 병행했다. 군사부가 중심이 되어 기습공격과 방어공격을, 조직부가 중심이 되어 대중투쟁을 전개했다. 남로당의 경우 민중의 지지와 지원이 없다면 그들의 항쟁은 성공할 수 없었기 때문에 대중투쟁에도 주력했고, 국방경비대의 지지를 획득하려 끝까지 노력했다. 실질적 주체세력인 민중은 남로당의 투쟁이 옳다고 생각해 적극적으로 수용하여 대중투쟁을 전개하고 봉화를 올린다든가 삐라를 뿌린다든가 선전활동을 했고, 소극적인 경우는 식량을 공급하든가 은신처를 제공하든가 하는 일을 했다. 가장 결정적인 민중의 투쟁은 3·1평화항쟁과 5·10단선에서 보여준 선거거부 통일운동에서 볼 수 있다.

병력과 무기의 수준을 보자. 4·3 직전의 병력은 경비대 1개 대대, 미군 수십 명, 경찰 480여 명, 반공·우익 청년단 1,000명 내외인 반면에 무장대는 1,500명 정도였다. 항쟁 진압에 투입된 연인원이 164만 9,471명이었음은 군경의 병력이 압도적이었음을 말해준다. 무장의 측면에서도 양적인 차이뿐만 아니라 현격한 질적인 차이를 보여주었다. 경비대와 경찰은 현대식 무기와 장비를 갖추고 있었던 반면에 무장대는 30명만이 권총 무장을 했고 나머지 인원은 나대와 죽창 등을 가지고 있었다. 이러한 무장 수준은 비교가 될 수 없었다. 군경토벌대의 병력은 갈수록 정예화되었고 무기는 최신식이었지만 민중의 무장은 맨손과 죽창이었으며, 무장대의 병력은 갈수록 줄어들고 무기는 탈취한 것이 전부였다. 따라서 무장투쟁은 남로당의 정예부대만이 담당했고, 민중은 거의가 무기도 없이 평화항쟁을 했다. 그러므로 4·3민중항쟁은 민중의 방어적이고 평화적인 자주항쟁이었고, 그 평화항쟁의 주류 속에서 무장기습과 방어투쟁이 선별적으로 결합되었다. 따라서 투쟁전략과 방법의 차원에서 4·3항쟁의 주류는 민중의 삶의 요구와 지지를 수용하는 평화적인 합법투쟁이었다.[182] 오히려 미군정의 전략과 정책이 구조적이고 폭력적이었다. 이러한 점을 종합할 때 4·3항쟁은 평화적이고 방어적인 성격을 갖는다. 따라서 민중적 관점에서 제주민중항쟁을 해석할 때 미군정에 대한 항쟁은 두 번 있었다. 첫째는 1947년의 3·1평화항쟁이며, 둘째는 이를 증폭시킨 1948년의 4·3자주항쟁이다.

넷째, 이러한 해석을 따를 때 책임의 우선순위는 명백하다. 미국과 미군정이 분단의 구조화와 제주 민중학살에 실질적인 책임이 있다는 것은 확실하다. 그다음은 단독정부와 군경토벌대 및 우익 탄압단체에 있다. 마지막으로 항쟁지도부의 낙관주의에 있다. 책임 소재는 항쟁의 원인과 과정 그리고 결과를 전체적으로 연결지을 때 명백하게 규명된다.

다섯째, 우리는 항쟁을 설명할 때 설명의 초점을 하나의 실천 주체에만 두거나, 항쟁의 맥락을 하나의 맥락에만 두게 될 때 균형을 잃게 되고 진실을 왜곡하게 된다. 따라서 항쟁은 역사적 맥락을 고려하면서 세계적·민족적·지역적 맥락을 연결해 해석하여야 한다. 따라서 4·3항쟁을 제주도적 맥락에만 치우치는 미시적 접근이나 국내적 맥락만을 고려하는 중범위적 접근 모두 일면적이고 평면적인 고찰을 하는 오류를 범하게 된다. 우리는 4·3항쟁의 성격의 복합적인 맥락을 민중적 관점에서 총체적으로 해석하고 연결해나가야 한다. 왜냐하면 4·3의 주체를 객체화하거나 왜곡하여 접근할 때 항쟁의 원인과 성격의 왜곡은 물론 그 책임까지도 불명확해지거나 도식화하게 되기 때문이다. 그러므로 필자는 민중적 항쟁의 입장을 기본축으로 4·3항쟁을 인식하면서 수난사적 입장을 수용한다. 민중항쟁의 진실은 민중의 삶과 투쟁을 역사적 시각과 상황적 전개의 맥락 속에서 규명할 때 찾아질 수 있다고 믿기 때문이다.[183]

2) 항쟁의 함의

이제 항쟁의 함의가 무엇인가를 생각해보자. 4·3항쟁의 첫 번째 함의는 민중의 자치사상이다. 그것은 역사적으로 전개해온 지역적 독립주의 전통을 이으며 지역자치를 이루려는 민중들의 소망이었다. 제주공동체는 역사적으로 경제적 평등과 사회적 자율과 문화적 독자성을 지닌 정치적 자치를 이루어왔다. 경제적으로 공동 소유와 공동 관리의 생산공동체를 이루어왔고(공동 목장과 공동 어장), 사회적으로 공동체적 협업사회를 자율적으로 관리하여왔다. 그리고 경제적 독립성(거지 없고), 사회적 자율(도둑 없고 대문 없고)의 문화를 지녀왔다. 제주도의 지역적 자치주의는 역사적·지역적 요인에도 근거하지만 제주 민중의 자치적 삶에 기인한다. 이러한 자치사상이 해방공간에 민중 자치정부를 구성하고 운용한 것이다.[184]

4·3민중항쟁의 두 번째 함의는 민족자주의 사상이다. 그것은 고려시대의 몽고에 대항한 제주 민중의 삼별초항전, 외세에 맞선 이재수의 민중운동, 일본 제국주의와 맞선 3·1운동, 제주 잠녀들의 항일투쟁 등 민중의 민족자주화운동의 전통을 잇는 것이다. 불행한 제주 역사 속에서 제주 민중들의 항쟁에의 소망과 좌절이 남긴 언어가 욕이다. 몽고와의 항쟁의 아픔에서 '몽고놈의 새끼', 일본 제국주의와 항쟁 속에서 '쪽발이새끼', 미군정과의 항쟁 속에서 '양코배기새끼'와 '이북내기(서북청년단)' 및 '육지것들'(학살군인들) 들이 바로 그것이다. 반대로 지배계층도 조작된 언어를 남겨놓았는데 항쟁지도자가 많았던 대정 사람들에게 '대정몽생이(망아지)', 조천 사람들에게는 "조천놈 무덤에 풀도 나지 않는다"는 것들이다. 이러한 언어로 남은 항쟁의 의미는 지금을 사는 우리에게 민족통일과 민족자주의 완성을 요구한다.[185]

4·3항쟁의 세 번째 함의는 민중의 평화사상이다. 제주 민중은 제주의 자연과 사회 역사에 맞는 문화를 생성하며 살아왔다. 삼성신화나 장수설

화에서부터 평화의 꿈을 담은 이어도의 신화가 근원을 이루며, 그것을 바탕으로 세 가지(경제적 독립과 사회적 자율 및 정치적 자치)가 균형을 이루면서 삼무(三無)의 문화를 세워왔다. 이러한 문화의 본질은 독립주의적 자치사상을 담고 있는 것이자 민중들의 평화사상을 수용한 것이다. 바로 이러한 민중의 평화를 짓밟을 때 그들은 항쟁을 했고 4·3항쟁 역시 민중의 평화사상을 지키는 항쟁이었다. 자기 땅과 민족을 지키자는 민중항쟁의 봉화가 41년의 시간을 넘어 우리의 삶 속에 되살아나는 것도 이러한 민중의 평화사상이 미국의 가공스러운 대학살의 역사를 넘어 우리 시대에 인간존엄과 평화를 세우려는 근원이 되기 때문이다.[186]

항쟁의 네 번째 함의는 현재적 의의다. 4·3의 현재적 의미를 우리의 삶과 역사 속에 되살린 것은 1980년 광주항쟁이었다. 민족의 자주와 평화를 이루려는 제주항쟁이 33년의 시간을 넘으며 광주항쟁을 만난다. 전자가 해방공간에서 분단 저지의 통일운동과 외세 추방의 자주항쟁이었기에 미군정에 맞서며 조국의 분단하에서 대한민국의 정통성을 거부한 것이라면, 후자는 분단고착화 후에 분단 극복의 민주화와 외세 극복의 자주항쟁으로서, 미국의 간접적 개입에 의해 유지되는 5공화국의 정통성을 거부한 것이었다. 미국과 군사정권이 두 항쟁 모두를 좌·우의 대결로 몰고 가는 논리나 이북 출신의 서청과 제주도, 경상도와 전라도의 지역싸움으로 두 항쟁의 성격을 왜곡하려는 음모가 드러난다. 두 항쟁은 지속된 기간과 희생된 사람들의 처절함과 시간적·상황적 차이로 그 무게가 다르지만, 민족자주의 민중항쟁이었음은 동일하다고 본다.[187]

4·3항쟁의 다섯 번째의 함의는 통일운동의 지평에서 찾아볼 수 있다. 민중들이 맨몸으로 분단을 막으려는 항쟁의 대열을 이룬 그 4월에 김구 선생은 남북평화회담을 위해 북으로 갔다. 민중의 피맺힌 항쟁도 지도자의 생명을 건 방북도 민족의 자주적인 통일을 염원한 것이었다. 그러나 미국과 이승만세력은 제주도 대학살(나치가 유대인을 학살하듯이)을 감행하여 '빨갱이섬의 폭동'으로 왜곡하고, 김구 선생 역시 암살하여 '순진한 통일론'으로 매도함으로써 분단구조를 완성해나갔다. 그 이후 통일을 이

루려는 민중의 노력은 용공·좌경과 미국의 벽에 시달리면서도 6월항쟁의 대장정을 내디디며 민족의 자주와 통일의 길을 열어가고 있다. 드디어는 문 목사의 방북으로 자주적인 평화통일의 과제로 한 발 다가서고 있다. 우리 시대의 통일운동이 민중적 지지와 염원을 담아나가야 자주적이고 평화적인 지평을 마련해나갈 수 있을 것이다. 이러한 맥락에서 지금의 자주적이고 평화적인 통일운동의 줄기가 4·3항쟁의 정신에서 뻗어나온 것일 것이다. 4·3이 분단저지의 민중항쟁이라면 지금은 분단극복의 평화통일이어야 한다는 차이가 있지만 둘 다 궁극적으로는 민중주체·민중참여의 통일운동으로 나아가는 역사의 길을 가리키고 있다.[188]

4·3항쟁의 여섯 번째의 함의는 민족해방에 대한 현재적 실천과 대안이다. 지역과 민족의 자주화가 무수한 민중의 죽음을 넘어 어떻게 내일의 삶과 역사 위에 실천될 것인가를 '지금 여기의 우리들'에게 물어온다. 3·1운동이 일본 제국주의의 극복을 알리는 민중항쟁이라면, 4·3항쟁은 미국 제국주의의 극복을 요구하는 민중항쟁임을 1980년대의 반미운동과 친미운동의 대결시대 한복판에서 우리 모두를 만나고 있는 것이다. 제주 4·3민중항쟁은 일본과 미국의 제국주의가 자행한 민족학살의 역사적 범죄를 심판하는 과제와 더불어 민족의 자주와 평화를 이루어내는 역사의 성숙을 '현실을 살아가는 우리들에게' 요구하고 있다.

9. 맺음말

필자는 지금까지의 연구와 발굴된 증언을 토대로 4·3민중항쟁의 전개를 살피고 민중의 삶과 투쟁을 중심으로 항쟁을 해석하고 성격을 규정했다. 제주 4·3항쟁은 민중의 지속적인 투쟁들이 역사적인 계기를 통해 증폭된 민중의 반외세자주항쟁이었다. 첫 번째의 역사적 계기는 사회주의운동과 제주 민중의 결합이었다. 일제에 맞선 사회주의 계열의 민족해방투쟁과 사회주의 이상이 제주 민중의 자치주의적 전통과 공동체적 이상을 자주교육운동과 자치정부의 구성으로 결합시켰다. 젊은 사회주의 운동가들은 자주교육을 통하여 학생들을 교육했고, 학생들은 자주교육과 대중운동을 통하여 민중을 계몽했다. 아울러 선생들과 지역운동가 중심의 자치정부의 구성과 자주교육 운용은 민중의 의식화와 조직화를 추동해내어 제주도를 '민중의 해방구역'으로 승화시켰다.

미군정과 이승만정부 세력이 이와 같은 민중세력의 업적과 소망을 무참히 짓밟자 맨몸으로 일어선 항쟁이 1947년의 평화항쟁이었다. 이 항쟁을 계기로 민중은 미군정과 이승만세력의 실체를 파악하고 직접 대결하는 자주항쟁을 예비한다. 미군정과 이승만세력이 단독정부를 세워 분단을 구조화하자 제주 민중은 남로당과 공동으로 미제국주의에 대항하는 자주항쟁을 결행했다. 남로당 내에서 강경파와 온건파 사이에 노선대립이 있었지만, 그것은 민중의 요구와 투쟁을 어떻게 결집하느냐를 둘러싼 대립이었다. 이러한 대립은 민중의 열화 같은 항쟁 요구와 미군정과 이승만세력과의 결전이라는 차원에서 남로당 제주도당대회와 민중적 합의를 거쳐 해결의 분기점을 마련한 것이다. 제주 민중항쟁이 보여준 업적은 5·10단선의 완벽한 거부였다. 그것은 제주항쟁의 진실이 어디에 있었는가를 보여주는 것이자, 미군정의 전략과 의도를 여지없이 깨뜨리는 것이었다. 미국과 단독정부는 이러한 민중의 업적을 무너뜨리기 위해 가공할 다섯 차례의 대토벌작전과 민중대학살을 감행했다.

4·3항쟁은 미국과 단독정부의 분단음모에 맞선 민중들의 반외세자주항쟁이었다. 아울러 그 항쟁은 자치정부의 구성과 평화항쟁을 결합했다는 차원에서 민중의 자치·평화·자주사상을 우리의 역사 속에 남겼다. 이러한 성격 규정은 민중의 대응과 투쟁을 근거로 하여 정치적인 해석을 하는 데서 비롯된다.

이 글에서는 4·3항쟁을 정치적으로 해석하는 데 중점을 두었지만 앞으로는 경제구조와 사회적 계급구조의 변화, 공동체적 사상과 삶이 항쟁과 어떠한 연관을 맺는가 하는 문제, 6·25와의 관계 그리고 제3세계의 항쟁과의 연관이 심도 있게 연구되어야 할 것이다. 아울러 지금까지 연구성과의 과학적 검토를 통해 보다 정교하게 상황전개의 진실과 민중대학살의 전모를 밝혀내야 할 것이다.

주

1) 고창훈, 「민중적 관점에서 본 4·3항쟁」, 『성신학보』 제250호(1989. 4. 1). 민중적 관점은 민중을 주체로 보는 민중사관적 입장에서 민중의 삶과 투쟁을 핵심으로 인식하고 다룬다.
2) 브루스 커밍스·존 할리데이, 『한국전쟁의 전개과정』(태암, 1989), 38쪽에서 재인용.
3) 정해구, 『10월인민항쟁 연구』(열음사, 1989), 18~35쪽; Bruce Cumings, *The Origins of the Korean War*(New Jersey: Princeton Univ. Press, 1981), 43쪽. 브루스 커밍스는 식민지기간에 소작농의 증가가 지속적으로 이루어졌음을 실증적으로 보여주고 있다(1913년 41.7%, 1945년 69.1%).
4) 梶村秀樹, 「일본 제국주의하의 조선자본가층의 대응」, 『한국근대경제사 연구』(사계절, 1983), 424쪽.
5) 정해구, 앞의 책.
6) 같은 책.
7) 최장집, 「한국의 초기국가형성의 성격과 구조, 1945~1948」, 『산업사회연구』 제2집(한울, 1987), 5~6쪽.
8) *Foreign Relations* 제6권(1945년), 1043~44쪽; 내무부 치안국, 『미군정법령집』, 서울, 1~4쪽. 한국인은 미국의 포고령을 점령국의 일방적 정책으로 받아들였다. 그 정책의 기조는 적국에 대한 점령국의 일반적 권리행사로 일관되어 있다(앞의 책, 1073쪽).
9) Mark Gayn, *Japan Diary*(New York: William Slane Associates Inc., 1948), 428쪽.
10) 점령사령관 하지는 한국인을 일본군과 다름없는 '고양이 새끼'로 인식했다(*Foreign Relations*, 1135쪽).
11) 최상룡, 『미군정과 한국민족주의』(나남, 1989), 76~94쪽.
12) 민주주의민족전선 편, 『조선해방1년사』(문우인서관, 1946), 86쪽.
13) 최상룡, 앞의 책.
14) 홍인숙, 「건국준비위원회의 조직과 활동」, 『해방전후사의 인식』 2(한실사, 1985), 57~103쪽.
15) 최상룡, 앞의 책. 93~94쪽.

16) 김명섭, 「분단구조화의 과정에서 본 한국전쟁의 의미」(연대 정외과 석사학위논문, 1989), 31~39쪽; 김학준, 「분단의 배경과 고정화 과정」, 『해방전후사의 인식』(한길사, 1979), 70~107쪽. 소련의 입장은 츠다노프노선, 스탈린의 정책, 미소공위의 소련 측 수석대표의 연설, 북조선 주둔 사령관 치스차코프 대장의 성명서 등을 종합적으로 해석함으로써 이와 같은 결론을 내릴 수 있다.
17) 김명섭, 앞의 글. 이와 같은 미국의 입장은 트루만독트린(1947)의 천명, 미국무장관 마셜의 한국문제의 유엔상정 제안, 하지 장군의 발언, 미군정청의 입장표명에서도 명백히 나타난다. 구영록·배영수, 『한미관계: 1882~1982』(서울대학교 미국학연구소, 1982), 52~53쪽.
18) 『독립신보』 제256호, 1946년 6월 5일; 『조선일보』, 1946년 6월 8일.
19) 문무병, 「제주도의 문화운동: 진단과 제언」, 제주사회연구소 편, 『제주사회연구 1집: 제주공동체를 위하여』(역사비평사, 1989), 80~98쪽. 문무병은 제주문화의 특징을 세 가지 한 즉 조상에 대한 민중의 한, 힘겨운 노동에 대한 한, 척박한 땅에 대한 한을 승화시키는 데에서 제주 문화의 특질을 파악한다. 그것을 승화시켜 낙원으로 만들려는 민중들의 삶과 투쟁을 이어도사상이라 한다. 고창훈, 「제주문화에 대한 사회과학적 해석: 공동체의식을 중심으로」, 『제주도 연구』 제1집(대학사, 1986), 19~44쪽. 필자는 제주도의 공동체적 생산양식으로 중산간마을의 공동 목장과 해안마을의 공동 어장을 들고 있다. 그리고 제주도 문화의 공동체의 특징을 경제적 독립, 사회적 자율, 정치적 자치라고 설명한다.
20) 김태능, 「양제해난과 제주민의 자주기도」, 『제주도지』 제34호(1968. 6), 151~56쪽. 1813년의 봉기와 1898년의 봉기는 제주도의 자치·자립·자주를 주장한 것이라 한다. 김석희는 이를 분리주의적 성격이 강한 것으로 규정하고(「땅울림」, 『실천문학』, 1988년 봄호), 박명림은 중앙정부분리주의·독립주의·자치주의적 측면이 강하다고 말한다. 필자는 이에 다 동의하는데, 그 용어를 부정적인 측면이 강한 분리주의보다는 독립적 자치주의(전통)라고 명명하는 게 더 타당하다고 생각한다. 제주도 민중들이 4·3을 독립운동으로 인식하고 제주(인민)공화국이라고도 했는데, 그 독립운동은 미국으로부터의 독립과 중앙으로부터의 제주도 독립이라는 두 가지 측면이 동시에 내포되어 있다고 본다. 1965년 '제주도 독립운동'이라는 에피소드에 가까운 사건이 발생했는데, 이 사건의 함축적 의미도 독립적 자치주의와 민족적 자주에 근거한다고 본다(『동아일보』, 1965년 3월 6일).
21) 조성윤, 「민중의 민족문제의 인식과 대응」, 한국역사학회 제1회 대회 발표문

(1988).
22) 현길언,「불과 재」,『우리들의 스승님』(문학과지성사, 1985), 205~56쪽. 여기서 그는 제주 민중들의 폭발적인 항쟁 참여의 정신과 한꺼번에 종결되는 항쟁의 특징을 불과 재로 비유하여 그렸다.
23) 일제는 제주도를 '한국의 시실리'(Sicily of Korea)로 규정하여 전라도로 편입했는데, 이는 강한 독립적 자치주의 전통을 단절하려는 의도였다.(E.G. Meade, *American Military Government in Korea*, New York: Kings Press, Columbia Univ., 1952, 33쪽). 일제는 제주도 부임관리들에게 구두로 제주도 통치의 유의점을 하달했는데, 대정 사람은 저항적이고, 조천 사람은 머리가 좋고 독하며, 서귀포지역 사람들은 유순한 듯하나 저돌적이기 때문에 특히 조심하라는 등의 통치요령을 주지시켰다 한다(필자가 얻은 김모 씨의 증언).
24) 金奉鉉,『濟州島 歷史誌』(大阪: 敎文社, 1960), 324쪽.
25) 이기화,『한국공산주의 운동사』(국토통일원, 1976), 1366쪽. 신인회 참여의 주요 인물들은 강창보·오대진·고경흠·김민화·김시용·송종현·김정로·김한정·김택수 등 여러 명이었는데, 이들 중 오대진·김정로·김한정·김택수 등은 해방 후 제주지역의 민족운동에 중요한 역할을 했고, 다른 사람들은 제주 이외의 지역에서 활동했다. 이러한 제주지역의 움직임은 다른 지역보다 빠른 것으로서 일본과의 교류와 제주도의 저항주의적 전통에 결합된 것이라 볼 수 있다. 당시의 신인회는 남제주군지역에 12개의 단체에 회원 900명을 거느릴 정도의 대중성이 있는 조직체였다.
26) 이 당시 조직은 농민부(신재홍), 청년부(강관순), 소년부(오문규), 소집책(김순종, 부태현) 등이 각 부서를 두고 조직의 체계화, 민족해방사상의 보급, 간담회 개최 등의 활동을 벌였는데 신인회 조직보다 한 단계 더 성숙했음을 보여준다. 이러한 운동과 같은 흐름 속에서 무정부주의운동 그룹도 있었다(무정부주의운동사 편찬위원회,『한국 아나키즘 운동사 전편: 민족해방투쟁』, 형성사, 1978, 242~44쪽). 니카이노(猪野) 사회주의운동 그룹이 활동적인 저항운동을 전개했는데, 13명 중 3명이 제주 출신이었다(4·3연구소 편,「증언 2: 해방 후 제주도는 해방구역」,『4·3자료집』창간호, 1989. 6, 10~13쪽).
27)『중앙일보』, 1989년 3월 1일. 이 당시 잠녀는 도 전체 인구 16만 명의 6퍼센트인 1만여 명이었고, 이 중 20퍼센트는 영남·호남지역으로 진출해서 잠수를 하고 있었다. 이 투쟁으로 4명의 잠녀와 민중협의회원 김시곤 등 40명이 배후 조

종협의로 구속된다. 투쟁의 구호는 '우리의 것을 빼앗지 말라'와 '악독한 일본놈은 물러가라'는 것 등이었다. 현기영의 『한겨레신문』 연재소설 「바람 타는 섬」(1988~89)은 이 투쟁을 그렸다. 『제주도지』 상(1982), 407쪽 참조.

28) 『제주도요람』(1919), 12~19쪽; 최상룡, 앞의 책, 255쪽; 『제주도지』 상, 420~23쪽. 산업변화와 계급변화 그리고 항쟁과의 관계에 대한 심층적 분석이 요구된다.

29) 국방부 전사편찬위원회, 『한국전쟁사 1: 해방과 건군』(국방부 전사편찬위원회, 1968), 237쪽. 여기에서 제주도에 귀환한 도민은 일본군에 종군했던 군인·군속·징용노무자들과 의용군·팔로군에 소속되었던 사람들도 끼어 있었다고 보고 있다. 제주도 귀환자의 구성은 노동자로 일본에 거주하던 도민이 압도적이었고, 그다음으로 유학생, 일본군에 종사하던 군인·군속·징용노무자들이었다. 그러나 의용군과 팔로군 소속 도민이 전혀 없었다고 볼 수 없으나 극히 소수였다고 생각된다. 왜냐하면 이들의 활동이나 이들이 도민에 미친 영향력은 전혀 나타나지 않기 때문이다. 따라서 막연히 팔로군·의용군의 유입이 있었다고 말하는 것은 정정되어야 한다.

30) 金奉鉉, 앞의 책, 346쪽. 해안지대의 굴은 발굴하는 경우도 있었지만 대부분 제주도민을 강제동원시켜 파놓은 경우다.

31) 양한권, 「제주도 3·4폭동에 관한 배경 연구」(서울대학교 석사학위논문, 1988), 87쪽; 金奉鉉, 『濟州島血の歷史: '4·3'武裝鬪爭の記錄』(大阪: 國書刊行會), 18~22쪽.

32) Hq. U.S. Army Forces in Korea(USAFIK), "G-2 Periodic Report", 1947년 9월 13일. 미군이 무기 중 대다수를 발견, 철거했다. 4·3, 당시의 무장 정도가 수류탄 10발 미만, 소총 30정 정도였기 때문에 일본의 잔류무기가 무장대의 무장 보급원이라고 일반화하는 것은 잘못이다. 오히려 무장대의 보급원은 경찰 기습이나 관공서 기습에서 탈취한 것이 대부분이다. 미국이 일제 잔류무기들이 무장대의 보급원이라고 하는 것은 무장대의 장기적인 계획성과 폭력성을 부각하려는 의도에서 비롯된 것이다. 시차상의 문제(3년)와 폭발물 사고를 고려할 때, 오히려 도민들에게 불안감을 안겨주었다고 판단된다.

33) 『제주도세요람』(1939), 57쪽; 『조선경제연보』(1948), 1~29쪽. 1925년 기준으로 제주사회에는 통조림공장(11개), 단추공장(10개), 양조공장(3개), 양말공장(3개), 표고공장(6개) 등이 있었고, 60퍼센트가 일본인 소유였다(『조선총부 생활상태조사』, 1929, 21, 76~77쪽).

34) 양한권, 앞의 글. 양한권은 브루스 커밍스의 분석틀을 이용하여 4·3항쟁을 발발하게 한 정치·사회·경제적 배경을 체계적으로 설명했다.
35) 『제주도세요람』(1936), 9~11쪽; 『조선경제연보』3(1948), 20쪽.
36) Yang Sang-ick, *Echoes of Mt. Halla*(Cheju National Univ., 1977), 55쪽.
37) 金奉鉉·金民柱 編, 『濟州島人民들의 4·3武裝鬪爭史』(大阪: 文友社, 1963), 36쪽.
38) 1945년 11월 제주지역을 대표하여 전국인민위원회대표자회의에 참여한 사람은 오대진·김정로·최남식·이운방 4인이었는데 앞의 두 사람은 일제강점기의 민족해방운동가들이었고, 뒤의 두 사람은 우익 민족주의계열의 인사였다. 이러한 제주도의 좌우 연합적인 건준의 출발은 중앙지역의 경우와는 상당히 다른 것이다. 이러한 출발은 온건한 입장의 노선 선택과 대중적 지지의 흡수라는 제주도적 선택이었다. 전국인민위원회 편, 『전국인민위원회대표자회의의사록』, 1946, 355쪽; 박명림, 「제주도 4·3항쟁에 관한 연구」(고대 정외과 석사학위논문, 1988), 20~21쪽.
39) 4·3연구소 편, 「열아홉 번째 이야기: '일제에 협력한 사람들은 인민위원회에 들여주지도 않았소'」, 『이제사 말햄수다』(4·3증언 자료집 1)(한울, 1989), 173~82쪽. 필자의 조사에 따르면 인민위원회를 이끈 사람들은 그 지역에서 신망이 있는 유지가 많았고, 사상적으로는 사회주의와 민족주의였다.
40) 이 시기의 교육운동은 놀라운 것이었다. 대체로 면장이 교장을 겸임했다. 강의 형식은 대학교 강의 방식이었는데, 그 당시 쓰였던 대표적인 교과서는 『자본론』 『공산주의 ABC』『빈곤자의 이야기』(가와카미 하지메 지음) 등이었다. 당시 선생들이 지향한 사상은 민족주의와 사회주의였다. 아울러 당시의 학생들이 나이가 많다는 것도 특징이다(20대 전후). 이러한 자주교육운동이 선생-학생-민중을 연결한 매개고리였다. 4·3을 주도한 인물들이 거의 다 선생이었고 학생이었다는 점이 이를 입증한다. 4·3연구소, 앞의 책, 52~61쪽 참조.
41) E.G. Meade, 앞의 책, 185~86쪽.
42) M. Gayn, 앞의 책, 423쪽. 그에 따르면 80퍼센트 이상이 일제경찰이었다(『제주연감』, 65쪽).
43) 박명림, 앞의 글, 52쪽.
44) 이 당시 선거에서 문도배와 김시택 등 2명의 좌익계열 인사가 당선되는데, 문도배는 구좌읍 인민위원회 위원장 출신이며, 김시택은 조천면 인민위원회 문예부

장을 맡고 있었다.

45) 박명림, 앞의 글, 36~37쪽. 박명림은 이 시기의 민중운동을 미국, 미군정, 이승만세력, 남한 민중의 대립으로 인식하면서 네 시기로 구분했다. 제1기 좌익민족운동세력의 완전한 헤게모니 장악시기(1945. 8~1946. 7), 제2기 좌익민족세력의 완전한 헤게모니 장악하에 미군정의 우익 강화 및 물리력 확장기(1946. 8~1947. 7), 제3기 미군정의 공세로의 전환과 민주·좌익운동세력의 직접대결시기(1947. 7~1947. 7), 제4기 미군정의 대탄압과 민중·좌익민족운동세력의 적극적 대응시기(1947. 8~1948. 3)로 구분했다. 필자는 민중운동세력의 중요한 업적을 중심으로 자치정부의 구성 및 자주교육 운용시기와 평화항쟁시기, 자주항쟁시기로 크게 3기로 대별하고자 한다.

46) 김명섭, 앞의 글, 31~56쪽.

47) 4·3연구소 편, 앞의 책, 26~28쪽. 관덕정 맷돌 위에서 당시의 상황을 정면에서 보았던 이 증언자는, 기마대와 시위대의 거리가 멀었기 때문에 말이 놀라서 뛰는 바람에 어린아이가 다쳤다는 것은 있을 수 없는 일이며, 당시 데모대가 길을 가면서 경찰을 욕하여도 아무 소리도 못할 정도였기 때문에 기마대의 말에 다쳤다는 것은 잘못된 것임을 명백히 했다. 아울러 CIC(미군방첩대)가 모든 것을 주재하고 명령을 내렸다고 증언함으로써 발포 역시 미군방첩대의 지시였음을 인식하고 있다.

48) Hq. USAFIK, "G-2 Weekly Summary," vol. 13, 34쪽;『동아일보』, 1947년 3월 4일.「G-2 보고서」는 군중이 아무런 무기도 쓰지 않았다고 보고했는데, 당시 경무장관 조병옥은 "제주도 3·1시위에서의 발포는 10월폭동으로 부득이 했다"고 말했다. 이러한 대응과 앞의 증언을 종합해볼 때 3·1시위의 발포는 미군정의 의도된 정책에 근거했음이 명백해진다(박명림, 앞의 글, 57~66쪽). 이러한 항쟁의 폭발에서 중요한 점은 참여자의 숫자보다는 미군정의 정책과 서북청년단의 횡포에 저항했다는 사실이다.

49) 김봉현·김민주 편, 앞의 책, 50쪽.

50)『조선연감』(조선통신사, 1947), 318쪽; 이운방, 「4·3의 진상」, 오성찬 채록,『한라의 통곡소리』(소나무, 1989), 201~33쪽. 여기서 이운방은 친일파 강인수의 무모하고도 매국적인 계획이 3·1항쟁의 불길을 댕긴 요인이라고 지적했다. 3·1시위에서의 일 발의 총성이 4·3무장투쟁의 원인이었음은 사라예보에서의 한 발의 총성이 제1차 세계대전의 기폭제가 되었던 것과 동일하다고 그는 증언한다.

51) 우리는 여기서 미국의 인식논리를 볼 수 있다. 그들은 이와 같은 제주도민의 정당한 요구를 좌익지향적이라고 규정지었다.
52) 미군정은 특별사찰반, 군정경찰 400명을 급파하면서도, 민전의 특별조사단 '오영 외 4명'을 체포했다. 『동아일보』, 1947년 3월 16일; 『서울신문』, 1947년 3월 19일.
53) Hq. USAFIK, "G-2 P.R.," 1947년 3월 22일. 이 시위에서 군정경찰은 시위군중에 발포하여 4명을 부상시킨다.
54) Hq. USAFIK, "G-2 P.R.," 1947년 6월 11일. 박명림, 앞의 글, 66쪽. 이 사건을 6·6사건 또는 종달리사건이라고 하는데, 이 사건은 민중이 3·1시위 후 군정경찰에 행한 첫 실력행사였다.
55) A. Wigfall Green, *The Epic of Korea*(Washington: Public Affair Press, 1950), 97~99쪽. 필자는 미국이 한국민들의 민주주의에 대한 열망을 미국적 기질과 억압적 방법으로 탄압했음을 밝히고 있다.
56) Hq. USAFIK, "G-2 P.R.," 1947년 11월 22일·24일·25일. 미군정은 제주도를 작은 모스크바로 규정하면서 그들의 목표가 공산주의자를 분쇄하는 것이라고 천명했을뿐더러 빨갱이 사냥이라는 명분을 내걸고 3·1시위 이후 모든 조직을 총동원하여 도민에게 테러를 자행하고 금품을 탈취하고 마을 곳곳을 수색하면서 공포 분위기를 조성했다. 이러한 공포정책이 도민을 생존의 터에서 산으로 내몰았다. 당시의 제주도는 모스크바도 빨갱이들의 섬도 아니라 자치와 민주를 실현하는 민중자치의 공동체였다. 따라서 미국은 미국의 전략에 따라 제주도를 제2의 모스크바로 빨갱이들의 땅으로 규정·선전함으로써 그들의 추종세력들을 제주도에 보내 제주도민을 삶터에서 추방했다. 제주지역의 자주교육운동은 민중의 자치공동체 전통에 사회주의사상을 접목하는 매개고리였다. 이러한 제주지역의 역량을 무너뜨리는 미국의 전략은 제주도를 철저히 매도하여 제주지역의 자주·자치역량을 분쇄하는 것이었다.
57) 브루스 커밍스·존 할리데이, 앞의 책, 38쪽; 오성찬 채록, 『한라의 통곡소리』(소나무, 1989), 93~94쪽; 『동아일보』, 1948년 11월 11일. 제주도는 서청판이었고, 울던 아이도 울음을 멈추고 숨을 죽여야 했고, 대부분의 사람들은 테러와 죽음의 위협에서 벗어나기 위해 군정이나 우익정당에 가입, 협조하거나 아니면 산으로 갈 수밖에 없었다.
58) 4·3연구소, 앞의 책, 148쪽; 오성찬 채록, 앞의 책, 73쪽. 두 책에 나온 인식을 필

자의 취지에 맞추어 재구성했다.
59) Hq. USAFIK, "G-2 P.R.", 1947년 8월 8일.
60) 김봉현은 1946년도부터 미군정의 탄압에 대항한 학생들의 반미구국투쟁이 전개되었다고 하며(김봉현·김민주 편, 앞의 책, 30~31쪽), 박명림은 초기 제주도 인민위원회의 성격에 비추어볼 때, 그리 심하지 않은 것으로 파악한다. 아울러 그는 미소공위의 완전한 결렬도 결정되지 않았고 중앙 남로당도 반미투쟁으로 전환하지 않았는데도 제주도 민중들이 반미투쟁으로 전환한 것은 미군정의 무자비한 폭력에서 비롯된다고 분석했다(박명림, 앞의 글, 71~72쪽). 그러나 증언들은 제주도민의 반미감정은 상당히 일반화되었음을 보여준다. 그리고 도민의 반미투쟁의 형태도 양담배 안 피우기, 양과자 먹지 않기, 미군 철수 등의 온건한 대중운동에서 직접 공격의 형태로 발전되어나갔다(4·3연구소편, 앞의 책, 194~95쪽). 김명식, 「제주도 4·3민족민중해방투쟁의 배경과 그 원인」, 『움직이는 책』 제4호 (인민사회과학서적상 연합회, 1989, 3~7쪽).
61) Hq. USAFIK., "G-2 P.R.," 1947년 8월 20일.
62) Hq. USAFIK., "G-2 P.R.," 1947년 10월 6일.
63) 이운방, 앞의 글.
64) 『조선연감』(조선통신사, 1947), 318쪽.
65) 고창훈, 「4·3민중항쟁의 고찰과 그 현재적 의미」, 『한림대학보』 제52호, 1989년 5월 19일.
66) Hq. USAFIK, "G-2 P.R.," 1948년 2월 28일. 이 문제의 보고서는 무작위 대량체포를 얼버무리는데, 우선 보고의 논리가 맞지 않는다. 시민들의 불온성이라는 보고서의 제목과 공산주의자들을 급습했는데 체포된 사람은 좌익주의자들이며 방면한 사람들은 공산주의자라는 사실은 모순이다.
67) 필자는 미군정이 '신촌회담' 장을 덮쳐 남로당의 조직체계를 알아내어 그들의 계획과 핵심인물을 파악하는 성과를 거두었기 때문에 핵심인물 이외의 방면은 중요하게 여기지 않았다고 생각한다. 여기서 유의할 대목은 미군정이 4·3자주항쟁의 계획을 미리 알고도 묵과하고 있었다는 사실이다.
68) 「4·3의 증언 8: 제주도 남로당의 기로」, 『제주신문』, 1989년 4월 25일. 1·22사건으로 남로당은 전면 노출되어 위축된 분위기에 휩싸여 조직 개편을 서두르고 산 쪽으로 아지트를 옮기게 된다. 아울러 남로당은 조직의 전면 노출로 노선상에서도 항쟁 결행의 방향으로 변화를 가져온다(4·3연구소 편, 「증언 2: 해방 후 제

주도는 해방구역」, 10~13쪽). 1948년 2월의 '신촌회담'에서 김달삼과 이덕구는 항쟁을, 김정노·강규찬·김용해는 신중론을, 실질적 책임자인 조몽구는 항쟁과의 의견을 수렴했다. 이 신촌회담이 1월 22일의 조천지부 비밀회담이다.

69) 일부 자료는 2·7사건을 안덕면 서광리에서 경찰관을 생매장한 사건이라 기술하고 있으나(『제주도지』 상권, 455쪽), 제주신문사의 4·3연구반은 이 사건은 실제 일어나지 않았으며 이것은 사계리사건이 잘못 전해진 것임을 확인했다(「4·3의 증언 8: 제주도 남로당의 기로」, 『제주신문』, 1989년 4월 25일).

70) Hq. USAFIK, "G-2 P.R.," 1948년 2월 13일·3월 12일. 이때 미군정이 압수한 문서에서도 '봉기를 2월 15일에 시작하여 3월 5일까지 계속하라'는 내용이 확인된다. 이는 2·7구국투쟁의 전국적인 결행을 제주도당부 나름대로 수용하여 봉기하기로 결정한 것으로 볼 수 있다.

71) 「4·3의 증언 6: 군정경찰은 왜 사전에 몰랐나」, 『제주신문』, 1989년 4월 18일.

72) 이운방, 앞의 글.

73) 같은 글; 『조선일보』, 1948년 5월 9일; Hq. USAFIK, "G-2 P.R.," 1948년 3월 27일. 지금까지 4·3항쟁의 발발은 김달삼, 조몽구와 문상길 중위 등 공산주의자 몇 명이 1948년 3월 말 비밀회합에서 결정된 것으로 설명되었는데(김점곤, 『한국전쟁과 노동당전략』, 박영사, 1973, 155쪽; 양한권, 앞의 글, 89쪽; 존 메릴, 『침략인가 해방전쟁인가』(과학과사상, 1988), 166쪽; 『공비토벌사』 10쪽), 박명림은(84쪽) 위의 설명이 '공산주의자 몇 명의 음모'에만 맞추어졌고, 문상길의 참여부인 증언, 조몽구의 소극적 참여, 공비토벌사와 다른 상황 전개, 민중들의 자위적 항쟁 준비의 장기성 등의 이유로 이의를 제기했다. 필자는 박명림의 이의가 타당하다고 생각한다.

74) 한림화, 「용강마을 사람들의 분노」, 『사회와 사상』, 1989년 1월호, 226~28쪽. 인용부분은 3·1항쟁 이후부터 4·3 직전까지의 관련 내용을 발췌한 것이다.

75) 「4·3의 증언 14: 4·3 첫 주는 무장대가 공격 주도」, 『제주신문』, 1989년 5월 19일.

76) 「4·3의 증언: 1948년 4월 3일(1)」, 『제주신문』, 1989년 4월 4일. 1948년 4월 3일 이날의 공격은 사상범을 다루는 모 순경의 세든 집을 덮쳤으나 그를 찾지 못하고 경찰지서를 공격했던 것이다. 그날의 암호는 '콩'과 '팥'이었다. 이날 2명이 죽고 2명이 부상당했고, 카빈 소총을 빼앗았다.

77) 「4·3의 증언 2: 1948년 4월 3일(2)」, 『제주신문』, 1989년 4월 6일자. 경찰이 총

을 갖고도 대응을 못 하는 경우라든가 비상소집을 받고도 출동치 않은 경우가 있었음을 확인하고 있다. 이때부터 산사람을 '폭도'라고 부른 반면에 4·3 당시 숨진 경찰은 2계급 특진 추서되고 비문에 '영령이시여 그대의 힘으로 제주의 평화는 다시 왔도다'라고 썼다.

78) 김봉현·김민주 편, 앞의 책, 84~85쪽.
79) 박명림, 앞의 글, 88쪽. 박명림의 연구도 이 호소문에 나타난 항쟁의 지향점에 대해서 필자와 거의 같은 결론을 내리고 있는바, 첫째 미국의 점령정책에 대항한 반제민족해방운동, 둘째 단선·단정을 반대하는 통일운동, 셋째 미군정·경찰·청년단의 탄압에 저항하는 민중항쟁으로 결론짓고 있다.
80) 「4·3의 증언 9: 무장대의 규모와 병기」, 『제주신문』, 1989년 4월 28일. 여기에서 4·3의 초기단계에는 마을의 지지자들이 봉화와 삐라투쟁을 담당했음을 밝혀내고 있다. 4·3 때 봉화를 올린 것 대부분은 마을 지지자들이었다. 제주의 민중들은 조선시대의 민중운동 때부터 항쟁의 표시로 봉화를 올렸다.
81) 『동아일보』, 1948년 5월 7일.
82) 같은 신문.
83) 「4·3의 증언 11: 응원경찰의 제주 파견」, 『제주신문』, 1989년 5월 9일; 「4·3의 증언 23: 무장대와 협상 추진」, 『제주신문』, 6월 20일.
84) 조덕송, 「유혈의 제주도」, 『신천지』(1948. 7), 89쪽.
85) 장창국, 「남기고 싶은 이야기들─육사 졸업생들」, 『중앙일보』, 1983년 1월 15일.
86) 박명림, 앞의 글, 94쪽.
87) 같은 글, 96쪽. 박명림도 필자의 견해와 유사하다. 그는 4·15도당대회의 성격을 첫째 봉기를 도당수준에서 추진하고, 둘째 본격적인 무장투쟁 또는 유격투쟁의 사전준비의 성격을 갖는다고 해석하고 있다. 원래 계획은 4·3무장기습 때 9중대의 국방경비대조(6명)가 감찰청과 제주시 1구서를 맡고, 자위대와 유격부대가 마을 단위의 기관 공격을 맡기로 했는데, 거사 전에 1명이 입감되어 의견대립이 있어 동원이 안 되었다는 증언도 있으나 신뢰할 수 없다. 오성찬 채록, 앞의 책, 139쪽.
88) 4·3연구소, 앞의 책, 50쪽; 김봉현·김민주 편, 앞의 책, 88~89쪽. 여기서 4·3 당시 기습을 주도한 사람은 김달삼·이덕구 등 남로당 군사부였다. 당시에 한 개인이 어떠한 결정을 내릴 수는 없었으며 남로당이 민중의 대결요구와 지지를 수렴·결정했다(오성찬 채록, 앞의 책, 220쪽).

89) 4·3연구소 편, 앞의 책, 49~50쪽.
90) Hq. USAFIK, "G-2 P.R.," 1948년 4월 20일·22일·26일; *Weekly Summary*, 4월 30일; Hq. 6th Inf Div, "G-2 P.R.", 1948년 4월 20일·22일·24일.
91) Hq. 6th Inf. Div., "G-2 P.R.," 1948년 4월 23일·28일. 이 당시 삐라의 내용은 자주적 통일정부 수립을 위해 이승만 등을 처단하고 경찰을 타도하고, 이를 위해 도민의 대동단결과 투쟁을 호소하는 것이다.
92) Hq. USAFIK, "G-2 Weekly Summary," 1948년 4월 30일.
93) 『동아일보』, 1948년 4월 29일;『조선일보』, 1948년 5월 6일. 전국적으로 단선저지사건은 176건이 발생했고, 이로 인해 154명이 사망했다. 154명의 내역은 경찰 15명, 좌익 62명, 우익·청년단 및 양민 77명이었다.
94) Hq, USAFIK, "G-2 Weekly Summary," 1948년 4월 30일.
95) 『서울신문』, 1948년 8월 13일. 문상길은 박진경 살해사건 공판에서 회담 성사를 위해 김익렬이 김달삼을 만난 이유를 "30만 도민을 동족상쟁으로부터 건지기 위하여 경비대의 근본이념인 국가지상·민족지상의 정신으로 원만한 해결책"(박명림, 앞의 글, 104쪽)을 찾기 위한 것이었다고 증언했다. 반면에 앞에서 살펴본 것처럼 문상길을 4·3 주모자 가운데 한 사람으로 보고 있는 미군정 내의 강경파는 김익렬까지도 빨갱이로 단정하고 있었음을 유의해야 할 것이다. 김익렬은 학병 출신으로 우익 사설군사단체의 하나인 학병단의 열성적인 인물이었는데 (『창군전사』, 284쪽), 4·3에서의 중립적인 입장 표명과 평화회담 제의로 그를 빨갱이로 단정한 것은 회담에 임하는 미군정의 진의를 의심케 하는 단서 중 하나다. 협상 추진자는 이윤락이었고, 김익렬은 유서를 써놓고 회담에 응했다. 지금까지 회담 추진자가 오일균이라고 기록되어 있으나, 이는 전혀 근거가 없다. 오일균은 당시 부산에 있었다.「4·3의 증언 23: 무장대와의 협상 추진」,『제주신문』, 1989년 6월 20일.
96) 이운방, 앞의 글. 이 시기에 딘 군정장관과 경무국장 조병옥은 모슬포에 와 있었는데 절대적으로 강경진압을 해야 한다는 입장이었다.
97) 이운방은 이 문제와 관련하여 김달삼의 지나친 낙관주의적 상황인식, 모험주의적 성격, 소영웅주의적 성격, 비타협적 무모성, 기회주의적 성격 등을 들면서 협상 결렬의 책임의 반이 김달삼에게 있다고 증언하고 있다. 아울러 연대장의 힘으로 협상이 이루어질 수 없는 상황이었음도 지적하고 있다. 그러나 평화협상에 대한 무장대의 입장이 한 사람에 의해서만 결정될 수는 없었다. 최소한 남로당 내

의 군사부만이 아니라 남로당의 실질적인 책임자였고, 온건파였던 조몽구의 의견이 반영되었을 것이다. 당시 무장대의 책임자였던 이덕구는 타협하려고 무척 애썼고 김익렬 후임의 연대장인 박진경 중령과도 협상하려고 여러모로 애썼다는 증언은 김달삼만의 단독협상 결정이 아니었음을 시사하는 것이다(4·3연구소 편, 앞의 책, 50쪽).
98) 무장대의 입장에서 경비대의 입장은 무척 중요한 요소였다. 무장대가 경비대를 적대시하지도 않았고 경비대 역시 중립을 표명했다. 이러한 경비대의 입장을 무장대가 거절할 이유는 없었다. 아울러 경비대가 중재에 나서게 된 이유는 경비대가 미군정의 전략과 전력 정도를 잘 파악하고 있었기 때문에 여기에서 대결을 진정시키지 못할 경우 엄청난 희생과 비극이 올 것을 예견하고 있었기 때문이다. 장창국의 증언에 따르면 김달삼은 "회담 성공 후 귀순과 무장해제가 약속대로 잘 끝나면 나도 자수하여 모든 책임을 질 것이고 법정에 나가 우리의 정당성을 정정당당히 밝히겠다"고 말했다(장창국, 「남기고 싶은 이야기들―육사졸업생들」, 『중앙일보』, 1983년 1월 18일; 「4·3의 증언 23: 무장대와의 협상 추진」, 『제주신문』, 1989년 6월 20일; 「4·3의 증언 26: 4·28평화협상」, 『제주신문』, 1989년 7월 4일).
99) 장창국, 앞의 글.
100) 경찰은 이들을 무장대라 했고 무장대 측은 이들을 서청이라고 했다. 그러나 당시 현장을 답사한 김익렬 연대장과 정보참모 이윤락은 이들이 무장대로 위장한 경찰이라고 했다(「4·3의 증언 32: 오라리사건 3」, 『제주신문』, 1989년 7월 25일). 중요한 것은 당시 그들이 쓴 말씨였다. 제주도 사투리를 쓰지 않고, 이북 말을 썼다는 것은 무장대로 위장한 서청이나 경찰이었음을 말해주는 것이다(김석범, 「제주도 '4·3'사건이란 무엇인가」, 제주사회연구소 편 『제주사회연구』 1, 역사비평가, 1988, 117쪽).
101) Hq. USAFIK, 6th Inf. div., "G-2 P.R.," 1948년 5월 3일.
102) 이들 가운데 체포된 자들은 "자신들은 경찰"이라고 진술했다. 그러나 경찰은 무장대라고 발표했다. 그러나 이 시기 카빈과 중기관총의 무기를 갖고 있는 쪽은 경찰예비대로 출발한 경비대뿐이었다. 따라서 경찰이 공격해놓고 무장대가 공격했다고 왜곡했다(박명림, 앞의 글, 106쪽).
103) 『조선일보』, 1948년 5월 6일. 이날 참석자는 딘 군정장관, 안재홍 민정장관, 송호성 경비대 사령관, 조병옥 경무부장, 맨스필드 제주도 군정장관, 유해진 제주

104) 장창국, 앞의 글.
105) 국방부 전사편찬위원회, 앞의 책, 440쪽.
106) 『서울신문』, 1948년 5월 7일.
107) 필자와 존 메릴 간의 대담(1988년 11월 17일 제주대). 그는 박갑동의 논리만을 제시할 뿐 아무런 근거도 제시하지 못했다. 박갑동은 "4·3은 김달삼이 그의 부하 조노구(조몽구를 잘못 기록)가 남로당 지령을 받은 문상길 중위와 공모하여 폭동을 일으켰다"(박갑동, 『박헌영』, 인간사, 1983, 198쪽)고 쓸 정도로 4·3에 대해 정확히 알지 못하여 잘못 기술하고 있을 뿐만 아니라 평화회담에 대한 기록은 아예 없다. 그는 그 당시 한국에서 가장 책임있는 지도자가 누구라고 생각하느냐는 질문에 주저없이 '박헌영과 여운형'이라고 대답함으로써 이 부분에 대한 그의 논리가 잘못되어 있음을 스스로 입증했다.
108) 국방부 전사편찬위원회 편, 앞의 책, 439쪽.
109) 김봉현·김민주 편, 앞의 책, 102쪽. 이는 잘못된 주장이다.
110) 박명림, 앞의 글, 105~07쪽. 박명림은 장창국의 증언과 경찰의 5월 1일·3일 공격에 근거하여 이러한 해석을 하고 있다.
111) 이 영화는 미국의 딘 장군이 제주도 여론을 진정시키고 4·28평화회담을 깨뜨리며 미국의 대학살을 정당화하기 위해 미군기로 공중촬영시킨 것이다. 불타는 마을, 무장대의 가상 공격 장면, 한 여인이 정체불명의 집단으로부터 공격받은 것을 경찰에게 설명하는 장면, 무장대에 의해 살해된 남녀의 시체, 경찰의 진격 등을 싣고 있다(존 메릴, 앞의 책, 141쪽;「4·3의 증언 29: 오라리사건의 전조들」,『제주신문』, 1989년 7월 14일;「4·3의 증언 31: 오라리사건 4」,『제주신문』, 1989년 7월 28일;「4·3의 증언 35: 딘 군정장관 제주시찰」,『제주신문』, 1989년 8월 4일).
112) 『동아일보』, 1948년 5월 10일. 미국 UP통신기자 제임스 로퍼는 이러한 남한의 상황을 "그리스 내전의 완전한 재연"이라고 보도했다.
113) 이 당시 통계는 자료마다 전부 다르다. 따라서 정확성에 의문이 갈 뿐만 아니라 민중의 의사를 전혀 반영치 못했다. 당시의 신문들은 1946년 8월의 인구를 기준으로 인구의 46.9퍼센트를 유권자로 역산해 다음과 같이 발표했다(『동아일보』·『조선일보』·『서울신문』, 1948년 4월 14일). 선거인 등록비율: 전국 91.7퍼센트(총인구 877만 1,126명 중 805만 5,295명 등록), 제주지역 64.9퍼센트(총

인구 12만 7,751명 중 8만 2,812명 등록). 이 시기 한국여론협회의 조사는 9퍼센트 정도가 자발적이었고 91퍼센트가 강요에 의한 것이었음을 보여준다(조사지역: 종로시민, 조사인원; 1,262명. 『동아일보』, 1948년 4월 16일).

114) 존 메릴, 앞의 책, 152~53쪽.
115) 박명림, 앞의 글, 113쪽.
116) FFC, *Intelligence Summary, Special Edition on the Korean Election*, 1948. 5. 30.
117) 『동아일보』, 1948년 5월 14일.
118) Hq. USAFIK, 6th Inf. Div., "G-2 P.R.," 1948년 5월 10일. 제주시청의 경우에는 다이너마이트가 폭발하기도 했다.
119) Hq. USAFIK, "G-2 P.R.," 1948년 5월 11일. 선거관계 공무원 50퍼센트가 사표를 제출했다.
120) 같은 글.
121) Hq. USAFIK, "G-2 P.R.," 1948년 5월 10일. 5월 7일에서 10일까지 사망자 숫자는 좌익 21명, 경찰 1명, 우익 7명인 것으로 집계되었다.
122) 『조선일보』, 1948년 5월 19일·20일; Hq. USAFIK, "G-2 P.R.," 1948년 5월 19일. 남제주군의 경우 무소속의 오용국이 1만 2,886표로 당선되었다.
123) 『동아일보』, 1948년 5월 27일.
124) 『서울신문』, 1948년 6월 10일. 1,206명의 선거관계자 중 15명은 살해되고 5명은 중상, 대부분의 사람은 피신했다.
125) 행정명령 제22호 「제주도 재선거의 무기 연기」, 『군정청관보』, 1948년 6월 10일.
126) 박명림, 앞의 글, 118~19쪽.
127) 한림화, 앞의 글, 228~31쪽. 인용부분은 4·3부터 5·10까지의 부분이다.
128) 국방부 전사편찬위원회, 앞의 책, 440쪽; 『조선일보』, 1948년 5월 18일. 여기의 11연대는 제2·3·4연대에서 차출하여 만든 정예부대이며, 특수경찰부대는 경찰 정예부대, 수도청형사대, 철도경찰대 등에서 차출한 정예 경찰부대였다. 아울러 서북청년단도 다시 증파되었다.
129) Hq. USAFIK, "G-2 P.R.," 1948년 5월 14일; Hq. 6th Inf Div., "G-2 P.R.," 1948년 5월 12일. 경비대는 한 마을을 습격하여 193명을, 또 다른 마을에서는 공격에 대비해 죽창을 들고 있던 주민 25명을 체포했다.

130) 5월 대토벌은 박진경이, 6월 대토벌은 최경록이 지휘했다. 그 토벌의 무자비함은 체포자 수가 증명한다.

131) 박진경의 살해사건은 제주 민중의 뜻이었다. 그것을 감행한 문상길·손선호·배경용·신상우는 총살형을 받았다. 그러나 그들은 박진경이 화북마을에서 아버지를 껴안고 우는 15세 아이를 총살했음을 증언하면서, "우리들은 도망갈 기회도 있었으나 30만 도민을 위한 일이었기 때문에 도망갈 필요가 없을 뿐만 아니라, 우리의 행동은 겨레를 위한 것이라 처벌을 기쁘게 받겠다"고 당당하게 진술했다(정동웅, 「난동 제주의 새 비극: 박 대령 살해범 재판기」, 『새한신보』 2~16, 1948년 10월 상순 전재; 노민영 엮음, 『잠들지 않는 남도』, 온누리, 1989, 269~88쪽). 이 사건은 4·3항쟁의 정당성을 서울의 법정에서 재연했다. 당시 변호인들은 박진경의 암살이 '민족을 사랑하는 정의감'에서 기인한 것이기 때문에 30만 제주도민과 민족의 이름으로 총살형의 취소를 요구했다.

132) 무장대는 경비대에 대하여 적대적 인식을 하지 않았었다. 이때에도 경비대 환영이라는 삐라를 뿌렸고, 김달삼 자신도 경비대와 적대행위를 하지 말 것을 지시했다. 이 삐라는 경비대와의 중립을 마지막으로 호소하는 것이자 항쟁을 선포한 것이다(『조선일보』, 1948년 6월 9일).

133) 1948년 6월 21일에는 재경 제주도민 친목단체인 제우회가, 7월 18일에는 한독당을 비롯한 20여 개 정당사회단체가, 7월 19일에는 광주 제우회가 항쟁의 원인이 미군정·경찰·청년단의 탄압에 있으므로 무력탄압을 중지하고 평화적으로 해결할 것을 호소했으나 받아들이지 않았다. 8월 제우회 등 7개의 정당·사회단체가 진상조사단을 파견하자 이를 제지·봉쇄해버렸다(『조선일보』, 1948년 6월 22일·7월 2일·7월 24일·8월 29일).

134) 5, 6월의 경비대 1·2차 토벌이 있은 후 대한민국 수립까지 토벌작전은 없었다. 이는 대한민국의 출범과 관련하여 일시적 중단을 의미할 뿐만 아니라 제주도 남로당 지도부의 갈등과 제주도의 기후조건을 고려한 미군정의 전략에 따른 것이다(Hq. USAFIK, "G-2 Weekly Summary," 1948년 7월 1일·7일·16일).

135) 오성찬 채록, 앞의 책, 111~16쪽. 이 증언 부분이 4·3 이후의 대토벌 시기와 일치한다. 필자의 취지에 맞게 부분적으로 발췌·인용했다.

136) 『동아일보』, 1948년 7월 13일; 박명림, 앞의 책, 142쪽. 이형근 참모총장은 7월 12일 사태는 일단락되었다고 발표했다.

137) Hq. USAFIK, "G-2 P.R.," 1948년 6월 18일·8월 24일·8월 25일. 6월 중 남로

당이 설정한 11개의 투쟁목표에는 "4·3인민항쟁을 지원하라"는 대목이 있다. 박명림은 이것은 4·3까지 일정하게 독립된 행동을 해왔던 제주도당이 이때부터 당중앙과 긴밀한 연계를 가진 것이라고 해석한다(박명림, 앞의 글, 138쪽).

138) 여기에 대의원으로 참가한 사람은 안세훈·김달삼·고진희·강규찬·문등용··이정숙 등이었다. 이 사람들 외에 제주도 출신으로는 강문석, 고준석(옵서버)이 있었다. 이 중 안세훈은 4·3 직전에 자진 입북했고(오성찬 채록, 앞의 책, 209쪽) 뒤의 두 사람도 다른 경로로 입북했고 제주도에서 간 사람은 다섯 사람이었다. 제주에서 파북된 선거인이 7명이라는 이운방의 증언도 이와 일치한다(4·3연구소 편, 앞의 책, 230쪽), 미군정 보고서에 8월 2일 공산주의자 5명이 북한으로 가기 위해 목포로 갔다는 것과 일치한다(Hq. USAFIK, "G-2 P.R.," 1948년 8월 2일). 그리고 김달삼은 해주대회 보고에서 소련 선박을 타고 왔다고 한다. 이는 목포 도착 이후 소련배를 이용했다는 것을 말한 것이다.

139) 당시 정부도 남로당도 서로 다 좋은 세상이 온다고 했다. 무장대의 경우 "한 달만 있으면 해방이 되니까, 식량을 가지고 가지 말고 감춰두라"고 해서 그때는 그들의 말을 다 믿었다고 한다(4·3연구소 편, 앞의 책, 120쪽). 또 다른 증언은 "그때 당시에는 일주일만 되면, 공정한 세상이 되고, 너것 내것 없는 평등한 세상이 된다고 했지, 우리 민간은 그 말에 쏠렸거든. 그런데 일주일이 넘고, 한 달이 되고 그래도 해방이 안 되는 거라. 그때 어린 생각에서도 '야, 이거 속았다. 이제 도망 안 가면, 여기는 이덕구의 세계이니까 쏘아 죽일 거라'고 생각해서 도망을 간 것이다"(같은 책, 87쪽).

140) 4·3연구소 편, 앞의 책, 101쪽. 김봉현은 8·25 남북조선 총선거에서 제주도 유권자의 85퍼센트 이상의 성과를 거두었다고 쓰고 있다. 그러나 필자가 조사해 본 결과 남로당 조직이 강했던 일부 지역에서만 지지서명이 이루어졌다(김봉현·김민주 편, 앞의 책, 181~82쪽).

141) 이날 무장대는 조수리와 협재리를 공격하여 경찰지서장을 포함하여 경찰 2명을 사살하고 청년단원을 납치했다. 이 당시 500명이 입산자 훈련을 하고 있었으며, 100명은 여자였다. 여자들은 연락·선전·보급 등을 담당했다. 이렇게 입산자가 많은 것은 박진경·최경록의 강경진압작전, 무장대의 입산 권유, 경찰과 서청의 횡포에의 반발 등의 이유가 복합되었기 때문이었다(Hq. USAFIK, "G-2 P.R.," 1948년 8월 2일·10일·17일·20일; 박명림, 앞의 글, 147쪽).

142) 『서울신문』, 1948년 9월 3일.

143) 9월에 무장대는 봉화투쟁과 방화와 경찰과 청년단 공격을, 군경은 이에 맞서 중문리에서 무장대에 식량을 제공했다는 이유로 45명을 체포하며, 경찰 3명이 13세 소년을 구타하여 살해한다(Hq. USAFIK, "G-2 P.R.," 1948년 9월 18일; 『조선일보』, 1948년 9월 15일). 10월 1일 무장대가 7개의 경찰지서를 공격하여 경찰 7명, 청년단원 3명 살해(Hq. USAFIK, "G-2 P.R.," 1948년 10월 2일)했고, 때를 같이하여 제주읍의 13개 구장과 북제주군의 5개 면장이 사임했다(『동아일보』, 1948년 10월 3일).

144) 『제주도지』상, 622쪽.

145) 『동아일보』,『조선일보』, 1948년 10월 20일. 이 통행금지령은 매국적 극렬분자를 소탕하여 영원한 본토의 평화를 위하여 10월 20일 이후 전도 해안선 5킬로미터 이외의 지점 및 산악지대의 통행을 금지하며, 이를 위반한 자는 이유여하를 막론하고 폭도로 간주하여 총살에 처한다는 것이었다.

146) 김봉현·김민주 편, 앞의 책, 166쪽.

147) 봉화는 제주도의 모든 항쟁을 상징한다. 조선시대의 민중운동으로부터 4·3의 항쟁의 최후까지 봉화는 민중의 등불이었다.

148) Hq. USAFIK, "G-2 P.R.," 1948년 10월 25일. 해군은 제주해안을 봉쇄하고 경비대는 제주시에서 산 쪽으로 40여 회에 걸쳐 박격포 공격을 했다.

149) Hq. USAFIK, "G-2 P.R.," 1948년 11월 3일·5일·8일·12일·15일·16일·22일·23일·27일·30일. 위의 날짜의 것을 날짜순으로 종합한 것이다. 「G-2 보고서」에 따라 자료를 정리한 것은 ① 작전 주체의 보고서와 ② 일관성 있는 상황일지였다. 그러나 ①「G-2 보고서」는 미국적인 관점에서 사후에 정리했기 때문에 자신들에게 유리한 내용 중심으로 작성했고, ②「G-2 보고서」가 군경과 정보원이 쓴 것이라 상황을 축소하거나 빠뜨리는 경우가 많음을 유의하여야 한다. 특히 무장대와 민간인의 구별이 모호하다.

150) 박명림, 앞의 글. 박명림도「G-2 보고서」를 중심으로 이 작전을 분석했다. 그는 전사자 비율이 1 대 100에 해당하며, 이 숫자는 무장대가 기습·매복·은신에 기민한 점을 고려할 때 직접 교전에서 나온 전과가 아니었다고 해석한다(박명림, 앞의 글, 156~57쪽).

151) 오성찬 채록, 앞의 책, 40~41쪽. 당시 사람들은 음력을 썼다. 음력 10월 28일이고, 양력으로는 11월 23일이므로 동일한 사건을 말한다. 이는 당시의 토벌 형태가 대부분 교전이 아니라 집단총살이었음을 말해준다.

152) 같은 책, 이 책에서 다루는 마을 피해에 대한 증언은 대부분 이런 작전 진행을 입증한다.

153) Hq. USAFIK, "G-2 P.R.," 1948년 12월 17일. 이 분석은 미국적 분석일 뿐이다. 그러한 과대한 전과는 그들의 무자비한 전략과 잔인한 작전(소위 삼진작전: 불태워서 없애고, 죽여서 없애고, 굶겨서 없애는 작전)에 있었다(정하은, 「돌이켜 본 4·3사건의 과거와 현재」, 『제주사회연구』 제1집, 112쪽).

154) 미국은 정부 수립 후에도 한국군의 작전·조직·훈련 등에 대한 지휘권 및 미군 주둔에 필요한 기지와 시설의 지배권을 가졌다. 미국은 1948년 8월 24일 한·미 군사안전잠정협정을 체결(이승만과 하지)하여 8월 26일 주한미군고문사절단 (Provisional Military Advisory Group)을 설치하여 이러한 업무 대부분을 관장했다. 그 규모는 1948년 8월 15일 100명이었다가, 1948년 12월 말에는 241명이었다(한용원, 『창군―미군의 역할과 민군관계를 중심으로』, 학림, 1982, 275~76쪽; 박명림, 앞의 글, 161쪽). 따라서 필자는 미국과 이승만정부가 제주도 대토벌과 민중대학살 정책을 세우고 그 작전을 수행했다고 주장한다.

155) 미국은 제14연대와 같은 사건이 재발하지 않도록 모든 예방조치를 취했다(Hq. USAFIK, "G-2 P.R.," 1948년 12월 17일). 함병선을 비롯한 지휘관 모두(박진경, 최경록, 송요찬, 유재흥)가 일본군 출신이었음도 특색이다(국방부 전사편찬위원회, 앞의 책, 444쪽).

156) 오성찬 채록, 앞의 책, 67~70쪽. 토산리 사람들이 1987년에 작성한 호소문 「토산리 4·3사건 실상기」는 40년의 한과 분노를 담고 있다.

157) 오성찬 채록, 앞의 책, 57~59쪽. 홍순식 씨가 북촌리 집단학살을 증언한 것이다. 당시 이 마을은 320호에 1,864명이 살았으며, 이 대학살로 12호의 대가 끊겼으며 불 타지 않은 가구는 멀리 떨어진 다섯 가구뿐이었다. 증언자들은 이날의 사망자를 각각 400명, 500명, 600명이라고 증언한다. 채록자가 당시 연대장을 지낸 함병선에게 이 집단학살에 대해 질문했으나, 그는 "보고받은 바 없어요. 잘 모르겠는데요."라고 대답했다고 적고 있다. 사람들은 이 사건을 북촌리사건이라고 한다.

158) 이러한 책임논쟁은 1988년 『한겨레신문』을 통해 존 메릴의 한국전쟁의 기원에 대한 강연 및 이에 대한 김명식·허상수의 반박에서 비롯되었다. 메릴의 한국 방문은 김석범의 고국 방문·제주대학교 강연과 거의 때를 같이하여 거의 비슷한 일정으로 진행되었다(『한겨레신문』, 1988년 11월 10일·11월 12일·11월

15일·11월 16일·11월 17일·11월 22일;『제주신문』, 1988년 11월 16일·11월 18일·11월 19일). 메릴은 남한에서의 게릴라 활동의 좌절과 국경분쟁의 대결을 4·3 발발의 이유로 들어 국내적 맥락에만 초점을 맞추면서 미국의 중재자적 역할을 강조함으로써 미국의 책임이 없었을 뿐만 아니라 한국을 구해주었다는 논리를 폈다. 반론은 미국의 한반도 점령전략과 정책 그리고 분단의 구조화에 맞선 제주 민중의 방어적·평화적 항쟁이었고 국제적 맥락의 연관 속에서 미국이 제주도 대학살을 지휘했다고 반박했다. 그 근거로 4·3은 미국의 점령 시에 일어났고, 미국은 항쟁의 평화적 해결이 아니라 항쟁의 무자비한 탄압 감행을 결정·지휘했다는 것이다. 아울러 반론은 메릴의 반란론이 역사를 왜곡하는 것이며 미국의 책임회피를 위한 제국주의적 논리라는 것이었다. 필자는 메릴과의 만남(1988년 11월 17일 14~15시)에서 ① 미국의 분단구조화에 따른 이승만의 선택과 반대세력의 압살, ② 제주도에 대한 매카시적 용공조작과 4·28평화회담의 미국 측의 결렬 책임, ③ 인디언 학살과 같은 미국의 무자비한 대토벌과 학살, ④ 메릴의 4·3 연구가 한국 민중의 소망과 투쟁을 무시하고 미국적 이익만을 반영, ⑤ 미국의 사과와 보상, ⑥ 미국의 송악산 군사기지화의 추진 등을 따졌다. 메릴은 ①과 ④는 인정했으나 ③은 근거 없는 박갑동의 논리로 회피했고, 미국 현장책임자의 어리석은 실수(stupid mistake)로 돌림으로써 미국의 책임을 회피함과 동시에 대한민국 수립 이후의 일이라고 대답했다. 이에 필자가 인디언 학살 영화와 「살바도르」란 영화를 상기시키면서 미국 대학살의 잔인함을 물었고, 7는 학문적인 얘기만 하자는 식으로 논의를 회피했다. ⑤와 ⑥ 역시 대답을 회피했다.

159) Hq. USAFIK, "G-2 P.R.," 1949년 3월 3일.
160) 『서울신문』, 1949년 3월 17일. 그는 남한에서 공산세력이 우세하고 대한민국이 역량이 부족한 것처럼 국제적으로 선전되고 있기 때문에 단기간에 완전히 소탕하겠다고 말했다.
161) 박명림, 앞의 글, 167쪽.
162) *Report of United Nation Commission on Korea*, 27쪽; 존 메릴, 앞의 글, 189쪽에서 재인용. 국방부는 3월 중 제주도의 전투에서 729명의 적을 사살하는 전과를 올렸다고 발표했다(『동아일보』, 1949년 4월 8일).
163) 국방부 전사편찬위원회, 앞의 책, 448쪽;『공비연혁』, 523쪽.
164) 고창훈, 「제주문화의 사회과학적 이해에 관한 연구」, 『제주도 연구』 제1집(대

학사, 1984), 19~44쪽. 제주도의 삼다(三多)는 자연의 특징을 담고 있었다. 그러나 가뭄 대신에 여자가 많은 것으로 바뀐 것은 1949년 이후의 일이다. 그전의 통계자료는 여자가 약간 많게 나타나지만 균형을 이루었다. 최근에 이르러 제주관광협회는 3S(sea, sun, sex)를 표방하는 일마저 있다. 필자는 3S를 Sea, Sun, Soul로 바꿀 것을 제의했다(고남욱·고창훈·유철인, 「한국사회에서의 도서와 육지 간의 접합에 관한 연구―제주도의 경우」, 『제주대학교 논문집』, 1986, 347쪽).

165) 대토벌작전과 민중대학살은 제1차 1948년 5월, 제2차 1948년 6월, 제3차 1948년 10월~12월, 제4차 1949년 1월~2월, 제5차 1949년 3월~6월에 걸쳐 이루어졌다. 미국은 항상 지휘관을 바꾸었고 정예화된 부대를 투입했을 만큼 미국의 작전은 치밀하고도 잔인한 것이었다.

166) 1948년 12월 1일 제정되었다. 이 법이 한국에서 최대의 반민주 악법이 되고 있음을 볼 때, 미국과 단독정부가 4·3항쟁을 이용하여 반공국가를 공고화하려 했음이 명백하다.

167) 예비검속은 1953년까지 실시되었는데 '빨갱이의 가족'이란 이유로 많은 사람이 처형되었고(표 5의 송악산 생매장이 대표적인 경우), 이러한 조치는 제주 민중을 공포에 몰아넣었다. 연좌제의 피해는 최근까지도 계속되어왔다(제주도문제연구소, 『4·3 진상규명을 위한 설문 조사보고서: 제주도민은 4·3사건을 어떻게 보고 있으며 그 해결방법은 무엇인가?』〔소책자〕, 1989년 4월 1일). 이 조사보고서에 따르면 '4·3으로 피해를 보고 있다'가 45퍼센트, '친구나 친지가 피해를 보고 있다'가 18퍼센트로 나타남으로써 63퍼센트가 피해를 보고 있으며, 연좌제로 피해 본 일이 있는 사람은 16퍼센트, '주위 사람이 당하는 것을 보았다'가 22퍼센트로 연좌제로 인한 피해가 상당히 크며 그 내용은 신원조회(50%), 취직관계(32%), 군인관계(8%), 사업(5%), 해외여행(5%) 등으로 나타나고 있다(조사 대상 인원: 제주도민 45세 이상자 1,200명, 조사지역: 제주도 전지역, 조사기간: 1989년 1월 15일~3월 15일, 조사방법: 연구원 32명의 직접 조사와 무작위 표본추출).

168) 169개 가운데 130개 부락이 불태워졌고 소실된 가구는 1만 5,188동이었다(『제주도지』 상, 46쪽).

169) 6·25전쟁으로 제주도의 16세에서 50세까지의 남자가 동원되어 전선으로 투입되었다.

170) Hq. USAFIK, "G-2 P.R.," 1949년 4월 1일.
171) 정하은, 앞의 글. 1871년 파리코뮌이 2만 명의 사상자를 낸 것과 비교할 때 1948년에서 1949년의 제주공동체의 희생은 세계 역사에 유례가 없는 대학살이었다. 필자는 제주항쟁의 사망자를 8만 65명이라고 밝힌 바 있다. 물론 이는 『제주도지』에 근거를 둔 것이지만 인용의 오류였음을 밝힌다. 제주도의 복구현황에 따르면 신고된 이재민 수가 10만 1,078명에 이른다. 그리고 이재민 마을 수는 전체 마을의 77퍼센트에 이른다. 이는 이재민의 수가 최하 15만 명 정도가 된다는 것을 말한다. 따라서 8만 65명은 이재민이 아니고 인명피해다. 왜냐하면 이재민은 전체 인구의 35퍼센트인 9만 1,700여 명 이상이었기 때문이다(『제주도지』상, 467쪽). 표 5에 따르면 1일 사망자수는 169명 정도다. 이러한 대토벌과 대학살이 13개월 정도 지속되었음을 유의할 때, 1948년 4월부터 1949년까지의 사망자는 5만 명 이상이 될 것으로 추정된다. 아울러 사망자는 1953년 예비검속까지 지속되어 나왔다는 것도 고려하여야 한다. 따라서 8만 65명을 이재민으로 처리하는 것 역시 잘못된 것이다. 결국 이 문제는 체계적인 조사로 밝혀야 할 것이지만, 그것은 인명피해를 시사하는 것으로 추정된다(고창훈, 「4·3민중운동을 보는 시각과 연구과제」, 『실천문학』, 1988년 봄호, 351~74쪽). 이 문제와 관련하여 『제주신문』은 신고와 연구단체의 합동 마을조사를 제의했다. 아울러 이 사설은 연좌제의 피해와 신고의 두려움을 극복하여야 한다고 지적하고 있다(『제주신문』, 1988년 11월 30일). 제주시 아라동 오등마을의 경우 4·3 전 기간을 통하여 300여 명의 인구 가운데 80명이 사망했다(정윤형 교수의 아라동 오등마을의 미발표 조사). 가시리의 경우 4·3 전 기간을 통하여 300호의 1,200명 중 1,000여 명이 죽었다(「증언 1: 전쟁판도 경 위험은 안해실거라」, 4·3연구소 편, 『4·3자료집』 창간호, 4~9쪽).
172) 「4·3의 증언 1: 어느 세상에 이럴 수가……」, 『제주신문』, 1989년 4월 3일, 김순애 씨의 증언을 1인칭으로 바꾸어 발췌·정리했다. 그녀는 안덕면 동광리 무등이왓에서 살았는데, 4·3 때 그 마을은 없어져버렸다. 이 지역 민중들은 당시 항쟁을 위해서는 가파도(加波島)나 마라도(馬羅道)도 일어나야 된다는 뜻에서 "가파도도 좋고 마라도도 좋다"는 민담을 널리 사용했다.
173) 같은 글. 주 172)의 민담은 이 시기에 살기 위해 가파도나 마라도로 도망갈 수 있으면 좋겠다는 뜻에서 "가파도도 좋고 마라도도 좋다"는 뜻으로 바뀌었다.
174) 같은 글, 주 172)의 민담은 살아가는 어려움 때문에 (돈을) 갚아도 좋고 말아도

좋다는 뜻에서 "갚아도 좋고 말아도 좋다"는 뜻으로 바뀌어 오늘날까지 통용되고 있다.
175) 현길언의 단편소설 「쓰여지지 않는 비문」은 인민군에 참여한 아들, 국방군에 참여한 아들, 월남전의 아들이 다 죽고 난 후 그들을 위해 비문을 쓸 수 없는 민족비극을 그리고 있다.
176) 1987년 대통령선거 때 김대중 후보가 4·3의 진상규명을 요구한 이후 정치권에서 부각되기 시작했다. 1988년의 총선에서 제주도의 쟁점이 되었고 국회에서 강보성 의원이 진상규명과 명예회복을 요구했다. 제주도 문제연구소의 앞의 조사에 따르면, 45세 이상의 71퍼센트가 4·3을 직접 경험했으며, 마땅히 규명되어야 하고(74%), 국회의 국정조사권 발동이 바람직하며(80%), 진상 규명은 민간과 정부가 합동으로 하여야 한다(60%)고 생각하고 있으며 그 보상으로 명예회복과 위령탑 건립 및 위령제 실시(30%), 물질적·정신적 보상(32%), 정부의 해명과 명예회복(24%)을 요구하고 있다.
177) 4·3 41주기 추모준비위원회가 제주지역에서는 처음으로 4·3추모 및 진상규명 촉구대회를 했다. 1988년 7월 21일에는 4·3강연회, 1988년 11월 20일에는 4·3의 밤이 열렸다(『한겨레신문』, 1989년 4월 4일·9일; 『제주신문』, 1988년 11월 21일·12월 8일). 4·3연구소가 생겨 4·3에 대한 증언집을 내놓고 본격적인 연구작업을 추진하고 있는 것은 아주 바람직한 일이라 생각한다. 「4·3 진상 규명을 위하여—41주기 4·3 추모토론회」(1989. 6), 4·3 연구소 편, 『4·3 자료집』 창간호, 14~22쪽 참조.
178) 김점곤과 김남식은 4·3을 폭동으로 규정한다(김점곤, 『한국전쟁과 노동당전략』, 박영사, 1973; 김남식, 『남로당 연구』 1, 돌베개, 1984, 363~78쪽). 존 메릴은 4·3을 반란으로 규정한다(John Merill, "Cheju-do Rebellion", *Journal of Korean Studies*, vol. 2). 오성찬과 현길언은 4·3을 사태로 인식한다(오성찬, 「40년 제주의 한: '4·3사건'의 진상」, 『신동아』, 1988년 4월호; 오성찬, 「한 공산주의자를 위하여」, 실천문학사, 1989; 오성찬 채록, 『한라의 통곡소리』, 소나무, 1989; 현길언, 『우리들의 스승님』, 문학과지성, 1985). 김봉현·김민주와 『노동신문』은 4·3을 인민무장투쟁이라고 규정한다(김봉현·김민주, 앞의 책; 『노동신문』, 1952년 4월 3일·1988년 4월 3일; 『노력인민』 92호 [1948년 5월 25일]·93호[1948년 6월 3일]·94호[1948년 6월 11일]; 김일우, 『섬사람들』, 힘, 1988). 북한의 4·3에 대한 입장은 의례적인데, 『조선전사』에 4·3이 비중 있

게 다뤄지지 않았음은 이를 반영한다. 현기영은 그의 소설에서(『순이삼촌』, 창작과비평사, 1979), 양한권과 박명림은 석사학위논문에서(양한권, 앞의 글; 박명림, 앞의 글), 김명식은 그의 시에서(「유채꽃 한아름 안아 들고」, 동광출판사, 1989), 김석희는 그의 소설에서(「땅울림」, 실천문학, 1988년 봄호) 각각 민중항쟁으로 인식한다. 김석범과 이산하는(김석범,『화산도』, 실천문학사, 1988; 이산하,『한라산』, 1987) 소설과 시에서 민족해방투쟁으로 인식한다. 아울러 4·3연구소의 입장은 증언록에서 4·3민중항쟁임을 밝히고 있고(4·3연구소 편, 앞의 책, 1989),『한겨레신문』도 민중항쟁임을 밝히고 있다(『한겨레신문』, 1989년 4월 4일).『제주신문』은 1989년 4월 3일부터 「4·3증언」을 연재하고 있는데, 4·3에 대한 입장을 명백히 밝히고 있지는 않고 항쟁과 수난이라는 두 측면에서 다루고 있다(『제주신문』, 1989년 4월 3일).

179) 고창훈, 「4·3민중운동을 보는 시각과 과제」, 『실천문학』, 1989년 봄(실천문학사), 351~74쪽.

180) 같은 글.

181) 4·3연구소 편, 앞의 책, 184쪽, "4·3을 일으킬 정도의 제주도가 1987년 대통령 선거 때 집권여당에 50퍼센트의 표를 주었거든. 그만큼 더 낙후됐어. …… 4·3 이후 너무 공포를 느꼈어. 탄압이 원체 컸기 때문에 되도록이면 빨갱이가 아닌 것처럼 자신의 태도를 보이다보니 반공 이상의 극우논란에 말려들었지. …… 이러한 점들을 볼 때 미국은 완전히 성공했지. …… 이승만정권도 오늘날까지 성공한 거지." 미국의 성공은 이 정도가 아니다. 4·3이 미국과 제주 민중의 싸움이었는데, 이것을 좌·우의 싸움 또는 남로당 조직의 공산화 목적이라고 왜곡하는 데도 철저히 성공했다. 제주도문제연구소의 앞의 조사는 이의 성공을 보여준다. 4·3대학살의 책임이 군경토벌대가 제일 많았음을 인식하면서도(32%), 4·3의 성격을 남로당 조직의 공산화(23%), 좌·우 사상의 싸움(17%) 등으로 인식하게 만들었다(고창훈, 「제주 4·3항쟁의 고찰과 그 현재적 의미」, 『한림대학보』52호, 1989년 5월 19일).

182) 민중과 남로당을 일치시킨 것 중 하나가 노래다. 한국의 민중운동에서 촉매가 노래였듯이 4·3항쟁에도 노래는 이러한 역할을 했다(4·3연구소, 앞의 책, 91쪽; 오성찬 채록, 앞의 책, 44쪽).

183) 고창훈, 「제주 4·3항쟁의 고찰과 그 현재적 의미」.

184) 고창훈, 「제주 문화에 대한 사회과학적 이해에 관한 연구」. 제주도 사람들은 이

분법적 사고를 가져왔다. 제주인들은 '섬과 육지' '섬사람들과 육지사람들'로 인식해왔다. 필자는 제주 민중의 통일정부와 자치정부가 분단시대의 제3의 대안이었다고 생각하고 있다. 분단시대의 대안은 북한의 인민민주주의와 미군정·이승만의 단독정부로 귀결되었는데 이러한 두 가지 대립 사이에서 제주민중항쟁의 대안은 지역자치정부와 통일국가의 형성에 있었다는 점은 보다 깊은 연구를 필요로 한다고 본다. 아울러 지역연방제와 작은 정부의 모색이라는 차원에서 깊은 고려가 필요할 것이다. 필자의 다음 연구에서 이러한 점을 밝히고자 한다.

185) 고창훈, 「제주 4·3민중항쟁의 고찰과 현재적 의미」.
186) 부만근, 「제주도의 역사」, 『제주도』(뿌리깊은 나무, 1983), 84쪽.
187) 고창훈, 앞의 글. 이 문제 역시 보다 체계적인 연구가 필요하다.
188) 같은 글.

4

1948~53년 문교정책의 이념과 특성	한준상·정미숙
해방 이후 무장투쟁에 대한 문학적 형상화	임헌영
해방3년의 미술운동	최 열
해방 직후의 민족영화운동	이효인

1948~53년 문교정책의 이념과 특성

한준상 · 정미숙

1. 머리말

 1948년에서 1953년까지 전개된 한국 문교정책의 특성과 이념을 왜 새삼스레 문제시해야 하는가? 무수한 대답이 가능하겠지만 그중에서도 우리가 주목하고자 하는 것은 그 당시 문교정책이 오늘날의 문교정책에 뿌리가 되고 있다는 점 때문이다.
 어느 시대이건 간에 당시의 문교정책에 대한 연구에는 그 사회의 특성과 지배집단의 상관성에 대한 이해를 배제할 수 없다. 왜냐하면 교육은 곧 사회현실의 반영이자 지배집단의 요구로 해석되기 때문이다. 또한 신생국가가 만들어지는 상황에서 교육은 더욱더 지배집단의 사회·정치적 요구를 충실히 반영하고 있기 때문이다.
 해방 이래 우리의 교육은 정치권의 동향에 가장 큰 영향을 받았고 정치세력과 긴밀한 관계를 갖고 있었다. 사회적으로는 이념갈등이 첨예한 상황이었기 때문에 문교정책은 이념교육 중심으로 전개되도록 유도되었다. 이 결과 교육계에서도 이데올로기적 갈등양상이 나타났다. 그러나 그것은 각종 국가기제에 의해 억압되었고, 그 결과 한국전쟁 후에는 교육계뿐 아니라 사회 여러 부문에서 진보적인 이데올로기를 찾아보기 어렵게 되었다.

이 글은 이승만을 중심으로 한 사회정치적 지배집단이 1948년부터 1953년까지 교육을 통해 의도한 것이 무엇이었나를 밝히고자 하는 것이다. 이를 위해서는 이승만정권이 이데올로기를 문화적으로 강화·지속시켜준 문교장관들의 발탁경위와 그 장관들의 문교정책에 대한 구체적인 분석이 시도되어야 한다. 이런 분석과 논의는 분단고착화과정에서 교육이 어떤 역할을 했는가에 대한 대답을 얻어내는 데에도 도움이 될 것이다.

2. 안호상과 백낙준 문교장관의 문교정책적 특성

1) 안 장관과 백 장관의 발탁 과정

8·15 이후 한국 교육계에는 교육계 인사들에 의해 각종 위원회와 협회가 만들어졌다. 즉 그것은 조선교육위원회, 조선교육심의회, 조선교육연구회, 새교육협회, 한국교육문화협회 등이었다. 그중에서 한국 교육계의 핵심 인물들로 구성되어 미군정에 실질적으로 봉사한 '조선교육위원회'의 인적 구성에는 비미국계가 배제되어 있었다.

그런데 단독정부 수립 후, 문교부장관으로 기용될 수 있었던 여러 사람을 제치고 문교부장관으로 발탁된 사람은 조선교육위원회의 구성원도 아니며 미군정 교육에서는 철저히 소외되었던 안호상이었다. 그가 문교부장관으로 발탁된 근거로 다음과 같은 사실을 꼽을 수 있다.

첫째, 정치적 세력기반이 약했던 이승만이 김성수세력을 견제하기 위해 족청계의 이범석과 제휴했다는 점은 안호상에게 절호의 기회가 되었다. 즉 족청계 인사가 정부 각료로 진출함에 따라 이범석과 긴밀한 인간적 관계를 맺었던 안호상이 이승만에게 발탁될 가능성은 컸다.[1]

둘째, 안호상은 독일 예나대학과 동경제국대학 대학원을 마치고, 일제 때 보성·혜화전문 등에서 교편을 잡다가 8·15 후 국립 서울대학교 교수가 된 교육계 출신이었다. 그는 국립서울대학교안(국대안) 반대운동 시 국대안 반대학생들의 처벌에 적극적으로 나섰고 국대안 실시를 강력히 찬성했던 사람 가운데 하나였다. 또한 그는 강단에서 반탁을 적극적으로 주장하던 교수로서 당시 서울대 우익학생들의 이념적 지도자 역할을 담당했으며, 좌익계 교수들과 이념적 싸움을 벌여온 사람이었다. 이승만과 안호상의 첫 대면도 1946년 5월경에 우익학생대표들의 주선으로 이뤄졌다. 이때 이승만이 안호상으로부터 받은 정치적 인상은 상당한 것이었다. 이러한 안호상의 전력은 이승만으로 하여금 그를 문교장관으로 발탁할 만한 가치를 주고 있었다.[2]

셋째, 안호상이 평소 주장했던 일민주의는 이승만에게 그의 정치적 지배상 매력적인 이데올로기로 보였을 가능성이 컸다. 안호상의 일민주의(一民主義)는 민족지상·국가지상을 표어로 부르짖는 민족청년단의 공식 이론이기도 했다.[3] 즉 좌익적 이데올로기가 사회적으로 커다란 영향을 미치고 있고 북한과 대치하고 있는 상황에서 이승만은 이에 대항할 만한 이데올로기가 필요했다. 또한 일제 잔재 청산에 대한 국민들의 열망이 높아서 민족을 하나로 묶는 이데올로기가 요구되기도 했다. 이런 시기에 민족교육을 주창하는 안호상의 교육이념은 이승만 지배집단에서 통치이념을 제공해주기에 충분했다고 볼 수 있다. 좌·우익 이념대립이 첨예한 상황에서 단지 '민족'을 표방한다는 그 사실만으로도 통치집단의 정당성 확보에 기여할 수 있는 것처럼 보였다.

그러나 안호상 문교장관의 문교정책은 일민주의로 일관되었다는 점을 제외하면 그의 정책 역시 미군정기의 교육정책과 비교해서 특별하게 두드러진 것이 없었다. 안호상은 문교장관이 되어 미군정의 문교행정을 인수받은 후 군정 문교부의 교육정책과 그 운영이 잘못되었다고 생각하여 문교부 직원을 대폭 바꿨다. 그러나 실제로 그 내용도 알고 보면 군정 시 문교부 직원이 거의 연희전문 출신이었다는 점에 대한 불만이었다고 할 수 있다. 그래서 그는 초대 문교부 직원 구성에는 연희전문 출신을 배제하고 보성전문과 서울대 출신의 제자들만 채용했다.[4]

단지 그는 군정기에 무비판적으로 한국 교육계에 도입된 미국 교육의 도입과정을 문제삼았을 뿐이다. 이런 것은 안호상이 주도하여 행했던 다음의 여러 가지 일에서 분명히 발견된다.

첫째, 안호상을 비롯한 비미국계의 '조선교육연구회'(민주교육연구회의 개칭)가 개최한 민주교육연구강습회(1946. 11)의 목적도 알고 보면 '새 국가의 새 교육을 건설하기 위해 남의 의견과 남의 것을 배우는 것'이었을 뿐이었다. 그랬기에 별수 없이 강사 중 절반이 미국인이었고, 강습내용 역시 미국의 민주주의 교육이론에 대한 것이었다. 이들은 기본적으로 미국교육의 수용에 대해 긍정적이었고, 단지 그 수용과정의 비판에서 미국계보다 다소 민족적이었다고 할 수 있을 뿐이었다.[5]

둘째, 안호상 문교장관은 그의 재직 시에 미국 교육자들이 내한하여 중앙교원훈련소(Teacher Training Center)를 개설하여 53일 동안(1948. 8. 3~9. 24) 567명의 한국 교사들에게 미국의 새 교육을 전수하는 것도 허용했다. 그 당시 독일이나 일본은 패전국이었기에 더 이상 이념적으로 기댈 자원이 없었던 그로서는 어쩔 수 없는 것이었다.

셋째, 그는 군정기 조선교육심의회에서 채택된 '홍익인간'의 교육이념에도 대폭적으로 찬성하면서 일민주의와 홍익인간 교육이념 사이의 조화를 역설했다. 즉 그는 일민주의를 "홍익인간의 이념에 입각하여 남북이 통일되어야 한다는 민족적 염원이며 공산당의 계급투쟁론에 대항하는 이론"[6]이라고 주장했다. 물론 이것에 논리가 뒷받침된 것은 아니었다. 이와 아울러 그는 6·3·3·4제의 단선형 학제의 확정, 교육법 제정 등 군정기에 기초된 교육제도들을 그대로 수용, 신생국 국회의 공식적인 심의를 거쳐 법제화했다.

그런데 한국전쟁 발발 직전에 실시된 2대 국회의원선거는 이승만에게 체제적 위기를 느끼게 만들기에 충분했다. 이승만의 세력기반이던 독촉계와 서북계가 선거에서 탈락하고 오히려 남한의 단독선거를 반대했던 인사들이 무소속으로 대거 당선되는 사태가 벌어졌다. 따라서 이범석과 이승만의 제휴관계는 더 존속할 필요가 없었고, 그 결과 이범석의 사상적·실천적 동지였던 안호상 장관은 당연히 문교장관에서 물러날 수밖에 없었다. 안호상의 퇴임시기가 문제될 성질이 아니었다. 이승만의 정치적 전술로 보아 당연한 순서였을 뿐이었다.

교육 외적인 상황 변화에 의해 안호상이 문교장관에서 물러난 후 문교장관은 이승만의 원래 구도대로 미국계 인사로 충원되었다. 그가 바로 백낙준이었다. 백낙준은 미국 교육을 몸으로 익힌 교육자로서 군정기에는 조선교육위원회와 조선교육심의회의 핵심 구성원으로 미군정 교육에 참여했고, 외국의 교육(미국 교육)이론 수입에 적극적이었다. 그는 이승만과 정치적 입장은 달랐으나, 교육의 재건을 위해 미국의 '도움'이 필요하다는 데에는 인식을 같이했다. 그 결과 안호상 문교장관이 명분상 내세웠던 '민족지향적 일민주의'는 교육계에서 더 이상 명맥을 유지하기가 어려웠다. 일민주의라는 복고주의적이고도 전체주의적인 이데올로기 대신 '민주주의 교육' 이념이 등장했고 그 이름 아래 반공이데올로기가 교육내용으로 강하게 수용되기 시작했다.

백 문교장관은 안호상 장관 시절 중지되었던 '새교육운동'을 다시 적극적으로 부활했으며, 동시에 안 문교장관 때 '사회생활과'로 통합되어 폐지되었던 공민·수신과를 도의교육으로 강화해 그 교육내용을 다시 부활했다. 이것은 1956년에 도덕과로 정식 채택되는 계기를 만들어준 전초작업이었다.

2) 두 장관의 문교정책 비교

안호상 문교장관은 '민주주의 민족교육의 추진과 일민주의 사상의 보급'을 문교정책으로 내세웠고, 백낙준 장관은 인격교육·기술교육·국방교육·지식교육을 문교정책으로 내세웠다. 그런데 실제 정책추진 내용을 보면 차이보다는 공통점을 많이 발견할 수 있다. 안호상 장관의 뜻이었던 학도호국단을 백낙준 역시 유지했고, 안호상 재임 시에 실시된 교육법 제정에 백낙준이 전문위원으로 참가했으며, 의무교육제와 교육자치제도 안 문교 때 만들어져서 백 문교장관 재임 시에 실시된 것이다. 또 1인 1기교육도 두 장관이 모두 문교정책으로 채택한 것이었다. 이런 점으로 미루어보아 안호상과 백낙준으로 이어지는 문교장관의 바뀜은 근본적인 문교정책의 변화를 가져왔다고 볼 수 없다. 사실 백낙준에 이어 3대 문교장관이 된 김법린은 백낙준의 전시 문교정책을 그대로 이어받는 일을 담당했을 뿐이다. 따라서 문교장관의 교체과정은 미군정기에 기초가 만들어진 교육체계가 안호상·백낙준·김법린을 거치면서 체계화되고 정착되는 과정이었을 뿐이었다.

이와 같이 문교장관의 교체는 교육계 인사들의 패권경쟁관계의 변화와 더불어 그 당시 피치 못했던 사회조건, 즉 교육 외적인 남북대치 및 남한의 정치적 조건의 절박성으로부터 기인된 것이다. 따라서 교육계 인사들 간의 패권경쟁은 표면적인 화합관계로 위장될 수밖에 없었다.

3. 정부 수립 초기(1948~50년 초) 민족교육의 허구

1) 지배집단의 구조적 취약성과 일민주의

이승만이 권력을 완전히 장악하지 못한 상태에서 초대 문교장관으로 발탁된 안호상은 이승만의 권력유지와 무관할 수 없었다. 그는 초대 문교정책의 당면과제를 국내적으로는 이승만의 통치이데올로기로 수입된 자유민주주의를 확고히 하는 것으로 보았고, 국외적으로는 공산주의와 대항하여 국토와 사상의 분열을 통일하는 것으로 보았다.[7] 사실 미군정 이후 대폭 개편된 교육체제 역시 그 내부에 좌·우익의 이데올로기적 갈등을 내포하고 있었으며, 게다가 미국식 자유민주주의의 무작정 도입에 따른 이념적 부적응 문제로 진통하고 있었다. 남한사회에서는 자유민주주의적 물적 토대를 가진 현실적인 주체세력도 없었고 자유민주주의 이데올로기의 본래 의미를 충족할 수 있는 사회적 기초 역시 결여되고 있었다. 그 결과 자유민주주의는 이승만정권의 정당성을 위한 형식적인 정체(政體)로 기능했을 뿐이다. 따라서 실질적인 내용은 남북대치 상황에 합당한 반공이데올로기인데 이것이 자유민주주의라는 식으로 수용되게 되었다.[8] 이런 상황에서 지배층은 이데올로기 갈등상태를 수습하고 자신들의 통치를 정당화해줄 수 있는 적당한 이념이 필요했다. 이를 위하여 만들어진 일민주의는 외형상으로는 내성적 민족교육 이데올로기로서 보수정치인들에게 환영을 받았다.

안호상은 이런 기회를 이용하여 일민주의 사상을 문교정책으로 정착시키는 데 최대의 관심을 나타냈다. 그는 일민주의를 통해 사상적 안정과 국민사상을 귀일시켜 반공체제를 확립하는 것을 교육의 최대 과제로 삼았다.[9]

일민주의는 이승만의 창안 제창과 함께 국시로서 명시되자 민주주의의 유일한 토대라는 명목으로 보급운동이 전국적으로 전개되었다.[10] 정치권에서 일민주의의 위상을 보여주는 정치적 작업도 진행되었다. 당시 국회 내에서는 이승만의 일민정치를 보조하려는 목적으로 친이승만그룹이 '일민클럽'이란 조직을 만들기까지 했다.[11] 이승만은 일민주의 보급에 적극적이었다. 그는 심지어 공산주의와의 사상전에서 이기기 위해 일민주의하에 정강을 정하여 하나의 정당을 세우자고 주장하기까지 했다. 이것은 그의 북진통일론과도 맥이 닿는 것이다.

일민주의 교육이 '민족적 민주교육'의 한 형태라고 기술될 수도 있는 이유가 있다면 그것은 일민주의가 국내적으로는 '미국식 민주교육'에 대응하면서, 형식적으로 '구미식 개인 자본주의적 민주교육'에 저항하고, 내용적으로는 '소련식 공산주의적 교육'에 대결하는 식의 '민족적 민주교육'을 통해 신라시대의 민주사상을 계승하여 민족주체성을 회복하는 운동이라고 선전되었기 때문이다.[12] 안호상은 "일제의 식민정책의 잔재가 있는 그 상태 속에서 미·소의 군정이 들어오자, 우리의 민족사상은 완전히 분열되었고 민족주체성은 거의 다 없어질 정도에 이르렀다. 그러므로 우리의 교육은 우리 민족주체성을 되찾는 교육이 되어야 한다" 그리고 "해방 후 비판 없이 요란히 떠드는 민주주의 바람에 우리 민족은 오늘날 이와 같이 불행하고 우리 조국은 이와 같이 파괴되었다"[13]고 개탄했다.

그러나 당시의 제반 국내 정치는 일민주의 보급에 부정적이었다. 첫째,

안호상이 일민주의를 "이승만의 이성적 판단과 양심적 반성과 굳센 의지의 결정으로서 단군 할배검의 홍익인간 정신과 신라 화랑도의 사상을 이어받아 현대의 모든 이념체계를 종합한 가장 깊고 가장 큰 주의"[14]라고 자찬하는 것에 대해 지식인들은 조소를 보냈다. 그들에겐 일민주의 그 자체가 비과학적이었으며 비철학적이었다. 그래서 이승만이 내세우는 일민주의 정책을 유리하게 활용하려던 일부 정치지망 학생을 제외하고는 대개가 일민주의가 대한민국의 위신을 떨어뜨릴 뿐 아니라 오히려 민주주의에 역행하는 허구적인 논설이라고 비판했다. 심지어 미군정 밑에서 교육정책 수립에 참여했으며 제1공화국의 초대 문교장관으로 가장 유력시되었던 오천석까지도 일민주의에 대해서 "스파르타식으로 아동을 훈련하고 지식을 주입해야 한다는 보수파의 주장이며, 일민주의자들은 아직까지도 종래의 교육에 강력한 향수를 느끼는 사람들이며, 그들에게는 무슨 확고한 철학적 신념이나 이론적 근거가 있는 것이 아니라 일본식 교육에 대한 열정과 타성이 있을 뿐이라고 단정해도 무리가 아닐 것이다"[15]라고 혹평했다. 둘째, 문교정책의 중앙집권적 경향과 학도호국단의 설치 등이 군국주의를 연상시킨다는 점 때문에 일민주의는 냉대를 받았다. 셋째, 당시 교육계 인사들은 대부분 미국식 교육에 훈련된 사람들이었다는 점도 일민주의를 고사시키기에 충분했다. 즉 일민주의 교육이 민주교육에 배치된다는 생각이 이들 미국지향적 교육계 인사들의 뇌리를 지배하고 있었다.[16] 그러나 안호상은 이런 조건에도 굴하지 않고 이승만의 비호 아래 일민주의 보급에 박차를 가했다. 그 결과 일민주의는 '민주적 민족교육연구회' 개최와 학도호국단 설치에 자극되어 비교적 단시일 내에 전국적으로 보급되기도 했다. 그러나 일민주의는 안호상의 퇴진과 더불어 퇴조하게 되었다.

2) 안호상의 문교정책적 골격

1948년에 국가보안법이 제정되면서 교육계에도 좌익교사와 학생에 대한 탄압이 전국적으로 번지기 시작했다. 이를 위해 모든 학교에는 학생위원회가 설치되었고, 학교는 좌익운동에 가담한 교사와 학생의 행적을 당국에 보고하도록 강요당했다.[17] 이를 추진한 안호상은 이승만보다 한 술 더 떠 "공산주의자이거나 좌경 또는 자유민주주의에 대해 명확한 신념이 없는 교사는 교육분야의 모든 직위에서 몰아내야 한다"[18]고 역설했다. 안호상의 명에 따라 1949년 1월 16일 서울 시내 초·중등 교장은 교사감시자가 되었고, 그 후 연일 '불온교사 숙청'에 대한 협의를 했다. 이어 3월 15일에는 다음과 같은 명분으로 교사에 대한 전국적인 대파면 숙청을 단행했다.

> 의무교육의 실시를 앞두고 국민교육에 충실코자 문교부에서는 남한의 각 대학·중학교·국민학교에 걸쳐서 학원의 민주화를 파괴하는 불순 교직원의 숙청을 각 도·시 당국에 요청했다.[19]

교사 숙청으로 인해 충북·제주·강원을 제외한 여섯 개 도시에서 국민학교 교사만도 1,641명이나 파면당했다. 안호상 장관 자신이 국대안 반대운동을 저지한 공로로 입각했기 때문에 학원의 사상통일을 위한 물리적 통제에는 누구보다도 일가견이 있었고, 그 결과 교사 숙청에도 남다른 데가 있었다.[20] 이러한 물리적 통제 때문에 일민주의는 강압적 교육을 위한 학원의 사상통일정책으로 이해되기에 이르렀다.

일민주의에 의해 강행된 교육정책은 여러 가지로 열거될 수 있다. 그것은 첫째 중·고·대학에 학도호국단이 조직되었다. 둘째, 중학 이상의 학생 군사훈련이 실시되었고 배속장교 제도가 확립되었다. 셋째, 중·고 교장·교감에 대한 사상·시사·군사 과목 중심의 교원 재교육이 강화되었다. 넷째, 문교부의 자원에 의해 여군 간부를 모집하여 국방부의 후원을 얻어 군사훈련을 실시하기도 했다.[21] 결국 일민주의 교육은 국방교육과 다름없었는데 그것은 국방부와 문교부가 밀착되었기 때문에 더욱더 가능할 수 있었다.

안호상은 정규 학교교육 외에 사회교육에도 그의 정치적 힘을 행사했다. 그래서 야간강습을 개최하거나 선전계몽차로 순회강연을 하거나 영화상영을 하는 등의 방법으로 일민주의 지향적 사상교육을 시켰다. 안 문교장관이 장학방침으로 채택한 것은 다섯 가지였다. 첫째 민주주의 민족교육, 둘째 국민사상의 귀일, 셋째 반공정신 함양, 넷째 일민주의 사상교육, 다섯째 1인1기교육 등이 그것이었다. 그중 1인1기교육을 제외한 나머지 장학방침은 모두 문교장학행정이라기보다는 일종의 사상주입정책이라고 일컬을 만한 것이었다.

안호상 장관의 고등교육정책은 일관성이 없었다. 그가 내세운 당시 고등교육에 대한 원칙은 세 가지로 요약될 수 있었다. 첫째, 고등교육기관의 팽창억제주의를 내세웠는데도 대학 정원은 오히려 증가했다는 점이었다. 둘째, 고등교육자율주의를 채택, 교육내용과 방법을 학교 측에 일임했다. 그러나 셋째, 고등교육기관 사상통제주의를 실시함으로써 고등교육자율주의를 무색하게 했다. 안 장관은 각종 법적·제도적 장치를 사용해서 사상통제를 하면서도 학도호국단 조직을 이용한 정치활동을 강화했다. 넷째, 고등교육 재정은 사립의 경우 수익자부담원칙에 기반을 두었으나, 국립의 경우는 내무부가 지방재정부족금 또는 지방분여세 등으로 보조를 하는 사립차별정책을 강화했다.[22]

안호상 장관이 그 당시 내세운 고등교육기관의 팽창억제는 현실성이 없었다. 왜냐하면 대학에 의한 부정입학이 너무나도 노골적으로 자행·묵인되었기 때문이다. 사범학교의 국립화와 국립대학 예산에 대한 내무부의 지휘·감독은 고등교육을 교육적으로 처리하기보다는 정치적으로 통제하기 위한 방편이었다. 안호상은 1950년 4월 1일 전국 16개 사범학교를 국립으로 전환하면서 이들 사범학교의 상징으로 일민기를 패용시켰다. 결국 이런 엉뚱한 일을 통해 안호상 장관이 일민주의에로의 국민적인 사상적 귀일을 위해 얼마나 노력했는지 알 수 있다.[23]

3) 일민주의 교육과 학도호국단

1948년 10월에 조직방안이 구체화되고 조직요강이 완성된 학도호국단은 일민주의를 보급하기 위한 안호상 장관의 지혜에서 나온 것이었다.

1949년 4월에 중앙학도호국단이 결성되었고, 그해 9월에 대통령령(186호)으로 '대한민국학도호국단규정'이 공포되면서부터 본격화된 학도호국단 활동의 정치적 슬로건은 '민족의 주의사상 통일'이었다. "단체훈련을 하여 신체단련과 정신연마를 함으로써 학원 내 좌익세력의 책동을 분쇄하고, 민족의식 고취를 통해 애국적 단결심을 함양한다"는 학도호국단의 구성은 범국가적이었다. 즉 대통령이 총재, 국무총리가 부총재, 문교장관이 중앙학도호국단장의 자리를 차지하고, 학생 전원과 교직원을 포함하는 군대식 조직으로서 운영과정에서도 군대식 용어가 사용되었다. 학도호국단은 일제하의 '학생경찰'이나 히틀러의 청년단과 그 외양마저 비슷했다. 한마디로 일민주의 가치 아래 독일 군국주의식 청소년 기동타격대를 만들어 보았던 것이다.

학도호국단 운동은 중앙집권적 통제를 통해 강제적으로 모든 학생운동단체와 교유회, 기타 모든 학생단체를 해체, 학도호국단에 통합시키는 것으로 시작되었다.[24] 실제 정부 수립 후 12월 22일까지 11개 학교에서 민주학련 관련자 199명이 검거되었다. 중앙학도호국단이 결성된 후 6·25를 거쳐 1959년 6개월간 재일교포 북송 반대데모에 학생들이 강제동원될 때까지의 시기는 사실상 학생운동의 공백기를 이룬다.[25] 한마디로 학도호국단은 우익학생단체의 연합으로서 진보적 학생운동의 맥을 끊어놓는 역할을 담당했던 것이다(표 1 참조).

1948년 여순사건 이후 정부는 학생과 교원들의 급진성향에 위기감을 느꼈고, 이 위기감은 학도호국단 조직에 더욱더 박차를 가하게 만들었다. 이를 위해 학도호국단 간부 중 80퍼센트를 전국학련 출신으로 조직하도록 했다. 그 이유는 반탁·반공투쟁에서 사상적인 무장이 확고해진 전국학련 간부를 중심으로 학도호국단을 조직하는 것이 학도호국단 운영을 용이하게 해주리라 생각했기 때문이었다.

전국적인 단일학생 조직인 학도호국단을 외견상 일사불란한 것으로 보였지만 실제 학도호국단 조직 내부의 사상통일은 제대로 되지 않았다. 그것은 호국단이 자의에 의한 자발적인 조직이 아니라 의무적 가입에 의한

표 1   미군정 시 학생단체 계통도

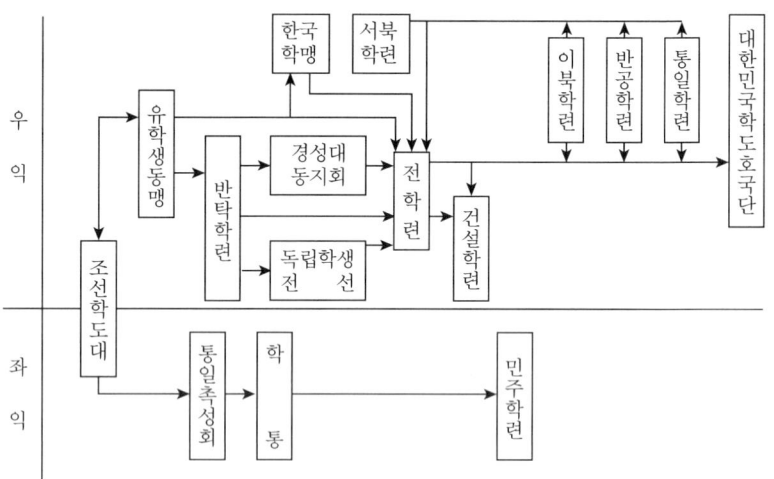

자료: 『교원복지신보』, 1987년 9월 21일.

강제적 조직이었기 때문이다. 게다가 과거에 좌익운동을 한 학생이나 '회색학생'까지 모두 가입되어 있었기 때문에 사상적 복합상태는 더욱더 복잡하기만 했다.[26]

그러나 문교부는 이에 아랑곳하지 않고 서울사대 구내에 학도호국단간부훈련소를 설치하여 각 중등학교 간부를 훈련했다. 각 대학 간부는 육사에 설치된 학도반에서 2주간 군사훈련을 받은 후 전국적인 조직작업에 투입되었다. 그 결과 학도호국단을 정치적으로 체계화하는 작업은 사회 각계의 비판을 받게 되었다.

학도호국단에 대한 비판은 그 조직 초기부터 제기되었다. 몇몇 우익단체조차 학도호국단이 학생들의 자율적인 단체가 아닌 '관제단체'로서 학생운동을 정치도구화한다는 이유로 반대했다. 국외에서도 학도호국단을 조직하는 움직임을 의아하게 보았다. 군국주의 일본에서 벗어난 한국에서 대학생들에게 독일식 혹은 가마가제와 비슷한 군사훈련을 실시한다는 사실이 외국인들에게 의혹을 갖게 했던 것이다. 학도호국단에 대해서는 창

단이념상의 문제점, 조직의 비민주성뿐만 아니라 재정문제에 대한 비판까지 제기되었다. 심지어 학생들로부터 징수한 학도호국단비가 학교 경영 전반의 재원이 되고 있다는 비판마저 받았다.[27]

4. 한국전쟁기의 전시교육정책

1) 한국전쟁기의 교육상황

족청계가 정치권에서 제거되는 정치세력 재편성과정에서 문교장관으로 발탁된 백낙준은 취임 직후 한국전쟁의 발발을 맞게 되었다. 새로운 문교정책을 펼 사이도 없이 그는 '전시교육'의 소용돌이에 휩싸이게 되었다. 교육 이상이 있었던 백낙준으로서는 천추의 한이 되는 그런 시기였다.

6월 26일 오전 10시 문교부는 서울 이북지역의 국민학교에 임시 휴교령을 내렸고, 중등학교 이상에 대해서는 각급 학교장 재량에 의해서 휴교 여부를 결정하라는 지시를 내렸다. 이렇게 해서 중단된 학교교육은 10월에 '서울시 교육임시재건위원회'에서 서울 시내 초·중등학교의 개교가 결정되어 2학기 수업이 일시 이뤄졌으나 1·4후퇴로 말미암아 다시 휴교상태에 들어갔다.[28]

전쟁은 물리적인 교육시설의 손실뿐만 아니라 막대한 인적 손실도 초래했다. 전시교육상황을 조사한 당시 유엔한국재건단(UNKRA)의 보고서는 이렇게 쓰고 있다.

> 건물·서적 및 교육시설은 전쟁으로 인해 황폐되었다. 학교시설의 약 60퍼센트는 대파손됐거나 혹은 군대가 점유하고 있거나 다른 목적으로 사용되고 있으며, 그 결과 이들은 교육적인 목적으로 사용될 수 없게 되었다.[29]

학교별 피해상황은 고등교육기관(대학과 사범대학)의 파괴율이 50퍼센트 이상으로 교육기관 중 가장 피해가 극심했다. 그 이유는 당시에 고등교육기관이 서울에 집중되어 있었기 때문이다. 아울러 도별 학교건물 피해상황도 서울·경기지방에서 가장 피해가 컸다.

교육의 인적 피해는 교육자와 학생들의 이산뿐 아니라 교원들의 월북·행방불명 등으로 나타났다. 이것은 전쟁 이후 교육계에서 진보적 운동이 지하로 들어가는 계기와도 무관하지 않다.

전쟁 때문에 중단되었던 교육은 천막교실이나 노천교실을 이용해서 부분적으로 재개되기 시작했다. 그러나 3년간의 전쟁은 국민교육제도의 운영을 불가피하게 뒷전으로 돌리게 했다. 예를 들어 정부예산 중 문교예산의 비율이 2.6퍼센트(1951), 2.0퍼센트(1952), 2.6퍼센트(1953)였다는 사실에서 볼 수 있듯이, 공교육을 위한 재정지원이 거의 중단되다시피 했다.[30]

따라서 교육재정 확보를 위한 부담은 학부모에게 전가되었다. 정부 측에서는 교육재정 확보를 위해서 토지소득세나 호별부과금을 징수했으나 징수실적은 부진했으므로 학교마다 학부모들이 후원회를 조직하여 천막·판자 교실을 건축하여 노천교육을 면하게 했다.[31] 지방사친회를 통한 학부모의 학교에 대한 지불액은 1년간 학교수입의 93퍼센트에 해당되는 것이었다. 교육은 무상의무교육이고 사친회비는 임의라고 했으나 실제 부모가 기부금을 낼 수 없는 아동은 취학하기 어려웠던 상황이었다.[32] 이런 비교육적인 일에 대해서도 주무장관이었던 백낙준 문교장관 역시 속수무책이었다.

2) 전시교육의 국가통제

'전시교육체제'라는 중앙집권적 비상교육행정으로 재개되기 시작한 문교행정은 교육에 대한 강한 통제를 통한 반공이데올로기교육과 국방교육을 내용으로 삼을 수밖에 없었다. 백낙준은 반공을 지배이념으로 하는 일련의 교육내용과 형식을 문교행정에 도입했다. 안호상 문교장관이 일민주의라는 이름으로 우회적으로 내세웠던 반공이데올로기교육은 공교롭게도 백낙준의 손에 의해 공식 교육과정으로 채택되게 되었다. 또 한국전쟁의 경험은 국민들을 정치사회화하는 것으로 활용될 수밖에 없었다.

이 변란 시기의 국가가 교육을 통해 시도한 대국민통제는 다음과 같이 정리될 수 있다.

첫째, 적색교원 일소가 구체화되었다. 이것은 부역자처벌법의 일환으로 교육계에서 실시되었다. 부역자처벌법은 1950년 9월 13일 이승만의 '수도 입성에 관한 특별성명'을 통해 발표되었고 그해 10월 교육계에 큰 영향을 미쳤다. 당시 서울시 학무국장의 담화에서 그때의 분위기를 알 수 있다. 즉 "시의 방침으로 교장 이하 교직원과 학생의 숙청을 철저히 하고자 한다. 즉 학교장은 전부 임시관리인 형식을 취하여 적부자격을 실시하여 숙청하겠으며 학생들도 철저히 심사하여 숙청하겠다"[33]고 한 학무국장의 담화는 일부 교사에게는 사형선고장과도 같았다.

둘째, 국민사상 지도원의 설치였다. 백 문교장관은 1951년 3월에 대학교수 및 '국민사상에 학식 있는 사람' 30명을 전문위원으로 삼아 국민사상 지도원을 구성했다. 이 기구의 활동은 사상지도 서적 및 팸플릿을 만들어 무료로 배포하고, 관련된 강연회 등으로 '민주적인' 국민사상을 보급·지도하는 것이었다(대학교육에 관한 임시조치령, 1951. 5. 4). 국민사상 지도원은 국민들에게 자본주의 사회의 이론적 근거를 선전하는 동시에 한국민의 사상 확립과 계몽 및 선전의 목적으로 사상총서와 『사상』이라는 월간지를 발행했다.[34]

셋째, 교육공무원법 제정을 통한 법률적 통제였다. 이 법의 정치활동 금지조항에 따르면 "학원에 대한 정치적 불간섭을 확립하려면 교육자는 정치단체에 소속되어 있었다 하더라도 교육공무원에 임명된 후 20일 이내에 소속 정당에서 이탈해야 한다"[35]고 못박고 있다. 교육공무원법의 제정은 동시에 장학관과 장학위원제를 강화했는데 이는 교육의 질 관리라는 측면과 함께 교사의 교육활동을 위축시키기 시작했다. 현재까지 교육자들의 정치활동을 금지하고 있는 이 교육공무원법이 전쟁기간에 만들어졌다는 사실은 의미심장하다.

넷째, 학생들의 정치활동이 강력하게 제지되었다. 당시의 국무총리 장택상은 "대통령의 지시에 의해 일반 대학, 중학교 학생의 정치 혹은 사상운동에의 권유 혹은 위협적으로 참가를 종용한 자는 엄벌에 처할 것이다"[36)]는 담화를 통해 학생의 정치활동 규제를 선언했다. 교육의 정치적 중립성을 보장한다는 명목으로 교사와 학생의 정치활동이 현재까지 금지되고 있으나, 이는 오히려 교육에 대한 정치적 통제로 악용되어 교육의 중립성을 침해하는 결과를 낳고 있다.

다섯째, 라디오·필름·포스터·팸플릿·강연 등의 형식을 이용한 사상전을 전개했다. 공보처는 경찰의 힘을 빌려 농촌 곳곳에서까지 사상전을 전개했다. 대한민국 공보처와 더불어 미국 공보처도 한국 내 주요 7개 도청소재지에 파견되어 사상전을 담당했다[37)]는 점은 우리가 주목해볼 만한 일이다.

3) 전시교육의 내용과 이념

교육은 해당 사회관계와 생산력의 요구에 근거를 둔 것이므로 시대가 변천함에 따라 그 내용도 변한다. 자본주의 시대에는 자본주의 발전에 필요한 과학·기술·직업교육과 자본주의 보장에 필요한 군사교육·공민교육이 중요하지만 전시에는 특히 군사교육과 공민교육이 더욱 중요하게 된다.[38)]

백낙준은 취임 직후 기자회견에서 "헌법과 교육기본법에 의해 민주주의 교육을 실시할 것이며 학도호국단은 업적이 많은 만큼 앞으로도 계속하겠다"[39)]고 했다. 이것은 백낙준이 전임장관의 체면을 지켜주면서 그러나 내면적으로는 안호상의 '민족교육'을 미국식 민주주의 교육으로 바꾸겠다는 것을 암시하는 것이었다. 그럼에도 불구하고 백낙준은 학도호국단이 학생통제에 이용가치가 있었기 때문에 있는 그대로 활용하려고 했다. 백낙준이 문교정책으로 내세운 도의교육과 국방교육이 당시의 계급갈등을 무마하고 계급구조를 안정화하기 위한 이념통일에 일차적인 목적이 있다면 그가 내세운 미국식의 실용주의적인 1인1기교육은 당시의 낙후된 생산력 수준을 반영해서 양질의 노동력을 양성하기 위한 것이 주목적이었다.

전쟁으로 교육이 중단된 후 백 장관은 부산에서 '서울피난민 교육자대회'(1951. 1. 27)를 열고 스스로 각 지방에 「교육구국」이라는 격문을 보내 교육 재개의 중요성을 역설하기 시작했다.[40] 이어 문교부는 '전시하 교육 특별조치요강'(1951. 4)을 발표하여 "멸공필승의 신념을 배양하고 국제집단안전보장의 인식을 명확히 하여 전시생활을 지도하는 데 목적을 두는"[41] 교육을 강조했다. 이런 시책에 따라 1951년도의 국민학교 취학률은 78퍼센트에 달하는 기록을 세우기까지 했다. 이미 지적했던 대로 1인1기술교육은 전쟁수행상 혹은 전쟁 후 필요한 기술병을 양성한다는 국방교육의 목적도 갖고 있었다.[42] 그러나 국방예산의 비중이 너무 컸기 때문에 이같은 정책을 뒷받침하는 데 필요한 예산확보가 충분하지 못했다. 결국 교육시설·기재가 없이 실시된 교육은 교과서나 교재가 없이도 가능한 교육이어야 했고 전쟁 속에서 피부로 감지되고 강의만으로 가능한 교육이어야 했으므로, 이 당시 실제로 실천된 것은 사상교육을 통한 국방교육이었다고 볼 수 있다.

전시교육정책 중 특징적이었던 것은 중학교 입시의 국가관리와 학생군사훈련 그리고 교육자치제 실시 등이었다. 그래도 전시 중 교육자치제가 실시된 것은 특기할 만한 사실이었다. 물론 지방 교육자치단체에서 담당하는 행정은 의무교육행정 정도의 수준이었고 교육행정조직은 여전히 중앙집권적인 형태를 띠고 있기는 했지만[43] 백낙준은 미국 교육제도의 특징인 교육자치제를 실시하려고 시도했다. 이런 것은 외견상 안호상의 이미지를 일신하면서 미국 교육제도의 도입을 시도하는 그런 것이었다.

중앙집권화된 교육자치제의 허구성을 다음의 기록은 잘 보여주고 있다.

> 매일 아침 학생들이 광장 또는 운동장에 군대식으로 집합하여 국기에 경례하고 교장의 간단한 훈시를 듣는다. 이것은 매일 있는 의식이며, 이것이 끝난 다음 학생들은 반장 지휘하에 각 교실로 들어간다. 남녀 학생들은 모두 흑색 일본식 교복을 착용한다.[44]

이어 백 장관은 도의교육을 강조했다. 백 문교장관은 "싸우는 국가의 교육은 싸우는 교육이어야 하고 싸우는 교육은 싸우는 교사에 의해 추진되는 것이고, 정치와 경제의 밑받침이 되는 사상통일 교육이 그 내용이어야 한다. 동시에 싸우는 교육자의 지침은 도의교육에 두어야 한다"45)고 주장했다. 그러나 이 도의교육의 내용은 곧 반공이었다. 전쟁과정에서 이와 같이 교육의 역할이 중요한 것은 교육이 곧 사상전에 직결되기 때문이며, 나아가 한국전쟁에서 교육을 통한 사상전에서의 승리는 곧 세계체제적 의미를 갖는 것이라고 보여졌기 때문이다.

당시 문교장관 백낙준은 교육 재건을 위한 조건으로 교육시설의 재건과 복구, 교육내용의 개편, 교육인원의 양성 등 세 가지를 꼽았다. 그중 교육내용을 개편함에 국내의 정치·경제·사회 발전에 순응하는 교육내용의 구명과 함께 외국의 발전과정에 뒤떨어지지 않는 교육을 실시할 것을 주장했다. 이리하여 전시에 추진된 교육은 미국의 교육이념과 문물을 수입하는 데 상당히 개방적이었다.46) 그것은 전쟁으로 파괴된 교육시설 재건에 필요한 원조라는 형식을 띠었지만 그 결과 한국 교육은 더욱더 미국 교육의 영향권에 편입되는 계기가 되었다.

이 같은 백낙준 문교장관의 전시교육이념과 내용은 당시의 교과서에 그대로 반영되었기 때문에 교과서를 살펴보면 구체적으로 그것을 이해할 수 있다. 교육법 제155조와 157조에는 "대학, 사범학교, 각종 학교를 제외한 각 학교의 교과를 대통령령으로 정하고 각 교과의 교수요목 및 수업시간 수는 문교부령으로 정한다. 대학, 사범대학, 전문대학을 제외한 각 학교의 교과용 도서는 문교부가 저작권을 가졌거나 검정 또는 인정한 것에 한한다"고 못박고 있다. 이렇게 교육법 제정 시부터 교과목의 결정이나 교과서 편성은 대통령이나 문교부의 독점적인 권한으로 설정되었던 것이다.

따라서 한국전쟁 중에는 전시교육의 성격이 교과서 내용 편성과 발간·보급에 그대로 반영되었다. 그리고 전시의 재정적·기술적 곤란은 교과서의 발행까지 외국의 원조에 의존하게 했다. 전시교육을 실시함에 교육시설의 부족과 교과서의 부족, 그리고 교원의 부족은 현실적으로 심각한 문제였다. 교육을 재개하라는 문교부의 지시에 대해 일선교사들이 교과서 부족을 문제시해서 난색을 표했을 때 문교장관은 다음과 같이 답변했다.

교과서가 부족하면 실제생활에서 가르쳐라. 즉 지금 52개국이 우리를 돕고 있다. 그리고 16개국이 우리에게 군대를 보내고 있다. 소위 사회생활이란 것이 과정표에 있다. 그런데 그 사회생활과를 위한 신교재가 있다. 아동들은 우리나라에 군대를 보낸 나라의 국민에 대해서, 그 제도와 생산물과 성격과 기타 모든 것을 배울 수가 있지 않은가. 과학과목으로 말하면 머리 위로 최신형의 비행기가 날고 있으며, 항구에는 수송선이 있고 통신대가 사용하는 정밀한 기구가 있고, 가로를 부단히 달리는 수송차가 있고 우리가 보지 못하던 기타 여러 가지 도구와 기계를 볼 수 있다. 이러한 것들을 가르치는 것이 과학과목이다. 또 각지에는 피난민이 있다. 지방마다 생활양식이 다른데 이런 기회에 연구해야 한다. 그러므로 아동들은 피차에 배워야 한다. 이것이 지리과목이다. 이런 것이 실생활에서 배운다는 것이다.[47]

그리하여 문교부는 전시의 교과서 부족상황에 직면하여 국민학교용 『전시생활』과 중학교용 『전시독본』을 발간했고, 교사용 『전시학습지도요강』을 하달했다. 이 전시교재의 발행현황은 표 2와 같다.

이 전시교재는 교과목의 구분이 없이 그 자체가 국어과이면서 동시에 사회생활과 교과서의 역할을 했다. 『전시생활』의 내용은 어린이들이 전쟁과 반공의 당위성을 알고 전쟁을 후원하는 일에 적극적으로 참여해야 된다는 내용이다. 즉 전쟁상황 자체가 교육의 장이자 자원이 되고 있는 것이다. 이 당시 전시교재는 시대상황에 반대될 수는 없는 것이었다. 그럼에도 불구하고 이처럼 전시교재에 반영된 국방교육의 실체는 교재명에서부터 정치적·군사적 목적을 그대로 선전하는 것으로 되어 있었고, 내용은 앞에서 문교장관이 말한 바에 의거해 전쟁이라는 실생활과 긴밀히 유착된 것으로 되어 있었다. 이 점은 북한에서도 마찬가지였다.

표 2 　　　　　　　　　　　초·중등 교과서 발행 현황

구분 과목	1집	2집	3집	대상
『전시생활』 1	비행기	탱크	군함	국민학교 1, 2학년
『전시생활』 2	싸우는 우리나라	우리는 반드시 이긴다	씩씩한 우리 겨레	국민학교 3, 4학년
『전시생활』 3	우리나라와 국제연합	국군과 유엔군은 어떻게 싸우나	우리도 싸운다	국민학교 5, 6학년
『전시독본』	침략자는 누구냐	자유와 투쟁	겨레를 구원하는 정신	중학생

　　3종 3회에 걸쳐 발행된 전시교재의 발행 부수는 253만 8천 부에 이르렀다. 문교부는 이 전시교재의 인쇄·배부와 함께 유엔 각국기를 인쇄·배부하여 전시교육 추진에 사명을 다했다.[48] 이러한 '전시판' 교과서의 발행 이유는 첫째 교과서 수급상의 어려움과, 둘째 전시교육에서 국가적인 수준에서 지도와 통제를 도모하고자 함에 있었다.

　　이와 더불어 당시 초·중·고등학교 교과목과 1주당 시간수를 살펴보면, 초등학교에서는 국가와 사회생활과의 비중이 높지만 중·고등학교의 경우는 점차 사회생활과와 실과과목의 비중이 높아진다. 그 이유는 앞에서 언급했듯이 전시국방교육을 위한 사회생활과 교육과 1인1기교육을 위한 실과교육이 우선되어야 했기 때문이다.

4) 전시 대학교육의 문제점

　　전쟁기 동안 초래되었던 고등교육의 피해는 초·중등교육에서의 피해보다 훨씬 심각했다. 특히 교육의 주체인 학생 대다수가 군에 소속되었던 상태였기에 교육을 위해 필요한 최소한의 조건인 학생을 모으는 일조차 어려웠다. 정부는 피난지에서 전시연합대학의 형식으로 대학교육을 재개했다. 당시의 일간지는 전시연합대학 설립의 의의를 다음과 같이 서술하고 있다.

6·25사변으로 말미암아 적색 침략의 마수가 젊은 학생들의 순수한 마음으로 오직 진리만을 탐구하려는 신성한 학원에까지 침투하여 많은 교직자와 학생들의 부역자를 내었고, 또 서울의 31개교에 달하는 대학의 교사(校舍)들도 공비들의 만행으로 태반이 파손된 이래 학생들의 능력으로 보아서나 사변 중 극도로 혼란을 일으켰던 '학원 내 불순한 사상경향을 조속히 정화하려는 견지에서' 조국의 장래 운명을 개척해나갈 중책을 지니는 대학교육의 재개가 시급히 요청되고 있다. 그리하여 문교부에서는 전시에 적용하는 응급조치로서 현재 사용이 가능한 교수 시설과 공비 남침 시 부역을 하지 않은 교수진을 총동원하여 종합대학의 성격을 갖는 대학연합체를 설립키로 했다.[49]

한마디로 고등교육 재개가 갖는 의미는 고등교육 그 자체보다는 '학원 내의 불순한 사상경향을 정화'하는 데 있었다. 이 당시 상황으로 보아 국가기구가 필요로 하는 엘리트 양성은 부차적인 문제였다.

전시연합대학의 구상은 백낙준과 유진오에 의해 창안되어 '대학교육에 관한 전시특별조치령'(문교부령, 1951. 5. 4)으로 구체화되었다. 이 결과 원주지대학·피난대학 할 것 없이 모든 국·공·사립이 전시연합대학 산하에 결집하여 우선 가능한 한 도시를 단위로 하여 수업을 재개한 것이 1951년 3월이었다.[50] 이런 식의 전시학교연합체는 초·중등학교 수준에서도 운영되었다. 서울에서는 중등학교 '잔류학생종합훈련소'로 발족하여 서울 잔류학생과 일부 복귀학생들을 수용·교육했다. 그 후 복귀학생수가 늘어감에 따라 종합학교는 해체되었다.

전시연합대학은 그 형식의 특수성과 함께 행정적 측면뿐 아니라 교육 내용상에서 문교부의 강력한 통제 아래 놓여 있었다. 그 설치와 운영요강은 다음과 같았다. 첫째, 관계대학이 협의하여 운영위원과 학장을 선출한다. 둘째, 소요경비는 관계대학이 공동부담하도록 한다. 셋째, 교원은 참가

대학에서 의무적으로 출강케 한다. 넷째, 학생이 연합대학에서 취득한 학점은 각 대학에서 취득한 것으로 인정한다.[51]

마침내 전시대학의 운영을 위해 중앙운영위원회가 조직되었고 그 위원장은 문교장관이 맡았다. 재정은 주로 서울대학교 예산과 학생들의 등록금으로 충당되었다. 이처럼 조직운영이나 재정이 국립대학에 의존하고 있었기 때문에 각 사립대학의 특수성과 전통 등은 철저히 무시되었다. 또 각 대학의 운영위원회는 문교장관의 위촉을 받은 교육관계자와 대학 선출의 관계자들로 구성되었다. 학장의 임명과 학과의 설치는 문교부 승인을 얻어야 비로소 가능했다.

연합대학의 강의로서는 오전에 교양과목을 합동강의했고, 오후에 전공과목을 강의했다. 강의실은 따로 마련된 것이 아니라 유휴건물이나 개인 사무실·교수사택·창고 등을 임시강의실로 사용했다. 연합대학 초기에는 부산 부민관에서 전 학생을 한곳에 모아 합동강의를 했는데 그 강의내용은 인민·사회·자연계를 막론하고 전시에 필요한 기초지식 위주였다. 합동강의의 주제는 헌법, 변증법, 현대의 자연과학, 원자론, 사회사상사, 민족이론, 전쟁과 법률, 전쟁과 경제, 2차 대전 후 국제정세, 군사강좌, 마르크스주의 비판, 국제헌장, 민족해방운동사, 전쟁과 사상, 민주주의 개설, 사회운동사, 유네스코 사업과 활동, 미국 민주주의 발달사 등이었다.[52]

연합대학은 부산·전주·대구·광주·대전에서 운영되다가 1951년 9월 이후 각 대학의 단독 개강이 가능해지자 해체되기 시작했다. 그러나 전시 연합대학 운영의 매력은 군에까지 퍼져 '군전시연합대학'이 설립되었고 그것은 전후까지 계속되었다.[53]

연합대학 학생수는 7천 명 정도였으나 실제로는 유동적이었다. 실제 학생수는 등록 학생수와 출석 학생수의 차이 때문에 파악하기 어려웠고 학생 중에는 등록만 해놓고 직장에 다니는 사람도 많아 학사관리에 어려움이 많았다. 각 대학이 단독 개강에 필요한 물적·인적 조건이 준비되지 않은 상태에서도 단독으로 개강을 할 수 있었던 것은 대학설치기준령이 없었기 때문에 가능했다. 이런 와중에서 고등교육을 받은 사람들이 오늘날

사회 전반에서, 특히 고등교육기관이나 교육계의 핵심 부분에서 고등교육 정책을 좌우하고 있다.

물론 전쟁 속에서도 이런 반신불수적인 대학교육이 '한가롭게' 실시될 수 있었던 것은 국가의 강력한 정책적 지원이 뒷받침되었기 때문에 가능한 것이었다. 그중 가장 중요한 것은 '대학생 징집연기조치'(1951. 2. 18)였다. 이것은 물론 국방부와 협의가 있어야 가능한 것이었다. 징집연기는 그해 5월 4일의 '교육에 관한 전시특별조치법'의 제4조에 의거, 군입대가 완화되고 이공계의 경우 입대가 전면 유보되었다. 그 대신 대치령으로 각 대학에 배속장교를 두어 군사훈련을 필수적으로 실시하게 했다. 이런 까닭으로 상당수가 연령을 고치거나 그런 식으로 징집을 피해 고등교육기관에 적을 두었다.

그러나 당시 상황에서 대학생의 징집연기문제는 끊임없이 사회문제로 제기되어 1951년 11월 7일 제11회 임시국회에서 '재학생의 수업계속에 관한 특별조치요강'이 정부 측에 건의되고, 그 결과 '학생군사훈련 실시령'(대통령령 577호, 1951. 11. 1)이 제정되었다.[54] 그와 함께 징집유보 학생의 신분보장을 위한 제도적 장치로서 '전시학생증 교부기준'이 문교부에 의해 마련되어 학생들에게 전시학생증이 교부되었다. 그 교부기준에 따르면 대통령령에 의한 군사훈련이 전제될 때만 학생증의 효력이 발생한다고 했다.[55] 학생증 교부 인원은 문교부와 국방부의 협의로 결정되었고 문교부는 이 교부기준을 이용해 고등교육의 정원통제를 시도했고 동시에 대학생들에게 국방교육(군사훈련)의 부과를 의무화했던 것이다.

전시대학이 부직교육이나 관리양성소 또는 병역연기의 방편이라는 사회의 비판이 있자 문교부는 그 쇄신책으로 대학생의 자질향상과 각 대학의 운영합리화를 위해 학생모집을 제한하려 했으나 문교부가 통제력을 행사할 수 없었다. 왜냐하면 이미 문교부 자신에 의해 이렇게 저렇게 허가된 사립대학이 하나둘이 아니었기 때문이었다.

대학의 무질서와 부정입학 및 양적 팽창을 낳은 직접적 요인이 된 학생 징집연기는 대개 정부 고위층이나 권력집단의 자녀들을 위한 제도적 장치였다. 이들은 일찍이 여러 가지 비합법적 수단을 통해 병역을 기피하다가 그것을 합법적인 수단으로 보장하기 위해 대학생 징집연기를 시도했다. 사실 전쟁 속에서 '장정소집령'으로 장정들에 대한 징집이 강제로 행해지고 생존권마저 위협받던 상황에서 중산층 이하의 대다수에게 대학교육이란 꿈도 꿀 수 없는 일이었다.

결국 이 같은 대학교육의 무질서·무원칙은 대중요법 중심의 국가정책에서 빚어진 당연한 귀결이라 할 수 있다. 이 같은 전시 고등교육의 양적 팽창 현상은 첫째 앞에서 언급한 지배층의 병역회피를 위한 대학진학, 둘째 지배계급의 구조화과정에서 필요한 엘리트의 충원요구에서 비롯되었다. 엘리트에 대한 재교육뿐 아니라 새로운 국가기구가 헤게모니를 획득하는 과정에서 새로운 엘리트의 충원이 필요했던 것이다. 그것은 사립대학의 신설뿐 아니라 1도1교의 국공립 종합대학으로 구체화되었다. 물론 각 도의 국립대학 설립은 미군정기 국립서울대학교안과 함께 거론되기 시작했던 것이다. 정부가 대학의 지방분산을 시도한 이유는 표면적으로 각 지역 교육의 균형적 발전이라는 명목과 6·25 당시 서울에 집중되어 있던 대학이 상당한 피해를 입었던 경험의 결과였다.[56] 이러한 정부의 대학분산정책은 지방 수준의 대학 설립운동과 결합되었다.

셋째, 사립대학재단의 경제적 요구가 반영되어 전시고등교육이 팽창되었다. 정부는 대학의 재정 확보와 면학분위기 조성(학생수 확보)이란 명목으로 대학생의 징집을 연기했고 그것은 대학의 양적 팽창만을 초래했다. 당시 대학의 재정은 기본 재산수입과 수업료·입학금으로 충당되었는데 그중 수업료와 입학금이 수입의 절반 이상이었다. 대학재단의 경제적 요구는 단기적으로는 입학금이나 등록금의 수입을 목적으로 했지만, 장기적으로는 8·15 이후 농지개혁과정에서 '문교재단 소유농지 특별보상법'으로 문교재단에 특혜를 주자 지주들의 농지가 상당수 문교재단으로 유입되는 형식으로 나타났다. 이것이 사립대학의 팽창을 가져온 것이다.[57]

그래서 국가는 한편으로는 대학재단의 비리를 비원칙적으로 처리하면서 다른 한편으로는 문교재단의 자본가적 속성을 이용하여 고등교육의 계속성을 확보해나갔던 것이다.

　그 결과 전쟁과 농지개혁의 실시 때문에 학교운영상의 재원이 부족한 상황이던 1952년부터 1954년 사이에 14개의 각종 대학이 만들어지고 학생수는 4만여 명이나 증가했다. 이들 사학의 대부분은 학생의 등록금과 기부금으로 재정을 충당했고, 이것은 이후 사학의 부정입학과 사친회 문제를 야기하는 직접적인 원인이 되었다. 게다가 교육법 개정(1951. 3. 20)에 따른 초급대학의 개편과 2년제 초급여자대학의 설립 및 국토건설, 그리고 인재양성을 위한 단기적 인재육성을 목적으로 하는 야간대학이 다수 설립되어 고등교육인구 증가에 박차를 가했다.

5. 맺음말

　미군정 3년은 좌·우 이데올로기의 갈등 속에서 미군정에 의한 분단교육의 틀을 형성하는 시기인 반면, 1948년 이후 즉 단정수립 이후는 교육을 통해 반공이데올로기가 하나의 교육실체로 절대화되는 시기였다. 즉 반공이데올로기가 한국 교육의 준거틀로 구체화되는 시기였다.

　이런 과정에서의 교육이념과 문교정책은 문교장관의 교체를 거치면서 몇 차례 수정을 가져왔다. 물론 문교장관의 교체는 작게는 교육지배집단들 간의 패권경쟁이기도 했지만, 크게는 교육 외적인 지배집단 내의 갈등과 지배집단의 상황에 대한 대응 전술의 변화에 의한 부산물이었다. 즉 안호상이 예상을 뒤엎고 백낙준보다 먼저 문교장관에 발탁될 수 있었던 것도 그가 전술적으로는 백낙준보다 먼저 '민족'이라는 명분을 내세웠던 데 있었다. 즉 민족에 대한 명분을 내세울 필요가 있었던 이승만의 정치적 요구에 안호상의 '민족교육' 이념이 들어맞았기 때문이었다. 이것은 교육계 지식인들의 이념이 지배계급의 요구에 부합, 지식인들이 지배계급에 교육이념을 제공해준 문교인물사의 첫 번째 사례였다.

　안호상은 미군정기에는 그의 개인적 배경과 정치적 이해관계의 특성 때문에 백낙준을 비롯한 미국계의 교육이념(미국식 민주주의 교육이념)과 다른 견해를 가지고 있었다. 물론 이들 미국계와 비미국계의 이념은 모두 반공을 근간으로 삼고 있었다. 안호상의 '민족적 민주교육'이란 사적인 신념은 이승만과의 유착에 의해 '일민주의'라는 보수적 민족주의의 탄생을 가져왔다. 그 결과 미군정기 동안 미국계 백낙준과 비미국계 안호상 사이에 벌어져 있는 듯이 보였던 이념상의 차이점은 안호상의 입각으로 소멸되었다. 사실 문교장관에 임명된 안호상은 자신의 독자적인 문교정책을 제대로 펼 수 없었다. 그것은 이승만에 의한 정치적 통제와 미국을 의식한 결과였다. 그의 문교정책은 미군정 문교정책의 틀을 그대로 이어받은 정도에 지나지 않았다.

이런 일이 이승만에 의해 정리된 후부터는 미국계 교육인사와 비미국계 교육인사들 간에 내세웠던 교육정책상의 차이점은 보이지 않게 되었다. 이렇게 되자 이승만은 정치적 필요성이 소멸된 안호상을 물러나게 하고 그 대신 백낙준을 등장시켰다. 백낙준의 등장은 이 당시 지배층의 성격상 당연한 것이었다. 안호상은 이승만에게 일시적인 대타로 기용되었을 뿐이었다. 한마디로 문교장관의 교체는 이승만을 둘러싼 정치권력의 필요에 의한 것이었다. 이런 과정을 통해 만들어지고 다듬어진 반공이데올로기는 오늘날까지 사회적으로 한국민의 행동범주를 규정하고, 동시에 정치적으로는 진보적 이데올로기의 출현을 억압하는 한국 교육의 이념틀이 되어버렸다. 그러한 과정은 또한 한국 교육이 내용상으로나 형식상으로 미국식 교육에 편입되는 과정이기도 했다. 결국 1950년대 초반의 교육정책은 한국 교육이 미국의 세계재개편 전략에 부응하는 것이라는 낙인을 벗어나기 어렵게 될 수밖에 없었다.

주

1) 한준상, 「미국의 문화침투와 한국교육」, 『해방전후사의 인식』 3(한길사, 1987), 593쪽.
2) 「해방교육 40년」, 『교원복지신보』, 1988년 3월 21일, 1989년 4월 24일, 5월 1일.
3) 정영수 외, 『한국교육정책의 이념』(한국교육개발원, 1985), 88쪽.
4) 「해방교육40년」, 『교원복지신보』, 1989년 5월 8일, 5월 29일.
5) 정영수 외, 앞의 책, 67~68쪽.
6) 같은 책, 87~88쪽; 『교원복지신보』, 1988년 3월 21일.
7) 한국교육문제연구소, 『문교사』(중앙대학교부설 한국교육문제연구소, 1974), 33쪽.
8) 허재영, 「한국의 자유민주주의, 그 전개와 특징」, 『한국사회의 성격과 운동』(공동체, 1987), 223~24쪽.
9) 한국교육10년사 간행회, 『한국교육 10년사』(풍문사, 1959), 120쪽.
10) 김광섭 편, 『이대통령 훈화집』(중앙문화협회, 1950), 134쪽; 이승만, 『일민주의개설』(일민주의보급회, 1949), 4쪽.
11) 국토통일원, *An Anthology of selected pieces from the declassified file of secret U.S. materials on Korea before and during the Korean War*(1981), 356쪽.
12) 사공환 외, 『민주주의 민족교육론』(동심사, 1949), 머리말.
13) 한국교육10년사 간행회, 앞의 책, 44~45쪽; 안호상, 『민주주의의 역사와 종류』(일민출판사, 1953), 머리말.
14) 안호상, 『일민주의의 본바탕』(조문사, 1950), 22쪽.
15) 오천석, 『발전한국의 교육이념 탐구』(배영사, 1973), 210쪽.
16) 김동길, 「민족적 민주주의라는 교육이념」, 『새교육』, 1964, 12, 27쪽; 손인수, 『한국교육사』(문음사, 1987), 703쪽; 한국교육문제연구소, 앞의 책, 39쪽.
17) 국회사무처, 『대한민국국회 속기록』, 1948년 10월 27일.
18) D.K. Adams, *Education in Korea 1945~1952*(Connecticut Univ. Press, 1956), 131쪽.
19) 『동아일보』, 1949년 3월 17일.
20) 동아일보사 편, 『제1공화국』(홍우출판사, 1975), 153쪽.

21) 중앙교육연구소,「교육행정단위의 계층별 조직기능 및 성격에 관한 연구」,『조사연구』제22집(1963), 9쪽.
22) 한국교육10년사 간행회, 앞의 책, 129쪽.
23) 한국교육문제연구소, 앞의 책, 75쪽.
24)『동아일보』, 1949년 4월 4일.
25) 이재오,『한국학생운동사』(형성사, 1984), 20쪽; 이재오,「미군정시대의 학생운동」,『분단시대와 한국사회』(까치, 1985), 119쪽.
26) 한국반탁반공학생운동기념사업회,「한국학생건국운동사」(1986), 502~07쪽.
27) 박상만,『한국교육사』하(대한교육연합회, 1958), 73~112쪽.
28) 김만규·남상선,『6·25와 학도대』(대한학도의용군동지회, 1968), 54쪽;『중앙일보』, 1950년 10월 14일.
29) 유네스코 운크라 파한 교육계획사절단,「한국의 교육재건」,『문교월보』특집(1953), 5쪽.
30) 김종철,『한국고등교육연구』(배영사, 1979), 61~62쪽.
31) 부산일보사 편,『임시수도천일』하(부산일보사, 1984), 268쪽; 유네스코 한국총람편찬위원회,『유네스코 한국총람』(유네스코 한국위원회, 1957), 157쪽.
32) 유네스코 운크라 교육계획사절단,『한국의 교육상황 예비조사보고서』(1952), 30쪽.
33) 한국군사혁명사 편찬위원회,『한국군사혁명사』제1집(상)(1963), 33쪽:『동아일보』, 1950년 10월 13일.
34) 박상만, 앞의 책, 159쪽; 한국교육문제연구소, 앞의 책, 154쪽; 한국교육10년사 간행회, 앞의 책, 147쪽.
35) 공보실,「정부 8년간의 치적」,『관보』부록특집(1956), 6쪽.
36)『대학신문』, 1952년 6월 30일.
37)『한국의 교육상황 예비조사보고서』, 75쪽.
38) 이만규,『조선교육사』하(을유문화사, 1947), 4쪽.
39)『동아일보』, 1950년 5월 9일.
40) 동덕 70년사 편찬위원회,『동덕 70년사』(동덕여자대학교, 1980), 240쪽.
41) 문교부,『문교개관』(1958), 49쪽.
42) 한국교육10년사 간행회, 앞의 책, 161쪽.
43) 공보실, 앞의 책, 63~68쪽; Adams, 앞의 책, 192~93쪽.

44) 『한국의 교육상황 예비조사보고서』, 41쪽.

45) 『대학신문』, 1955년 5월 1일.

46) 백낙준, 「한국교육의 당면과제」, 『사상계』, 1953. 7, 123~28쪽.

47) 백낙준, 『한국교육과 민족정신』(문교부, 1953), 47~48쪽.

48) 박상만, 앞의 책, 166쪽.

49) 『동아일보』, 1950년 11월 3일, 11월 12일.

50) 부산시 교육위원회 편, 『부산교육사』(부산시 교육위원회, 1987), 314~16쪽.

51) 김종철, 앞의 책, 64쪽.

52) 박상만, 앞의 책, 148쪽.

53) 『동아일보』, 1951년 1월~1955년 7월 13일.

54) 국회사무처, 『대한민국국회속기록—제11회 임시국회속기록』, 제87호 2장, 1951년 11월 7일.

55) 『대학신문』, 1952년 6월 30일.

56) Adams, 앞의 책, 176쪽.

57) 김병태, 「농지개혁의 평가와 전망」, 『한국경제의 전개과정』(돌베개, 1981), 44~45쪽.

해방 이후 무장투쟁에 대한 문학적 형상화

임헌영

1. 머리말

1946년 10월인민항쟁 이후 임화는 "인민항쟁은 오늘의 3·1운동이요, 그것은 새로운 민족문학운동의 출발점이다"면서 다음과 같이 말한다.

> 10월인민항쟁은 실로 조선인민의 모든 자유의 새로운 출발점이 된 것이다. 문학의 자유의 위기는 이리하여 구원되고, 투쟁과 승리의 새로운 길이 다시 열리게 된 것이다. 그리하여 인민항쟁은 조선문학의 새로운 기원이 되었으며, 조선의 문학운동은 인민항쟁과 영원히 분리할 수 없이 결합된 것이다. 이로부터의 조선문학은 일찍이 신문학이 그러했던 것처럼 인민항쟁의 정신을 떠나서는 영구히 존재할 수 없을 것이다.
> 위대한 인민항쟁을 찬양하자!
> 위대한 인민항쟁의 영웅들의 불멸한 형상을 창조하자!
> 위대한 인민항쟁의 영웅들에게 영광과 영생의 노래를 드리자.[1]

이미 분단은 예견되었고 8·15의 환희가 사라져가는 시점에서 조선문학가동맹은 대중화운동의 단계로 접어들면서 '문학운동'에서 '문학공작자'

적 위치로 자세를 바꾼다. 10월항쟁이 계기가 되었을 이 문학운동의 성격 변화는 이미 수세에 몰렸던 조직운동이었기 때문에 "우리 문학자가 객관적 현실의 발전과 애국적 열정에 불탄 인민대중의 정치적 진출에 비하여 멀리 뒤떨어져 있다는 사실"이 지적되곤 했다. "이번(10월항쟁) 남조선 인민항쟁에 대한 문학자로서의 무의식적 사보타지는 문학자가 뒤떨어져 있었다는 단적인 일 표현이었다"[2)]는 자기 반성은 무장투쟁에 대한 문학가동맹의 소극적인 대응을 엿볼 수 있다.

인민항쟁에 대하여 가장 깊은 관심을 보인 문학인의 하나였던 김남천조차도 "인민항쟁을 거쳐서 팽배하게 일어나는 일반 근로인민의 정치적 진출로부터 한없이 뒤떨어져 있고 전인민의 문화적 욕구의 치열함에 비춰볼 때 말할 수 없는 낙후성을 폭로하고 있는 것을 인정하지 않을 수 없다"[3)]고 한탄한다. 8·15 직후의 무장투쟁 일반을 상징하는 인민항쟁에 대하여 김남천은 그 역사적 성격을 이렇게 풀이한다.

　1. 구체적으로 제국주의자의 식민지 정책을 절대 배격한다는 것을 표명한 것.
　2. 우리 민족이 반동적 폭압을 얼마나 미워하고 민주주의 국가 건설을 얼마나 갈망하고 있는가를 명료히 한 것.
　3. 수립될 정권이 인민의 정권이어야 한다는 것을 강력히 원하고 있음을 보인 것.
　4. 조선의 진실한 민주주의적 애국자는 노동자, 농민, 근로지식층, 소시민이란 것을 사실로 증명한 것.
　5. 노동자와 농민, 소시민, 근로지식층과의 결합이 강고한 것을 표시한 것, 노동자의 파업을 농민이 적극 지지하고 농민투쟁을 노동자, 인테리, 학생, 소시민 대중이 극력 지지하여 동맹자적 임무를 완전히 수행한 것.
　6. 근로인민의 단결이 무진장의 연량을 만들어낼 수 있음을 증명한 것.
　특히 이상의 제점(諸點)을 인민항쟁이 남긴 교훈과 그의 비판과 아울

러 창조적 작업에 착수하는 작자가 반드시 알아두어야 할 핵심이 된다고 생각하는 바이다.[4]

여기서 김남천이 민족 내부적인 갈등세력에 대하여 관대한 자세를 취함을 느낄 수 있는데, 이는 통일전선적 이념으로 당면한 대응세력의 극소화를 위한 지향점의 강조 때문이라 해석된다.

인민항쟁이 계기가 되어 촉발된 무장투쟁 문학운동은 그 뒤 주로 문학가동맹원에 의하여 전개되었는데 결과는 위의 지적처럼 당대의 투쟁을 담보해낼 수 있는 수준에는 이르지 못한 채 분단고착화로 이어지고 말았다. 여기서는 무장투쟁이란 술어를 사회과학적으로 엄밀하게 검증하기를 사양한다. 근대 이후 일반적으로 써온 대로, 무장투쟁은 민족적 또는 계급적 해방을 위하여 무력으로 저항하는 투쟁을 지향하는 성격으로 해석하여 지배계층이 사용하는 물리력이 아닌 피지배계급이 항거할 때 동원한 물리력으로 풀이된다. 즉 작게는 물리력을 수반한 소수 또는 집단적 항거와 시위부터 테러활동, 민중봉기적 형태, 빨치산, 내란 등등은 물론 국지전 또는 전면전까지도 무장투쟁의 개념에서 낯설지 않을 것이다.

따라서 8·15 직후 남한에서의 무장투쟁이란 지배계층이었던 친일, 반탁, 토지개혁의 개량화, 단정수립 세력에 대한 저항세력을 그 주체로 삼는다. 이는 문학사에서는 '민주주의적 민족문학론'으로 풀이되는데 여기서는 그 구체적인 작품 분석을 통하여 사회적 변혁운동과 문학적 접맥상태를 점검하는 수준에서 전개해보고자 한다. 이를 위하여 이 글은 우선 무장투쟁으로 내몰리게 될 수밖에 없었던 당대적 상황을 반영한 작품을 먼저 소개한다. 이는 특히 무장투쟁의 주체였던 농민과 노동자상으로 나눠 살필 수 있다. 이어 8·15 이후의 주요 항쟁사건이었던 10월항쟁을 비롯한 구체적인 역사적 사건을 다룬 작품을 소개한다. 다음으로는 항쟁의 좌절이 몰아친 뒤의 입산과정과 야산대 활동이 문학작품에 어떻게 반영되었는가를 살핀 후 이 시기의 무장투쟁 문학이 지닌 민족문학사적 좌표도를 살펴보기로 한다.

2. 8·15 직후 문학운동의 변모

8·15 직후의 무장투쟁은 일제 식민지시대의 삶의 자세에서 이미 예견될 수밖에 없었음을 김학철은 단편 「밤에 잡은 부로(俘虜)」5)에서 보여준다. 중국 태항산(太行山)작전에서 조선의용군이 잡은 일본군 포로 셋은 반도산 황군병사로 빈농 출신 고학생인 향천(香川: 본명은 허준), 소상인 집안 출신인 금전(金田: 본명은 김용구), 그리고 공장주 아들인 국본(國本: 본명 덕수)이었다. 의식까지 일본화되어버린 이들은 "독립군 조선의용군"이란 말을 듣자 "독립? 이이가 꿈을 꾸고 있나?"고 항의할 만큼 싹수가 안 보인다.

출신성분에 따라 허준은 의용군 병사로 탈바꿈했으나 김용구는 전투 중 끝내는 탈출하여 일본군으로 되돌아가버린다. 덕수는 끝까지 조선의용군 포로수용소에서 일본군의 승리를 꿈꾸며 앓다가 병사해버리고, 투사로 변신한 허준은 일군의 포로로 잡힌다.

김용구는 일군으로부터 불신을 받아 아득바득 살려달라는 애원도 묵살당한 채 군견에게 물어뜯겨 죽었으며, 허준은 독립군의 정보를 캐내려는 일군의 고문을 이긴 채 사형장으로 끌려가면서 거리의 사람들에게 "여러분! 다 같이 일어나서 항일전쟁에 참가합시다"고 외친다. 이 세 사람이 살아남았다는 가정으로 그 행적을 8·15 직후의 시대적 상황에 대입했을 때 나타나는 반응이 곧 이때의 무장투쟁이 지닌 모습의 한 원형이 될 것이다.

"노름군과 강도를／ 잡던 손이／ 위대한 혁명가의／ 소매를 쥐려는／ 욕된 하늘에／ 무슨 깃발이／ 날리고 있느냐"는 임화는 이 시대를 "살인의 자유와／ 약탈의 신성이／ 주야로 방송되는"6) 것으로 인식하면서 무장투쟁의 대열 형성을 독촉한다. 이런 8·15의 의미상실은 권환으로 하여금 "다시 한번 맞이하자／ 참다운 해방과 자유를 가져오는／ 새 8·15를 정말 8·15를／ 도금한 우리 목의 새 쇠사슬도／ 마저 산산이 끊어지는 그날을"7)이라고 노래하도록 만든다. "왜놈이 쌓고 간 붉은 담 높은 집마다／ 늙은 투사 젊은 혁명가들의 신음소리／ 그리고 또 검은 밤 속 반동의 총알과 칼날 끝에//

풍겨나오는 피비린내/ 조수처럼 자꾸자꾸 부닥쳐오는 음모 박해의 모진 물결"이라고 권환은 계속 노래한다. 이런 8·15의 무효화 선언을 「밤에 잡은 부로」의 연장선에서 재구성해보면 국본 같은 인간상이 귀국하여 지도자급 인물로 부상하는가 하면, 금전 같은 인간상은 애국자로 둔갑하여 나타나고, 허준 같은 인물은 8·15 후 불과 몇 달 만에 투옥당하는 역사적 역전상황으로 파악할 수 있다.

이래서 새 세대의 전위시인들은 "왜적의 개 이제 또 누구에게 충성을 맹세하고/ 동족을 쏘는 피 묻은 총알을 얻느냐"고 항의하면서 "시위를 하자! 행렬에 기를 세워라/ 인쇄공 선반공 실 공장의 소녀들"을 선동한다. "목이 찢어져라 해방을 외치면/ 나의 목숨이 횃불처럼 타서 빛난다"는 이 시인은 이렇게 스스로 무장투쟁에 참여할 것을 선언한다.

　　착취와 탄압과 기만과 군림
　　자라온 집에 불끄럼이를 던지는
　　내 용감한 방화범인이 되리라
　　방화범인이 되리라![8]

이렇게 8·15가 상실되어가는 상황 속에서 한 시인은 "내 아직 자랑스럽지 못한/ 식민지의 아들로/ 또 서릿발 푸른/ 짙은 황혼 앞에/ 버티어 섰다"면서 "약탈과 살륙과 단정정부와/ 그리고 재생하는 나치스의 화신과/ 아아 우리의 위대한 힘만이/ 황혼에 견디어/ 황혼을 물리치리라/ 동포여/ 곡성과 환멸을 중지하고/ 밝게 타는 이 횃불 아래 서라"[9]고 노래한다. 이제 문학가동맹의 문학은 서재에서 완전히 추방당한다. 문학인은 거리와 산으로까지 내몰린다.

　　탐정소설에서나 볼 수 있든
　　식인종의 눈깔이 두리번거리는
　　어두운 골목에

"악질 테러를 뚜드려 부시자!"
동무는 망을 보구
나는 전주에 비라를 붙인다.

권총과 몽둥이
신념과 불덩어리
누가 이기나 해보자

밝은 아침이면
놈들의 손에 긁혀 없어질
그러나 부지런한 사람만은
나와서 보구
그래야 한다구 손벽을 치는
나는 지금 비라를 붙인다

붙이면 뜯구
떼면 붙이구
누가 이기나 해보자

골목 바람 휘몰아치는 겨울밤
든든히 버텨선 전주 등어리마다
동무는 망을 보구
나는 손꾸락을 얼구며
비라를 붙인다
"악질 테러를 뚜드려 부시자!"[10]

8·15 직후 문학운동에 나타난 투쟁 양상의 변모는 물론 크게 보면 조선공산당 남로당의 현실인식 자세의 변화와 그 맥을 함께한다. 즉 합법성 쟁

취를 위한 우호적인 대미 인식 시기(1945. 9. 15~46. 7. 26. 박헌영이 신전술을 시달했을 때까지)와 그 뒤 조선정판사 사건(1946. 5)을 빌미로 미군정이 좌익 탄압을 노골화했을 때를 구분해볼 필요가 있다. 문학 속에서 본격적인 반미작품이 성행하기 시작한 것은 바로 신전술 이후가 됨을 부인할 수 없다. 그러나 이때만 해도 미소공위에 대한 기대가 완전히 허물어진 상태가 아니어서 현실인식의 자세에서 시위나 탄압 규탄 또는 친일파의 재기 비판과 식량정책 등에 대한 주제들이 많았다. 1946년 10월 1일의 대구항쟁 발발 이후 문학은 무장투쟁에 대한 새로운 인식의 단계로 접어드는데 이는 특히 제2차 미소공위(1947. 5~10)가 결렬 상태로 굳어진 1947년 7월경 이후 비합법투쟁에 대한 열기는 고조되기 시작했다. 문화공작대와 구국문화론으로 이어지는 이 일련의 변모 양상은 무장투쟁에 대한 당시 지식인들의 방향전환을 엿볼 수 있게 한다.[11]

"조금씩 서로 닮은/ 비슷비슷한 얼굴들// 모두 다/ 해바라기처럼 싱싱한 포기포기// 바람에 흔들리면서/ 이지러질 듯 바람 속에 흔들리면서/ 붉으레 피빛 좋은 얼굴들// 앞을 따라/ 목소리를 가즈런히 만세를 부르면서,// 예사 함께 누릴 즐거움을 살기 위하여/ 하늘 걷히고 온전히 햇빛 받아 무성하기 위하여// 앞을 따라/ 목소리를 가즈런히 만세를 부르면서,/ 우리 모두 다 함께 가다"[12]는 평화적(?) 시위의 시대는 이제 완전히 사라진다.

3. 농민문학에 그려진 무장투쟁

8·15 직후 무장투쟁의 원동력이었던 농민상의 문학적 형상화 작업은 10월항쟁을 기점 삼아 본격화되는데 그 주요 쟁점은 역시 강압적인 미곡수집령 때문인 것으로 나타난다. 식량문제로 인한 이 시기의 투쟁에는 두 가지 형태가 있었는데 "도시에서는 식량 배급을 요구하는 투쟁이었고, 농촌에서는 식량 반출의 반대와 식량 강제수집을 하는 관청과 미군에 대한

공격으로 나타난다"[13]고 볼 수 있다. 미군정의 농업정책은 3·1제 소작 실시, 적산처리를 위한 신한공사의 설치, 양곡 및 식량정책, 농지개혁정책, 경제원조 등으로 나눌 수 있는데 이는 당시의 좌익 측 주장과 많은 차이를 드러내어 빈농으로 하여금 이념적 고려가 없이 농민 자신의 이해관계에 얽혀들게 만든 요인으로 작용했던 것으로 많은 작품은 반영하고 있다.

이미 널리 알려진 것처럼 채만식의 「논 이야기」에서 볼 수 있는 토지정책에 대한 농민들의 불신감은 농민 모두의 공통된 정서로 확산되어갔는데, 이 작품의 주인공 한생원 같은 유형의 인간상은 적어도 그 뒤 무장투쟁에 참여할 전망이나 여지는 전연 없는 것으로 평가할 수 있다. 물론 이 점은 작가 채만식의 한계성인데 당시 상당수 농민문학은 이런 수준이었음 또한 부인할 수 없다.

토지문제와 미곡수집령을 둘러싼 농민들의 각성 과정은 홍구의 「뒷골 방천 사람들」[14]과 이근영의 「고구마」[15]에 잘 반영된다. 경남 어느 시골을 배경한 「뒷골 방천 사람들」은 술 파는 두리 어머니를 둘러싼 방천 마을의 번신(翻身) 모습을 마치 노신(魯迅)의 「아큐정전」과 비슷한 소박한 시선으로 묘사한다. 어느새 쫓겨갔던 친일파가 다시 등장하면서 마을사람들은 지위와 재산 정도에 따라 슬그머니 패가 갈린다. "뒷골 방천 강생원님이 말씀하시는데 이 땅은 나라의 것이다. 농터는 나라의 것이다. 그럼으로 나라에서 김치서 같은 지주가 혼자 수천 석, 수만 석은 가져서 못 쓴다고 모다 몰수를 해서 고루고루 농삿군에게 농사를 지라고 논아 준다고 하던걸요. 틀렸읍니까"고 묻는 삼손이는 품팔이꾼이다. "알았다 알았어 그것이 공산주의라지"라고 대꾸하며 "이 문둥이 지랄하네 공산주의가 되면 계집도 네 것 내 것 없다드라"고 놀려대는 것은 두리 어머니다. 이런 단순논리에 주눅이 든 삼손은 시무룩해질 정도로 이념과 사회과학적 지식을 갖추지 않은 순박한 빈농상으로 부각된다.

삼손의 기대와는 반대로 이내 강생원을 비롯한 마을의 여럿이 감옥으로 옮아가고 지주 치서는 기세등등해져 두리를 첩으로 달라고 위협한다. "띠음띠음 한 집 두 집 한 사람 두 사람 주재소로 경찰서로 잡아가더니 요마적 이삼 일 사이에 웃적 그 수가 늘어 하루 아침에는 트럭이 뒷골 방천 두리 어머니 술집 앞에 와 닿더니 장총을 맨 순경들이 굴뚝고개서부터 신창까지 꺼멓게 혀저서 집을 샅샅이 뒤진 다음 농군들을 줄지어 묶어 트럭에 올렸다. 미곡수집령에 따라 그 분량을 못 채운 진짜 농군뿐이었다"는 서술은 이 무렵 농촌실태를 그대로 반영한 것으로 보인다. 여기서 작가는 삼손까지 포승에 질리어 읍내로 가버리도록 만드는 한편 마을에는 "민족반역자 친일 모리배 김치서의 쌀을 사서 공출에 바치지 말자. 같은 동포의 피를 빨고 목숨을 뺏는 인민의 반역, 인민의 도살자 김치서를 매장하라!"는 방이 곳곳에 나붙었다고 서술하는 것으로 비극적 결말을 낙관적 전망에로 바꾸고 있다. 김치서의 "쌀을 사서 공출에 바치지 말자"는 뜻은 낼 것 없는 빈농들을 얼마나 들볶았는지를 실감케 한다.

이 작품이 그리고 있는 미곡수집령의 단초는 미군정이 1946년 1월 25일 공포한 군정법령 45호로, 그 내용은 농가 한 사람당 67.5킬로그램의 쌀만을 남긴 채 그외의 모든 수확물은 공출해야 한다는 것이었다. 이 법령에 근거하여 미군정은 7월부터 길거리에서까지 식량사찰을 실시하게 되었으며 9월 들어서는 미곡 취체에 단호한 태도로 임하겠다는 장택상 수도경찰청장의 언명이 있었다. 11월에는 식량수집 독려원이 지방유세를 실시했고 1947년 3월에는 러치 군정장관이 미곡수집 불응자에 대한 처벌 강화를 발표했다.

이런 일련의 조치는 토지개혁의 미실시로 농민들의 불만이 쌓인 데다가 소작제의 3·1제(농민조합은 3·7제를 주장했다) 주장이 겹쳐 민심이 흉흉해진 상황에서 이루어졌기 때문에 당시 모든 정당·사회단체에서 반대의사를 표명했을 정도로 비현실적인 결과를 낳게 되었다. 심지어는 농민정책에서 가장 보수적이었던 한민당까지도 미군정의 식량사찰과 농민의 대량 구속을 반대하기에 이르렀다. 더욱 중요한 사실은 한국민의 전체적인 반대에도 불구하고 미군정은 이를 더욱 강화했으며 끝내는 10월항쟁을 비롯한 전국 각지의 항쟁을 직접 유발한 가장 큰 원인으로 이 문제가 대두했다는 것이다.

김남천은 「대중투쟁과 창조적 실천의 문제」란 글에서 인민항쟁의 먼 원인과 직접적인 이유를 아홉 가지나 들고 있는데 이는 당시 발표된 여러 작품과 너무나 거리가 있는 엉뚱한 관념적 또는 이론적인 조건들에 불과하다. 그는 친일파의 재기와 제국주의 세력의 침입 및 이를 업는 반동정권의 강화, 산업시설의 파괴와 미국 상품의 수입의존 강화 등 농민들의 피부로 느끼는 것과는 거리가 먼 조건들을 나열하고 있다. 그러나 시나 소설에서는 농민들의 항쟁 참여와 입산에 가장 직접적인 계기가 된 것이 양곡수집령이었음이 분명히 드러나고 있다.[16]

전라도를 배경으로 한 「고구마」 역시 박노인이란 소작인을 통하여 8·15 직후 경자유전의 원칙이 허물어져버린 허탈감에서 차츰 빈농의 참된 이익 옹호를 위해서 무엇을 해야 하는가를 깨달아가는 과정을 그리고 있다. 일제 때 공출이 없다고 고구마를 갈았으나 잘못 관리하여 썩혀버린 박노인은 이듬해에 또 고구마를 심었으나 해방이 되어 엄청나게 값이 떨어져 손해를 입는다. 8·15 뒤 그는 지주였던 강주사에게 충성스러운 소작인의 모습으로 내비쳤으나 이내 주위 사람들로부터 토지개혁, 3·7제 소작료 문제 등에 눈을 뜨게 되어 농민조합의 필요성을 절감한다.

박노인은 차츰 강주사에게도 적대감을 느끼게 되어 공공연히 저항한 결과 미군들에게 잡혀가게 된다. 그는 체포되어가면서 농민들의 조합결성 축하 만세 장면을 보고 "난 오늘 죽어도 좋네. 좋은 세상 된 것을 알았으면 그만이지 꼭 내가 맛을 보아야만 하나"고 하면서 그 자신도 '만세'를 부른다. 이 단계에 이르면 이미 농민들은 조직적인 힘으로 당면한 갈등과 모순에 대처하는 모습으로 변모하고 있음을 보게 된다. 이런 조직적 대결에 맞선 미군정은 물리력에 의한 억지책을 더욱 거세게 추진할 뿐이었고 세태는 다시 시인으로 하여금 피신의 호신술을 노래하도록 만든다.

또다시 뒷골목으로 숨어다녀야 하는
우리 서로 조심스런 길머리에서
가끔 손에서 퇴비냄새가 나는 시골친구들을 만난다.

나의 아우와 아우의 어진 동무들과 그리고
끼니 때마다 아비를 찾는다는 어린것의 엄마까지를
삼팔식 보병총으로 앗아갔다는데
아— 나는 불기둥처럼 서서 엉엉 울어야만 하는 것일까.

참나무 빗장을 여닫을 때마다 강아지만 한 무쇠 자물쇠 여닫는 소리마다
하나씩 이슬처럼 사라지는 사람들 눈망울마다
눈망울마다 감고 간 원수의 모습을 나는 잊지 않으리.

너희들 매운 채찍에 멍들어 절름거리는
젊음을 오히려 시퍼러니 앞세우고
나는 간다 뒷골목이 트일 때까지 나는 간다.

1946. 10.
—옥에 있는 병권에게[17]

「뒷골 방천 사람들」이나 「고구마」, 그리고 「뒷골목이 트일 때까지」의 주인공들은 모두 피체로 그 막을 내린다. 물론 10월항쟁의 역사적 다양성을 축소해서는 안 되겠지만 이것이 영남지역에 국한된 현상이 아니라 농촌 전역의 보편성을 지닐 수밖에 없었던 가장 직접적 이유는 무엇보다도 양곡수집령이었음은 '인민항쟁 특집'호에 실린 여러 작품 속에서도 그대로 반증된다.[18]

농민들의 입산 동기를 가장 축약적으로 다룬 작품인 김현구의 「산풍」(山風)과 박찬모의 「어머니」는 둘 다 양곡수집령을 그 첫째 이유로 들고 있다.

"가혹한 일제 때에도 하지 않은 하곡수집을 작년 같은 풍년에 농촌에서 보리쌀을 공출하라고 등살"을 부렸는데 "보리쌀이 없으면 시퍼런 벼를 베어서라도 공출을 하라고 늦은 여름내 총을 메고 부락부락을 다니며 쇠고

랑을 채우고 총대가리로 사람을 때려 피를 내게 한 사실"이 잇따르자 골뫼면 농민들은 기어이 "들고일어나 주재소와 면사무소를 습격"하게 된다. 읍내로 통하는 전화선을 자르고는 구속된 강서방네를 구해내고는 장총과 실탄까지 빼앗은 후 함경도 사투리를 쓰는 최 순사부장을 비롯하여 소문난 경찰들을 끌어내 "늑신하게 태맹이를 쳐놓았던 것이다."

이내 소동은 읍내로까지 번졌으나 곧 진압군이 투입된다. "그들은 트럭을 몰고 들어오면서부터 논에서 벼 베던 무심한 노인에게 총을 쏘아 죽였고 길 지나가던 여인네고 뭐고 잡기 시작하는 것이 나중에는 이 잡듯이 집집을 털어가며 마구 후려 나꾸쳐 잡아끌어가곤 했다. 좀 다구차뵈는 기색만 있으면 그저 '탕!' 하고 한 방 터트려 피를 보는 게 그들의 재주인 성싶었다." "가여운 죽음을 한 젊은이가 이 마을에서만" 부상당한 사람까지 십여 명이었고, 시체들을 주재소로 끌어다가 "발가벗겨놓고 이번엔 난도질을 한다"는 소문이 나돌았다. 이 난리통에 몇몇은 맞총질을 해대며 마을사람들을 데리고 질봉산으로 피신하게 되었는데 이것이 이른바 입산 동기가 된다. 어둠이 내린 산에서 여러 마을 사람들은 초조감을 억누르고 있는데 산 아래서 총소리가 그치면서 자수권유 확성기 방송이 이어진다. 밤이 깊어질수록 이 방송은 계속되었고 산속에서는 가벼운 동요가 일어난다. "내사 무슨 죄가 있나 따라온 죄밖에는" "난 사람 안 죽였네" "난 건드리지도 않았어 이 사람아" 하는 등의 발뺌소리까지 일었다. 소두메마을 득성이도 그런 사람 가운데 하나로 "내려 가보세나 설마 이만했으면 죽이지야 않을 테지" 하고 하산을 결심한다. "그저 농사지어 먹는 놈은 욕을 하거나 뭘 하거나 꾹 참고 농사짓고 사는 것밖에는 재주가 없다"고 마음을 굳힌 득성이 산마루 아래까지 닿자 "용서해주겠다던 스피커의 소리가 뚝 끊어지고 손전기가 머리 위를 휘황히 스치자 이내 '탕탕탕' 숨죽었던 총소리는 다시 다구치게 들렸다." 그가 속았다고 생각했을 땐 이미 늦었다.

박찬모의 「어머니」는 일제 때 면장을 지내면서 신민의 모범을 보여야 한다고 친조카 칠성을 가장 먼저 강제징용으로 내보냈던 정주사란 부정적 인간상을 전형화하고 있다. 정주사는 8·15 뒤 징용에서 돌아온 칠성으로부터 친일파란 지탄을 받으나 이내 대한독립촉성회를 만들어 다시 마을의 요지부동의 지주이자 유지로 등장한다. 마침 수곡령이 내려 미처 공출을 못 댄 칠성은 마을의 여러 사람들과 함께 총뿌리에 이끌려 서당 앞마당으로 가게 된다. 순사들은 정주사와 마을 사람들의 관계를 알고는 "영감! 영감 손으루 저 새끼들을 두 대씩만 때리시우"라고 명령하듯 하고는 한바탕 흐아 하고 웃어댄다. 차례로 때려 나가던 정주사는 조카 칠성이 앞에 이르자 자신을 친일파라 비난했던 일이 떠올라 분노를 폭발시킨다. 이에 질세라 칠성은 백부만 보면 북구주 탄광 속이 번개같이 눈앞을 스치곤 하여 못 견뎌 한다. 칠성은 자신도 모를 힘이 솟구쳐 높은 담을 뛰어넘어 도망질쳐 버렸다. 총을 쏘며 뒤를 쫓던 순사들도 그를 놓치고 말았다. 날이 어두워지자 "농민들은 그 길로 마을을 떠나지 않을 수 없었다. 정주사네와 구장네만 남겨놓고 동네 안에는 젊은 사람의 그림자라고는 한 사람도 없이 흩어져버렸다." 그들이 갈 곳은 산밖에 없었다. 서른둘에 과부가 되어 홀로 키워온 아들을 떠나보낸 칠성 어머니는 고개 넘어 마을의 아들 친구 영수로부터 칠성이 무사하다는 소식과 함께 서울의 철도종업원 파업과 대구에서의 항쟁 이야기를 듣게 된다. 이 기회를 이용해서 여러 마을의 힘을 모아 "내일 새벽 다섯 시에 일제히 읍으로 모여서 경찰서와 군청을 쳐들어가기로 되었다"는 전갈을 받는다. "앉아서 죽는 수밖에 없으니 이왕이면 우리도 싸우다가 죽어야 한다고 전부 의논이 되었다는 것"이었다.

읍내 경찰서로 들어가는 길목의 군중들 속에서 칠성과 어머니는 극적으로 만났으나 총에 맞아 아들은 죽고 만다. 서장실 소파에 누워 칠성이를 목놓아 부르던 어머니는 학골집 늙은이가 "정주사 놈의 집에다 불을 질러놓구 오누라구" 늦었다는 말에 퍼뜩 정신을 차리며 "누가 죽었소?"라고 다그친다. 그러곤 "죽이지는 말지 않구……"라고 중얼거리며 눈물을 핑 쏟으며 정말 죽었을까고 염려한다.

여기서 칠성의 어머니는 아들의 뜻을 이어받은 여인상인 동시에 한쪽으로는 혈육 간의 정을 못 끊는 인간상으로 부각되어 있다. 이는 당시의 농민상의 이념형이라기보다는 오히려 오랜 정서적 원한의 분출이었음을 반증하는 한 예라고 풀이할 수 있을 것이다.

「산풍」과 「어머니」에서 주목해야 할 것은 농민을 탄압하러 왔던 순사들 가운데는 이북 사투리를 쓴 사람이 많았다는 점이다. "평안도에서 왔다는 장순사"(「산풍」)나, "셋은 평안도, 둘은 함경도"(「어머니」)로 묘사된 까닭은 북으로부터 내려온 청년들의 활동상을 의식적으로 상징코자 하는 작가의 의도임을 숨길 수 없을 것 같다.

박승극의 단편 「길」 역시 이와 비슷한 구도를 갖춘 10월항쟁 시기의 농민상을 다루고 있다. "인민항쟁에 대한 보복과 더불어 제선(制先)의 기세로 검거와 테러가 겸행하여져" 용배네 집에도 밤중에 창고에다 불이 질러진다. 지서에다 신고를 해도 "지금은 바쁘니까, 나중 틈이 있는 때 나가 보겠다"는 대답뿐이다. 피신했다가 다시 활동 재개를 위해 귀향한 용배는 '끄나풀'의 연락으로 그의 귀가를 눈치챈 경찰이 체포령을 내린 사실을 알게 된다.

> 조국의 자유와 독립을 위해 이십 년 전부터 다시는 찾지 못할 아까운 청춘을 바쳐온 '죄'일까? 전시하 총독 경찰의 끊임없는 주시 가운데서도 깨끗이 살랴고 애쓴 '죄'일까? 해방 후 조국의 장래와 인민대중을 위해 혈투해온 '죄'일까? 될 수 있는 대로 극소수의 반동분자만을 제외하고는 광범위의 각층을 관대히 포용하려 한 것이 '죄'일까?[19]

이렇게 용배는 깊은 사념 속으로 빠져들지만 현실은 엄연히 그가 집을 떠나야 하도록 강박하고 있었다. 그것도 "옛부터 섣달 그믐날은 나갔던 사람도 들어와 자는 법"이라는데 그는 반대로 그날 집을 나가야만 했다. 길을 가며 그는 "어서 얼어붙은 길이 풀려라! 봄이 오너라! 우리의 봄이! 승리의 봄이! 우리는 이것을 위하여 최후까지 싸우리라. 오직 길은 한 길!"이라고 마음을 다진다.

농촌 지식인에 속하는 용배란 주인공의 시선에는 각종 정치적 입장이 중요한 작용을 했다. 용배는 일차 피신 때 상부조직 책임자의 독려 비슷한 덮어놓고 귀향하여 활동을 재개하라는 말이나 조직 내의 분파주의적 속성을 지닌 강이란 사람의 악의에 찬 제의 등등을 비판적으로 수렴하는 것으로 나타난다. "우리가 아무 일도 못 해보고 경만 친 것은 기회주의적 분파분자들이 지도부를 차지한 때문이었오. 그런 고생을 한 걸 생각하니 어찌나 분하기 짝이 없는지! 지도부에선 뭘 알거나, 그냥 일을 해보고나 경을 쳐도 칠, 흐흐흐……"라는 말은 용배의 한 동지가 한 말이자 용배 자신의 생각이기도 했다. 대부분의 문학작품에서는 뚜렷한 구분이 없이 그냥 당시의 '당'이나 '박헌영' 또는 '인민공화국'을 찬양한 구절이 많았던 데 비하여 박승극은 여기서 분명히 종파주의에 대한 비판의식을 지닌 것으로 보인다.

이런 종파주의적 경향에 대한 비판의식은 김만선의 「어떤 친구」[20]에서도 방향은 좀 다르지만 약간 개진된다. 지하활동으로 들어간 공산당의 전술(1946년 7월 신전술을 의미)에 대하여 '졸렬'하다고 비판하는 지식인 K는 대학교수다. 10월항쟁에 대해서도 일정하게 비판적으로 보는 그는 "남조선의 통일이 안 되고 따라서 임시정부가 서지 못하는 이유는" 그의 의견에 따르면 "물론 반동진영의 암약이 커서지만" "다분히 좌익에도 그 죄가 있지 않는가"라고 말한다. 이런 무당파성 지식인의 발언에 대하여 작가이자 문학가동맹 맹원인 C(작가 자신)는 "아니 좌익 전체가 책임질 것은 아니죠. 다분히 그 책임은 공산당에 있는데 우리 좌익은 되도록 일면 투쟁, 일면 타협적인 전술을 취해야겠죠"라고 대꾸한다. 여기서 C가 지칭하는 '공산당'은 조공-남로당으로 이어지는 세력을 지칭함은 말할 필요도 없다.

그러나 지식인적 관점을 떠나 농민적 시선을 취할 때 중요한 것은 역시 당의 노선이나 종파주의의 탈피보다는 토지와 양곡수집령 문제일 수밖에 없다. 「길」에서도 용배가 피신을 떠나가던 중 "한 집에서 그를 반가히 맞아주었다. 부께미떡도 주고 일부러 쌀밥도 지어주고 했다. 몇 사람 농민이 모였다. 그들은 한결같이 강제공출의 억울함을 호소했다"는 체험을 적고 있다.

물론 친일파에 대한 응징이 문학 속에 나타난 예도 있다. 김민선은 「해방의 노래」[21]에서 양조장 주인이자 지방유지로 친일행각을 일삼았던 김병학이란 부정적 인간상을 통하여 당시 친일파에 대한 집단적 보복행위를 묘사한다. 자신의 과거 행적 중 비리에 속하는 부분까지 알고 있는 친구의 아들 성칠을 가둬버린 뒤에야 마음을 푹 놓게 된 김병학은 "공산주의자인 그런 민족반역자들을 처치하는 데는 경찰의 힘을 빌 것도 없이 그를 지지하는 애국적인 청년놈들 손으로 무찔러버리면 그만"이라고 믿는다. "경찰과 대한민청이 그의 편인 게 새삼스럽게 미더워"진 그는 느긋하게 마을 국민학교 운동회 때 술과 돼지 한 마리를 보내 축하할 생각이었다. 그런 판에 막상 운동회가 열리자 운동장은 「적기가」를 비롯한 민청들이 부르는 노래로 술렁대더니 싸움판이 벌어지고 말았다. "여보 경관을 불러와야겠소!"라고 교장에게 겨우 한마디 던지고 몸을 돌리는 것이 김병학의 할 일이었다. "누가 곧 쫓아와 덜미를 잡을 것만 같았다. 그래서 그 권총을 멘 경관에게로 어서 달려가고만 싶었다."

극히 예외적인 이런 친일파에 대한 응징을 다룬 작품 말고 대부분의 경우는 친일파의 권력층화 과정을 그려준다.

농민들의 집단행동화 과정이 이렇게 당장의 현실적인 쟁점을 부각해준 것과 마찬가지로 노동자들의 집단화도 직접적인 이해관계로 얽혀 있음을 문학작품은 보여준다.

4. 노동자 무장투쟁의 문학적 형상화

구호와 선전선동으로서는 노동자·농민이란 순서로 항상 노동자가 앞섰으나 8·15 직후의 상황에서는 오히려 무투 소재 작품 속에서조차도 농민이 노동자상을 능가하고 있었다. 노동자의 경우는 대개가 일제 식민지 아래서 일본인 소유의 공장에서 일하다가 자주관리운동이 일어나면서 그 주체세력을 형성해나가는 모습으로 나타난다.

이규원은 「해방공장」[22)]에서 서울과 인천을 이어놓은 식민도로인 산업도로를 앞에 끼고 부평평야에 풍덩 주저앉은 군수공장을 무대삼아 8·15 직후부터 11월 1일 '팔월공장'이란 새 이름으로 공장 자치위원회가 조직되어 움직이기까지 노동자들의 움직임을 차분한 기록물식으로 형상화한다. "쓰레기통에 굴러나온 설계도면에 변또를 싸가지구 나간 걸 스파이"라고 고발당했던 노동자, 손가락이 세 개밖에 안 남은 레쓰공 이달관, 귀신당(신사)에 절 안 했다고 출근정지를 당했던 노동자들, 겨울날 찬 물속에 발가벗겨진 채 들어가 벌을 받았던 노동자들이 8·15를 맞자 어떻게 달라지는가를 과장이나 수식 없이 추적해나간 이 작품은 이 시기 노동자들의 움직임을 가장 잘 포착하고 있다.

"전쟁이 끝났다!"는 소리에 이어 모든 기계는 정지된다. "어떤 놈이냐! 기계 멈춘 놈이! 전쟁은 이제부터다! 이제부터 정말 전쟁이다. 스위치 넣어! 스위치"라는 공장장의 말에 용해공 김용갑은 갈구리처럼 그의 손목을 으스러지듯이 비틀며 "오늘부터 이 공장에서 당신 명령은 통하질 않소. 명령할 권리는 우리들에게 있소"라고 맞선다. 그러나 사흘이 지나서야 공장에는 태극기를 내걸 수 있었다. 무장 헌병들이 독기를 뿜으며 '조선독립만세'란 액판을 찍어내는 판국이었다. 노동자들에게 닥친 과제는 이 작품에서는 세 가지로 요약된다. 회사 해산금과 여유 있는 봉급 지급, 일본인에 의한 파괴행위 방지를 위한 공상자위대 조직, 공장관리위원회 선정 등이었다. 이를 위하여 앞장선 김용갑 등은 사장·전무·공장장 셋을 사형(私刑)하는 등 갖은 보복적 활동까지도 자행하는 모습으로 그려진다. 이런 점에서 이 작품은 특이하다. 많은 작품이 구체적인 일본인에 대한 사형을 묘사하기를 억제하는 데 비하여 「해방공장」은 군수품 제조공장이란 특수 무대여서인지는 모르겠으나 공공연히 일인에 대한 사형이 자행되는 것으로 묘사된다.

"복수의 한량 없는 길! 강한 자가 굴복할 때에 얻는 약한 계급의 불꽃처럼 일어나는 분풀이는 결단코 공장 최고의 임자로 앉아서 아랫사람들의 보고만으로 처리해나가는 야마니시나 호시노나 노야끼 따위(사장·전무·

공장장임)만을 감금시킴으로 만족하지는 못했다"고 이 소설은 쓴다. "우릴 직접 구박한 중간 책임자들을 잡아오자!"는 말이 떨어지기 바쁘게 공장 내의 사형은 광역화되어 나타난다. 그러나 이런 보복과는 달리 밑바닥에서 일만 했던 이들은 일인 경영자로부터 빈껍데기 장부만을 엉터리로 인수받는다. 빈 틈이 나는 대로 일인은 하나둘씩 도주해버리고 공장은 관리위원회에 의하여 파괴만은 간신히 면한다. 해산금도 상당 액수 받아내어 노동자들의 손에 의한 운영이 논의될 단계에 이 공장에는 조직자들의 출입이 빈번해졌다고 묘사한다.

"그중에는 몇 해 전 이 공장의 직공으로 있던 사람도 있었고 또 현재 어느 정당 단체의 경리를 본다는 종업원과 함께 오는 사람도 있었다. 이상스럽게도 친절한 사람들이었다. 어디서 몇십 년 전부터 사귀기래도 한 다정한 인상을 받았을뿐더러 손을 잡고 어깨를 흔들고 정열에 불붙는 이야기를 들려줄 때마다 진작 기다리고 있던 사람을 만난 듯했다." 해산금을 운용자금으로 전용하는 데 성공한 노동자들은 500여 종업원 중 친일에 앞장섰던 13명이 나타남으로써 일은 뒤틀려갔다. 8·15 직후에는 슬그머니 자취를 감췄다가 슬그머니 다소 안정세를 보이자 나타난 이들은 "종업원들에게 지급된 금액으로 운영자금을 삼는다는 것은 천만부당한 일이라고 불평을 토하며 선동했다. 현재의 종업원들이란 대개가 일본 사람 밑에서 기계적으로 일해온 말단 인물들이므로 이렇게 복잡한 기관을 운영할 능력이 없다. 양심적이고 실력 있는 새로운 자본주의를 등장시켜야만 한다"고 그들은 비아냥거렸다.

조직자들이 등장한 이후 공장관리위원회가 공장자치위원회로 그 기능과 조직이 바뀌어 본격적인 운영 태세를 갖춘 상태에서 13명의 친일분자들의 선동은 큰 반작용을 하진 못했으나 동요를 일으키게 되었다. 그들은 소형 기계를 뜯어내다가 팔아먹는 등의 행위까지 저질러 결국 추방당하고 만다. 10월 1일 '팔월공장'이란 새 간판이 정문에 붙는 데서 끝나는 이 작품 제1부는 8·15 직후 노동자들의 자주관리운동의 방향과 흐름을 가장 적절하게 형상화해준 문제작의 하나로 평가할 만하다.

이후 나온 몇몇 노동자 소설들은 다 이 작품의 기본구조에서 크게 벗어나지 않는다. 홍구는 「석류」[23]에서 노동자들이 자주관리운동을 위해 인쇄소를 지키는 투쟁상을 그리고 있으나 뚜렷한 인물 설정이나 사건의 기복이 미약하여 오히려 당시의 노동자 자주관리운동의 핵심을 벗어난 느낌마저 준다. 이에 비하면 이동규의 「오빠와 애인」은 자주관리운동에 매진하는 재덕과 이를 반대하는 병찬이란 대조적인 인간상을 통하여 당시의 사회상을 전형화하는 데 성공한 작품으로 꼽을 수 있을 것 같다.

"열에 여덟 사람이 행복할 수 있다면 둘을 버리고 여덟 사람을 위한 길을 취해야 한다는 것"이 이들 노동자의 주장이었다. 여동생 재순의 시선을 통하여 오빠 재덕의 자주관리운동을 관찰해나가는 형식을 갖춘 이 작품은 재순과 가까운 사이인 병찬의 변모과정에 초점을 맞추고 있다. 처음에는 재덕과 함께 자주관리운동에 투신했던 그는 "미국 가서 공부를 하고 돌아왔다는, 닥터 김이라는 이가 군정장관의 양해를 얻어 가지고" "공장의 새 사장으로 취임해오게 된 것"을 계기로 태도가 표변해버린다. "한 사람 앞에 돈을 2천 원씩 받고 매수가 되었다"는 소문이 끈질기게 나돌면서 병찬은 재순이 앞에서까지 교묘하게 말을 빙빙 둘러대기에 바쁘다.

나는 물론 재덕이의 편이고 재덕의 생각에 공명하는 자입니다. 그러나 우리 공장 형편을 생각해볼 때 앞으로 이것을 운영해나가려면 막대한 자본이 듭니다. 재덕이는 공장관리위원회의 손으로 충분히 운영해나갈 자신이 있다고 하지만 그 공장에서 일한 관계로 경영에 대한 사정을 잘 모릅니다. 그것은 누구보다도 우리가 잘 아는 바입니다. 그리고 새로 받아들이겠다고 한 사장을 만나보니까 사람도 좋고 직공들에 대한 이해성도 있는데다 전에 삼일운동 때는 감옥에도 갔다온 일이 있는 분이드라구먼요. 그분의 말이 자기도 우리 동포 사랑하는 마음은 누구에게도 지지 않는다고 하며 이후에 자기가 공장을 경영하면 물론 전의 일본 자본가들이 하듯이 직공을 착취하려는 것이 아니라 이익에 대해서는 직공들과 같이 나누겠다고 합니다. 자본이 없이 직공들만으로는 그 공장을 운영해나가기 어렵고 천상 남의 자본을 구해 들여야 한다면 이보다 더 나은 분을 어디가 구해 들이겠읍니까. 그래서 우리 사무실 사람들은 그 분을 맞아들이자고 의논한 것입니다. 그러나 재덕이와 여러 공장 직공들은 이러한 실정은 모르고 우리 손에 넘어온 공장에 새로 주인을 맞아들인다는 게 뭐냐고 반대하고 일어선 것입니다.[24]

병찬의 이런 입장 변화는 8·15 직후의 우리 사회상을 잘 반영하고 있다. 원래 재덕이 "이 공장에 들어간 것은 여섯 달 전이었다. 오빠(재덕)는 표면으로는 징용을 피하기 위해서 병찬 씨를 졸라서 이 공장에를 들어간 것이었고 이면으로는 직공들과 같이 굴러나면서 그들을 계몽시켜주자는 그런 목표를 가지고 있었던 것"으로 그려져 있다. 학력과 환경이 비슷한 처지였던 재덕과 병찬은 공장에서 하는 일의 차이 때문에 8·15 직후의 상황 속에서 서로 다른 방향제시를 제안하게 된다는 것을 이 작품은 보여준다. 사무직과 근로직의 차이가 단순한 직업적인 다른 점만이 아닌 삶의 근본적인 차이까지 드러냄을 이 소설은 극명하게 밝힌다. 새 사장 영입을 찬성하고 나선 병찬은 직공들을 설득코자 나섰다가 직공감독에게 두들겨 맞게 된다. 가장 열렬한 자주관리 주장자였던 직공감독이 견디다 못해 때리고 만 것이었다. 재덕은 재순에게 병원으로 위문이나 가라고 일러준다. 재순을 만난 병찬은 "나는 재덕이나 재순 씨를 볼 낯이 없읍니다"고 실토하며 "맞는 것이 내게는 약이야"라고 본래 자신의 자세로 돌아설 것을 암시하는 것으로 이 작품은 끝난다.

이 작품이 예견하는 바와 같이 자주관리운동이 미군정의 개입으로 좌절당한 이후 노동운동의 양상을 김영석은 「폭풍」에서 밀도 있는 형상화로 부각해주고 있다. "삼백 명 가까운 여공과 남자직공 팔십여 명이 종업하는 이 애국화방공장"은 분회가 조직되기는 했으나 활동은 미미하다. 미군정청이 관리하는 공장인 이곳은 차츰 교양시간 없애기부터 잔업 연장, 공장장의 횡포 등이 잇따르자 파업으로 치닫는다. 이미 노조에 대항하여 대한노총이 맹활약을 시작하고 있었다. "노동조합은 있어도 상관없지만서두

공산당은 싫어"라는 게 공장장에게 달라붙은 노동자들의 불만스러운 분위기 바꾸기 작전으로 동원된다. 파업은 대한노총과 그 지지자들로 인해 좌절당한다. 여기서 작가는 정치적 의도를 살리면서도 충분히 소설적 진실성을 그대로 보여준다.

예컨대 파업 이야기가 나돌 때 "수뚜라기(스트라이크)합시다"고 쥐어짜는 목소리로 떠드는 노동자상을 부상시키면서 "젠장할 것 …… 좀 놀아먹구 볼 일이야"라는 대목은 오히려 신선해보인다.

> '대한노총'에 들면 돈 백 원씩 준다니 우리도 거기 들어 돈 타먹고 우리 일하면 되잖아요? 하고 아주 그럴듯한 의견을 끄집어낸 사람이 바로 분회 의원인 박태석이 아니었던가! 당장 입에 후둘한 음식이 들어가면 노동조합이고 뭐고 상관없을 것이었다. 당장 자기 한 몸 편한 것을 취하는 게 나중에는 목에 칼을 쓰게 되는 것인 줄 모르고 있었다!
> 어째 노동자가 단결해야만 사는가? 노동조합은 어떠한 경우에 자본가와 싸워야 하는가? 이런 것들은 단지 입으로만 골천 번 떠들어도 소용없으리라. 그것은 실지 투쟁을 통하여 자기네들이 체득하지 않으면 안 된다. 그런 의미로도 이번 투쟁은 반드시 이겨야만 하리라 …… 이렇게 이두영은 생각했다.
> 우편소 옆 선술집에서 안주 타는 냄새가 코를 찔렀다. 버란간 몹씨 시장기를 느꼈다. 그러나 집에 돌아가도 죽이려니 생각하자 우울했다. 고치장에 비벼서라도 흰밥을 한 대접 수북하게 먹고 싶었다.[25]

노조와 대한노총의 양극화 현상을 편견 없이 대비시킨 이 소설은 8·15 직후 노동운동사의 흐름을 일별할 수 있는 좋은 자료로서 이미 공장지주 관리운동이 수포로 돌아간 뒤의 노조운동을 다룬다. 예견대로 이제는 노조운동조차 깨어져나가는 상황에서 공장장의 여공 육체 탐하기가 되살아나는 등 갖은 횡포가 식민지시대의 유산 되찾기식으로 변해갔다. 정치판도의 양분화 현상이 공장에서도 그대로 적용되어 판가리가 시작되자 노동자들은 정치의식에 눈뜨게 된다. 즉 정치의식이 앞선 것이 아니라 처음에는 처우문제나 상관들의 횡포 등등에서 놀고나 보자는 식의 파업투쟁이 좌절에 부닥치면서 민주주의란 구호가 무엇을 의미하는가를 노동자들 스스로 되묻게 만든다.

무엇이 민주주의였던가? 한 나라의 산업을 맡아 땀 흘리며 노동하는 사람들이, 때리지 말길 바란다, 끼니를 분명히 주길 바란다, 건강을 해치는 시간 외의 노동을 강제하지 않기를 바란다고 요구한 것을 나쁘다고 잡아가는 게 민주주의였던가?

무엇이 민주주의냐? 옳은 짓과 바른 말을 하면 거꾸로 매달고 때리던 총독부 시대와 다름없이, 이유도 묻지 않고, 보호해주는 것이 없는 계급이라 해서 발길로 차면서 묶어가는 것이 민주주의냐?

총독부 시대에 보고 배운 것밖에, 민주주의라고는 민자도 모르는 경관을 그대로 내버려두는 사회가 과연 민주주의 사회냐?[26]

분회 위원장과 부위원장이 잡혀간 뒤 지도자로 나선 두영이 생각하는 이런 현장인식이 노동자들을 정치의식화에로 방향전환시켜준다. 이래서 노조운동은 그 활동보다도 이제는 조직 자체를 지키기 위하여 대한노총과 대결하는 것이 급선무로 되었다. "만일 분회 서류 속에 몇 마디 비위에 맞지 않는 문구가 쓰여져 있고, 혹시 맑스나 레닌 같은 사회운동의 조상들의 사진이 함께 발견된다면, 그 사진까지 함께 첨부하여 매국노라는 아주 편리한 이름을 부치는 야릇한 기간이다"고 작가는 쓴다. "가끔 쌀 배급 주는 것두 대한노총에서 주는 거다, …… 혹 썩은 장아찌 대신 된장국 한 그릇을 내도, 이건 대한노총에서 내는 거다, …… 이따위 수작을 하는걸요"라는 분회원들의 탄식은 이미 노조의 위기감을 느끼기에 충분하다. 앞장섰던 노동자의 전원 체포 속에서도 '만세' 소리만 충천하면서 끝맺는 이 작품은 1946년 9월 총파업의 전주곡으로 이해할 수 있다.

야만스런 박해에 대한 오랜 수난 끝에 일어선 것이다
우리들이 사랑하는 철도로 하여금
자유의 나라 대동맥이 되게 하기 위하여
일제의 악한들이 남기고 간 파괴의 흔적과 영영히 싸우고 있을 때
인민의 원수들은 이 철도로 재빨리 친일파와 반역자를 실어다가
인민의 자유를 파괴할 온갖 밀의를 여는 데 분주했다
우리들이 사랑하는 철도로 하여금
새로운 공화국에 문화와 과학을 실어올 대로가 되게 하기 위하여
밤과 낮을 헤아리지 않고 근면했을 때
인민의 원수들은 이 철도로 썩어빠진 전제주의와 파시즘의 독소를 실어다가
평화로운 조국에 내란의 씨를 뿌리려고 음모하였다.
우리들이 사랑하는 철도로 하여금
신생하는 조국의 부가 집산하는 운하가 되게 하기 위하여
형언할 수 없는 기아의 고통과 싸우고 있을 때
인민의 원수들은 외방 물자와 호열자를 실어다가
고난한 동포 가운데 가난과 불행을 펼쳐놓았다[27]

임화는 이어서 "1946년 9월 24일 오전 영시 제네스트로 들어가라/ 준엄한 지령 제1호는 벌써 전선에 나리었다/ 사랑하는 전우여 여기는 기관구의 경비선/ 남조선 철도 총파업 투쟁사령부가 있는 곳"이라고 이 시의 현장감을 살린다. 철도총파업을 시발로 지속된 무투는 그 흐름을 두 갈래로 나눠 살펴볼 수 있다. 하나는 농민항쟁적 성격을 지닌 농촌문제에서 발달된 10월항쟁의 흐름이요, 다른 하나는 노동자 자주관리를 비롯한 노동자 문제에서 발단한 9월총파업의 연장선으로서의 그것이다. 이들 두 흐름은 쫓겨 입산하면서 하나로 합쳐지는데, 물론 그 이전부터 입산했던 집단에 대한 연구도 있어야겠지만 문학작품상으로는 이에 대한 흔적이 없다.

부산철도구 관내 종업원 7천여 명의 파업을 앞세워 1946년 9월 24일 4

만 철도종사원이 파업으로 돌입한 이후 출판(25일), 우편국(27일) 등 각 부문에 걸친 파업이 잇따라 9월총파업은 악화일로를 치달았다. 30일 경성철도 기관구 노동자와 경찰이 충돌하여 1,700여 명이 검거된 뒤 종막을 내린 이 파업은 강형구의 「연락원」[28]이란 작품에 박진감 있게 묘파되어 있다.

철도파업단 연락정보실은 용산역 소재로 알려져 있다. 파업이 시작된 엿새째 되는 날(30일) 밤 3시. 전화는 "무장경관을 실은 트럭 경성역 통과"라는 통보를 울렸다. 마침 평소 좋아하는 옥경과 함께 있던 정보 책임자 인동은 진압군이 이 용산역에 도착했다는 연락을 받는다. 총파업단 본부가 있는 용산역 기관구의 전화가 끊기자 모든 연락이 단절된다. 통신국·교통국이 차례로 연락이 끊어지며 본부는 정보 두절 상태로 빠져든다. 상부에서는 직접 뛰어나가 움직임을 파악하게 조치하라고 독촉했다. 마침 정보실에는 옥경이와 삼각관계에 있는 진만이가 함께 있었다.

"옥경이의 마음은 진만에게로 쏠려가는 것을 눈앞에 보게 된 후로 상당히 마음이 아픈 것을 격렬한 투쟁으로 잊어버리고 있었던" 인동은 이 위험한 임무를 맡길 상대가 바로 진만임을 느낀다. "젊은 나이로 보든지 날렵한 몸집으로 보든지 그를 지명하는 것이 조그만한 비난의 여지도 없겠건만 그것이 주저되는 것을 어떻게 할 길이 없었다." 여기서 인동은 "여기는 자네가 책임 맡게. 내 갔다 옴세"라고 진만에게 말한다. "나를 왜 못 보내는 것이냐?"는 진만의 항의에 인동은 "이놈아 우리들 앞에 계급의 싸움이 있다"면서 옥경에게는 "진만이를 한껏 사랑하십시요"라는 말을 할 수 있을 것 같은 자신을 갖고 밖으로 나간다.

이 작품은 소박한 노동자의 진솔한 애정윤리를 느낄 수 있는 한편 철도파업의 최후 장면을 촬영해주고 있다.

 핏발이 섰다 집마다 지붕 위 저리 산마다 산머리 위에 헐벗고 굶주린 사람들의 핏발이 섰다.

누구를 위한 철도냐 누구를 위해 동트는 새벽이었냐 멈춰라 어둠을 뚫고 불을 뿜으며 달려온 우리의 기관차 이제 또한 우리를 좀먹는 창고와 창고 사이에만 늘어놓은 철길이라면 차라리 우리의 가슴에 아내와 어린 것들 가슴팍에 무거운 바퀴를 굴리자

피로써 물으리라 우리의 것을 우리에게 돌리라고 요구했을 뿐이다 생명의 마지막 끄나풀을 요구했을 뿐이다

그러나 아느냐 동포여 우리에게 총부리를 겨누고 다가서는 틀림없는 동포여 자욱마다 절그렁거리는 사슬에서 너희들까지도 완전히 풀어넣고자 인민의 앞잡이 젊은 전사들은 원수와 함께 나란히 선 너희들 앞에 일어섰거니

강철이다 쓰러진 어느 동무의 소리가 바람결에 들릴지라도 귀를 모아 천길 일어설 강철기둥이다

며칠째냐 농성한 기관구 테두리를 지키고 선 전사들이여 불 꺼진 기관차를 끼고 옳소옳소 외치며 박수하는 똑같이 기름 배인 검은 손들이여 교대시간이 오면 두 눈 부릅뜨고 일선으로 나아갈 선사 함마며 피켓을 탄탄히 쥔 채 철길을 베고 곤히 잠든 동무들이여

핏발이 섰다 집마다 지붕 위 저리 산마다 산머리 위에 억울한 모든 사람들이 우리의 승리를 약속하는 핏발이 섰다[29]

철도파업이 끝나는 자리에서 바로 이어진 10월항쟁은 8·15 이후 한 시기의 획을 긋는다. 총파업에서 10월항쟁으로 이어지는 마디를 다룬 전명선의 「방아쇠」는 대구를 무대로 철도노동자와 다른 노동자 및 학생·시민의 연대투쟁적 모습을 부각해준다.

구일철공소 직공 장현술은 일본 비행기공장에 끌려가 2년 동안 고역을 치르고 귀국한 평범한 노동자상으로 부각된다. 그러나 처우 개선을 건의했다가 주인으로부터 "뭐 어째, 이놈들아 누구 망하는 꼴을 볼 작정이냐? 구구루 일하기 싫거던 나가! 너희 아니라고도 그 공전으로 일할 사람 얼마든지 있어!"라는 모욕만 당한다. 게다가 이튿날은 경찰까지 들이닥쳐 "주소와 모습을 수첩에 적어놓은 다음 동맹파업을 선동하였다는데! 만약 그렇다면 좋지 못해, 하면서 다시 한번 으름장을 놓고 가버렸던 것"을 당한다. 또한 끝내 30여 전 직원은 파업에 돌입한다.

마침 대구역전은 다른 파업 노동자들로 뜨거웠다. 식량문제까지 합세하여 겹쳐 시민과 학생의 가담이 늘어났을 뿐만 아니라 철도파업단까지 대구서가 시위대의 손으로 넘어간다. "고등계 형사로 있다가 해방 후 오히려 주임으로 승진한 L이라는 인간"이 마침 시위 진압대에 앞장서 흩어지지 않으면 발포하겠다고 위협한다.

탕탕탕 탕탕탕, 탕탕탕탕……
해방 후 조선사람끼리 마주친 맨 처음 총소리! 누가 인민에게 총질할 권리를 준 것이냐? 길가의 창문은 죄 깨어지고, 구석구석 벽돌담에는 으스러진 탄환자죽이 뚜렷하고! 현술이는 엉겁결에 잠시 엎드렸다. 그러나 죽음이란 그다지도 두려운 것이었더냐? 목이 바짝바짝 타고 눈은 아물아물하고, 천지가 아득했다. 들볶아대는 총소리 가운데, 군중은 자기도 모르게, 눈앞에 닥친 죽음을 피하여, 잠시 흩어졌다. …… 현술이는 잠시 뜨막해진 사이를 틈타서 군중에게 외쳤다.
"여섯 방씩 쏘면 탄환 끊어진다 헤치지 말아"
군중이 총소리 나는 쪽으로 고개를 돌이켰을 때, 그것은 사실이었다. 옆구리에 찬 탄환갑에서 또다시 탄자를 재여놓은 그 순간
"가자―저놈들을 쳐부시자"[30]

10월항쟁의 첫 장면은 이렇게 묘사되고 있다. 여기서 묘사된 10월항쟁

의 이유는 식량 배급문제와 친일파의 재등장, 노동자의 처우개선 문제 등으로 요약된다.[31] 그러나 이런 사회경제적인 이유가 쌓여서 형성된 다수 사람들의 한의 정서적 측면을 문학작품은 중요시할 필요가 있다. 이 작품의 끝부분은 이렇게 쓰고 있다. "이래 죽으나 저래 죽으나 매일반이다." 그러곤 "현술이는 눈이 벌컥 뒤집혀서 이를 갈고 한곳으로 대들었다. 군중의 뭇매 속에 싸여, 이리 밀리고 저리 밀리는, 한 무더기 속에서 그는 검정 제복한 한 몸둥이를 향하여, 몇 번이나 발길로 걷어찼다. 그 순간에는 인정이고 도덕이고 체면이고 아무것도 그의 머리에 없었다. 원한! 단지 이것뿐이었다."

여기서 '원한'으로 10월항쟁의 발단을 잡은 점은 사회과학적 접근이 아닌 주목할 만한 포착이다. 8·15 직후의 사회적 혼란과 격동의 근본원인은 물론 사회과학적 검증이 필수적이겠으나 문학예술적으로 접근해볼 때는 변혁운동의 주체세력들이 조직력에만 의존한 저항력만으로는 풀리지 않는 다른 요소가 있음을 부인할 수 없다. 그것은 상투적인 이념과 정치적 조직력의 차원을 넘어 근대 이래 계속 쌓여온 민중들의 한풀이의 한마당으로 접근 가능한 한 측면이 있는 것이 아닐까. 이 작품은 바로 그 점을 꼬집어주고 있다는 점에서 주목할 만하다. 마찬가지로 이 소설은 이제까지 농민과 노동자, 지식인, 학생 등이 나뉜 채 추구해오던 변혁운동이 합쳐진 군상의 모습으로 그려진 점 또한 특기할 만한 성과라 하겠다. 이는 바로 농민과 노동자가 연대성으로 이어지는 10월항쟁의 시발이자 새로운 단계로 넘어가는 과도기적 상황을 다룬 성과이기도 하다.

5. 10월항쟁, 제주 4·3항쟁, 입산투쟁을 다룬 문학

그러나 10월항쟁에 대한 문학적 형상화는 보잘것없다. "곡식이 익어도 익어도 쓸데없는 땅/ 모든 인민이 등을 대고 돌아선 땅"이라면서 "황소 소녀는/ 언제까지 어질기만 하랴느냐"고 질타하는 목소리에도 불구하고 10

월은 문학작품 속에서는 익지 않은 소재로만 남는다.

"너희들 무시무시한 무지 지긋지긋/ 흰 잇발자국 이문살 멍드른/ 마소 같이 둔하다는 무식한 우리들의 등/ 더운 피 흘린 항거를 위해서는/ 10월은 오히려/ 서리 내리기조차 주저하였다"[32)]는 그 역사적 격변은 이후의 4·3항쟁이나 여순사건과 함께 우리 문학사가 공백으로 남겨둔 가장 미궁에 빠진 소재로 남아 있다.

중국사람이 나를 물을 때/ 인도네시아가 나를 물을 때/ 아프리카며 남아메리카 사람들/ 파리 시카고 모스크바/ 세계가 다투며 나를 물을 때/ 나는 자랑하리라/ 눈물로 ㅇ해서 자랑하리라/ "일천구백사십육년 가을/ 항쟁한 영웅들의 겨레이노라!"// 항쟁 인민항쟁!/ 나의 눈물 나의 자랑 나의 영웅들이여!/ 세계에 잘도 알리었니라/ 이조 오백 년 일제 사십 년/ 짓밟히고 짓눌린 허물이기로/ 더한층 짓눌려야만 하는/ 영원히 짓밟혀야만 하는/ 그것이 조선인민이 아님을// 항쟁 인민항쟁! 나의 눈물 나의 자랑 나의 영웅들이여!/ 진리를 잘도 알리었니라/ 압제에의 대답은 굴종이 아님을/ 유린에의 대답은 항쟁뿐임을// 진실로 나의 눈물 나의 자랑/ 세계가 다투며 나를 물을 때/ 눈물로 나를 자랑하리라/ "일천구백사십육년 가을/ 항쟁한 영웅들의 겨레이노라"[33)]

10월항쟁을 가장 직접적으로 다룬 작품의 하나인 안회남의 「폭풍의 역사」는 시골에 묻혀 있는 한 소시민적 지식인 현구의 시선을 통하여 농민들의 항쟁을 관찰하는 형식을 취하고 있다. 3·1운동 때도 그 정확한 의미를 몰랐던 현구는 "일제시대에 있어서, 현구 같은 소시민, 현구 같은 나약한 지식인은, 그 악질적인 영향을 뼈에 사모치게 받아왔지만 다 함께 그 압제에 눌려왔다더라도, 농민들은 농민대로의 어느 정도 독특한 소박하고 순수한 습성을 그대로 간직해온 것이 아닌가 생각되었다. 우선 8·15해방 때에도, 자연발생적으로 제일 먼저 궐기한 것은 농민이었다. 적어도 이 조그마한 시골의 장터, 조그마한 마을과 마을에는 현구보다는 먼저 농민들이 일어났다"는 것이 지적된다. 만세가 요란한데도 농민들과 함께 어울리지 못했던 현구는 이후 도리어 농민들의 활동을 그릇 일깨워버린 실수까지 저지른다.

이웃에 사는 친일파 이석기의 처벌문제가 나왔을 때 현구는 "며칠 뒤에도 할 수 있죠, 조금 두고 보는 것이 어떱니까?"고 만류하는 입장이었다. 그러나 교활한 이석기는 농민들의 기세가 약간 수그러들자 술을 몇 통 걸르고 쇠고기를 사들여 한탕 먹이고는 "세상에 누가 잘못없이 지내는 사람이 있나?"란 말이 저절로 농민의 입에서 나오게끔 분위기를 바꿔나간다. 슬그머니 독립촉성회를 비롯한 단체가 돋아나면서 재기하게 되자 농민 돌쇠는 "이건 제기 일본놈 시대에도 환영받구, 또 해방이 되여두 환영받을 텐가?"란 반감을 제기한다.

"우리는 다 같은 동포요. 우리는 독립을 위하여 민족과 국가를 위하여 동포끼리 서로 의좋게 정답게 손목을 잡읍시다. 그러면 저절로 통일이 되어 국가가 이루고 그냥 완전 독립이 되는 것 아니요?"라는 게 옛 친일파들의 주장이었다. 아리숭한 이런 주장 앞에서 현구는 비로소 자신의 잘못을 깨달아간다.

통일하는 것은 물론 좋다. 그러나 공평한 또 할 수 있는 통일을 해야 할 것이다. 그것은 빤히 두 가지 길이 있다. 하나는 농민·노동자·평민이 지주·자본가·관리 편으로 뭉쳐서, 다 같이 전민족이 자주·자본가·관리가 되는 것, 이것이다. 그런데 저편은 이렇게는 못하고, 또 싫은 모양이다. 그러지 말고 민족의 이름으로 그냥 뭉치고 싶은 것이다. 이것이 민족주의를 내세우는 까닭이다. 그러면 또 하나의 방법, 즉 지주·자본가·관리가 일제히 농민·노동자·평민이 되어 이쪽으로 뭉치는 것이다. 통일에 대한 성의가 있으면 그럴 것이다. 그러나 그들은 이것도 안 되고 싫은 모양이다. 어디까지 그냥 민족주의로 하고 싶은 모양이다. 즉 자주·자본가·관리라는 두둑한 주머니는 그냥 두고 네 것도 내 것이고 내 것도 내 것식의 그냥 덮어놓고 뭉쳐서 그냥 독립하고 그냥 나라를 세우

고 싶은 것이다.[34]

　친일파들은 8·15 후 그냥 독립을 주장하면서 각종 중요한 자리를 하나씩 채워나가는 것으로 이 작품은 분석한다. 마을에는 식량파동이 밀어닥쳤고 농민들의 항거는 총으로 짓눌린다. 대구항쟁 소식이 전해지자 친일파 이석기는 자신 있게 "그저 조선놈들은 내려 눌러야 해 …… 그냥 두면 못써 …… 인제 일본사람 시대 이상이 될 테니 두고 보오 …… 그저 ……"라고 말한다.

　어정대기만 하던 현구까지 10월 20일 무허가집회니 뭐니 하여 7일간 유치장에 있다가 나온 뒤 어느 날 드디어 마을은 항쟁에 돌입하고 만다. 그것도 잠시뿐 이내 진압대의 증원으로 돌쇠는 죽는다. 이래서 10월항쟁은 본격적인 탄압의 계절을 만든다.

　"10월의 분통이 내 품은 길이라/ 10월의 죽음은/ 훗훗한 지열에 아직도 잠들지 않아" 남은 사람들은 "감옥의 돌벽이 높이 하늘까지 닿아도/ 무한아 네가 있는 독방에서 화안히 빛을/ 발하는 것이다"는 노래처럼 투옥이 아니면 "산도 들도 하이얗게 덮이니 내 동지가 가는 길이 넓구나/ 가거라—씽씽 날리는 눈발이 쌓여/ 이 얼마나 쓸쓸하고 신명난 걸음이냐"[35]는 구절처럼 입산하는 두 갈래뿐이었다.

　"붓자루를 던지었다, 비오롱을 팽개치었다, 무대에서 학원에서 서실에서 쫓아나왔다, 일제히 이렇게 우리들이 일어서는 날 우리들의 10월은 다시 있어라"면서 "불 붙인 인민의 인민의 항쟁은 타는 것이라 불 붙인 10월은 타는 것이라"[36]는 노래는 이미 10월의 열기가 싸늘하게 식어가는 계절임을 일깨워준다.

　10월항쟁 이후 시간은 껑충 뛰어넘어 많은 당시의 고난과 입산과정이 문학사적 공백으로 처리되면서 제주 4·3항쟁에 이른다. 이미 그 과정에서 산봉우리에는 민족상잔의 비극을 상징하는 자욱들이 쌓였음을 읽을 수 있는 시가 있다.

밤중이면/ 짐승들 요란히 울고/ 낮이래야 이따금 기러기/ 그 위를 건너가는/ 산마루// 우리 모두/ 한 자루 낫을 갈아/ 허리에 차고/ 정정한 소리/ 나무를 베어 불을 지르면// 타오르는 불길/ 걷잡을 수 없어/ 읍으로 읍으로/ 고함치며 몰려가던 밤// 더운 피 흘리며 죽은/ 동무의 소름끼치는 비명/ 잠결에도 귀에 쟁쟁하여// 아아 원수보다도/ 잔인한 마음을 지니고/ 농군의 두터운 가슴/ 골짝마다에 있고/ 번개처럼 빛나는/ 인민항쟁대의 눈이/ 남조선 높은 산/ 봉우리 봉우리에 있구나[37]

산에 대한 외경스러운 시심이 이때부터 본격화하기 시작한다. "어느새/ 포리(捕吏)에 쫓겨/ 산상에 서다"[38]는 노래는 제주도의 피비린내가 풍길 무렵으로 이어진다.

제주항쟁에 대한 노래는 한진식의 「치술령」과 이수형의 「산사람들」이 있다. 둘 다 『문학』 1948년 7월호에 실린 이 시들은 이미 산에 오른 상황에서의 삶을 묘사해준다. "물 긷기 바쁘던 비바리도 해수/ 자리 머흘머흘 살아오던 그 어멍/ 끝끝내 '산사람' 되었단다"(「산사람」)에 이어 그들이 소금으로 끼니를 이으며 대나무 창칼을 깎는 모습이 선연히 그려진다.

태백 소백 줄기줄기 산자락에
횃불을 드높이
새로운 역사를 만드는
그들이 내가 노래하려는
산사람들
이것이 내가 자랑하려는 그것
야! 생동하는 겨레가 여기 있다[39]

무장투쟁은 이제 산에서만 이루어지는 계절로 접어든다. 그래서 한 시인은 이렇게 노래한다.

푸른 하늘을 나는 간다/ 푸른 산맥을 타고서 나의 핏빛 젊음이/ 사슴처럼 출렁이는 풀숲을 헤쳐간다// 주둔군의 파수병을 저리 돌아 오르면/ 거기 대열져 뻗어나간 산맥! 게딱지 같은 초가들이 군호를 기다리듯 엎드려 있고/ 새떼 숨어서도 무어라 저리들 우짖는 것일까// 열일곱 나의 소년을 배반하고 돌아선 연이란 계집애도 이런 봄에 떠났더란다/ 망건 쓰고 자전차로 노구찌상을 찾아다니던 아버지의 상여도 이런 마을을 갔더란다./ 자유를 달라! 만세를 부르다가 헌병대에 잡혀간 아저씨도 이런 산에 숨어 싸웠더란다/ 병든 어버이와 굶주린 아내와 철 모르는 자식들을 멀리 생각하면/ 전쟁과 평화와 민족반역자와 먼 날의 빛나는 조국을 생각하면// 산새야 산을 안고/ 통곡하고 싶으냐/ 그래 이렇게 가는 게란다/ 뜨거운 손길의 미더운 벗을 찾아/ 대열진 산맥을 타고 가는 게란다// 산맥을 타고 서면/ 아 저 넓은 하늘/ 복사꽃 붉은 언덕에/ 내가 섰구나.[40]

이렇게 산으로 내몰린 사람들의 산문적 증언은 유일하게 엄흥섭의 「산에 사는 사람들」[41]이 전해준다. 순이네가 산에 들어온 것은 벌써 5년 전으로 그녀의 아버지가 소작농으로도 더 버티지 못하여 피란을 온셈이었다. 내왕 백리길이나 되는 읍내 장날 나가는 일도 드문 산속 생활이 그들에게는 유일한 안식처로 느껴졌다. 징용에 두 아들을 보냈는데 해방 후 둘째만 돌아왔으나 그는 읍내에 남긴 채 나머지 가족만 산엘 들었다. 그런데 언제부터인가 숲속 건너편 바위 밑에는 그들이 모르는 사람들이 살고 있음을 눈치챘다. 항쟁 이후 입사해온 사람들이었는데 어느 날 순이는 오빠를 만나게 된다는 짤막한 줄거리인데 이념적 편견이나 강조가 두드러지지 않은 채 산사람들이 어렵게 살아가고 있는 모습이 가벼운 기법으로 그려져 있다. 오빠의 입을 통하여 제기되는 국가관이란 "독립이 되드래두 반쪽 정부가 슨다든지 우리 같은 가난뱅이가 또 그대루 가난뱅이루 살게 되는 정부가 서면 큰 탈이다. 그렇기 때문에 조선사람들이 모두 다 잘 살기 위한 정부를 맨들려구 지금 눈코 뜰 새 없이 바쁜 판이란다. 나두 배운 것은 없으나 똑바른 정부를 세우려고 애쓰는 분들의 심부름꾼 노릇을 하고 있다"는 것이었다.

이렇게 입산투쟁자의 모습이 희미하게 간접적으로 부각되는 산문문학과 함께 이 시기의 시문학이 남긴 작품으로는 김상훈과 유진오를 빼놓을 수 없다. 이들은 둘 다 『전위시인집』[42)]에 실린 시인으로 그중에서도 가장 맹위를 떨쳤던 시인으로 알려져 있다. 김상훈은 「다풍지대」「어머니에게 드리는 노래」 등에서 직접적으로 빨치산투쟁상을 다룬다.[43)] 한편 서사시 「가족」은 일제 식민지 때부터 빈농으로 살아오던 일가족이 8·15 이후에 어떻게 싸워나갔던가를 그린 이 시기의 빼어놓을 수 없는 걸작이다. 이 작품에 대해서는 별도로 취급할 기회가 있을 것이다.

지리산의 가장 희귀한 전설처럼 전해오는 시인 유진오에 대한 연구는 아직 이루어지지 않고 있다.[44)] 그는 「이대로 가자」「공청원」「산」 등에서 이미 자신의 미래를 예견하는 듯한 시세계를 그려준다. "시인이 되기는 바쁘지 않다. 먼저 철저한 민주주의자가 되어야겠다"는 시집 『창』의 「발」(跋)에서의 말처럼 그는 시인으로서보다도 민주주의의 투사로 짧게 살다 가버린 8·15 직후 무장투쟁의 한 전형을 이룬 시인으로 길이 남을 것이다.

6. 남한 무장투쟁을 소재로 한 북한문학

남한에서의 각종 사건에 대한 북한의 대응은 한층 격렬했다. 시종 선전 선동적인 입장에서 이루어진 이 시기의 대남 소재로서의 북한문학은 자료의 어려움 때문에 전체적인 모습은 볼 수 없으나 참고삼아 그 개략적인 모습을 살펴보면 아래와 같다.

① 10월항쟁을 다룬 것: 리갑기의 소설 「료원」(1948).
② 노동자·농민투쟁을 다룬 것: 유항림의 소설 「개」(1947)는 화순탄

광 노동자를 주제로 함. 민병균의 장편서사시 「분노의 서」(1948)는 노동자 투쟁상을 그림. 남궁만의 희곡 「하의도」(1947)는 하의도 농민사건을 다룸.

③ 제주 4·3사건 주제: 강승한의 「한나산」(1948)이 유명.

④ 여순사건 주제: 조기천의 련시 「항쟁의 려수」(1949)가 널리 알려짐.

⑤ 단정수립 반대를 다룬 것: 리동규의 단편 「그 전날밤」(1948).

⑥ 지리산 유격대 주제: 박태민의 소설 「제2전구」(1949).

⑦ 관리들의 부정부패상을 다룬 것: 송영의 희곡 「금산군수」(1949).

⑧ 빨치산 생활 주제: 홍순철의 시 「산사람들의 밤이여!」(1949), 조령출의 시 「태백산 준령에서」(1949), 백인준의 시 「눈내리는 밤」(1948), 김조규의 시 「그대는 조국에 충실하였다」(1949), 박세영의 시 「그치라 요녀의 목소리」(1946), 조벽암의 시 「진격의 길」(1948), 최석두의 시 「삐라대」(1947)·「앞으로만 간다」(1947), 김사량의 소설 「대오는 태양을 향하여」(1950).

⑨ 기타 남한 내의 불만과 항쟁을 소재로 한 것: 송영의 희곡 「어머니」(1947), 림하의 희곡 「항쟁의 노래」(1948), 조령출의 희곡 「폭풍지구」(1949), 김사량의 소설 「남에서 온 편지」(1948).

이상의 목록에서 공통적으로 나타나는 것은 격렬한 무장력을 동반할 뿐만 아니라 작품에 거친 욕설과 비난이 따른다는 점이다. 이 무렵 북한문학은 비교적 남한사정에 대하여 근접한 인식으로 사건전개에는 무리가 없었던 것 같다. 예컨대 「하의도」나 「한나산」 등 특정 소재를 다룬 작품들까지도 비교적 역사적 사실에서 동떨어진 느낌은 없었다는 평가를 받고 있다. 다만 그 전개과정에서 도식성이 두드러진 현상은 부인할 수 없다.

10월항쟁부터 5·10단선, 여순사건 등을 두루 다룬 민병균의 서사시 「분노의 서」는 투쟁상을 영웅화하려는 작가의 의도성이 강하게 나타난다. 이에 비하여 조기천의 「항쟁의 려수」는 서정서사시란 명칭으로도 불릴 만큼 서정성이 강하게 나타난 것으로 평가하고 있다.

 북한에서 높이 평가하고 있는 강승한의 「한나산」 같은 작품은 제주도 4·3을 다루면서 마지막 장면에서 주인공 만갑을 도 인민대표로 북한으로 떠나보내는 것으로 끝나는데 남북한의 대치 상황에서 월북 또는 북한에 대한 동경심을 작품의 사건전개에서 절정으로 삼는 수법은 다른 데서도 흔히 볼 수 있다. 남궁만의 「하의도」만 해도 주인공 김전배가 농민운동을 추진하면서 시종 북한의 농촌정책과 비교해나가는 수법을 쓰고 있는데 이런 기법은 당시 남한에 있으면서 활동했던 문학가 동맹원들의 여러 작품에도 그대로 드러난다. 북한의 민주기지론에 따른 대북 유도의 사건전개와 결말은 이 무렵 무장투쟁을 다룬 작품의 가장 두드러진 특색의 하나로 꼽힐 것이다.

 그러나 이 무렵의 한국 내 무장투쟁을 형상화한 작품들과 북한의 것을 비교하면 딱히 어느 쪽의 것이 우세하다는 섣부른 판단은 할 수 없을 것 같다. 당시 남한에서 활동했던 작가들의 작품도 격렬성에서는 북한의 그것과 별 차이가 없기 때문이다. 이런 점에서 북한의 무장투쟁 주제 작품들은 오히려 이 시기보다는 그 뒤에 이루어졌다고 볼 수도 있을 것 같다. 그것은 남한 역시 마찬가지 현상이다.

7. 맺음말

 8·15 직후의 무투 주제 문학은 우리 근대사 이후 마지막을 장식한 민중 항쟁적 성격을 지닌다. 그것은 현대화된 장비 앞에서 맞서서 무장력으로 대항할 수 있었던 사건으로서는 이 기간이 마지막이었다는 뜻으로 그 뒤 6·25와의 연계점이 작품 속에서는 거의 해명되지 않는다. 근대 이후 무장항쟁으로서 최후의 낭만성이 가미된 이 시기의 무장투쟁 작품은 역사적으로는 분단고착화의 기정사실화에도 불구하고 시종 승리에 대한 확신으로 끝나는 이른바 비극적 종말 속의 낙관적 전망을 담고 있다.

우리 문학사가 무투를 본격적으로 다룬 시기는 항일투쟁시기 이후로 잡을 수 있다. 이 문학적 유산을 바탕삼아 이루어진 8·15 직후의 무투 소재 작품들은 김사량의 솜씨에서 보듯이 전통적 무투 체험작가에 의해서라야 올바른 형상화가 가능함을 느끼게 한다.

무투 주제 작품들은 거의 예외 없이 북한지향성을 강하게 띠면서 당시 남한에 존재했던 각종 좌파적 정치성향에 대해서는 전연 언급이 없다. 조공-남로로 정당이 정비되어가는 과정에서 중도좌파적 정당인과 운동가들이 대거 탈락해버리고 북로와 남로의 당원만으로 궁극적인 무투가 전개되었음을 간접적으로 보여주는 이런 현상은 다른 한편 정치적 이념과는 관계없이 민중적 '한'의 세계에서 이루어진 항쟁의 양상을 엿볼 수 있게 해준다. 그러나 여러 작품의 등장인물을 분석해보면 당시 남한에서 이런 항쟁이 일어났던 것은 북로당이나 남로당의 정치적 우월성보다는 한국 자체가 지닌 갈등에서 비롯되었음을 부인할 수 없다. 즉 이승만정권의 적극 지지자 이외에는 모든 세력을 좌파로 몰아버린 풍토 속에서 노동자·농민 다수가 강제 입산당해버린 사실들이 이 분야 문학작품이 보여주는 실상이라 하겠다.

앞으로 이 분야에 대한 연구는 보다 과학적으로 이루어져야 하겠는데 이를 위해서는 우선 근대 이후 변혁주체세력의 변모와 성장·전개 과정을 부각하는 관점에서 이루어져야 할 것이다. 이렇게 볼 때 무투에 대한 평가는 남로계의 활동과 그 뒤 북한에서의 남로계 숙청사실이 던지는 갈등을 어떻게 객관적으로 평가할 것인가도 한 문제가 된다. 그다음 북한의 대남 전략으로서의 무투가 작품에 실제로 어떻게 나타나고 있는가에 대한 엄밀한 비교·검토가 따라야 할 것이다. 또 이런 현상이 분단극복으로 나아가는 길에서 어떤 의미가 있는가에 대한 점검이 따라야 할 것이다.

이 글에서는 이런 모든 근본적인 쟁점을 유보했다. 다만 아직은 자료와 연구의 미비상태에 있는 이 시기의 작품목록 정리라는 입장에서 개관하는 데 그쳤음을 밝혀둔다. 이런 자료 정리를 통하여 확인된 것은 이 시기의 무장투쟁이 이념지향성의 도식적인 가치판단에서 벗어나 역사적인 삶의 현장성의 의미가 강하게 나타났다는 사실 확인이라 하겠다. 그런 뜻에서 8·15 직후의 극한적인 갈등상은 아직도 진행되고 있는 게 아닐까.

주

1) 임화, 「인민항쟁과 문학운동─3·1운동 제28주년 기념에 제하여」, 조선문학가동맹기관지 『문학』, 1947. 3 임시증간호. 이 증간호는 '3·1기념 임시 증간호'로서 '인민항쟁특집'호로 꾸며져 있다.

2) 김영석, 「문학자의 새로운 임무─문화공작자로서의 문학자」, 『백제』, 1947. 2. 이 글은 1946년 12월 3일 문학가동맹 서울시 지부 주관 제1회 문학대중운동위원회에서의 보고문을 정리한 것임. 여기서 김영석은 문학인의 재교육을 강력히 주장한다.

3) 김남천, 「신단계에 처한 문화운동─대중화공작의 구체적 전개를 위하여」, 『자유신문』, 1947년 1월 4일~16일. 김남천은 이 글에서 "문학대중화위원회를 둔 외에 거의 명목만에 그치는 몇 개 지역에 지부가 있을 뿐"이라고 비판한다. 각 대중단체, 즉 전평, 전농, 청년, 부녀총동맹 등에 전문적 문화공작 부서를 둘 것을 제안하는 것으로 보아 이 당시 문화운동과 대중운동이 결합되지 않았음을 알 수 있다.

4) 김남천, 「대중투쟁과 창조적 실천의 문제」, 『문학』, 1947. 4. 10월인민항쟁을 다룬 평론으로는 이 글이 가장 중요하다. 9월 철도파업부터 10월항쟁에 이르는 원인분석과 그 미학적 대응을 김남천은 정리하고 있다.

5) 김학철, 「밤에 잡은 부로」, 『신천지』, 1946. 6. 친일 반민족행위자와 항일무장투쟁사를 대비한 이 작품은 8·15 직후의 이념적 분단을 예견할 수 있는 대표적인 소설의 하나다. 이런 연장선에서 엄흥섭의 「쫓겨온 사나이」(『신천지』, 1946. 8)를 파악할 수 있다. 이 단편은 일제 형사노릇을 했던 자가 북에서 견디지 못해 월남하여 각종 백색테러 활동을 전개하며 과부 지주와 놀아나는 세태를 풍자적으로 그리고 있다.

6) 임화, 「깃발을 내리자」, 『현대일보』, 1946년 5월 20일. 이 시기 8·15의 의미 상실에 대한 가장 큰 원인은 친일파의 재기였던 것으로 많은 시들은 쓰고 있다.

7) 권환, 「그대를 어떻게 맞을까」, 『현대일보』, 1946년 8월 11일. 이 시는 8·15를 1주년 앞둔 시인의 착잡함을 노래한 것으로 당시의 일반화된 절망감의 한 전형인 것 같다.

8) 김상훈, 「나의 길」, 『우리문학』, 1946. 9. 여기서 김상훈 "지주의 맏아들에서 가난뱅이의 편으로 태생하였다"고 노래하는데 이는 그가 양자로 갔던 부산의 김채환

씨가 부호였던 사실을 지칭한다. 김상훈은 연전 졸업(1944) 직후 징병을 기피하여 처벌당할 뻔했으나 부호였던 집안의 힘으로 징용에 끌려갔다가 맹장염으로 귀가조치되었다. 1945년 1월, 경기 포천군 이동면 백운동에 거점을 둔 協働黨 별동대 사건에 연루된 그는 투옥당해 8·15로 출감했다. 이구영 선생의 증언에 따르면 김상훈은 길을 걸으면서도 시 짓기를 하는 등 당시 가장 열렬한 다작가였다고 한다.

9) 상민, 「다시 황혼」, 『문학』, 1948. 4. 상민의 본명은 정기섭으로 강원도 원주 부근 만종리가 고향이라고 이구영 선생은 증언했다. 휘문에서 정지용의 제자였던 그는 일본 同志社대학 출신(?)으로 형 준섭과 함께 학병 입대 직전 백운동의 발군산에 입산하여 학병·징용 거부자 80여 명이 모여 협동당을 결성하고 항일무장투쟁을 전개하다가 피체, 8·15 후 출감했다고 한다. 협동당의 총책은 김종백, 정준섭은 조직책, 기섭의 담당부서는 미상이나 중요 역할을 한 것은 사실이라는 증언이다.

10) 상민, 「비라」, 『옥문이 열리든 날』(신학사, 1948).

11) 임헌영, 「미군정기 좌우익 문학논쟁」, 『해방전후사의 인식』 3(한길사, 1987) 참고.

12) 이병철, 「대열」 전문, 『전위시인집』(노동사, 1946). 이병철은 경북 영양군 석보면 출신으로 혜화불교전문을 다녔고 동향인 조지훈, 서정주, 신석초, 임화 등과 절친했다고 서순옥 여사는 증언함. 그는 8·15 이후에 의식화되어 당시 가장 열렬한 투쟁적 문학인의 하나가 되었다고 함.

13) 이우재, 「8·15 직후 농민운동 연구」, 한국농어촌사회연구소 편, 『한국농업 농민문제 연구』 2(연구사, 1989). 이하 농민항쟁에 대한 인용은 모두 이 글에서 취한 것임.

14) 『백제』, 1947. 1.

15) 『신문학』, 1946. 6.

16) 이우재, 앞의 글 참조. 작품 분석은 앞으로 하겠지만 10월항쟁의 가장 직접적인 동기가 양곡수집령의 강제성 때문이었음을 이 글은 너무나 분명히 밝혀준다. 이는 바로 문학작품이 반영한 사실과 일치한다.

17) 이병철, 「뒷골목이 트일 때까지」, 『조선시집』(아문각, 1947).

18) 조선문학가동맹 기관지 『문학』, 1947. 3. 여기에는 1946년 9월 철도 파업을 다룬 소설 전명선의 「방아쇠」, 강형구의 「연락원」, 시 이용악의 「기관구에서」가 있고,

10월항쟁을 다룬 소설 「산풍」 「어머니」, 시 한진식의 「2월의 노래」, 그리고 3·1운동을 다룬 소설 황순원의 「아버지」가 실려 있다.
19) 『문학평론』, 1947. 4. 박승극은 문학인으로는 흔하지 않게 일제 때부터 당파성을 고수한 것처럼 보인다. 이 작품에도 다른 문학인과는 달리 당파성에 대한 철저한 비판의식이 배어 있다. 그의 활동에 대한 단편적인 증언은 김시중 씨의 「남로당 지방당 조직 어떻게 와해되었나」, 『역사비평』, 1989 봄호 참조.
20) 작품집 『압록강』(동지사, 1949). 1989년 같은 제목으로 깊은 샘에서 펴냄.
21) 『백제』, 1947. 2. 깊은 샘의 『압록강』에 재수록되어 있음.
22) 『우리문학』 10호, 1948. 9.
23) 『신문학』, 1946. 6.
24) 이동규, 「오빠와 애인」, 『신건설』, 1945. 12. 이동규는 이내 월북하여 평양사범대 교수를 지내다가 6·25 때 참전하여 지리산 빨치산으로 활동하다 죽은 것으로 알려져 있음.
25) 김영석, 「폭풍」, 『문학』, 1946. 7. 김영석은 8·15 직후 노동소설에 관하여 가장 뛰어난 업적을 남긴 작가로 평가받을 만하다.
26) 위와 같음.
27) 임화, 「우리들의 전구(戰區)—용감한 기관구 경비대의 영웅들에게 바치는 노래」, 『찬가』(백양당, 1947). 이 시는 1946년 10월에 쓴 것으로 되어 있다. 영등포 철도파업을 시발로 시작된 노동자들의 정치집단화 움직임은 무투의 단서가 된다.
28) 『문학』, 1947. 3. 다음의 소설 전명선, 「방아쇠」도 같음.
29) 위와 같음. 이용악, 「기관구에서—남조선 철도파업단에 드리는 노래」, 1946년 9월에 쓴 것임.
30) 위와 같음.
31) 정해구, 『10월인민항쟁 연구』(열음사, 1989) 참조. 물론 이 책에 따르면 많은 이유가 있으나 소설에서는 세 가지가 중요 요인으로 지적되어 있다는 뜻이다.
32) 설정식, 「태양 없는 땅」, 『종』(백양당, 1947).
33) 조남령, 「나의 눈물 나의 자랑」, 『문학』, 1946. 12. 그러나 실지 발간은 늦어져 1947년에 나온 듯하다. 이 시를 쓴 것은 1947년 1월 15일로 기록되어 있음.
34) 안회남, 「폭풍의 역사」, 『문학평론』, 1947. 4.
35) 종섭, 「내 길」, 『문학』, 1948. 7.

36) 한진식, 「2월의 노래―저 10월인민항쟁이 있은 지 다섯 만인 2월 13일 '문화옹호 남조선문화인예술가총궐기대회'에서」, 『문학』, 1947. 2.
37) 임화, 「높은 산 봉우리마다」, 『찬가』(백양당, 1947). 쓴 날짜는 1946년 가을로 되어 있음.
38) 장강, 「산상에서」, 『문학』, 1948. 4.
39) 조남령, 「내가 자랑하려는 것은」, 『신천지』, 1947. 7. 1947년 1월에 쓴 것으로 되어 있음.
40) 김철수, 「푸른 산맥을 타고서」, 『추풍령』(산호장, 1949).
41) 『청년예술』, 1948. 5.
42) 노농사에서 1946년 12월 발간. 김광현, 김상훈, 이병철, 박산운, 유진오 5명의 작품이 실렸음. 이들은 8·15 직후부터 매주 모여 시작을 위한 토론과 문학 및 정치 토론회를 개최해오다가 이런 결실을 맺었다고 이구영 선생이 증언함.
43) 최근 『항쟁의 노래』(친구, 1989)란 제목으로 김상훈의 작품집이 나왔음. 그에 대한 연보·해설·연구 등은 이 책을 참고할 것.
44) 오성호 엮음, 『창』(민족과 문학, 1989) 참조. 한편 유진오의 생애에 대해서는 정영진, 「육탄시인 유진오의 비극」, 『현대공론』, 1989. 1 참조. 이 글은 유진오의 생애를 밝힌 유일한 글임.

* 참고로 이 시기의 작품을 정리하여 펴낸 책들로는 다음과 같은 것이 있다.
① 김희민 엮음, 『해방3년의 소설문학』(세계, 1987). ② 오현주 엮음, 『해방기의 시문학』(열사람, 1988). ③ 김승환·신범순 엮음, 『해방공간의 문학』 시 1·2권, 소설 1·2권(돌베개, 1988) 등.

해방3년의 미술운동

최열

1. 머리말

해방3년의 미술운동에 관한 연구가 최근에 이르기까지도 일절 없었던 것은 여러 가지 이유가 있을 것이지만, 현대미술사 연구가의 부재야말로 결정적인 이유라 할 수 있다. 물론 우리 현대미술사에 관한 논문집이 나와 있고 더욱이 통사류도 나와 있으니[1] 웬만큼의 연구가 이루어진 결과가 아니겠는가 하는 생각을 할 수 있지만 이는 매우 편향된 연구방법을 동원한 결과에 의존하는 것이며 많은 사실을 덮어둔 채 주관적으로 왜곡하고 자의적으로 의미부여를 해놓은 오류투성이의 수준에 의존하는 것이므로 올바른 의미의 현대미술통사는 없다고 보는 것이 옳다고 하겠다.

이러한 처지에서 최근 필자는 대체로 1920년대에서 1930년대에 이르는 기간의 '조선프로레타리아미술동맹'의 활동 및 당시 화단을 형성하여 소집단 시대를 열어간 작가군 그리고 해방 이후 월북 미술가들과 더불어 이 기간 중 전개된 풍부한 미술운동의 흐름 등 우리 근현대 미술사에서 완전히 덮여진 몇 부분을 연구하여 발표했다.[2]

필자의 짧은 연구기간은 우리 기존 미술사 서술이 얼마나 잘못되어 있는가를 확인하는 과정이었으며 실로 세부적이고 엄격한 재검토가 전면적으로 이루어져야 한다는 것을 명확하게 깨닫는 기간이었다.

해방3년간의 미술사를 묘사하는 이 글에서 왜 이러한 전제가 필요한 것인가. 한마디로 말하자면 이 글이라는 게 무슨 새로운 미술사적 해석을 해내는 것이 아니라 사실은 엄격하게 규명하여 당시의 사적 흐름을 객관적으로 재구성하는 수준임을 밝히고자 함이며 이조차도 우리 현대미술사의 왜곡을 바로잡는 가장 적극적인 의미를 갖는 것이라는 점을 밝히기 위해서다.

우리 현대미술사 연구가 이렇게 낮은 수준을 저회하고 있음은 불행한 일이다. 작품이 없는 미술사라는 게 무슨 의미가 있느냐는 견해가 강력하게 관철되고 있는 미술사 연구풍토에서, 필자의 미술사 연구대상이 대부분 문헌자료인 까닭에 일정하게 한계가 있는데다가 가령 만화나 삽화 등의 작품은 중심 주류의 미술 종류로 파악하지 않는 습관이 강력하게 남아 있어서 어려움이 배가되는 바가 없지 않다. 그러나 따지고 보면 기존의 미술사 연구자들이 연구대상으로 삼은 1920년대 이래의 미술활동과 작가들의 작품이라는 것도 거의 없다시피 한데다가 필자가 주목하고 있는 미술활동과 작가들의 창작물인 만화나 삽화야말로 동시대에 시각매체로서 실천적인 유의미성이 크다고 본다면 이러한 기존의 관념은 수정되지 않으면 안 될 것이다.

그리고 또한 조직활동이 이론이 지니는 의미는 그것의 정치사상적인 의의만이 아니라 미학적인 이념으로서 당대 미술의 사회적 관련을 확정짓고 있다는 점만으로도 크게 주목될 필요가 있다고 하겠다. 이것은 창작활동을 규정하는 의미도 있는 것이고 더욱이 우리 근현대미술사에서처럼 작품이 풍부하게 보관돼 있지 않은 나라에서 오히려 더욱 중요한 가치를 지니는 것이라고 할 수 있다.

해방 직후 우리 미술계는 전에 없던 활기를 찾고 있었으며 미술가들이 사회에서 어떠한 임무와 역할을 해야 하는가 하는 문제를 강력하게 제기하던 시기였다. 역사상 가장 강위력한 미술가들의 조직운동이 전개되었고 창작방법론과 대중화사업 및 미술전선에 관한 사상이 고조되었으며 그것의 구체적 성과로서 이전에 보기 드문 이론과 비평 및 대중접촉 면적이 넓은 시각매체가 생산되었던 것이다. 그야말로 혁명의 시대라는 이름에 걸맞은 "혁명단계에 처한 민족으로써 회화로서 역할"[3]이 수행되었던 것이다.

아무튼 필자는 이 글에서 해방3년의 기간에 전개된 미술운동을 묘사하고자 하는데 시기별로 조직의 변천에 따라서 서술하겠다. 특히 이론 및 비평문헌에 의존해서 창작방법론과 미학 이념, 작품의 경향과 성격을 언급하면서 전반적으로는 미술조직의 변화과정과 그 활동을 중심으로 서술하고자 한다.

2. 미술운동의 조건

실로 해방 직후의 한국 미술계에는 민족자주국가 건설투쟁과 그에 결합하는 미술의 이념과 반제반봉건 민주주의 혁명주쟁을 조직적으로 수행할 어떠한 주체역량도 없었다. 이러한 사정은 일제하에서 민족해방운동으로서 '미술운동'을 전개했던 미술인의 역량과 관련된다. 1920년대 이래 민족해방 사상으로 무장된 미술가들이 조선프로레타리아미술동맹을 조직하고 반제반봉건 미술운동을 전개했으나 이들의 활동이 1930년대 중반 궤멸되고 말았기 때문에[4] 해방 직후 자주적인 미술운동을 전개하기란 매우 곤란했다.

1920~30년대 일제 식민지시대에서 활동하던 조선프로레타리아미술동맹 활동가들의 주요 역량들 가운데 초기인 1920년대 활동가였던 안석주[5]의 경우에는 영화로 전업하고 사상적으로도 전향하여 친일로 전락했고, 김복진은 옥고생활 이후 1941년에 사망했으며, 권구현과 이상춘도 1930년대 후반에 사망했고, 이갑기는 언론, 강호는 영화에 주력했으므로 사실 미술운동이란 1930년대 후반에 이르러서는 존재할 수 없었던 것이다. 이러한 처지에 비추어보면 이념투쟁으로서의 조직적 미술운동이 1930년대

후반 이래 존재할 수 없음이 자명하거니와 오직 있었다면 애국적인 미술가들의 개별적인 존재에 불과했다.

친일적인 활동을 했던 만화가 김용환의 회고는 이러한 애국적 미술가들의 존재를 알려준다. 김용환이 일제의 잡지『렌세이노 도모』에 근무하면서 1945년 8월에 잡지사 '조광'에 근무하는 화가 정현웅과 미술사학자 윤희순을 찾아가서 "지원병으로 일본군에 들어간 한국 청년이 중국대륙에서 세운 무용담을 실감나게 한 편 써줄 것을 부탁"하자 "그들은 일언지하에 거절"하면서 정현웅이 김용환에게 말하기를 "좀 있으면 세상이 바뀝니다. 좀 자중하시는 것이 좋지 않을까요?"라는 충고를 하게 된다.[6]

바로 이러한 정현웅이 1945년 8월 18일 결성되는 조선미술건설본부(이하 미건)의 서기장을 맡게 되며 또한 윤희순이 1946년 2월 28일 결성되는 조선조형예술동맹 위원장을 맡게 되는 일은 결코 우연이 아니다. 물론 이들이 해방 직전에 어떠한 활동을 했는가를 알려주는 자료는 전혀 없다.

한편 당시 미술계는 1930년대에 성장한 미술가들이 대부분이었으며 이들 대부분이 일본에서 미술수업을 했고 특히 심미주의적인 미학이념이 체화했던 작가들이 압도적이었다. 따라서 그러한 사상미학은 해방 직후 요구되는 '진보적' 미학과 화해하기 어려웠고 더욱이 정치적인 사회운동의 전면에 미술가들이 결합해야 한다는 요구 앞에서는 혼란을 겪을 수밖에 없었다. 뒤에 자세하게 살펴볼 터이지만 오지호의 경우, 미술가가 민족자주국가 건설사업에 힘차게 나서야 할 것을 주장했음에도 사상미학은 여전히 심미주의적 범주에 머무르고 있었으며 특히 미술가의 창작이라는 게 건국사업이 완결된 뒤에 가서야 가능하다고 주장하면서 미학적인 고민과 창작으로서 사회정치활동을 수행하는 문제를 전혀 고려하지 않는다. 이것은 미술창작과 미술가의 사회정치 활동을 분리하여 보는 오류라고 할 수 있다.[7]

다시 말해 미술가들의 의식수준이 계속 예술지상주의라는 사상미학에 깊게 빠져 있어서 이를 청산·혁신하기가 매우 어려웠던 처지였음에도 불구하고 사상미학의 통일이 선차적으로 요구되는 정치적인 미술가 조직을 조급하게 꾸렸다는 사실은 주체역량의 준비정도에 비추어 미건의 허약성이 아니라 미건의 성격과 위상을 확연히 알려주는 것이다.

실제로 미건이 수행한 일은 산하 선전미술대(대장: 길진섭)의 정력적인 선전활동과 1945년 미군이 진주한 연후에 개최한 '해방기념문화 대축전 미술전람회'(1945. 10. 20~29. 덕수궁 석조전)밖에 없었던 것이다. 뒤에 자세히 살펴볼 것이지만 이때 미건에 참가하고 있던 김주경·오지호·길진섭의 견해는 사상미학적 혁신과 조직문제·대중화·창작방법문제에 관한 구체적이고 실천적인 문제로부터 유리된 것이었다. 그나마 어떻게 일제 잔재를 청산할 것인가에 관련된 견해도 원론적인 수준에 머무는 것이다.

그리고 또 하나 중요하게 고려되어야 할 사항은 조선문화건설중앙협의회(이하 문건)의 상층 중심을 이루었던 활동가들, 즉 조선문학건설본부의 활동가들이었던 임화·김남천 등의 조직방침이라는 게 사상미학을 중심에 두기보다는 문화예술인들 전반을 포괄하는 전술적 문예통전론[8]에 기반하고 있었던 이유로 해서 중간층 미술인들을 광범하게 포괄하는 '대규모 조직' 건설에 치중하고 있었던 것이다. 따라서 미건을 조직하는 데 포괄할 미술가 선정기준이 친일활동을 현저하게 했던 작가들을 제외하는 정도였던 것이고 또 이것은 당시 존재했던 미술가들의 사상미학적 경향성을 고려했을 때 불가피한 일이었으리라 짐작된다.

비록 상황이 달라진 1946년 2월, 조선미술가동맹(이하 미술가동맹) 결성대회장에서 발표된 것이기는 하지만 오지호의 다음과 같은 견해는 애국미술전선을 의미하는 것으로 당시 미술계의 의식수준을 고려하는 데서 제창된 것으로 파악할 필요가 있다.

> 조국을 사랑하고 예술을 사랑하는 데 있어 뜻을 같이하는 미술인 특히 신인과 후진의 적극적 가맹을 요망하는 데서 오늘 결성되는 이 동맹은 널리 문호가 개방되리라는 것입니다.[9]

결국 이러한 당시 미술계의 일반적인 처지와 조건은 미술운동의 한계를 의미하는 것인데 "문화전선에 있어서 미술부문의 동향이 가장 저조이고 그 태도가 가장 애매해서 진보적 문화부면으로부터 여러 가지 오해와 의아를 전미술인이 받고 있었다"[10])는 것도 그러한 뜻이다. 한마디로 요약하면 미술인들 대부분이 해방된 직후 무엇을 해야 하는지를 전혀 이해하지 못하고 있었다는 뜻이다. 그러나 '해방기념문화대축전 미술전람회'(97명의 작품 132점 출품)에 참여한 미술가 모두가 일제하에서 제작했거나 이미 발표했던 것들을 내놓는 구태의연하고 부끄러운 행위를 거침없이 행할 수 있었던 것이다.

주체적 조건과 처지가 그러함에도 해방은 미술운동에 매우 유리한 공간을 마련해주었다. 이것은 자주적인 민족미술을 건설해나가는 노력을 보장하는 것이었고 다양한 견해를 가능케 하는 여건을 확보케 하여 이전에는 볼 수 없는 환경을 미술계에 가져다주었다. 이것은 다음에 살펴볼 조선프로레타리아미술동맹(이하 프로미맹)의 활동양식과 그 이론적 전개를 봄으로써 이해될 수 있을 것이다.

3. 조선미술건설본부

미건은 정현웅·김주경·길진섭 등이 주도하여 결성한 단체이지만 구성원을 보게 되면 당시 조선에서 미술하는 모든 작가를 거의 다 포함시키고 있다. 187명에 이르는 방대한 구성원을 보유하고 있으며 종류도 동양화·서양화·조각·공예·아동미술·선전미술 등 다양했다.

우선 미건의 조직과 그 지속과정 및 해체과정을 살펴보기로 하자.

8월 18일, 미건 창립을 공식화했는데 앞에서 말한 대로 서기장 정현웅, 서양화부 위원장 김주경과 선전미술대 대장 길진섭, 공예부위원 이순석 등이 나서서 긴급하게 조직을 준비했다. 여기서 얼마간 각 구성원에게 연락이 되면서 중앙위원장에 고희동, 동양화부 위원장에 노수현 등을 추대했고 한편 적극적인 친일 작가들인 김은호·이상범·김기창·심형구·김인

승·김경승·윤효중·배운성·송정훈·윤희순 등을 제외했다.[11]

미건의 활동은 선전미술대의 활동이 중심을 이루었는데 여기에는 청년 미술가들이 참여했고 특히 '직업미술인'(특히 간판제작가)들의 협력이 대단했던 모양이다.

> 그것은 국기의 제작과 배포, 가두장식, 각 건설본부의 표어를 도안하고 그것을 대중화하는 운동, 연합군 진주환영식장 장식 등이었다. …… 그리고 연합군 시가행진에서 보여준 미·소·영·중 등 4개국 국가원수들의 초상화도 미술가들의 행렬다운 이채로운 감명을 민중에게 심어주었다.[12]

9월 초 연합군 환영행사를 끝으로 선전미술대를 해산했으며 미건은 해방기념문화제의 하나로 미술전을 준비하게 된다. 그러나 이 전시회는 완전한 실패였다. 그 실상을 들어보기로 하자.

> 대개 8·15 이전의 작품이 많았다는 점이었다. 이 점에 대하여서는 일반 대중의 비난도 있었고 본부의 변명도 있었지만 아무튼 서로 자기비판을 해볼 수 있는 좋은 기회였다는 점은 사실이었다. 실상 해방 후에는 모두들 흥분하여 한꺼번에 모든 열정을 쏟아놓으려고 했다. …… 미술작품은 이와 같이 공작적인 것과는 다른 요소가 있었고, 감정의 정리를 위해서는 시간적인, 혹은 사상적인 깊이와 폭이 요구되는 것이었다. 그러므로 해방이 가져다준 너무나도 벅찬 감격을 작품화하기에는 아직까지도 시간적인 여유가 필요한 것이다. …… 그들에 대한 일반 대중의 비난의 요점은 일제의 잔재를 청산해야 하는 중대한 시점에 있어서 어떻게 일제시대에 제작했던 구작을 내어놓을 수 있냐는 그 부당성을 비판하는 것이다. 그러나 건설본부의 의도는 우선 구작을 통하여 지난날에 대한 자기비판의 재료로 쓰자는 입장과 외국인들에게 우리들의 실력을 보여주자는 의도에서 그렇게 했던 것이다.[13]

표 1　　　　　　　　　해방3년간 미술가조직 변화과정

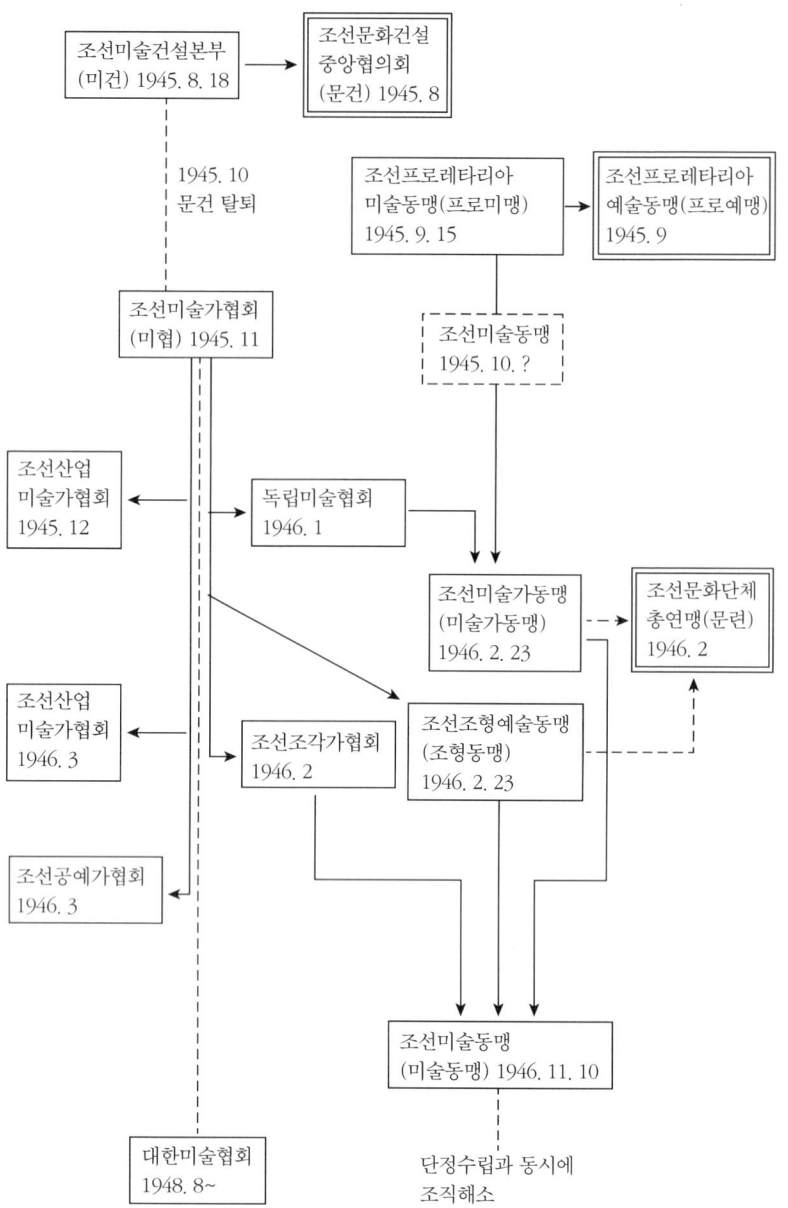

이러한 실상은 미술에서 일제 잔재가 무엇인가 하는 의문에 앞서 실로 미술인들의 무책임한 단면을 보여주는 것인데도 불구하고 앞 인용문의 필자인 윤희순과 미건의 변명은, 당시 미건의 사상미학의 불철저함과 자주성의 빈곤을 고스란히 보여주는 것이다. 해방된 조선에서 문건의 제1강령이 "일제의 야만적이고 기만적인 문화정책의 잔재를 척결하고 문화반동에 대한 투쟁을 전개한다"[14]는 것이었음에도 불구하고 미건은 이러한 강령을 스스로 폐기한 것이다. 성과는 오직 "전람회가 끝난 이후에 미국인의 감상" 결과 "조선에 이렇게 훌륭한 미술이 있는 줄을 몰랐다는 것이었다."[15] 이와 같이 진주해온 점령군의 눈에 뭔가 눈요깃거리를 주기 위한 것으로 끝난 부끄러운 행사를 마지막으로 미건은 해산하고 만다. 이것은 미건의 조직이 어떠한 위상을 지녔던가를 반영하는 것이다. 여기서 미건의 성격을 좀더 살펴보기로 하자. 실제로 미건은 독자적인 정치노선이나 조직노선을 밝히고 있지도 않았고 또한 그럴 필요도 없었던 것이지만, 문건의 일반노선을 구체화하는 독자적이고 개별적 실천방침조차 가지고 있지 못함을 보면 이 조직이 조직형식주의에 의거한 상층 활동가들만의 단체였음을 알 수 있게 된다.

선전미술대의 활동도 187명의 회원이 동원된 게 아니라 청년미술가 일부만의 정열적인 노력에 의존했던 것이고, 미술전에 출품하는 작가들의 자세에서 볼 수 있듯이 무슨 의식적 각성이 있었던 게 아니라 그저 작품 하나 내라고 간부들이 요구하니 옛날에 있던 작품을 별 고민없이 덜렁 내는 형태가 그것을 증명한다. 적어도 일반강령과 그에 적절한 의식적 각성만을 공유했더라면 이러한 일이란 결코 있을 수 없는 일이 아니었을까 싶다.

그러면 이제 미건이 내세웠던 일제 잔재 문제를 간부들이 어떻게 이해하고 있었는가를 조명해보기로 하자. '일본 제국주의에서의 해방'을 미술부문에서 강력하게 주창했던 미건 서양화부 위원장 김주경의 견해를 살펴보면, 일제 잔재를 '소극성문화'의 특질로 파악한다. 그의 글 「문화건설의 기본방향」[16]을 살펴보면 "그들의(일본의—인용자) 특수한 제국주의 정신이나 또는 그들의 신국(神國) 일본으로서의 정신이나 기타의 여하한 정신문제보다도 더욱 중대한 근본문제는 그들의 문화는 근본적으로 향상하고 발전할 때 특성을 내부에서부터 말살시켜가는 소극성을 기초로 한 사이비문화인 점에 있다"고 한다. 이러한 특질은 첫째 기만적 형태성, 둘째 형식의 모방, 셋째 비극 본위, 호전적 특성, 넷째 이욕주의(利慾主義)·이용가치 본위의 타산성문화, 다섯째 예술천시의 사상과 과학편중의 사상 등이라고 그는 규정하는데 바로 이와 반대되는 것을 적극성문화라고 적시하면서 '인간의 창조능력'을 강조, 조선미술의 진실한 건설이란 바로 이 소극성문화에 대한 '엄정한 반성과 열렬한 투쟁'을 통해서만 실현될 것임을 언명한다.

김주경의 이러한 이론은 매우 개성적인 것이어서 현실 영향력을 행사했는지는 의문이지만 대체적으로 주관적 관념론과 형식주의, 상대적 모방, 자본주의 지배계급문화 등에 반대하고 투쟁하는 관점을 보여주는 것이라는 점에서 의미가 있다. 그는 이 글에서 '조선문화의 진실한 건설'을 제창하고 있는바, 이러한 '진실'은 그 지향성을 '적극성'이라고 하는 애매한 용어로 환치함으로써 개념을 과학화하는 데는 실패하고 있다. 즉 사상과 미학의 엄격하고 과학적인 세계관, 철학적 기초와 해방 직후 조선사회의 사회경제적 측면과 정치정세에 관한 인식적 토대를 결합하지 못함으로써 그는 문화건설의 이념과 정책을 확고한 대안으로 내놓는 데 실패하고 있는 것이다.

한편 김주경과 함께 미건에 참가하면서 정열적으로 미술평론을 전개한 오지호의 일제 잔재에 대한 문제제기를 살펴보자. 오지호는 1946년 3월 「자연과 예술—조선 민족의 민족적 특질과 일본 민족과의 본질적인 상이에 대하여」라는 자신의 글을 통하여 그 차이를 "양민족의 생리적 감각의 상이에서 유래하는 것이요 이 생리적 감각의 상이는 다시 그 연원을 양민족이 거주하는 자연의 상이에 둔 것이라"[17]고 규정한다. 따라서 일본 미술가들의 작품이 어둡고 칙칙하게 되는 것은 당연하고 자연스러운 일인데, 우리 조선인의 미술이 그만 식민지 탓에 그 고유한 자연과 생리적 조건을 무시한 채로 일본적인 미술에 빠졌으므로 바로 이를 '잔재'라고 보고 이것을 청산하여야 한다고 본 것이다. 이러한 견해는 민족, 민족성과 민족미술의 건설이라는 문제를 왜곡하는 것으로 그의 생각처럼 '역사적·사회적 혹은 선천적·후천적의 여러 가지 요소'는 부차적일 뿐이며 오직 자연조건과 그것에 결정되는 생리적 특질만이 '시원적 요소'이며 '종시일관하는 기본적 요소'[18]일 수는 없는 것이기 때문이다. 이러한 견해에 따르면 미술에서의 일제잔재 청산은 매우 간단해진다.

이것은 정치현실과 예술의 괴리를 의미하는 것으로 오지호의 미학이 관념철학에 기반하는 것임을 알려주는 것이다. 앞에서 말한 대로 이들은 미술가의 정치사상과 예술활동이 분리될 수 있다고 믿음으로써 우선 정치적 과제라 할 수 있는 민족국가 건설에 필요한 정치활동을 전개하고 또한 미 건의 선전미술대가 하는 바와 마찬가지의 '공작(工作)적인 것'이 요구된다면 해도 좋지만 그러나 어디까지나 미술작품의 창조란 '공작적인 것과는 다른 요소가 있는 것'[19]이라고 하는 입장을 견지했던 것이다.

그런데 길진섭의 경우는 현실과 미술의 유기적 전일성을 명확히 하고 있다. 국가 간의 전쟁을 예로 들면서 무력전쟁 양식은 반드시 정신전쟁이 병행하는 것이라고 전제한 다음, 정신전쟁을 '문화의 투쟁'이며 이는 곧 '사상투쟁'이라고 규정한다.

> 회화예술이 문화의 일면이라면 언제나 그 시대의 사상적 계류(系流)에 같이 유동(流動)되고 있다. …… 그렇다면 8월 15일 이전까지 조선에 새로운 문화로서 받아들인 회화예술의 젊은 역사나마 어떠한 각도로서 내용의 발전과 표현양식의 기술적 능력을 갖어왔으니 회화인이 갖어야 할 지향은 …… 완전히 투쟁적 행동을 향유[20]

이러한 미학은 '신화로부터 해방된 인간으로서의 현실적 미' 또는 '전쟁 혹은 혁명단계에 처한 민족으로써 회화로서 역할' '전쟁의 고난과 피로를 의도함' 등으로 미술을 해명함으로써 진보적인 수준에 이르른 것이다.

그가 바로 미건의 선전미술대장임을 상기하면 그가 왜 이러한 미학을 가지게 되었는지를 좀더 쉽게 이해할 수 있다.

그러함에도 오지호와 김주경이 지닌 당대 자주국가 건설에 대한 강력한 의지와 지향은 매우 강렬했으며 오지호가 지닌 심미적인 미술이념을 실현하기 위해서라도 자주국가의 건설은 매우 절실한 요구였던 것이다. 오지호는 "우리가 오래 두고 목마르게 바라오는 예술에의 전일한 정진은 우리로 하여금 그렇게 할 수 있도록 해주는 국가를 만들 때까지 유보해야 할 것입니다"[21]고 말한다. 그리고 그 국가는 '민주주의 신국가 수립'이었다. 그리고 이들 가운데 오지호를 제외하고는 신국가를 찾아서 차후 월북을 택하게 된다.

그런데 실로 엄밀히 따져보게 되면 미건을 주도하는 미술가들의 이러한 사상미학적 수준이라는 게 문학부문처럼 그 역사적 전통으로서 쌓여온 게 아닌데다가 그 활동 역시 일제하에서 일제에 항거했던 뚜렷한 전통도 없었던 것은 치명적인 약점이라 할 수 있다. 다시 말해서 앞서 미건의 주요 활동가로 언급된 대부분의 미술가들이 모두 일제 식민지 체제에 순응했거나 방기했던 작가들이었던 것이다.[22] 더욱이 앞에서 살펴본 바와 마찬가지로 대부분 참가 미술인들이 비정치적이고 현실과 무관한 사상과 미학을 추구하고 있었고 또한 그들 대부분이 건국에의 열정도 매우 낮은 수준에 머무르고 있었으므로 그 조직으로서 어떤 역량을 강력하게 발휘하기에는 한계가 너무 뚜렷했던 것이다.

당연한 결과로 미건은, 문건의 정치적 견해와 조직노선을 일정하게 반영하는 듯했지만 미건에 참가하는 많은 미술가에게 이러한 미술운동이념과 실천을 의식화·조직화할 수 없었다. 이것은 미건이 정치사상적·미학적 입장을 폐기하고 오직 '미술'을 하는 사람들만의 집합이라는 성격과 관련되는 것이다. 단일한 대오가 아니라 무분별하고 방만한 체계를 지닌 일부 상층 활동가들의 서클적 성격이었기에 실로 이들 주도자들이 이후 대부분 프로미맹에 흡수·결합되게 되었던 것이다.

이러한 사정은 문학부문의 사정과 매우 커다란 차이를 보여주는 것으로

문학부문의 경우 조선문학건설본부의 임화·김남천 등이 지니고 있는 일정한 사상미학적 경향성이 실제의 역량과 결합되어 있었던 것이고 따라서 조선프로레타리아문학동맹(이하 프로문맹)과 대결적인 구도를 이루게 되었던 것이다. 그러나 미술부문의 경우, 앞에서도 이미 밝혔듯이 미건은 정치사상적·미학적인 질곡과 주류 전통의 부재, 미학과 이념·실천방도의 부재 등으로 해서 프로미맹과 상대적이든 절대적이든 대결구도를 확보하기 어려웠고 결국 미건의 주도적인 중심을 고희동·임용련 등 미군정과 이승만의 비상국민회의 등 우익 정치세력과 손잡은 미술가들에게 넘겨주게 되고 초기 주도세력들이 오히려 이끌려가게 되는 결과를 빚었던 것이다. 1945년 11월 초순에 미건을 비판하고 서화협회의 전통을 계승한다고 선언하면서 결성된 조선미술가협회(이하 미협)는 그 산물이었다.

아무튼 미건의 주도권은 시간이 흐를수록 고희동을 중심으로 하는 친미 반공주의적 입장을 갖고 있는 미술가들에게 옮겨졌다. 당시 사정을 윤희순은 이렇게 말한다.

해외에 있던 임정요인들이 귀국했고, 이에 따라서 인민공화국 지지와 임정 지지 …… 미술건설본부의 간부들은 첫째로 미술가는 미술가만으로 단결하여 독자적인 활동을 해보자는 것, 둘째로 정치적 색채를 전혀 초월하여 중립을 지키면서 순수예술을 지속하는 태도로 나아가자는 주장을 하여 덕수궁전람회(해방기념문화대축전 미술전람회—인용자)를 끝으로 해산했다. 이러한 행동은 사실상 중앙협의회(조선문화건설중앙협의회—인용자)에서 탈퇴하겠다는 의사표현임과 동시에 프로연맹과의 합동에서 이탈하겠다는 것이었다.[23]

미건의 '정치적 중립'이란 그야말로 기회주의적 태도이지만 내용적으로 보면 초기 미건의 주도자들에 대한 우익 미술가들의 정치적 계산으로서 미건 초기 주도세력에 대한 무력화 공작의 일환으로, 궁극적으로 미건—문건—건준위에 대한 조직선을 붕괴시키고자 하는 슬로건이었다. 이들의 뜻은 고스란히 관철되었고 결국 문건 산하였던 미건이 윤희순의 지적대로 문건에서 탈퇴한 셈이 되었던 것이다. 실로 이 무렵 문건과 조선프로레타리아예술동맹(이하 프로예맹)의 통합노력이 구체화되고 있는 시점임을 고려해보면 미건 안 우익미술가들의 문건 탈퇴가 갖는 의미는 '분열책동'과 다름없다고 할 수 있다.

이러한 미건의 무원칙하고 분별없는 모습에 반대하면서 나선 미술가들이 프로미맹을 조직했음을 확인한다면 실로 반제반봉건 미술운동의 이념적·조직적 실천을 수행한 변혁미술전통 주류가 문학부문처럼 문건과 프로문맹에 각각 나뉘어 배치된 것이 아니었음을 알게 된다. 따라서 이 점에 유의한다면 해방 직후의 미술운동조직을 평가하는 데에서 문건과 프로예맹을 나누어 문예통전론의 차이를 공식적이고 도식적으로 적용하는 오류를 피할 수 있을 것이다.

4. 조선프로레타리아미술동맹

미건에 참가하지 않았던 일단의 미술인들이 1945년 9월 15일에 조선프로레타리아미술동맹을 건설·창립했다. 이 조직은 일제 식민지시대 조선프로레타리아미술동맹을 계승하는 단체로서 미건의 무분별한 조직방식에 반대했다. 아무튼 미건의 조직방식에 전혀 동의하지 않았던 작가들 즉 일제 식민지시대에 미술운동을 올곧게 전개했던 미술가들과 더불어 새롭게 성장한 청년미술가들이 모인 프로미맹은 계급미술 건설론을 채택하고 민족미술의 계급적 성격을 분명히 하면서 항일미술운동의 정통을 잇는 유일의 미술단체로 자신을 세웠던 것이다. 이들이 채택한 강령은 다음과 같다.

1. 우리는 프롤레타리아 미술 건설을 기함.
1. 우리는 일체 반동적 미술을 배격함.
1. 우리는 국제 프롤레타리아 미술운동의 촉진을 기함.

이것은 미건의 무원칙한 오류에 대한 반대를 분명히 하는 것으로 '반동적 미술'에 대한 배격은 매우 의미있는 항목으로 읽혀야 한다. 즉 예술의 사상미학은 문예통전을 조직하는 데에서도 지켜져야 하는 것이고 이것은 미술실천이 올바른 사상미학에 입각하지 않으면 안 되는 것을 뜻하는 것이므로 광범위한 문예통전을 구축함에서도 중심적인 문제로 나서는 것이다. 이것은 문예의 계급성을 원칙적으로 관철하는 의의를 갖는 것일 뿐만 아니라 포괄적인 통일전선전략에서 민중성을 원칙으로 관철하는 문제와 구별되어서도 안 되는 유기적인 문제이기 때문이다. 다시 말해 민중성을 중심에 세운다고 해서 계급성과 당파성의 문제를 희석하는 방향으로 해석되어서는 안 된다고 할 때, 사상미학과 창작 실천 및 조직에서 실로 이 타당성·계급성·민중성은 각각 별개의 것이 아니라 서로 밀접한 연관이 있음을 확인해야 한다는 의미다.

기존의 평가는 프로예맹과 문건의 대립을 '계급예술과 민족예술'의 대립으로 파악했으며 최근 이에 대하여 김재용은 그것의 오류를 지적하고 이 대립구조를 수정하여 '계급문학과 인민문학'의 대결로 파악할 것을 제시한 바 있다.[24]

이러한 파악은 문학부문의 것이긴 하지만 사상미학노선의 질곡과 오류에 처한 미건 초기 주도자들의 경우에는 미술전선을 단순히 '미술을 하는 사람들의 총집합'이라는 조직형식으로 파악했다는 점에서 일면 유사함이 있는 것이다. 그런데 프로미맹의 경우, 명백히 그 사상미학의 지도중심을 '계급미술'에 두었고 또한 그것을 목표로 삼았으며 강령으로 일반원칙화했다. 이러한 파악은 다시 말하면 미건 초기 주도자들뿐만 아니라 미건에 참가하는 모든 미술가가 이미 살펴보았듯이 '심미주의' 미학과 관념철학에 기초한 사상을 고수했으며 따라서 계급미술에 관한 인식과 이해가 없었음은 물론이고 더욱이 그것을 미술의 원칙, 관철되어야 할 지도사상미학으로 세울 수 없었던 것이다.

이것은 미건을 주도했던 미술가들의 사상미학적 한계이면서 철학적 바탕, 사회변혁의 이념과 전략·전술 등 지도노선의 한계이기도 했다. 미건은 지도사상과 변혁노선의 한계와 불철저성, 미학적 한계에 따른 무목적적인 방만함으로 결국 현실에서 변혁전망을 전혀 확보할 수 없었고 또한 작가들을 동원하고자 하지도 않았을 뿐만 아니라 구체적으로 미건이라는 조직이 어떠한 사업계획을 수립하고 실현해야 하는 것인가를 전혀 고민할 도리가 없었던 것이다. 오지호는 이것을 다음과 같이 설명하고 있다.

> 조선미술건설본부는 그때의 정세하에서 가능한 한 친일파를 제(除)한 조선의 전미술인을 망라하고 문화전선의 일부로서 미술분야의 통일을 당면의 목표로 삼았든 것이다. 그러나 다시 이 조직공작에 직접 참가한 자 중의 1을 제하고는 대다수가 명확한 목표가 없는 막연한 회동(會同)이었든 것이 사실이다. 다시 말하면 그때의 돌발적인 감격과 당황을 기반으로 하는 무조건적·무비판적인 통합이었든 것으로 충분한 심적 준비의 겨를을 갖지 못한 당시의 특수 사정을 …… 일방 급진적 사상을 가진 일부 청년미술인은 미건의 미온적으로 보이는 태도에 불만을 갖고 따로이 집결해서 조선푸로레타리아 예술연맹의 산하단체의 하나로서 동년 9월 30일(15일의 오기―인용자)에 조선푸로레타리아미술동맹을 결성하게 되었던 것이다.[25]

따라서 프로미맹은 당시 미건의 분파적 대립으로서의 성격을 갖기보다는 변혁적 미술운동의 전통을 세우는 역할을 했다고 볼 수 있다. 구체적으로 프로미맹은 이념과 미학, 창작방법론, 대중화의 방도를 모색·확보했던 것이고 결국 미건의 파행과정을 통해 미건의 초기 활동가들을 흡수해내면서 해방 이후 미술운동의 주류에 나서게 된다.

먼저 프로미맹의 조직구성을 살펴보면 조직활동의 중심에 있는 서기장에 박진명이 취임하는데 이는 박진명이 일제하 조선프로레타리아미술동맹 활동가였다는 점이 주목되었던 것이고, 또한 프로영화부문에 헌신하면서 프로미술활동을 전개한 미술가 강호, 문인이면서 만화가로 활약한 위원장 이주홍,[26] 해방3년간 가장 빛나는 미술활동을 전개한 박문원 등이 있

는데 대체로 이들이 조직 건설의 주도자들이었다.[27]

그럼 이 무렵 프로미맹의 가장 확고한 이론가요 실천가였던 박문원의 글을 통해서 프로미맹의 지도이념과 방도를 규명해보기로 하자. 우선 문학부문에서의 일반적 성격을 간단히 살피기로 하자. 이미 앞서 지적했던 바와 마찬가지로 프로미맹은 계급미술의 건설, 계급문화의 건설을 목적의식적으로 확정·제시한 바 있는데 이는 문학에서 프로문맹도 마찬가지였다. 최근 하정일은 조선문학건설본부와 프로문맹의 성격을 규명하면서 조선문학건설본부의 인민적 당파성과 프로문맹의 노동계급 당파성을 확인하고 바로 이 점에서 프로문맹의 교조적 좌편향이 발견되며, 또한 조직문제에서 조선문학건설본부의 전위조직 독자성 보장에 관한 이해의 부재와 하층통전에 대한 투철한 인식의 결의를 들면서 조선문학건설본부는 전위조직의 독자성 문제를 노동 헤게모니와 동일시하고 이를 배척하여 "문건(조선문학건설본부—인용자)의 방향성 자체를 흐려버리는 우경적 오류"[28]에 빠지고 있다고 주장하면서 이와 같은 조직의 편향이 이후 각각 지양, 조직적 통합을 기해나가는 과정에서 해결된다고 보고 있다.

미술부문을 문학부문과 동일하게 이해하는 것은 잘못된 것임을 이미 앞에서 밝힌 바 있다. 그러나 미건은 조선문화건설중앙협의회 산하에 있었고 조직형식상 그 일반노선에 편재되어 있다는 점을 주목하여 얼마간 주도적인 미술인들이 지닌 입장으로서 수용할 필요가 있을 터다. 그러면 프로미맹은 어떠했는가.

박문원은 1945년 12월호 『인민』에 「조선미술의 당면과제」를 발표했는데 이 글은 당시 프로미맹의 입장을 여러모로 밝히고 있는바, 이후 회고조의 어떤 문헌보다 의미있는 것이라 할 수 있다. 우선 박문원은 식민지 조선의 미술에 관한 매우 확고한 비판을 하고 있는데 이는 미건의 김주경이 열거한 그것에 비해 구체적이고 명쾌한 것이었다. 박문원은 그것을 "식민지적 자본주의 경제조직 위에 성장한 부르조아 미술의 특수 성격과 제국주의 전쟁이 강요한 문화"[29]라고 규정한다. 그리고 그러한 미술·문화를 주도했던 자들을 '소부르조아적 예술지상주의자'로 파악하고 우리가 이식한 인상파·후기인상파 등등 '잡화상같이 어지러운 화파의 출몰과 무정부 상태'의 발매원 프랑스 미술의 본질을 통렬하게 비판한 다음 조선에서의 부르주아미술은 관립 조선미술전람회를 중심으로 하는 아카데미즘 계열에 속하는 작가들이 그러하다고 규명한다. 한편 관립전을 외면하는 조선미술의 '주류'로서 수요자를 찾지 못하는 '일요화가'들인 '새로운 표현파의 정신으로 세례를 받은 일군의 단체들' 즉 '소위 조선적인 미술을 추구하여오는 화가들'이 있음을 밝히는데 이들 또한 '댕기꼬랑이를 딴 시골처녀와 모든 봉건적 잔재를 화폭에 널려고 애쓰던 조선영화의 경향과 꼭같은' 것에 불과한 것으로 '왜소한 국민문화를 주장하는 국가주의적 배외주의적 파시즘'에 불과한 것이라고 비판한다. 이는 오지호의 생리적이며 자연풍광을 기조로 삼는 '조선적' 미술론과 김주경의 추상적·관념적 미술론과 다른 차원의 수준을 보여주는 것이라 하겠다. 특히 김주경·오지호 스스로 박문원이 예리하게 파악하는 조선적 미술의 범주에 속한 인상파 화가로서 존재해왔음을 상기하면 박문원의 지적은 그대로 미건을 주도하는 김주경·오지호 등에 대한 비판이라 보아도 무리가 없다.

다음으로 박문원은 미술건설의 기본노선을 제시하고 있는데 이는 부르주아미술과의 투쟁으로 요약된다.

> 우리들은 조선에 이러한 미술(프로레타리아미술, 조선민족미술―인용자)를 수립하기 위하여 '대중을 해하고 부르좌 지배를 더욱 옹고히 하려는' 부르좌미술―부르좌 착취계급의 독점미술―과 단연코 싸워야 할 것이다.

> 조선민족문화의 정당한 건설은 프로레타리아 독재하에서만 가능한 것이니 이 길은 바로 참으로 자유로웁고 계급성 없는 예술로―즉, 사회주의 사회의 예술로―인도하여준다.

> 부르좌지는 예술을 귀족계급의 손에서 빼앗았다. 이럴 때는 그 체제

내에서 성장한 프로레타리아트에게서 자기들의 계급예술을 빼앗길 때가 온 것이다. …… 프로레타리아미술은 프로레타리아트계급만이 가질 수 있는 사상과 애정을 통하여 더욱 고도한 예술수립을 기도하는 동시에 프로레타리아트의 혁명적 투쟁에 적극 참가한다.

이러한 주장을 엄밀하게 따져보면 부르주아계급의 미술을 반대할 뿐만 아니라 노동자혁명투쟁과 그 혁명투쟁에 참가하는 미술로 요약되는데 이를 당시 해방 직후 정세와 사회경제적 조건, 그리고 혁명단계의 일반적 방침에 비추어볼 필요가 있다.

박문원은 부르주아와 프롤레타리아트라는 계급미술을 기본 대립구도로 설정하고 있는데 따라서 부르주아미술을 반대하고 그 계급의 손에서 그 지배계급의 낡은 미술 즉 '행복스러운 생활의 포만에서 권태를 느낄 수밖에 없는 유한마담'의 '병든 장미' '노령의 예술'을 프롤레타리아의 '사상과 애정'으로 '사멸'시키지 않으면 안 된다고 주장하게 된다 위의 두 번째, 세 번째 인용문은 '참으로 자유로웁고 계급성이 없는' 사회주의 예술이란 계급사회에서 불가능한 것이라고 보고 지금 단계에서 '민족주의적 문화건설'을 주장하는 것은 올바르지 못한데 그것은 왜냐하면 '부르주아 지배하의 민족문화'를 의미하는 것과 다를 바가 없는 것이기 때문이라는 것이다.

이러한 주장은 미술가가 혁명기에서 그 혁명, 프롤레타리아계급의 혁명투쟁에 복무하며 그 과정에서 독자적인 혁명미술의 수립, 즉 '프롤레타리아계급만이 가질 수 있는 사상과 애정을 통하여 더욱 고도한 예술 수립을 기도하는' 사업을 해야 한다는 것이다. 다시 말해 프롤레타리아 독재가 이루어지지 않은 조건에서 그 독재를 이룩하는 투쟁에 조응하는 단계의 '부르주아미술에 대항'하는 사업을 하자고 하는 주장이라 하겠다.

대체적으로 이것을 기계적으로 이해하여 '당시 부르주아민주주의혁명단계를 무시하고 계급혁명을 주장하는' 견해라고 보는 오류를 지적해두기 위해서는 이것을 엄밀하게 살펴보는 것이 중요하다.

다음으로 이러한 부르주아미술에 반대하는 대안을 제기하고 있는데 "사적유물론의 방법으로 현실을 그리어내는 프로레타리아 레알리즘"이 그것이다. 그리고 그 구체적 방도는 '계획성·조직성·집단성을 특징으로' 하는 것인바, '미술의 대중화를 위하여, 노농대중생활과의 결합을 위하여 모든 가능한 길을 개척'하는 것이다.

이러한 견해가 프로미맹의 관점이라는 사실은 두말할 필요가 없을 것이다. 박문원의 이러한 관점은 미건의 조직방침에 대한 비판으로 나타나고 있는데 "불편부당이란 슬로건을 내걸어 예술운동 전반에 적용해서 ○○(탈자임)체의 주체적 조직을 거부하려 하였다"는 비판은 프로미맹(박문원)의 이념적·사상적 당파성, 계급성을 보장하는 미술가 조직방침을 보여주는 것이라 할 수 있다. 이러한 조직노선에서의 완강성은 차후 자기비판을 거치게 되는데 미건이 1945년 10월 초순경에 '정치적 중립'을 표방, 조선문화건설중앙협의회를 탈퇴, 해방기념문화대축전 미술전람회를 끝으로 해산하게 되는 과정에서 프로미맹은 프로예맹 산하 각 부문동맹이 문건 산하 부문별 본부와 합동하는 것과 달리 독자적인 개편을 단행, 그 이름을 '조선미술동맹'으로 바꾸기에 이른다. 이것은 이미 지적된 바처럼 미건의 미술가들이 전혀 사상미학적으로 각성되어 있지 못하다는 사실에서 비롯되는 것이긴 하지만 조직노선의 완강함에도 일정한 이유를 찾을 수 있을 것이다.

아무튼 프로미맹은 미건과 통합논의를 해볼 겨를도 없이 미건이 문건을 탈퇴·해산했고 따라서 통합상대가 없어진 마당에 스스로 세웠던바, 변혁현실과 그에 조응하는 프로예맹 중앙위의 조직노선·통일전선노선에 대한 자기비판을 수용하고 이에 따라 그 명칭에서 프로레타리아란 낱말을 빼냈던 것이다. 이렇게 결정한 날짜는 분명치 않지만 미건이 공식적으로 해산(실질적으로는 이미 9월경 연합군 진주 환영식장 장식을 끝낸 선전미술대가 해산하는 시점으로 보아도 무리가 없다)되는 것은 해방기념전시회가 끝나는 시점이라고 추측되는데 새로 개칭된 이름으로 11월 7일부터 9일까지 '사진, 만화전'을 한 것으로 보아 10월 말일경인 듯하다.

프로미맹은 종로YMCA에서 조소동우회(朝蘇同友會)와 공동으로 '러시아혁명 기념 사진, 만화전'을 개최한다. 그런데 그 자세한 내막을 알려주는 자료가 전혀 없긴 하지만 당시 만화가로 활발한 활동을 하던 채남인·김용환·박수천 등과 일제강점기에 만화가로 명성을 날리던 이주홍 그리고 잡지 등 출판물에 삽화를 그리던 박문원·이순종 등이 맹원으로 있었음을 살펴볼 때 만화전은 상당히 풍부했을 것으로 짐작된다. 사진은 조소동우회가 제공했을 것이니 소련에서 직접 가져왔을 것이고 이러한 전시는 당시에 대중적인 흥미를 제공하기도 했을 것임을 미루어 알 수 있다.

이어서 프로미맹은 다음 해 1월 1일부터 가두 전시를 계획, 실행에 옮기게 되는데 이 전시는 '반파쇼가두전'이란 이름으로 진행되었다. 새해 첫날에 종로 중심지인 종각과 화신백화점 앞 가두에서 수십여 종의 벽보가 나붙여지게 된 것이다. 물론 출품된 작품의 내용과 형식을 알려주는 자료가 전혀 없으나 당시의 여러 현실적 과제를 내용으로 하는 벽보들일 것임은 명약관화하다고 하겠다. 이러한 활동은 실로 우리 미술운동사상 예를 찾아볼 수 없는 것으로 전시를 가두에서 기획하는, 목적의식적인 선전활동 방식은 대중의 상당한 이해수준이 담보되지 않으면 안 되는 것으로 대중화 방도의 주요한 실천인 동시에 성과다.

그리고 이런 조직적 계획 외에도 조선미술동맹의 맹원들은 대부분 다양하고 풍부한 활동을 전개했는데 인쇄미술만이 아니라 무대미술 활동과 조직적 파견행태로서 연대활동을 수생했던 것이다.

이 무렵 광범위하게 전개되었던 프로연극 공연에 미술가들이 배속되어 김일영은 혁명극장·낙랑극회·조선예술극장, 강호는 혁명극장·15극장·자유극장·조선예술극장, 채남인은 청포도극단·극단민예·대중극회, 김용환은 태평양악극대에서 무대미술활동을 전개했던 것이다. 한편, 박문원은 1945년 11월 15일 결성된 조선노동조합전국평의회 선전활동을 담당하게 되고, 박진명은 1946년 1월 16일에 서울에서 열린 미소공동위원회의 소미대표단환영준비위원회를 구성, 선전부에 참가했다.

5. 조선미술가협회

미술가동맹 평론부위원장이며 미건의 서양화부 위원장이었던 오지호는 조선미술가협회에 관하여 엄격한 묘사를 한 바 있다.

> 미건은 해방기념미전을 끝으로 하고 회원 일부의 발의로 이를 해산하고 다시 조선미술가협회라는 이름으로 재조직하게 되었다. 여기서 주목할 것은 재조직된 미협의 성격이니 일부 회원이 책동·재조직을 강행한 주요 목적은 문협으로부터 미건을 분리함으로써 반동진영으로 전입시키는 데 있었든 것이다. 미협이 표면에 내건 강령은 엄정중립, 정치에의 절대불간섭, 미술문화의 독립적 향상을 표방했다. 이 강령 자체의 반동적 성격은 여기서 논외로 하고 이 미협을 책동·조직한 주요 간부의 그 후 행동은 이 강령과도 배치되는 것으로 우익정치단체에의 직접 참가, 노골적인 엽관운동, 일인(日人)화실의 획득 기도 등의 반동적·모리적인 활동으로 나타나게 되었다.[30]

미협은 1945년 11월 초순에 결성대회를 하게 되는데 이때 미협 결성대회에서는 서화협회(1918년 창립)의 전통을 계승한다고 하여 서화협회 해체를 선언하는 모습을 연출했다. 이는 미협의 성격을 잘 알려주는 것인데 심형구는 미협을 '우익을 표방'[31]하는 단체라고 지적했다. 그러나 오지호의 견해에 따르면 우익적 성격보다도 "일종의 모리행위"로써 "오월동주의 무원칙한 오합(烏合)이었다."[32] 특히 이것은 미건의 부정적 측면만을 고스란히 계승한 것으로 미건은 "진영 내에도 세 가지 갈래—반동적 경향, 기회주의적 경향, 진보적 경향"[33]—가 뒤섞인 단체인데 전자의 두 가지가 이를 주도했다는 것이다.

이러한 성격은 서화협회의 전통을 계승한다고 하는 데서 명백해진다. 서화협회는 출발에서부터 친일적인 매판성과 미학에서의 반동복고성이 완연한 단체였던 것이고[34] 또한 서화협회의 주도자가 고희동인데 마찬가지로 미협의 주도자 또한 고희동이었던 것이다.

강령은 다음과 같이 요약된다.

첫째, 정치에의 절대불간섭과 엄정중립. 둘째, 미술문화의 독립적 향상을 꾀함. 셋째, 민족미술을 창도하여 건국에 이바지함.

그리고 그 회원들은 일단 미건회원을 고스란히 받아들였으며 조직을 개편하여 중앙위원장을 회장으로, 서기장을 부회장으로 하여 회장엔 고희동 스스로 취임하고 부회장엔 이종우와 임용련을 앉혔다. 미협은 결성대회 이후에 어떤 사업도 벌이지 않았는데, 차후 미군정의 절대적 지원하에 건물을 불하받고 전시회를 치를 수 있게 되는 것 등은 오지호의 지적과 일치하는 점의 하나라 할 수 있다.[35]

미협은 정치적 중립을 표방했으나, 12월 말 모스크바3상회의에서의 신탁통치 실시 결정 발표는 미협을 들끓게 했다. 회장단이 이에 적극적으로 대응하여 미협의 공식 입장을 결정하기 위한 논의가 벌어지게 되었는데 이러한 정치적 개입은 명백히 강령에 위배되는 것이었다. 이를 계기로 김주영·이인성·박영선·오지호 등 4명이 1946년 1월 초순에 탈퇴선언을 하게 되었고, 이어서 2월 1일에는 회장 고희동이 아무런 공식결정 없이 미협 대표자격으로 이승만 주도하의 비상국민회의에 참가하는데 이에 대해서 윤희순·정현웅·길진섭·이쾌대·정종녀 등이 임시총회를 열 것을 발의하여 2월 20일에 미협 상임위원회 명의의 임시총회가 회장문책 안건을 내걸고 개최되었으나 회장이 불참하자 즉석에서 대거 32명의 회원이 탈퇴한다. 이어서 조각가들이 탈퇴하게 되고, 한편 산업미술가들의 독자적인 단체가 속속 결성되면서 미협은 그야말로 형해화되어버렸다.

이러한 과정에서 중소규모 단체들이 활기를 띠게 되는데 1945년 12월에 결성된 조선산업미술가협회를 필두로 1946년 1월에 독립미술협회, 2월 중순에 조선조각가협회, 3일에는 조선공예가협회·조선상업미술가협회 등이 결성된다.

그러나 조선미술가협회는 회장단이 간판을 계속 지키면서 아무 일도 하지 않던 끝에 1947년 10월경, 미군정청의 돈독한 지원에 힘입어 적산건물인 남산회관을 불하받고 이어서 조선미술동맹의 출품거부결의 속에 군정청 문교부가 미협과 주관·개최하는 조선종합미술전을 11월에 덕수궁 근정전에서 열게 된다. 이리하여 정부 수립 후 미협은 대한미술협회로 개칭하여 정부수립기념전을 열게 되고 오늘날 미협의 모태로 남게 된다.

6. 조선미술가동맹

다양하고 풍부한 활동을 전개해오면서도 당시 전반적 요구였던 자주독립국가 수립을 위한 단일대오로써 통일전선의 실현에 노선상의 일정한 한계를 가졌던 프로미맹은 미협의 문건 탈퇴로 인해 통합할 상대마저 잃게 되었다. 따라서 프로미맹은 다른 부분단체와 달리 "중앙협의회(문건)에 공석으로 되어 있는 미술부문과는 합동할 수 없다는 의사를 밝히고, 그것을 계기로 하여 프롤레타리아는 명칭을 바꿔서 조선미술가동맹으로 새롭게 발족"36)하는 한편, 미협에서 탈퇴한 작가들을 중심으로 흡수, 조직의 확대를 꾀하게 된다. 그 결과 미협 집단탈퇴 후 독립미술협회를 결성(1946. 1)했던 미술인들과 합동을 논의하여 2월 23일 정동 이화여고 강당에서 조선미술가동맹 결성대회를 하게 된다. 이때의 보도를 보면 다음과 같다.

> 새로운 민족미술을 건설하려는 조선미술가동맹 결성대회는 23일 오후 두 시 정동에 있는 이화고등여학교 강당에서 김주경 씨의 개회사로 열리어 애국가합창·묵상이 있은 후 경과보고·선언·강령·규약 통과가 있은 다음 장시간에 걸쳐 여러 가지 토의가 있었으며 문학가동맹 이원조 씨를 비롯하여 각 문화단체의 축사가 있은 후 동 4시경에 폐회하였다.37)

프로미맹의 확대·개편의 의미와 함께 강령으로 제시해오던 '프로레타리아미술'의 건설을 '민족미술'의 건설로 대체한 점이 가장 커다란 의의를 지니는 이날 행사에는 앞서 미건의 입장으로 인용하여 성격을 규명한 바 있는 오지호의 「조선혁명의 현단계와 미술인의 임무」가 개회사 형식으로 낭독됨으로써 프로미맹의 '계급미술' 건설론의 변화와 더불어 조직노선에 일정한 수정이 이룩되었음을 공식적으로 확인하게 된다.

이에 따라 미술가동맹의 조직은 프로미맹 시절의 빈약함과 달리 풍부한 형식을 갖추게 되었다. 이전에는 중앙위원·조직부 정도가 기구체계를 이루고 있었으나 이때에 이르러 중앙집행위원회를 두고 산하에 회화부·미술평론부·아동미술부·미술교육부·무대미술부·조각부·공예부 등 7개 부서를 두게 된다.[38] 그리고 강령은 다음과 같이 결정했다.

    1. 일본 제국주의 잔재 청소
    2. 국수주의 퇴폐예술사조의 배격
    3. 민족미술의 신건설
    4. 국제미술과의 제휴
    5. 미술의 인민적 계몽과 후진의 적극적 육성

강령을 살펴보게 되면 미건의 주도자들이 강조하고 있었던 강령 1과 새롭게 설정한 강령 3 이외에는 프로미맹의 주장과 관점이 거의 다 관철되었음을 알 수 있다. 여기서 엄밀하게 보면 사실, 미술가동맹의 출범에도 불구하고 오지호의 미학은 여전히 생리적·심리적 사상미학에서 탈각하고 있지 못한데, 이는 프로미맹이 여전히 안게 되는 문제로서 사상미학의 통일이 이루어지지 못함을 의미하는 것이다. 특히 이러한 사상미학의 문제는 이후 미술가동맹의 회원작품전에서 극명하게 표출된다. 하나의 조직, 특히 문예조직으로서 미술가조직임을 명확히 했을 때, 사상미학의 통일성은 문예조직의 생명력을 담보하는 것으로 나서게 된다는 점을 상기한다면 이것은 프로미맹의 결정적 약점이라고 할 수 있는 것이다. 미술대중조직의 경우는 정치적인 의미에서 통일된 하나의 정치노선에 동의하는 미술인 및 일반인까지 포괄, 광의의 미술대중조직노선을 표방하고 거기에 사상미학을 전제조건으로 파악하지 않되 통전운동 과정 속에서 노농헤게모니(계급당파성)가 점차로 확립될 수 있는 것임을 뜻하는 전략적 문예통전으로서 조직노선을 관철해나갈 수 있는 것이다. 그러나 미술가조직, 선진 사상미학으로 무장된 미술가들의 조직인 경우에는 사상미학, 즉 문예의 계급당파성은 전제조건을 이루는 것이고 그러했을 때라야만이 생명력 있는 조직사업을 전개해나갈 수 있을 터다. 프로미맹은 이러한 문제를 전혀 고려한 흔적을 남기지 않고 있거니와 결국 이 문제를 명확히 해결하지 못한 채 사상미학적으로 관념미학을 견지하고 있었던 미건의 주도세력과 합동하여 두 가지의 미학사상이 기계적으로 결합한 형태가 되고 만다. 그렇다고 해서 당시 미협의 반동적인 정치노선에 반대하고 있었던 모든 미술대중을 포괄하지도 못했던 것이다.

다시 말해서 미술가동맹이 결성된 며칠 후인 1946년 2월 28일에 미협을 집단탈퇴한 미술가 32명이 89명에 이르는, 당시로는 미건 이후 최대의 인원규모를 자랑하면서 조선조형예술동맹(이하 조형동맹)을 결성하게 되었던 것이다. 물론 이 조직은 미술가동맹과 나란히 조선문화단체총연맹(문련: 문협과 프로예맹의 통합 및 각종 문화단체를 총집결한 문화예술통일전선체)에 참가하게 됨으로써 당시 반제반봉건 민주주의변혁의 정치적 노선에 동의하는 미술대중조직의 위상을 가지게 된다. 결국 미술가동맹의 높은 실천적 역량에도 불구하고 조직노선상의 미흡한 방침은 민족통일전선으로서 전략적 통일전선 조직노선의 방침을 배제하진 않았지만 극히 제한된 소수와 합동한 채 조형동맹의 결성을 속수무책으로 방기하면서 결국 분열된 모습을 노정하게 된다.

박문원은 다음과 같이 미술가동맹을 설명하고 있다.

> 푸로미맹은 푸로예술연맹의 산하단체로서 카프시대를 기계적으로 재생시키려는, 현실을 무시한 극좌적 오류를 범하고 있었다. 그러므로 이 두 낯의 조류가 서로 현실에 접근하여 합동하려는 노력의 결정이 조선

미술가동맹의 결성으로 나타난다. 그 결성은 조형미술동맹이나 혹은 푸로미맹의 기계적인 단순한 합동이나 연장으로 해석하여서는 안 된다. 발전적인 새로운 결집이었다는 사실을 알아야 한다. 일제 잔재를 숙청하고 봉건적 요소를 없애버리는 데서부터 진보적인, 민주주의적인 민족미술을 건설한다는 기본적인 노선을 확립시킨 데 그 의의가 있다.[39]

이러한 파악은 일정 정도에서 의의가 있는 파악이고 또한 프로미맹을 카프시대의 '기계적 재생'이며 '현실을 무시한 극좌적 오류'였다고 자기비판을 하는 것도 흥미로운 대목이긴 하지만 그러나 문제는 미술가동맹과 조형동맹의 합동을 '기계적이고 단순한' 것으로 파악하는 관점이라 하겠다. 물론 박문원의 이 글을 잘 읽어보면 기본적으로 '두 낯의 조류' 즉 초기 미건 주도세력의 미학과 프로미맹의 초기 미학을 '진보적인 민주주의적인 민족미술 건설'이라는 하나의 미술노선으로 통일했다는 것에 의미를 부여하면서 강조하고 있음을 알 수 있다. 그런데 바로 거기서 현실적인 조직을 실현하는 데 통일된 미술노선의 확정과 동시에 그 노선의 조직적 실현에 강조점이 두어져야 함에도 불구하고 미술가동맹의 현실적인 조직적 약점을 단지 '기본노선'의 확립만으로 의의를 높이 사면서 덮어두려는 것은 옳지 못한 것이다.

조직노선에서 사상미학적으로 나뉘어 있는 두 낯의 조류를 포괄하는 전략적 통전노선을 강조하고 또 실제에서 부분적으로 실현해내고 있음에도 불구하고 미술가동맹은 결성 당시에는 이러한 문제를 현실에서 구체적이고 올바르게 해결하려 들지 않았던 것이다. 프로미맹의 핵심이론가요 실천가였던 박문원은 이러한 점을 얼마간 인식하고 있었던 듯한데 단계적인 해결경로를 작품창작실천 부분에서 여러 가지로 제시하고 있는 것 등이 그러하다. 창작실천은 사상미학을 구현하는 데 결정적인 의의를 갖는 것이므로 이것의 실천방도를 제시하는 일은 사상미학의 원칙을 관철하는 경로와 다른 것이 아니기 때문이다.

아무튼 전략적 미술통일전선이라 하기엔 여러 가지로 문제가 있지만 일단 사상미학적 완강성을 총노선으로서 정치노선과 조직노선 전체에 일반적으로 관철하고자 했던 프로미맹 초기의 '선진미술가조직노선'을 변화시켜 '미술대중조작노선'을 확정한 미술가동맹은 조형동맹과의 합동노력을 끊임없이 추동해나감으로써 전략적 통일전선 사업에 가담하고 있음을 보여주었고 또 성공에 이르게 된다.[40]

이러한 과정이 의미하는 바는 '정치적 과제에 조응하는 통일전선'의 문제를 '예술과 예술가들'이 어떠한 방식으로 수용할 것인가에 초점이 모아지고 있다는 것이다. 정리하면 미건은 기본적으로 정치적 과제를 해결하는 집단과 거리가 먼 데다가 '반동적' 미술가들에 의해 미협이라는 무정부적(외형적으로만) 집단화되었고 따라서 프로미맹은 '부르주아 미술과의 투쟁'을 과제로 '계급미술 건설'을 강령화함으로써 광범위한 미술가를 조직하는 문제에 소홀하게 되었던 것이라고 할 수 있다. 그러나 곧 미협의 와해과정에서 '정치적 과제에 조응'하는, 그러나 '사상미학적으로는 차이가 있는' 초기 미건의 주도자들이 미협을 탈퇴하여 나오게 되면서 당시 남한의 통일전선사업이 강화됨에 따라 미술가동맹이 그 통전노선을 수용하게 되었으며 결과적으로 앞서 언급한 바대로 '정치적 과제'에 동의하는 미술가들을 포괄하는 미술가대중조직노선을 채택하게 된다. 이것의 초기 형태가 미술가동맹이었고 조만간 조각가협회 및 조형동맹과 통합을 이루게 되는 과정을 규정하는 조직노선으로 작용했던 것이다.

7. 조선조형예술동맹

조형동맹은 이미 앞에서 설명한 대로 미협에서 대거 탈퇴한 미술가 32명을 중심으로 하는 89명의 종류별 작가들이 1946년 2월 28일 서울신문사 사옥에서 결성대회를 하고 출범한 미술가 집단이다. 이 단체는 미술가동맹과 구분된다. 이들은 대부분 미건에 초기부터 참가하던 미술가들로 구성되었는데 길진섭·정현웅 등 초기 미건의 주요 활동가와 1930년대 이래 일제하 조선화단에서 주목받고 있었던 정종녀·최재덕·이쾌대·김만형·김기창, 조각가 김정수·조규봉 및 공예가와 건축가들이 주축을 이루었다. 이들은 대개가 일본 유학생들로서 1930년대 후반 식민지 심미주의 미학이 만개하던 시절에 맹활동을 전개했던 조선화단의 새로운 세대들이었다.[41]

이들은 고희동·임용련이 미건을 문건에서 탈퇴시키고 미협으로 재편, 자신들이 주도권을 장악한 이후 미협을 발판으로 친미·친이승만 정치활동을 전개하는 과정을 다음과 같이 파악한다.

> 그 당시 해외로부터 입국할 임정요인을 ○○하고 있든 정당과, 국내 정세를 파악하고 인민의 정부 수립을 요구하는 정당과의 대립, 즉 사상의 대립으로부터 예술단체의 통합에 대한 분열이 싹트기 시작했던 것이다. 정확히 구명하자면 비로소 미술인들이 '사회사상에 대한 자기비판에 입각'하게 된 것이라고 할 수 있게 되었다. 여기서 미술인들의 '새로운 분열'(미협의 형해화과정에서 미협 탈퇴 및 새로운 단체결성 등—인용자)은 정치의 ○ 궁한 '정치행동을 위한 분열이 아니라 역사적 ○○와 당면한 현실을 파악하고 정확한 비판을 갖는데'서 새 시대의 민족미술 수립을 달성하리라는 맹약의 ○○이라고 볼 수 있는 것이다.[42]

이러한 관점은 당시 미술인들의 사회정치의식 수준을 보여주는 것이면서, 조형동맹을 독자적으로 결성한 데 대한 자기정당성의 옹호이기도 한데 문제는 여기 있는 게 아니라 조형동맹이 왜 미술가동맹과 같은 정치적 당면과제를 공유하고 있음에도 불구하고 독자적인 조직화를 꾀했는가 하는 것이다. 그리고 미술가동맹은 왜 이것을 방치 내지는 방기하고 있었는가 하는 문제다.

우선 조형동맹의 강령을 살펴보기로 하자.

> 강령: 우리들은 신세대 미술의 건설을 기함

1. 미술상의 제국주의적·봉건적 잔재를 숙청하고 건실한 신미술을 수립함
  1. 조선의 자주독립 민주주의 국가의 완성에 협력하고 보조를 맞추어 조선미술의 부흥과 아울러 그의 세계사적 단계의 앙양에 힘씀
  1. 미술의 계몽운동과 아울러 일반대중생활에 미술을 침투시킴에 노력함
  1. 미술단체의 통합을 기함

강령은 미술가동맹의 강령과 비교하여 볼 때, 유일한 차이가 '민족미술'(미술가동맹)과 '신세대 미술' '건실한 신미술'(조형동맹) 정도다. 그런데 이조차도 크게는 강령 두 번째 항의 자주독립 민주주의 국가완성이라는 정치적 전망에 비추어 '조선미술'이라는 말을 민족미술로 이해한다면 문제될 만한 것은 아니라 할 수 있다. 그럼에도 불구하고 이러한 조직상의 분리는 어디에 연유하고 있는가. 조형동맹의 입장은 조형동맹 부위원장인 길진섭의 다음과 같은 지적에서 유추해볼 수 있다.

> 진정한 민주주의 국가 건설의 노선에서 미술행동을 기약하고 조선 조형예술동맹이 결성된 것이다. …… 해방 직후부터 확고한 사상의 이념을 가지고 활약하든 푸로미술동맹과 합동하야(김주경·오지호 등—인용자) 진보적 미술운동의 이념을 ○○로 한 조선미술가동맹을 조직하게 되었고……[43)]

미술가동맹은 프로미맹 사상미학의 원칙을 포기한 게 아니라 단순히 정치적 과제에 동의하는 미술가들을 인입했던 것임을 길진섭의 서술에서 그대로 보여주는바, '확고한 사상의 이념을 가지고' 있는 '진보적 미술운동' 조직으로서 미술가동맹을 인정하고 이에 비하여 조형동맹은 일단 당시의 봉건적이고 복고적인 미협과 그 정치노선에 반대하고 자주적 민주주의 국가 건설노선에 동의하는 정치적 판단을 공유하는 미술가들의 집합이며,

그에 일치하는 '미술행동'은 '기약'할 수밖에 없는 미래과제로 일단 상정하는 수준임을 밝히고 있는 것이다. 이러한 조직방침은 문건의 조직노선과 같은 것이라 할 수 있다. 선진적인 사상미학·이념으로 무장된 미술가부대로서 프로미맹이 그 사상미학의 지도중심을 확고히 보장하는 전제하에서 이미 1945년 11월 초순에 통일전선노선을 수용, 박문원의 표현대로 초기미맹의 조직방침을 새롭게 하고 이후 미술가들의 주체준비 정도가 성숙된 1946년 2월에 가서 구체적으로 조직을 개편하는 과정은 매우 주목을 요하는 대목이다.

전략통전으로서 미술가조직방침이라고 하는 부문별 조직화 방침이 프로미맹에서 점차적이고 주의 깊게 실현되어나가게 된다는 점을 주목해야 하는데, 미술가동맹의 결성은 그러한 방침의 첫째 성과였다.

조형동맹은 당시 미술계를 두 갈래로 파악하고 있었다. 미협 등 '봉건적이고 보수적인' 갈래를 한편으로 보고 '자아비판과 당면한 현실을 파악하는 시간과정에서' '구체적인 실천행동'을 약속하면서 '조성된 집단'인 조형동맹과 해방 직후 이래 꾸준한 '진보적인 미술운동 조직'인 미술가동맹을 한편으로 보았는데 전자와 후자는 노선이 원칙적으로 상반되는 커다란 차이점 때문에 '합동의 행동은 불가능한 것'이라고 못박는다. 그렇다면 결국 후자의 두 단체는 사상이념의 확고성 수준과 구체적 미술행동의 여부 등 근본적인 차이라고 볼 수 없는 어떤 '수준' 차이 정도에 불과한데 이게 좁혀지는 과정을 거치면서 얼마든지 통합될 수 있을 터다.

그러한 인식은 최초 조형동맹을 결성하는 과정에서부터 존재했던 것이거니와 강령의 하나로서 '미술단체의 통합을 기함'이라는 항을 주시할 필요가 있다. 그것은 조형동맹이 결성되자 곧바로 조선문화단체총연맹(문련)에 가맹하는 데에서도 나타난다. 다시 말해서 미술가동맹이 문련의 결성에 주도적으로 참가하여 문련 중앙위원으로 김주경과 박문원을 파견하고 있었던 것인데 여기에 가맹했다는 사실은 통합의 의지를 공공연하게 선언하는 의사표시라고 할 수 있다.

조형동맹은 조직결성 후 몇 가지 사업을 전개했다. 우선 1946년 5월 13

일부터 18일까지 동화화랑에서 제1회 춘계소품전을 개최했으며 이 전시회는 해방 후 최초의 신작 발표로 꾸며진 대규모 전시회로 주목을 끌었다. 그러나 오지호의 비평에서 보이는 바와 마찬가지로 사상미학의 한계를 분명하게 보여주는 것이기도 했다.

> 조맹(造盟)은 의식적 단체로 알려지니만치 그들의 전람회 개최에 대해서는 어떤 기대를 가졌던 것이 사실이나 출품작이 거의 신작이라고 들은데도 불구하고 새로운 패기와 새로운 생활의욕을 반영함 없이 다만 종래의 의식, 종래의 감정을 그대로 반복함에는 저윽이 실망을 느꼈다.[44]

그 외에도 기관지『조형예술』을 5월에 내놓기도 했다. 한편 조형동맹에 참가하고 있는 위원장 이하 임원진 등 비중 있는 미술가들 상당수가 부르주아 문예단체로서 성격을 확고히 하고 있는 중앙문화협회(1945년 9월 18일 결성)가 문련에 맞서기 위해 새로이 확대 개편을 시도·준비한 전국문필가협회(1946년 3월 13일 결성)의 창립준비위원으로 참가하고 있음을 보면, 조직의 구속력이 허약하다는 것을 알게 된다. 특히 문필가협회엔 미협 회장인 고희동, 부회장 이종우 등도 참가하고 있었고 여기 미술부장을 이종우가 맡아 성격을 분명히 했음에도 불구하고 위원장 윤희순, 부위원장 길진섭 등 조형동맹의 주도세력이 대부분 여기에 참가하고 있는 것이다.

8. 소집단들의 활동

해방 이후 미술계는 많은 미술활동을 가능케 했는데 이 중에서 가장 풍부한 활동은 전시회 개최였다. 전시회는 대규모 조직의 흐름과 관계를 종잡을 수 없을 정도로 활발하게 열렸다. 조직적 활동에 익숙지 않기도 했으며 오직 개인의 화실에서 창작에 심혈을 기울이는 미술가상은 매우 자연스럽고 당연한 본분의 자세로 알려져오고 있거니와 이때도 마찬가지였다. 이것은 개인주의 미학의 구체화이며 동시에 미술가들의 조직기피주의와 깊게 연결된 작풍과 다름없었다. 해방3년에서도 이러한 활동은 광범위했던 것으로 여기서는 주요한 경향을 드러내 보여주었던 소집단 중심으로 그 활동상을 간략하게 언급해주기로 하자.

해방 직후인 1945년에 조직된 소집단은 목포미술원과 목포미술동맹[45] 등 각 지역 나름의 단체들이었다. 그리고 가장 먼저 조직된 소집단으로는 단구미술원을 들 수 있는데 이 단체는 당시 청년미술가들이었던 김영기·이응로·배렴 등 전통화가로 구성되었으며 "일본화의 배격과 동양화의 새로운 지향을 모색"할 것을 목표로 하는 의욕적인 것이었다.

한편 손재형을 회장으로 하는 조선서화동연회가 1945년에 결성되었다. 1946년에 접어들어 고미술품 상인들의 조합형태인 조선고미술협회(회장: 한정수)가 조직되었고 이미 앞서 언급한바, 미협에서 탈퇴한 김주경 등 6명의 서양화가가 모여 독립미술협회를 결성했으며, 조선조각가협회는 당시 조각을 했던 대부분을 망라했는데 김경승·윤효중·문석오·이성화·윤승옥·조규봉 등 모두 11명이었다. 그리고 3월에는 조선미술가동맹 부산지부가 결성되면서 부산상업미술자동맹도 조직된다. 그리고 전통화가들 중심의 청아회가 7월경 조직되고 8월에는 목포미술동맹에서 제외되었던 백영수·표세종 등이 목포에서 녹영회를 결성하기도 하는 등 지역에서 여러 소집단이 결성된다.

이들은 각각 회원전을 열게 되는데 주목을 끌었던 전시회는 1946년 3월 1일부터 7일까지 정자옥(丁子屋)에서 열린 단구미술원의 3·1절기념 소품전이었다. 이 전시회에 관한 평가는 단체의 창립취지와 달리 매우 비판적이었다. 오지호의 비판은 매우 엄격하다. '종래의 생활감정과 제작태도에서 일보의 진전도 발견할 수 없는 것'이라고 하는 평가에서 멈추지 않고 당시 전통화가들 일반에까지 문제를 확대해서 '반동적 경향'을 질타하면서 "종래의 동양화가 조선의 역사와 기름을 같이해서 발전해온 것과 같이 앞으로도 조선의 예술이어야 할 것이요 새로운 역사의 흐름에 등을 지는 것은 자멸을 결과"[46]하게 될 것이라고 경고하고 있다.

자유신문사에서는 이처럼 반동적 경향에서 헤어나오지 못하고 있는 전통회화가들을 초대하여 '전재동포 구제를 위한 두방전(斗方展)'을 열게 된다. 이 전시회는 김영기·정홍거·변관식·이석호·박승무·장우성·김은호·노수현·정종녀·이건영·김용준 및 단구미술원 회원 등 당시 명성 있는 전통화가를 노장에서 신예에 이르기까지 총망라한 것이었다. 한편 창립 7개월 만에 독립미술협회전이 열리게 된다. 마찬가지로 이 전시회에 대해서도 혹독한 비판이 가해진다. 수전이라는 필명으로 발표된 이 평문은 독립미술협회전에 대하여 적극적인 평론이 나오지 않았다고 전제하고 그 이유는 '조선미술가동맹 측에서 자중했기 때문'이라고 하면서 작품의 경향들은 '다만 부르주아 예술의 부흥운동에 불과'[47]하다고 맹공을 퍼붓는다.

여기서 최재덕·이쾌대·손응성·홍일표 등 조형동맹의 신예작가들이 출품했음을 주목하고 한편 김주경·오지호·이인성·박영선 등 미술가동맹 참여작가들이 단체의 창립회원이었음을 상기해둘 필요가 있다.

이 무렵 미술가들의 작품경향을 대개 짐작게 해주는 이러한 사정은 이미 앞서 살펴본 바와 마찬가지로 정치적 과제에 관한 미술가들의 입장과 관계없이 사상미학의 성격·지향에서 어느 정도 결정되었던 것이라 하겠다. 즉 정치적 입장과 관계없이 이들의 예술은 여전히 예술지상주의에서 벗어나지 못하고 있다는 의미다. 8월의 인천시립미술관 개관기념전, 10월의 양화6인전 등도 모두 그러했거니와 이때 남관·김종식 등이 개인전을 했는데 그 경향성 또한 다를 바가 없었다.

한편 미술계에서는 여러 가지 다양한 사업이 풍부하게 펼쳐졌는데 전시회 외에도 중요한 것으로 이화여대·경주예술학교·중앙회화연구소·서울대학교·조선대학교 등에 미술전문교육기관이 설립되었고, 1946년 8월 11일 각 학교 미술교사들이 미술교육연구회를 결성했으며, 경남미술교육연구회도 이 무렵에 결성된다. 미술교육연구회는 미술교사들의 최초의 교육운동체로서 의미를 갖는바, 미군정청 문교부에서 미술교과를 수의과목으로 결정하게 되자 이에 강력히 반대하는 운동을 미술가동맹·조형동맹 등 각 단체와 협력·전개하여 당국에 필수과목 취급요청을 하는 등의 활동을 하기도 했다.

미술교육과 관련하여 미술학생운동의 최초라고 판단되는 사건으로 1946년 1월 상순에 서울학생통일촉성회가 결성되는데 산하 예술반 미술부(책임자: 최순덕)가 조직되었으며, 국립서울종합대학안 반대투쟁위원회 산하 서울대미술대학 투쟁위원회(위원장: 김진항)가 조직된다.

그외에도 우리나라 최초의 자주적인 미술사가 출간되는데 이는 조형동맹 위원장 윤희순의 노작 『조선미술사연구』(서울신문사, 1946)로서 과학적이고 사회경제사적인 관점을 갖고 서술한 중요한 업적이 되고 있다.

그리고 공예·산업미술 부문의 활동 또한 활발했는데 이들은 해방 직후 미건에 일부가 참여했을 뿐으로 이후 여러 갈래의 집단으로 나뉘어 성쇠를 반복하게 된다. 우선 미건에 참가했던 한홍택·조병덕과 그외의 산업미술가들이 1945년 12월 27일에 조선산업미술가협회를 결성한다. 이들은 1946년 10월 21일부터 31일까지 동화화랑에서 창립전을 개최한 이래 1946년 5월 1일부터 제5회전을 가지는 등 구성원은 많지 않으나 지속적인 활동을 했으며, 1946년 3월 10일에는 미군정청의 지원 아래 조선공예가협회가 결성된다. 이 공예가협회는 미건 공예 및 도안부에 주도적으로 참가했던 김재석과 백태원 등이 결성한 대규모 단체로서 당시 군정청이 사용을 통제하고 있었던 덕수궁에서 창립전을 열게 된다. 그러나 이 단체는 그 타율성으로 인해 더 이상의 어떤 활동을 하지 못하고 해소되고 만다. 한편 산업미술협회나 공예가협회 어느 쪽에도 참가하지 않고 있었던 몇몇 작가들이 오주환·김중현을 중심으로 모여 1946년 3월 15일에 조선상업미술협회를 결성하고 곧이어 5월에 창립전시회를 하게 된다. 이러한 과정을 통해서 당시 산업미술가들은 자신의 지위를 일정하게 높여나가기도 했다. 미건과 산업미협에서 활동을 했던 한홍택은 '산업미술이란 용어가 조선에서 쓰여진 것은 아마 8·15 이후'가 처음이라고 지적, 낙후한 도

안의 수준을 '예술과 산업과의 유기적·종합적 결합이며 대중적인 생활예술 형식'으로 규정하고 과거 산업생산책임자들과 산업미술가와의 '보수적이며 반봉건적'인 관계를 청산해야 한다고 주장하면서 산업미술가들도 '과거 일제시대와 같이 상공도안을 손끝의 기술과 색채의 배열만으로 만족'치 말고 '자아향상과 계몽발전에 힘써야' 할 것이라고 요구했다.[48]

그러나 현실은 여전히 별다른 각성이 없었던 것 같았다. 오지호의 비평은 이들 포스터 중심의 산업미술가전의 경우 '미려(美麗)주의적 수법에' 의존하여 '혁명적 기개의 표현'과 거리가 멀며, 칠기공예 중심의 공예가협회전은 "순일본식 가구를 새 시대의 조선공예가의 이름으로 내놓는 데는 아연하지 않을 수 없다"[49]고 지적한다.

9. 미술단일전선으로서 조선미술동맹

조선미술동맹(이하 미술동맹)은 1946년 11월 10일 결성되었다. 이 조직은 당시 문화단일전선이었던 문련 산하에 두 개의 미술단체가 공존하던 기이한 형세에 종지부를 찍은 역사적인 의미를 갖는다.

먼저 미술가동맹과 조형동맹의 통합과정을 살펴보자. 이미 앞에서 두 단체의 위상, 즉 동일성과 차이점을 밝혀주었는데 통합과정은 미술가동맹이 주도했던 것으로 보인다. 당시 오지호의 표현에 따르면 '대지도세력'이었던 미술가동맹이 채택한 조직노선에 입각하여 이 통합을 주도했음을 이해하는 것은 그렇게 어려운 일이 아니다. 박문원의 통합에 대한 묘사는 이것을 짐작하게 해준다. 박문원은 프로미맹의 극좌적 오류를 청산한 시기를 미술가동맹의 결성으로 규정하고 있거니와 조형동맹의 조직과정 자체를 '기계적인 단순한 합동이나 연장'이라고 보고 있는데 이러한 시각은 프로미맹이 미술가동맹으로 확대되면서 확정한 노선에 따라 조형동맹에 참가하고 있는 "중요한 작가들을 거의 다 포섭할 수가 있었다. 여러 번 겪어 오는 난관을 지날 때마다 확대·강화되었다"[50]고 묘사하고 있는데 이는 미술가동맹의 노선이 조형동맹과 합동하면서 어떤 변화도 하지 않았으며 할 필요도 없었음을 의미하는 것이다.

1946년 4월 민족문화건설전국회의에서 조형동맹의 윤희순과 함께 미술가동맹의 김주경이 나란히 '조선의 양화 및 동양화의 현상(現狀)'이란 제하의 기조발표를 한 이래 5월과 6월에 각각 회원전을 열게 된다. 8월 13일에 미술가동맹에서는 임시총회를 개최하여 조형동맹과 통합할 것을 결의하게 된다.

물론 이러한 결정을 도출하기까지는 상당한 수준의 합동논의가 있었을 것으로 추측되며 그것은 두 단체의 합동준비를 구성하기 직전에 의미 있는 몇 가지 공동사업이 전개되고 있음을 보면 알 수 있다.

미술가동맹 임시총회 바로 며칠 전에 미술교육연구회가 미군정청 문교부의 미술과목 수의과목 취급 결정에 대한 대책을 수립하기 위하여 두 단체에 협조를 공동으로 요청함으로써 두 단체 대표들이 8월 11일 숙명여고에서 만나 합동으로 대책을 논의, 공동투쟁을 결의하게 되고 여기서 상호 합동의 의지가 실천적으로 확인되었을 가능성을 추측해볼 수 있는 것이다. 아무튼 미술가동맹은 임시총회에서 13명으로 구성되는 합동준비위원회를 공식기구로 설치하게 된다.

그리고 며칠 지나지 않은 8월 20일부터 동화화랑에서 해방 1주년기념 문화대축전 8·15기념합동미전을 열게 된다. 이 전시회의 주최가 미술가동맹·조형동맹 그리고 조각가협회까지 공히 3개 단체로 되어 있음을 보면 이미 합동논의는 상당 정도까지 진척되었다고 볼 수 있는데 왜 그 후 약 2개월이 지나서야 공식적인 합동대회가 열리게 되었는지를 알려주는 자료는 없다. 그러나 아마 조선공산당이 1946년 7월 신전술을 채택한 이래 9월에 접어들면서 미군정청은 공공연하게 공산당 간부들에 대해 체포령을 내리고 또한 문련이 가맹하고 있는 통일전선체인 민주주의민족전선에 대해 사무실 명도령(明渡令)을 내리는 한편, 전평은 9월총파업에 돌입하게 되고 대구에서는 민중들의 대규모 봉기가 일어나는 등 정세가 대결국면으로 치달아 사실상 합동대회를 연다는 게 어려웠을 것으로 추측된다. 한편 미술가들 가운데 '소수의 반동분자와 약간의 부동층'[51]으로 표현되는 반동세력과 기회주의자들의 동요로 인해 통합이 지연되었을 수도 있음을 추측해볼 수 있겠다.

아무튼 박문원에 의해 '비약적'이라고 묘사되는 조형동맹과 조각가협회의 통합은 당대 '민주주의민족문화' 건설이라는 문화전선 일반강령의 조직적 관철이었으며 단일대오의 일정한 성취였다.

먼저 이들의 조직구성을 보기로 하자. 위원장에 윤희순, 부위원장에 이인성과 오지호, 서기국에 박문원과 김만형이 자리하게 되는데 이러한 인원 배치는 두 조직의 기계적 결합을 의미하는 것이라고 할 수 있다. 특히 각 부서의 위원장에 기존 두 조직에서의 위치를 고려하여 한 부서에 두 명의 위원장을 안배하고 있음을 보면 통일적인 완강한 지도체계의 건설에 이르고 있지 못함을 알 수 있다. 특히 같은 날 서울시 지부도 동시에 결성하게 되는데 이 지부의 임원진 배치까지 포괄해서 살펴보면 그러한 결과가 더 분명해진다.

임원진은 다음과 같다.

위원장: 윤희순―사후(死後): 길진섭
부위원장: 이인성, 오지호   서기국: 박문원, 김만형
동양화부위원장: 김기창, 정종녀   조각부위원장: 이성
서양화부위원장: 이쾌대, 박영선   공예부위원장: 김봉룡
아동미술부위원장: 정현웅   미술평론부위원장: 윤희순
무대미술부위원장: 김일영   미술교육부위원장: 이순종
선전미술부위원장: 한홍택(이상 미술동맹 임원)

서울시 지부
위원장: 길진섭   부위원장: 박영선
서기국: 이춘남, 손영기, 최은석
집행위원: 이인성, 오지호, 기웅, 채남인, 김주경, 김기창, 윤자선, 박상

옥, 윤상열, 박영선, 서강헌, 한재홍, 염태진, 안일수, 김용환, 김길교, 길진섭, 윤희순, 최재덕, 김만형, 이성, 최은석, 윤홍섭.
 (밑줄은 조형동맹의 회원출신이며 김주경은 이때 월북한 관계로 임원에서 빠짐)

 임원진을 섬세하게 살펴보면 미술가동맹 출신과 조형동맹 출신이 매우 공정하게 각각 같은 수로 자리를 나누었으며 이성·한홍택·안일수는 조형동맹 출신이지만 각각 조각가협회와 산업미술가협회 몫으로, 김봉룡은 공예가협회 몫으로 나누어주게 되는 것으로 보면 엄격하게 각각 동수로 자리를 나누어 가진 것이 명백해진다. 이러한 결합은 단일대오의 형식만을 갖추었을 뿐, 실천적 행동력을 담보하는 조직강화의 의미를 갖는 내용적 발전으로 보기는 어렵다. 오직 의의가 있다면 당시 강한 조직적 실천력과 높은 사상미학적 수준을 지니는 미술가동맹 맹원과 높은 작품창작 기량과 중견작가로서 명성을 지닌 조형동맹 맹원들의 단일조직으로서 화단적·대중적 지위를 드높인 점이라고 할 수 있을 것이다.
 실로 이러한 성과는 1945년 프로미맹이 당면하고 있었던, 이미 오래전 한효가 지적했던 '미술층 내에 있어서의 자기고립의 위기'를 극복하는 과정의 결과였던 것이다. 다시 말해서 이러한 결과는 미술계 내의 고립, 우수한 기술을 가진 미술가의 절대부족을 당면 최대의 과제로 파악하고 이를 극복해야 했던 초기 프로미맹이 '진보적 미술가의 획득에 전 역량을 집중'하는 한편, 일반 '미술가 전체를 조직화하는 활동을 전개'함으로써 결국 1946년 2월에 미술가동맹을 결성하게 되었고 몇 개월 후에는 조형동맹까지 포괄하는 미술가 단일전선을 구축하기에 이른 것이다. 여기서 프로예맹의 이론가 한효의 말은 프로미맹이 어떻게 조직을 확대했는가를 알려주고 있으므로 주목할 필요가 있다.

 미술가 전체의 조직은 미술가 당면의 이익의 획득을 위하여 싸우며 이러한 싸움을 통하여 이를 동맹의 영향하에 두고 민족통일전선의 방향

으로 나아가게 해야 한다.[52]

이러한 조직방침은 미술계의 실정을 정확히 고려한 판단인데 '진보적 미술가'가 거의 없다시피 한 당시 미술계에서 문화전선의 확대·강화를 꾀하는 데 우선 당시 미술가 일반의 낮은 수준을 고려하여 '미술가의 당면이익을 획득하는 싸움'을 조직사업으로 설정, 이 싸움을 통해 점차적으로 높은 수준으로 이끌어올린다는 것이다.

이제 이러한 방침이 구체적으로 어떻게 해결되어갔는가를 살펴보기로 하자. 박문원은 미술동맹이 결성된 얼마 후 미술동맹 결성에 관한 평가서라 할 수 있는 글 「중견과 신진」을 발표했다. 해방 직후 맛보고 있는 현실은 엄연한 '역사적 현실', 겪어야 하는 현실로 규정하고 어쨌든 "대부분의 미술인들이 총집결하여 통일된 과제와 똑같은 이념 밑에서 민전(민주주의민족전선—인용자) 산하단체인 조선미술가동맹을 결성하는 지점까지 도달했다"[53]고 평가한다. 그러면 그 역사적 현실은 무엇인가. 박문원은 이것을 '그간 선배·중견·신진들은 각기 제네레이숀에서 오는 본질을 고집'한 데서 발생한 문제라고 한다. 이 '본질'이란 사상미학적인 것이다. 박문원이 구분하는 중견·신진의 세대적 구분법은 프로미맹→미술가동맹에서 프로미맹이 신진으로 구성되었고 미건→미협→조형동맹이 중견 중심으로 구성되어 있음을 개괄하는 것인데 아무튼 중견들은 '창백한 인텔리'로서 '소시민적 오만'에 빠져 있었던 것인데 해방 후 현실은 '빠르고 어지러운' '새로운 역사'로 가득차게 되었고 따라서 중견들은 '머리 속의 상념과 현실' 및 '회화와 체질이 서로 조화'를 찾지 못했고 '내용과 형식 사이에 상극(相剋)'이라는 '위기에 직면'했다는 것이다. 그리고 신진들은 어떠했는가. 박문원은 프로미맹의 신진들을 '역사가 요청하는 바와 온갖 민주주의혁명 대열에 참가'하면서 "조선민족예술의 혁명을 내걸고 '인민의 화가'를 자부하고 출발"한 '전위'였다고 평가한다.

그리고 이들의 차이 가운데 기술의 문제, 형식의 문제를 매우 강조한다. 중견은 기술 즉 형식이 뛰어나지만 내용에 결함이 있고 신진은 기술이 미숙하지만 내용을 강조하여 "눈은 높으나 수단은 얕다"는 것이다. 따라서 이것의 해결방향은 '중견들이 형식으로부터 내용으로의 고민이라면, 신진들은 내용으로부터 형식으로의 노력'이라는 것이다. 박문원은 이 글에서 미술동맹의 출범을 '대체로 성공'이라고 평가하면서도 '미술가로서 원칙 문제, 근본적 태도는 가장 옳게 통일'된 정도의 '제1단계의 임무'만을 끝마쳤을 뿐 '이제 제2단계로 돌입'하지 않으면 안 된다고 강력한 단서를 단다. 다시 말해 여전히 '과도기의 시련'이 계속되고 있는 것이며 이것의 해결은 오직 '실속 있는 생활의 체험'을 통해 '조직의 힘을 잘 살리어서' '새롭고 힘찬 참다운 미술을 창조'하는 것에 달려 있다는 것이다. 박문원은 이 무렵 작가들의 사상미학적 수준을 고려한 끝에 창작원칙을 다음과 같이 제시하고 있다.

> 현실파악은 실천을 통하여 이데올로기로부터 출발하여 그에 적합한 형식을 추구·연마하는 데 원칙이 있음 …… 또 현실을 어떻게 하여 적극적으로 화면에 표현할 수 있느냐 하는 문제에 들어서서 혁명적 로맨티시즘을 계기로 한 진보적 리얼리즘을 차차로 구현……[54]

이것은 창작원칙·창작방법론인데, 박문원이 1945년에 제창했던 '사적 유물론의 방법으로 현실을 그리어내는 프로레타리아 레알리즘'의 연장선상에서 보게 되면 완강한 계급미술을 방법적으로 풍부하게 제시해놓으려는 노력의 결과로서 프롤레타리아미술 건설→진보적 민주주의 민족미술 건설로의 이행과 관련되는 것이고, 이것은 계급미술에서 인민미술로의 이행도 의미하는 것인데 그러나 우리는 이것을 엄밀하게 이해하지 않으면 안 된다. 다시 말해서 계급미술론에 대한 포기나 폐기로서의 인민미술론, 진보적 민주주의 민족미술이 아니라는 점이다. 혁명적 로맨시티즘을 '계기로' 하는 '진보적 리얼리즘'의 의미는 일찍이 고리키의 사회주의적 현실주의(리얼리즘)에서 낭만주의의 계기적 관련을 강조한 대목을 연상시키는데[55] 이것이 의미하는 바를 상기할 필요가 있는 것이다.

이것은 박문원이 다른 글에서 끊임없이 강조하는 '계몽성과 예술성' '선전성과 예술성'의 모순 없는 유기적 파악태도와 대중활동 등 실천에 대한 투철성과 인민생활 속에서의 체험에서 부단한 강조, 소시민적 경향성에 대한 끊임없는 비판 등을 검토해보면 쉽게 알 수 있는 것이다.

사상미학의 인민성, 즉 민중성과 노동계급성이 통일적으로 이해되어야 하는 것이라면, 미술동맹에서 지도적인 창작방법으로 제시된 박문원의 혁명적 로맨티시즘을 계기로 한 진보적 리얼리즘이란 사상미학적 수준이 낮은 미술가들을 단계적으로 성장·강화해나가는 '공조적'(共調的) 방침이었던 것이다. 이 '공조적 정신'이야말로 미술동맹에 참가하고 있는 중견과 신진미술가들에게 "진보적 리얼리즘을 차차로 구현화하여주는 문제작을 많이 내놓았으며 …… 후진들의 지침으로서 결정적으로 크게"[56] 작용했다는 것이다.

그리고 이때 정치적으로 각성된 미술가들, 즉 미건→미협→조형동맹→미술동맹의 경로를 거치게 되는 작가들(중견) 대부분이 앞서 언급한 대로 프로미맹→미술가동맹→미술동맹의 경로를 거치는 작가들(신진)과 달리 사상미학적으로 아직 확고하지 못한 수준에 머물러 있음을 고려해볼 때 이러한 미술동맹의 공조적 방침은 현실적으로 의의가 매우 높은 것이었다. 특히 이것은 1946년 조형동맹 전시회와 미술가동맹의 전시회를 비교해봄으로써 생생하게 이해될 수 있는 것이다. 당시의 평가를 보면 조형동맹전에 출품된 작품은 대다수가 부르주아미술과 구분할 수 없을 정도로 예술지상주의적 작품들, 다시 말해 오장환의 평에 따르면 '차라리 …… 아브스트락트 이규상 씨의 작품이 선명'할 정도로 나태한 경향을 보였으나 미술가동맹전의 경우는 해방 후 처음 보는 혁신적인 의미를 갖는 전시회로서 '굴욕의 식민지문화, 노예적 예술에서 탈곡한' '뚜렷한 사상성을 구가'하고 있는 작품을 내놓고 있다는 것이다. 이러한 차이야말로 공조적 방침을 세우지 않으면 안 되는 이유가 되었던 것이다.

단일대오로 묶어세워진 미술동맹의 실천활동은 우선 이러한 작품의 경향을 통해서 변화를 보여주게 된다. 통합된 지 한 달이 되는 1946년 12월

10일부터 미술동맹전이 화려하게 막을 올리게 되는바, 사상 유례없는 대규모로 동양화·서양화·조각·판화·건축설계 등 5부로 분류되어 전 회원이 출품, 동화화랑과 화신화랑을 동시에 사용할 정도였다. 이 작품전에 관한 길다란 평문이 오장환에 의해 쓰였는데 그는 "장내 전체의 분위기는 모두 진수(瓆秀)하여 스스로 하나의 열성을 느낄 수 있으며 회장의 분위기는 절실한 방향으로 움직이고 있었다"[57]고 말하고 있다. 이것은 당시의 부르주아적인 예술지상주의 미술을 지켜왔던 미술가들을 사상성과 예술성의 조화를 꾀하는 창작활동으로 이끌어나감으로써 '인민을 위한 민주적 투쟁을 위한 새로운 리얼리즘'[58] 즉 리얼리즘이라는 창작방법론을 미술동맹의 지도적 창작원칙으로 관철하여 어느 정도 구체화해냈음을 보여주는 것이다.

이제 가장 핵심적이고 중요하다고 할 수 있는 미술대중화 사업을 살펴봄으로써 실로 미건의 선전미술대 이래 프로미맹→미술가동맹→미술동맹의 주류적 흐름이 전개해왔던 대중미술활동을 간략히 살펴보기로 하자. 당시 순수미술가였던 배운성의 말을 들어보자.

> 특기할 것은 미맹(미술동맹─인용자)이 만난을 감수하면서 지방으로 진출하여 미술계몽운동에 노력한 사실이다. 이는 진정 미술과 대중을 위해서 무엇보다 긴급한 미술인의 의무였던 것이다. 이 의무를 먼저 느끼고 실행할 수 있었던 그들의 열성을 미술에 뜻을 둔 사람들은 감사할 줄 알아야 할 것이다.[59]

물론 이러한 긍정은 이동순회전시회 방식만을 대상으로 삼고 있는 평가로서 미술전시회를 통한 대중계몽운동 방법을 강조하는 것이라 하겠다. 그럼 이 미술동맹의 이동순회전의 성격과 내용은 어떠한 것이었는가.

미술동맹은 제2회전으로 1947년 5월 29일부터 동화화랑에서 회원전을 개최했다. 이 전시회는 미소공위 속개를 축하하는 의미를 부여하고 있었다. 그런데 당시 정세는 미군정청의 의도에 따라 탄압공세가 강화, 진보세력은 위기에 당면하게 된다. 1947년에 들어서면서 미군정청은 진보적 문화계에 대하여 노골적 탄압을 개시했는데 이에 대응하여 문련은 2월 13일에 '문화옹호 남조선 문화예술가총궐기대회'를 열고 문화옹호공동투쟁위원회를 결성하는 한편 「남조선의 현정세와 문화예술의 위기에 관한 일반보고서」를 채택하게 된다. 이 보고서는 야만스러운 집단폭력의 대규모한 횡행에 대하여 특별한 주의를 환기하고 이러한 야만스러운 반동지배자들에 대한 강력한 투쟁을 천명하는 것을 내용으로 하고 있다. 미술동맹은 여기에 조응하여 이동미술전대(移動美術展隊)를 조직하고 문련에서 조직한 문화공작대에 참가, 제1대로 경남 마산에서 전시회를 개최한다. 이러한 대응은 대중을 상대로 대중의 지지를 획득하는 목적과 동시에 광범위한 지역의 미술가들을 조직하는 미술동맹 확대·강화사업이기도 했다. 이것은 또한 미군정청의 야만적 탄압에 대응하는 데 대중을 궐기시키고 문화예술인을 떨쳐 일어서게 하는 가장 완강한 방법이었다.

이 전시회는 서울·마산 이후 부산·진주·청주·춘천·대구를 거쳐 2개월 만인 7월 18일, 대전에 당도하여 후생관에서 개최되었다. 개막 3일째 되는 21일 오후 1시, 60명의 테러단이 전시장에 난입하여 작품을 무차별 파괴, 53점의 출품작 가운데 38점을 못 쓰게 만드는 사상 유례없는 미술품 테러를 당하고 더 이상 작품전을 열지 못하게 된다.

아무튼 이 전시회를 통하여 미술동맹은 광범위한 대중적 조직으로 성장하는 비약적 계기를 마련했는데 이미 결성된 몇 지부와 함께 1947년 '8월 현재 15개 지부(맹원 2천여 명)'[60]가 조직되는 등 커다란 성과를 거두게 된다. 이러한 성과는 당시 문화대중화운동의 주요 과제 가운데 하나가 "문화의 도시편중을 시정하여 문호를 개방하여 지방부를 설치하기에 전력하여야 한다"[61]는 것이었고 따라서 문화대중화운동의 '조직적 거점' 확보라는 의의를 지니는 것이었다.

이러한 조직적 거점은 각 정당, 사회단체 및 계열부문운동 단체에 모두 문화공작을 전담하는 부서를 두는 것과 동시에 광범위한 대중문예소조를 꾸려내는 것으로 압축되는데 이러한 문예사업은 당시 예술부문별로 다양한 수준에서 진전되었던 듯하다. 당시 미술대중화사업을 알려주는 구체적 자료가 거의 없지만 그 방도를 제시하고 있는 바를 살펴보기로 하자. 박문원은 해방 직후 '미술의 대중화를 위하여 노농대중생활과의 결합'을 주장한 이래 '실속 있는 생활의 체험'과 '인민들의 호흡을 체득'해나가야 할 것을 주장하면서 '대중들이 미술을 애호'하여 '인민들의 것'이 되어야 할 것임을 강조하는 한편 '지방순회전이라든가 인쇄미술을 통한 대중화의 운동'을 열심히 해야 할 것이라고 밝혔다.[62]

그리고 미술동맹 동양화부 위원장이었던 김기창이 제기하는 대중화 방도는 비교적 정연한 체계를 갖추고 있다. 김기창은 "조선의 미술은 아직 봉건적 잔재에서 탈각하지 못하여 미술의 대중과의 관련은 너무나 희박한" 수준에 놓여 있다고 탄식하면서 대중화 방도를 다음과 같이 정리하고 있다. 첫째, 민족정통미술유산을 보호, 대중들에게 보여줄 것, 둘째, 각 문화기관과의 긴밀한 연락, 대중 속에 들어가는 전시회와 미술교양잡지, 미술강습회, 각 학교연합미술전 등 대중의 미적 생활향상운동의 전개, 셋째, 미술의 평이화(平易化) 운동으로서 대중의 생활감정과 그들의 고통과 요구를 체험하고 파지(把知)한 뒤 생산된 미술의 보급 등이다.[63]

한편 이러한 대중화운동의 맥락에서 당시 전개되었던 활동은 앞서의 이동순회전은 물론 '전재동포 구제모금을 위한 미술 즉매전(即賣展)'(1946년 12월 25일~31일, 동화화랑), '3·1절기념전'(1947년 3월 1일~7일, 동화화랑·화신화랑) 등 나름대로의 민전의 정책과 계기적으로 연결되는 전시사업을 전개했으며 또한 지역 미술동맹전시회, 맹원작품 발표전과 공모전 등이 수행되었고 '공장·농촌 이동전'이 실제로 전개되었으며, 대중교양·계몽활동과 '특히 포스터전·벽보·만화·삽화·회장장식·무대장치 등 광범위한 분야에 걸쳐' 활동이 이루어졌음을 보면 광의의 미술대중화사업, 즉 모든 미술활동의 대사회적 사업이 매우 활발했던 것으로 볼 수 있다.[64]

그외에도 미술동맹은 1947년 4월에 중앙위원회를 개최하여 이해 7월 26일부터 8월 11일까지 체코 프라하에서 개최될 제1차 세계청년학생축전에 회원작품을 출품할 것을 결정하고, 그 기념전을 열 것을 결의한다. 또 5월 21일 개막된 제2차 미소공위에 사회단체 자격으로 참가할 것을 결정, 당국에 참가신청을 했고, 11월 9일부터 미군정청 문교부에서 개최한 조선종합미술전에 출품을 거부하여 명백히 반대 의사를 표명, 화려한 문화적 행사로 사회 각 계층에 대한 야만적인 탄압, 문화에의 야만적 폭력을 가하는 자신들의 통치양식과 정세를 미화·분식·호도하려는 미군정청의 의도에 파탄을 안겨주었다.

10. 맺음말

미군정은 국내 친미반공세력을 통해서 지배구조를 완성해나갔다. 이러한 구도의 미술적 관철이 음성적으로는 1947년 7월 대전에서의 미술품 백주테러로 나타났고, 노골적으로는 11월 사용을 금지했던 덕수궁 근정전을 개방해가며 개최한 조선종합미술전이었다. 이뿐만 아니라 형해만 남아 있는 미협을 지원하여 남산회관을 불하, 조선미술연구원을 개설케 했던 것이다.

한편 6월에는 미술동맹 맹원이었던 몇몇 간부와 일반회원이 미술동맹을 탈퇴하여 독자적인 단체를 구성하게 된다. 조선미술문화협회(이하 미문협)가 그것으로 미술동맹 부위원장 이인성과 서양화부 위원장 박영선·이쾌대, 선전미술부 위원장 한홍택 등 모두 18명으로 구성되었는데 이들은 '진정한 민족예술의 건설'을 표방했다. 그 구성원을 살펴보면 대부분이 미건→조형동맹→미술동맹의 경로를 밟은 작가들로서 앞서 조형동맹의 작가들이 실로 예술지상주의 미학에 기반하고 있음을 상기할 필요가 있다. 『조선연감』 1948년판 '미술'항에서는 미문협 작가들이 미술동맹의 노선에 불만을 가졌던 작가들로 구성되고 있다고 밝히고 있거니와 심형구는 이것을 "근로인민당의 배경을 띤 듯한 소위 중간노선을 표방한 조선미술문화협회가 동맹에서 분리되어 이화고녀 강당에서 (1947년) 결성식을 개최"⁶⁵⁾라고 묘사하고 있다. 이것을 뒷받침하는 사실로서 미문협의 핵심인물이었던 이쾌대는 1947년 5월에 결성된 근로인민당의 상임위원이며 여운형 노선의 충실한 지지자였던 이여성의 친동생이었고 차후 이여성과 이쾌대가 나란히 월북을 한 것에서 예시해볼 수 있다.

1947년 2월에 미협은 예술지상주의자들의 친미반공문화집단인 전국문화단체총연합에 가입, 미협 회장 고희동이 회장에 추대된다. 또한 송정훈은 앙데팡당전이라는 프랑스 앙데팡당전을 모방·계승하는 의미의 전시를 기획하여 8월에 '발기인과 주둔군(미군—인용자) 관계자 이외의 출품은 거의 볼 수 없는'⁶⁶⁾ '무정부적'인 행사를 개최하기도 하고, 12월에 들어서서 다시 미술동맹을 나온 몇몇 작가들이 제작양화협회를 조직, 창립전을 개최한다.

7월 미소공위가 사실상 결렬되고 8월에 접어들어 미군정의 대검거 선풍에 이은 한국총선안의 유엔 결의 등 남한 정세의 악화에 따라서 민주주의민족전선-문련의 활동은 위축, 지하화할 수밖에 없었다. 미술동맹은 11월 미군정청이 주최하는 해방 후 최초의 미군정 관전인 조선종합미술전에 출품 거부를 공식적으로 선언하는 것을 끝으로 이후 어떤 활동도 공식적으로 보여주지 못하고 만다.

이러한 조건은 미술계에 은폐되어 있었던 예술지상주의자들을 고무·선동했다. 다시 말해서 미술동맹의 현실주의 미학과 사상에 동의할 수 없었던 예술지상주의자들이 새롭게 조성되는 정세 속에서 그 정세가 자신들에게 유리해지게 됨을 간파했던 것이다. 왜냐하면 남한을 지배·통치하는 미군정에 반대하지 않는 어떠한 문화예술, 간단히 말하면 반공노선의 사상미학에 관하여서 미군정은 옹호·지지·지원했기 때문이다. 예술지상주의 사상미학은 해방 직후 민족문화예술 건설과 관계없었던 것이요 따라서 이러한 사상미학적 견해는 거의 폐기 내지는 위축되었던 것이 사실이다. 그런데 새로이 조성되는 정세는 이들의 입지를 마련해주게 되었고 미술계에서도 예외는 아니었다.

송정훈은 이전의 현실주의 미학을 "붓대를 총으로 삼고 툇취를 탄환으로 바꾸어서 조국의 대중에 이바지하자는 것"이라고 비유한 다음 "그러나 이 위대한 지향(현실주의 지향―인용자)이 도리어 예술 자체를 위축시키고 퇴락시키는 결과를 초래했다는 엄연한 사실을 우리는 예술하는 사람으로서의 양심을 가지고 시인해야 할 것"이라고 충고하면서 "소아병적 자기도취와 대가연하는 악경향(惡傾向)으로 타락해가는 예술운동의 고갈에 감연히 반기를 드는 …… 동시에 창작의욕을 정치성이나 사상성 · 당파성으로 짓밟어버리고 앞날에 올 새로운 예술의 싹을 무찔러버리는 예술의 정치적 선전도구성에"[67] 반대해야 한다고 선언한다.

이와 같은 현실주의 사상미학과 조직적 예술운동에 관한 격렬한 비난과 혐오 · 반대가 이 무렵 광범위하게 전개되어나갔다. 박영선은 미술동맹이 미소공위에 참가단체로 신청한 일을 거론하면서 파당의 헤게모니나 잡자고 하는 것이라고 비판한 다음 "순미술적 의미 이외의 것에 지배를 받게 되는 때에는 결국 사회를 해롭게 할 것"이라고 경고하면서 미술가의 임무는 조직활동이 아니라 "고민 가운데서도 한 장의 소폭이나마 작품을 후세에 남기겠다는 희망으로 항상 자기네의 길을 정당히 걸어나가는 것"[68]이라고 규정짓는다. 이러한 견해는 "무슨 주의니 단체니 하는 것도 좋지만 오늘날의 작가에게는 좀더 각기 개성에 충실함으로써 …… 전생명을 기울여 자연관조에 철(徹)해야 할 것"[69]이라는 심미주의 미학으로 이어지게 된다.

이러한 사상미학적 견해의 고조는 해방 이후 민족미술 건설과 거리가 먼 것이었으며 오히려 일제하 1930년대에 광범위하게 발흥한 심미주의 미학으로의 복귀로서 의미를 지니는 것이라고 할 수 있다. 이와 같은 현상에 대하여 박문원이 강도 높게 비판했고[70] 이수형은 1949년에 이르기까지 현실주의 미술론을 옹호하기도 했지만, 이미 1948년에 접어들면서 미술동맹은 공공연한 어떤 활동도 할 수 없게 되었으며 예술지상주의 미술가들은 미군정청과 긴밀히 결합하여 그 정책과 노선에 복무하게 된다.

이상으로 해방3년의 미술운동을 조직의 흐름에 따라 사상미학과 창작방법론, 미술대중화운동 등으로 살펴보았거니와 크게 보면 해방 직후 우리 민족의 최대 과제인 반제반봉건 민주주의혁명과 민족자주국가 건설투쟁에 철저히 복무하는 미술가들의 조직적 실천이 프로미맹→미술가동맹→미술동맹으로 이어왔으며, 이 과정에서 실로 당시 일제하에서 성장한 대다수 미술가들의 예술지상주의 사상미학과 접점을 형성하고 미건→조형동맹으로 이어지는 작가들과의 부단한 만남을 통해 혁명적 낭만주의를 관철하고자 했으나 이에 실패했던 것이다.

특히 1947년 무렵에 들어서면서 미건→미협으로 이어지는 친미반공주의 미술가와 친일 반민족미술가로 낙인찍혀 미건에조차 배제되었던 미술가들, 즉 심형구·배운성·송정훈·김경승·김기창 등의 결합 및 이들의 미군정과 결합에 따른 복고적이고 매판적인 미술의 흐름에 정세가 유리하게 흘러가면서 많은 미술가가 혁명과 투쟁의 대열을 이탈하게 되었으며, 오히려 혁명과 투쟁의 대열을 이들이 온갖 용어를 동원하여 매도하고 나서게 됨에 따라 민족미술 건설의 희망은 친미반공미술, 복고매판미술의 발흥과 예술지상주의 미술 건설의 지향으로 대체되게 되었다.[71]

남한만의 친미반공세력에 의한 단정수립은 이 모든 과정을 완성케 했고 이후 오늘에 이르기까지 예술지상주의 미술만을 끊임없이 확대 재생산하는 확고한 지반을 마련했다. 이것은 이미 서두에서 지적했듯이 미술가 주체역량의 허약함과 떼어서 생각할 수 없는 것이지만 궁극적으로는 당시 반제반봉건 민족자주국가 수립투쟁이라는 혁명운동역량 전반에 관련되어 있는 문제라고 할 것이다.

해방3년의 미술운동은 혁명투쟁기에 미술운동에 관한 다양한 경험과 교훈을 남겨주고 있다. 그 경험에서 핵심적인 것은 강고한 조직이란 사상과 미학의 준비 정도이며 그 정치적 과제에 의한 단일한 미술가대오, 즉 미술전선의 실천역량 또한 그 미학사상에 기초하는 것이라는 점이다. 다시 말해 사상적으로나 미학적으로 무장한 상층 미술가들에 의해서만 이룩되는 어떤 조직도 정세의 변화에 따라 무기력하게 동요하고 마는 것이며 이것을 미건·미술동맹이 여실히 증명해 보여주고 있는 것이다.

주 _____

1) 대표적인 것으로 이구열, 『한국근대미술사고』(을유문화사, 1972); 이경성, 『한국근대미술연구』(동화출판공사, 1974); 김윤수, 『한국현대회화사』(한국일보사, 1975); 오광수, 『한국현대미술사』(열화당, 1979); 이구열, 『근대한국화의 흐름』(미진사, 1983) 등을 들 수 있다. 이 중에서 앞의 3권은 연구서 수준이며 뒤의 두 권 가운데 이구열의 것은 한국화의 흐름만을 담고 있다. 따라서 오광수의 것만이 형식적으로 온전한 통사체계를 갖추고 있다.
2) 물론 이러한 사실이 완전히 감추어졌던 것은 아니었지만 세부적으로 연구하여 발표된 적도 없고 또한 통사적 서술에서도 이러한 내용을 완전히 은폐하거나 해방 직후 부분에서도 미술인들이 좌우 정치이념에 의해 혼란을 거듭한 정도로만 개략적인 묘사를 함으로써 역사의 엄밀하고 의미 있는 여러 사실을 왜곡하고 있다.
3) 길진섭, 「해방조선의 당면한 회화」, 『혁명』, 1946. 1, 44쪽. 그는 이 글에서 미술운동이 문화로서 '사상투쟁'임을 분명하게 하고 있다. 길진섭은 1945년 8월에 건설된 조선미술건설본부의 선전미술대 대장으로서 선전활동을 수행한 바 있으며 월북한 작가다.
4) 최열, 「식민지시대 프로미술운동의 전개」, 『성심대학보』, 1988년 9월 29일 및 「민족미술의 전통과 양식」, 『미술운동』 1권(공동체, 1988), 그리고 문학, 「식민지시대 미술」, 『미대학보』 11호(서울대 미대, 1988) 참조.
5) 최열, 「1920년대 민족만화운동」, 『역사비평』 제2집(1988) 참조.
6) 김용환, 『코주부 표랑기』(음성출판, 1983), 67쪽.
7) 오지호 「조선혁명의 현단계와 미술인의 임무」, 『신세대』, 1946. 5 참조. 이때는 대부분 그러한 견해를 지녔던 것으로 보이는데 가령 길진섭의 글에서도 그러한 오류가 보인다.
8) 하정일, 「해방 직후 문예통전론의 변모양상」, 『외대』 24호(외국어대, 1988년 겨울호) 참조.
9) 오지호, 앞의 글, 75쪽.
10) 같은 글, 74쪽.
11) 최열, 「해방공간의 미술연표」, 『계간미술』, 1987년 겨울호에 수록된 미건의 미술가 명단 참조. 김주경 등이 주도했다는 점은 심형구, 「미술」, 『민족문화』, 1949. 9

참조.

참고로 임원진 명단을 보면, 중앙위원장: 고희동, 서기장: 정현웅

서양화부―위원장: 노수현, 위원: 김용준, 변관식, 허백련, 배렴, 장우성, 이유태, 심은택

동양화부―위원장: 김주경, 위원: 길진섭, 오지호, 이병규, 이종우, 장발, 임용련, 이인성

조각부―위원장: 김두일, 위원: 문석오, 이국전, 이주행, 윤승욱

아동미술부―위원장: 이병규, 위원: 정현웅, 김규택, 박승규

공예 및 도안부―위원장: 이순석, 위원: 김재석, 김봉용

선전미술대―대장: 길진섭, 위원: 이순석

12) 윤희순, 「미술」, 『조선해방연보』(문우인서관, 1946), 362쪽.
13) 같은 글, 363쪽.
14) 문건, 「문화운동의 일반정책」(1945. 8. 31).
15) 윤희순, 앞의 글, 363쪽.
16) 김주경, 「문화건설의 기본방향」, 「춘추」, 1946. 2, 59쪽.
17) 오지호, 「자연과 예술」, 『신세대』, 1946. 3, 68쪽.
18) 같은 글, 68쪽.
19) 윤희순, 앞의 글, 362쪽.
20) 길진섭, 앞의 글, 44쪽.
21) 오지호, 「조선혁명의 현단계와 미술인의 임무」, 75쪽.
22) 김주경·정현웅·오지호·길진섭·김용준 등 미건을 수도했던 작가들의 일제하 활동과 미학이 심미주의에 입각한 현실도피적 성격임을 최열, 「재구성해야 할 월북미술가들의 미술사적 지위」, 『현대공론』, 1988. 9 그리고 문헉, 앞의 글 참조.
23) 윤희순, 앞의 글, 363쪽.
24) 김재용, 「카프해소·비해소파의 대립과 해방 후의 문학운동」, 『역사비평』, 1988년 가을호; 「해방 직후 남북한 문학운동과 민중성문제」, 『창작과비평』, 1989년 봄호 참조.
25) 오지호, 「해방 이후 미술계 총관」, 『신문학』 4호(1946. 11), 143쪽.
26) 이주홍은 일제하에서 문학만이 아니라 만화창작을 중심적으로 했다. 그리고 해방 후 프로문학동맹 중앙집행위원도 겸직한다. 강호는 1930년 4월에 개편된 프로예맹 미술부 책임자, 1931년 3월 재개편된 프로예맹미술동맹의 대표였다. 그

는 특히 영화부문에 활동을 하여 「암로」와 같은 농민영화를 제작하기도 했다(김대호, 「민족민중영화의 지평을 연 카프영화운동」, 『성심대학보』, 1988. 11, 10쪽 참조). 그리고 그는 1945년 9월 28일 창립되는 조선프로레타리아연극동맹 서기장을 맡으면서 무대미술활동을 전개한다.

27) 임원명단은 다음과 같다.

위원장: 이주홍, 서기장: 박진명

상임위원: 이주홍, 김일영, 박진명, 강호, 채남인, 추민, 이춘남, 윤상열

중앙위원: 이주홍, 박진명, 김일영, 이춘남, 강호, 박문원

조직부: 김일영, 이주홍, 박석정, 김경준

28) 하정일, 앞의 글, 256~57쪽 참조.

29) 박문원, 「조선미술의 당면과제」, 『인민』, 창간호(1945), 12쪽. 이하 인용문은 이 글에서 인용.

30) 오지호, 「해방 이후 조선미술계 총관」, 114쪽.

31) 심형구, 「미술」, 『민족문화』, 1949년 9월호, 41쪽.

32) 오지호, 「미술계」, 『예술연감』 1947년판(예술신문사), 1947. 5, 17~20쪽 참조.

33) 오지호, 「해방 이후 미술계총관」, 144쪽.

34) 최열, 「민족미술의 전통과 양식과 문혁」, 앞의 글 참조.

35) 특히 임용련은 미국유학생 출신으로 미군정기에 미군정장관의 고문으로서 정부 수립 후에도 서울세관장, ECA(경제협조처)세관 고문 등 미군정과 매우 긴밀한 사이였다. 고희동이 미국의 신임을 받고 있는 이승만과 긴밀한 사이였으며 이와 관련하여 미협의 공중분해가 이루어지게 된다.

36) 윤희순, 「미술」, 363쪽.

37) 『서울신문』, 1946년 2월 25일.

38) 중앙집행위원장: 김주경, 부위원장: 이인성, 박진명

서기장: 박문원

중앙집행위원: 오지호, 윤형열, 최연해, 박영선, 기웅, 이주홍, 이순종, 박문원, 강호, 이춘남, 김진성, 박상옥, 김주경, 박진명, 이인성, 정규

회화부위원장: 박영선

미술평론부위원장: 오지호

아동미술부위원장: 김진성

미술교육위원장: 이순종

무대미술부위원장: 강호

39) 박문원, 「미술의 3년」, 『민성』, 1948. 8, 40~41쪽.
40) 하정일, 앞의 글에서 그는 문건과 동맹이 각각 조선공산당의 "변혁단계 규정인 반제반봉건 부르조아민주주의 변혁론을 따르고 있었다. 또한 부르조아민주주의 변혁의 완수를 위한 민족통일전선론에 대해서도 두 조직은 똑같이 찬동의 입장을 표명하고 있다"고 하면서 문건은 실제로 중간파 문학인을 포괄한 광범위한 문예통전체였지만 이를 주도하는 세력의 통전관이 문예대중화에 소홀히 하면서 상층부 통전에만 관심을 기울이고 또한 통전에서의 노농헤게모니의 강화를 자연발생적이고 필연적인 것으로 파악하는 오류를 범하고 있고, 반면에 동맹은 실제로 좌익작가 중심의 전위조직이었고 통전관은 혁명 후 탄생할 새로운 정권의 성격에 조응하는 전략적 통전인 민족통일전선의 기본원칙을 무시한 전술적 통전관의 오류를 범하고 있다고 지적한다.

이러한 지적은 문학의 경우엔 일반적으로나 개별적으로 부합되는 것이지만 미술 부문은 미건이 우선 기본적으로 변혁운동과 관계없는 성격으로 재빠르게 전화·매몰되어갔고, 프로미맹은 얼마간 문학동맹의 그것과 같은 성격을 지니면서 오류 또한 비슷한 것으로 현상화되었지만 그러나 문제는 전략적으로 미술전선에 가담할 '중간파 미술인'의 존재가 불명료했고, 정치적으로 각성된 초기 미건의 주도세력이 미건을 계속 장악하지 못하고 그 헤게모니를 반대진영에 넘겨주면서 미건→미협의 과정에서 완전히 매몰되어 있었음을 확인해두어야 한다.
41) 이들은 1930년대 조선화단에서 선전에 관심을 쏟았던 앞세대와는 달리 독자적인 활동을 소집단형태로 전개해나간다. 그런데 주로 이들 가운데 월북작가들이 많았고 따라서 최근에 이르기까지 이들의 활동에 관한 연구가 이루어지지 않았으며, 기존 현대미술사 서술에서도 이들은 거의 다루어지거나 평가되지 못한 채 은폐되어 있었다. 최근 연구성과로는 최열, 「상실된 미술사의 복원」(『현대』 창간호, 1987. 11)과 「재구성해야 할 월북미술 미술가들의 미술사적 지위」(『현대공론』, 1988. 9)를 참고할 것. 이외에도 김복기, 「해금작가 작품 발굴—정종녀·김주경·길진섭 편」(『월간미술』, 1989년 1월, 2월, 4월호에 연재)을 볼 것.
42) 길진섭, 「미술계의 동향」, 『신천지』, 1946. 8, 140~41쪽.
43) 같은 글, 141쪽.
44) 오지호, 「해방 후 조선미술계 총관」, 146쪽.
45) 목포미술원을 모태로 하는 것이다. 구성은 동양화부·서양화부·조각부·공예부

등이다.
46) 오지호, 「해방 이후 미술계 총관」, 146쪽.
47) 수전, 「미술시감」, 『신문학』, 1946. 1, 172쪽.
48) 한홍택, 「산업미술과 산업건설」, 『경향신문』, 1947년 5월 22일.
49) 오지호, 「해방 후 조선미술계 총관」, 146~47쪽 참조.
50) 박문원, 「미술의 3년」, 『민성』, 1948. 8 참조.
51) 오지호, 「미술계」, 21쪽.
52) 한효, 「예술운동의 전망」, 『예술운동』 창간호, 1945. 12(신형기 엮음, 『해방3년의 비평문학』, 세계, 1988. 58쪽에서 재인용-).
53) 박문원, 「중견과 신진」, 『백제』, 1947. 2, 12쪽. 이하 인용구는 이 글에서 함.
54) 박문원, 「미술의 3년」, 『민성』, 1948. 8, 42쪽. 이러한 창작방법론은 이미 조공 당 중앙위원회의 이름으로 채택, 1946년 2월 『해방일보』에 발표된 「조선민족문화건설의 노선」에서 구명하고 있는 것임. 이 노선은 "문화활동에 있어 방법과 형식은 각자의 영역과 개성에 따라 상당한 굴신성과 자유를 부여할 수 있으나 기본방향은 혁명적 로맨티시즘과 진보적 리얼리즘이 기조"라고 명시하고 있다. 최근 신형기는 이것을 두고 1934년 소련 작가회의에서 제정·공포된 사회주의 리얼리즘의 공식적 반복이었다고 보고 있는데 이러한 이해는 잘못된 것이다. 자세한 검토는 미루기로 하고 한효의 견해를 인용해두는 것으로 대신해두자. 한효는 이를 '진보적 리얼리즘'이라고 규정한 다음 "프로레타리아 리얼리즘, 유물변증법적 창작방법, 사회주의 리얼리즘론을 거쳐서 도달한 우리 문학의 최고의 창작방법이다. 이때까지의 창작방법은 솔직이 말하면 모두 외국에서, 특히 소련에서 체창된 것을 그대로 이식해놓은 것에 불과하다"고 하면서 소련의 그것을 "무비판적으로 받아들여 자본주의적 현실인, 특히 제국주의 압정하의 조선에다 기계적으로 이식하려고 한 성급에 대해서는 충분한 자기 비판을 감행해야 할 것"이라고 밝혀두고 있다.
신형기, 『해방 직후의 문학운동론』(화다, 1988) 및 한효, 「진보적 리얼리즘의 길」, 『신문학』 창간호, 1946. 4 참조.
55) 이수형, 「회화예술에 있어서의 대중성문제」, 『신천지』, 1949. 3 참조. 이 글에서 박문원의 혁명적 로맨시티즘에 관해 고리키와 관련지으면서 논의하고 있다. 그리고 이러한 미술동맹의 지도적 창작방법론에 관한 논의는 이수형의 글과 함께 구체적 작품성과를 언급하고 있는 글로서 오장환, 「새인간의 탄생」, 『백제』,

1947. 2를 참고할 것.
56) 박문원, 앞의 글, 42쪽.
57) 오장환, 「새인간의 탄생」, 47쪽.
58) 이 용어는 조형동맹 위원장 윤희순이 사용하고 있는 것으로 그의 노작『조선미술사연구』에서 '예술을 비속화함으로써 대중성을 갖는 것'과 철저히 구분되는 '민족의 대다수와 호흡이 통하는 예술'로서 '현실을 대담하게 응시하는 새로운 '리아리즘''이며 뿐만 아니라 '희망과 신념을 주고 환희와 계시로서 명일의 추진력이 되는 정신적 요소를 주는 평민적인 조형미'로서 이것은 혁명적 로맨티시즘을 계기로 하는 진보적 리얼리즘과 같은 의미로 보아도 무리가 없을 것이다.
59) 배운성, 「기대되는 명일」, 『개벽』, 1948. 1, 74쪽.
60) 「미술」, 『조선연감』 1948년판(조선통신사, 1948), 379쪽.
61) 김남천, 「신단계에 처한 문화운동」, 『자유신문』, 1947년 1월 4일~; 신형기 엮음, 『해방3년의 비평문학』, 268쪽에서 재인용.
62) 박문원의 앞의 인용된 모든 글, 그리고 다음 김태준과 김영석의 말은 주목할 만한 것이다. "공장에, 농촌에, 가두에 수다한 문학동호자단체, 소인(素人)단체, 음악단체, 미술단체 등을 구성해서 자주 회합을 가져 예술을 연마하고, 정치적 지식을 함양하고 …… 이리하기 위해서는 각자의 예술가가 대중 속에 들어가 ……" (김태준, 「민주주의와 문화」, 『민주주의 12강』, 문우인서관, 1946, 53~54쪽). "현재 도시나 농촌에 여러 가지 형태로 진행되는 문화적인 소집합 등을 문화써클로 전환시키는 문제"(김영석, 「문화써클의 성격」, 『현대일보』, 1946년 8월 26일)가 제기되고 있었던 것이다.
63) 김기창, 「미술운동과 대중화문제」, 『경향신문』, 1946. 12. 5.
64) 이러한 활동에 관한 구체적 내용을 세부적으로 확인해주는 자료는 없으나 개괄적으로 그 갈래만을 알려주는 자료로서 앞서 인용한 자료들을 참고할 것. 특히 포스터의 활발한 가두 배포, 부착을 알려주는 것으로 "해방 이후 조선의 제문화 현상은 …… 가두로 진출한 포스터의 수량은 상당한 수효에 달한다. 더욱이 정당관계며 기타 단체의 포스터가 한동안 범람하여 마침내는 당국의 제재를 받게까지 된"(김기채, 「포스터─소설」, 『경향신문』, 1947년 3월 16일) 처지에 이르게 되었다는 것이다. 그리고 미술동맹 맹원이었던 기웅의 글 「미술과 대중─공장농촌이동전의 실제」, 『예술부락』 4집(미술특집호), 1947을 참고할 것.
65) 심형구, 「미술」, 42쪽.

66) 『조선연감』, 1948년판, 379쪽.
67) 송정훈, 「예술창작의 의욕」, 『경향신문』, 1947년 8월 17일.
68) 박영선, 「정치와 미술」, 『경향신문』, 1947년 9월 14일.
69) 남관, 「작화정신의 요망」, 『경향신문』, 1948년 1월 1일. 이러한 입장에 서 있는 비평들이 이외에도 활발하게 발표되게 된다. 앞서의 몇 편 외에도 가령 배운성, 「남관 씨의 예술」(『경향신문』, 1947년 10월 26일), 「기대되는 명일」(『개벽』, 1948. 1)과 송정훈, 「종합미전을 보고」(『경향신문』, 1947년 11월 30일); 박고석, 「종합미술전평」(『신세대』, 1948. 1); 「미술문화전을 보고」(『경향신문』, 1948년 11월 24일); 「유화의 정통성」(『경향신문』, 1948년 12월 29일); 이인성, 「중대한 변환기」(『자유신문』, 1948년 1월 5일); 「정온녀 여사의 작품전」(『경향신문』, 1948년 1월 25일); 이종우, 「예술대학생 작품전을 보고」(『경향신문』, 1948년 4월 25일) 등이 그러한 것인데 전에 없던 현상이었다.
70) 박문원, 「미술의 3년」과 최열, 「민족미술의 전통과 양식」 참조.
71) 최열, 「민족미술의 전통과 양식」; 최열, 「미술의 사회적 이념과 형식」, 『숙대학보』, 숙명여대, 1988 참조.

해방 직후의 민족영화운동

이효인

1. 머리말

  8·15 직후 우리 민족에게 주어진 과제인 반제반봉건 민주주의혁명을 달성하기 위해 각계각층에서 치열한 싸움을 전개해온 것은 주지의 사실이다. 최근 들어 그러한 투쟁에 대한 연구가 본격적으로 이루어지고 있는데, 이는 당시 민중들의 의지와 요구를 제대로 수렴해내지 못했던 운동세력들의 이론과 실천을 검토함으로써 현단계에서 우리가 처한 현실모순을 극복하고자 하는 노력의 하나일 것이다. 즉 지난날 투쟁경험과 주체적 노력을 분석·비판하는 가운데 그것에 대한 현재적 의미를 제대로 밝혀내야만 우리의 연구가 의미 있을 수 있다는 말이다. 따라서 역사 연구가 현실에 정당하고 의미 있게 작용하기 위해서는 올바른 역사관과 변혁이론의 관점에서 쓰여야 하는 것은 당연한 일이다.

  이 글은 1945년에서 1948년까지 영화계 현실을 올바른 역사관과 변혁이론의 관점에서 고찰함으로써 현재 진행되고 있는 민족영화운동을 진전시키기 위한 과학적 토대를 마련하는 데 그 목적이 있다.

  당시 영화계 현실은 영화인들의 노력이라든가 영화계 고유의 속성에 따라 결정되었다기보다는 해당 시기의 정치동향에 의해 좌우되었다고 해도 과언이 아닐 것이다. 이는 비단 해방공간에서만 해당되는 사항이 아니라 선전선동력이 강하고 자본주의적 이윤추구에 의해 제작·보급되는 영화예술의 독특한 운명으로 말미암아 현재에도 해당되는 사항이지만, 특히 당시로서는 모든 분야에서 진보세력과 반동세력이 첨예하게 대립해 있던 급박한 시기였으므로 정치동향에 의한 영화 현실의 가변성은 더욱 컸다. 다른 분야와 마찬가지로 영화계에서도 친일 경력의 영화인과 그렇지 않은 영화인 사이에는 엄연히 차별성이 존재했을 터이고 특히 당시 공식적인 권력으로 행세했던 미군정과의 관계설정에서 영화인들 사이에는 많은 의견차가 있었을 것이다.

그러나 연구의 불모지인 한국 영화계 현실을 반영하듯 1945년 이후 해방공간에서의 영화 현실에 대한 연구는 거의 전무하다시피 하고 기록조차 일목한 것이 없을 뿐 아니라 심지어 약사(略史)·사전·총서의 형식으로 정리된 문헌자료들은 작성자들의 무지 혹은 고의에 의해 누락·왜곡·과장되어 있는 형편이다. 이는 한국전쟁 이후 친일보수세력들이 각계각층에서 요직을 차지하고 그들의 정치적·사회적 이해관계에 따라 모든 역사적 사실들이 기술되었던 때문이기도 하다. 이러한 맥락에서 볼 때 현재까지 영화 연구작업과 연관된 기성 영화인들의 당시 반민족세력과의 연계 정도를 짐작 혹은 의심하는 것은 결코 부당하지 않을 것이다.

따라서 이 글에서는 해방 직후 영화계 현실을 고찰하기 위해 당시의 주요 인물과 조직의 활동을 살펴보는 한편 해방 정국의 흐름과 연관지어 영화계의 움직임을 서술하고자 한다. 그러면서도 처음에 제기한 문제에 따라 민족영화운동의 흔적을 찾아보고 그 운동이론과 실천에 대해 일정한 평가를 내리고자 한다.

2. 해방 직후의 정치·사회 현실과 문화·예술계 동향

1945년 해방은 40여 년 동안의 민중들의 간고한 투쟁과 파시즘에 대항하여 공동전선을 편 미·소 양대국의 힘에 의해 주어진 것이었다. 따라서 당시의 조선문제는 세계사적 흐름의 중요한 부분이었으므로 갈 길이 바쁜 해방 민중은 도처에 숨어 있던 많은 암초와 직면하지 않으면 안 되는 형편이었다. 특히 해방이 주체적으로 쟁취되지 못했기 때문에 8·15해방이 곧바로 자주독립국가의 건설로 이어지지 못했고 한반도는 두 강대국에 의해 남·북으로 분단되어 군사적으로 점령되는 불완전한 상태에 놓이게 되었다.

한반도 처리에 관한 구체적인 방침이나 강대국 간의 협정이 마련되지 않은 상태에서 일본은 패망했고 소련이 북한지역에 진주하자 미국은 한반도의 가능한 부분만이라도 자신의 영향권 아래 두어야 할 시급한 필요를 느끼게 되었다. 이런 조건 아래에서 미국은 잠정적인 군사분계선으로서 38선을 소련에게 제안했고 결국 소련이 이를 수락함으로써 38선은 한반도의 운명을 좌우하게 되었고, 민족분단의 상징이 되었다.[1]

정확하게 말해서 1945년 9월 8일 미군의 진주는 당시 한반도 문제를 이해하는 결정적인 계기가 된다. 주지하다시피 미군은 해방 이후 구식민지 질서의 온존·재편을 통하여 자신의 기반을 강화해가면서 북한에 진주한 소련군에 대항하여 한반도 남쪽에 '공산주의에 대한 방벽을 구축'한다는 임무를 충실히 수행하기 위해 미군을 진주시켰던 것이다.[2] 미군정은 일본이 남긴 식민지 지배체제가 남한을 통치하는 데 대단히 유효한 것이라는 사실에 감탄하며 그러한 체제를 유지하는 데 가장 적절한 사람들이란 바로 구친일분자와 지주 출신의 보수적인 사람들이라는 결론을 내림과 동시에 민족주의자·사회주의자들을 정권 창출을 위한 예비기구에서 배제했다. 또한 미군정은 일제가 남긴 명백히 탄압적 성격의 법률은 폐지하면서도 사실상 보안법 등을 포함한 일제하의 악법들을 형식만 바꾸어 그대로 사용하는 등 자주독립국가를 열망하는 민중들의 의지를 말살하려고 했다.

결국 질서유지와 효율적인 통치라는 명분으로 실시된 미군정의 초기 점령정책은 식민지 유제의 완전한 청산을 요구하던 변혁운동세력에게 타격을 주는 한편 친일매판세력에게는 상대적으로 유리한 위치에 설 수 있는 계기를 가져다주었다.

이러한 미군정과 반제반봉건 민주주의혁명을 수행할 자주독립국가를 열망하는 민중들 사이의 모순과 대립은 각계각층에서 벌어지게 되는바, 문화예술계에서의 움직임도 결코 예외가 아니었다. 1945년 8월 16일 '조선문화건설중앙협의회'가 발족하게 되고 곧이어 9월 30일에는 '조선프로레타리아예술동맹'이 세워지게 된다. 이들 좌익진영의 문화예술인들은 같은 변혁이론을 가졌음에도 불구하고 문예실천에서의 전략과 전술을 구사하는 문제에서의 차이에 따라 두 단체로 갈라졌다. 그러나 다음 해인 1946년 2월 24일 경성대학 법문학부 강당에서 이 두 단체는 통합되어 '조선문화단체총연맹' 결성대회를 하기에 이른다.[3] 당시 문화예술계의 운동방향을 주도하던 쪽은 주로 문학을 중심으로 한 평론가들이었고 이러한 전통은 카프 시절부터 내려온 전통이기도 했다. 그 대표적 인물은 문학의 임하·김남천·이원조·이기영·한설야·한효 등이었고, 영화부문에서는 추민·서광제·김정혁 등이었다.

반면 이러한 좌익진영 문예인들의 활발한 활동에 비해 역량이라든가 친일경력 등의 문제로 전면에 나서지 못하고 의기소침하게 세월을 보내던 보수·친일 문예인들도 차츰 그 모습을 드러내기 시작했다. 이러한 우익진영은 신탁통치안을 놓고 논쟁이 벌어지던 시기에 공식적으로 출현했다. 사실 신탁통치안은 한반도 독립을 전제로 한 임시적인 한국 민주정부의 수립이라는 구체적인 안까지 갖춘[4] 것이었음에도 불구하고 미국의 고의적인 왜곡보도[5]와 이를 자신들의 정치적 사활을 보장받기 위한 계기로 이용한 한민당과 이승만세력, 지나친 반응을 보인 김구와 임정계에 의해 반민족세력과 민족세력 간의 구도를 좌익·우익 간의 대립구도로 바꾸게끔 한 역사적인 사건이었다. 문화예술계에서 친일보수세력이 등장하게 된 것은 바로 이러한 정국의 구도와 관련이 있다.

1945년 말 전국을 동요시킨 반탁문제는 그동안 자신들의 친일행각 문제와 더불어 국민적 공감을 상실하고 있었던 친일보수 문예인들에게 자신들의 입지를 마련할 수 있는 호재였음이 틀림없었다. 그들은 우선 단체를 결성함으로써 좌익측에 맞서고자 했다. '전조선문필가협회'의 결성(1946. 3. 13)과 그 별동대 형식으로 결성을 본 '조선청년문학가협회'(1946. 4. 4)가 그것이다.[6)]

'전조선문필가협회'는 민주주의 국가 건설, 완전자주독립, 세계평화와 인류평화의 이념을 구현하는 조선 문화의 발전, 세계제패를 꾀하는 비인도적 경향의 배격을 강령으로 삼았고 회장은 정인보가 맡았다. 정인보·박종화·안호상·양주동 등이 요직을 맡아 운영한 이 단체의 연예부장으로는 영화감독이자 시나리오 작가인 안석주가 임명되었다.[7)]

'조선청년문학가협회'는 박종화를 명예회장으로 하고 회장 김동리를 중심으로 유치환·박두진·조지훈·서정주·박목월·조연현 등이 활약했다. 이 단체의 강령이 '전조선문필가협회'의 그것과 비슷했음은 당연한 일이다. 이러한 반탁을 기회로 한 우익 문예인들의 공식적 출현은 당시 영화계에서도 표면화되었는데 '조선영화극작가협회'(이하 조영협)가 그 예다.

조영협은 강령으로 "새로운 시대의 구상과 진실성을 가지고 향기 높은 새 전통의 수립과 영화예술의 질적 향상"을 내세웠는데 이러한 정치적 색채가 배제된 주장은 순수예술성을 전면에 내세움으로써 민족자주진영 영화인들이 내건 일제 잔재와 봉건적 잔재의 청산이라는 정치적 강령에 우회적으로 대응하고자 한 의도를 깨닫게 해준다. 즉 1945년 2월 16일에 발족한 '조선영화동맹'에 자의든 타의든 가담하지 않았던 소수 보수친일 영화인들은 안석주·전창근·김광주·조연현이 중심이 되어 1946년 11월 4일에 조영협을 결정하게 된 것이다.

정치세력권에서는 1946년 1월 19일에 공산당과 그 외곽단체 등 29개 정당·사회단체들이 모여 민주주의민족전선 발기준비위원회를 한 후 2월 15일에는 민주주의민족전선(이하 민전)을 결성했고 이에 앞서 우익은 2월 1일 비상국민회의를 개최했는데, 이것을 모태로 미군정은 남조선국민대표민주의원(1946. 2. 14)을 결성토록 하여 입법기관의 기능을 담당하도록 했다.

한편 좌익 노동운동 지도자들은 해방 후 급격히 생겨난 노동조합조직과 자생적 관리운동을 기반으로 1945년 11월 5일 산업별 원칙에 입각하여 전국노동조합평의회(이하 전평)를 결성했다.[8] 이에 대응하여 미군정은 노동자들의 공장접수운동을 정면에서 부인하고 모든 파업은 사실상 금지하는 한편 자신들의 구미에 맞는 소위 민주적인 노동조합을 육성하려 했다. 미군정의 이러한 정책의 영향 아래 전평에 대항하기 위해 우익계의 대한독립촉성노동총연맹(대한노총)이 1946년 3월 10일 결성되어 단위 사업장은 물론 각종 집회에서 전평 타도의 선봉에 섰다.[9]

이러한 좌·우익의 대립과 갈등은 양측이 내세운 정치적 견해만의 대립·갈등이 아니라 해방조국에서 반제반봉건 민주주의혁명을 갈망하던 세력과 친일보수세력 간의 생사를 건 싸움이기도 했다. 이러한 대립구도에 결정적인 역할을 한 것은 바로 미군정이었다. 미군정은 조선 민중들의 직접적인 공격을 두려워하여 친일보수세력들을 그들의 전면에 내세웠을 뿐 아니라 그들이 임의로 만든 법령을 내세워 각계각층의 민주적 요구를 탄압했던 것이다. 당시 영화계에서도 그러한 예를 볼 수 있는데 1946년 5월 1일부터 10일까지 '조선영화동맹' 주최로 제일극장에서 열린 메이데이 기념행사와 국제극장에서 가진 6·10만세운동 기념주간의 행사(1946. 6. 10~16)에 대해 미군정은 만담가 신불출과 '조선영화동맹'의 서기장이었던 추민을 군정재판에 회부한 것이다.[10] 그뿐만 아니라 미군정청은 "서울시내 10여 개의 적산극장을 문화인에게 불하한다고 1946년 3월 30일로서 극장대여 입찰을 끝내고 극장대여 심사에 있어 문화인의 총의에 응할 것을 군정당국에서 언약했음에도 불구하고 1년이 가까운 금일까지 한 개의 극장도 진정한 문화인의 수중에 넘어온 것은 없고 극장입찰문제는 공중에 떠올라 가"[11]버리게끔 하기도 했다. 영화계에 대해 미군정의 탄압과 고의적인 훼방에 대해 당시 다수 영화인은 당연히 조선영화동맹을 통하여 일치된 주장을 폈지만 이러한 혼란정국을 틈타 친일보수 영화인들은 "소위 '반탁'의 외침에 발맞추어 '허수아비 대신'을 꿈꾸는 자들의 어용문화인"[12]답게 날뛰게 된다. 이들이 세운 단체가 바로 앞서 언급한 '조선영화극작가협회'와 1948년에 설립된 '대한영화협의회'(의장 안석주)다.

3. 해방 직후의 영화계 현실

해방 직후, 즉 1945년 해방부터 1948년 단정 수립까지를 우리는 해방공간이라고 부른다. 이 해방공간은 그야말로 해방된 공간이어서 민족의 완전자주독립을 지향하는 온갖 노력들이 기울여진 기간이기도 했다. 그러나 이미 해방과 동시에 조국의 운명은 미·소 두 나라에 의해 분할·점령되어 많은 요소가 외부세력에 의해 좌지우지되곤 했다. 따라서 해방공간에서의 영화계 현실을 서술하는 데서도 당시 상황이 고려되지 않으면 안 되고, 일차적으로는 남한과 북한 모두를 서술하여야만 온전한 서술이라고 할 수 있을 것이다. 그러나 여태까지 해방공간에서의 영화적 사실에 대한 일차적인 자료가 대단히 제한되어 있는 실정에서 남북을 통틀어 서술한다는 것은 필자의 역량을 초월하는 것임이 틀림없다. 그럼에도 불구하고 당시의 영화계가 장르 특유의 사정이 있었다고는 하나 다른 문화예술계 일반의 흐름과 질적으로 다른 조류 속에 놓여 있었던 것도 아니었으므로 많은 유추해석과 일정한 판단이 가능하다고 하겠다. 또한 북한의 영화계 현실에 대해서도 제한된 영역 내에서 약간 서술함으로써 전반적 구도를 이해하는 데 보탬이 되고자 한다.

1) 해방공간의 영화계 동향

당시 남한의 영화인들은 조선영화건설본부(이하 영건), 조선프로레타리아영화동맹(이하 프영), 조선영화극작가협회 등으로 집결되어 있었다. 해방된 지 불과 나흘 후에 발족한 '영건'[13)]에 대해서는 '미군정청이 통제·관리하는 영화단체'라는 주장과 '순수영화인들의 모임'이라는 주장이 엇갈리고 있다. 조선영화동맹은 "당시에 자연발생적으로 생겨났던 각 영화단체들을 통합한 기구로, 조선영화건설본부와 좌익계열의 영화인 모임이었던 조선프로레타리아영화동맹 등과 미조직영화인과 38도선 이북의 영화인들을 망라해 1946년 1월 26일 결성된 영화단체이다."[14)] 따라서 '영건'을 단순한 우파적 민족주의 집단이라고 보기는 어려우며 마찬가지로 당시 미국의 제국주의적 성격이 분명히 밝혀지지 않은 상태에서 미군정청 산하에 소속되어 있었다는 사실만으로 보수친일세력들과 같은 범주에 넣을 수는 없을 것이다. 오히려 반제반봉건 민주주의혁명을 과제로 삼고 영화계에서 헌신한 영화인이 중심이 된 영화인 대중조직으로 보아야 마땅할 것이다.

이러한 판단은 당시의 문화예술계 현실과 결코 무관하지 않을 것이다. 당시 문학인들이 문예계의 판도를 크게 좌우하던 상황에서 임화를 중심으로 한 조선문화건설중앙협의회(이하 문건)와 한설야·이기영을 중심으로 한 조선프로레타리아예술동맹(이하 예맹)은 양측 모두 「8월 테제」의 내용, 즉 반제반봉건 부르주아민주주의혁명을 문화예술운동의 정치적 과제로 삼고 있었다. 그리고 조선영화건설본부는 인민적 신문화 건설과 함께 문화통일전선을 구축하려던 '문건'에 소속되어 있었고 반면 조선프로레타리아영화동맹은 문화혁명을 통한 프롤레타리아문화 건설을 주장하는 조선프로레타리아예술동맹에 소속되어 있었다. 이후 '영건'과 '프영'의 조선영화동맹으로의 통합은 '문건'과 '예맹' 간의 통합에 영향을 받아 이루어진다.

이러한 문예계의 조직통합 현상은 공산당의 조직정비와 함께 이루어진 박헌영과 그 세력들의 득세, 외곽단체들의 통합 기운에 영향받은 것이다. 사회운동의 조직적 결합은 1945년 말 시작되어 1946년 2월 15일에 결성을 본 '민주주의민족전선'의 발족이라는 형태로 드러났으며 따라서 조선영화동맹은 '영건'과 '프영'의 통합체이며 민주주의민족전선과 조선문화단체총연맹의 소속단체로서 '반제반봉건을 과제로 한 진보적인 영화인 조직'이었다고 해석해야 할 것이다. 이에 대해 일제강점기로부터 영화평론가로 활동해왔으며 조선영화동맹의 중앙집행위원이며 후일 이 단체의 서울지부 부위원장을 지낸 서광제는 이렇게 기술하고 있다.

> 1945년 8월 19일 오후 2시 궂은 비 나리는 서울시 남대문가에 있는 조선영화사 시사실에서 조선영화인의 역사적인 임무수행인 민주주의민

족문화 수립을 웨치는 '조선영화건설본부'의 조직이 있었다. 이리하여 문학·연극·음악·악극·무용 등의 각 건설본부는 8·15를 계기로 즉시 조직되어 우리 문화의 총본산인 '조선문화건설중앙협의회' 산하에 총집결된 것이다. 그러나 우리의 민주주의 문화과업에 있어 다소의 과오를 범하였으나 곧 자기들의 과오를 청산하고 조선문화단체총연맹의 조직을 계기로 해체해버린 것이다. …… 그러나 우리의 총명한 진보적인 문화인들은 막부삼상 결정만이 조선의 완전자주독립을 가져오는 것을 너무나 현명하게 알았음으로 문화 각 부문의 건설본부는 해소하고 조선에 있어서 진보적 민주주의 국가 건설을 향하여 총력을 집중하고 있을 때 우리 영화인은 확고한 통일조직체를 확립하여 일체 반동영화를 배격하는 동시에 진솔한 민족영화의 획기적 발전과 완성을 기하는 의미에서 1946년 1월 20일 '조선영화동맹'은 우렁차게 조직된 것이다.[15] (방점은 인용자)

이 인용문을 통하여 조선영화건설본부의 진보적 성격과 조선영화동맹으로서의 병합 계기에 대해 우리는 다음과 같은 해석을 내리는 것이 가능해진다.

조선영화건설본부는 '문건'의 산하단체로서 진보적 성격을 지니는 한편 미군정청의 소속이라는 애매한 보수적 성격도 지녔다. 그러나 조선영화동맹으로의 흡수·통합과정, 그리고 조선영화동맹의 정치적 입장(신탁통치안 찬성과 이후 완전 자주독립국가의 지향)을 고려할 때 '영건'을 진보적 성격의 단체로 규정하여도 무방할 것이다. 단지 왜 그러한 이중적 성격을 지닐 수밖에 없었으며 그 이중적 성격은 어떠한 투쟁과정을 거쳐 조선영화동맹이라는 형태로 귀결되었는지에 대한 과제가 남을 뿐이다.

반면 자의든 타의든 자신들의 과거 행각과 정치적·계급적 성격에 의해 '영건'과 조선영화동맹에 참여하지 않았거나 소극적이었던 보수 반동적인 영화인들은 조선영화극작가협회와 대한영화협의회의 전신인 한국영화감독구락부를 중심으로 결집했다. 물론 그 결집의 정도나 내용이 어떠했는가에 대해 장담할 수는 없지만 하여튼 그들은 앞에서 언급한 바대로 진보적 민족세력들의 약세에 비례하여 차츰 등장했다. 그리고 그들의 중심 인물이 안석주(안석영)라는 친일 영화의 대표주자라는 사실로 미루어 그 조직의 성격은 충분히 짐작하고도 남음이 있겠다. 이 안석영이라는 인물은 '영건'의 요원이었는데[16] 조선영화동맹으로의 통합과정에서 이탈한 것으로 보인다. 이후 안석영이 중심이 되어 1946년 11월 4일에 시나리오 작가들의 모임인 조선영화극작가협회가 결성되고 전창근·조연현 등이 참여했다. 한편 대한영화협의회는 1948년에 윤봉춘·김소동·이병일·이구영·신경균·최인규 등이 중심이 되고 안석영이 의장을 맡았다.[17]

한편 해방공간 북한에서는 1945년 8월 20일 소련군의 진주와 더불어 각 지역에서 건준·자치대·치안유지위원회의 명칭으로 자발적인 조직들이 우후죽순으로 생겨나고 약 1달간에 걸쳐서 각 지역 혹은 도단위로 인민위원회가 발족되었다. 1945년 9월 21일 김일성이 입북했고, 조만식의 소개로 김일성은 '김일성환영 평양시 군중대회'에서 북한 주민들에게 첫선을 보이게 되었다. 이후 조선공산당 북조선분국이 창설되고, 북조선임시위원회는 20개 정강을 발표함과 동시에 반제반봉건 인민민주주의 개혁을 진행한다. 이 20개 정강의 17번째 항 "민족문화·과학·기술을 전력으로 발전시키며 극장·도서관·라디오·방송국·영화관의 수효를 확대할 것"[18]을 보면 알 수 있듯이 문화예술 부문에서도 적극적인 방침이 세워진 것으로 보인다. 문예조직으로는 북조선연극동맹(1945. 12. 24)의 결성과 평남지구예술동맹(1946. 1. 26)의 결성 이후로 각 지방에 부문별 문학예술 동맹체가 조직된다.[19] 이후 월북한 한설야를 위원장으로 하는 문학·미술·음악·연극·영화·무용·사진의 7개 동맹으로 구성된 북조선문학예술가동맹[20] (1946. 3. 25)이 결성되고 이후 이 단체는 이기영을 위원장으로 하는 북조선문학예술총동맹으로 개칭된다. 이 단체는 남북의 여러 문예조직에 비해 각 동맹 간의 유기적인 결속력이 컸던 예술인 대중조직이었다.[21]

해방공간 북한의 영화계는 북조선문학예술총동맹의 한 동맹으로서 조직적 틀을 갖추었고 실제 창작은 당중앙위원회 선전선동부 소속 '영화반'

의 형태로 존재하다가 최초의 장편기록영화「우리의 건설」의 완성과 함께 발족한 조선기록영화촬영소(1946. 7. 1), 조선예술영화촬영소(1947. 2. 6) 라는 전문창작조직 내에서 이루어지게 된다. 그러나 북한의 문화청 산하 영화동맹은 남한의 조선영화동맹과 유기적인 관계를 유지했다. 즉 조선영화동맹은 1946년 1월 20일 창립되어 제작·배급·흥행 전반에 걸쳐 영화인들의 결속력 강화를 위해 지역조직 확장에 힘을 쏟게 되는데 이는 평남·경북·서울지역 등에서 지부 형식으로 발족되었다. 그러나 평남지구 영화동맹(1946. 4. 16),[22] 영화동맹서울지부(1946. 12. 24) 등의 지부 결성은 조선영화동맹의 조직력 확보를 위한 노력의 일환으로 볼 수도 있으나 앞에서 밝혔듯이 1946년 1월 26일 평남지구 예술동맹이 이미 결성된 후 영화동맹 평남지부가 결성된 사실로 미루어서 오히려 북한의 조직적 노력이 조선영화동맹의 노력과 일치했다고 보는 것이 옳을 것이다.

그러나 여기에서 북한의 영화계가 남한에 비해 절대적으로 자재·인원이 부족한 가운데에도 일정한 성과를 이룬 것은 소련의 지원에 힘입은 바 컸다고 하겠다.[23] 이미 1945년 10월 29일 북한과 소련의 첫 무역계약이기도 한 소련영화수입계약이 체결[24]되는 등 소련의 문화예술 부분에 대한 지원이 풍부하게 이루어졌다는 사실이 그것을 증명한다. 당시 소련과 북한의 문화교류에 관한 기록으로는 다음과 같은 것이 있다.

밀화사탕과 라이터의 홍수를 만나는 광영은 못 입었어도 북조선은 할 수 있는 사회주의 문화예술의 무비한 자양을 미각할 기회가 군사적으로 허여되었던 것이다. 모스크바 국립예술극장이 오고 교향악단이 오고 영화인이 오고 …… 한번에 화차로 둘씩 모스크바로부터 정치·경제·사회·문학·예술·과학·부인·아동 등에까지 이르는 각 방면의 서적·잡지가 도입되고 …… 보는 사람에게 새로운 진리적 인간사회의 박력 있는 실태로 여실하게 또 경이적으로 계시하는 수많은 영화(세계 최고기술을 자랑하는 천연색 영화를 포함하여)가 …… (제한 없이 들어오고) …… 영화는 기재 등 소련의 적극원조에 의해서 본격적인 촬영소가 건

설되어가고 있다는 것……25)(괄호 안은 인용자)

이처럼 해방공간 북한의 영화계는 소련의 지원 아래 출발점을 모색하고 있었으며 사회주의 예술을 경험할 수 있는 기회를 갖게 되었다. 그러나 이러한 조건에서 출발했다고는 하나 영화 제작의 경험적인 측면과 인력면에서는 아무래도 빈궁했을 것이다. 북한에서 전쟁 전까지 제작된 극영화가 1949년에 제작된 「내 고향」(김승구 작, 강홍식 연출)과 「용광로」밖에 없다는 사실은 이를 입증하는 것일 것이다.

2) 해방공간의 영화 제작사정

당시 우리 영화계의 시설이라고는 일제가 남기고 간 기자재와 시설이 고작이었다. 게다가 생필름의 품귀현상 때문에 영화를 제작하는 일은 웬만한 자본과 수익이 없고서는 거의 불가능한 일이었다. 또한 미국의 직접 배급회사인 중앙영화사가 국내 극장가를 거의 장악하고 있었기 때문에 한국 영화의 입지는 더욱 좁아지게 되었다.

해방 직후 우리 영화계에 남은 영화 제작시설은 연간 극영화 24편, 문화영화 6, 7편, 뉴스영화 월 1, 2편을 제작할 수 있는 시설이었다고 한다. 그러나 이 통계수치는 모든 영화시설이 하나의 조직체계 속에서 합리적으로 운영될 때만이 산출될 수 있는 수치였다. 또한 일제가 남긴 조선영화사가 화재를 당했고, 국내에서의 생필름 생산이 불가능한데다가 수입조차 변변치 못한 상황이라 영화를 제작하기는 대단히 어려웠다고 볼 수 있다.26) 해방 직후부터 1948년 8월까지의 해방공간 남한에서 제작된 영화는 극영화 약 15, 6편, 문화영화 3, 4편, 기록영화 5, 6편, 뉴스영화로서는 해방뉴스 10편(공개된 것만), 기타의 기록 영화, 군정청 뉴스 등이 제작·공개되었다. 이들 극영화 중 무성영화가 절반을 차지했는데 그 이유는 순전히 흥행 수익을 위해서였다. 즉 영사시설이 없는 지방상영을 위해서는 그러한 조건에 어울리는 영화·화면형식은 유성영화 형식인데 소리가 나지 않는 괴이한 무성영화가 성행하게 된 것이다. 그리고 당시 자재난을 반영하는 현상으로는 16밀리 영화의 성행을 들 수 있겠다. 영화형식의 세계적 추세가 이미 35밀리 필름형식일 뿐 아니라 한국에서도 35밀리가 차츰 자리를 잡아나가는 추세였는데 또다시 16밀리 영화가 성행하게 된 것이다.[27]

해방 후 1년 사이에 영화를 제작한 곳(영화사, 단체)으로는 조선영화사, 서울키노, 고려영화협회, 극동영화사, 남일영화사, 10월영화공장, 재일조선인연맹, 재중경조선의용대, 조선공산당 북조선분국 선전부 등과 남조선 미군청 영화과가 있었다.[28] 당시 사정에 대해 서술한 몇 사람의 글을 살펴보자.

> (1948년 현재) 영화제작회사는 서울에만 10여 개소 간판을 붙이고 있으나 실지 활동 중에 있는 회사는 그 절반가량이고 이 방면에서 문제되고 있는 점은 자금과 시설이다. 기술도 중요한 문제이나 제작회사가 사업에 대한 무경험과 미숙으로 말미암아 투기적 태도로 사업을 운영하기 때문에 시설 하나 변변치 못하고 심지어 촬영기 하나 준비 없이 일하고 있는 것이 대부분의 현실이다. 마카오나 향항에서 호콩이나 배갈을 들여오는 대신에 차라리 영화기계를 들여왔던들 이 지경은 아니었을 것이다. 이것은 당국과 업자의 양자에게 책임이 있다.
>
> 외국 영화는 무제한 수입하며 조선 사람에게는 생필름 한 권도 선득시해주지 않는 그 심리는 이해키 곤란한 바이며 업자도 노력이 부족한 것만은 사실이다.
>
> 그리고 그 방면에서 가장 중대한 문제의 하나는 영화기업 경영의 과학적 연구 부족이다. …… 수공업적 생산을 하고 있는 조선의 영화제작 상태에서 시설과 자재입수문제 그리고 자금문제는 당면한 선결 문제이다.[29] (괄호 안은 인용자)

> 더구나 우리 영화는 없어도 좋고 외국 영화만 있으면 되는줄 ×××
> ××× 마카오를 왕래하는 상인이 주워온 거지 같은 중국 영화도 난무를 한다. (이것에 대한) ××× ×××× 우리 영화는 이것 때문에 제작

을 할 수가 없었다.

또한 영화를 제작하려 해도 생필름이 없다. 판매하는 필름도 하루 차이로 십 원 차이로 올리고 내리는 자가 있다. 거저 얻은 것인지 외국에서 사오는 것인지 그것도 알 바가 없으니 한 피이트에 25원, 30원, 어느 때는 50원도 오르고 또 어느 때는 17, 8원으로 폭락을 할 때도 있다.

또한 현상약품이 고가이고 식비는 오를 뿐이며 자재가 비싸다. 도저히 영화를 만들 수 없는 이러한 환경에서 영화가 제작되어나옴은 기적과 같다. 그러나 이 기적은 작품의 졸렬로 삼지 못하는 때도 있다.

해방 후 영화제작소가 40여 개소나 생겼다. 그러나 이것은 다 설비가 있고 자본이 있는 것이 아니요 뜨내기로 영화를 제작하는 곳이 많다. 오늘에 그래도 두각을 나타내고 일을 하는 곳은 몇 곳이 못 된다.

대개 법인조직으로는 고려영화주식회사, 서울영화주식회사, 개인제인 계몽영화협회 그리고 적산사단법인 조선영화사, 공보처 관할로 된 사단법인 대한영화사가 있고 그외에 몇 개의 활동하고 있는 개인 푸로덕숀이 있다.[30] (괄호 안은 인용자)

3) 미국 영화의 국내 독점

1988년 미국 U.I.P.(United International Pictures)의 국내 직접 배급이 이루어지자 한국 영화계는 대단히 예민한 반응을 보였다. 이 사건은 영화법의 문제로 비화되어 미국 영화 직배저지와 영화진흥법 쟁취를 위한 영화인들의 조직이 생겨나게끔 했다. 그러나 미국 영화가 세계시장에 진출하면서 한국 시장을 개척한 것은 어제오늘의 일이 아니다.

미국 영화의 세계진출은 제1차 세계대전부터 시작되었고, 제2차 세계대전 중에는 전략적인 역할까지 수행하는 등 본격화되었다.[31] 미국 영화의 세계진출은 영국을 시작으로 프랑스·이탈리아를 비롯하여 서유럽 일대를 전부 장악함과 동시에 전 세계에 발을 뻗치게 되었는데, 1946년도 조사에 따르면 미국 영화의 외국배급수입은 총 9억 달러로서 전체 수익의 17퍼센트에 당하는 정도였다.[32] 한국과 일본에 대해서 그들은 미국 8대 영화사의 대표기관과 미육군성·국무성 3자 합작에 의한 미국 영화 직접배급회사인 중앙영화사(Central Motion Picture Exchange)를 일본에 먼저 설립하여 8대 영화사의 수출에 관한 업무를 담당하도록 했다. 이후 그들은 한국에 출장소를 두고 계약을 맺은 극장에서 생기는 수익금의 배분을 극장 50퍼센트, 중앙영화사(이하 중배) 50퍼센트로 하여 국내 극장업자들로부터 반발을 사기도 했으며 극장 날짜를 잡는 데에서도 자기 마음대로 하곤 했다.[33)]

사실 당시 국내 관객들은 우리 영화에 불만이 많았던 터라 외화의 상영은 거의가 일류 개봉관에서 이루어졌고 우리 영화는 외화와 동시상영하지 않으면 관객이 들지 않는 실정이 중배의 기승을 뒷받침했다고 볼 수 있다. 서울시내의 일류관들은 거의가 1개월의 3주 이상을 중배가 갖다준 외국 영화를 상영하는 데 할애했고 심지어 수도극장 등은 아예 중배영화의 전용관이 되어버린 듯했다.[34)] 그러나 중배를 통하여 들어온 미국 영화라는 것이 제2차 세계대전 중에 만들어진 작품이 주종을 이루었는데 「마음의 행로」「위대한 왈쓰」「유혹의 봄」「아메리카 교향악」따위가 그러한 것들이다.

뉴욕의 영화수출협회(Motion Picture Export Association)를 본점으로 둔 중앙영화사는 1949년 10월까지 국내에서 활동한다는 조건으로 해방 후부터 들어왔는데 1948년에 들어서는 국내 제작영화의 두 배에 해당하는 45편의 영화를 보급하여 국내 영화시장을 완전히 장악했다. 이러한 장악은 경제작·문화적 측면의 폐해로 작용한 것은 당연한 일이었고 더욱 커다란 폐해는 반제반봉건 민주주의혁명을 앞둔 한반도 민중들에게 끊임없이 자주독립국가 건설의 희망과 의지를 저버리게끔 하는 정치적 측면에서 이루어졌다고 볼 수 있다. 조선 민중이 자유와 생존을 위해 처절하게 싸우던 시기에 중배가 배급한 영화 「잃어버린 주말」을 상영하는 극장에 청춘남녀가 가득 들어가 있었던 것은 미국 영화의 폐해를 단적으로 보여주는 것이다.

당시 서울시내에서 영화를 상영했던 곳은 국제극장(前 명치좌), 국도극장, 우미관, 수도극장, 단성사, 중앙극장, 제일극장, 동양극장, 서울극장 등이었는데 대부분이 35밀리와 16밀리 영사시설을 갖추고 있었다. 그러나 앞에서 언급한 대로 한국 영화만을 상영했던 것이 아니라 오히려 미국 영화를 주로 상영했던 곳으로 보아야 할 것이다. 중배는 남한의 극장 96개소를 손쉽게 독점하다시피 하여 해방 전의 소수 재고품과 새로 들여온 것을 합쳐 약 100여 편에 달하는 영화를 들여와 한 편 상영으로 450만 원의 수입을 거두었다. 그러므로 그들은 1947년 한 해만도 국내 관객으로부터 4억 5천만 원을 가져간 셈이 된다.[35] 당시 우리 영화의 평균제작비를 250만 원으로 본다면 그 금액은 엄청난 것이었다. 즉 미군 가는 곳에 미국 영화는 반드시 대규모로 따라왔고 미국 영화는 경제적·문화적 침탈의 첨병이었던 것이다. 미군정청은 자국의 이익을 보장하기 위해 중배에겐 온갖 특혜를 주는 대신에 당시 국내 영화사 총 20여 개소는 필름조차 구하지 못해 개점휴업 상태였던 것이다.[36]

4) 해방공간에서 제작된 우리 영화

앞에서 본 대로 그러한 열악한 제작 조건 속에서도 우리 영화는 제작되었고 제작된 영화는 극소수만을 제외하고는 기록상으로만 존재한다. 『한국영화총서』[37]에 따르면 1946년 4편, 1947년 13편, 1948년 22편, 1949년 20편의 영화가 제작된 것으로 되어 있다. 그러나 이 자료 속에는 조선영화사와 조선영화동맹 뉴스부에서 만든 「해방뉴-쓰」[38] 10보와 서울키노의 「민족전선」「메-데-」, 10월영화공장의 「10월영화뉴스」 2보, 미군정청이 만든 「군정청 뉴쓰」, 미육군 502부대(국립영화제작소의 전신)가 매월 두 편씩 만든 「전진대한보」「전우」가 빠져 있음은 물론 그외에도 기록상의 누락이 있으리라 추정된다. 해방공간, 정확하게 1945년 8월 15일부터 1948년 8월 14일 사이에 제작된 우리 영화의 편수는 『한국영화총서』의 기록상으로는 총 29편이며 여기에 누락된 부분까지 합친다면 약 45~50편이 되리라 추정된다. 당시의 영화들을 좀더 세밀하게 보면 다음과 같다.

1945년

「해방뉴-쓰」(1~5); 조선영화사. 중국을 무대로 하여 일제 때 조선의용군들의 위용을 기록한 영화.[39] 조선영화동맹의 이동영사반 혹은 조선문화단체총연맹의 문화공작단에 의해 전국 각지에서 상영. 실제 이 「해방뉴-쓰」를 만드는 데 중심이 되었던 사람들은 김정혁·박기채·이명우 등이었다.[40] 공교롭게도 이 사람들은 전쟁을 전후하여 전원 북으로 갔다.

「경방」: 서울키노. 경성방직 노동자들의 쟁의에 관해 그 내막과 투쟁과정 그리고 전망을 제시한 16밀리 영화.

1946년

「안중근 사기」: 계몽영화협회. 제작 방의석, 연출 이구영, 흑백 35밀리 8권. 무성영화. 안중근 의사의 일대기.

「제주도 풍토기」: 조선영화사. 제작 이재명, 연출 이용민. 흑백 35밀리 3권. 문화영화.

「똘똘이의 모험」: 남양영화사. 제작 양세웅, 연출 이규환. 흑백 35밀리 9권. 창고에서 쌀을 훔쳐 북으로 가려는 도적들을 추적하여 일망타진케 하는 똘똘이와 복남이의 이야기. 이 영화는 많은 비평가로부터 비난을 받았다.[41]

「자유만세」: 고려영화사. 제작 최완규, 연출 최인규, 각본 전창근. 흑백 35밀리 9권. 일제하에서 조국광복을 위하여 지하공작을 하던 전창근이 어느 날 일경에게 쫓기다가 총을 맞고 급한 김에 아무 집에나 뛰어들어 숨게 되었다. 간호원인 그 집 딸 황려희가 그를 숨겨주어 위기에서 구출된다. 두 사람은 어느덧 사랑을 느꼈지만 전창근은 조국광복에 바친 몸이기에 사랑도 외면해야만 했다. 그런 어느 날 그들은 일경에게 발각된다. 악착같은 일경의 추격에도 불구하고 그들은 끝까지 항전하다가 조국광복의 날을 눈앞에 두고 장렬하게 죽어간다. 이 영화는 흥행에서도 대성공을 거두었으며 대만의 장개석까지 관람한 후 극찬을 했다고 한다. 그런 만큼 「자유만세」는 해방 후 한국 영화의 대표작 가운데 한 편으로 꼽히지만 전쟁을 겪은 후 민족진보계열의 영화, 예를 들어 「해방 뉴-쓰」 등을 의식적으로 제외시키다 보니 더욱더 부각되지 않으면 안 되는 행운까지 안게 되었다고 생각한다. 최인규 역시 전쟁을 전후로 하여 월북하게 되는데, 납북이라는 주장도 있다.[42]

「민족전선」: 서울키노. 기록영화. 서울키노는 조선영화동맹의 직속제작소였다.

「10월영화뉴쓰」 특집호: 10월영화공장(대구). 뉴쓰.

「해방뉴-쓰」 6, 7, 8보: 조선영화사. 기록영화.

당시 민족진보계열에서도 극영화를 구상하고 있기는 했으나 실제 제작된 기록은 없다. 즉 조선영화사에서는 「나라를 찾자」라는 극영화를 준비하고 있었다는 기록은 있다.[43] 그리고 박기채 연출, 서광제 시나리오의 극영화가 준비되고 있었다는 기록도 있다.[44] 이러한 기록에도 불구하고 실제 극영화가 제작·상영되지 못했던 이유로는 여러 가지가 있을 것이다. 첫째 영화 자본가들과의 관계에서 서툴 뿐 아니라 제작자가 원하는 영화(좌익 쪽의 입장이 배제된 영화)를 만드는 데 당시 진보적인 영화인들이 쉽게 동의하지 않았을 것이며, 둘째 조선영화동맹의 조직과 사업을 꾸리는 일과 영화계의 영화 제작을 위한 조건을 준비하는 데 총력을 기울이고 있었으므로 조잡하게 영화자본가들과 협잡하여 시시껄렁한 극영화를 만들기에는 여력이 없었다는 점이다.

1947년

「불멸의 밀사」: 한국영화연구소. 제작 김영순, 연출 김영순. 흑백 16밀리 3,200피트. 무성영화. 이준 열사의 전기물.

「해방된 내 고향」: 전창근프로덕션. 제작 전창근, 연출 전창근. 흑백 16밀리 3,200피트, 무성영화. 강제징용에 끌려갔던 한 청년이 서울로 돌아와서 노숙걸식하다가 결국 농촌사업에 일생을 바친다는 계몽 영화.

「모란등기」: 한국영화과학연구소. 제작 김소동, 연출 김소동. 흑백 16밀리 3,200피트. 괴기물.

「민족의 새벽」: 이규환프로덕션. 연출 이규환. 흑백 35밀리 8권. 독학으로 성공한 한 군수가 부하의 독직사건을 자결로써 책임진다는 영화.

「새로운 맹서」: 청구영화사. 제작 신경균, 연출 신경균, 각본 최금동. 흑백 35밀리 10권. 강제징용에서 돌아온 청년들이 마을처녀들과 힘을 합쳐 황폐한 어촌을 재건해나간다는 내용의 애정과 갈등을 그린 계몽물.

「패자의 수도」: 자유영화사, 제작 손기정, 연출 유장산. 흑백 35미리 7천피트. 서윤복 선수의 기록물.

「윤봉길 의사」: 계몽영화협회. 제작 방의석, 연출 윤봉춘. 흑백 16밀리 2,400피트. 윤봉길 의사의 전기영화.

「민족의 성벽」: 제작 육군경비대 포병단, 연출 전창근. 흑백 16밀리 3,200피트. 육군경비대 포병단의 세미 다큐멘터리 영화.

「그들이 가는 길」: 태양영화사. 제작 한창섭, 연출 임운학. 흑백 16밀리 3,200피트. 무성영화. 권선징악의 이조야사.

「바다의 정열」: 금성영화사. 제작 홍동수, 연출 서정규. 흑백 16밀리 3,200피트. 밀수단과 해안경비대의 활극영화(밀수 근절 계몽영화).

「3·1혁명기」: 계몽영화협회. 제작 방의석, 연출 윤봉춘. 흑백 16밀리 3,200피트.

「그들의 행복」: 이규환프로덕션. 연출 이규환. 흑백 35밀리 8권. 타락한 시골청년과 기생과의 회개·극복의 줄거리.

「천사의 마음」: 향린원. 제작 방수원, 연출 김정환. 흑백 16밀리 3,200피트. 제2차 세계대전의 전쟁고아들을 선도해가는 계몽영화.

「해방뉴-쓰」9, 10보: 조선영화사.

1947년에 접어들어 진보계열의 영화창작은 급속하게 자취를 감추게 되고 오히려 16밀리 무성영화가 다시 출연하는 등 당시 영화계는 현재 한국영화계의 타락상의 근원을 보여주는 듯하다. 윤봉춘 등 보수민족계열의 영화인들이 만든 몇 편의 전기·기록물들이 있는 것 외에는 계몽을 앞세운 활극·애정물이 활개를 친다. 짐작건대 진보계열의 각계각층 인물들에 대한 테러와 살해, 파괴의 위협 속에서 그들의 공개적인 활동은 당연히 위축될 수밖에 없었고 날이 갈수록 그 도를 더해가는 미군정의 진보계열에 대한 탄압 그리고 우익보수세력의 득세는 영화창작에서도 여실히 드러난다. 그 대신 진보계열의 영화인들은 대중화운동의 일환으로 사회운동의 차원에서 활동했던 것으로 추측된다.

1948년

「죄 없는 죄인」: 고려영화사. 제작 최완규, 연출 최인규. 흑백 16밀리 3,200피트, 동시녹음.[45]

「민족의 절규」: 제작 공보처, 연출 안경호. 흑백 35밀리 6권. 이승만의 연설과 업적을 수록한 기록영화. 이 영화는 이승만의 세력확보와 노골적인 권력찬탈욕을 실제로 드러내보인 영화다.

「그 얼굴」: 전창근프로덕션. 제작 전창근, 연출 전창근. 흑백 16밀리 3,200피트. 순애물.

「여인」: 전창근프로덕션. 연출 전창근. 흑백 35밀리 7천 피트.

「유관순」: 계몽영화협회. 제작 방의석, 연출 윤봉춘. 흑백 16밀리 4,200피트. 무성영화.

「홍차기의 일생」: 태양영화사. 제작 한창섭, 연출 임운학, 흑백 16밀리 3,200피트. 무성영화.

「국민투표」: 미국공보원. 제작 싸이아, 연출 최인규. 흑백 35밀리 4권. 국민들이 단정수립을 위한 선거에 참가할 것을 추동하는 계몽영화. 미군정 측이 직접 국민투표의 정당성을 선전하고 참가를 독려하는 이 영화는 당시 영화계의 세력판도가 어떠했는가를 여실히 보여준다.

「검사와 여선생」: 김영순프로덕션. 연출 윤대동. 흑백 16밀리 3,200피트. 무성영화.

「지성탑」: 향린원. 제작 방수원, 연출 김정환. 흑백 16밀리 3,200피트. 무성영화.

「밤의 태양」: 대조영화사. 제작 김관수, 연출 박기채, 각본 김정혁, 촬영 이명우. 흑백 35밀리 10권. 카바레를 아지트로 하여 암약하는 대규모 밀수단을 민완형사들이 일망타진한다는 내용의 밀수 근절을 위한 영화. 이 영화는 수도관구 경찰청 후원으로 제작되었으며 미군정청으로부터는 유료공개 금지령이 내려 전국에 무료로 공개된다. 촬영·각본·연출을 맡은 이명우·김정혁·박기채는 「해방뉴-쓰」를 만들었던 구성원들이었는데 이들이 경찰청 후원의 영화—물론 그 내용이 단순한 활극류인지 밀수의 사회적 성격을 분석한 것인지 알 수는 없지만—를 만들었다는 사실과 미군정청이 유료공개를 금지한 사실은 여러 가지 사실을 암시하게 된다. 진보영화계의 대표적 인물인 김정혁이 각본을 쓴 영화에 경찰청이 후원했다는 것은 당시 경찰 내부에도 진보계열의 사람들이 있었다는 사실을 역으로 증명하는 것이며, 미군정청이 어떤 이유를 내세워 무료공개를 명령했던 것은 민족진보계열의 영화자본축적을 막으려는 의도에서 나온 것이라 볼 수 있겠다.

「수우」: 건설영화사. 연출 안종화. 흑백 35밀리 10권. 이 영화 역시 민주경찰의 이미지 선전을 위해 제1관구 경찰청이 제작·후원한 영화인데 미군정청으로부터 유료공개 금지령이 내려 흥행에는 실패하게 된다. 「수우」의 연출자인 안종화는 조선영화동맹의 위원장이며 비록 그가 실천은 없다 하더라도 그 명망만은 높았다고 하겠다. 따라서 미군정청이 유료공개 금지령을 내린 것은 당연한 것이었는지도 모른다. 필자는 오히려 여기서 더 나아가 당시 미군정청과 하부 경찰청과의 알력이 존재하지 않았느냐 하는 추측과 또 한편으로는 「밤의 태양」과 「수우」라는 비슷한 주제의 영화를 만든 대조영화사와 건설영화사의 자본이 진보계열의 진영에 있었던 것이 아니었나 하는 의문을 품게 된다. 또한 그 개봉일이 각기 1948년 7월 1일, 1948년 8월 9일이므로 불과 한 달 차이라는 점으로 보아도 조선영화동맹의 합법적 진출을 위한 계획적 창작행위가 아니었을까라는 추측도 가능할 것이다.

「독립전야」: 고려영화사. 제작 최완규, 연출 최인규. 흑백 35밀리 10권.

이상으로 1948년 8월 15일 단정 수립 이전까지 제작·상영된 영화들을 살펴보았다. 이 영화들을 주제별로 분류하자면 독립운동관계물·계몽물이 많은 비중을 차지하고 있고, 뚜렷한 정치적 입장을 내포한 영화는 조선영화동맹 측과 미군정청이 제작한 것으로 대별된다. 물론 그것들은 기록영화였으며 극영화의 형식으로는 거의 존재하지 않는다. 그럼에도 불구하고 윤봉춘 같은 영화인들은 독립운동과 관련된 주제를 다루고 있고 퇴폐오락만을 위주로 한 영화는 거의 제작하지 않는다. 또한 특기할 만한 일은 1948년에 고려대학교 영화연구회에서 「고대는 자란다」는 평범한 기록영화를 제작한 사실이다. 이 영화는 내용과 형식은 차지하고 대학영화서클의 효시라는 점에서 주목되는 바이며 영화의 대중적 확산 정도도 미루어 짐작할 수 있다.[46]

4. 해방공간에서의 민족영화운동

해방공간에서 이루어진 민족문예운동은 흔히 좌익문예운동 혹은 경향파 문예운동으로 불린다. 이러한 지칭은 전쟁을 전후하여 세력을 점한 친일경력의 보수적 문예인들에 의해 악의적인 의미로 사용된 것이었는데, 그들이 스스로를 민족문예인으로 부른다 하더라도 그들이 저지른 역사왜곡은 불과 20년도 못 가서 차츰 폭로되기 시작했다. 그들이 전쟁 이후부터 20년이 넘도록 정권과 유착하여 거의 모든 문예단체와 교육체제·대중매체를 장악하여 심어놓은 왜곡된 역사는 이제 진보적인 연구가들에 의해 정정과 사과를 요구받고 있다. 그들이야말로 '순수한 예술'과는 정반대의 가장 정치적인, 현실맹종적인 반예술가로서 시류에 따라 친일과 반공이데올로기로 자신의 지위와 영달을 유지해왔으며, 영화계에도 그러한 조류는 엄연히 존재하고 있다.

그러나 우리는 해방공간 문예운동의 정통성과 정당성을 어느 한편에 일방적으로 부여하기보다는 당시 민중들의 열렬한 염원을 누가 어떤 방식으로 수렴했으며 그러한 노력이 최종적으로 어떤 결과를 낳았으며 또 현재에는 어떤 요인으로 작용하고 있는가에 대해 엄격하게 고찰함으로써 올바른 민족영화운동의 정오를 가려야 할 것이다. 따라서 편의적으로 우익·좌익으로 구분하기보다는 각자 혹은 각 집단의 당시 현안에 대한 정치적 입장, 문예운동의 실천과 이론의 측면에서 분류하고 일정한 평가를 내려야 할 것이다. 그렇지 않고는 우리 역시 역사왜곡자들이 저질러놓은 오류를 오히려 역으로 증명해주는 오류에 빠질 것이다. 그러므로 우익·좌익, 우편향·좌편향이라는 기준은 오히려 역사 해석을 도식화할 수 있는 소지가 있으므로 민족·반민족이라는 구분틀로써 해방 정국에서의 영화운동을 판별해야 할 것이다.

특히 영화계에서 당시 민족영화운동의 조류를 살펴보기엔 연구가 시작된 지 얼마 안 되었기 때문에 많은 한계가 있을 것이다. 더군다나 다른 장르에 견주어 특수한 창작형태를 가지고 있어서 유능하고 진보적인 영화인들이 현실적으로는 익명으로 남을 수밖에 없는 경우가 많으므로 또 다른 어려움을 안고 있다고 하겠다. 그리고 자신들의 이론과는 달리 현실과 타협해야만 하는 '영화의 비운성' 때문에 드러난 사실만 가지고 평가하는 것은 대단히 위험한 연구태도라고 여겨진다. 실제로 당시 민족영화운동을 주도했다고 여겨지는 조선영화동맹의 집행부가 실로 명망가를 중심으로 구성되었고 그 속에서나마 진보적인 영화인들의 숫자는 적었는데 전국적 차원의 조직을 꾸리고 그 실무를 담당했던 사람들은 무명의 영화인들이었다고 할 수 있을 것이다. 필자의 추측으로는 그들은 단정수립 이후부터 전쟁을 거치면서 월북하거나 좌절하여 영화계를 떠났으리라는 것이며 따라서 민족영화운동의 본류와 궤멸 또한 그 지점에서 찾아야 할 것이다. 그럼에도 불구하고 역사는 몇몇 명망가만 기록하고 있고 수많은 무명의 전사들은 꽃 한 송이 없는 쓸쓸한 무덤만을 지키고 있을 뿐이다.

1) 미군정의 영화정책

1945년 9월 진주한 미군은 그들의 영화 배급을 위해 중앙영화사를 설립하고 심지어 국내 극장에 자신들 영화를 강제상영하기조차 하는 한편 조선영화건설본부를 재조(在朝)미육군사령부 군정청 조선관계보도부에 유치시켰다. 그다음 해인 1946년 4월 12일에는 군정청 법령 제68호 '활동사진의 취체'에 관한 포고령을 발표하고 곧이어 그해 10월 8일에는 군정청 법령 제115호인 영화에 관한 포고령(영화법)을 발표하여 시행했다.

"미군정청 조선관계 보도부에서는 조선영화건설본부에 대하여 조선 내 각 도시에서 뉴스와 영화 제작·촬영에 대한 특권을 허여한다는 지령서를 교부"[47]했는데 이는 당시 영화인들이 미군 진주의 역사적 의미를 제대로 이해하지 못했던 이유이기도 할 것이고 현실적으로 합법적 공간을 구태여 벗어날 이유가 없었기 때문에 조선영화건설본부는 미군정청 산하로 들어갔을 것이다. 그러나 미국의 이러한 조치는 급진적이며 진보적인 영화인들을 소외시키거나 만약 미군정 내로 들어왔을 경우에는 그들의 활동을 희석화하고자 하려는 의도를 가지고 시행됐을 것이다.

'활동사진의 취체'에 관한 포고령은 구일제영화법을 폐지하는 한편 향후 활동사진의 제작·배급·상영의 감독과 취체에 관한 권한을 조선총독부에서 조선정부 공보부로 이관한다는 것이 주요 골격이다. 군정청 포고령 제115호의 주요 내용은 상영 전 사전허가, 사전허가 미필 영화에 대한 조치, 허가수속방법, 허가·불허의 경우에 관한 규정, 허가증명방법 등으로 짜여 있다. 미군정청은 이 포고령의 목적이 "최소한도의 통제하에 영화내용의 건전한 기초를 확립케 함에 있음"[48]이라고 밝혔지만 이는 1939년 4월 일본이 제정한 영화법의 주요한 내용인 사전검열과 검열에 관한 규정이 그대로 남아 있는 반영화법령이었던 것이다. 특히 영화상영 전의 사전허가를 받기 위하여 영문서류까지 준비해야 하는 것은 독립국가의 영화인들에게 커다란 치욕이지 않을 수 없었다.

또한 미군은 일본이 남기고 간 극장에 대해 조선 영화인들의 의견에 따라 불하한다고 공언했지만 당시 적산재산이 일부 친일매판지주와 친미자산가에게 넘어간 것과 마찬가지로 그 약속을 어김으로써[49] 국내 문예인들의 거센 반발을 겪기도 했다. 즉 그들은 극장을 일반 주택과 동일하게 취급한 나머지 입찰대여하겠다는 방침을 내세웠고 그 입찰기준조차 명확하게 제시하지 않음으로 해서[50] 1946년 3월 26일 조선영화동맹·조선연극동맹 등 7개 단체의 항의와 집단행동을 자초했다. 당시 문예인들은 극장의 무분별한 입찰대여는 선생과 목사를 무시한 채 학교와 교회를 입찰대여하는 것과 같다고 보았다.[51]

그뿐만 아니라 미군정은 1946년 3·1절기념행사와 6월 10일의 6·10만세기념행사를 못마땅하게 여겨 만담가 신불출과 조선영화동맹의 서기장 추민을 군사재판에 회부하여 벌금 만 원을 내게 하는 등 직접적 탄압을 가하는 한편 당시 수도경찰청장 장택상이 "민중의 휴식을 목적으로 하는 오락 이외에 정치나 선전을 일삼아 치안을 교란시킨 자는 엄벌에 처한다"[52]는 흥행취체에 관한 고시를 방조하기도 했고, 심지어는 군정청 공보부의 검열을 마친 후 서울을 위시하여 대도시의 상영을 거치고 경남 통영에서 「해방뉴-쓰」「조련뉴-쓰」를 상영하던 중 광복청년단원들이 들이닥쳐 테러를 행했는데 경찰은 도리어 테러단을 돌려보내고 필름을 압수하는 등 반민중적인 사태가 발생했어도 역시 방치했다.[53]

특히 1946년 10월 8일 발표된 영화검열에 관하여 문화 8개 단체는 10월 23일 을지로에 위치에 조선영화동맹 회의실에 모여 "조선영화의 민주주의적 재건을 저해하고 영화상영의 자유를 압박하는 것이므로 포고령 115호는 철폐되어야 한다"는 결의를 하고 이를 영문으로 번역까지 하여 미군정청에 보냈으나[54] 미군정청은 답변조차 없었다. 이후 10월 30일 재차 조선문화단체총연맹 산하단체들이 좌익단체 탄압 철회와 민중들의 정당한 요구에 대해 폭력과 검거로 대응하지 말 것을 요구하는 항의방문에 대해서도 번드레한 언변만 늘어놓으며 돌려보낸 후 오히려 우익테러와 탄압만을 가중했다. 그리고 조선영화시장에서 압도적 우위를 자랑하던 미국영화에 대해서는 입장세를 조정하여 120원 정도에 입장 가능케 하는 한편 조선 영화에 대해서는 200원 내지 300원의 입장요금이 되게끔 하여 더욱더 자국 영화의 입지를 강화하는 침략성을 발휘했다.[55]

미군정은 영화계에 대해 법적·폭력적 제재를 가하는 한편 미국 영화의 상영우대정책을 통하여 당시 우리 영화계를 몰락의 구렁텅이로 몰아넣었던 것이다. 영화법령과 영화인에 대한 탄압, 또 한편으로는 미국 영화의 시장침략 강화를 통하여 당시 영화계는 완전히 미국의 의도대로 궤멸해 갔다.

2) 민족영화진영의 대응

당시 민족영화인의 활동을 이해하기 위해서는 그들의 조직과 이론 그리고 실천을 살펴보아야 할 것이다. 현재에도 적용되는 것이지만 특정 영화인이 조직가이면서 이론가이고 그리고 영화창작과 보급에 모두 관계한다는 것은 대단히 어려웠을 것이다. 따라서 민족영화인들 내부에도 일정한 역할 분담이 이루어졌다는 가정을 전제로 하여 각 활동의 의미를 다시 종합하여 이해함으로써 민족영화진영의 전반적인 구도를 읽을 수 있을 것이다.

또한 창작에 관계하는 영화인들일수록 자본과 인력의 필요성에 의해 빈번하게 현실적인 타협을 했을 것이며 마찬가지로 그들을 뒷면에서 지원 혹은 지도하는 영화인이 있었을 것이라는 추측도 배제할 수 없다.

우선 조선영화건설본부와 조선프로레타리아영화동맹을 중심으로 살펴보자. 조선영화건설본부의 조직은 원로 영화인 윤백남을 본부장으로 하고 그 요인으로는 서기장 김정혁, 제1과장 오효·홍현동, 제2과장 박기채, 제3과장 김한, 운영위원장 이재명, 총무부장 최완규, 기술부장 방한준, 기술차장 김성춘[56] 등으로 구성되어 있으며, 조선프로레타리아영화동맹의 조직은 추측으로 알 수밖에 없다. 즉 조선영화동맹이 이 두 단체의 통합조직이라고 할 때 영건에 포함되어 있지 않으면서 민족영화운동에 앞장섰던 인물들을 그 중심 인물들로 상정하는 수밖에 없다는 말이다. 그러한 인물들로는 추민·서광제·이현·김한 등을 들 수 있겠다.

영건의 구성은 정치적 입장으로는 보수나 상대적으로 진보적인 인물들로 짜여 있고 또한 기존 영화계에서 계속 활동해왔거나 향후 해방 정국에서도 부지런히 활동했던 인물들로 구성되어 있다. 따라서 친일경력도 두

표 1 조선영화동맹 조직원

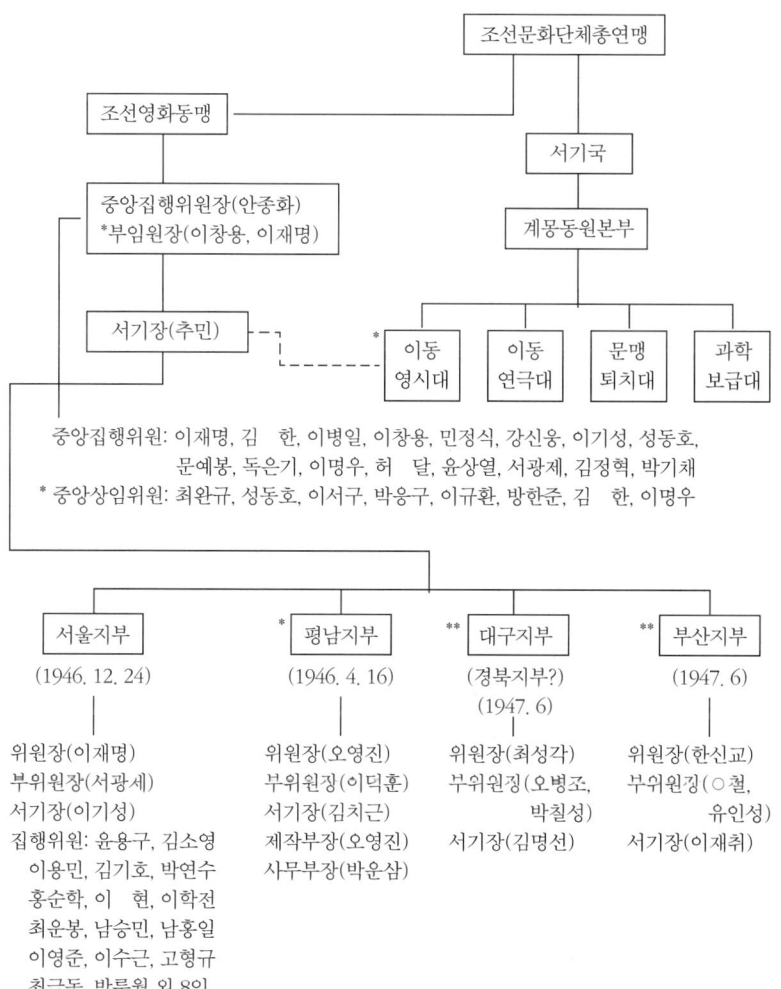

자료: 『예술연감』(1947), 144쪽.
　　＊『조선해방연보』, 같은 책, 188, 372쪽.
　　＊＊『독립신보』, 1947년 6월 22일자.
주: 조선영화동맹의 중앙기구에 관해『조선해방연보』에서 중앙집행위원회로 기록하고 있고, 『독립신보』는 중앙상임위원회로 기록하고 있다. 이 표는『예술연감』의 기록을 바탕으로 『조선해방연보』와『독립신보』의 자료를 첨가하여 필자가 구성한 것이다.

표 2 　　　　　　　　　　조선영화동맹 조직체계

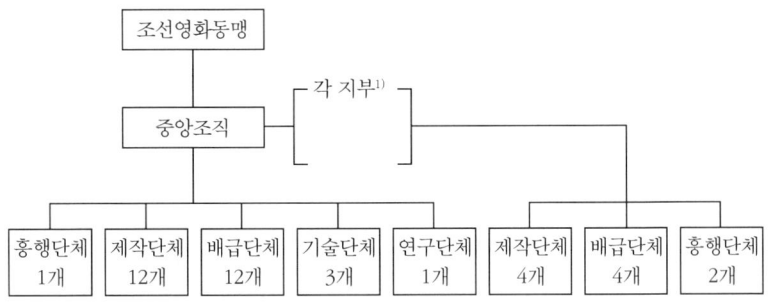

자료: 민주주의민족전선 편, 『조선해방연보』(문우인서관, 1946), 372쪽.
주: 『조선해방연보』의 기록을 바탕으로 필자가 구성한 것인데 당시 지부는 표 1에서 보듯 1946년과 1947년에 걸쳐 조직되었다. 따라서 『조선해방연보』가 1946년에 발행된 것을 감안하여 각 지부의 명칭은 표기하지 않았다.

드러지는 한편 친우익적 성향도 다분했지만 한편으로는 조선영화동맹에서 공식적으로 활동한 측면도 있다. 그러나 안석영 같은 인물은 항상—조선영화동맹을 제외하고는—영화인들의 모임에서 요직을 차지함과 동시에 여러 가지 친분관계와 특유의 필체로 평단의 한구석을 차지했던 우익 보수진영의 주요 구성원이었다.

하여튼 두 단체는 당시 사회적 기운과 관계된 문예계의 통합조류 그리고 문예의 대중화운동에 발맞추어 조선영화동맹으로의 발전적 해소를 거쳐 본격적인 활동을 벌이게 된다. 조선영화동맹의 주요 활동은 영화인 대중조직의 건설, 정치선전적인 예술활동, 대중상대의 문화선전공작, 미군정과 우익에 대한 대응 등으로 크게 나눌 수 있는데 이러한 활동들은 자주독립국가의 건설이라는 명제에 복무하는 것이기도 했다. 따라서 당시 조선영화동맹의 주요 활동가에게는 한두 편의 명작을 만드는 문제보다 자주독립국가 건설을 위한 영화인의 책무와 관계된 활동이 더욱 중요하게 여겨졌을 것이며, 빈곤한 영화제작 실적은 그러한 사실을 상대적으로 반영하는 것이기도 하다. 조선영화동맹의 조직원과 조직체계는 표 1·2와 같다.

조선영화동맹은 그 강령으로 ① 일본 제국주의 잔재의 소탕, ② 봉건주의 잔재의 청소, ③ 국수주의의 배격, ④ 진보적 민족영화의 건설, ⑤ 조선 영화와 국제영화와의 제휴를 내걸었으며57) 진보적 민주주의 국가 건설을 향하여 총력을 집중하는 시기에 일체 반동영화를 배격하고 민족영화의 획기적 발전과 완성을 기한다고 선언했다.58) 이 단체에서 내세운 주요한 정책안은 영화예술의 발전을 위해서는 적극적인 국영제가 수립되어야 한다는 것인데 그 구체적인 안은 다음과 같다.

   1. 영화제작 및 산업에 소요되는 기재시설을 국가적 견지에서 기획적인 수입 및 수출, 교재·문화·계몽·기록 및 극영화의 제작.
   1. 배급은 외래자본과 국가경제의 절약을 위하고 민족문화의 앙양을 위한 기획정책으로써 시행할 것이며 상설관 건설 및 경영.
   1. 이론기술진 확보 및 양성을 위하여 영화과학연구소를 시설하고 영화인(예술가·기술가)을 외국 파유.
   1. 사영(민간사업)에 대해서는 기술적인 조치와 문화적으로나 기획적으로써 국가에서는 적극적인 지도와 원조.
   1. 전문적인 영화학교의 설립과 학교·직장·공장·농산·어촌마다 영화실 설비.59)

이상에서 보듯 조선영화동맹은 국가차원의 시원 없이 조신 영화의 획기적 발전은 불가능하다고 보고 있었으며 또한 당시 사회운동의 흐름은 그러한 가능성을 내포하고 있는 것이기도 했다. 조선영화동맹은 조직선전부, 제작지도부, 배급지도부, 흥행지도부 등을 통하여 각 하부단체를 독려하는 한편 사업을 추진했으며 1946년 3월 1일 3·1절기념행사에서는 소련 영화 「미죠리 함상의 일본항복 조인식」, 미국 영화 「태평양의 분격」 등을 국제극장·제일극장·단성사·서울극장 등에서 상영했고, 1946년 4월 25일부터 5월 10일까지 '서울만물전'을 개최하여 해방기록사진전을 열었다. 같은 해 5월 1일에는 메이데이 기념행사로서 제일극장에서 '신불출만담' 등을 열었고, 6월 10일에는 6·10만세운동 기념주간(국제극장)을 가져

6월 12일까지 영화·무용·만담·창극 등을 공연했다. 또한 극장입찰 대여 문제에 대한 대응, 1946년 영화법 공포에 대한 운동의 일환으로 1946년 8월 12일 제1회 정기 전국영화인대회를 가지기도 했다.[60] 또한 일반인들을 대상으로 영화의 이해를 돕기 위한 영화강좌를 열기도 했는데 1946년 6월 3일부터 8일까지 일주일간 당시 서대문에 있던 동맹회관에서 영화와 평론 등 11개 강화를 개강했다.[61]

한편 가장 활발했던 조선영화동맹 서울지부는 애초부터 다른 문화단체의 대중화운동에 발맞추어 대중사업에 치중했다. 즉 출판·서클 및 이동영사, 정기적인 영화강좌 개최 등이 추구되었다.[62] 특히 이동영사의 문제는 명망가라기보다는 기간 영화활동가들의 중심 과제였을 것인데 이는 영화동맹의 차원에서만이 아니라 문화단체총연맹의 차원에서 진행된 것이었다. 이러한 적극적인 대중활동은 1947년에 가서야 비로소 실현되는데 소위 문화공작대의 활동이 그것이다.

> 문연 파견 문화공작단 제1대는 먼저 경남지방에 출동하여 방금 각지를 순회하며 인민의 열광적 환영을 받고 있는데 이번에는 또 동단 제3대가 제2대에 앞서 오는 15일 강원도 지방을 출발하게 되었다. 금번 순회지역은 춘천, 원주, 강릉, 주문진, 삼척, 북평, 영월, 횡성 등지라 하며 동대원 구성은 연극 황O씨를 동대장으로 음악 최창은, 미술 윤자선, 문학 이용악, 무용 한동인, '**영화 이현**', 사진 김진해 제씨가 각 부를 대표하고 그외 18명의……[63] (강조표시는 인용자)

그리고 조선영화동맹은 정치에도 참여하게 되는데 미소공동위원회에 대한 정치적 견해 표명이 그것이다. 영화동맹 측의 김한은 미소공동위원회에 대한 의견전달단의 일원으로 "공위의 협의대상에서 친일파·민족반역자 도당인 한민·한독당을 제외하고 정권을 인민위원회 형태로 하라"[64]고 요구하기도 했고, 윤상열은 민주임정 수립을 위한 미소공위와의 협의 참가에 대한 문화단체의 일원으로 활동했다.[65] 특히 1947년 1월 31일 수도경찰청장 장택상의 흥행취체에 관한 고시—민중의 휴식을 목적으로 하는 오락 이외에 정치나 선전을 일삼아 치안을 교란시킨 자는 엄형에 처한다—에 대한 문예인의 반발은 '문화옹호남조선문화인예술가총궐기대회'로까지 번져갔고 그 준비위원으로 영화동맹 측에서는 문예봉·김한·이병일 등이 참가했고[66] 2월 13일에 열린 이 대회에서 김한은 "저열한 미국 영화 수입과 강제상영 절대반대"[67]라는 제언을 했다.

조선영화동맹은 직접·간접으로 영화제작에도 적극 노력했는데 산하 제작사 혹은 조직으로는 조선영화사·서울키노·고려영화협회·남일영화사·10월영화공장이 있었고 이외에도 영화제작의 일정한 역할을 맡아 간접적으로 조선영화동맹의 노선을 관철하려고 했던 노력이 엿보인다. 즉 조선영화동맹의 주요 인물이었던 김정혁은 1948년 대한영화사의 제작영화인 「밤의 태양」과 1949년 독립영화사의 「안창남 비행사」의 각본을 썼다. 이러한 노력은 역시 미군정청의 제재를 받아 「밤의 태양」의 경우에 유료공개 금지령을 받고 이후 제작을 위한 자본 획득이 불가능해지고 만다. 1948년 단정수립을 전후로 하여 모든 진보세력이 몰락해가는 와중에서도 김정혁은 최후까지 모든 노력을 기울이다가 결국 월북하고 만다. 추민·서광제·김정혁 등 명망 있는 인물 외에도 당시 활약했던 문화공작단에서 활동한 이현 등을 위시하여 많은 조감독과 각 방면의 무명의 영화인들이 실제 조선영화동맹을 하부에서 끌어갔다고 생각되지만 아직까지 그러한 사료를 발견할 수는 없다. 그럼에도 불구하고 당시 명망가들의 나이가 30대 중반 이후라는 것을 고려한다면 20대와 30대 초반의 영화활동가들이 없고서는 조선영화동맹의 제반 사업이 추진될 수 없었다는 점으로 미루어서 그러한 짐작은 유효하다고 할 수 있겠다.

당시 영화창작은 개별 회사들과 조선영화동맹의 서울키노, 대구의 10월영화공장에서 이루어졌는데 특히 조선영화사에 대해 주목할 필요가 있다. 서울키노와 10월영화공장도 항일정신계승 및 반제반봉건 민주주의 개혁을 내용으로 하는 기록영화에 주력했지만 특히 조선영화사가 했던 역할은 지대했다고 보인다. 조선영화사는 일제가 남기고 간 조선영화사(이재명이 운영)와는 다른 것이다. 즉 당시 많은 영화사가 이재명이 운영한 조선영화사의 시설을 많이 사용했고 이재명 또한 조선영화동맹의 중앙집행위원이며 영화계에서 차지하는 위치도 막강했지만 새로운 자본으로 운영될 영화사 설립이 추진되었고 그 결과 생겨난 조선영화사는 다시 이재명이 운명의 적임자로 선정된 모양이다. 이러한 추측을 뒷받침하는 것은 신문기사다.

> 각계 명사 25명의 강력적 발기인으로서 조선영화사가 새로운 발족을 했다. 물론 이것은 새로 조직되는 기관으로 이재명 씨 관리 중인 '조영'과는 아직 관계가 없다. 더군다나 각계 명사로써 요합되어 자본금 일천만 원을 세우기로 한 점, 장래할 조선영화계에 기여할 바 클 것을 예측할 수 있다.[68]

다른 기사에서는 그 발기인 가운데 영화인으로서는 안철영·이재명 씨가 포함되어 있는데[69] 필자의 추측으로는 안철영·이재명이 독립적인 영화사 운영을 계획하는 한편 이전의 '조영'은 조영이 지니고 있는 각종 시설을 이용하여 영화계에서 세력을 유지하기 위한 방편으로 삼았던 것으로 보인다. 이재명은 해방 전부터 영화제작에 참여했지만 진보적 영화인들에게는 민족적 우파로 보였을 것이고 본인 역시 어떤 방식으로든 동조하고 있었다.

조선영화동맹의 창작조직으로 빼놓을 수 없는 조선영화사는 음으로 양으로 영화계에서의 실질적인 통일전선을 형성하는 데 주도적인 역할을 했고 자체 제작물인 「해방뉴-쓰」 10편과 문화영화를 제작하는 한편 극영화를 준비하고 있었다. 따라서 조선영화동맹 직속의 서울키노는 조선영화사의 도움으로 「민족전선」 「메-데-」 등을 제작했던 것으로 짐작된다.

3) 민족영화인의 활동

민족영화인이란 개념은 앞에서도 언급했거니와 조직·이론·실천면에서 보았을 때 당시 민중들의 요구와 민족적 과제의 해결을 위해 기여한 행위를 통하여 역규정되는 것이다. 친일 경력이라든가 보수적 경향이 있는 인물이라 하더라도 그러한 성향이 그 개인을 규정하는 것이 아니라 구체적인 활동이 그를 규정한다는 의미다. 만약 그렇지 않고는 익명의 수많은 활동가들과 함께 활동한 명망 있는 영화인이란 극도로 제한될 수밖에 없으며 그러한 방식은 오히려 역사이해의 단편으로밖에 귀결되지 못할 것이다. 민족진영은 오히려 진보적인 영화인들의 치열한 조직작업을 통하여 우리가 생각하는 것보다는 훨씬 넓은 인맥을 형성하고 있었던 것이라 생각된다.

조선영화건설본부는 윤백남(원로감독, 극작가, 소설가. 당시 66세), 김정혁(평론가, 작가. 북행), 방한준(감독. 당시 39세. 북행), 박기채(감독. 북행), 김학성(촬영기사. 당시 33세), 김성춘(조명기사. 당시 41세) 등이 구성했는데 그 주도적인 인물은 방한준·박기채 등이었다고 보아야 할 것이다. 특히 박기채·방한준은 일제 말기에 친일영화를 열심히 만들었던 사람이었다. 일제강점기 문예지식인들의 주류가 카프계열을 거쳐 친일협력 혹은 소극적 저항형태인 은둔이라는 형태를 거치고 해방 이후에는 프롤레타리아 문예파와 인민적 신문화파로 갈라지게 되는데, 영화계에서는 서광제가 카프계열, 소극적 저항이라는 경로를 밟고 있고 추민 역시 그와 유사할 것으로 추측되며(당시엔 연극인) 김정혁의 경우는 카프 해산(1935) 이후부터 활동한 인물로서 분류하자면 위 두 사람과는 다른 부류에 포함될 수 있을 것이다. 즉「자유만세」의 최인규·박기채·방한준·이병일 등과 함께 무정견적인 친일행위를 했다고 할 수 있다. 그외에는 그야말로 쓸개와 간을 빼놓고 일제에 협력한 자들이다. 해방 후 남한 과도정부의 예술과장을 거쳐 월북한 안철영이 "일제치하에서 영화를 한다는 것은 곧 매국이다"[70] 라고 표현했듯이 당시 감독이나 창작성원이었던 영화인들의 무절제한 친일행각은 역사의 단죄를 요구하는 것이지만 부분적으로 혹은 본인의 의사와는 상관 없이 혹은 본인도 모르는 사이에 친일협력자의 명단에 오르내린 사람도 있었을 것이다. 조선영화동맹의 위원장을 지낸 안종화가 그런 경우일 것이며 윤봉춘의 경우도 그러할 것이다.

그러나 일제강점기에 그나마 민족의식을 가졌던 친일협력 문예인들이 해방정국에서는 진보계열에서 활동하다가 '월북'이라는 경로를 밟는 것과 마찬가지로 최인규·방한준·박기채 등도 식민지시대에 주요 활동기간을 보낸 식민지 지식인의 한계가 있었음은 분명한 일이고 '친일'과 '월북'이라는 정반대 행위를 이해하기 위해서 당시 문예인들이 처한 구체적 정황에 대한 이해가 요구된다. 이 글에서는 그러한 식민지 지식인의 한계 속에 매몰된 사람들보다는 사상적 지조를 끊임없이 견지하면서도 혼란스러운 해방 정국에서 그 이념을 구체적으로 실현하기 위하여 각고의 노력을 기울인 민족영화 활동가를 중심으로 다루고자 한다.

반면 친미 보수세력의 활동은 해방 이후에 주도적으로 이루어졌다기보다는—김정혁·박기채 같은 인물만이 원로 영화인 윤백남을 내세워 조선영화건설본부를 세워 자신의 입지강화를 노렸고, 일부 친일 경력의 영화스태프들이 동조하는 등 외에는—자구적인 소모임을 구성하는 차원에서 그쳤다. 이들은 1947년 이후 우익세력의 장악이 결정되다시피하자 좀 더 본격적인 활동을 벌이게 되는데 '한국영화감독구락부'를 결성하는 한편 이후 대한영화협의회를 결성하게 된다. 이미 안석영·박기채·이규환·전창근·최인규·이병일 등은 전조선문필가협회의 추천회원이기도 했는데 안석영·전창근 중심이 되었을 것이다. 즉 안석영은 이 단체의 연예부장이었다고 이미 밝힌 바 있다. 대한영화협의회는 이미 좌·우익의 대세가 결정된 1948년 10월 20일에 발족되는데 그 취지가 대단히 이채롭다. "고갈상태에 봉착한 국내 영화계를 소생시키는 동시에 무식자화한 영화인을 완전구호하며 세계 영화계를 향상시키고자"라는 취지하에 발족된 대한영화협의회는 "장래 국책에 순응"할 것이라는 분명한 정치적 입장을 표명하고 있다.[71] 그 최고위원은 안석주(안석영)·김영화·안철영 등이었다. 우리는 여기서 안철영이라는 인물을 다시 한번 살펴볼 필요가 있다. 안철영은 친일협력에 대해 단호한 배척, 미국 영화에 대한 통렬한 비판, 그리고 영화계 전반에 걸쳐 중간자적 입장에서 많은 글을 쓰는 한편 외국 영화계에 대한 소개에도 앞장섰던 인물이다. 그는 과도정부 영화과장이었고 1949년 2월에는 문교부의 예술위원직을 맡기도 했고[72] 전쟁을 전후해서는 북행하게 된다. 안철영은 안석주·김영화 등과 교분관계가 깊었지만 안석주 등이 '로맨틱'하고 '델리켓'한 반면 현실적이고 중도적인 민족적 입장을 견지해온 것으로 보인다. 그는 조선영화동맹의 활동에 대해 비판적인 시각을 갖지도 않았는데 어떻게 조선영화동맹의 공식적인 직위나 활동이 없었는가에 대해서는 이해하기 어렵다. 동맹 내부에서도 일부를 제외한 나머지 사람들보다 훨씬 진보적이며 시야가 넓었던 안철영은 어떤 면에서는 서광제·추민·김정혁보다는 더 예리한 면모를 보여주기도 했다. 이 지점에서 우리는 당시 영화계의 인간관계 구도와 운동방식에 대해 몇 가지 추측을 할 수 있다.

첫째, 당시 대다수 영화인들이 분명한 정치적 입장, 문예운동적 견해를 가진 것은 아니고 소수 지도그룹의 방향제시에 따라 움직였다.

둘째, 따라서 서로 첨예한 대립관계보다는 직업상의 친분이 앞섰고 영화창작을 위한 인적 구성의 특성상 노선 따위는 별로 중요하지 않았을 것이다.

셋째, 당시 조선영화동맹의 지도그룹은 선진적인 의식과 현실적용의 불일치 현상을 운동조직의 공작차원보다는 인간관계 형성이라는 측면에서 극복하려 했고 이는 현실타협적 혹은 각 개인들의 성격 등에 따라 좌지우지되는 부정적인 모습이었다.

넷째, 조선영화동맹을 이끌어가는 지하조직의 형태가 존재했을 것이다.

첫 번째의 추측과 세 번째의 판단은 당시 현실을 고려할 때 어느 정도 타당성을 갖추고 있으나 두 번째와 네 번째의 견해는 많은 논란의 소지를 담고 있다. 두 번째의 견해는 당시 조선영화동맹이라는 조직의 위상으로 볼 때 당연히 취할 수밖에 없는 체제라는 측면에서 바라보아야지 탈운동적·현상적 측면에서만 보아서는 안 된다는 비판이 제기될 수 있고 네 번째의 경우에는 실제 그러한 조직 혹은 그룹이 존재했느냐 하는 데 대한 의문과 그 동기와 배경에 대한 언급이 없이는 단순한 추측에 불과하다는 반론이 제기될 수 있을 것이다. 즉 두 번째의 견해는 피상적인 고찰에 불과하고 네 번째의 견해는 추측에 불과하다는 것이다. 그렇다면 당시 조선영화동맹 측에서 나온 주장과 활동들을 통하여 정오를 가릴 수밖에 없게 된다.

1946년 초두부터 문학자에 대한 탄압(언론탄압, 구속, 백색테러 등)의 가중과 10월대구항쟁을 거치면서 위축된 좌익진영, 그리고 1947년 이후 우익세력의 공식적인 입지 확보의 강화, 1948년 단정 수립이라는 숨막히게 긴박한 상황 속에서 당시 민족영화운동의 지도자들과 서클들에 주어진 과제는 영화인통일전선의 구축, 사회변혁운동 복무의 구체적 형태로서 제기된 객관적 현실의 발전과 애국적 열정에 불탄 인민대중의 정치적 진출에 부응하는 문제, 대중운동적 과제 등이었다. 이 속에서 프롤레타리아 이데올로기 등을 관철하는 과제는 더욱 어려운 것임이 틀림없었다. 그리고 실제로는 미군청정과 우익세력들에 의한 탄압(극장탄압, 외화문제 등)에 수세적으로 대응해야만 하는 현실은 시시각각 제기되었으니 당시 민족영화운동세력의 곤란함은 이루 말할 수 없었을 것이다.

이에 대해 조선영화동맹은 영화인의 통일전선 혹은 통일진영을 형성하여 대중행사 개최(3·1기념, 6·10만세운동기념, 메이데이 기념, 해방기념 등)를 통한 대중정치사업, 그리고 영화강습회 등을 통한 대중교육을 전개하는 한편 각 지부 결성을 통한 전국적 조직을 건설했고 대중영화운동(이동영사대 설치, 문화공작단 파견 등)을 전개했으며 미군정에 대한 대응, 영화창작사업 등을 펼쳐나갔다.

조선영화동맹이 행한 사업의 내용과 규모를 볼 때 결코 그것은 자연발생적으로 혹은 실무적인 차원에서 진행될 수 있는 것은 아님이 분명하다. 이데올로기적 관철과 전국적 사업의 실제 수행은 막연한 동업자적 인간관계에 의해서는 불가능한 일이며 오히려 조선영화동맹이라는 틀 속에 존재했던 일군의 세력 포진에 의해서만 가능한 일이다. 따라서 두 번째의 견해는 일반 무정견한 영화인들에 대해서는 맞는 말이지만 민족영화운동세력에 대해서 틀린 것이 된다. 그 대신 선진세력과 일반영화인 대중과의 관계는 세 번째의 비판이 정확하다고 하겠다. 그럼에도 불구하고 조선영화동맹이 수행한 사업의 내용과 규모를 고려할 때 네 번째의 견해가 완전히 틀린 것이라 할 수는 없다. 단지 그 구체적인 형태를 1946년 1월 24일 결성된 조선영화동맹 서울지부에서 찾을 수밖에 없을 뿐이다. 즉 서울지부의 서기장이었던 이기성, 문화공작단의 일원이었던 이현·이용민·이영준 등이 중심이며 그 지도는 서광제(부위원장)가 맡았을 것이다.

그리고 조선영화동맹의 중앙집행위원으로 포진해 있던 김한, 문예봉, 독은기, 허달, 윤상열, 김정혁, 서기장 추민 등이 그러한 민족영화운동의 명망 있는 지도그룹으로 작용했을 것이다. 이렇게 볼 때 안철영·김영화 등은 중간자적 입장으로 끝까지 남아 있었건 아니면 그들의 이후 행적(북행)을 고려할 때 세포로 존재했다는 추측 또한 가능해진다.

서광제·추민·김정혁 등에 의해 지도되던 조선영화동맹의 민족영화운동 이론은 대체로 상호 간의 의견차이라든가 갈등은 보이지 않을뿐더러 분명한 좌우대립의 이론논쟁도 보기 어렵다. 좌우대립의 이론논쟁 부분에서는 문학에서처럼 좌·우 구분적인 대립조직이 있었던 것도 아니었고 오히려 조선영화동맹이 영화인 대중조직의 유일한 형태였기 때문에 우측의 논리는 단순한 영화비평 외에는 없었거니와 있다고 하더라도 진보진영 측의 논리에 상대가 되지 못했다.

서광제는 이미 1930년에 김유영과 함께 영화평단에서 「국제푸로영화운동전망」(『비판』 16호, 1932. 9) 등을 통하여 프롤레타리아영화운동 중 신흥계로서 활동했으며 1946년 5월 1일 창간된 좌익계 일간시사지인 『독립신문』의 편집국장을 지냈다. 서광제는 카프영화운동 시절 카프영화부의 설치(1930년 4월)에 반대하여 신흥영화예술가동맹을 고수하다가 소부르주아적 분파주의자로 비판받기도 했으나 프롤레타리 영화운동의 주요한 인사로 인식되어왔다.

추민에 대한 해방 이전의 자료는 접하기가 어렵다. 그는 아마 영화와 관련된 활동은 했으나 주로 연극활동에 치중했고 해방 이후에야 공식적으로 드러난 인물로 봐야 할 것이다. 다만 서광제와 추민의 관계는 일면 우호적이면서도 일면 일정한 견해차가 존재했으며 따라서 두 사람을 중심으로 한 세력구도도 이루어진 것으로 보인다.

김정혁은 일본이 제정한 영화법에 의해 영화인 취업관계를 관장하는 기관인 영화인기능심사위원회의 간사(당시 조선영화인협 서기 겸임, 1940)를 맡는 등 일본에 대한 협력사실이 있음에도 불구하고 조선영화동맹의 차원에서 활동했다. 김정혁은 1949년 말까지 영화각본을 쓰는 등 남한에서는 예술통신사를 운영하며 지냈는데 그 역시 북행하고 만다.[73]

서광제·추민 등은 독은기·허달·윤상열·이기성·이현 등과 함께 조선영화동맹의 조직활동과 사업에 힘을 쏟은 반면, 김정혁은 박기채·이명우 등과 상업영화계에서 주로 활동한 것으로 되어 있다. 그러나 그러한 구분보다는 반제반봉건 민주주의혁명에 '구체적'으로 복무하는 운동세력과 조금은 개량적인 운동세력으로 구분하는 것이 더욱 타당할 것이다.

서광제 등은 특히 조선영화동맹 내부의 조직적 결의와 집행이 관철되고 있지 못함을 결성 몇 개월 만에 자인하고 지부의 활성화를 통한 사업추진과 내부 토론을 공식적으로 전개하기도 했다. 즉 반제반봉건 민주주의혁명을 위한 영화활동에 대한 견해차와 그동안 추진한 사업에 대한 상이한 평가 그리고 향후의 전망과 그 해결방식에 대한 일정한 차이 때문에 서광제와 추민은 각기 다른 견해를 발표하는 등 갈등이 나타난 것이다.

서광제는 「조선영화론」[74]이라는 글을 통하여 조선영화동맹의 건설과정에서 해결되지 못한 무정건한 정치적 견해와 좌익소아병적인 자세를 비판하면서 조선영화동맹은 영화예술가라는 특수한 집단의 조직이므로 우선 시급한 것은 조직 내의 일제 잔재 청산과 조선영화 제작체계의 현실적 확보라고 주장했다. 이어서 서광제는 조선영화동맹의 '조선영화예술가동맹'으로의 전환과 함께 정치적 활동보다는 개별 영화인의 사상과 창작을 존중할 것, 영화정책을 수립할 것을 주장했다. 즉 서광제는 영화자본가들을 배제하고 순수 영화창작인들의 조직 결성과 일제 잔재 청산을 통하여 보다 본질적인 조선영화인의 동맹이 가능하다고 보았으며 이를 통하여 부르주아민주주의혁명에 복무해야 한다고 주장한 것이다.

이에 반해 이 문건이 발표된 지 3개월 후에 추민은 「조선민족영화운동의 회고와 전망」[75]이라는 글을 통해 조심스럽게 반론을 제기한다. 추민은 조선영화동맹의 조직체계와 사업내용에 대한 비판에서는 일제 잔재의 존속문제와 더불어 조직론 부재의 자유주의적 경향을 질타하고 조선영화동맹 측이 제작한 영화와 사업에 대해서는 긍정적으로 평가한다. 즉 조선영화동맹 측이 제작한 영화[76]에 대해서는 "민주진영과 해방조선의 건설되어 감을 보도하고 민주적·혁명적 기질과 투쟁을 묘사하는 등 해방을 계기로 터져나온 민족적 감정의 분류 속에서 인민적 투쟁의 진실성과 정당성을 강조하고 임정 수립을 전제로 한 민주진영의 결속을 제시함으로써 내용적 결산을 끝마쳤다 하겠다"는 극찬과 함께 사업내용에 대해서는 영화만 하면 된다는 식의 비조직적인 태도를 탈피하고 외화시장, 극장문제, 영화법 문제, 세제 개편, 자재 획득, 강좌 개최, 서클 조직, 각종 행사 주최, 이론 확립, 맹원 파유 등의 활동을 통하여 민주주의민족전선의 참가단체인 조선문화단체총연맹의 산하단체로서 최대한의 활동을 했다고 평가했다. 추민은 현재의 문제로는 친일 잔재의 청산과 구체적인 영화정책안·영화법안을 위한 활동의 요구만을 지적하고 있으며 이 또한 '곧 수립될' 임시정부의 출범과 함께 순조롭게 해결되리라는 전망을 갖고 있었던 듯하다. 즉 추민은 영화계 내부의 의견차, 조직사업의 추진에 대해서는 비교적 무시하는 태도로 낙관적이었으며 정치적 해결이 곧 영화계의 해결이라는 생각을 갖고 있었던 것이다. 특히 영화창작도 '인민적 투쟁'과 '민족진영의 결속'이라는 측면에서 이해했다.

그러나 이러한 두 지도급의 의견차이는 조선영화동맹의 각 지부(특히 서울지부)의 결성이라는 형태로 해결된 것처럼 보인다. 즉 서울지부 부위원장을 맡은 서광제로서는 서울지부의 결성이 방만한 조선영화동맹의 조직적 해결을 위한 일환으로 작용했을 것이며 추민의 입장에서는 대중화운동을 위한 활동가들의 결집력과 집행력이 각 지부조직의 운영으로 활발해질 수 있으리라고 보여졌던 것이다. 어느 장르 할 것 없이 예술가들의 통일진영 속으로의 편입이 중요한 과제로 제기되었던 시절에 영화계로서는 조선영화동맹의 결성이 그 과제의 해결책이었고 이후 미군정의 탄압과 우익 측의 도전에 직면해서는 각계각층 민중들의 지지를 통하여 조직을 보위하는 한편 대중공작을 통하여 자주독립 정부를 건설하는 데 이바지하고자 했다. 조선영화동맹의 각 지부 건설은 조직 내부의 문제를 해결하는 한편 대중공작을 위한 조직으로서의 의미를 가졌다고 볼 수 있다. 사실 서울지부는 이동영사, 출판사업, 이동영사반을 통한 서클 조직, 영화강좌 등의 계획을 세우고 활동을 추진한다.

서광제와 추민 사이의 갈등은 1946년 10월항쟁을 계기로 해소된다. 즉 서광제의 문예운동적 입장은 여전히 비정치적 범위에서의 활동 위주였으나 그럼에도 불구하고 "10월인민항쟁은 어째서 일어났으며 우리 인민의 살아나갈 길은 오직 막부삼상 결정에만 있다는 것을 우리 영화인은 다시 굳게 깨닫고 민주주의임시정부 수립의 최첨병이 되어야"[77] 한다는 주장을 통하여 급변하는 정치상황에서 요구받는 문제에 대한 적극 대처를 역설했으며, "토지개혁 문제에 조선영화가 뚫고 들어가지 못한 것이 일제 잔재밖에 아무것도 아니다. 토지개혁이 조선건국의 최대 '암초'라는 것은 ······ 이것을 분쇄하지 않고서는 조선의 독립이나 문화는 있을 수 없다. 조선영화는 모름지기 이 문제에서 소재를 찾고 그것을 진실로 탐구함으로써 해방된 조선민족으로서의 진가를 새로운 세계사적인 의미에서 발취할 수 있는 것이다"[78]라는 글을 통하여 문제제기의 중심이 영화계 내부에서 정치·사회 현실과 영화를 결부한 곳으로 옮겨졌음을 보여주고 있다.

이상으로 민족영화인들의 활동을 정리해보자.

첫째, 해방을 맞이하여 우익 및 중도파 영화인들을 중심으로 조선영화건설본부가 건설되었는데 이는 곧 조선프로레타리아영화동맹과 통합하여 조선영화동맹으로 출범하게 된다. 물론 조선영화동맹의 주도세력은 '프영'계의 인물 등이었고 이들은 민주주의민족전선의 결성, 조선문화단체총연합의 결성 등 사회 전반에 걸친 통합 기운에 힘입는 한편 조국의 과제를 반제반봉건 부르주아민주주의혁명으로 삼았다.

둘째, 조선영화동맹은 영화자본가와 영화창작인이 모두 포함되어 있는 대중조직이며 이는 장점과 단점을 동시에 안고 있었다. 즉 미군정의 영화법 발표와 극장문제, 외화상영 문제에 대해서는 공동으로 좀더 큰 세력을 대응할 수 있었지만 민족영화를 건설하는 측면에서는 친일 영화자본가들과 친일 영화인들의 부정적 행실로 조선영화동맹의 자체 산업추진에는 많은 장애가 있었다.

셋째, 서광제는 조선영화동맹 내부의 부정적 현상의 타개를 선결과제로 인식하는 한편 추민은 임시정부 수립을 위한 영화사업 추진을 통해 부정적 현상이 극복될 수 있다고 보았기 때문에 서광제와 추민으로 대표되는 조선영화동맹의 주도세력을 일정 기간(1946. 5~10) 이견이 존재했다. 이러한 이견은 서광제가 좀더 영화계 중심적 혹은 조선영화동맹 주체적 사고를 했던 반면에 추민은 민전과 문련의 한 단체로서 조선영화동맹이 기여하는 측면을 더 중요하게 바라봤다는 데서 제기된 현상이었다. 또한 추민·서광제 모두 부르주아민주주의혁명 단계로 당시를 파악했지만 이를 영화운동에서 실현하는 가운데는 서광제가 인민적 민족영화운동을 주장한 반면 추민은 노동자·농민적 민족영화운동을 더 강조하는 경향이 있었다고 하겠다. 이러한 차이는 당시 전체 문예운동에서 제기된 대중공작의 중요성에 의해 조선영화동맹이 어떻게 좀더 자연스럽게 인민대중과 결합할 수 있는가를 고민하는 가운데 서울지부 결성을 시작으로 해소되어갔다. 또한 대구 10월항쟁이 가져다준 교훈, 정치적 대중공작을 통한 블록형성의 필요성이 제기되면서 서광제가 주장한 영화계의 일제 잔재 청산과 조직정비론은 현실적으로 설득력을 잃을 수밖에 없었다.

넷째, 조선영화동맹은 10월항쟁을 기회로 대중공작의 전기를 마련했지만 계속 이어진 탄압과 정세의 불리함으로 점차 활동이 퇴색해갔고 1947년에 들어서는 조직 내부의 와해—영화인 통일전선은 남한만의 단선이 확실시되면서 거의 파괴되었다고 보아야 할 것이다—를 겪으면서도 문화공작대 참가(1947. 6. 30~8. 5) 등의 활동을 했지만 점차 괴멸되어갔다.

5. 민족해방운동과 민족영화운동

1945년 9월 미군의 진주와 1948년 8월 단정 수립이라는 역사적 사실은 당시 우리 민족의 운명을 가장 첨예하게 드러내보이는 것이다. 역사에 대해 가정한다는 것처럼 맥없는 일도 없다지만 오히려 그러한 가정을 통하여 더욱더 명료하게 역사를 이해하는 경우도 종종 있다. 따라서 미군정과 이에 동조하거나 빌붙어서 권력을 휘어잡은 친미보수 세력이 없다는 가정하에서 당시 우리 영화계의 발전을 상상해본다는 것은 그렇게 어려운 일은 아니다. 조선영화동맹의 사업에 대해 미군정의 직접·간접적 방해공작, 게다가 영화계의 진로보다는 당시 민족운동의 차원에서 전개해야만 하는 역량상의 한계와 질곡으로 말미암아 민족영화운동은 전쟁과 더불어 완전히 괴멸했다는 것이 이 글의 요지다. 특히나 영화는 자본의 논리와 사회적 여파력이 큰 덕분에 다른 예술장르에 비해 이중삼중의 고초를 겪어야만 했으며 전체 사회운동과 영화예술운동 중 어느 것 하나 온전하지 못한 가운데 극심한 갈등을 겪어야만 했다.

바로 이 지점 사회운동과 예술운동 양자 사이에서 겪는 갈등의 자리와 시대에서 우리 영화의 진로는 결정되었고 또한 그 지점에서 올바른 길도 보장될 수 있었다. 이러한 고민은 현재 우리 민족영화진영이 겪는 갈등과 본질적인 면에서는 크게 다르지 않을 것이다.

일제 잔재의 청산, 봉건 잔재의 청산, 자주독립국가의 수립이라는 전 민족적 과제 앞에서 민족영화운동은 최선을 다했다고 본다. 해방공간의 민족영화인들은 전국적인 조직 건설, 영화인의 통일된 대중조직 건설을 성취했을 뿐 아니라 이동영사반·문화공작대의 역할을 수행했고 그 간고한 시절에도 무려 20여 편에 달하는 반제반봉건 통일전선을 보도하는 기록영화를 제작·상영했다. 또한 정치·사회적 문제에 관해서도 예리한 판단력을 가졌을 뿐 아니라 다른 문화단체와의 연대와 정치세력과의 직접적인 관계도 훌륭하게 이루고 있었다.

그러나 미군정의 민족영화진영에 대한 간교한 탄압과 폭력에 대응하기에는 힘의 한계를 느낄 수밖에 없었고 진보세력의 몰락과 친미보수세력의 득세에 의해 괴멸당하지 않으면 안 되었다. 만약 자주주권국가가 당시에 수립되었더라면 우리의 역사는 물론이거니와 현재 한국 영화조차 결코 이런 모습이 아닐 것이다. 친일경력을 가졌거나 민족에 대한 아무런 의무감이나 애정도 없는 사람들이 1948년 8월 단정 수립 이후 한국 영화계를 난도질해왔기 때문이다.

그리고 또 하나 지적하고 넘어가야 할 부분은 당시 영화운동의 지도노선에 관한 것이다. 부르주아민주주의혁명 단계에서 실제 그 내용은 반제반봉건과 기층민중 중심의 민주주의였음에도 불구하고 조선영화동맹의 지도부에서는 영화예술인 대중조직을 꾸리는 데 기계적으로 부르주아민주주의 단계에서의 전략전술론을 받아들였고 그 결과 초기에는 영화 중심적 사고—무분별한 대중조직 건설과 운영, 계급 중심적 영화활동이 중심이 되지 못하고 쉽사리 전체 사회운동 차원의 사업에 매몰된 점—라는 것으로밖엔 보이지 않았고 결국은 반제반봉건의 과제와 기층민중 중심의 민주주의 건설이라는 임무로부터 일탈하기까지 했던 것이다.

반면 1947년에서 1948년 초에 걸쳐 조선영화동맹을 내부적으로 탄탄히 꾸리는 부분에서는 거의 활동이 중지되고 기층민중 중심의 계급·계층활동에 전념하는 관념적 급변성을 보였다. 이러한 우편향적 오류에서 좌편향적 오류로의 이전과정에 대해 이 글에서 소상히 다루지는 못했지만 민족영화진영에서의 각종 활동이 활발하게 이루어졌던 시기와 그 사업의 내용을 염두에 둔다면 필자의 말이 틀린 것만은 아닐 것이다.

이러한 오류는 당시 남로당 측의 오류와 일맥한 점이 있고 또 그것은 당시 운동의 한계와 상황을 반영하는 것이기도 하다. 이미 진보적인 역사학계에서 그러한 오류와 그 배경·과정 등에 대해 활발한 연구가 제출되고 있지만 영화부문에서의 해명은 충분치 않다는 것을 자인해야 할 것이다. 당시 영화계의 세력판도와 활동의 구체적인 성격규정을 이해할 수 있게끔 하는 보다 풍부한 자료를 통한 해명과 민족영화진영 괴멸과정과 이후 전개된 반민족적 영화계 흐름에 대한 온전한 연구가 제출되어야만 이 글은 정당한 의미를 지닐 수 있게 될 것이고 민족영화운동의 역사적 맥락이 발견될 수 있을 것이다. 민족영화운동에 대한 연구는 민족해방의 관점에서 조명되어야만 더욱 선명해질 것이며, 앞으로의 연구는 이런 시각에서 반드시 이루어져야 할 것이다.

주 _____

1) 한국역사연구회 편, 『한국사 강의』(한울아카데미, 1989), 326쪽.
2) E.G. Meade, *American Military Government in Korea*(New York: Columbia Univ. Press, 1951), 52쪽; 여민형, 「8·15 직후 사회운동과 지도노선」, 『녹두서평』 2(녹두, 1989), 137쪽에서 재인용.
3) 민주주의민족전선 편, 『조선해방연보』(문우인서관, 1946. 10), 186쪽.
4) 한국역사연구회 편, 앞의 책, 346쪽.
5) 같은 책, 346~47쪽. 모스크바3상회의 내용이 국내에 알려진 것은 1945년 12월 27일이었는데, 최초의 미국발 보도내용은 "미국은 즉시 독립을 주장하며 소련은 탁치를 주장한다"는 것이었는데 이것은 사실과 반대될뿐더러 탁치와 독립을 대치시키는 내용이었다.
6) 신형기, 「해방 직후 문학비평의 흐름」, 『해방3년의 비평문학』(세계, 1988), 17쪽.
7) 조선문예사 편, 『재일조선문화연감』(조선문예사, 1949), 129쪽.
8) 한국역사연구회 편, 앞의 책, 335쪽.
9) 같은 책, 336쪽.
10) 서광제, 「영화계」, 『예술연감』(예술신문사, 1947), 26쪽.
11) 같은 글, 27쪽.
12) 같은 글, 25쪽.
13) 한반도 내 미군 진주는 9월 8일인데, 조선영화건설본부가 미군정보도국 산하 단체였다는 것은 여러 가지 사실을 암시한다. '영건'의 창립일이 1945년 8월 19일인데(서광제, 앞의 글, 24쪽) 이러한 시기상의 차이로 미루어보아 '영건' 소속의 영화인들이 자발적으로 미군정 산하로 들어갔든지 진주한 미군이 행정적으로 흡수했든지 둘 중 하나일 것이다. 이에 대해 이영일과 이규환은 『한국영화전사』(삼애사, 1969)와 「영화 60년」(『중앙일보』, 1979. 12. 28~1980. 3. 8)에서 각각 조선영화건설본부는 미군정청이 통제·관리하는 영화단체라고 주장하고 『조선해방1년사』(문우인서관, 1946)에서는 '영건'은 순수한 영화인들의 모임이라고 주장한다. 조희문, 「영화사적 측면에서 본 광복기 영화연구」(중앙대 대학원 석사학위논문, 1983)에서 재인용.
14) 『조선해방1년사』, 371쪽; 조희문, 같은 글, 14쪽에서 재인용.
15) 서광제, 앞의 글, 24, 25쪽. 그러나 이 글이 실린 『1947년 예술연감』의 「영화단

체」편(144쪽)에는 조선영화동맹의 창립일이 1945년 12월 16일로 되어 있다.
16) 한국영화진흥조합, 『한국영화총서』(1972), 254쪽에 조선영화건설본부 요원의 명단이 나와 있는데 본부장은 윤백남, 요원은 안석영·이시우·방한준·박기채·이병일·양세웅 등이었다.
17) 대한민국예술원 편, 『한국연극, 무용 영화사전』(1985). 김소동·유현목·정일몽·이영일이 편집한 이 사전에는 안석영 항목(321, 332쪽)에서 대한영화협의회가 1947년에 창립되었다고 되어 있으나 연표(603쪽)에서는 1945년에 창립된 것으로 기록되어 있다. 한편 『1947년 예술연감』의 문예단체평에는 좌·우 구분 없이 문예단체들을 실었는데 대한영화협의회라는 것은 보이지 않는다. 그러나 『경향일보』, 1948년 10월 25일자에 따르면 대한영화협의회는 한국영화감독구락부의 인물들을 중심으로 하여 결성되었다. 그 중심 인물은 안석주·김영화·안철영 등이었다.
18) 김천영 엮음, 『연표 한국현대사 1』(한울림, 1984), 192쪽.
19) 같은 글, 126쪽.
20) 같은 글, 194쪽.
21) 차응식, 「북조선의 예술」, 『예술시대』 창간호(1947. 4), 9쪽.
22) 민주주의민족전선 편, 앞의 책, 372쪽.
23) "영화기계나 필름이 없는 북조선에 새로운 영화예술을 건설하기 위하여 붉은 군대는 기계를 빌려주고 있습니다"(임화, 「북조선의 민주건설과 문화·예술의 위대한 발견」, 『문학평론』, 문학평론사, 1947. 4).
24) 김천영 엮음, 앞의 책, 54쪽.
25) 차응식, 앞의 글, 9, 10쪽.
26) 홍신, 「해방 후의 남조선 영화계」, 『민성』 478호(1948. 8), 50쪽.
27) 같은 글, 51쪽. 그러나 조선영화동맹, 조선영화사 등에서는 대중화운동의 일환으로 전국을 누벼야 했으므로 16밀리 무성영화를 사용하지 않으면 안 되는 사정도 있었을 것이다.
28) 추민, 「조선민족영화운동의 회고와 전망」, 『신문학』 4호(1946. 11), 154쪽.
29) 홍신, 앞의 글, 50쪽.
30) 안석영, 『민족문화』 창간호(1948. 10), 54, 55쪽.
31) 안철영, 「미국 영화의 세계정책」, 『민성』 5권 2호(1949. 2), 49쪽. 영화 수출로 획득한 미국 영화사업의 수익은 제2차 세계대전 전 9~10억 달러에서 1942년에는

11억 달러, 1943년 13억 달러, 1944년 14억 달러, 1945년 16억 달러로 점차 증가해간다.
32) 같은 글, 49쪽.
33) 위와 같음.
34) 이영준, 「1948년은 외화범람시대」, 『신원』 창간호(1949. 4), 37쪽.
35) 한원래, 「영화시평」, 『개벽』 78호(1948. 5), 63쪽.
36) 위와 같음.
37) 한국영화진흥조합, 앞의 책, 255~89쪽.
38) 서광제, 앞의 글, 26쪽. 그러나 「해방뉴-쓰」를 제작한 주체에 대해서는 다른 견해가 있다. 이에 대해서는 조희문, 앞의 글, 15쪽 참조.
39) 『독립신보』, 1947년 1월 26일. 그러나 추민, 「영화운동의 노선」 3(『중앙신문』, 1946년 2월 26일)에 따르면 「해방뉴-쓰」는 4보까지 제작된 것으로 되어 있다.
40) 홍효민, 「조선영화계의 회고」, 『영화시대』(1947. 11).
41) 서광제, 앞의 글, 27쪽. 서광제는 이 영화를 두고 상식 이하의 작품이라 평했다.
42) 당시 영화인들의 북행을 놓고 전쟁 이후 나온 거의 모든 자료가 납북이라고 주장하는 반면 현재 남아 있는 익명을 요구하는 원로 영화인은 그 사람들이 이미 전쟁 전에 서울에서 모습을 감추었다고 말한다.
43) 추민, 「영화운동의 노선」 3.
44) 『민주일보』, 1946년 10월 9일.
45) 『한국영화총서』, 268쪽에는 무성영화라고 되어 있으나, 『독립신보』, 1947년 11월 1일자의 한원래의 글에서는 동시녹음이지만 너무 조잡한 상태라고 되어 있다.
46) 『고대신문』, 1948년 12월 30일.
47) 한국영화진흥조합, 앞의 책, 254쪽.
48) 재조선미국육군사령부 군정청 법령 제115호(1946. 10. 8); 『한국영화총서』, 249쪽.
49) 서광제, 앞의 글 참조.
50) 「극장대여 입찰문제에 대한 극장예술가들의 건의!」, 『영화시대』 2권 5호(1947), 61쪽.
51) 좌담회 「민족극장문화는 어디로?」, 『중앙신문』, 1946년 7월 20일. 참석자는 안철영·유치진 등.
52) 『경향신문』, 1947년 2월 4일.

53) 『독립신문』, 1947년 1월 26일.
54) 『조선일보』, 1946년 6월 12일.
55) 『경향신문』, 1948년 6월 5일.
56) 『건설』 1호(건설출판사, 1945. 11). 그러나 한국영화진흥조합에서 펴낸 『한국영화총서』에는 안석영, 방한준, 박기채, 황운조, 양제웅, 이병일, 김학성, 유장산, 김성춘, 최칠복, 고해진, 김만홍 등이 요인으로 기록되어 있다. 그러나 안석영이 영건의 요원이었다는 것은 이해하기 어려운 점이 많다.
57) 『1947년 예술연감』, 25쪽.
58) 민주주의민족전선 편, 앞의 책, 373쪽.
59) 같은 책, 372쪽.
60) 서광제, 앞의 글, 26, 27쪽.
61) 『동아일보』, 1946년 5월 29일; 조희문, 앞의 글, 14쪽에서 재인용. 개강과목은 영화와 평론(추민), 영화사(김정혁), 영화기업론(이창용), 영화제작론(이재명), 영화수출론(안철영), 영화각본론(전창근), 영화기술론(이용민), 영화미술론(윤상열), 영화연기론(김한), 영화음악론(박영근) 그리고 민주주의 해설(김영록) 등이었다.
62) 서광제, 앞의 글, 28, 29쪽.
63) 『독립신보』, 1947년 7월 12일.
64) 『독립신보』, 1947년 6월 3일.
65) 『독립신보』, 1947년 6월 20일.
66) 『경향신문』, 1947년 2월 4일, 5일.
67) 『독립신보』, 1947년 2월 15일.
68) 『경향신문』, 1946년 10월 31일.
69) 『조선일보』, 1946년 6월 12일.
70) 안철영, 「건국과정에 있어서의 영화와 극장운영론」, 『인민예술』 창간호(1945. 12).
71) 『경향신문』, 1948년 10월 26일.
72) 『경향신문』, 1949년 2월 19일. 당시 영화부문의 문교부 예술위원으로는 안석영, 안종화, 안철영, 김영화, 전창근 등이 맡았다.
73) 한 원로 영화인은 서광제는 겉으로는 대단히 유순하며 사교적이었음에 비해 김정혁은 냉소적이며 비사교적인 인물이었다고 전한다.

74) 서광제, 「조선영화론」, 『신천지』 1권 7호(1946. 8), 137~39쪽.
75) 추민, 「조선민족영화운동의 회고와 전망」, 『신문학』 4호(1946. 11), 151~54쪽.
76) 「경방」, 「민족전선」, 「해방뉴-쓰」 등을 주로 지칭하는 것일 것임.
77) 서광제, 앞의 글, 29쪽.
78) 서광제, 「조선의 토지개혁과 영화의 소재문제」, 『독립신보』, 1946년 11월 23일.

5
해방전후사 연구 10년의 현황과 자료 | 이완범

해방전후사 연구 10년의 현황과 자료

이완범

1. 머리말

'해방전후사', 이는 한길사가 1979년 간행한 『해방전후사의 인식』이란 논문 모음집에서 처음 쓴 신조어로서 오늘날 한국은 물론 일본에서까지[1] 일반용어화되었다.

지금으로부터 40여 년 전인 1945년 8월 15일 해방을 전후한 시기를 한국현대사의 결정적인 대목으로 인식했던 한길사 편집진은 그 책 간행사에서 이 시기의 특징을 다음과 같이 적고 있다.

> 1945년 8월 15일의 해방을 전후한 한 시기는 오늘 우리들에게 그 무엇보다도 중요한 의미를 갖는다. 이민족의 오랜 식민 통치에서 해방이 되었건만, …… 이 해방은 그러나 어느새 민족과 국토의 분단이라는 비극을 온 민족에게 강요하는 상황이 또한 8월 15일 그날에 전개되기 시작했다.[2]

외세에 의하여 전개되기 시작한 분단이 그 후 안팎의 요인과 서로 얽혀 고정화되는 현실을 앞에 놓고 편자는 다음과 같이 글을 이어나갔다.

우리 민족과 국토에 왜 이러한 역사가 만들어졌는가? …… 우리는 민족사의 전진을 위해, 이 시대와 숙명적으로 대결하는 자세를 가다듬으면서 이 시대의 의미를 추적하지 않을 수 없다.[3]

당시까지만 해도 우리의 기억에 너무도 생생했고 가까웠기에 학문의 연구대상으로서 간주되지 않았으며, 거기에다가 냉전적 사고방식 또한 이 시기의 연구를 금기시했던 상황이었다. 1970년대 후반 암울했던 시대에 한길사는 이와 같은 금기를 깨면서 이 시대를 보는 시각을 다음과 같이 제시한다.

반세기가 가까워오는 해방 전후는 이제 학문 연구의 대상으로서 충분하다. …… 이 시대를 감정으로 …… 아니라 냉철한 민족사적 안목으로, 그리고 논리적으로 인식해야 한다.[4]

민족적·논리적 관점이라는 것은 오늘의 사회과학자에게도 지속적으로 견지되어야 할 올바른 관점이다. 특히 지금의 연구에서 논리적 엄밀성이 어느 정도나 달성되었는지 의문을 제기해볼 필요가 있다.

이 시대가 해명되지 않으면 사회과학의 맥락을 잡을 수 없다[5]는 야무진 문제제기로 맺고 있는 이 간행사를 보면서 10년이 지난 우리는 과연 이 시대를 만족스럽게 해명했는지 자기반성하게 된다.

분단시대 사회과학의 한 맥락을 잡기 위해서 기획된 『해방전후사의 인식』은 1979년 10월 26일 박정희 대통령의 암살 전후의 가장 어둡고 암울했던 시절에 출간되어 결국 '금서'의 딱지가 붙여진다. 그러나 금서의 딱지는 민중운동의 고조와 함께 무색해져버리고 결국 1980년대 사회과학 독서계 최고 베스트셀러의 왕좌에 오른다.

이후 거의 모든 사회과학 세미나에서 이 책은 필독서로서 읽히며, 한국 사회과학계 전반에 해방전후사 연구 붐을 조성하게 된다.

과연 그렇다면 왜 이러한 열기가 조성되었을까? 여러 가지 요인이 있겠지만, 아마 제일 중요한 것은 분단과 그 극복(=통일)에 대한 연구자와 대중들의 관심 때문이었을 것이다.[6] 분단구조화(분단고정화)의 가장 중요한 시기였던 해방 직후의 역사[7]가 밝혀져야만이 '우리의 소원은 통일'이라는 구호가 현실화될 수 있었던 것이다.

그러나 우리의 조국은 아직 분단된 채로 남아 있다. 해방전후사에 대한 관심이 분단구조에 대한 이해를 조성시켜 통일운동의 단초는 열어주었지만 아직도 요원한 실정이다. 이러한 상황의 부분적 책임이 해방전후사 연구의 현단계적 미흡성에 있다는 자책을 하면서, 이 글에서는 해방전후사 연구의 현황과 그 자료를 중심으로 연구사적 검토를 하고자 한다.

2. 연구의 현황과 반성

1) 예비적 고찰: 대상 설정과 기존 연구사 검토

엄밀히 말하자면 해방전후사 연구가 10년의 연륜만을 가지고 있는 것은 아니다. 해방전후사가 오직 한길사의 기획에 의하여 무에서 유로 솟아오른 것은 아닐 것이다. 『해방전후사의 인식』 1권의 전체 논문 12편 중 4분의 1인 3편은 기존에 발표되었던 것을 재수록했던 것이며 비슷한 주제의 논문을 개고(改稿)한 것도 상당수 있다. 따라서 1970년대 후반 발행되었던 계간지들 중 특히 『창작과 비평』에서 해방전후사 연구의 맹아적 분위기를 미약하나마 발견할 수 있다.

그러나 당시 연구는 이승만의 노선을 비판하면서도 그 대안으로서 같은 우익인 김구의 '민족' 노선을 부각하는 이념적 한계(냉전적 한계)를 가지고 있었으며[8] 여운형의 정치활동이 연대기적으로 '소개'되는 수준이었다.[9] 예를 들면 박헌영이나 김일성(혹은 북한현대사) 등에 대한 연구는 거의 10년의 세월을 기다려야만 했던 상황이었다. 『해방전후사의 인식』은 이러한 낮은 수준의 연구를 시각면에서 일부 계승하면서(특히 3부 김구, 이승만, 여운형 등의 정치지도자를 연구한 논문에서 두드러짐) 연구주제면에서 일부 지양(止揚)하려고 한 시도였다. 이후 1980년대에 이러한 시도를 계승한 후속 연구 붐이 조성되고 연구물들이 양산되었다.

이 글에서 연구 현황으로서 다루려고 하는 주된 저작들은 주로 1980년대에 국내에서 발표된 것이다. 그러나 1960년대와 1970년대의 선구적 업적도 보완적 범위에서 언급하기로 한다. 석사논문을 필두로 한 수많은 업적이 국내외에서 양산되었지만 이 모든 것을 포괄한다는 것은 지면관계상 불가능한 것이다. 1980년대 후반 이후 연구의 중심이 미국(일본)에서 국내로 이동하는 경향을 보이고 있으므로, 이 글의 주된 연구 범위를 국내에서 간행된 것으로 해도 크게 무리는 없을 것이다. 또한 석사논문 중 비중 있는 것은 대개 단행본이나 (부)정기간행물에 재수록되는 상황이므로 주로 단행본이나 (부)정기간행물에 수록된 글을 살펴볼 것이다. 연구의 큰 줄기나 경향을 파악하는 데 역시 무리는 없으리라. 또한 필자의 전공상 제약 때문에 주로 정치학·역사학적으로 의미가 있는 글을 대상으로 했다. 경제·사회·문화·교육 등의 다른 분과 연구도 본격적으로 다루어져야 하겠지만, 해방 후의 시기가 '정치의 시기'였으며 이 시기에 대한 연구를 정치학에서 선도한다는 부차적 이유 때문에 타 부문 연구는 다른 연구자의 글을 기대하기로 했다.

시간적 범위에 대하여 언급해보면, 이 글에서는 '해방직후사'를 다룬 연구를 중심으로 고찰하려고 한다. 1980년대 전반기의 해방전후사 연구는 주로 '미군정기'라고 일컬어지는[10] 해방후3년사에 치중된 편이다. 명실상부한 해방'전후'사보다 분단시대의 단초를 연 '해방직후사'에 주된 초점이 맞추어진 것이다. 그런데 '역사는 과거의 축적'이기에 시기구분은 있으되 단절이라는 것은 있을 수 없다. 따라서 해방직후사를 일제 말기 1940년대나[11] 한국전쟁기인 1950년대와 연결해보자는 흐름이 1980년대 후반에 제기되고 있다. 특히 남북한 대립의 첨예한 쟁점인 전쟁의 문제를 금기시했던 데 대항하여 이를 극복하고 연구하려는 젊은 연구자집단이 형성되어, 해방직후사를 벗어나 명실상부한 '한국현대사' 연구가 활성화되기 시작했다.[12] 이런 상황이므로 이 글의 고찰범위를 해방3년사에 대한 연구물을 중심으로 하되 전쟁기에 대한 연구도 살펴보아 '해방8년사'로의 확대 경향을 반영할 것이다.

지금까지 한국현대사에 관한 여러 선행 연구사적 검토나 '입문'이 간행되었다.[13] 가지무라(梶村)의 입문과 색인은 현대사 연구가 국내에서는 아직 본격적으로 연구되기 이전인 1980년대 초에 일본에서 간행된 것이기에 주로 일본 문헌 중심이며 영미 문헌과 한국에서의 고전적 연구를 소개하는 차원에 머무르고 있다. 이 문헌해제에서 한국현대사 초창기의 연구가 주로 외국 문헌, 특히 일본 문헌에 의하여 계몽되었던 상황을 읽을 수 있다. 그러나 초창기의 연구가 모두 일본 문헌을 인용하면서 이루어진 것은 아니다. 일본에서의 연구를 통하여 기본적인 시각이나 아이디어 같은 것을 제공받긴 했어도 '한국의' 현대사 연구였으므로 주된 자료는 거의 한국에서 간행된 것일 수밖에 없었다.

1980년대에 들어서야 한국현대사 연구의 중심은 역시 한국일 수밖에 없다는 필연적 법칙이 확인되기 시작한다. 폭발적인 연구 붐이 있고 난 후에 나온 와다 하루키(和田春樹)의 「해방전후사 연구의 시각과 과제」에서 브루스 커밍스(Bruce Cumings)나 존 메릴(John Merrill) 등의 연구가 소개되기도 하지만, 주된 연구경향과 1차자료는 주로 한국에서 간행된 것에 의존하고 있다.

1986년에 발표된 최장집의 연구현황 검토는 주로 시각과 방법론에 대한 문제제기였으며 그의 문제제기에 토대를 두어 많은 후속 연구가 이루어졌다.

이상의 연구사적 검토 이외에 몇 편의 방법론적 문제제기가 학계 내부에서 이루어졌으며,[14] 역사문제연구소에서 정리한 포괄적인 1·2차 자료목록이 미간행 형태로 배포되었고 세계출판사 『교양도서목록』 중 '한국현대사' 부분도 참고할 만하다.

또한 이 분야 전공자인 김학준이 정리한 『한국정치론: 연구의 현황과 방향』(한길사, 1983) 중 '해방3년의 정치사' 등 여러 부분에서 연구업적 및 연구되어야 할 주제들이 검토되고 있다. 이 책은 한국현대사 연구가 본격적으로 활성화되기 전에 나온 업적이라 이후의 연구경향을 반영하고 있지 못하며, 맹아기 이전에 나온 미국의 전통주의적이며 국제정치적 문헌에 상당 부분 의존하고 있는 한계가 있지만, 국내학계의 미성숙 때문에 그런 한계를 가질 수밖에 없었으므로 전반적으로 훌륭한 문헌해제로 평가받고 있다.

교육관계 문헌해제로는 동경에서 최서면이 일본어로 발행했던『한』(韓)이라는 잡지의 111·112호(1988)에 아베(阿部洋)가 모은 해방 후 한국 교육관계 자료·연구목록을 들 수 있는데, 특히 미국에 있는 자료에 대한 목록 부분에서는 꽤 애쓴 흔적이 보인다. 교육학 연구자뿐만 아니라 다른 분야 전공자도 한번쯤 검토해볼 만한 목록이다.

경제학 분야의 문헌목록은 앞서 언급한 역사문제연구소에서 편집한 미간행목록 중 '경제구조' 부분을 참조하면 될 것이다.

2) 연구의 구체적 현황

(1) 1960,[15] 70년대의 선구적 업적

『해방전후사의 인식』이 출간되기 이전의 '맹아기'에 발표된 선구적 저작을 살펴보면, 정치학 분야에서 이호재(1969년 초판),[16] 김학준(1975년 초판)[17] 등의 국내업적[18]과 조순승(1967년 초판)[19]이 미국에서 작성한 저작[20] 등을 들 수 있다. 3권의 책 모두 중판을 거듭하거나 번역되어 연구자들에게 읽히고 있다. 이들은 외국에서 연구한 경험이 있어서 그런지 한국문제를 보는 시각이 모두 국제적인 '미·소 대결'이라는 국제정치의 맥락에서 당시 국내정치를 조망하고 있다.

경제학 분야의 선구적 업적은 경제사 분야의 연구자가 대거 월북한 때문인지 남한학계에서는 이렇다 할 것이 별로 없다. '농지개혁'을 연구한 국내에서의 유인호[21]와 일본의 사쿠라이(櫻井浩)[22] 등이 돋보일 뿐이다.

역사학계에서는 1970년대까지 아직 시간적 거리가 가깝게 느껴져서 그런지 해방 후 시대에 관한 구체적 연구물이 전무한 실정이었다. 단지 '역사의 현재성'을 강조했던 강만길의 분단시대역사에 대한 계몽적 문제제기가 있었을 뿐이었다.[23] 따라서 『한국현대사』라는 이름 아래 신구문화사에서 1969년에 전5권(6권 부록은 연표)으로 간행한 계몽적 통사도 그 주된 범위를 1945년 8월 15일까지로 잡고 있다. 또한 해방 직전의 역사가 주된 탐구대상이었던 『한국현대사론』(한국신학연구소, 1979)도 사학자가 아닌 언론인 송건호가 집필했던 상황이었다.[24]

따라서 '해방3년사'는 당시 정치활동을 했던 송남헌(한민당원과 김규식 박사 비서 역임)이 현실감 있게 사료를 수집하여 정리할 수밖에 없었으며[25] 지금까지도 중판과 개정을 거듭하고 있다.[26] 전통주의(traditionalism)[27]적인 이야기체식(narrative) 역사서로서 이 분야의 평이한 입문서로 평가받고 있다. 또한 실제로 공산주의 운동에 종사했던 김남식의 『실록 남로당』이 1975년에 실현실사에서 간행되었으며[28] 1984년 돌베개에 의하여 『남로당연구』로 개제되어 역시 이 분야 연구의 고전으로서 자리를 굳힌다.

문학 쪽에서는 이 분야의 전문적 연구자들이 '자신의 문학적 전통'에 계속 애정이 있어서 그런지 비교적 지속적인 연구가 있어왔다. 일찍이 이 시기를 '해방공간'이라고 명명한 김윤식의 선구적 업적[29]을 비롯하여 염무웅의 연구[30] 등 문학평론가 그룹에서 주로 연구가 이루어졌다.

(2) 『해방전후사의 인식』 출간과 1980년대 초반 類書의 출간

"미군정과 민족분단, 친일·반민족세력의 실상과 해방 직후의 경제구조"를 해명하기 위하여 1979년 출판된 『해방전후사의 인식』은 우리의 역사인식을 전환해놓음으로써 한국현대사 연구에서 가히 기폭제 역할을 했던 것이다.[31] 이러한 기획이 성공한 데에는 여러 가지 요인이 있다. 그중 제일 중요한 것은 전술한 바와 같이 대중들의 욕구(수요)라고 할 수 있다. 1980년대 '민족·민주운동'의 성장과 『해방전후사의 인식』으로 대표되는 사회과학 도서의 발행부수 증가는 밀접한 상관관계를 가지고 있는 것이다. 이러한 상황적 요인 외에도 기획의 참신성이나 기존의 맹아기적 연구를 묶어줄 기획이 없었던 것도 성공요인인 것이다.

기존의 선구적 연구업적을 일부 계승하면서 연구조차 금기시되던 풍토를 극복하고자 노력한 시도를 이 책에서 엿볼 수 있다. 이념적·방법적인 면에서 볼 때 이 기획이 그전의 전통주의적 틀에서 확연히 구별되는 것은 아니었다. 그것보다 『해방전후사의 인식』이 새로운 연구 주제와 내용을 설정하여 금단의 영역을 깼다는 데서 그 의의를 찾을 수 있는 것이다. 따라서 1980년대 중반 이후 '시각의 전환'을 꾀한 연구물들과 비교해볼 때, 시각면에서 아직 '민족주의의 틀'을 못 벗어나 있는 것을 발견할 수 있다. '이즘(ism)이냐 민족이냐'를 두고 고민하면서 우익독재의 이즘(이념)에 대한 대안으로서 '민족주의'를 택할 수밖에 없었던 상황이었다(송건호, 「해방의 민족사적 인식」). 미군정의 우익지향적인 '이데올로기편협성'을 비판하면서도 그 정치사적 평가를 한국 민족주의의 틀 안에서 하고 있는 것이다(진덕규,「미군정의 정치사적 인식」). 친일·반민족세력의 실상을 파헤쳐 일제 잔재의 척결을 강조하기는 했지만(오익환·임종국의 글)[32] 실제 정치지도자를 다루는 부분에서는 이승만노선을 '재검토'한 후(김도현, 「이승만노선의 재검토」) 그 대안으로서 김구의 행동을 '재조명'하거나(백기완, 「김구의 사상과 행동의 재조명」) 여운형의 활동을 소개하는 차원에 머물러(이동화, 「8·15를 전후한 여운형의 정치활동」) 있었던 것이다.

경제학 부분에서는 구체적인 민중운동의 차원이 아닌 정부의 '정책'이라는 차원에서 문제를 보고 있는 점(유인호·이종훈의 연구)이 구태여 지적할 수 있는 한계라면 한계지만 역시 금기시되던 주제를 부각했다는 점에서는 아무리 높게 평가해도 지나치지 않는다.

문학 부분을 다룬 두 편의 논문 가운데 임헌영의 「해방 후 한국문학의 양상」은 외부적 압력 때문에 중판부터 삭제되었으나, 최근의 개정판(1989년판)에는 다시 수록되었다. 이 분야 논문(염무웅의 글)은 맹아기의 연구임에도 불구하고 연구자가 해방 직후 간행된 작품을 폭넓게 접할 수 있었던 세대인지라, 깊이 있는 연구라고 평가할 수 있다.

『해방전후사의 인식』이 베스트셀러 지위에 오르자 학계에서는 현대사에 대한 관심을 제기하기 시작했으며[33] 출판계에서는 비슷한 시기를 다룬 유서(類書)들이 경쟁적으로 간행되기 시작한다. 대표적인 것으로서 1982년 10월에 돌베개에서 간행한 『한국현대사의 재조명』과 곧이어 1983년 2월 일월서각에서 간행한 『분단전후의 현대사』를 들 수 있다.[34] 이 두 권의 기획은 주로 외국에서 활동하고 있는 학자들의 논문을 번역해서 싣고 있다. 이것은 아직까지 국내의 연구자가 『해방전후사의 인식』 출간 이후 별다른 업적을 생산해내지 못했다는 사실을 증명해준다. 즉 『해방전후사의 인식』 출간이 가져다준 '독서 붐'이 아직 한국현대사 '연구 붐'을 조성하지는 못했으며 이러한 연구 붐이 조성되기에는 『해방전후사의 인식』과 두 권의 편역서를 읽은 학생들이 전문연구자가 될 때까지 적어도 2, 3년은 기다려야만 했다.

두 권의 편역서 출간의 연구사적 의의 가운데 가장 대표적인 것은 역시 콜코 부처(Gabriel and Joyce Kolko)와 브루스 커밍스 등 이른바 수정주의(revisionism) 정치학자들의 일부 연구업적을 국내학계에 소개한 것이다.[35] 이것이 두 책의 판금요인이기도 했지만 이는 두 기획의 절대적인 공헌이다. 수년 내로 겪게 된 이른바 '제3세대적 시각전환'은 바로 커밍스와 콜코 부처 등의 저작이 국내에 소개된 '충격' 때문에 가능했을 것이다.

(3) 1980년대 중반: 연구 붐의 조성과 축적된 연구성과의 정리

1980년대 중반 이전 심지연[36]이라는 전문연구자가 등장하지만, 그의 본격적인 후속 연구 역시 1980년대 중반 이후에 등장하므로 그도 역시 1980년대 중반에 조성된 연구 붐에 상호 영향을 주고받은 선구적 연구자라 할 수 있다. 미군정기 한국현대사를 "민족주체세력과 외세의존세력 간의 갈등과 대립의 과정"으로 파악한 그는 이전까지 감히 비판할 수 없었던 정통보수당의 본령 한민당을 '외세의존세력'으로 비판하고 있다.[37]

이렇게 실증적 자료에 토대를 두어 부수적 분위기를 비판하는 새로운 학풍의 단초가 바로 당시 1980년대 중반 조성된 한국현대사 연구 붐과 연결된다.

정치학·경제학·사회학·교육학 등 사회과학계와 역사학계 일부의 소장 연구자들 사이에서 조성된 붐은 기존 연구자와 결합하여 일군의 '진보적' 연구자그룹과 개인을 형성한다. 이렇게 형성된 학풍은 학위논문이나 세미나의 연구발표 등을 통하여 축적되게 되는데, 1980년 중반 이후 연구성과가 본격적으로 정리되기에 이른다.

1980년대 중반 이후 후반까지의 연구성과는 단행본과 계간지를 통하여 표출된다. 진보적 학술운동단체인 역사문제연구소와 한국역사연구회가 공동으로 편집하는 『역사비평』(1987년 이후 부정기적으로 간행되기 시작하다가 1988년 여름 이후 계간으로 간행)이나 각 연구단체의 회보를 통하여 정리되기도 하고 『창작과 비평』이나 『문학과 사회』, 『실천문학』 등 계간 문학지나 『한국사회연구』[38] 『오늘의 책』의 일부를 장식하기도 한다. 계간지에 수록된 글은 체계적 기획성이 약간 떨어지며, '현대사'만을 주로 싣고 있는 계간지는 없는 실정이다. 따라서 연구의 구체적 경향에 대한 파악은 단행본을 통하는 것이 빠른 길이다.

1983년 2월 『분단전후의 현대사』 출간 이후 처음으로 나온 한국현대사 논문모음 단행본은 해방 40년이 된 해인 1985년 4월에 나온 『분단시대와 한국사회』(까치)다.[39] 이를 필두로 1985년 한 해 동안 『해방40년의 재인식』 I (돌베개), 『한국현대사』 I (열음사), 『해방전후사의 인식』 2 (한길사) 등이 순서대로 간행되었다.[40]

『분단시대와 한국사회』는 이효재 교수의 회갑기념논집으로 간행되어서 그런지 소장연구자보다는 1970년대의 민주화운동과정에서 탄압받았던 인사들이 중심적인 필자다. 분단극복을 위한 사회학자의 현실인식을 강조하여 '분단사회학'이란 조어를 만들어낸 이효재 교수의 뜻에 따라 전 논문이 '분노'의 문제와 연결되어 기획되었는데, 찬·반탁논쟁을 다룬 송건호의 글과 경제적 측면에서 남·북 분단을 다룬 박현채의 글 외에 학생운동을 다룬 이재오의 글, 언론을 다룬 최민지의 글 등이 해방직후사를 주제로 한 논문이다.

해방 40주년을 기념하여 기획된 돌베개의 『해방40년의 재인식』은 I·II

권으로 되어 있는데 1945년부터 1980년대까지를 ① 8·15~6·25, ② 6·25~1965년 한일협정, ③ 한일협정~10월유신, ④ '유신체제', ⑤ 1980년대 이후의 시기 등 5단계로 구분하여 4월혁명까지를 제1권에 담고 있다. 이 기획에서 비로소 소장연구자들이 대거 등장한다. '해방과 분단'을 다룬 4편의 논문 중 기존 연구자의 것이 2편(미국의 초기 대한점령정책을 다룬 진덕규의 글과 통일운동을 다룬 송건호의 글)이며 소장연구자의 것이 2편(장상환의 경제구조론과 고현진의 노동운동론)이므로 수적인 면에서만 보면 대등한 수준에 올라 있는 상황이다.

최장집 교수가 편집한 『한국현대사』 I은 새로운 세대의 사회과학도가 본격적으로 등장하는 최초의 기획이다. 이 책에는 노동운동을 다룬 나카오(中尾美知子)·나카니시(中西洋)의 글과 니이로(新納豊)의 한국 경제구조 형성에 관한 글, 미국의 국립문서보관소(The National Archives) 보관 자료에 관한 선더스(Jack Saunders)의 해제 등이 번역되어 실렸다. 여기에다가 기왕에 쓰인 조순승의 글을 제외하고 나머지 8편의 글은 1980년대 이후 등장한 젊은 연구자들이 국내에서 쓴 글이다. 그때까지 학계를 지배하고 있는 전통주의적 세계관을 수정하려는 수정주의의 입장에 서 있는 젊은 세대와 기존의 선구적 연구자들 사이에서 젊은 세대를 이끄는 중견연구자 최장집의 '문제제기'와 '서설'이 한국현대사 연구에 참신한 충격을 던져주었다. 또한 농업경제학 분야의 중견연구자 황한식의 농지개혁 연구도 상당히 본격적인 수준에서 전개되고 있다. 이상 언급한 논문 외에 나머지 6편의 글은 모두 석사학위논문을 작성한 뒤 이를 정리하거나 비슷한 다른 주제를 논구한 '데뷔작'이다. 몽양 여운형에 관한 석사논문[41]을 발표했던 김광식은 가히 젊은 현대사 연구자의 선두주자 격 인물이다. 그의 '미군정'에 관련된 연구와 여운형의 정치활동에 관한 두 편의 글은 모두 전 시대의 전통주의적 연구를 비판하는 것에서 출발하고 있다.

좌우합작을 다룬 안정애의 글[42]이나 이승만정권의 이데올로기를 연구한 최봉대의 글, 초기 군부[43]를 다룬 허장의 글은 모두 석사학위논문을 재수록한 것이며, 안철현의 남북협상 연구는 필자의 석사학위논문[44]과 연관된 주제인 것이다.

따라서 반 정도의 논문이 석사급 연구자의 업적으로서 가히 새 세대의 등장을 알리는 기념비적 기획이라고 할 수 있다.

최장집 교수의 기획에 연이어 출간된 『해방전후사의 인식』 2권은 해방전후사의 기초적 시각을 제시하는 입문으로서 출간된 1권을 좀더 구체화·실증화하려고 시도된 기획이다. 1권에 비하여 운동사가 강화되었고 이념적 지향점이 보다 뚜렷해진 것이 특색이다. 1권이 문자 그대로 '입문'이자 '계몽서'인 데 비하여 2권은 이론적이고 논리적인 '연구서'로서의 성격을 가지고 있다. 따라서 1권과 2권 사이에 한국현대사 연구가 '계몽적 입문'의 수준에서 '본격적 연구'의 수준으로 한 단계 진보했음을 읽을 수 있다. 또한 필자면에서는 김광식(「정치지도자노선 비교연구」), 홍인숙(「건국준비위원회에 관한 연구」), 장상환(「농지개혁의 실증적 연구」), 성한표(「9월총파업에 관한 연구」), 이광호(「미군정의 교육정책 연구」) 등 석사 수준의 젊은 연구자가 등장했던 점이 돋보인다.

분단시대를 식민지시대와 연결해 고찰할 것을 주장할 강만길은 위 책에서 분단을 미·소 간 국제정치의 산물로 보는 전통주의적 외인론(분단의 책임은 미·소에 있다는 입장)에 대하여 식민지시대의 좌우분열에서 그 원인을 찾는 '주체적' 내인론을 제시했다.[45] 그런데 최근에는 이러한 내인론을 '외세의 책임을 희석시키는 과오'라고 비판하는 '새로운 외인론'(분단의 책임이 미국에 있다는 입장)이 반미운동의 출현과 함께 새로이 등장했다.[46] 이후에도 계속 분단의 원인에 대한 논쟁이 진행되어, 내인론의 진보적 측면에 새로운 외인론의 입장에서 수용하여 이를 복합화한 이론(즉 외인은 내인 없이 발현이 불가능하므로 외인으로서의 미국과 내인으로서의 우파에 그 책임을 두는 이론)이 출현했다.[47]

김남식의 「박헌영과 8월테제」는 『해방전후사의 인식』 1권에서 공산주의지도자에 대한 모노그래프적 연구를 하지 못했던 데에 비해서 한 걸음 진보한 것이라고 할 수 있다.

임종국(「제1공화국과 친일세력」), 박현채(「남북농업과 분단의 민족경제사적 위치」), 황한식(「미군정하 토지개혁정책」), 임헌영(「해방 직후 지식인[48]의 민족현실 의식」), 김윤식(「해방공간의 문학」) 등은 모두 이 분야에 선구적 업적을 이미 내놓았던 연구자로서 이전 업적을 한층 심화한 연구라고 평가할 수 있다.

　1986년에는 눈에 띄는 기획이 별로 없는 편이다.[49] 단지 개인에 의한 단독연구나 번역 등이 있을 뿐이다. 꾸준히 연구를 지속해왔던 심지연이 이전 저서에서와 같이 자신의 논문과 자료를 묶어『해방정국논쟁사』(한울)를 펴냈는데, 당시 살포되었던 삐라가 집중 수록되어 있는 귀중한 자료집이다. 또한 심지연은 김남식과 공편으로『박헌영노선비판』(세계)을 기획했는데, 이전까지 '불온문서'로 묶여 일반독자가 구경조차하지 못했던 귀중한 1차자료가 수록되어 있다. 이전 시대의 상황이 박헌영과 같은 공산주의자에 대한 연구를 금기시하던 데에 비하면 역시 한 걸음 진보한 것이라고 볼 수 있다.

　전술한 바와 같이 한국현대사 연구의 권위자 브루스 커밍스가 1981년에 간행한『한국전쟁의 기원』제1권이 1986년에야 비로소 경쟁적으로 완역된 것이 특기할 만하다.

　또한 스칼라피노와 이정식의 1972년 저작『한국의 공산주의』제1권(운동)이『한국공산주의운동사』라는 이름 아래 돌베개에서 간행되었는데(전 3권 중 앞의 두 권은 1986년에, 3권은 1987년에 나왔음), 번역자(한홍구)가 인용문을 일일이 찾아서 확인했기 때문에 영문 원서보다 충실하다는 평가를 받고 있다.

　한편 '한국민중사연구회'에서 공동작업하여 1986년 간행한 통사『한국민중사』전2권 중 둘째 권이 이 근현대에 해당하는 부분이다. 이 책은 1980년대 후반 등장하기 시작한 공동작업의 첫 경우로서 집필자와 출판사 관계자가 당국의 사법심사를 받게 되자 역사학계의 반발을 사게 된다.[50] 이 사건 이후 사회과학자가 주도하는 한국현대사 학계에 역사학자들의 참여가 본격적으로 드러나기 시작한다.[51]

(4) 1980년대 후반: 공동연구의 활성화와 새로운 주제의 등장

공동연구를 목적으로 1986년 2월 창설된 역사문제연구소는 1987년『역사비평』을 창간하여 한국현대사에 관한 특집과 개별 연구에 상당부분 지면을 할애하고 있다.[52] 이러한 경향은 1980년대 후반 진보적 학술운동단체가 조성한 공동연구의 분위기를 반영한 것이다.

서울대 국사학과 한국현대사연구회에서는 공동연구를 통한 심포지엄의 결과물로서『해방정국과 민족통일전선』(세계)을 1987년 간행한다.

좌익운동론의 중심적 주제를 이루는 통일전선과 혁명론에 대한 다양한 관심이 1987년과 1988년 전반기에 광범위하게 개진되기 시작한다. 이의 결과물로서 등장한 저작을 열거해보면 앞의『해방정국과 민족통일전선』외에 다음과 같은 것이 있다.

심지연 편,『조선혁명론 연구』(실천문학사, 1987).

김광식,「8·15 직후의 사회성격 연구: 변혁단계론을 중심으로」,『산업사회연구』제2집(1987), 48~74쪽.

여현덕,「8·15 직후 민주주의논쟁」,『해방전후사의 인식』3(한길사, 1987), 23~75쪽.

김익한·임헌영·이완범·이윤희·정철영,「8·15 직후 사회주의자들의 민주주의혁명론」,『한국 근현대 변혁운동과 민주주의』(역사문제연구소 개소2주년기념 심포지엄, 1988. 2. 27), 15~20쪽.

「특집: 한국 근현대사와 통일전선론」,『역사비평』, 1988년 봄호, 57~218쪽.

해방3년사연구회 편,『해방정국과 조선혁명론』(대야출판사, 1988).

통일전선과 혁명론 외에 좌익의 노선에 대한 평가도 집중적으로 탐구되기 시작했다. 이는 남로당계열의 노선을 북로당계열의 노선과 비교하여 비교적 긍정적으로 평가하는 쪽과 평가절하하는 쪽으로 나누어볼 수 있다. 다소 도식적 분류이긴 하지만 양쪽의 연구를 열거해보면 다음과 같다. 먼저 비판적으로 보는 연구자는 선구적 연구자 김남식 외에 이재화[53]·조진경[54] 등을 들 수 있다.[55] 이들은 식민지시대 조공과 그 재건운동에 정통성을 두어 해방 후 남로당의 노선을 높게 평가하려는 '음모'[56]를 비판하면서 식민지시대 민족해방운동의 정통적 흐름을 만주의 항일투쟁에 둔다. 또한 해방 후 남한에서 '진보세력'을 통일전선 내로 견인하지 못한 남로당의 배타주의적이며 '종파주의적'인 전략전술적 오류를 신랄하게 비판한다.[57] 또한 『역사비평』 1989년 여름호에 수록된 정병준의 논문 「박헌영·남로당 노선 무엇이 문제인가」에서도 박헌영·남로당노선에 대한 본격적인 비판이 행해지고 있다.

반면 남로당의 노선을 '이해'하는 쪽에서는 남로당이 대미인식(對美認識)상 전술적 오류를 범한 것은 인정하지만 이 오류는 '미군의 주둔'이라는 객관적 악조건에서 나온 어쩔 수 없는 것이라고 이해한다. 다음의 이러한 입장에 서 있는 논문으로는 김익한, 「분단전후기의 민족·계급문제」, 『서강』 제17호(1987), 251~69쪽; 양동주, 「민주주의민족전선 연구」(고대 정외과 석사학위논문, 1986); 이철순, 「해방 직후 좌익세력의 대미인식에 관한 연구」(서울대 정치학과 석사학위논문, 1988); 이미숙, 「박헌영·남로당에 대한 비판을 비판한다」, 『역사비평』, 1989년 여름, 256~76쪽 등이 있다.

이러한 좌익운동에 관한 논의는 1946년 10월 이후의 민중운동에 대한 관심과 연결되어 1948년과 1950년 사이에 전개된 남한에서의 무장투쟁을 어떻게 볼 것이냐로 발전되었다. 이 시기 무장투쟁은 주로 지방에서 전개되었는데 이를 연구하기 위해서는 먼저 중앙 편중의 연구 경향을 극복하고 지방정치에 대한 실증적이며 구체적 연구가 필요했다. 지방에서의 민중운동에 관심의 초점을 맞추어 꾸준히 진행된 연구에는 다음과 같은 것이 있다.

정해구, 「10월인민항쟁의 전개과정과 성격에 관한 일연구」(고대 정외과 석사학위논문, 1987); 「해방 직후 대구지방 정치의 전개과정」, 『역사비평』 제1집(1987), 73~98쪽; 『10월인민항쟁 연구』(열음사, 1988).

김창진, 「8·15 직후 광주지방에서의 정치투쟁의 전개에 관한 한 연구」(고대 정외과 석사학위논문, 1986); 김창진, 「8·15 직후 광주지방에서의 정치투쟁」,『역사비평』제1집(1987), 99~135쪽.

이윤희,「미군정기 인천에서의 좌·우투쟁의 전개」,『역사비평』, 1989년 봄호, 195~218쪽.

해방 직후의 지방정치 연구는 주로 1988년에 들어와서 1948년의 무장봉기 즉 제주도 4·3사건,[58] 여순사건[59] 등에 대한 연구로 이어진다.

이렇게 전통적인 주제에서 벗어나 새로운 주제가 전면에 등장하기 시작한 상황에서 기획된 것이『해방전후사의 인식』3(1987)이다. 부제인 '정치·사회운동의 혁명적 전개와 사상적 노선'에서 알 수 있듯이, 이 기획의 중심은 '혁명적인 상황에서 전개된 운동'이다.『해방전후사의 인식』2보다 소장연구자의 진출이 더 두드러지는데 11명의 필자 중 석사급의 연구자가 7명이나 된다.

정치·사회운동을 보는 시각을 정립한 박현채의 글을 필두로 정치운동을 다룬 글 6편(민주주의논쟁에 관한 여현덕, 민주주의민족전선을 좌익운동의 차원에서 고찰한 양동주, 3당합동[60]에 관한 김남식, 국가기구로서의 군정과 경찰[61]기구의 형성을 논한 안진, 탁치문제를 정치운동과 연관시켜 고찰한 이완범의 글)과 사회운동을 다룬 글 3편(노동운동의 김태승, 농민운동의 박혜숙, 여순사건을 운동의 차원에서 논한 황남준의 글)의 연구가 이어진다. 마지막으로 문학부문에서의 부동의 필자 임헌영의 글[62]과 교육부문에서 '문화적 제국주의'라는 시각의 전환을 꾀한 한준상의 글이 대미를 장식한다.

첫 번째 기획이 계몽적 성격을 가지고 있다면 세 번째 기획은 그간의 '해방전후사' 연구를 주제면에서나 시각면에서 총결산한 것이라고 할 수 있다. 따라서 1권보다 조금 어렵긴 하지만, 그간 심화된 연구수준을 반영하기에 다소 전문성을 띨 수밖에 없었던 것이 아닌가 한다.

1988년에 들어서 현대사 연구자들 사이에 새로 등장하기 시작한 연구주제는 '한국전쟁'이다. 전술한 바와 같이 좌익의 운동론에 대한 관심이 빨치산운동에 대한 관심으로 집약되더니, 이제 급기야는 '금단의 주제' 한국전쟁으로 옮아가게 된 것이다. 외국에서 발표한 문헌을 편역한 김동춘

편, 『한국현대사연구』 I(이성과현실사, 1988)에서는 기존의 해방3년사에 치우친 연구경향을 극복하고 해방5년사 내지는 해방8년사까지로 그 범위를 확장하고 있다. 따라서 현재는 해방3년사에 대한 연구는 시들해지고 그 이후의 시대로 연구 중심이 옮아가고 있다.

기존의 한국전쟁 연구계에는 전통주의적이며 전사적 문헌이 지배적이었다.[63] 전쟁의 원인문제를 정리해보면 초기에는 한국전쟁의 성격을 국제전 내지는 대리전으로 보는 외인론이 지배적이었다. 스탈린주도설, 중소 공모설 등의 반소·반공적이며 전통주의적인 외인론에 대한 전통주의자의 내부적 수정이 시몬스(Robert R. Simmons)에 의하여 이루어졌다. 1975년에 간행된 그의 저작이 『한국내전』(열사람, 1988)이라는 제목으로 번역되었는데, 그는 한국전쟁을 미국의 남북전쟁(Civil War)에 비견되는 '한국내전'(Korean Civil War)으로 파악하고 있다. 그의 내전 규정에서 '내'의 범위는 남북한 모두다. 즉 김일성과 박헌영 사이의 권력투쟁이 한국전쟁의 원인이 되었다는 주장이다.[64]

전통주의적이며 반소적 문헌에 비하여 최근에 번역·편역된 수정주의적인 다음 문헌들은 미국에 대해 비판적이다.[65]

I. F. 스토운, 『비사 한국전쟁』(신학문사, 1988).

K. 굽타 외, 정대화 편역, 『한국전쟁은 어떻게 시작되었나』(신학문사, 1988).

존 R. 메릴, 『침략인가 해방전쟁인가: 한국전쟁의 국내적 배경, 1948-1950』(과학과사상, 1988).

데이비드 콩드, 『한국전쟁: 또 하나의 시각』 전2권(과학과사상, 1988).[66]

W. 버쳇, 『북한현대사』(신학문사, 1988).

김주환 편, 『미국의 세계전략과 한국전쟁』(청사, 1989).

전쟁의 원인을 보는 데 초기의 수정주의자들은 초기의 전통주의자들이 그랬던 것과 같이 외인론적 견해를 개진하는데, 즉 미국(중앙 정부차원이건 동경의 맥아더[콜코와 스튜크]이건 간에)이 한국전쟁을 일으켰거나(굽

타) 아니면 적어도 남침을 유도(provoke)했다는 주장을 하고 있다. 이에 비하여 메릴은 한국전쟁을 내전으로 규정하면서, 한국전쟁은 1950년 6월 25일에 시작된 것이 아니라 오히려 이날 내전의 막이 내린 것이라고 주장했다. 즉 1948년부터 시작된 남한에서의 내전 상황에 북한이 1950년 6월 개입함으로써 내전은 종결되고 전쟁이 확대되었다는 것이다. 따라서 그의 내전 규정에서 '내'의 범위는 남한에 한정된 것이다. 그런데 커밍스는 분단과 전쟁의 원인을 보는 데 외인론자인가 내인론자인가? 전쟁의 기원을 살펴보는 데 1950년보다 훨씬 올려잡아 식민지시대부터 고찰하고 있으며 사회경제적 모순에서부터 분단과 전쟁의 원인을 도출하므로 내인론자로서의 성격을 가지고 있기는 하지만, 분단의 책임면에서 미·소·남한·북한 모두에 책임을 지우면서도 미국에 1차적으로 책임을 돌리므로[67] 외인론자의 성격도 가지고 있는 듯하다. 더구나 최근에는 『한국전쟁의 기원』 제2권(1990년 간행)에서 '애치슨발언'을 미국의 남침유도 음모로서 파악하고 있기에[68] 외인론적인 '남침유도설'에 기울어져 있는 듯하다.

   이상의 수정주의적 문헌의 번역본이 나오기 전에 이의 원본을 탐독하여 박사논문을 작성한 이대근의 『한국전쟁과 1950년대의 자본축적』(까치, 1987)은 한국전쟁 연구의 선구적 업적이다.[69] 이렇게 외국 문헌을 번역·소개하는 초급단계에서 벗어나 본격적 연구를 행하여야 한다는 반성이 제기되는 가운데 기획된 것이 『사회와 사상』 1989년 6월호 특집 '끝나지 않은 전쟁: 한국전쟁 연구의 신화와 현실'이다. 그전에 간행된 연구물로는 이태의 빨치산 소설 『남부군』이 베스트셀러가 되었을 때 기획된 『역사비평』(1988년 가을)의 「한국현대사의 증언: 6·25와 빨치산」[70]이 있으며, 역시 『역사비평』(1989년 여름)의 「북한과 미국과 6·25」 특집 또한 본격적인 연구라고 할 수 있다. 한편 김명섭의 1988년 연대 정치학과 석사학위논문 「분단구조화의 과정에서 본 한국전쟁의 의미」도 대표적 업적이다. 그는 한국전쟁을 통일한국사 속에서 어떻게 자리매김할 것인지 논구하고 있다. 한국전쟁을 둘러싼 기존의 논쟁이 '누가 왜 일으켰냐'는 기원문제에 쏠리고 있는 경향에 문제를 제기한 그는 전쟁의 전개과정, 분단구조화에 미친 영향 등으로 관심을 돌릴 것을 주장한다. 따라서 현시기에 떠오르는 연구 주제는 한국전쟁의 기원이라기보다는 구체적 전개과정과 그 결과인 것이다. 이것이 연구되어야 전쟁 이전과 이후를 매끄럽게 연결할 수 있으며 전체 한국사 속에서 차지하는 한국전쟁의 의미를 되새길 수 있을 것이다.[71]

'한국전쟁'이라는 금단의 영역과 더불어 거의 같은 시기에 등장한 주제가 '북한현대사'라고 할 수 있다.

1988년 후반기부터 1989년 전반기까지의 북한원전 출간 붐이 조성된 시기를 전후해서 사회과학계를 중심으로 북한현대사 연구 학위논문이 양산되기 시작했다.[72]

김용복,「해방 직후 북한의 정권기관에 관한 연구」(서울대 정치학과 석사학위논문, 1988).

이종석,「북한지도집단의 항일무장투쟁의 '역사적 경험'에 대한 연구」(성대 정외과 석사학위논문, 1988).

박현선,「북한여성의 지위와 역할에 관한 연구(1945. 8~1947. 2)」(이대 사회학과 석사학위논문, 1988).

서인석,「'북조선민주주의민족통일전선'(1945. 8. 15~1946. 12. 末)의 전개과정과 성격에 관한 연구」(성대 정외과 석사학위논문, 1988).

김주환,「북한에서의 인민민주주의혁명(8·15~한국전쟁 이전)에 관한 연구」(연대 정치학과 석사학위논문, 1988).

이승현,「해방 직후 북한좌익세력의 당조직형태 변화에 관한 연구」(연대 정치학과 석사학위논문, 1988).

이들은 기존의 북한 연구가 관변 쪽 인사들에 의하여 전통주의적으로 수행되어왔다고 지적하면서, 이를 비판적으로 인식하여 '북한의 실상'을 파악하려고 시도한다. 방법론적인 면에서 기존 연구가 "결속되어 있지도 않은 파벌을 고의로 공고화시켜 파벌투쟁의 차원에서 고찰하고 있다"(상부구조 중심으로 고찰)고 비판하면서, 그 대안적 접근으로서 '정책대결'의 시각에서 문제를 볼 것(토대와 상부구조를 연관시킴)을 제안했다.[73]

이러한 학위논문을 중심으로 한길사에서 『해방전후사의 인식』 5권의 기획이 진행 중이며, 연세대학교 대학원 북한현대사연구회에서는 국내의 논문과 북한·소련·일본의 연구를 소개하며 자료를 덧붙인 기획 『북한현대사: 연구와 자료』 1(공동체, 1989)을 간행했다.

위에서 언급한 본격적 연구 외에 입문 격의 단편적 글들은 여러 간행물에 수록되어 있다.[74]

1989년 한국역사연구회에서 간행한 통사 『한국사강의』(한울)에서는 "대학 한국사 교육, 현대사 강의가 없다"[75]는 자체 내 반성을 반영하는 듯 현대사 부분이 큰 비중을 차지하며 북한·한국전쟁 연구 등 최근의 관심을 상당 부분 수용하고 있다.[76]

진보적 학술운동단체인 한국정치연구원 회장으로 있는 이수인이 1980년대 중반 기획하여 최근 간행한 『한국현대정치사』 제1권 『미군점령시대의 정치사』(실천문학사, 1989)에서는 1980년대 중반까지의 학문적 성과를 수렴하려고 애쓴 흔적이 보인다. 그런데 이 기획은 이전의 유서와 다른 특징을 가지고 있는 것도 사실이다. 그전의 논문집들이 "입장이 뚜렷하지 못한" 한계를 가지고 있다는 점을 비판하면서 이 기획에서는 비교적 확실한 입장을 일관되게 견지하고 있다. 노동·농민운동 등에 대한 전문가(성한표·이우재)의 글이 실린 점이나 이승만(신병식)[77]·김구(서중석)의 정치노선에 대하여 여운형(유기철)·박헌영(김봉우)의 정치노선을 대비적으로 부각하려고 한 점이 그러하다.

이와는 달리 시각면에서 다양한 가설이 제기되고 있는 기획으로는 서울대 사회학과 중심의 한국사회사연구회가 1988년 10월경에 편집 완료한 논집 13집 『해방 직후의 민족문제와 사회운동』을 들 수 있다. 외인론자 신용하의 독특한 '포츠담밀약설'이 선두를 장식하면서 전통적 중심 주제인 '분단'을 주제로 한 논문 3편(신용하·최봉대·정일준)이 중심을 이룬다. 정일준의 서울대 사회학과 석사학위논문 「해방 직후 분단국가 형성 과정에 대한 일고찰」(1988)을 수정 없이 재수록한 글에서는 포괄적인 참고문헌 정리가 돋보인다. 그외에 경찰에 관한 안진의 논문이 있으며 농민운동(이혜숙)·토지개혁(신기현)에 대한 새로운 접근이 대미를 장식한다.

이렇게 볼 때 1980년대 후반은 한국현대사에 관한 한 시각전환과 새로운 주제(운동사, 한국전쟁, 북한)가 부각되는 시대이면서 백가쟁명(百家爭鳴)의 시대이기도 한 것이다.

3) 연구의 경향과 반성

이상에서 살펴본 구체적 연구성과를 바탕으로 연구의 경향을 개괄해볼 때 연구내용이 비약적으로 발전했음을 알 수 있다. 이러한 발전은 연구자의 수적 증대가 있지 않고는 불가능한 것이다. 연구자의 수가 증대하기 위해서는 기존 연구자 외에 신진 연구자가 등장하여야 한다. 따라서 '소장연구자'의 등장이 제1의 경향성으로 지적될 수 있다. 또한 소장연구자들은 하나의 동질적인 '연구자집단'을 형성하여 공동 연구물들을 확대재생산하고 있다. 연구 주체면에서 개인 중심의 연구를 지양하고 집단연구를 지향하고 있는 것이 제2의 경향성이다. 한편 소장연구자들은 전통주의적인 기존 연구자들과 달리 진보적 입장을 명확히 하고 있다. 이러한 시각의 전환이 제3의 경향성이다. 세 가지 경향성과 더불어 1980년대 중반 이후 한국현대사 연구의 중심이 외국에서 한국으로 전이되었음을 첨가할 수 있는 바, 이는 국내 연구의 비약적 발전 때문에 가능한 것이었다. 이제 세 가지 경향을 좀더 자세히 살펴볼 것이다.

앞서 언급한 1960·70년대의 선구자적 연구자 이호재·김남식·송남헌 등은 한국현대사 연구 제1세대[78]라고 할 수 있다. 이들은 시각면에서는 기존의 전통주의적 입장과 방법론을 벗어나지 않고 있다. 기본적으로 '반공'의 틀에서 감히 벗어나지 못했으며 미국을 '해방자'로서 인식해야만 하는 그런 분위기에서 글을 써야만 했다. 그렇지만 이들 선구자들은 반공-친미의 분위기하에서는 연구조차 금기시되던 해방직후사를 연구하여 연구의 씨를 뿌렸다고 평가할 수 있다. 이호재는 좌우대립의 틈바구니 속에서 조심스럽게 '중간노선'의 존재를 부각했으며, 김남식은 반공의 입장에서 남로당을 비판해야만 했지만 그 정치노선을 사실적으로 기술하여 후대에 전하는 결정적 공헌을 했다. 또한 현실정치무대에 섰던 송남헌은 잊혀가는 해방3년사를 복원한다는 사명의식을 가지고 중간파적 입장에서 좌우대립을 객관적으로 균형 있게 기술하려고 노력했다. 따라서 제1세대의 연구자들은 냉전시대의 시각에서 보면 상당히 진보적이며 자신들의 경험을 후대에 전하는 교량적 역할을 한 것이다. 하지만 당시 이들의 연구는 학계의 주목을 본격적으로 받지 못했으며, 따라서 이 분야 연구가 금기시되던 상황을 극복하지는 못했다.

제2세대에 와선 금단시된 주제의 '성역'이 깨지게 된다. 『해방전후사의 인식』의 필자로 등장하는 송건호·진덕규·김학준·강만길·유인호·임헌영 등 제2세대는 전 세대의 업적을 계승하면서, 이 시대 연구의 붐을 조성하는 계몽적 역할을 충실히 수행했다. 논의조차 암암리에 금지되던 시절에 논의를 '밀실에서 광장으로' 과감하게 끌어올려 연구주제로 삼게 만든 것에서 이들의 진보성을 높이 평가할 수 있다. 하지만 이들도 전통주의의 틀에서 크게 벗어나지는 않았다. '미국을 해방자'로 보는 '신화'를 부정하지는 못했고, 단지 "미국을 해방자로 보지 않는 수정주의적 입장이 있을 수도 있다"는 비판적 소개를 덧붙이는 수준에 그쳤다.

1980년대 중반경 계몽적 수준의 연구를 본격화한 소장연구자 중심의 제3세대가 출현한다. 이들은 제2세대가 가진 비판적 문제의식을 보다 극단적으로 심화해 시각의 전환을 명확히 한다. 즉 반공·친미 이데올로기를 비판하면서 제시한 대안적 시각을 반외세자주화운동과 연결한다. 이들에게 '연구의 성역'이란 더 이상 존재할 수가 없다. 전 세대는 엄두도 못냈던 운동론·한국전쟁·북한현대사가 본격적인 연구주제로 떠오르고 있는 상황인 것이다. 따라서 시각전환에다가 주제전환까지 꾀한 셈이다.

소장연구자들은 미국에 비판적인 한에서 동질적이다. 이들은 이러한 입장을 더 이상 우회적으로 표현하지 않으며, 보다 확실한 자기 입장(당파성)을 가지고 '정면돌파'하려 한다. 보다 확실한 과제(예를 들어 반제─반봉건─자주)를 전면에 내세우고 연구를 시작한다. 또한 소장연구자들은 진보적이면서 동질적인 학문공동체를 건설하려 한다. 이는 진보적 연구자집단(예를 들면 학술운동단체협의회 산하의 역사문제연구소·한국역사연구회·산업사회연구회·한국정치연구회 등을 들 수 있다)의 형성을 낳았으며, 연구의 주체도 개인에서 '연구자집단'으로 전환하려고 한다.

그러나 이러한 제3세대적 시각의 전환이 과연 학문적 엄밀성을 만족스럽게 달성했는지에는 반성할 여지가 있다. 제2세대의 계몽적 연구자들이 자신들의 차후 본격적 연구를 위하여 시각보다 자료에 의한 실증을 중시하는 '자료만능주의'를 부르짖었다면, 이를 비판한 제3세대의 소장연구자들은 자료를 모아놓는 것보다 옳은 관점을 세우는 것을 중시하는 '시각만능주의'를 부르짖은 것은 아닌지 반성해볼 필요가 있다. "우리끼리니까 시각만 정확하다면 사실면에서 다소 부정확해도 봐주는" 그런 식의 학문적 분위기에서 한 걸음 나아가서 '올바른 시각과 정확한 사실'을 겸비한 방향으로 나아가야 하지 않을까? 이렇게 해야만 시각과 자료를 겸비한 실증적이며 과학적·객관적인 엄밀한 연구가 가능하며, 제4세대적인 새로운 학문공동체가 건설될 수 있으리라.

따라서 이 글의 다음 부분에서는 자료에 대한 실증이 미흡한 제3세대적 상황을 극복하기 위하여 기본적인 1차자료를 중심으로 자료해제를 시도해보고자 한다.

3. 자료의 현황과 새로운 자료의 발굴

자료의 발굴이 한국현대사 연구를 가능케 하는 전제조건이라는 데는 이견의 여지가 없을 것이다. 그런데 1980년대 후반 이후 발간된 여러 1차자료에 대한 포괄적인 지침서나 해제가 아직 나온 것이 없다. 따라서 초심자는 어떤 자료가 무슨 성격을 가지고 있으며 어느 자료가 중요한지를 몰라 헤맬 수밖에 없었다. 이에 이 글에서는 연구의 초심자라도 1차자료를 쉽게 체계적으로 접할 수 있도록 기본적인 해제를 시도하여 연구자가 자료에 대한 안목을 넓히는 데 조금이라도 기여해보고자 한다.

이 글의 해제 대상은 1차자료에 한정되겠다.[79] 2차자료(연구물)는 이미 앞에서 살펴보았으므로 재론할 필요가 없어 제외했다. 1차자료라 함은 당시 출간된 간행물이나 당시 작성된 보고서가 대부분을 이루며, 당시 활동했던 사람이 후일 정리하여 간행한 (2차자료의 성격 또한 지닌) 회고록·전기·인터뷰 등도 제한적인 의미에서의 1차자료로 분류할 수 있다. 제한적이라 함은 후일 간행했기 때문에 그 신빙성이 떨어지며 '자화자찬'식으로 흐를 위험이 있기에 사료비판을 해야 한다는 의미다. 물론 사료비판은 당시 간행된 자료도 역시 거쳐야 할 필수적인 작업이다. 자료를 액면 그대로 믿기보다 이를 비판적으로 인식하여 그 뒤에 '숨겨진 의도'를 캐내는 작업을 해야만 당시 상황을 있는 그대로 복원할 수 있을 것이다.

기본적으로 1차자료는 40여 년 전에 작성된 것이 대부분이므로, 그 대부분이 유실되거나 보존되어 있더라도 마모되었을 가능성이 많다. 연구자들은 자료에 애착을 가지고 아직까지 보관하고 있는 개인이나 공공도서관·정부기관 등에서 소장하고 있는 극히 일부분의 문건에 의지할 수밖에 없다. 1949년에 간행된 『출판연감』을 보면 당시 일제의 폭압에서 해방된 한반도에서는 용지난이었음에도 불구하고 다양한 자료가 쏟아져 나왔음을 알 수 있다. 이 자료의 상당 부분이 정리되었지만 아직 우리가 볼 수 없는 것도 있다. 따라서 어려운 작업이지만 지금이라도 어딘가에 보관되어 있을 한정본을 발굴하여 영구보존해야 할 필요성이 있다.

이 글에서는 국내외 자료 모두를 포괄하여 간행지에 따라 국내자료(남한·북한)와 국외자료(미국·소련·일본·유엔·중국·영국)로 나누어 자료 현황을 살펴볼 것이다.

1) 국내자료

(1) 남한의 자료

남한에서 간행된 자료는 그 양이 가장 많은 편인데 상대적으로 많은 부분이 정리되었다.

① 신문

신문은 당시 상황을 집약적으로 보여주므로 매우 유용한 자료 가운데 하나다.[80] 당시 신문은 대체로 그 보도 성향에 따라 좌익계·우익계·중도계로 나누어볼 수 있다. 대표적인 일간 신문을 중앙지 중심으로 열거해보면 좌익지로는 『해방일보』『노력인민』『우리신문』『조선민보』『독립신보』『현대일보』『중외신보』『조선중앙일보』 등이 있고, 우익지로서 『동아일보』『대동신문』『민중일보』『대한독립신문』『민주일보』『한성일보』『조선일보』 등이 있으며, 중립지로는 『서울신문』『자유신문』『신조선보』『중앙신문』『경향신문』 등을 들 수 있다.[81] 지방지의 경우에는 좌·우익지가 병존해 있던 상황이었다.[82] 그런데 다음 몇 개의 우익신문을 제외하곤 당시 언론계는 '진보적 민주주의'라는 '두리뭉술한' 통합이념에 어느 정도 공감하고 있었다.[83]

한국민주당의 사실상 기관지 『동아일보』(1945년 12월 1일 뒤늦게 복간. 주요 인사: 설의식〔그는 남북협상 지지 표명 문화인 108명 가운데 한 사람으로서 『동아일보』의 이미지에 맞지 않게 다소 중도적인 인물임. 결국 1947년 6월 이후 중도적인 순간지 『새한민보』를 발행함〕, 김승문, 최두선, 이언진, 고재욱, 임병철)나 친일파 이종영이 1945년 11월 25일 창간한 '저돌적인 반공지' 『대동신문』(주요 인사: 김동수, 김선흠, 김형원, 이건혁), 사학자 장도빈이 1945년 9월 22일 창간한 후 윤보선이 1947년 4월 6일 인수한 『민중일보』(주요 인사: 김광섭, 이헌구), 『대한독립신문』(1945년 11월 3일 창간. 발행인 고정휘),[84] 『민주일보』(1946년 6월 10일 창간. 사장 엄항섭. 이헌구·김광섭 등 참여) 등이 대표적인 우익지로서 반공·반소운동의 선봉에 서 있는 신문들이다.

그런데 다소 좌익적 이념인 진보적 민주주의가 위 신문을 제외한 언론계를 지배할 수 있었던 데에는 당시 대다수 언론인이 인텔리겐차적 진보성을 어느 정도 공유했기 때문이 아닐까 한다. 그렇다고 위의 우익지를 제외한 모든 신문의 색깔이 같았던 것은 아니다.

1945년 11월 23일 방응모가 속간한 『조선일보』는 정론·중립지를 표방했지만, 반탁의 입장을 명백히 하여 김구식의 민족주의를 대변하는 '민족지'로서 자리했던 것이다. 그렇지만 『조선일보』가 『동아일보』처럼 우익의 입장, 한민당의 입장만을 대변한 것은 아니었다. 또 다른 우익지로서 안재홍이 1946년 2월 26일 창간한 『한성일보』(양재우〔건준에 참여했던 인사로 『신조선보』 출신〕, 이선근, 김종량, 함대훈〔한민당 발기인으로서 뒤늦게 참여했다가 1946년 12월 31일 군정청 공보국장으로 취임하는 관계로 사직〕, 남국희, 강영수, 송지영 등이 주요 인사)도 반탁의 입장에 서 있기는 하지만 김규식·안재홍 계열의 중간우파적 입장을 대변하는 성격을 가지고 있다.

앞서 열거한 신문 가운데 중립지로 분류되는 것들은 특정 정치세력과 무관한 중도적 성향을 가지고 있는 것이다. 그렇다고 이들 중립지가 아무런 색깔을 가지지 않은 것은 아니었다. '정치의 시대'라 일컬어지는 당시 상황에서 완벽하게 불편부당의 중립적 노선을 가지기란 불가능했다. 중립적 노선은 바로 중간파적 입장과 상통하는 것이었으며, 당시 신문을 만들었던 인텔리가 가지고 있는 사회주의에 대한 동경 때문에 중간에서 약간 좌측으로 기울어진 중간좌파 노선을 대개 온정 어린 눈으로 바라보는 그런 논조를 폈던 것이다. 또한 자본주나 발행인이 우익세력일지라도 '진보적 민주주의'를 지지하는 일선기자나 노조의 활동으로 좌익 내지는 중간적 논조를 보이는 신문이 많았다.[85]

일제 때 유일한 한글 중앙지이며 어용지인 『매일신보』는 해방 후 건국준비위원회와 연계를 가지는 자치위원회[86]가 여러 우여곡절 속에 단속적으로 발간하다가 1945년 10월 2일 미군정청에 의하여 접수되었으나 군정청이 임명한 사장단과 자치위원회 사이의 알력 때문에 정간당하고 만다. 그러다가 11월 23일 '좌우합작'[87]적 인사가 단행되어 『서울신문』으로 개제되어 계속 발간된다.[88] 발행인 하경덕(河敬德)은 미국에서 사회학을 전공한 자유주의자로서 한민당원이었지만, 주필 겸 편집국장은 홍명희의 아들이자 언어학자인 홍기문(1947년 월북했고 현재 조국전선 중앙위 의장)이었으므로(1946년 9월 주필은 김무삼으로 교체) 논조가 약간 중간좌파

쪽으로 기울어질 수밖에 없었다. 거기에다가 정치부장에는 재건파 공산당의 박승원(1946년 10월 월북)이 맡았기 때문에 초기의 정치관련 기사는 훨씬 좌익적이었다.

또한 1945년 10월 5일 창간된 『자유신문』에도 『서울신문』의 홍기문에 비견되는 지식인 정진석이 발행인 겸 주필의 자리에 앉아 있었다. 그도 역시 1948년 월북하는데 1960년 『조선철학사』(공저)를 쓴 대표적인 '진보적 지식인'이다. 따라서 『자유신문』도 진보적 논조를 폈으나 애써 좌·우 양쪽에 치우치지 않으려는 노력을 기울인 흔적은 보인다.[89]

역시 비슷한 중립지로서 대중들에게 인기가 있었던[90] 『경향신문』(1946년 10월 6일 양기섭이 창간한 가톨릭 계열 신문)의 경우 진보적 지식인 정지용이 주간으로 활동했기에 중간우파에서 중간좌파를 넘나드는 지식인들이 필자로 등장한다. 이 신문은 좌우합작에 집착하는 경향을 보여준다.

또한 1945년 11월 1일 창간한 『중앙신문』의 경우 중립지를 표방했지만 '진보적 민주주의'를 지향한지라 논조는 대체로 좌익적이었다. 『자유신문』, 『조선인민보』와 함께 1945년 하반기의 언론계를 지배할 정도로 인기가 있었으나[91] 1946년 9월 6일 『조선인민보』『현대일보』와 함께 정간된 후[92] 1947년 4월에 복간하나 옛날의 논조는 잃게 된다.

이상의 중립지가 지식인 특유의 중간좌파적 '경향성'을 보였음에 비해 좌익지 중에서 중간좌파적 성격을 확실히 보여주는 신문들이 있었다. 여운형 계열의 입장을 대변하면서 1946년 4월 19일 창간된 『중외신보』(강진희, 김정도〔초기에 『조선인민보』 사장을 역임〕, 한일대가 중심인사)가 그 대표적인 예다. 그러나 이 신문은 그리 오래가지 못하고 1947년 6월경 폐간되고 만다.

『조선중앙일보』(발행인은 이달영이며 사로당 계열의 온락중이 참여)는 일제 때 여운형이 사장으로 있던 신문의 동일제호를 계승하고 우익지 『서울석간』을 인수하여 1947년 7월 1일 창간된 신문이므로, 자연히 여운형 계열의 논조를 대변했다. 그런데 다른 좌익신문이 폐간당하거나 논조를 바꾸어 지속되었음에 비해 이 신문은 계속 논조를 지켰으므로, 최후까지 남아 있었던 몇 안 되는 좌익지였다. 따라서 탄압이 가중되는 상황에서의 '외로운 투쟁' 때문에 초기의 중간좌파적 입장이 말기에 가서는 급진화되는 양상을 보인다. 이러한 양상은 3당합동의 과정에서 남로당으로부터 떨어져나온 사로당 계열의 정치낭인(예를 들면 『조선중앙일보』의 온락중, 『우리신문』의 고준석)이 북로당의 '권위 있는 선'과 연결되었기 때문에 가능했다고 보기도 하다. 북로당의 입장을 대변하는 정도는 뒤에서 언급할 『우리신문』의 경우가 『조선중앙일보』보다 확실하게 드러난다.

　박치우라는 좌익지식인·문학평론가가 1946년 3월 25일 창간한 『현대일보』는 당조직과는 비교적 연관관계가 적은 독립적 좌익지로서의 입장을 보이며, 비슷한 시기인 1946년 5월 1일 창간된 『독립신보』는 고경흠이라는 여운형 계열의 인물이 간여했음에서 알 수 있듯이(여운형의 인민당 계열을 중심으로 백남운 계열까지 포용하는) 사회노동당 계열의 목소리를 무시하지 않았던 신문이었다. 이 두 신문이 지식인적이며 중간좌파적인 성격을 어느 정도 가지고 있었지만 『중외신보』나 『조선중앙일보』보다는 논조가 뚜렷했으며 따라서 『조선인민보』와 같이 대표적인 좌익지로 분류된다. 그런데 『현대일보』는 1946년 9월 6일 정간당한 후 1947년 1월 복간될 때(서상천이 사장으로 취임)는 우익지로 바뀌며, 정간처분을 받지 않았던 『독립신보』는 비교적 오랫동안 지속된다. 즉 1947년 8월 13일 편집 겸 발행인 장순각 등이 검속되는 와중에서도 편집인을 장안파인 최성환으로 교체하면서까지 논조를 지키다가 1948년 6월 말 아니면 7월 초경에 발간을 중지한다. 비교적 인기가 지속되었던 유일한 좌익지인지라 1948년 12월 15일에 복간하지만 논조는 완전히 전환되고 만다.

　이렇게 좌익지에 대한 당국의 탄압이 심한 상황이었으므로[93] 다음에 언급할 '정치적 입장이 뚜렷했던 좌익지'들(『해방일보』 『노력인민』 『우리신문』 『조선인민보』)은 대개 1년을 넘기지 못하고 폐간당하고 만다.

　미군이 인천에 진주하기 하루 전날이며 인민공화국이 선포된 지 하루만인 1945년 9월 7일 『경성일보』(사상 김정도, 부사장 고재두) 출신의 젊은 기자들이 『매일신보』 이래 최초의 신문을 창간했는데 이것이 『조선인민보』다. 곧이어 11월 11일 조선공산당 재건파의 홍증식이 사장이 되고 인민당 내 조공 프락치 김오성이 편집국장이 되지만, 조공의 입장만을 대변하지는 않았고 건준과 인공을 지지하는 등 좌익 일반의 입장을 대변하면서[94] 보도기능도 무시하지 않은 종합지로서의 성격을 가지고 있었다. 1946년 5월 고재두로 사장을 바꿔 체제를 정비하지만 1946년 9월 6일 정간 처분을 받고 더 이상 신문을 내지 못한다.

『해방일보』(주필에 권오직, 편집국장에 조두원. 1945년 9월 19일 창간되어 1946년 5월 18일 '정판사 위조지폐' 사건 때문에 폐간당함)와 『노력인민』(홍증식, 홍남표, 윤형식, 『대중신보』를 1947년 6월 19일 인수하여 1948년 11월 7일까지 발행)은 각각 조선공산당과 이를 계승한 남조선노동당의 기관지였다. 따라서 보도기능을 하는 매체라기보다는 당파성에 입각한 선전선동매체로서의 성격이 두드러진 신문이었다. 이외에도 조선노동조합전국평의회(전평)의 기관지 『전국노동자신문』(1945년 11월 1일 창간. 월 2회로 1947년 8월까지 간행)도 당시 노동운동을 이해하는 데 중요한 자료로서 평가받고 있다.[95]

1947년 5월에 창간된 『우리신문』(사장 노방환)은 고준석이 정치부장으로 관계했던 신문인데, 당시 박헌영 일파가 월북해서 지도부가 공백인 상황에서 북로당 계열의 '권위 있는 선'이 남하하게 되자,『우리신문』은 북로당의 입장을 대변하려고 애쓴다. 이도 1948년 5월 26일에 폐간당한다.

이상의 신문들을 어떻게 구해서 읽을 것이냐가 중요한 문제로서 제기된다.

우선 현재 일반인이 쉽게 구할 수 있는 자료집부터 알아보면 『해방일보』『노력인민』 거의 전호와 『청년해방일보』 일부가 김남식·이정식·한홍구가 엮은 『한국현대사자료총서, 1945~1948』(돌베개, 1986. 이하 '돌베개 자료집'으로 약칭함)의 제5권에 수록되어 있다. 그외에 대표적 좌익신문으로서 『조선인민보』 1946년 것 일부와 『독립신보』 1946, 1947년 것 일부가 돌베개 자료집 3, 4권에 영인되어 있다. 우익지로서는 『한성일보』가 창간호(1946. 2. 26)부터 1947년 12월 31일호까지 약간의 결호를 둔 채 같은 자료집 1, 2권에 영인되었는데, 복사 상태는 좋지 않은 편이다.

또한 국사편찬위원회가 『조선왕조실록』 『일제침략하한국36년사』 전13권(1978년 완간)에 이어 편년체 정사로 기획·간행한 『자료대한민국』 전7권(1968~74)은 1945년 8월 15일부터 1948년 8월 15일 사이의 신문(전단 일부)철이다. 주로 중립·우익지를 중심으로 편집하여 이데올로기적 한계가 있지만, 자료를 효과적으로 집약했으므로 당시 상황을 알기 위해 꼭 한번 검토해야 할 자료집이다.

1945년 8월부터 1950년 6월까지 문학관계 자료를 엮은 『한국현대문학자료총서』 전17권(거름, 1987. 이하 '거름 자료집'으로 약칭함) 중 3부의 두 권과 제17권(증보판) 일부에서 모두 39종의 신문을 만날 수 있다. 문학(문화) 기사는 거의 완벽하게 모아져 있으나 다른 부문의 기사가 게재되어 있지 않은 것이 아쉽지만, 당시 문학은 사회현상과 밀접하게 연관되어 존재했으므로 문학 연구자가 아니라도 한번 참조해봄 직한 자료집이다. 이 글에서 이미 언급한 신문 외에 거름 자료집에서 발굴한 자료를 가나다순으로 열거해보면 다음과 같다. 『가정신문』 『고대신문』, 『국도신문』 『국제신문』 『대중일보』 『대한일보』 『독립신문』 『문원: 국립도서관보』(文苑: 國立圖書館報) 『문화시보』(文化時報) 『민보』 『민성일보』(대구) 『민주일보』 『부산매일신문』 『부산신문』 『부인신보』 『수산경제신문』 『신민일보』(新民日報) 『영남일보』 『예술신문』 『자유민보』 『제3특보』 『청년신문』 『태양신문』 『평화일보』 등이다.

이상 언급한 신문 외에 언급할 가치가 있는 신문으로서 조공 장안파의 기관지 『전선』(1945년 10월 간행. 심지연, 『조선혁명론연구』에 일부 수록), 『혁명신문』(1945년 10월 4일~31일 간행) 등이 있는데 이 신문들의 일부가 이정식 교수가 국내신문을 중심으로 편집·번역한 *Materials on Korean Communism: 1945-1947*(Honolulu: The Center for Korean Studies, University of Hawaii, 1977)에 수록되어 있다. 이 영문판 자료집은 공간될 당시만 해도 활동도가 높은 자료집이었으나, 지금 시점에서는 원본을 대부분 구할 수가 있으므로 국내 연구자의 주의를 그다지 끌지 못한다. 또한 자료를 보는 시각도 당시 정치세력 간의 '파벌투쟁'에만 초점을 맞추고 있기에 '정책대결'의 시각에서 보완해야 할 필요성이 있다. 그럼에도 불구하고 어려운 상황 속에서 "연구에 불을 붙인다"는 의식을 가지고 자료를 모은 편자의 선구적 태도는 높이 평가할 만하다. 또한 장안파와 재건파의 노선 대립에 관한 한 상당히 집약될 자료를 보여준다. 따라서 이 부분을 연구할 때 심지연이 편집한 『조선혁명론연구』의 자료편을 주로 의존하면서, 이 책에 수록되지 못한 일부의 자료를 이정식의 자료집에서 보충할 필요가 있다.

자료집으로 출간된 것 외에 신문을 직접 접하고자 하는 데에는 여러 어려움이 따른다. 우선 『동아일보』와 『조선일보』의 경우에는 마이크로 필름화하여 여러 공공도서관에서 소장하고 있기에 비교적 접근이 용이한 편이다. 그러나 이 두 신문에만 의지하여 당시 역사를 균형 있게 조망한다는 것에는 한계가 있다. 우익지 외에 중립지·좌익지도 살펴보아야 하는데 이들 신문은 여러 공공도서관에 흩어져 있으며, 그 접근 또한 쉬운 편이 아니다. 국립중앙도서관은 국내신문을 가장 집중적이며 체계적으로 모아놓은 곳이지만, 좌익신문의 경우 접근이 어렵다. 국회도서관의 경우 원본은 없지만, 타기관에서 소장한 신문을 마이크로 필름화해서 보관하고 있기에 종류는 많은 편이다. 시립종로도서관(사직도서관)에는 볼 만한 신문이 몇 종류 있지만 결본이 많은 것이 흠이며, 원본을 비교적 손쉽게 볼 수 있는 장점은 있다.

이외에 천문암이 원장으로 있는 재단법인 한국연구원은 신문의 종류가 많은 편이며, 비교적 정리가 잘되어 있는 몇 안 되는 사설연구단체다. 또한 김근수의 개인연구소인 한국학연구소에도 몇 가지 신문이 보관되어 있으나, 이 연구소의 주요 소장자료는 역시 뒤에 언급할 잡지다.

이상 공공도서관이나 연구소 외에 대학도서관도 훌륭한 소장처이며 이쪽의 소장자료는 아직 체계적으로 정리되어 있지 못하므로 새로운 자료의 발굴을 위하여 활용해봄 직한 기관이다.

또한 지방지의 경우에는 서울의 국립중앙도서관, 종로도서관 외에 지방의 공공도서관을 이용하는 길밖에 없는데, 지방사 연구의 활성화와 함께 새로운 자료의 발굴이 기대되는 부분이다.

② 잡지

당시 간행된 잡지의 경우 종류만도 수백 종에 이를 것으로 추측된다. 이 중 창간호만 간행되었거나 몇 호 이어지지 못한 것도 숱한 실정이다. 따라서 영향력이 있어서 오래 간행되었거나 혹은 영향력은 있었으나 당국의 탄압으로 폐간된 잡지는 몇 종류 되지 않는다. 이 중 정치적으로 비중 있었던 잡지를 중심으로 열거해보면 대략 다음과 같다.

1946년 1월에 복간된 종합지 『개벽』(돌베개와 거름 자료집에 일부 수록). 이 잡지는 간헐적으로 계속 발간되다가 1949년 3월호로 종간했다. 해방 후 아홉 권을 내었다. 좌·우 양익의 견해를 싣고 있는 중립지였다. 『건국공론』은 1945년 12월에 창간된 우익잡지인데 오랫동안 간행됐다(돌베개와 거름 자료집에 일부 수록).

1945년 11월에 창간된 『건설』(돌베개와 거름 자료집에 수록)은 색깔이 없는 대중지로서 계몽적 성격을 가지고 있으며 1947년까지 나온 것으로 확인된다. 과학자동맹의 기관지 『과학전선』(돌베개 자료집에 수록)은 1946년 2월에 창간되었는데, 1947년 4월호까지 나온 것이 확인된다. 좌익계열의 사회·자연과학자 단체의 기관지인지라 확실한 입장을 보여준다.

『구국』은 1948년 1월 창간되었는데 우익진영의 문학지다(거름 자료집에 수록).

1946년 7월에 창간되어 1947년 2월호 통권 2호로 종간된 『국학』은 학술적 성격을 지닌 중립적 종합문화지였다(김근수 개인 소장).

1946년 1월호만 나온 계몽지 『녹십자』와 1946년 7월호만 나온 『농민성보』(農民聲報. 김근수 개인 소장)도 있다. 1946년 1월에 창간된 『대조』(大潮. 돌베개와 거름 자료집에 수록)는 중립지이자 계몽지로서의 성격이 돋보이는 종합지인데, 간헐적으로 간행되다가 1948년 11월호로 종간했다. 『대중공론』(돌베개 자료집에 수록)은 1946년 1월에 창간된 종합지·계몽지인데 우익적 색채를 띠었으며 창간호밖에 나오지 않은 것으로 확인된다. 1946년 3월에 창간된『대중과학』(김근수 개인 소장)은 중립적 과학계 몽잡지로서 1947년 5월호까지 간행되었다. 속간 1호(1947년 4월)만 나온 것으로 확인된『동광』은 돌베개 자료집에 일부 영인되어 있다.

1946년 2월 창간호를 낸『무궁』(창간호는 김근수 개인 소장, 1949년 3월호는 거름 자료집에 수록)은 금융계의 잡지인 것처럼 보이는데 1949년 3월호까지 나온 것으로 추측된다. 1945년 12월에 창간되고 그 이후 호수가 발굴되지 않은 잡지『무궁화』는 우연치 않게도 두 종류가 있다. 서울에서 발간된 국민당 계열의 잡지와 경북지방에서 발간된 중립적 지방지 모두 '무궁화'를 제호로 사용했다.

1949년 8월에 창간된『문예』(거름 자료집에 수록)는 1954년 3월호까지 간행되었는데 우익계열밖에 살아남지 못한 상황에서 순수문학적 색채를 띠고 간행된 종합문예지다. 1948년 10월에 속간되어 속간호밖에 내지 못한『문장』지도 순수문학을 지향했으나 경향파적 문인이 대거 등장한다. 조선문학가동맹의 기관지『문학』(거름 자료집, 김근수 개인 소장)은 1946년 창간되었는데, 진보적인 색채를 가지고 있었으며 1948년 7월호(통권 8호)까지 나온 것으로 확인된다. 1946년 10월 창간된『백제』가 1947년 4월에 개제된『문학평론』은 좌익적인 색채를 보이는 문학지로서 이후 속간된 것이 발견되지 않는다(거름 자료집에 수록). 1947년 4월호로 창간된『문화』(거름 자료집에 수록, 돌베개 자료집에 1947년 10월호 일부 수록)는 통권 3호(1947년 10월)까지 나왔는데 보수적 경향을 보인 문학지다.

1945년 11월에 창간된 조선문학건설본부 기관지『문화전선』은 임화·김남천 등이 주도하는데 거름 자료집에 수록되어 있다. 창간호만 나온 것으로 추측된다.『문화창조』(돌베개와 거름 자료집에 수록)는 1945년 12월에 창간된 중립적 종합지다. 창간호만 발행된 것으로 추정된다.『문화통신』은 인천에서 간행된 진보적인 문화운동잡지인데, 창간호는 발굴되지 않았으며 1946년 1월호만 거름과 돌베개 자료집에 수록되어 있다.

1946년 5월에 창간된『민고』(民鼓. 거름과 돌베개 자료집에 수록)는 진보적인 종합지로서 좌익계열 인사가 주된 필자다.『민성』(돌베개와 거름 자료집에 일부 수록, 국립중앙도서관 소장)은 1945년 12월에 창간되어 1950년 5월 통권 제45호로 종간된 정치·경제·사회·문예 등의 분야를 포괄하는 종합지다.『신천지』와 함께 대표적인 중립지이자 지속적으로 발간된 장수지다. 불편부당(不偏不黨)을 표방하고 나온 월간 종합지『민심』(民心. 돌베개 자료집에 수록, 거름 자료집에 일부 수록)은 1945년 11월에 창간되어 1946년 3월호(통권 3호)로 종간된다. 1948년 9월 창간호밖에 발간되지 않은『민정』(民政. 돌베개 자료집에 수록)은 중간파·우파의 지식인이 필자로 등장하는 시사잡지다.

1946년 6월에 창간된『민족문화』(김근수 개인 소장, 거름 자료집에 일부 수록)는 민족문화연구소라는 다소 좌익적 학술단체의 논문집으로서 1947년 4월의 통권 3호까지 나와 있다. 1949년 9월 창간된『민족문화』(거름과 돌베개 자료집에 수록)는 전국문화단체연합회에서 발간한 우익 중심의 문예종합지로서 1950년 2월호까지 나왔다.

『민주공론』(돌베개 자료집에 수록)은 1948년 4월호만 나온 시사지로서 '권위 있는 선'과 연결하여 북로당의 입장을 옹호했던 잡지가 아닌가 판단된다.『민주조선』(돌베개와 거름 자료집에 수록)은 당시 군정청에서 발간하던 일종의 정치교육지로서 1947년 1월 창간하여 1948년 9월까지 간행된다. 우익진영의 필자가 중심이지만 중간파 인사도 참여했다. 이에 비하여 동경에서 발행된『민주조선』은 좌익지다(돌베개 자료집에 수록, 국립중앙도서관 소장). 주간으로 발행된『민주주의』는 1946년 7월 창간되었다가 1947년 하반기(10월?)에 폐간당한다. 남로당의 입장을 대변하는 선전·선동지인데, 1947년분을 제외한 부분이 국립중앙도서관에 소장되어 있으며, 돌베개 자료집에 1947년분이 거의 다 영인되어 있다.『민중조선』(돌베개 자료집에 수록)은 1945년 11월 창간호밖에 보이지 않는 좌익계열의 교양지다.

1945년 12월에 창간된『백민』(白民)은 1950년 5월『문학』으로 개제하여 1950년 6월 통권 23호로 종간된 순수문학지다. 전체 영인본도 간행되었으며, 거름 자료집에 상당 부분 영인되었고 돌베개 자료집에 극히 일부가 수록되어 있다.

1946년 9월부터 1948년 8월까지 간행된 『법정』(法政)은 군정청 사법부의 홍보지 격 성격을 가지고 있었다.

좌익계열인 조선산업노동조사소에서 간행한 『산업노동시보』(김근수 개인 소장)는 임해 (본명 임길봉)의 「조선혁명의 단계·방향 급 전망: 푸로레타리아트의 궁극적 승리를 위하여」(소위 「산로테제」)라는 50페이지 상당의 글이 1946년 1월 창간호에 실려 있어서 유명하다. 창간호에는 초창기의 왕성한 조사활동이 활성화되어서 그런지 연구와 통계수치 제시들로 채워져 있다. 이렇게 왕성했던 연구욕(慾)이 비(非)박헌영계열인 임해의 불확실한 당내 위치와 "책상머리에만 앉아 있을 수 없는" 상황 때문에 한풀 꺾이고 만다. 1947년 4월에야 통권 2호가 나오는데, 이후 간행된 1947년 5월호·7월호 모두 번역 논문이 대부분을 차지하는 등 부진한 연구성과를 보여준다.

설의식이 감집(監輯: 감수하고 편집함)했던 순간(旬刊)신문 『새한민보』(돌베개와 거름 자료집에 수록)는 국립중앙도서관에 전부 보관되어 있는데, 1947년 6월 상순에 창간되어 계속 간행된다. 당시 진보적 언론이 탄압받던 시절에 '좌·우 양익의 목소리를 골고루 들려주는' 중립지 『새한민보』가 진보적 언론의 역할을 대행했던 것이다. 여성취향의 종합문예지 『생활문화』(1946년 1월 창간. 거름 자료집에 수록)도 창간호밖에 내지 못한 잡지다.

『선구』(先驅. 돌베개 자료집에 수록)는 1945년 10월 15일의 이른 시점부터 간행된 시사잡지이지만, 1945년 12월 통권 3호를 내고 종간한다. 우익인사가 사장인데 해방 직후의 좌경적인 분위기에 호응하지 못하여 인기를 얻지 못한 듯하다.

1945년 11월 창간되었으리라 추측되는 『선봉』(돌베개와 거름 자료집에 수록)은 다소 대중적인 시사문학지였으나 1946년 3·4월호(통권 5호)로 종간한다. 『선구』와 비슷한 정치적 색깔을 가지고 있었던 이 잡지도 역시 대중의 인기를 얻지도 못했고 그렇다고 정론(正論)을 펴지도 못했다.

1945년 12월에 창간된 『신문예』(거름 자료집에 수록)는 1946년 8월까지 간행되다가 1947년 2월부터 6월까지 『신조선』(돌베개 자료집에 수록)으로 개제하여 속간된다. 국립중앙박물관에 소장되어 있는 이 잡지는 상당히 전투적인 좌익 문학·종합지다. 『신문평론』(거름 자료집에 수록)은 종합저널리즘연구지로서 1947년 4월에 창간하여 몇 호 내지 못하고 종간한다. 시도 자체는 참신했으나 아직 이러한 전문지가 요구되는 상황이 아니었다. 『신문학』(거름 자료집에 수록, 돌베개 자료집에 일부 수록)은 1946년 5월(?)에 창간된 좌익계열 문예지인데 1946년 11월호까지 간행된 것으로 확인된다. 1946년 2월 창간된 『신문화』(김근수 개인 소장)는 조선문화연구소 기관지로서 이후 속간되지 않은 학술지다.
　『신생』(김근수 개인 소장, 돌베개 자료집에 일부 수록)은 1946년 초반 창간된 후 해를 넘기지 못하고 종간된 불교계통 잡지다. 1946년 3월 창간되어 1949년까지 통권 30권에 이르도록 간행된 『신세대』(돌베개와 거름 자료집에 수록)는 대표적인 월간 종합잡지의 하나다. 서울타임스사라는 다소 좌경적인 언론기관에서 발행되었기에 진보적이었지만, 당국이 폐간하지 않으면 안 될 정도로 급진적이지는 못했다. 서울신문사에서 1946년 1월 15일 창간하여 2월호부터 간행하기 시작한 『신천지』(돌베개와 거름 자료집에 수록)는 1954년 8월 1일까지 장장 9년간 통권 68호를 내면서 대중적 인기를 누린다. 지면도 항상 풍부한 종합지였는데, '미국특집'이 나가면 다음 호에는 '소련특집'이 나가는 명실상부한 중립지였으며 정론지였다. 여러 종합지 중 첫손에 꼽히는 대표적 잡지였다. 주간지 『신태평양』(돌베개 자료집에 수록, 거름자료집에 일부 수록)은 1947년 5월 30일 창간된 이승만·한민당 계열을 대변하는 친미잡지였다. 국립중앙도서관에 소장되어 있는데 1948년까지 간행되었다.
　『여성문화』(돌베개와 거름 자료집에 수록)는 좌익계열의 여성지로서 1945년 12월에 창간호가 발간되었다. 진보적인 색채의 영화잡지 『영화시대』(돌베개와 거름 자료집에 수록)는 1946년 4월호로 속간되었는데, 1948년 2월호까지 발굴되었다. '예술'자가 들어 있는 잡지군들 중에서 『예술』

(1945년 12월 창간, 1946년 2월호까지 발굴), 『예술운동』(1945년 12월 창간)은 전위적인 잡지이며, 『예술문화』(1945년 12월 창간, 1946년 7월호까지 발굴), 『예술신보』 『청년예술』은 경향성이 있는 잡지다. 또한 『예술부락』(1946년 1월 창간, 1946년 3월 3호 발간), 『예술시대』 『예술영화』(1948년 5월호 간행), 『예술조선』(1948년 2월 2호 발간, 1948년 9월호까지 발굴), 『예술평론』은 순수예술을 지향하는 잡지다(모두 거름 자료집에 수록).

『우리공론』(돌베개와 거름 자료집에 수록)은 진보적 성격을 가진 시사지로서 1945년 12월 창간되었으나, 1946년 3월과 4월에 나온 두 권의 책에서는 진보적 성격이 쇠퇴했다. 1947년 4월까지 나온 것으로 확인된다. 1946년 1월에 2월호를 간행한 『우리문학』(거름 자료집에 수록)은 좌익계열(박헌영 계열의 임화·김남천 쪽 인사가 아닌 이기영·한효·홍효민 계열)의 문예지로서 1946년 3월호까지 나온 것으로 확인된다.

1945년 12월에 창간된 『인민』(돌베개와 거름 자료집에 수록, 국립중앙도서관 소장)은 1946년 4월에 통권 4호를 간행한 것으로 되어 있는데 좌익계열의 시사지다. 『인민과학』(돌베개 자료집에 수록, 거름 자료집에 일부 수록)은 1946년 3월에 창간하여 4월에 2호를 낸 시사지로서, 중간좌파를 중심으로 한 좌익계열의 다양한 목소리를 담고 있다. 권위 있는 좌익인사들이 필자로 등장하는 『인민평론』(거름 자료집에 수록)은 1946년 3월 창간호만 낸 것으로 되어 있다.

조선일보사에서 일제 때 간행하다가 1946년 3월 복간시킨 『조광』(朝光. 거름과 돌베개 자료집에 수록)은 1947년에는 한 권도 내지 못하다가 1948년에는 7월호와 12월호를 내는 데 그친다. 중도적 입장을 표방했으나, 1948년의 것에는 우익인사가 대부분의 필자를 차지한다. 돌베개 자료집에서 전체를 영인한 『조선경제』는 경제학 분야의 진보적 시사경제지다. 1946년 4월 창간된 이래 1948년 6월 13집까지 낸 이 잡지는 시사적이기도 하면서 깊이가 있는 연구가 실려 있다. 조선교육연구회의 기관지인 『조선교육』은 1947년 4월 15일(5월호)에 창간되어 1947년 7월 10일(6월호)

에 종간된 월간지로서 보수교육진영의 깊이 있는 학술계몽지였다. 진보적 경향을 지닌 주간지『조선주보』(국립중앙도서관 소장, 돌베개와 거름 자료집에 수록)는 1945년 10월 15일 창간되었는바, 조직적인 지지기반뿐만 아니라 대중적 인기까지 결여되어 오래가지 못한다. 1946년 11월 4월호까지 나온 것으로 확인된다. 1947년 12월 창간호밖에 발굴되지 못한『조선춘추』(거름 자료집에 수록)는 중간파 논객이 주로 등장하는 시사지였다.

1946년에 창간된 시동인지『죽순』(거름 자료집에 수록)은 순수문학을 지향했는데, 동인지치곤 꽤 여러 호(1949년 6·7월호, 통권 11호)를 간행했다. 1946년 2월 속간하여 속간호밖에 내지 못한 것으로 추측되는『춘추』(돌베개 자료집에 수록)는 중도적인 시사잡지였다. 조선출판문화협회에서 1948년 2월 창간한『출판문화』(창간호는 김근수 개인 소장이며 출판대감은 단권 영인본이 있고 또한 거름과 돌베개 자료집에도 실려 있다)는 그 7호(1949년 4월)에 해방4년간의 출판계를 정리한 해설·목록(부제 '출판대감')을 실어서 연구자들 사이에 알려진 책이다.

학병동맹의 기관지『학병』(돌베개와 거름 자료집에 수록)은 1946년 1월 창간호를 낸 후 그해 2월 '학병동맹사건'이 일어나 3월호(2호)를 낸 후 단체 자체가 해체당하여 속간되지 못했다. 1호는 권위 있는 좌익정치가가 필진으로 등장하며, 추모특집인 2호에도 명망 있는 문인이 기고했는바, 학병동맹의 조직능력을 유감없이 보여주고 있다. 1948년 10월 을유문화사에서 창간한『학풍』(學風. 김근수 개인 소장, 거름 자료집에 수록, 돌베개 자료집에 일부 수록)은 1950년 6월까지 간행되었는데 종합학술연구를 위한 월간지다.『한국공론』(김근수 개인 소장, 거름 자료집에 수록)은 1949년 12월에 창간되어 1950년 7월호(통권 7호)까지 낸 시사종합지로서 보수진영의 필자 위주지만, 중간파 논객도 가끔 등장한다.

『해동공론』(海東公論. 거름 자료집에 수록)은 1949년 3월에 복간된 것으로 추정되는데, 이후 간행된 것은 보이지 않는다. 중간파나 소수의 좌익인사도 참여하는 종합지였다. 역사·언어·민속을 연구하는 동인지『향토』(김근수 개인 소장)는 1946년 7월에 창간하여 1948년 6월 통권 9호로서 종간했는데 홍이섭이 편집하고 정음사가 발행한 특색 있는 소책자였다.

8·15출옥혁명동지회에서 1946년 1월 창간호밖에 내지 못한 『혁명』(돌베개 자료집에 전권이 영인, 거름 자료집에 수록)은 좌·우 양익을 포괄하여 제목이 시사하는 것보다는 중도적이다. 『혁진』(革進. 거름 자료집에 수록)은 좌익을 중심으로 우익을 포괄한 시사지로서 역시 1946년 1월 창간호밖에 내지 못했다. 조선금융조합연합회의 기관지로서 대중계몽의 사명을 가지고 창간된 월간지 『협동』(거름과 돌베개 자료집에 수록)은 1946년 8월 15일에 창간되어 1950년대 후반까지 이어진다. 초기에는 좌익계열의 필자가 주로 등장했으나 차츰 우익진영에 자리를 양보할 수밖에 없었다.

지금까지 해방 직후의 잡지를 가나다순으로 일별해보았다. 기본적인 잡지의 목차는 이 시기 잡지를 많이 소장하고 있는 서지학자 김근수가 정리한 『한국잡지개관 및 호별목차집: 해방 15년』(영신아카데미 한국학연구소, 1975)에 나와 있다.

당시 잡지는 앞에서 본 바와 같이 좌익지·우익지·중도지로 나누어볼 수 있다. 그런데 좌익지가 탄압을 오래 견디지 못하고 폐간당해서 그런지 좌·우 양익을 포괄하는 중도지의 수효가 제일 많았던 것 같다. 우익지도 없지는 않았지만 당시의 변혁적인 분위기와 융합하지 못한지라 그 인기도가 떨어지는 편이었다. 또한 좌익지가 폐간당한 이후에는 진보적 논객들은 월북하거나 아니면 남쪽에서 살아남기 위하여 그 색깔을 희석해 중도지의 필자로서 등장한다. 이렇게 '정치의 시대'에 간행되었던 잡지이니만치, 읽을 때에는 비판적으로 읽어서 진정한 사실확인을 기하여야 할 것이다.

③ 연감·일지·연표류

당시 간행된 대표적 연감으로서는 조선통신사에서 편집·간행한 중립적인 연감인 『조선연감』이 있다. 1947년판(1946년 간행)과 1948년판(1947년 간행) 두 권이 나왔는데[96] 해방 전까지 경성일보사에서 동일한 제호로 간행한 일문판 『조선연감』과 비교·검토하여 '해방전후사'를 복원할 필요가 있을 것이다.(위의 자료 모두 영인되었음)

민주주의민족전선에서 편집한 『조선해방연보: 조선해방일년사』(문우인서관, 1946)는 해방 후 최초로 간행된 본격적인 연감이다. 1946년 중반까지의 좌익운동을 총결산하는 귀중한 자료집으로서 돌베개 자료집, 거름 문학자료집을 비롯하여 여러 가지 영인본이 나왔으며 1987년에 과학과 사상사에서 다시 조판·분책하여 간행했다가 사법적 제재를 받기도 한 책이다.

이상 언급한 자료 외에 당시 간행된 연감·일지류를 분류하여 열거·해제해보면 다음과 같다.

일반 경제 분야 연감으로서는 조선은행조사부에서 편집·간행한 1948년판 『조선경제연보』(1948)와 1949년판 『경제연감』(1949)이 있다. 이후 『경제연감』은 조선은행이 이름이 바뀐 한국은행 조사부에서 매년 간행된다. 위 두 권의 책은 모두 영인되어 있는데, 소중한 도표와 해설을 담고 있다.

국내 최초의 농업경제 연감으로서는 농림신문사 편, 『농업경제연보』 1949년판(농림신문사, 1949)이 있는데, 일제 때 공산주의 운동을 했던 김찬이 농림신문사 사장의 자격으로 편집책임을 맡아서 그런지 토지개혁·농민운동 부분에도 상당부분을 할애하고 있다(여강출판사에서 영인). 당시 이 신문의 주필인 인정식이 이 연보의 상당부분을 집필했다고 한다.

『무역연감』은 1948년판이 세계무역사정협회의 편집으로 1948년 상업일보사에서 나왔으며 1950년판부터는 한국무역협회에서 편집·간행했다.

(경제)통계집으로서 남조선과도정부에서 편집·간행한 『조선통계연감』 1943년판(1948)과 조선상공회의소에서 편집·간행한 『조선경제통계요람』 1949년판(여강출판사에서 영인)이 있다. 통계수치가 아직 정비되어 있지 않은 상황인지라 두 권 모두 일제 때의 수치를 수록해놓고 있다.

문화계의 연감으로서 예술신문사에서 편집·간행한 『예술연감』 1947년판(1947)이 있는데 조선출판문화협회에서 편집·간행한 『출판대감』(1949)과 함께 소중한 자료를 열거해놓고 있다(돌베개 자료집과 거름 문학자료집에 영인).

일본에서 한글로 간행된 『재일조선문화연감』(東京: 朝鮮文藝社, 1949; 돌베개와 거름 자료집에 수록)과 해방신문사 편, 『해방연지』 1946년판(東京: 解放新聞社, 1946)은 비록 동경에서 간행되었지만 국내 소식을 상당히 다루고 있다.

당시 간행된 일지에는 남조선미군정청에서 편집·발행한 『남조선미군정연감』(1945년 9월 7일부터 다음 해 말까지 포함하므로 1947년 간행한 것으로 추정됨)이 있다. 명칭은 연감이지만 일지 형식을 택하고 있는데, 부피가 적어서 그런지 약간 피상적인 느낌이 든다.

박희영이 편집한 『해방 이후 조선내 주요일지』(현대문화프린트사, 1946; 돌베개 자료집에 수록)도 단편적이긴 하지만, 기억에만 의존할 수 없는 사실을 기록에 남긴다는 의미에서 그 출간 의의를 찾을 수 있는 책이다. 1945년 8월 15일부터 1946년 8월 15일까지를 포괄하고 있다.

또한 광주부 총무과 공보계에서 편집한 『해방전후회고』(광주: 광주부, 1946; 돌베개 문고로 다시 조판하여 간행)는 서민호가 광주부윤(시장)으로 있을 때 간행한 것으로 전반부에 비교적 상세한 해방 전후 일지가 수록되어 있다.

연표를 만들려고 할 때는 이런 기본적인 일지류들을 원자료로 삼아 이들이 상이점을 면밀히 검토하면서 신문 등의 기록과 대조해야 한다. 이러한 과정을 거쳐 후일 만들어진 한국현대사연표에는 다음과 같은 것이 있다.

먼저 언론인 오소백이 정리한 일련의 자료집이 있다. 『해방10년』(희망사, 1955); 『우리는 이렇게 살아왔다』(광화문출판사, 1962); 『해방20년』(세문사, 1965)[97] 등이다. 이러한 저작은 이후 유서(類書)의 출간을 가능하게 했는데, 희망출판사에 편집·간행한 『해방20년사』(1965), 삼선출판사에서 편집·간행한 『광복38년사』(1983) 등이 그것이다.[98]

그런데 위에서 열거한 연표들은 그 자료의 신빙성이나 가치면에서 질이 좀 떨어져 2차자료로 간주되는 것이 사실이다.

이에 비하여 정부당국에서 공간한 『대한민국건국10년지』(1956)나 김천영이 책임 편입한 『연표 한국현대사』(1985)는 1차자료로서의 가치가 충분히 인정되는 책이다. 전자는 관변의 입장에서 사실을 자의적으로 해석한 한계가 있으며 후자에도 자료의 출처를 밝히지 않은 한계가 있는 것이 사실이나, 기본적으로 애쓴 흔적이 보이는 기획인 것은 분명하다.

또한 국사편찬위원회에서 편집·간행한 『대한민국사연표』 상권(1984)이 이 시기를 포괄하는데, 상당히 긴 시간적 범위를 제한된 면수에 그것도 시간적 흐름이 꽤 지나간 연후에 포괄하려고 했으므로 약간 피상적이고 생생한 현장감이 결여되어 있으나, 한번쯤 검토해볼 만한 권위 있는 공간 연표다.

④ 단행본

두 명이 만나면 결사를 했을 정도로 정치가 활성화되었던 시기인지라 간행된 단행본의 수효도 상당히 많은 편이다. 앞서 언급한 『출판대감』에 단행본의 목록이 나오는데 여기 수록되어 있지 않은 책도 상당수 있을 것인데도 아직 발굴되지 않은 책이 많이 보인다.

돌베개 자료총서와 거름 문학자료집에 각각 59권과 36권의 단행본이 영인되어 있어서 핵심적이며 유명한(크게 파문을 일으켰던) 단행본은 거의 구비되어 있으나 이것도 부족한 실정이다. 이 글에서는 기본적인 자료를 중심으로 언급해볼 것이다.

먼저 좌익진영의 팸플릿을 들어보면, 임해의 『조선의 독립과 공산주의자의 긴급임무』(1945년 9월 간행)와 장안파의 『현단계의 정세와 우리들의 임무』(최익한·이청원 공동집필, 1945년 9월 15일 간행)를 열거할 수 있다. 뒤의 문건에서는 현단계를 프롤레타리아혁명단계라고 보았는데 이는 고전적인 2단계혁명론의 두 번째 단계라고 해석되며, 전자는 부르주아혁명과 프롤레타리아혁명을 동시에 수행하려는 동시혁명론적(트로츠키적) 견해를 개진했다. 그런데 이들의 저작은 전하지 않는다. 이에 비하여 재건파는 8월 20일 박헌영 주도로 『현정세와 우리의 임무』(소위 「8월테제」)를 통과시키는데, 9월 20일에 개정하여 공간시킨다. 이 문건은 김남식의 『남로당연구자료집』 1권(1974)에 전재되어 전하는데, 여기서 재건파는 부르주아민주주의혁명단계론을 개진한다.

한편 조선산업노동조사소(약칭 산로)에 있는 일군의 반박헌영일파(장안파와 연결된 임해 등)는 『산업노동시보』 1946년 1월 창간호에 「조선혁명의 단계·방향 급(及) 전망」이라는 테제(속칭 「산로테제」)를 발표하는데 산로의 일원이었던 고준석이 편집한 『조선혁명테제』(朝鮮革命テ-ゼ, 東京: 柘植書房, 1979)에 전재되어 있다.

이외에 백남운은 『서울신문』에 「조선민족의 진로」를 연재하여 1946년 신건사에서 출간했는데(돌베개 자료집 11권에 수록) '연합성 신민주주의 단계'라는 독특한 주장을 폈다.[99]

이외에도 1946년까지 다음과 같은 팸플릿이 나왔는데 구할 수 없는 것도 많다.

해방사 편, 『우리의 정치노선』(해방사, 1945).

해방사 편, 『정치노선에 관하여』(해방사, 1945).

조선공산당서울위원회선전부 편, 『민주주의조선의 현단계』(조선공산당 서울위원회, 1946).

해방출판사 편, 『민족통일전선 결성에 대하여』(해방출판사, 1946),

조두원·권오직, 『조선혁명의 국제적 관련성』(해방출판사, 1946).

조선공산당중앙위원회선전부, 『민주주의와 조선건설』(조선정판사, 1946).

동무사 편, 『현정세와 다음의 과업』(동무사, 1947).

조선산업노동조사소 편, 『옳은 노선을 위하여』(우리문화사, 1945; 돌베개 자료집 11권에는 동경 민중신문사 1946년판 『옳은 노선』의 일부가 수록).

유두응, 『조선의 정치동향』(삼우출판사, 1946; 돌베개 자료집 11권에 수록).

이강국, 『민주주의 조선 건설』(조선인민보사 후생부, 1946; 돌베개 자료집 11권에 수록).

박헌영, 『세계와 조선』(조선인민보사, 1946).[100]

『민주주의12강』(문우인서관, 1946; 돌베개 자료집 11권에 수록).

이정(而丁), 『민주독립을 위한 투쟁의 남조선의 현단계와 우리의 임무』([출판사결], [1946], 돌베개 자료집 11권에 수록).

온락중 편, 『조선해방의 국제적 경위와 미소공위사업』(현우사, 1947; 돌베개 자료집 13권에 수록).

주동명 편, 『조국의 민주독립과 철병문제』(이상사, 1948; 돌베개 자료집 11권에 수록).

박광 편, 『진통의 기록: 전조선제정당사회단체대표자연석회의문헌집』(서울: 평화도서주식회사, 1948; 돌베개 자료집 13권 수록).[101]

또한 무수한 좌익진영 결사체의 의사록 중 지금까지 전하는 것은 『민주주의민족전선결성대회의사록』(1946)과 『전국농민조합총연맹결성대회의사록』(1946)·『전국인민위원회대표자대회의사록』(1947)뿐이다.[102] (돌베개 자료집 12권에 영인되어 있고 『남로당연구』 3권에 전재되어 있음).

좌익진영 내 온건한 그룹인 여운형 계열에서 출간한 단행본은 조선인민당 편, 『인민당의 노선』(신문화연구소출판부, 1946)과 이만규가 지은 여운형 전기 『몽양여운형투쟁사』(총문각, 1946)를 들 수 있는데, 이 그룹의 선전활동은 그 조직활동과 같이 저조한 편이다.[103]

중간우파들의 경우도 출판을 선전·선동의 차원에서 이용한 것이 아니라 개인적으로 연구한 것을 출간하는 데 활용했다. 이는 지식인(대개 언론인 출신임)·인텔리풍의 개인주의적 편향성이라고 평가할 수 있다. 해방 전 화요파의 이론가이며 해방 후 세계일보 사장을 역임한 배성룡이 펴낸 『이 혼돈을 어떻게 수습할가』(전국정치운동자후원회, 1945; 돌베개 자료집 10권에 수록)와 『자주조선의 지향』(광문사, 1949; 돌베개 자료집 10권에 수록)을 그 대표적인 예로 들 수 있다. 단독정부가 수립되자 단정에 반대했던 배성룡과 같은 지식인은 남북 어디에도 안주할 수 없었던 것이다. 또 한 예로 해방 직후 『동아일보』에 있다가 1947년 6월 좌·우 양익을 포괄하는 중도적인 순간지 『새한민보』를 발행하게 되는 설의식의 경우도 논설집 『해방이후』(동아일보사, 1947), 『신국가의 국호』(새한민보사, 1947),

『통일조국』(새한민보사, 1948), 『독립전야』(새한민보사, 1948) 등을 양산하게 된다. 이외에 오기영이라는 인물도 『민족의 비원』(서울신문사, 1947), 『자유조국을 위하여』(성각사, 1948) 등을 양산하는 언론인 출신 중간파인사다. 민정장관을 지낸 중간우파 안재홍(중간우파 중 보다 우익적임)의 경우도 『신민족주의와 신민주주의』(민우사, 1945), 『한민족의 기본진로』(조양사출판부, 1949; 돌베개 자료집 10권에 수록)를 엮어내었다.

우익 인사들의 경우에는 또 다른 의미에서의 선전매체로 출판을 활용했다. 이승만은 해방 직후 1945년에 『건국과 이상』(국제문화협회)을 간행했고 이전에 지은 『독립정신』(활문사, 1946)을 복간했다. 김구의 경우 측근인사 엄항섭이 『김구선생혈투사』(국제문화협회, 1947)를 저술했고, 1948년에야 비로소 짧은 글들을 모아 『김구주석최근언론집』(삼일출판사, 1948. 엄항섭 편; 돌베개 자료집 10권에 수록)을 펴낸다. 이외에 한민당 선전부에서 편집·간행한 『한국민주당소사』(1948)와 당내 이론가 김준연과 함상훈이 펴낸 각자의 논문집 『독립노선』(흥한재단, 1947; 돌베개 문고에 전재)과 『조선독립과 국제관계』(생활사, 1948)를 들 수 있다.

우익인사의 정견을 중심으로 편집한 자료집으로서 대동신문사 사장 이종영이 편집·간행한 『대동정론』(1946; 돌베개 자료집 10권에 수록)이 있다.[104] 월추산인(月秋山人)이 편집한 『조선동포에게 고함』(조선정치경제연구회, 1945; 돌베개 자료집 10권에 수록) 후반부와 신생활협회가 편집·간행한 『나의 포부와 희망』(1946)에는 좌우 양쪽의 인사가 고루 등장한다.

경제·농업 분야의 연구서는 단연 진보적인 연구자의 것이 돋보인다. 우익인사의 경우 이훈구가 엮은 『남조선농업의 현세』(재조선미군정청, 1947)가 드러나 보일 뿐이다. 경제학전집 전30권을 기획하고 있는 박문출판사의 경우 단정 수립이 끝난 1948년 12월의 시점이었지만, 아직도 좌익진영의 필자가 우익진영의 연구자와 대등한 비율을 차지한다. 해방 직후에는 좌익의 우세가 더 심했는데, 박문규·인정식·권태섭·윤행중·박시형·백남운·김한주·박극채·이기수·이청원·전석담 등이 대표적인 좌익진영의 경제연구자인데 이기수·박극채·인정식(임영태는 한 관변자료를 인용하여 인정식이 월북했다고 주장한다)의 단정 수립 후 활동은 알 수 없으며 권태섭은 1949년 남한에서 간첩죄로 총살되며 나머지(박문규·윤행중·박시형·백남운·김한주·이청원·전석담)는 모두 월북하여 대부분 북한학계의 대표적 원로의 지위에 오른다. 이들의 저술을 열거해보면 다음과 같다.

박문규, 『조선토지문제논고』(청수사, 1946).

인정식, 『조선의 토지문제』(청수사, 1946; 돌베개 자료집 15권에 수록); 『조선농촌문제사전』(신학사, 1948); 『조선농업경제론』(박문출판사; 돌베개 자료집 15권에 수록).

권태섭, 『조선경제의 기본구조』(동심사, 1947; 돌베개 자료집 14권에 수록).

윤행중, 『민주경제론』(을유문화사, 1948).

박시형·전석담·박극채·김한주, 『이조사회경제사』(노농사, 1946).

전석담·김한주·이기수, 『일제하의 조선사회경제사』(조선금융조합연합회, 1947. 신학사에서 1948년 『현대조선사회경제사』로 복간).

전석담, 『조선사교정』(을류문화사, 1948).

박극채, 『민족과 인민』(조선과학자동맹 서울 지부, 1947).

이상의 학문적 연구성과 이외에 토지개혁 등에 대한 실천적 의견표출이 활발했는데 조공당원인 조두원이 『조선의 토지제도와 북조선 토지개혁의 의의』(해방출판사, 1946)를 지은 것을 비롯하여 전국농민조합총연맹(전농) 선전부에서 편집한 『토지개혁의 옳은 노선』(문우인서관, 1947; 돌베개 자료집 15권에 수록)이 대표적이다.[105] 또한 최학소의 『농민조합조직론』(사회과학총서간행회, 1946; 돌베개 자료집 15권에 수록; 돌베개 문고 전재)과 정범수의 『누구나 잘사는 도리』(신농민사, 1946; 돌베개 자료집 15권에 수록)도 특기할 만하다. 이외에도 『농민정치독본』(해방사, 1945; 돌베개 자료집 15권에 수록)이 간행되었다.

노동운동에 관련된 단행본은 김양재의 『노동조합교정』(전진사, 1947;

돌베개 자료집 15권과 문고에 각각 영인·전재)과 우익 중심의 문건을 정리하여 채규항이 편집한 『노농운동의 문헌』(새글사, 1947; 돌베개 자료집 15권에 수록)이 있다. 또한 좌익인사 온락중이 지은 계몽서 『노동자정치독본』(문우인서관, 1945)도 특기할 만하다.

문학 쪽의 단행본은 어느 분야보다 더 풍부하게 간행되었다. 시·소설·희곡 등 창작뿐만 아니라 이론서·평론서 등이 광범위하게 출판되었던 것이다. 구체적인 것은 거름 문학관계 자료집을 참조하여야 할 것이며, 당시 문학계의 분위기는 조선문학(가)동맹중앙집행위원회 서기국에서 편집·간행한 『건설기의 조선문학』(1946; 돌베개와 거름 자료집에 수록)을 참조하면 알 수 있을 것이다. 이는 1946년 2월 8일부터 9일까지 열린 제1회 전국문학자대회회의록으로서 임화·김남천·이원조 등 조선문학건설본부(이하 '문건')의 성원인 박헌영계열의 문인이 주도했으며[106] 이기영과 한설야 등 조선프롤레타리아문학동맹(이하 '동맹') 성원이면서 후일 김일성계열로 가게 되는 문인은 배제되었다. 이 단체는 민전을 지지할 것을 결의한다. 물론 문건과 동맹의 통합적 조직체로서 문학동맹(문맹)에 모두 '문건' 측 인사만 있는 것은 아니다. 단지 문건의 주도하에 동맹 측 인사 일부(권환·홍구)가 통합된 것이다.

이 시기 출판계의 또 한 가지 특징으로 지적할 수 있는 것은 마르크스·엥겔스·레닌·스탈린 등의 원전이 상당수 번역되는 경향이다. 특히 레닌 등 소련인의 저작 출간이 하나의 붐을 이룬다.

⑤ 회고록·증언록·전기류

해방 정국과 한국전쟁 당시 활동하던 인사의 증언을 담은 자료는 준1차 자료라고 할 수 있다. 기억에 주로 의존했기에 정확하지 못하며 사실에 대한 과장과 자화자찬이 있을 것이므로 1차자료보다 자료적 가치가 떨어지는 면이 없지는 않으나 오히려 "그때는 못 다한 이야기"를 생생하게 남긴다는 의미에서 그 당시의 자료보다 정확할 수도 있을 것이다. 기존에 나온 회고록류는 거의 우익정치가의 것이었다. 좌익계열의 증언인 경우 전향한 이후에 작성된 것이 많아서 사실을 왜곡하는 경우도 많았으며, 거기에

다가 그 분량 또한 제한되어 있었다. 그러던 것이 최근 역사문제연구소를 중심으로 당시 조직활동을 하던 인사의 증언을 청취하여 정리한 것이 일부 발표되고 있다. 당시 해방공간을 살았던 '앞선 자들이 온몸으로 살았던 체험'을 기록화하는 것은 새로운 자료의 발굴이라는 의미에서도 중대한 의의를 가지고 있는 것이다. 당시 출간되거나 살포되었던 자료를 발굴하는 것이 이제는 어느 정도 한계에 다다른 이상, 당시 생존했던 인사의 자연 수명이 다하기 전에 그들의 증언을 채록하는 일만이 새로운 자료를 발굴하는 것의 유일한 길이라고 할 수 있다. 이렇게 함으로써 생생한 체험이 결여된 젊은 연구자에게 그 현장감을 불어넣어줌으로써 젊은 연구자의 새로운 시각과 새로운 자료에 의한 실증성이 결합될 수 있을 것이다.

우선 최근에 발굴된 증언부터 언급해보면, 일제하 제3차 조공책임비서를 역임했으며 해방 후 반박헌영계열이었던 김철수의 친필유고가 있다. 『역사비평』 1989년 여름호에 수록되어 있다. 이 자료를 발굴한 이균영은 이를 이용해서 「김철수 연구」를 저술했는데, 『역사비평』 1988년 겨울호와 1989년 봄호에 2차에 걸쳐 싣고 있다. 1989년 봄호에 나온 연구가 해방 후를 다루고 있으며 김철수의 또 다른 회고담으로는 『월간중앙』 1974년 3월호에 실린 「나의 조국 나의 청춘」이 있다.

앞에서도 언급한 바와 같이 소설 『남부군』에 대한 대중적 관심과 맞추어 빨치산에 대한 증언들이 정리되기 시작했다. 1988년 8월 『남부군』의 저자 이태와 『빨치산』(1988)의 저자 이영식이 공동강연과 토론을 한 것이 『역사비평』 1988년 가을호에 실린 것을 비롯하여, 이태는 같은 책에 「『남부군』에서 못 다한 이야기」를 기고했다. 또한 빨치산 출신의 빨치산토벌대 '보아라부대'에 대한 증언이 같은 책에 나와 있다.[107] 빨치산뿐만 아니라 한국전쟁에 대한 본격적 증언도 청취되었는데, 팔로군 출신 방호산사단의 정치보위부 장교로서 한국전에 참전 후 빨치산활동을 했던 최태환의 「6·25전쟁 발발의 실상을 밝힌다」가 같은 책에 수록되어 있다. 또한 남로당 지방당의 간부를 역임한 김문현과 김시중의 증언이 『역사비평』 1988년 겨울호와 다음 해 봄호에 각각 실려 있으며 여운형계열인 인민당에서 활동한 유한종의 「혁신계변혁·통일운동의 맥」이 같은 책 1989년 여름호에 실려 있다.

이렇듯 역사문제연구소에서는 조직활동가의 사라져가는 증언을 연속적으로 수록하고 있다.

이상과 같이 자기 입장에 충실한 새로운 스타일의 증언록이 출간되기 전에 이미 출간된 기존의 회고록들에서 좌익인사는 자신들의 행위를 다소 온건하게 표현하거나 아니면 전향하여 자신의 이전 행위를 '반성'해야만 했다. 다음은 대표적 회고록이다.

소정자, 『내가 반역자냐?』(방아문화사, 1966).

박갑동, 『박헌영』(인간사, 1983).

박진목, 『민초』(원음출판사, 1983).[108]

장건상, 「독립운동 반세기의 회고」, 『세대』 1971년 8월호.

김성숙, 「오호(嗚呼)! 임정 30년 만에 해산하다」, 『월간중앙』, 1968년 8월.

이동화, 「해방 전후의 정치집단과 여운형」, 『오늘의 책』 5호(1985년 봄).

이상의 자료 외에 우익인사의 회고담은 정치가를 중심으로 상당수 간행되었다. 대표적인 것으로서 조병옥[109]·이철승[110]·이승만[111] 등의 것이 있다.

증언을 모아놓은 자료집으로서는 조선일보사가 편집·간행한 『전환기의 내막』(1982)과 희망출판사가 편집·간행한 『정계비사: 사실의 전부를 기술한다』(1966) 등이 있으며 동아일보사의 기자들(조규하·강성재·이경문)이 지은 『남북의 대화』(한얼문고, 1972)는 인터뷰에 상당부분 의존한 흥미로운 책이다.

이외에 전기로서 특기할 만한 것은 김성수·송진우·장덕수 등 한민당 인사를 다룬 것들과 김학준이 지은 『가인 김병로 평전』(민음사, 1988), 『이동화 평전』(민음사, 1987)이 있다. 김학준은 '정치전기'라는 새로운 영역을 독보적으로 개척하고 있는데, 이정식이 인터뷰한 것을 기초로 『혁명가들의 항일회상』(민음사, 1988)이라는 한 권의 책을 간행하기도 했다. 이

책에는 해방 이후 혁신계활동에 종사했던 김성숙·장건상·정화암·이강훈 등의 인터뷰가 모아져 있다.

⑥ 자료집

대표적인 자료집은 역시 앞서 누차에 걸쳐 언급한 김남식·이정식·한홍구 편, 『한국현대사자료총서』 전15권(돌베개, 1986)이다. 이 자료집은 당시 좌익 자료에 대한 접근이 어려웠던 시절에 금단의 장벽을 깨고 접근을 가능케 해줌으로써 가히 '현대사 연구의 기폭제' 역할을 했던 것이다. 15권 가운데 다섯 권은 신문에 할애되어 있고 네 권은 잡지에, 나머지 여섯 권은 단행본에 할애되어 있다.

이와 같은 종합자료집 외에 주제별 자료집에 대하여 언급해보면, 먼저 문학관계 자료집으로서 앞서 언급한 거름에서 편집·간행한 『한국현대문학자료총서』 전17권(1987)을 들 수 있다. 단행본에 다섯 권, 잡지에 아홉 권, 신문에 두 권이 각각 할애되어 있는데, 잡지의 비중이 높은 것으로 보아 역시 당시 문학작품은 잡지에 많이 수록되어 있음을 알 수 있다.

상기한 문학자료집 출간 붐에 토대를 두어 김승환·신범순은 『해방공간의 문학』(돌베개)을 기획했는데, 당시 문인의 작품과 비평을 새로 조판하여 편집했다. 1988년에 간행되기 시작했는데 현재 4권이 간행되었다. 기획대로 간행된다면 시 2권, 소설 3권, 비평 2권으로서 전7권이 되는 셈이다.

이외의 비평분야 자료집으로서 신형기 편, 『해방3년의 비평문학』(세계, 1988)과 김윤식 편, 『한국현대현실주의비평선집』(나남, 1989)이 있으며 소설·시 분야의 김희민 편, 『해방3년의 소설문학』(세계, 1987)과 오현주 편, 『해방기의 시문학』(열사람, 1988) 등이 돋보인다.

분단과 통일에 관련된 자료집으로서는 세 가지를 들 수 있는데 먼저 노중선이 편집하여 사계절에서 1985년 간행한 『민족과 통일』 1권(자료편)을 들 수 있다. 3부로 구성되어 있는데, 1부는 편자의 논문이고 2부는 문헌 목록이며 3부는 1945년부터 1984년까지의 자료를 편년체로 배열한 연표다. 상당히 노력을 기울인 흔적이 역력하나 다소 체계가 없어 보이는 것이

미미한 흠이라면 흠이다. 둘째, 통일문제연구소에서 1988년에 편집·간행한 『통일문제자료집』이 있다. 다소 대중적이며 평이한 자료집이나 필수적인 자료를 간결하게 모아놓은 편이다. 셋째, 통일자료집으로서 한백사에서 1989년에 간행한 『분단자료집: 1945~1948년 자료모음』을 들 수 있다. 이 자료집도 다른 곳에서 흔히 볼 수 있는 자료를 모아놓은 것으로 다소 평이하다는 평가를 받고 있으나, 후속 기획을 기대해봄 직하다.

남한에서의 공산주의 운동에 관한 자료집으로는 김남식이 고대 아세아문제연구소에서 1974년에 편집·간행한 선구적 업적 『남로당연구자료집』(전2권)을 들 수 있다. 거의 잊혔으며 마모상태에 있었던 당시 신문·팸플릿·회의록·단행본 등을 차곡차곡 모아 편년체로 펴낸 이 자료집은 돌베개 자료집이 간행되기 전까지 가장 많이 인용되는 자료의 '보고'였다. 이것이 다시 엄선되어 1988년에는 돌베개의 『남로당연구』 II·III 권으로 묶여 나왔다.

제주도 4·3사건에 대한 자료집도 여러 권 나왔는데 먼저 『잠들지 않는 남도』(온누리, 1988) 후반부에 신문·잡지 기사가 전재되어 있으며, 『제주민중항쟁』(소나무, 1988)의 제1권 후반부에 신문 증언철이, 제2권에는 일본에서의 증언·연구가, 제3권에는 「G-2 보고서」·잡지·기관지·일간신문 등이 각각 모아져 있다. 또한 오성찬이 채록·정리한 『한라의 통곡소리』(소나무, 1988)와 제주 4·3연구소에서 편집하여 한울에서 간행한 『이제야 말햄수다』(1989)는 당시의 생생한 증언을 채록한 것으로 부족한 자료 발굴의 새 장을 여는 참신한 기획이라고 평가할 수 있다. 또한 『사회와 사상』 1989년 1월호에 게재된 한림화의 「용강마을사람들의 분노」도 특기할 만한 자료다.

수록자료의 매체별·종류별로 자료집을 구분할 때 먼저 신문자료집으로서는 앞서 언급한 『자료대한민국사』를 들 수 있다.

또한 비록 일본에서 재일조선인에 의해 간행된 주간지이지만 한국전쟁 당시 한국의 사정을 이해하는 데 도움을 주는 『새조선』(1950년 6월 창간) 묶음이 박경식에 의하여 『조선문제자료총서』 제10권 (川崎; アジア問題研

구소, 1983)으로 간행되었다(국내에서 영인됨).

당시 유포된 삐라집으로서는 먼저 『신천지』 1946년 8월호에 수록된 「8·15 후의 중요전단」을 들 수 있다. 여기서는 몇 개의 삐라 원본을 그대로 복사하여 소개하고 있다.

이혁이 편집한 『애국삐라전집』 제1권이 조국문화사에서 1946년에 간행되었는데, 우익삐라 일색이며 2권이 속간되지 못했다.

위의 두 가지 자료보다 훨씬 포괄적이고 풍부한 삐라를 보유한 것이 심지연이 편집하여 한울출판사에서 1986년 간행한 『해방정국논쟁사』다. 독립운동가 오세창의 인척인 오일룡이 수집한 삐라에 의존하여 간행된 이 책을 통하여 우리는 해방 정국의 생생한 모습을 옅기 그대로 느낄 수 있을 것이다. 그런데 오일룡이 수집한 많은 삐라도 아마 당시 뿌려진 삐라의 일부분에 불과할 것이다.

법령집으로는 여강출판사에서 영인한 『미군정법령집』 국문판을 들 수 있는데, 이 자료가 완벽한 법령집은 아니다.[112]

또한 당시 별로 영향력을 행사하지 못했던 과도입법의원(의장 김규식)의 속기록 1946·47년분이 여강출판사에서 영인되었는데, 당시 이 기관에 있던 관선 중간파들이 민선 우익 때문에 일을 효과적으로 수행하지 못하고 있음을 보여준다.

(2) 북한의 자료

북한에서 간행된 자료는 남한 내에 일부 흘러들어왔으며, 한국전쟁 당시 미국이 노획해간 부분이 상당수 있다. 그러나 역시 남한의 자료가 그렇듯이 간행지에 제일 많은 것으로 추측된다. 그렇지만 북한에 있는 자료에의 접근은 어려운 상황이므로, 남한과 미국에 있는 자료에 의존할 수밖에 없다. 남한에 있는 자료 가운데 일부는 영인되거나 자료집 형태로 출간되어 일반인이 쉽게 접할 수 있지만, 대다수 자료는 단지 '북한에서 간행되었다'는 이유 하나 때문에 일반인의 접근이 통제되어 있다. 또한 전쟁을 겪으면서 당시 자료가 상당수 분실되거나 마모되었기 때문에, 대부분의 자료가 미국에 있는 자료를 복사한 것에 불과하다. 따라서 먼저 북한 이외의 지역에서 존재하는 자료 중에서는 북한현대사 연구 제일의 '보고'라고 일컬어지는 한국전쟁 당시(주로 1950년 2월에서 1951년 1월 사이) '미군이 노획한 문서'(Records seized by U.S. Military Forces in Korea)를 먼저 살펴보아야 할 것이다.

이 문서들은 국립문서보관소(National Archives, 이쪽 자료의 일반적 소개는 미국 자료부분에서 후술될 것임) 소속인데 구체적인 소장처는 워싱턴시 근교의 메릴랜드주 수틀랜드에 위치한[113] 워싱턴 국립자료원(Washington National Archives Center)의 일반문서부(The General Archives Division)다. '국립문서보관소의 1941년 이후 노획외교문서 모음'(National Archives Collection of Foreign Records Seized, 1941-) 항목 가운데 '242 문서군'(Record Group 242: Records Seized by U.S. Military Forces in Korea, 1921-1952)으로 분류되어 있다.[114] 주로 북한지역에서 노획된 이 자료는 6,893종류가 원본 그대로 1,343개의 박스에 보관되어 있는데, 160만 8천여 페이지는 한국어로, 30만여 페이지 정도는 일어로, 1만여 페이지는 러시아어로, 3천여 페이지는 중국어로 된 자료다.[115] 1977년 2월 14일 전략적으로 중요한 극히 일부분만 제외하곤 비밀해제되었으며, 일반인의 접근에 공식적인 제한은 없다. 이에 대한 대표적 소개로 김학준 교수의「정권 형성기와 정권 초창기의 북한연구 I: 한국전쟁기에 미군이 노획한 문서에 관한 소개를 중심으로」가, 『국제정치논총』 제24집(1984)에 나와 있다. 이외의 해제로는 서대숙[116]과 사쿠라이[117]의 글이 있다.

이 노획문서의 중요성이 학계를 중심으로 인식되기 시작하자 국사편찬위원회와 국토통일원·한림대 아시아문화연구소 등은 미국 국립문서보관소에서 한국관계자료를 오래전부터 찾아오던 방선주(메릴랜드주 록빌에 있는 Amerasian Data Research Service 소속)를 통하여 중요한 자료를 수집·보관하고 있다.

방선주는 『아시아문화』 창간호(1986)에「노획 북한필사문서 해제 1」을 기고하여 극히 일부분인 필사문서를 소개했으며, 국토통일원은 『6·25 당시 노획한 북한자료 마이크로필름 목록』(1987)을 간행하여 자신들이 복사해온 마이크로필름 자료를 항목별로 분류했다. 또한 국사편찬위원회는 『북한관계사료집: 조선노동당 자료』 전4권(1982~86)을 펴냈는데, 자세한 내용은 후술할 것이다.

이렇듯 노획문서에 대한 정리는 이제 시작 단계이므로 이 부분에 대한 새로운 자료의 발굴이 시급히 요청된다고 할 것이다.

다음에서 북한자료를 남한자료와 같은 방식으로 좀더 구체적으로 살펴보기로 하자.

① 신문

북한현대사 연구에서도 가장 근본적인 자료는 역시 신문이 되어야 함에도 불구하고[118] 우리의 연구에서는 당시 신문이 거의 인용되지 못하는 실정이다. 왜 그럴까? 이는 연구자의 게으름 때문이기도 하지만 남한사회에 당시 신문이 거의 없는 것이 주원인이다.

국토통일원에는 전쟁 전의 『로동신문』(조선로동당기관지) 몇 부가 1947년부터 간헐적으로 마이크로필름화되어 있을 뿐이며, 국회도서관에는 『평양민보』 1945년 10월 21일자부터 1945년 12월 4일자까지의 몇 안 되는 부수가 역시 마이크로필름화되어 있다. 한편 한국연구원에는 신의주에서 발행된 『평북신보』 1946년호 4부와 『평양민보』 1945년 10월 13일 창간호 등 3부만이 소장되어 있을 뿐이다.

따라서 새로운 자료를 발굴해야 할 필요성이 절실한데, 현재로서는 전망이 밝지 않은 편이다. 북한에 있는 자료를 보는 것은 불가능하고, 미국에 있는 노획문서 중에도 신문철은 드문 편이다. 그럼에도 불구하고 당시 어떤 신문이 발간되었는지를 알아보는 작업은 당시 상황을 정확하게 인식하기 위해서도 필요한 작업이라 할 수 있다.

당시 북한의 주요 언론은 당기관지와 각 도 (임시)인민위원회기관지로 나누어볼 수 있다. 먼저 당기관지부터 살펴보면, 1945년 10월 조선공산당 평남도당 기관지 『봉화』가 발간되다가 1945년 10월 10일에서 13일 사이에 조공북조선분국이 설립된 후『정로』(正路)로 개칭되어 1945년 11월 1일 창간호를 내었는데 태성수와 유문화가 주도했다. 1946년에 들어와서 연안 독립동맹이 신민당을 결성했는데 그 기관지로서『전진』(윤규섭 책임)을 간행했다. 1946년 8월 신민당과 북조선공산당이 합당하여 북로당이 건설되자 양대 기관지도 합쳐져서『로동신문』이 1946년 9월 1일 창간되었다. 1948년 11월 말 현재『로동신문』의 책임주필은 기석복이었으며 각 도당 기관지로서『평북로동신문』『황해로동신문』『강원로동신문』『함남로동신문』『함북로동신문』이 있다.[119]

도인민위원회기관지로서 대표적인 것은 평남인민정치위원회 기관지인『평양민보』와 평북인민위원회기관지인『평북신보』 등이 있다.『평양민보』는 이동화·김광진·허의순 등이 관여했으며 한재덕이 편집장이었다는 설이 있다. 이 신문이 1945년 10월 13일 창간되었을 당시 평남의 실세 조만식이 사장이었다고 한다.[120] 발간 초기의 신문(1945년 10월 21일, 6호)을 보면 '기관지'라는 명칭은 안 나와 사설신문으로서 출발한 듯한 느낌을 가지게 한다. 김구의 귀국을 보도했다는 이유 때문에 정간을 당했다는 설[121]도 있는데 그 이후까지 신문이 간행된 것을 보면 설사 '정간처분'이 있었다 할지라도 얼마 안 있어 해제되었을 것이다.

1946년 2월 북조선임시인민위원회가 수립된 후[122] 5월 1일인지 6월 초[123]인지에『평양민보』는『민주조선』으로 이름을 바꾸어 북조선 전체를 통괄하는 북조선임시인민위원회의 기관지가 된다. 이의 책임자로는 한설야·한효·한재덕·유문화 등이 순차적으로 임명된다. 1948년 9월 정권이 수립된 후『민주조선』은 내각의 기관지가 되어 오늘에 이른다.[124]

이외에 북조선직업총동맹 중앙위원회 기관지인『노동자신문』이 1946년 간행되었으며 농민동맹(『농민신문』), 민주청년동맹(『민주청년』), 문예총(『문화전선』), 교원문화직업동맹(『교원신문』) 등도 기관지를 간행했다고 한다.[125] 또한 소련군 당국의 한글기관지『조선신문』(조기천·민병태·김조규·박효정·최명익 간여)이 1946년 2월 20일 창간되었다고 하는데, 이 신문이 발간되었다는 게 사실일지라도 지금 발굴해낸다는 것은 거의 불가능할 것이다.

이상 언급한 신문 외에 교통성(交通省) 발행의 『교통신문』, 교육성 발행의 『소년신문』 등과 조쏘문화협회의 기관지 『조쏘특보』가 나왔다고 한다.126) 또한 1949년에는 조국전선중앙위원회 기관지 『조국전선』이 간행되었다.127)

② 잡지

잡지도 신문과 같이 기관지가 대부분이다. 내각기관지 『인민』(1946년 11월 28일 창간), 북조선로동당기관지 『근로자』(1946년 10월 25일 창간)는 종합이론잡지이며(『인민』『근로자』는 통일원에 소장되어 있음), 종합대중잡지로 『새조선』(인민출판사), 『태풍』(태풍출판사)이 나왔다고 한다. 각 사회단체에서 내는 것으로서 『노동자』(직업총동맹), 『농민』(농민동맹), 『청년생활』(민주청년동맹), 『조선녀성』(여성동맹) 등이 있다. 시사지로서 『순간통신』(순간통신사), 『국제평론』(인민출판사) 등이 간행되었고 만화잡지로 『활살』(활살사) 등도 간행되었다. 학술지로는 조선역사편찬위원회에서 간행하는 『역사제문제』가 대표적이며, 기타 각 부문 전문잡지가 간행되었다고 한다.128)

③ 연감·일지

신문·잡지류에 대한 접근이 용이하지 못한 실정이므로 비교적 접근이 쉬운 연감·일지에 대한 활용도가 높은 편이다.

현재로서 확인된 연감으로서는 조선중앙통신사에서 편집·간행한 『조선중앙연감』 외에는 없다. 1949년판(1949)부터 간행되어 1950년판(1950), 1951-25년판(1952), 1953년판(1953) 등으로 매년 발간되었다.

1949년판과 1950년판은 국한문혼용이며 1951-52년판은 한글 전용으로서 이 판부터는 김일성의 연설문이 별도로 모아져 있다.

일지로서는 1949년 민주조선사에서 간행한 『해방 후 4년간 국내외 중요일지』가 상당히 부피도 크고 내용도 비교적 충실한 편이다. 초판과 개정판이 간행되었는데, 돌베개 자료집과 거름 자료집에 개정판이 영인되어 있다.

④ 단행본

북한사회에서의 출판은 선전·선동의 차원에서 이루어졌는데 1945년부터 1950년 사이에 간행된 단행본 중 일반인이 쉽게 구할 수 있는 것은 다음과 같은 것이 있다.

한설야 편,『해방1주년기념 반일투사연설집』(평양: 8·15해방1주년기념 중앙준비위원회, 1946; 돌베개 자료집 13권에 수록).

북조선민주주의민족통일전선 중앙위원회 서기국 편,『쏘·미공동위원회에 관한 제반자료집』(평양: 북조선중앙민전 서기국, 1947; 1947년에 초판·증보판이 간행되었는데 증보판이 돌베개 자료집 13권에 수록).

인민위원회 선전부 편,『조선인민은 인민위원회정권형태를 요구한다』([평양]: 북조선인민위원회 선전부, 1947; 돌베개 자료집 11권에 수록).

첫 번째 책에는 김일성·김두봉 등의 연설이 들어 있으며, 나머지 두 책은 1947년 제2차 미소공위 재개를 겨냥하여 만든 자료집이다.

이외에 조선민주주의인민공화국 내무성 보안간부학교에서 발행한『해방 후 조선』(1949)이라는 자료집 겸 연구서가 특기할 만하다.[129] 이러한 유의 계몽적 저술이 많이 간행되었는데, 내무성 문화국에서 편집·간행한 정치상학교재 시리즈 중『쏘련의 대외정책』(1950),『조선문제 해결에 있어 민주와 반민주와의 투쟁』(1949) 등이 흥미로운 주제를 다루고 있다. 또한 북조선로동당중앙본부의 선전선동부에서는『선전원 수책(手冊)』(1947-)이라는 수첩형식의 소책자 여러 호를 간행하여 자신들의 이념을 교육·선전하는 데 사용했다.

단행본 출판 중 또 한 가지 중요한 특징은 선전·선동의 차원에서 정치가의 주장을 담은 것이 큰 비중을 차지한다는 사실이다. 김일성을 비롯한 정치가의 중요 논설을 담은 단행본이 많이 눈에 띄는데, 김일성의 저작은 다음 전기·회고·증언록 단락에서 언급하기로 하고, 다른 정치가의 정치적 논설을 먼저 열거할 것이다.

오기섭,『모스크바삼상회의 조선에 관한 결정과 반동파들의 반대투쟁』([평양]: [출판사불명], [1946]).

주영하,『북조선로동당창립1주년과 조선의 민주화를 위한 투쟁에서 그의 역할』(평양: 로동당출판사, 1947).

최창익,『8·15 이전 조선민주운동의 사적 고찰』(평양: 혁신출판사, 1946; 심지연,『조선신민당연구』자료편에 수록).

김두봉,『인민군 각 부대 선동원회의에서 진술한 김두봉동지의 연설』([평양]: 조선인민군 총정치국, 1951).

『조선해방과 북조선의 민주발전』([평양]: [출판사불명], [1947]).

또한 정부 수립 직전과 이후의 출판계에 두드러진 경향은 마르크스-레닌주의에 관한 중요한 문헌과 연구들이 다수 번역·발간되었다는 사실이다. 특히 소련 쪽의 문헌들이 번역되었는데『쏘련공산당약사』를 비롯하여『레닌선집』『레닌주의의 제문제』『스탈린선집』등을 비롯하여 '선전쏘련' 문학예술이 소개되었다고 한다.[130]

⑤ 전기·증언록·회고록

전기·증언·회고 부분 중 제일 큰 비중을 차지하는 것은 역시 김일성에 관련된 부분이다.

먼저 김일성에 대한 전기부터 살펴보면, 후일 전향했던, 김일성의 측근 한재덕의『김일성장군개선기』(평양: 민주조선사, 1947)를 들 수 있는데, 후반부 자료편에 지금 구하기 힘든『평양민보』등에 수록된 귀중한 1차자료가 나와 있다. 또한 비록 서울에서 출판했지만 저자가 북한에서 활동했기 때문에 북한 측 자료에 분류돼도 무방한 한설야의『영웅김일성장군』(신생사, 1947)은 초창기의 김일성전기다.[131]

김일성이 직접 쓴 선집류의 저술들을 열거해보면 다음과 같다.

『조선민주주의인민공화국 수립의 길: 중요보고집』(평양: 북조선인민위원회 선전부, 1947).

『김일성장군의 주장』(서울: 노농사, 1947).

『창립1주년을 맞이하는 북조선로동당』(평양: 로동당출판사, 1947).

『민주조선 자주독립의 길: 김일성장군 중요논문집』(평양: 북조선로동당, 1947).

『자주독립국가건설을 위하여: 김일성위원장 중요보고집』(평양: 북조선 로동당, 1947).

『북조선로동당 평남도 순천군당 제2차 당대표회의에서 진술한 김일성동지의 역설』(평양: 북조선로동당중앙본부 선전선동부, 1948).

『민주주의인민공화국수립을 위하여: 김일성장군 중요논문집』(평양: 북조선 로동당출판사, 1948).

『조국의 통일독립과 민주화를 위하여』전2권(평양: 국립인민출판사, 1949).

이러한 저술들을 묶어『김일성선집』전4권(평양: 조선로동당출판사, 1949)이 처음으로 엮어져 나왔고 그 이후 여러 차례 선집·저작선집·저작집의 이름으로 수정 간행되었다.[132] 이러한 수정작업에 대하여 한쪽에서는 역사적 사실에 대한 허위·날조·왜곡이라고 평가하며, 이를 비판하는 입장에서는 현재의 입장에서 역사를 재해석하는 것이라고 평가한다.

⑥ 자료집

먼저 당시 북한에서 나온 자료집으로서는『당의 정치노선 급(及) 당 사업총결과 결정: 당문헌집』을 들 수 있는데 1946년에 정로출판사에서 나온 것으로 추정된다. 김일성의 연설이 상당부분 차지하는 자료집으로서, 원본은 국내에서 쉽게 구할 수 없고 미국의 노획문서에서 복사한 것을 공공기관에서 보관하고 있다.

법령집으로서는 북조선인민위원회 사법국이 편집·간행한『북조선법령집』(1947)이 있다.

남한에서는 일찍이 고려대학교 아세아문제연구소에서『북한연구자료집』을 편년체로 간행했다. 1969년에 간행된 1권이 한국전쟁 전까지를 포괄하고 있는데, 김일성의『조국의 통일독립과 민주화를 위하여』『김일성선집』등 우리가 쉽게 접할 수 없는 귀중한 1차자료를 수집하여 체계적으로 정리했다. 또한 같은 연구소에서 나온『북한법령연혁집』제1집(1969)도 선구적 자료집이다.

중앙정보부에서 편집·간행한『통한관계자료총집』1권(1973)도 편년체로 정리했는데, 전반부가 해방 직후를 포괄한다.

앞에서 언급한 바가 있는 국사편찬위원회에서 편집·간행한 『북한관계 사료집: 조선로동당자료』는 1982년 1권이 나온 이래 지금까지 4권(1986)이 간행되었다. 미국에서 복사해온 노획문서를 당문헌 위주로 정리하여 수록한 자료집으로서 제1권은 앞서 언급한 『당의 정치노선 급 당사업총결과 결정』 등의 단행본과 의사록·문서·보고서를 중심으로 당중앙의 문서를 편년체로 정리했다. 이에 비하여 2권에서 4권은 강원도 인제군당의 문서를 역시 편년체로 정리한 부분이다. 2권은 1945년에서 1948년의 시기이며 3권은 1948년에서 1949년, 4권은 1949년에서 1950년의 시기를 포괄하고 있다.

동아일보사의 『안보통일문제기본자료집』 별권(북한편, 1972)이나 『신동아』 1989년 1월호 부록 『북한: 1945-1988』도 기본적인 자료는 망라하려고 애쓴 흔적이 보인다.

또한 연세대학교 대학원 북한현대사연구회에서 편집하여 공동체에서 간행할 예정인 『북한현대사: 연구와 자료』는 기본적인 1차자료를 최초 발표된 대로 수록하려고 애쓴 편이다.

북한연구기초자료집 기획의 첫 번째 권으로서 돌베개에서 간행한 『북한 '조선로동당'대회 주요문헌집』(1988)은 통일원에서 발간한 『조선로동당 대회자료집』에 주로 의존하여 김일성의 보고 부분(김두봉의 보고가 하나 들어감)만 뽑은 활용도가 높은 기획이다.

통일원에서 펴낸 자료집은 당대회자료집 외에도 『북한최고인민회의자료집』 전6집, 1기1차회의—1기13차회의(1988)가 있다.

2) 국외자료

(1) 미국의 자료

1945년부터 1948년까지 한반도의 남부를 점령하여 통치한 것이 미국이므로, 미국에는 남한의 점령과 통치에 관한 기본문서가 풍부하게 보관되어 있다. 먼저 비공간문서·미간행문서를 중심으로 살펴볼 것이다.

① 비공간문서

공간되지 않은 문서는 공적 개인의 기록·서류(papers) 모음과 공적인 미간행 원고(unpublished manuscript)로 나누어볼 수 있다. 미국에서는 고위 공직자가 그 자리를 떠난 후 자신의 기록들을 지방 연고지의 공공도서관이나 재단에 보관시키는 경우가 있다. 예를 들면 미주리주 인디펜던스라는 도시에 트루만도서관(Harry S. Truman Library)이 있는데 이곳에는 트루만 페이퍼(Truman Papers)를 비롯하여 애치슨 페이퍼(Dean G. Acheson Papers), 제임스 웹 페이퍼(James E. Webb Papers) 등이 모아져 있다. 대표적인 개인기록으로서는 프린스턴대학 도서관에 있는 덜레스 페이퍼(John Foster Dulles Papers), 포레스털 페이퍼(James Forrestal Papers), 케난 페이퍼(George F. Kennan Papers) 등과 스텐퍼드대학의 후버연구소에 있는 아시아 전문관리들의 기록들이 있다. 또한 버지니아주 노포크(Norfolk)시의 맥아더기념도서관의 맥아더 페이퍼(Douglas A. MacArthur Papers)도 특기할 만하다. 그런데 아직 우리의 연구수준이 미국본토 중 지방의 공공도서관을 뒤질 정도의 수준에 와 있지는 못하다. 이제 우리는 이런 곳보다 정부당국자의 문서나 군사(Military History) 관계의 원고가 집중적으로 보관되어 있는 위싱턴시의 국회도서관, 국립문서보관소, 육군군사원(Army Center for Military History), 해군역사관(Naval Historical Center) 등과[133] 위싱턴시 근교의 메릴랜드주 수틀랜드에 있는 연방기록관(Federal Records Center) 등을 먼저 이용해 새로운 자료를 발굴해나가야 할 것이다. 특히 국립문서보관소 자료에 대한 중요성은 국내학계에서도 이미 인식되고 있다. 선더스의 해제「미 국립문서보관소의 한국관계 자료: 1945-1950」가 브루스 커밍스 편,『갈등의 산물』(*Child of Conflict*, 1983)에 실려 있으며[134] 방선주의 해제「미국의 한국관계현대사 자료」, 한국사학회 편,『한국현대사론』(을유문화사, 1986) 등이 이미 국내학계에 소개되어 있다.

또한 방선주는「미국 제24군 G-2 군사실 자료해제」를『아시아문화』제

3호(1987)에 기고하여 정보담당부서(G-2)에서 작성한 보고서며 군사(軍史) 등을 소개했다.

이러한 분위기 아래서 앞서 언급한 바와 같이 '노획문서'에 기초한 자료집이 간행되기도 했는데, 정보담당부서에서 작성한 보고서와 원고가 국내 출판계에 영인되었다.

먼저 정보보고서를 들 수 있는데, 주한미군사령부(HQ, USAFIK; 1945. 9-1948. 12)와 제6보병사단(6th Inf. Div.; 1945. 10-1948. 12), 제7보병사단(7th Inf. Div.; 1945. 9-1948. 12)의 각 정보참모부(G-2)가 작성한 「일일보고서」(Periodic Report)와 주한미군사령부의 정보참모부가 작성한 「주간보고서」(Weekly Summary; 1945. 9-1948. 11)를 묶어서 『미군정 정보보고서』(전15권, 일월서각, 1986)라는 제목으로 영인했다. 이 판본이 결본이 많다는 이유 때문에, 보다 완벽한 판을 방선주로부터 구입한 한림대 아시아문화연구소는 정보보고서를 속간하고 있는데, 현재 3권까지 간행되었다. 먼저 주한미군사령부의 「일일보고서」 1945년 9월부터 1949년 6월까지의 부분을 7권으로 나누어 내려고 하며, 그다음 미군사고문단(United States Military Advisory Group in Korea)의 「일일보고」 1949년 7월부터 1950년 6월까지를 속간할 계획이다. 그 이후 주한미군사령부의 「북한정보요약」(Intelligence Summary, North Korea)·「주간보고서」를 내려고 하는데 전자는 1945년 12월부터 1948년 11월까지 발행되었고, 후자는 1945년 9월부터 1948년 11월까지 부분이다.(북한정보요약은 1951년까지 정리되어 있는데 319문서군에 소속되어 있다.) 그런데 '극비'로부터 비밀해제된 정보보고서가 당시 상황을 아는 데 핵심적인 자료라는 사실에는 의심의 여지가 없으나, 이렇게 파악된 현실은 미군정당국의 시각에 의하여 굴절되게 인식된 왜곡된 현실일 가능성이 높다.[135] 따라서 이 부분에서 사료에 대한 비판적 인식을 해야 할 필요성이 있다.

미국무성 홍보국(Office of Public Affairs) 정책사연구과(Division of Historical Policy Research)에서 작성한 『미국의 대한정책』(United States Policy Regarding Korea; 한림대학 아시아문화연구소, 1987)은 글

자 그대로 미국의 대한정책을 평이하게 기술한 자료이자 연구서다. 1834년부터 1950년 사이를 포괄하는 3개의 보고서를 하나로 묶은 것으로서, 첫째 보고서는 1834년 '무역'의 차원에서 한국에의 관심이 제기되기 시작한 시점부터 1941년 태평양전쟁까지를 논구하고 있는데 1947년 5월에 작성되었다. 1941년부터 1945년 12월 모스크바3상회의까지를 다루고 있는 제2부는 1950년 5월에 작성되었고, 1945년 12월부터 1950년 6월 한국전쟁 발발 전까지를 다루고 있는 제3부는 1951년 12월에 작성되었다. 제1부는 일반인의 열람이 제한된 자료였으며 2·3부는 극비에 해당된 자료였는데 1982년 모두 비밀해제(declassified)되었다고 한다. 서두에 김영명의 해설과 함께 한번쯤은 검토해봄 직한 자료다. 그러나 역시 이 자료도 미국 국무성의 필요에 따라 자신들의 행위를 정당화하는 논리에 입각해서 쓰였으니만치, 사료비판을 행하면서 '숨겨진 의도'를 간파한다는 자세로 읽을 필요가 있다.

국내에서 영인된 비공간문서의 마지막 것으로서 「주한미군사」(History of the United States Armed Forces in Korea)를 들 수 있다. 연구자들 사이에서 'HUSAFIK'이라는 약칭으로 일컬어지는 이 원고는 주한미군의 정보담당부서 수석 군사관(軍史官) 라슨(Harold Larson) 박사가 책임편집했으며, G-2에 소속된 군사실(軍史室)의 관리들이 분담 집필한 것이다. 더블 스페이스 영어 타자본 원고로 2천 페이지가 넘는 방대한 분량인데, 돌베개에서 잘 판독이 안 되는 부분까지 복원하여 1988년 간행했다. 한국현대사 연구의 전문가 브루스 커밍스는 『한국전쟁의 기원』을 집필하는 데 상당부분 이것에 의존하면서 가장 가치 있는 자료라고 평가했다.[136]

이 자료는 일찍이 1965년 이후 비밀해제되기 시작했지만, 아직 비밀로 묶여 있는 「정보보고서」(G-2 Report)의 '극비' 항목까지 인용되고 있으므로, 이 원고를 통해 우리가 접할 수 없는 자료들의 일단까지도 파악할 수 있을 것이다. 전체가 3부로 되어 있는 미완성원고인 「주한미군사」는 정치뿐만 아니라 군사·행정·경찰·사법·농업·경제·교육 등의 사회 전반을 부문별로 별도의 분담 작성자가 작성해놓은 자기완결적인 보고서 묶음이다. 제1부는 군사부문에 관련되어 있는 부분이며, 제2부는 정치, 제3부는 행정·경찰·사법·농업·교육에 관한 부분이다.

「주한미군사」에 비견되는 자료로서 들 수 있는 한 가지 원고로는 「주한미군정사」(History of the United States Army Military Government in Korea)를 들 수 있다. 주한미군정의 군사담당자(Wilbur L.William 소령과 William O'Hearn 중령)가 1946년 작성한 것으로서 더블 스페이스 타자 330여 매에 달한다. 1945년 9월부터 다음 해 6월까지 포괄하는데 3편으로 이루어져 있다. 제1편은 기본적인 군정의 구조와 한국인과의 관계, 신문·방송, 정당과 지도자들, 소련과의 관계 등이 서술되어 있는 '개괄' 부분이다. 제2편은 군정의 구체적 부서가 언급되어 있으며 당시 군정의 국장·과장명단(미국인)이 나와 있다. 제3편은 지방에서의 군정 실시에 대한 서술이다.

비록 공적인 자료는 아니지만, 워싱턴 군사연구원(Center of Military History)의 역사연구관이었던 호그(Charles Leonard Hoag) 박사의 「주한미군정: 전시정책과 점령원년, 1941-1946」(American Military Government in Korea: War Policy and the First Year of Occupation, 1941-1946)이라는 원고도 공문서에 준하는 것으로서 특기할 만하다(1970년 미육군성에서 완성). 호그는 공직에 있었으므로 극비에 속하는 자료까지 통제받지 않고 접할 수 있었다. 따라서 이 원고도 상당한 가치를 지니는 자료로서 평가받을 수 있다.

이외에도 무수히 많은 비공간자료가 보관되어 있다. 「G-2 보고서」 외에 「정세분석」(Political Trends), 「여론동향」(Opinion Trends) 등이 1945년에서 1946년 사이에 일간으로 간행되었고 「24군저널」(XXIV Corps Journal)도 역시 계속 간행되었다.

또한 상기한 세 가지 원고("HUSAFIK" "HUSAMGIK" 「Hoag보고서」) 외에 미극동군사령부(Far East Command) 정보참모부가 1952년 작성한 「북한군사」(History of the North Korean Army)도 중요한 원고 중 하나다.

② 공간외교문서

『미국의 대외관계』(Foreign Relations of the United States; 약칭. FRUS, FR)라는 이름으로 공간되는 외교문서철은 당시 미국의 한국을 보는 시각을 집약적으로 간파할 수 있는 훌륭한 1차자료다. 주로 외교관 사이에 교신된 전문이나 정책건의서 등이 수록되어 있다.

1861년에 해당하는 자료가 『미국대외관계에 관한 문서』(Papers Relating to the Foreign Relations of the United States)라는 제목으로 1868년 미정부인쇄소(United States Government Printing Office; USGPO)에서 공간되기 시작한 이래 지금까지 속간 중이다. 최근에는 대개 25, 26년이 경과한 시점에서 공개되는 것이 관례인데 중요한 회의록들은 먼저 (10여 년 지나) 공개되는 편이다. 그러나 미국의 안보와 직결된 부분이나 개인의 사생활을 침해할 우려가 있는 부분은 사전 공개준비 작업에서 선별되어 역시 공개되지 않는다. 따라서 미국의 국가이익에 비추어서 그들의 이익에 해를 끼치지 않는 부분만 그들의 행위를 정당화·합리화하기 위하여 공개되는 것이라고 볼 수 있다. 그렇다고 공개된 부분이 모두 거짓이라든가 가치가 없다는 것은 아니다. 단지 사료에 대한 비판적 인식을 전제하여 비공개된 숨겨진 부분에 대해 추론을 통해 밝혀내야 하며 자료 공개의 '의도'를 간파해야 한다는 것이다.

한국에 직접 관련된 부분은 1945년 이전까지는 분량이 10페이지에도 못 미칠 정도였으나 1945년부터 1949년까지는 100~250페이지 정도로 분량이 늘어났으며 1950년 한국전쟁이 발발한 이후부터 1954년까지는 독립된 권으로 출간되었다.

'극동'(The Far East) 항목의 '한국' 소항목에 소속되어 있는 한국자료의 구체적 권수와 출간 연도를 살펴보면 1942년은 1권(1960)에, 1943년은 3권(1963), 1944년은 5권(1965), 1945년은 6권(1969), 1946년은 8권(1971)(1945년과 1946년의 한국관계부분은 김국태가 번역하여 『해방 3년과 미국』[돌베개, 1984]이라는 제목으로 출간했다), 1947년은 6권(1972), 1948년은 6권(1974), 1949년은 7권(1976)에 나와 있다. 1950년은 7권(1976)에(서동구가 『한반도분단과 미국』〔대한공론사, 1977〕이라는 제목으로 편역했다), 1951년은 7권(1983; 중국과 한국항목을 합하여 두 책으로 분책했음), 1952~54년은 합하여 15권(1984; 두 책으로 분책했음)에 간행했다.

이상 언급한 부분 외에도 1943년의 카이로·테헤란회담을 다룬 특별호(1961)나 1945년의 말타·얄타회담을 다룬 특별호(1955; 이 책의 일부를 합동통신사에서 1956년에 『얄타비밀협정』이라는 제목으로 역간했음), 1945년 포츠담회담을 다룬 특별호 전2권(1960), 1945년 모스크바3상회담 회의록이 수록되어 있는 2권(1967), 유엔관계가 수록되어 있는 1946년 1권(1972), 1947년 1권(1973), 1948년 1권(1974) 등도 살펴보아야 할 자료다.

③ 당시 간행물·공간 연구물

공간된 자료의 발간지를 점령군당국, 국무성, 육군성, 의회 등으로 구분하여 간단하게 언급할 것이다.

주한미군 당국이 당시 간행하던 대표적인 자료로서는 '서메이션'(Summation) 시리즈를 들 수 있다. 매달 한 번씩 간행된 일종의 홍보 소식지이자 보고서철인데, 1945년 10월의 1호부터 1946년 2월의 5호까지는 일본에 본부를 두고 있는 연합국최고사령부에서 일본 서메이션의 한 부분으로 간주하여 『일본과 한국에서의 비군사적 활동에 관한 요약』(*Summation of Non-Military Activities in Japan and Korea*)이라는 제목으로 간행되었다. 그러다가 1946년 3월의 6호부터 1947년 7월의 22호까지는 주한미군에서 『주한미군정 활동요약』(*Summation of U.S. Army Military Government Activities in Korea*)이라는 제호로 계속 간행된다. 한편 1947년 미군은 북한에서의 소련군이 일찍이 행정권을 이양한 사실을 의식하여 민정장관을 조선인(안재홍)으로 임명하는 등 행정권 일부를 조선인에게 이양한다는 구실 아래 '남조선과도정부'를 수립한다. 따라서 1947년 8월호부터는 『남한과도정부 활동』(*South Korean Interim Government Activities*)이라는 제호로 1948년 9·10월호까지 간행한다.

이외에 영한대역의 『주간관보』를 1945년 10월부터 간행했으며, 기타 홍보물·연구물 등을 계속 배부했다.[137]

국무성에서 당시 공간한 자료는 『미국무성공보』(Department of State Bulletin)를 들 수 있다. 정기적으로 간행되었으며 1945년에서 1950년까지는 12~23권까지로 구성되어 있다. 이 자료에서 한국관계 부분을 찾는 것은 쉽지 않는데, 미국의 전 세계적인 대외정책을 대상으로 한 자료이기 때문에 그러하다.

당시 국무성에서 간행한 한국관계 자료집으로는 『한국의 독립』(Korea's Independence, 1947), 『1945년부터 1948년까지의 한국』(Korea: 1945 to 1948, 1948)을 들 수 있는데, 자신들의 한국에 대한 독립노력을 합리화하려고 간행한 평이한 소책자다. 또한 비슷한 맥락에서 한국전쟁 개입을 합리화하는 『한국위기에 있어서의 미국의 정책』(United States Policy in the Korean Crisis, 1950), 『한국에서의 갈등에 대한 미국의 정책』(United States Policy in the Korean Conflict, 1951) 등도 간행했다. 이러한 평면적인 자료집은 1960년에도 『한국통일의 기록』(The Record on Korean Unification, 1943-1960)이라는 제목으로 간행되었다.

자료집 외에 연구물로서 『북한: 정권접수의 기술에 대한 사례연구』(North Korea: A Case Study in the Techniques of Takeover)를 1960년 간행했는데, 반소·반공적인 시각에서 1948년 북한을 소연방의 한 공화국으로 평가하고 있다. 구체적으로 김일성이 소련으로부터 정권을 '접수'하는 과정을 기술하고 있다.

육군성의 연구는 주로 전사실(戰史室)의 귀중한 자료를 보고 엮은 전사(戰史)가 대부분이다. 『한국전쟁에서의 미군』(United States Army in the Korean War)이라는 큰 제목 아래 세 권의 책이 나왔는데 애플만(Roy E. Appleman)의 『낙동강에서 압록강까지』(South to the Noktong North to the Yalu, 1961), 험스(Walter G. Hermes)의 『협상 속의 전투』(Truce Tent and Fighting Front, 1966), 슈나벨(James F. Schnabel)의 『첫해의 정책방향』(Policy and Direction: The First Year, 1972) 등이다. 이외에도

소이어(Robert K. Sawyer)가 1962년에 지은 『주한군사고문단: 평화와 전쟁의 와중에서』(Military Advisors in Korea: KMAG in Peace and War)도 전사식 서술로서 특기할 만하다.

의회의 자료는 상·하원의 자료로 나눌 수 있으며 각 상임위원회 자료와 청문회 자료 등이 있다. 청문회 자료 외에 자료집(예를 들어 상원외교위원회에서 1953년에 엮은 『미국과 한국문제』[The United States and the Korean Question, 1953])들은 평이한 수준이다. 이 부분 자료가 아직 국내 연구자들에게 본격적으로 이용되지는 못하고 있다.

④ 회고록·일기

회고록과 일기를 1차자료로 볼 수 있느냐 아니냐에 논쟁이 있을 수 있지만, 당시 정책결정을 주도했던 대통령·국무장관 등의 회고록은 1차자료로 간주해도 무리가 없을 듯하다.

루스벨트는 전쟁이 끝나기 전에 사망했기에 그에 대한 전기는 많으나 회고록은 없다.[138] 『트루만회고록』(Memoirs by Harry S. Truman)은 1955년과 1956년에 각각 1권(『결단의 해』, [Year of Decision])과 2권(『시도와 희망』[Year of Trial and Hope])으로 나뉘어 출간되었다. 손세일의 번역판(지문각, 1968)과 박관숙의 번역판(한림출판사, 1971)이 있다. 자기변명과 합리화가 대부분이지만 숨은 의도를 간파할 수 있다. 모스크바3상회의 당시 국무장관인 번스(James F. Byrnes)의 『솔직한 증언』(Speaking Frankly)은 은퇴한 직후인 1947년에 간행되어서 그런지 생생한 현장감을 느낄 수 있게 해준다(을유문화사에서 1948년에 『미소외교비사』로 번역되었음).

이외에 라우터백(Richard Lauterbach) 기자와 개인 (Mark Gayn) 기자의 취재록 모음인 『동양으로부터의 위험』(Danger From East, 1947; 1948년 국제신문사에서 『한국미군정사』로 역간함)과 『일본일기』(Japan Diary, 1948; 한국에 관련된 부분만 발췌·번역하여 『해방과 미군정』이라는 제목으로 까치에서 1986년 간행)도 생생한 현장감을 전한다. 라우터백은 반공적인 입장에 서 있고, 게인은 자유주의자이지만 모두 미국의 정책에 대해 비판적이다.

⑤ 기타 자료집

튜크스버리(Donald G. Tewksbury)가 모아서 1950년 태평양관계연구소(Institute of Pacific Relations)에서 간행한 『한국정치와 이데올로기에 관한 자료집』(Source Material on Korean Politics and Ideologies)은 제목은 거창하지만 한국사정에 어두운 미국인을 위하여 제작된 평이한 자료집이다.

(2) 소련의 자료

소련은 미국과 달리 관련 자료나 문서를 좀처럼 공간하지 않는다. 따라서 다음 세 가지 자료 외에는 별것이 없다.

첫째로 소련외무성이 1950년에 편집·간행한 『소련과 한국문제: 자료』(The Soviet Union and the Korean Question: Documents; 국회도서관에서 번역하여 1971년 입법참고자료 145호로 간행했음)를 들 수 있다. 이는 미국이나 여타 다른 지역에서 간행한 자료집에서도 쉽게 구할 수 있는 자료를 자신의 필요에 따라 취사·선택하여 모아놓은 것으로 선전적 의도를 가지고 자신들의 행동을 합리화하기 위하여 간행된 것이다. 이를테면 자신들은 모스크바결정을 통일안으로 제시했으나 미국이 분단안인 유엔상정안을 제시했기에 분단의 책임은 미국에 있다는 주장이 배경이 깔려 있는 기획이다. 주로 미·소관계의 차원에서 양국 간에 논의된 국제정치적 자료들이 모아져 있다.

두 번째 1975년에 『조선의 해방』이라는 회고록 모음집이 나왔다. 이미 간행된 소련의 해방투쟁을 취급한 회고록 『인민과의 우호를 위하여』(모스크바, 1965), 『견고한 우호』(모스크바, 1971)와 연결·기획된 책으로서, 해방30주년을 기념하여 소연방 과학아카데미 동양학연구소에서 편집·간행했다. 주로 제2차 세계대전 직전과 직후 군사작전에 참여했던 군인들의 회고를 모아놓은 것으로 소련인들이 조선의 해방에 기여한 점을 부각하려는 의도에서 공간된 것으로 추정된다. 소련 25군 사령관 치스차코프 대장의 전쟁수행기라든지 25군의 군사회의 위원이며 해방 후 북조선 주둔 소련군의 실력자 레베데프 소장의 민정업무 수행에 관한 기록은 매우 중요한 자료적 가치를 지닌다. 이 자료집은 1988년 11월 국토통일일원에서 번역·간행되었으며, 또한 『레닌그라드로부터 평양까지』라는 명칭으로 개제되어 함성출판사에서 1989년에 출간되었다.

이어서 세 번째로 1981년에는 역시 소연방 과학아카데미 동양학연구소에서 『소련과 인민조선의 관계, 1945-1980: 문서와 자료』라는 자료집을 편집·간행했다. "소련이 조선의 해방에 큰 기여를 했다는 것"을 입증하기 위하여 『조선의 해방』을 간행했다면, 이 책은 "조선의 해방 후 발전에 소련의 도움이 컸다"는 사실을 밝히기 위해 기획된 것이다. 성명서 등의 기본적인 자료들이 집약적으로 모아져 있어 유용한 자료집이긴 하지만 다소 평이한 기획인 것처럼 보이며 공개되지 않은 다른 심층적인 방증자료도 공개되거나 열람이 허용되었으면 하는 아쉬움이 남는다. 국토통일원 조사연구실에서 1987년 『소련과 북한과의 관계』라는 이름으로 번역·간행했다.

위의 3권의 자료집 외에 스탈린이 제2차 세계대전('위대한 애국전쟁') 기간 중(1941-45)에 미·영의 수뇌와 교환한 서간집 영문판 2권이 1957년 공간되었는데, 미국의 외교문서와 대조하면서 읽을 가치가 있는 자료집이다(국내 영인본 간행).

1차자료 외에 소련에서 나온 구체적 연구에는 어떤 것이 있는지 살펴보려면 강주진이 편집한 『한국과 소련』(중앙출판, 1979)을 먼저 살펴보아야 한다. 이 책의 부록에 미 국회도서관에서 발행한 『한국에 관한 소련의 문헌목록; 1800-1950』이 전재되어 있다.

또한 그 신빙성에 의문이 제기되기도 하지만 『흐루시초프 회고록』(*Khrushchev Remembers*)로 참고해볼 가치가 전혀 없지는 않은 회고록이다. 이웅희가 번역하여 1971년 어문각에서 2권으로 출간되었다.

(3) 일본의 자료

식민지시대 연구에서 일본 자료가 없다면 아마 심층적인 연구가 불가능할 것이다. 그런데 해방이후사 연구의 일본 측 자료는 별다른 것이 없다. 현대사 연구에서 중요한 자료의 소재지는 이미 일본이 아니라 한국이나 미국으로 옮아갔던 것이다. 그럼에도 불구하고 해방 직전과 직후에 관한 한 일본에도 상당수의 기록이 있다. 모리타(森田芳夫)가 편집한『조선 종전의 기록: 미소 양군의 진주와 일본인의 귀환』(朝鮮終戰の記錄: 米ソ兩軍の進駐と日本人の引揚, 東京: 巖南堂書店, 1964)은 그가 오사다(長田かな子)와 공편한『조선 종전의 기록: 자료편』(朝鮮終戰の記錄: 資料編) 전3권(東京: 巖南堂書店, 1979~80)과 함께 귀중한 자료들이 모아져 있다. 전자의 일부가『한국사회연구』5호(1987. 8)에 번역되어 있다. 그런데 이 자료는 망해가는 일본의 총독부 관리의 입장에서 "어떻게 하면 무사히 귀국할 수 있을까" 하는 심정으로 쓰인 것이므로 자신들의 귀환(引揚)에 초점을 맞추고 있다. 또한 "좌익은 위험한 것이며, 소련보다 미국이 더 낫다"는 반공적 시각을 가진 관리의 입장에서 쓰였으니만치 일정한 정도의 사실에 대한 왜곡이 눈에 띈다. 따라서 이 자료를 읽을 때도 사료비판을 행할 것을 권한다. 또한 가미야(神谷不二)가 오코노키(小此木政夫)의 도움을 얻어 책임 편집한『조선문제 전후자료』(朝鮮問題戰後資料) 제1권(東京: 日本國際問題硏究所, 1976)은 1945년부터 1953년까지를 포괄하고 있다. 발간 당시에는 국내자료가 정리되어 있지 않아 활용도가 높았지만, 지금은 '일본인을 위한' 평이한 자료집으로 평가받고 있다.

국내에서 활동하다가 일본으로 건너간 고준석은 일본에서 회고록을 양산한다. 당시 좌익활동에 대한 기록에서 일정한 정도의 편향성은 존재하지만, "내가 아니면 누가 이런 기록을 남기랴" 하는 사명의식을 가지고 정리한 선구자적 업적으로서 평가받을 수 있다. 주요한 증언록으로서 다음과 같은 것이 있다.

『조선 1945~1950년 혁명사의 증언』(朝鮮1945~1950革命史への證言, 東京: 三一書房, 1972); 『해방정국의 증언: 어느 혁명가의 수기』(사계절,

1987);『해방 1945-1950: 공산주의운동사의 증언』(한겨레, 1989).

『남조선 노동당사』(南朝鮮勞働黨史, 東京: 柘植書房, 1978);『남로당사』(세계, 1986).[139]

이외에도 4·3사건의 증언을 담은 김봉현·김민주 공편의『제주도 인민들의 4·3무장 투쟁』(大阪: 文友社印刷所, 1963)과 김봉현이 쓴『제주도 피의 역사: 4·3무장투쟁의 기록』(濟州島血の歷史: 4·3武裝鬪爭の記錄, 東京: 國書刊行會, 1978)도 중요한 자료집인데 두 권 모두『제주민중항쟁』II(소나무, 1988)에 영인되어 있다.

(4) 국제연합자료

남한단독정부 수립에서 정통성을 제공한 것은 미국의 거수기에 다름없었던 '국제연합'이다. 따라서 정부 수립 과정에서 국제연합의 역할 부분에 대한 해명은 상당히 중요한 연구과제이며 이 자료는 국제연합에 보관되어 있다.

'국제연합자료이니까 미국의 각본에 따라 움직인 것이 쓰여 있겠지'라고 생각하는 연구자는 지금이라도 인식을 고쳐야 할 것이다. 최근 국사편찬위원회에서는 재미 연구가 방선주를 통하여 입수한「유엔한국임시위원단 관계문서」를 영인·일부 번역(1권 보고서 부분; 송선희·백광일 역)하여『대한민국사자료집』전3권(1987~88)으로 간행했다. 이는 1948년 미국연락장교가 작성하여 미국의 관계당국에 제출한 것으로 미국 국립문서보관소의 하지 중장 문서로 분류되어 있으며 미국에 의하여 1985년 비밀해제되었다. 따라서 엄밀한 의미에서 유엔 측 문서가 아니라 미국 측 문서이지만, 당시 유엔 측에서 제출한 공보, 연설문, 비망록, 회의록, 서한, 법령, 사진 등이 2·3권에 묶여 나왔기에 유엔 측 문서로 분류해도 무방한 것이다. 이 자료에 따르면 임시위원단 회원국 간에도 논란이 심하여 대한민국 수립에 적잖은 어려움이 있었다는 것이 드러난다.

한편 국내에서는 정부 수립 직후에『유엔조선위원단보고서』가 번역·간행되었다(임명삼 역, 국제신문사, 1949; 돌베개 문고에 전재).[140]

(5) 그외의 자료

전시회담기록이나 해방 후 연합국 관계에 대한 연구를 미국의 자료에만 의존하다가는 자칫 그들의 행위를 합리화해주고 전체상에 대한 파악을 그르칠 우려가 있다. 따라서 소련·영국·프랑스·중국의 문서도 폭넓게 검증해 사실을 규명하는 작업을 해야만 할 것이다. 소련의 자료는 앞서 언급한 바와 같이 제한되어 있고, 중국의 문서는 현재 확인된 바로는 평이한 자료집 수준인 『조선문제문건휘편』(朝鮮問題文件彙編) 제1집(北京: 人民出版社, 1954)밖에 없다. 물론 최근에 들어와서 중국의 한국전쟁참전 관계자료가 공개되고 있지만 이도 제한된 수준에 머물고 있다.

이에 비해 영국은 미국처럼 외교문서를 공개하고 있으며 미국의 국립문서보관소에 비견되는 런던의 공공기록처(Public Record Office)에 내각·국방성·외무성·수상 관계 자료가 보관되어 있다. 또한 옥스포드대학의 보들레이안 도서관(Bodleian Library)에는 애틀리 수상문서(C.R. Attlee Papers)가 보관되어 있다.

미국의 FRUS에 비견되는 자료가 영국 왕립국제문제연구소(Royal Institute of International Affairs)가 소장하고 있는 「외교문서」(Documents on International Affairs)와 「국제문서조사」(Survey of Internatioal Affairs)다. 해당연도 문서를 얼마 지나지 않아 (대개 5년 이내) 공개하는데, 이 문서 중 일부를 국사편찬위원회에서 복사·입수하여 금명간 간행할 예정이다.

따라서 미국 자료를 읽을 때 영국 자료를 대조해가면서 읽는다면 보다 정확한 역사인식을 할 수 있지 않을까 한다.

또한 영국의 처칠 수상의 회고록 『생존을 위한 투쟁: 1940-1965』(The Struggle for Survival, 1940-1965, London: Whitley Books, 1968)도 전시회담을 연구하는 데 필수적인 자료다.

4. 맺음말

해방전후사 연구의 10년을 총결산하면서 국내의 연구현황과 국내·국외의 자료정리 현황을 개괄해보았다.

1960~70년에 맹아적인 단계에 있던 연구가 1979년 계몽적 도서 『해방전후사의 인식』의 출간을 계기로 연구 붐이 조성되기 시작하면서 1980년대 중반에 들어서면 새로운 시각의 본격적 연구가 정리되기 시작한다. 1980년대 후반 시각면에서의 새로움에 만족하지 않고 새로운 시대(한국전쟁기), 새로운 주제(북한)가 개척되기 시작하면서 '남한에서의 해방3년사'에 치우친 경향 또한 극복되었던 것이다. 이제 새로운 시각·시대·주제를 앞에 놓고 연구의 질적 수준을 높이고 나아갈 방향을 제시하기 위해서 차분히 앉아서 반성해볼 때, 과연 우리의 연구가 어느 정도의 엄밀성을 획득했는지를 자문해야만 한다. 이 질문에 대하여 우리 현대 사학계가 자신 있게 그렇다고 대답할 수 있지는 않다. 그렇다면 왜 이렇게 되었을까? 그것은 바로 의존하고 있는 자료의 빈약성 때문일 것이다. 1970년대 후반 이후부터 1차자료에 대한 정리가 이루어지고 있지만 이도 아직은 미흡한 실정이다. 자료에 대한 독점욕과 이데올로기적 통제가 새로운 자료의 발굴을 막는 요인이기도 하지만, 1차적으로는 연구자의 게으름과 자료를 보는 안목의 결의가 더 큰 요인일 것이다.

따라서 이 글의 후반부에서는 여러 군데 산재한 자료를 그 소장국별·종류별로 정리해보았다. 이러한 1차자료 해제를 하면서 느끼는 것은 한국 현대사 자료가 생각보다 방대하며 더 세심한 정리를 요한다는 사실이다. 특히 한국자료 중 신문 부분, 북한자료 전체, 미국자료 중 비공간문서 부분, 소련자료 전체에 대한 절대적인 발굴이 시급한 실정이다. 또한 잊혀가는 역사를 복원하기 위해서라도 눈에 보이는 문서에 대한 발굴뿐만 아니라 역사의 증인에 대한 인터뷰도 하루빨리 채록하여 가시화하여야 할 것이다.

이렇게 새로운 자료가 꾸준히 발굴·이용되어 새로운 시각·시대·주제와 결합되어야만 연구의 엄밀성이 기대될 수 있다고 생각하면서 이 글을 마치고자 한다.

주 _____

1) 和田春樹,「解放前後史硏究の視角と課題」,『朝鮮史硏究會論文集』, no. 24(1987. 3), 5쪽.
2) 송건호 외,『해방전후사의 인식』(한길사, 1979), 8쪽.
3) 같은 책.
4) 위와 같음.
5) 위와 같음.
6) 10년이 지난 시점에서 한길사 편집부는 이 책의 개정판 부제를 '미군정과 민족분단, 친일·반민족세력의 실상과 해방 직후의 경제구조'라고 내세워 전체 주제를 세 부분으로 부각하고 있지만 제일 중요하고 많이 읽힌 부분은 '분단'에 관련된 부분이었다.
7) 최장집 교수는 이 시대가 "현재 우리의 삶의 조건을 거의 결정적으로 규정한" 시대라고 인식한다(최장집,「해방에서 6·25까지의 정치사회사 연구현황과 문제점」, 역사문제연구소 편,『한국근현대연구입문』, 역사비평사, 1988, 104쪽).
8) 송건호,「이승만과 김구의 민족노선」,『창작과비평』, 1977년 봄, 170~202쪽.
9) 이동화,「8·15를 전후한 여운형의 정치활동」,『창작과비평』, 1978년 여름; 같은 책, 1978년 가을.
10) '미군정기'라는 시기명은 지배구조를 부각해 운동적 관점에서의 '투쟁대상'을 명확히 해주는 특성은 있으나 다음과 같은 문제점이 있다. 첫째, 남북한을 통틀은 개념이 아니다. 즉 전체 민족사의 관점을 결여하고 있다. 둘째, 1945년 8월 15일부터 9월 8일 미군 진주 전까지 조선건국준비위원회―조선인민공화국이 짧은 기간이나마 사실상 자주적으로 통치했던 '힘의 공백기'를 포괄하지 못하는 명칭이다.
11) 대개 역사학자들은 분단이 이미 일제하의 좌우대립에 의하여 단초되었다는 분단내인론적 견해에 입각하여 식민지시대와 분단시대를 연장선상에서 파악한다(강만길,「해방전후사 인식의 방향」, 강만길 외,『해방전후사의 인식』 2, 한길사, 1985, 9쪽). 이에 비하여 사회과학자들은 두 시대를 단절해보려는 경향이 있다. 한편 일제 말 1941년 태평양전쟁 도발 이후의 시기를 1950년 한국전쟁 직전까지 연결해서 '1940년대'로 보는 시각도 제기되고 있다(이완범,「해방3년사 이해 지평의 확대: 식민지시대사와 한국전쟁기를 연결하여」,『한대신문』, 1987년 10

월 1일).

12) 한국현대사 연구의 중심이 해방전후사→해방3년사→해방5년사→해방8년사로 옮아가고 있음은 바람직한 현상이다. 그러나 1950년대와 60년대, 그 이후 시대에 대한 연구는 아직 활성화되고 있지 못한 상황이다.

13) 梶村秀樹, 「第八章 現代史」, 朝鮮史硏究會 編, 『新朝鮮史入門』(東京: 龍溪書舍, 1981); 梶村秀樹 編, 『朝鮮現代史の手引』(東京: 勁草書房, 1981); 大沼久夫, 「朝鮮解放後史硏究の現段階」, 『季刊三千里』 40, 1984년 3월; 和田春樹, 앞의 글; 최장집, 「해방에서 6·25까지의 정치사회사 연구현황과 문제점」, 103~19쪽.

14) 최장집, 「편집자 서설」, 최장집 편, 『한국현대사』 I(열음사, 1985), 3~21쪽; 김동춘, 「서문: 현대사 인식의 제문제」, 김동춘 편, 『한국현대사연구』 I(이성과현실사, 1988), 7~34쪽; 강정구, 「현대사 연구 방법론의 방향」, 『문학과사회』 제1권 4호 (1988년 겨울), 1423~48쪽.

15) 1960년대 이전에 한국현대사 연구가 전혀 없었던 것은 아니다. 대표적인 것으로서 1955년에 조효원·이용희 교수 사이에 이루어진 38선확정 논쟁(군사적 편의주의설 대 얄타밀약설)이 있다. 한국분할에 대한 새로운 연구로 신복용, 「한반도 분할의 내막: 왜 하필이면 38선이었을까?」, 『현대이념연구』 제5집(1987), 49~65쪽이 있다.

16) 이호재, 『한국외교정책의 이상과 현실(1945~1955): 이승만외교와 미국』(법문사, 1969).

17) 김학준, 『한국문제와 국제정치』(박영사, 1976).

18) 이외에도 미군정시기를 집중적으로 연구한 윤형섭의 업적이 돋보인다(「미군정의 정책결정에 관한 발전론적 연구: 농지 정책을 중심으로」, 『연세논총』 11〔1974〕;「미군정의 정치적 충원에 관한 연구」〔연세대 정치학과 박사학위논문, 1973〕). 또한 일본 동경대학에서 1971년 「미군정하 한국의 민족주의」란 박사논문을 쓴 최상용은 이후 귀국하여 단편적 논문을 발표하다가 최근 『미군정과 한국민족주의』(나남, 1988)라는 제목으로 학위논문을 간행했다.

19) Soon-Sung Cho, *Korea in World Politics, 1945-1950: An Evaluation of American Responsibility*(Berkeley: University of California Press, 1967).

20) 이외에도 브루스 커밍스의 "American Policy and Korean Liberation," Frank Baldwin ed., *Without Parallel*(New York: Pantheon Books, 1973), 39~108쪽이 있으나 국내학계에는 1980년대 전반기에야 널리 알려졌으며, 이 글은 1983

년 초에야 번역된다. 또한 '한국공산주의운동사'를 다룬 다음 두 권의 책은 해방 직후의 시기를 보다 큰 맥락으로 조망하고 있다. Dae-Sook Suh, *The Korean Communist Movement, 1918-1948*(Princeton: Princeton University Press, 1967); Robert A. Scalapino and Chong-Sik Lee, *Communism in Korea*, part I: The Movement(Berkeley: University of California Press, 1972). 한편 미국에서 1960, 70년대에 제출된 학위논문 중 특기할 만한 것은 이동원(1953), 이원설(1962), 유기홍(1969), 강한무(1970), 이우진(1973), 모리스(William George Morris: 1974), 커밍스(1975), 정만덕(1975), 코취(John Barry Kotch: 1976), 스튜크(William Whithey Stueck, Jr.: 1977), 메트레이(James I. Matray: 1977), 돕스(Charles Martin Dobbs: 1978), 마욱(Kenneth R. Mauck: 1978) 등이 있다.

21) 유인호,『한국농지제도의 연구』(백문당, 1975).
22) 櫻井浩,『韓國農地改革の再檢討』(東京: アジア經濟出版會, 1976).
23) 강만길,「분단시대 사학의 성격」,『분단시대의 역사인식』(창작과비평사, 1978), 15쪽.
24) 1980년대에도 동시대사로서의 현대사 역사학자보다 저널리스트나 정치학자 같은 이들이 연구함 직한 분야라는 주장을 듣게 된다(송건호,「현대사 연구와 민족사학의 과제」,『한국사회연구』1, 〔1983. 6〕, 342쪽).
25) 송남헌,『해방3년사』I(성문각, 1976).
26) 송남헌,『한국현대정치사』I(성문각, 1978); 송남헌,『해방3년사』I, II(까치, 1985).
27) 전통주의는 수정주의(revisionism)에 대비되는 개념으로서 미국의 대외정책(특히 냉전의 기원)을 보는 두 가지 대립되는 시각이다. 전통주의는 냉전이 일어난 데 대하여 소련의 패권·팽창주의적 책임을 강조하는 데 비하여 수정주의는 미국의 제국주의적 책임을 강조한다. 이 글에서는 전통주의를 이념적으로는 보수적(전통적)이면서 방법론적으로는 이야기체식 전통적 서술(description) 방법론을 택하고 있는 '기존의 시각'으로 정의하며, 수정주의는 진보적이면서 사회구조적·총체적 방법론을 취하는 '새로운 시각'으로 정의할 것이다.
28) 이보다 먼저 김점곤,『한국전쟁과 노동당 전략』(박영사, 1973)이 출간되었다. 이 책은 저자의 1972년 경희대 법학 박사학위논문임.
29) 김윤식,『한국현대문학사』(일지사, 1976), 13~41쪽.
30) 염무웅,「8·15 직후의 한국문학: 소설에 나타난 시대상과 시대의식의 고찰」,『창

작과비평』, 1975년 가을, 131~51쪽. 이 글은 그의 평론집 『민중시대의 문학』 (1979)에 수정·보완되었으며 이것이 「해방전후사의 인식」에 전재되었다.

31) 이전에 현대사에 관한 기획이 전혀 없었던 것은 아니다. 동평사 편, 『변혁시대의 한국사』(동평사, 1979)는 개항부터 4·19까지 한국근현대사에 관한 연구업적을 묶은 것으로 총 18편 가운데 4편이 해방 직후를 다루고 있는데 다음과 같다. 김대상, 「8·15 직후의 정치현상」; 김대상, 「일제잔재세력의 정화문제」; 송건호, 「이승만박사의 정치사상」; 안병직, 「해방 후의 한국경제」.

32) 이 글이 발표된 지 9년이 지난 시점에서 친일파 처리문제에 관한 포괄적 정리를 한 본격적 연구로 이헌종, 「8·15 이후 친일파 처리문제에 관한 연구」(연세대 정치학과 석사학위논문, 1988)가 있다.

33) 이것이 구체적으로 표출된 것이 계간 『현대사』라는 잡지의 출간(1980. 11)이었다. 발간주체는 역사학계나 사회과학의 한 분과학계가 아닌 '서울언론문화클럽'으로서 발간 즉시 금서로 묶여 폐간되었다. 이는 당시 우리 학계의 역량이 외압을 극복할 수준에 이르지 못했다는 사실을 보여주고 있다.

34) 유서(類書)로서 양호민·이상우·김학준이 공편한 『민족통일론의 전개』(형성사, 1982)를 들 수 있는데, 해방직후사에 관한 연구는 조순승·정용석·이정식의 것이 있으며 대부분 통일에 관련된 기획이다. 전부 한국인의 저술이긴 하지만, 전통주의적 틀 안에서 쓰였으므로 이후 출현하는 수정주의적 입장과 시각면에서 대조를 이룬다. 하지만 통일의 문제를 전면에 제기했다는 점에서는 의미 있는 기획이라고 평가할 수 있다.

35) 이들의 업적이 본격적으로 번역된 것은 1980년대 중반 이후다. 브루스 커밍스, 『한국전쟁의 기원』 상·하(청사, 1986); 브루스 커밍스, 『한국전쟁의 기원』(일월서각, 1986); 브루스 커밍스 외, 『한국전쟁과 한미관계』(청사, 1987); 가브리엘 콜코·조이스 콜코, 「미국의 세계전략과 한국전쟁」, 김주환 편, 『미국의 세계전략과 한국전쟁』(청사, 1989).

36) 그는 1982년 학위논문과 자료를 묶어 『한국민주당연구』 I(풀빛, 1982)을 펴냈다.

37) 심지연, 『한국민주당연구』 I, 20쪽. 그의 정당을 주제로 삼아 연구하는 방법론은 박사학위논문까지 연결된다. 심지연, 『조선신민당연구』(동녘, 1988).

38) 『한국사회연구』(한길사)는 「1945년 이후사의 조명」을 3회에 걸쳐 연속 기획한다. 이 시리즈에는 송건호 등이 주도적으로 참여한다.

39) 이 사이(1984)에 물론 강만길, 『한국현대사』(창작과비평사, 1984); 심지연, 『한국

현대정당론』(창작과비평사, 1984); 프랭크 볼드원 편,『한국현대사, 1945-1975』 (사계절, 1984); 한국기독교사회문제연구원 편,『분단현실과 통일운동』(민중사, 1984) 등이 출간되었으나, 앞의 두 권은 논문집이 아닌 개인연구이며 볼드원 편 저는 Without Parallel을 번역한 것에 불과하고 기사연에서 낸 책은 해방직후사 가 주된 탐구대상이 아니므로 연구현황 파악의 큰 줄기에서 제외했다.

40) 이외에 1985년에 간행된 개인연구나 역서로는 심지연,『민족주의논쟁과 통일정 책』(한울, 1985); 김정원,『분단한국사』(동녘, 1985)가 있다.

41) 김광식,「몽양 여운형의 정치사상에 관한 연구: 해방 이후의 정치활동과 관련하 여(1945~1947)」(연세대 정치학과 석사학위논문, 1984). 이 글의 일부가『제3세 계연구』2(한길사, 1985. 6)에 수록되어 있다.

42) 이를 더 심화한 글로 안정애,「좌우합작의 재평가」, 이수인 편,『한국현대정치사』 (실천문학사, 1989) 143~66쪽이 있다.

43) 군의 '창군'과정에 관한 실증적 선행연구로는 한용원,「한국군의 창군 과정과 미 군의 역할」(고려대 정치외교학과 박사학위논문, 1982);『창군』(박영사, 1984)이 있다.

44) 안철현,「해방 직후 남한의 정치세력에 관한 연구」(서울대 정치학과 석사학위논 문, 1984). 한국민족주의의 시각에서 연구한 초창기 업적임.

45) 이에 대하여 전통적 외인론자들은 "우리 민족에게 분단책임을 전가하는 것에 동 조하는 타율적 역사인식"(내인론)이라고 비판한다. 외인론-내인론 논쟁은 1986 년 세미나의 결과물인 다음에 나와 있다. 동아일보사 편,『현대사를 어떻게 볼 것 인가』(동아일보사, 1987).

46) 한홍구,「반외세 자주화와 민족통일」,『대학신문』, 1987년 11월 16일.

47) 백욱인,「분단과 민족문제」,『실천문학』, 1988년 가을, 352~60쪽; 박승구,「해방 과 분단의 과정과 의미」, 윤한택·조형제 외,『사회과학개론』(백산서당, 1987), 295~97쪽.

48) 지식인론에 대한 후속연구로서 '객관적' 입장에서의 업적으로는 박영준,「해방 직후 지식인들의 민주주의논쟁에 관한 연구」(서울대 외교학과 석사학위논문, 1988)가 있다.

49) 1986년 4월부터 1987년 3월까지『고대신문』에 연재된 '한국현대사의 연원적 재 검토'가 1987년 열음사에 의하여『한국현대사를 어떻게 볼 것인가』로 묶여서 나왔다. 이 책은 제목이 상징하는 바와 같이 입문 격의 기획으로서, 1945년부터

1960년 4·19까지를 다루고 있다.
50) 「자료:『한국민중사』사건 증언기록」,『역사비평』제1집(1987).
51) 1986년에 간행된 다른 책으로서 林建彦,『韓國現代史』, 최현(역)(삼민사, 1986) 이 있는데 일본에서 1967년 초판이 나온 책이다.
52) 망원한국사연구실과 한국근대사연구회가 통합된 한국역사연구회가 실질적으로 『역사비평』의 편집에 참여하다가, 1989년 여름호부터는 공동편집의 형식을 취한다.
53) 이재화,『한국근대민족해방운동사』(백산서당, 1988).
54) 조진경,「한국현대사와 80년대 한국사회」, 조진경 외,『한국사회의 성격과 운동』(공동체, 1987), 22쪽.
55) 이외에 북한 당국의 연구가 이 범주에 속한다.『조선로동당력사교재』(평양: 조선로동당출판사, 1964), 131쪽.
56) 이재화, 앞의 책,「머리말」.
57) 남로당에 대한 비판자로서 북로당의 입장에 기울어지지 않는 연구자로는 고준석을 들 수 있다. 그는 반박헌영파로서 1947년 6월부터 1948년 5월까지 남한에서 『우리신문』 발간을 맡아 '권위 있는 선'(북로당)의 입장을 대변하다가 일본으로 건너간 후에는 노동당에도 독립적인 입장을 가진다. 그의 수기와 증언록·연구 등이 1970, 80년대에 일본에서 집중 출간되었는데 최근 국내에서 대다수 번역되었다. 뒤의 '자료해제' 부분 참조.
58) 누민영 편,『잠들지 않는 남도』(오누리, 1988); 아라리연구원 편,『제주민중항쟁』 전3권(소나무, 1988-89); 고창훈,「4·3민중운동을 보는 시각과 연구과제」,『실천문학』, 1988년 여름, 351~74쪽; 박명림,「4·3민중항쟁에 관한 연구」(고려대 정치외교학과 석사학위논문, 1988); 양한권,「제주도 4·3폭동에 관한 연구」(서울대 정치학과 석사학위논문, 1988).
59) 황남준,「전남지방정치와 여순사건」, 박현채 외,『해방전후사의 인식』(한길사, 1987), 413~94쪽. 한편 여수 14연대의 반란이 우발적 봉기냐 아니면 남로당의 지령에 의한 것이냐는 양론이 있는데 다음 책은 반공적 입장에서 지령설로 서술하고 있다. 이기봉,『제14연대』(독서신문사, 1988).
60) 3당 합동을 다룬 본격적 연구로는 김영환,「8·15 후 남한 좌익정치 세력의 3당 합동에 관한 연구」(연세대 정치학과 석사학위논문, 1988)가 있다.
61) 경찰에 대한 새로운 해석과 시도로서 다음의 것이 있다. 류상영,「초창기 한국경

찰의 성장과정과 그 성격에 관한 연구(1945-1950)」(연세대 정치학과 석사학위 논문, 1987); 안진,「미군정경찰의 형성과정과 그 성격에 관한 고찰」, 한국사회사 연구회,『해방 직후의 민족문제와 사회운동』(문학과지성사, 1988).

62) 문학부문에서의 본격적 연구자로서는 신형기·권영민 등을 들 수 있다. 최근 업적으로서 신형기,『해방직후의 문학운동론』(화다, 1988)과 김윤식 외,『해방공간의 문학운동과 문학의 현실인식』(한울, 1989); 김윤식 편,『해방공간의 민족문학 연구』(열음사, 1989) 등이 특기할 만하다.

63) 佐佐木春隆,『한국전비사』전3권(병학사, 1976); 고지마 노보루,『한국전쟁』전 2권(종로서적, 1981); 小此木政夫,『한국전쟁: 미국의 개입과정』(청계연구소, 1986); 일본 육전사연구보급회 편,『한국전쟁』(육군본부, 1987). 국내와 일본에서 1985년까지 발표된 단행본·논문을 정리한 문헌해제로는 유관종 편,『한국전쟁(6·25) 관계자료문헌집』(갑자문화사, 1985)이 있다. 이 책에는 냉전시대에 쓰인 수기나 전쟁경험기 등이 상당수 모아져 있다.

64) 이외에 최근에 번역된 전통주의적 문헌에는 다음과 같이 있다. 피터 로우,『한국전쟁의 기원』(인간사랑, 1989); 제임스 메트레이,『한반도의 분단과 미국』(을유문화사, 1989). 메트레이의 책은 *Reluctant Crusade*라는 박사논문 단행본을 번역한 것으로 전통주의를 기반으로 수정주의 문헌을 설립하고 있으나, 기본논조는 미국을 변호하고 있는 듯하며, 상당히 '객관적'이려고 노력한 흔적이 보인다. 다음 논문집도 대체로 전통주의의 틀 안에서 서술되고 있다. 한국전쟁사연구회 편,『한국전쟁 전후 민족격동기의 재조명』(동회, 1988); 한국정치외교사학회,『한국전쟁의 정치외교사적 고찰』(평민사, 1989); '한국전쟁사 연구회 제2차학술 심포지움'. 1989년 6월 22일~23일.

65) 미국의 개입과정을 분석한 오코노키(小此木政夫)의『한국전쟁: 미국의 개입과정』은 비판적이라기보다는 객관적·실증적이다.

66) 미국 내에서는 발행되지 못한 David W. Conde, *An Untold History of Modern Korea*의 일역을 전5권으로 3개 출판사에서 나누어 간행한 것의 중간 부분임.

67) 커밍스,「한국의 분단」, 존 설리번·로버타 포스,『두 개의 한국, 하나의 미래』(청계연구소, 1987), 25쪽.

68) 제2권의 일부 장이『창작과비평』(1989년 여름)에 번역되어 있다.

69) 학위논문 수준에서 들 수 있는 선구적 업적에는 다음과 같은 것들이 있다. 최광녕,「한국전쟁의 원인에 관한 연구」(서울대 외교학과 석사학위논문, 1984); 서주

석,「한국전쟁의 전개과정 연구」(서울대 외교학과 석사학위논문, 1987); 채용기,「한국전쟁의 종전에 관한 연구」(서울대 외교학과 석사학위논문, 1987); 황남준,「제1공화국의 체계위기에 관한 연구: 한국전쟁의 원인과 관련해서」(고려대 정외과 석사학위논문, 1986).

70) 전쟁이 소강상태에 이르렀던 1951년 2월 11일 경남 거창군 신원지방에서 행해진 '거창양민 학살사건'을 조망한 노민영·강희정,『거창양민학살』(온누리, 1988)도 있다.

71) 한편 이철순은 기원에 대한 지나친 집착에서 벗어나서 전쟁의 '성격'에 대한 연구로 옮아가야 한다고 주장한다(이철순,「한국전쟁의 연구현황: 입체적인 한국전쟁 연구를 위하여」,『연세대학원신문』10호, 1989년 6월 12일).

72) 북한현대사 연구에서 김창순·양호민·서대숙 등의 전통주의적 문헌 외에 선구적 업적은 와다 하루키,「소련의 대북한정책, 1945-1946」, 일월서각 편,『분단전후의 현대사』(일월서각, 1983)를 들 수 있다. 또한 최근 미국에서 간행된 후 한국에서 번역된 서대숙,『김일성』(청계연구소, 1989)은 주목할 만한 연구다. 이외에 김학준의 선구적 업적에 주의해야 할 것이다.

73) 이종석,「북한지도집단의 항일무장투쟁의 '역사적 경험'에 대한 연구」, 22쪽. 그런데 파벌투쟁론이 모든 정치현상을 파벌투쟁으로 환원하는 오류가 있듯이 '정책대결론'도 그러한 환원론에 빠질 위험이 있다. 현실정치에는 권력투쟁적 싸움도 있고 정책을 둘러싼 대결도 있다. 이종석은 최근 연구에서 '권력투쟁'적 측면이 있음을 부인하지는 않지만 사회주의 혁명을 추진하는 과정에서 겪게 되는 '반종파투쟁'이나 대립갈등의 변증법적 통일의 과정으로 볼 것을 제안한다. 이종석,「김일성의 반종파투쟁과 북한 권력구조의 형성」,『역사비평』, 1989년 가을, 247쪽.

74) 양호민 외,『북한사회의 재인식』(한울, 1987); 한홍구,「새로 쓴 북한통사」,『월간중앙』, 1988년 10월, 624~85쪽;「특집: 북한사회주의 연구」,『역사비평』, 1988년 가을, 19~124쪽; 서울지역 교지편집연합회 편,『백두에서 한라까지』(돌베개, 1988) 중 제2부의 글; 조진경,「북한현대사의 재인식」,『민족자주화운동론』Ⅱ (백산서당, 1988), 217~74쪽;「북한현대사개관」, 연세대 대학원 북한현대사연구회 편,『북한현대사: 연구와 자료』(공동체, 1989);『오늘의 북한』『월간중앙』1989년 1월호 부록; 김남식 외,『북한사회의 올바른 이해를 위하여』(현장문학사, 1989).

75) 강만길,「시론: 대학 한국사 교육, 현대사 강의가 없다」,『역사비평』, 1989년 여름, 19~25쪽.
76) 또한 1988년에는 한국현대사에 관한 진보적 입장의 통사가 경쟁적으로 간행되었다. 한동혁 편,『지배와 항거』(힘, 1988); 한국현대사연구회 편,『알기 쉬운 현대정치사』(공동체, 1988); 박세길,『다시 쓰는 한국현대사』1(돌베개, 1988). 현장 활동가 박세길의 책 2권(휴전~10. 26)은 1989년 간행되었으며, 소장연구자 집단의 선두주자 김광식의 논문집인『한국현대정치사』가 역사비평사에서 간행될 예정이다.
77) 그는 석사논문에서 일찍이 커밍스의 틀에 입각하여 이승만의 집권과정을 연구한 초창기 연구자다(신병식,「대한민국정부 수립과정에 관한 연구」, 서울대 정치학과 석사학위논문, 1983 참조). 이와 궤를 같이하는 초창기 비판적 연구자로서 전형민을 들 수 있다(전형민,「미군정기의 정치권력 구조형성에 관한 연구」, 한국정신문화연구원 정치학전공 석사학위논문, 1983 참조).
78) 이 글에서 사용되는 '세대'라는 표현은 '30년'에 한정된 엄밀한 개념이 아니라 단지 시기를 구분하기 위한 편의적 개념임. 서중석은 40대 이상의 구세대와 30대 이하의 새세대 간에 '인식에 있어 세대전쟁'이 일어나고 있다고 주장한다(서중석,「역사현실과 역사인식」,『역사비평』제1집, 1987, 24쪽).
79) 1차자료와 2차자료를 엄밀하게 구분하기는 어려우며 자료에 따라서는 복합적인 성격을 가지고 있는 것도 있다. 단지 1차자료는 원자료이며 2차자료는 연구물로서의 성격을 가지고 있는 것으로 분류하는 나이브한 기준이 있을 뿐이다.
80) 신문을 중심으로 한 당시 언론에 대한 최근의 비판적 연구로 다음 두 논문이 특기할 만하다. 박용규,「미군정기 한국 언론구조의 형성과정에 관한 연구」(서울대 신문학과 석사학위논문, 1988); 현경보,「미군정의 언론정책에 관한 연구」(연세대 신방과 석사학위논문, 1988).
81) 당시 신문에 대한 불완전한 색인으로 한국학연구소 편,『한국학논설색인』(영신아카데미 한국학연구소, 1975)이 있다. 또한 우익지『동아일보』에 대한 색인으로 동아일보사 편,『동아일보색인』8권 1945~55(동아일보사, 1981)가 간행되었다. 이상 언급한 유력지 외에 다른 중앙일간지로서 좌익지에『대공일보』『신민일보』, 우익지에『독립신문』『세계일보』(1946년 2월 2일부터 47년 2월),『조선민중일보』『합동신문』『가정신문』『평화일보』『국도신문』『국제신문』, 중립지에『동신일보』『세계일보』(1947년 2월 14일 이후) 등이 있다.

82) 지방지의 구체적 상황은 송건호, 「미군정시대의 언론과 그 이데올로기」, 『한국사회연구』 2(1984. 2), 523쪽에 나와 있다.
83) 같은 글, 518쪽. 그런데 당시 진보적 민주주의를 구체적으로 표방한 신문은 『매일신보』 『조선인민보』 『자유신문』 『중앙신문』 등이다.
84) 최준은 『대한독립신문』을 중립지로 분류한다. 1947년 2월 14일 여운홍을 사장으로 옹립하여 『민보』로 개제한 후 다소 좌경적 논조를 펴기도 한다.
85) 박용규, 앞의 글, 65쪽.
86) 건준 측 인사가 해방 직후 『해방일보』로 개제하여 조판했으나, 자치위원회가 건준의 대표성을 인정하지 않아 거부했다는 엇갈리는 주장도 있다. 고제경·고홍상·김영상, 「8·15와 신문, 중앙지: 당시 일선 기자 증언」, 『신문평론』(1975년 8월), 16~18쪽. 그러나 해방 직후 며칠간 『매일신보』의 논조를 보면 건준의 대표성을 어느 정도 인정하는 편이었다.
87) 송건호, 앞의 글, 518쪽.
88) 『동아일보』 『조선일보』는 1940년에 폐간당했기 때문에 해방 전부터 이어져 간행된 것은 『매일신보』→『서울신문』밖에 없다. 따라서 해방 직후의 상황을 가장 생생하게 알 수 있는 유일한 자료다.
89) 『자유신문』, 1945년 10월 5일자의 창간사.
90) 『경향신문』의 부수는 HQ, USAFIK, "G-2 Weekly Summary," no. 82(1947. 3. 30~4. 6), 159~70쪽에 따르면 『서울신문』 다음으로 많았으며, USAFIK, *South Korean Interim Goverment Activities*, no. 24(September 1947), 129쪽에 따르면 모든 신문 중 제일 발행부수가 많았다. 참고로 순서를 적어보면 다음과 같다. 경향(6만 1, 300)―서울(5만 2천)―동아(4만 3천)―독립신보(4만)―자유(4만)―조선(3만 5천)―현대(2만)의 순이다.
91) 송건호의 주장에 따르면 해방 후 3개월이 지나도록 『조선일보』 『동아일보』를 포함해 우익지로서는 신문다운 신문이 나오지 않았으므로 8·15 후 3개월은 '진보적 민주주의'를 내세우는 신문들의 독무대나 다름없었다는 것이다(송건호, 앞의 글, 523쪽).
92) 3개 신문사의 정간조치는 "미군을 조선에서 내쫓고자 민중을 선동"했기에 취해졌다는 것이다(『독립신보』, 1946년 9월 18일). 그러나 이는 단순한 '선동'에 대한 단속이 아니라, 1946년 5월 이후로 더욱 강화된 좌익에 대한 탄압정책의 일환이라는 주장이 있다(현경보, 앞의 글, 50~52쪽).

93) 미군정의 언론에 대한 통제는 현경보, 앞의 글, 94~99쪽에 도표화되어 있고, 또한 송건호, 앞의 글, 544~55쪽에 분석되어 있다.
94) 따라서 이 신문을 '조선인민공화국'의 사실상 기관지로 보기도 한다.
95) 이 신문에 실린 주요 문건이 「전평기관지 『전국노동자신문』 주요 문건 모음 ①: 전평 결성 전후 주요 문건」, 『노동자』, 1989년 4월, 277~96쪽에 전재되어 있다.
96) 이후 연감은 1949·1950년까지만 나오고, 1951년 이후에는 『한국전란 1년지』부터 『한국전란 5년지』(1956)년까지 5권이 연감 격으로 나왔다.
97) 이 책의 증보판으로서 같은 세문사에서 출간한 『해방 22년』(1967); 『시사·자료 광복30년사』(1975) 등이 있다.
98) 또한 유서로서 이종복·박현서가 공편하여 『월간중앙』 1975년 1월호 부록으로 간행된 『광복30년 중요자료집』도 초기에는 많이 인용되던 자료집이다.
99) 이에 대한 조공의 비판에 대한 반론으로서 「조선민족의 진로재론」을 『독립신보』에 연재했는데, 민족문화연구소에서 1947년 단행본으로 출간했다(『독립신보』 연재물은 심지연의 『조선혁명론연구』에 전재되어 있다).
100) 박헌영의 저작을 모은 것으로 다음과 같은 것이 있다. 조선맑쓰·엥겔쓰·레닌 연구소 편, 『조선인민에게 드림』(우리문화사, 1946); 박헌영, 『삼상회의결정과 조선』(해방일보사, 1946); 박헌영, 『일반정세와 조선의 진로』(조선공산당중앙위원회 선전부, 1946). 모두 국립중앙도서관에 소장되어 있다.
101) 북한에서는 다음과 같이 진행되었다. 『전조선정당사회단체대표자연석회의문헌집』(평양: 북조선인민위원회선전국, 1948).
102) 이외에도 조선문학가동맹의 『의사록』이 전하는데, 이를 좌익정당의 외곽단체로만 보는 데 이견의 여지가 있기에 여기서 언급하지 않고 후술할 것이다.
103) 중간좌파까지 포함하는 좌익정치지도자들의 평전으로서 김오성이 신문·잡지에 연재한 후 묶은 『지도자론』(조선인민보사, 1946); 『지도자군상』(대성출판사, 1946)을 들 수 있다.
104) 이외에도 해방 직후에 장시화가 편집한 『건국훈화』(敬天愛人社, 1945)가 있다.
105) 이외에도 많은 문건이 나왔는데, 임영태, 「해방 직후 토지문제에 관한 문헌해제」, 『식민지시대 한국사회와 운동』(사계절, 1985), 141~53쪽에 잘 정리되어 있다.
106) 신형기, 「해방 직후의 문학운동 연구」(연세대 국문과 박사학위논문, 1987), 7쪽.
107) 이외에도 송은섭의 「나는 남부군과 싸운 빨치산이었다」라는 글이 『현대공론』,

1988년 10월호에 발표되었다.

108) 박진목의 휴전노력에 대한 연구로 신복룡,「한국전쟁휴전협정의 비밀협상에 관한 연구」,『한국정치학회보』21집 2호(1987), 267~72쪽이 있다.

109) 조병옥,『나의 회고록』(민교사, 1959); 조병옥,『민주주의와 나』(영신문화사, 1959).

110) 이철승,『전국학련』(중앙일보사, 1976).

111) 이승만의 경우 여러 권의 책을 지었으나 회고록은 남기지 못했다. 단지 그의 신봉자에 의하여 후일 1945년에서 1948년 사이에 신문 등에 발표한 것을 모아『우남실록』(열화당, 1976)이 간행되었다.

112) 국립중앙도서관에 다음과 같은 법령집이 보관되어 있다. 조선행정학회 편,『군정법령집』(1947); 군정청 편,『군정청임명사령집』(1946); 남조선과도정부 사법부 편,『남조선과도정부 각부부령집』(1947~48); 조선행정학회 편,『남조선과도정부법령집』(1947); 내무부치안국 편,『미군정법령집』(1956). 또한 한국 법제연구회에서는『미군정법령총람』(1971)을 편집·간행했다.

113) 원래 이 자리에는 연방사료관(Federal Records Center)이 있어 이 건물 안에 있으나 멀지 않아 워싱턴시의 국립문서보관소 옆에 건립된 새로운 보관소로 이전될 것이라 한다.

114) Dac-Sook Suh, "Records Seized by U.S. Military Forces in Korea, 1921-1952," *Korean Studies*, vol. II(1978), 178쪽.

115) 이 자료의 목록은 The National Archives, *Records Seized by U.S. Military Forces in Korea*(Washington, D.C.: The National Archives, 1977)로 정리되어 있으나, 영어로 번역되어 있기에 오역된 부분이 많이 눈에 띈다.

116) Suh, 앞의 글. 177~82쪽.

117) 櫻井浩,「朝鮮戰爭における米軍の 捕獲資料について」,『アジア經濟』第24卷 3號(1983년 3월), 75~79쪽.

118) 당시 북한의 신문이 획일적이었다고 주장하는 사람들은 그 자료적 가치를 남한 신문처럼 높게 평가하지 않는다.

119)『조선중앙연감』1949년판(평양: 조선중앙통신사, 1949), 152쪽. 또한 민주당 중앙기관지『조선민보』(각 도당 기관지도 있음)와 청우당 기관지『개벽신문』도 있다고 한다.

120) 이동화,「해방 전후의 정치집단과 여운형」,『오늘의 책』5호(1985년 봄), 284쪽.

창간일자가 10월 1일이라는 설도 있다.

121) 김창순, 「북한 언론의 초기 실태」, 『통일정책』 제6권 1호, 통권 67호(1980), 187쪽.
122) 이동화, 앞의 글, 258쪽.
123) 김창순, 앞의 글, 187쪽.
124) 각 도 인민위원회 기관지로 『평북인민보』 『황해인민보』 『강원인민보』 『함남인민보』 『함북인민보』가 간행되었다고 한다(김창순, 앞의 글, 151쪽).
125) 같은 글, 152쪽.
126) 같은 글, 152쪽. 또한 한효가 책임주필로 되어 있는 『투사신문』이 평양에서 간행되었다고 하는데, 어떤 성격의 신문인지는 알 수 없다.
127) 『조선중앙연감』, 1950년판(1950), 367쪽.
128) 같은 책, 1949년판, 152~153쪽; 같은 책, 1950년판, 368쪽.
129) 이에 대한 해제로 김학준, 「서평: 해방 후 조선」, 『사회과학과 정책연구』 제7권 4호(1985. 12), 195~209쪽이 있다.
130) 『조선중앙연감』, 1950년판, 368쪽; 『조선중앙연감』, 1949년판, 153쪽.
131) 또한 石罪, 『김일성장군투쟁사』(서울: 전진사, 1946)란 전기도 간행됨.
132) 이에 대한 설명은 다음에 나와 있다. 한홍구, 「북한 주요문헌 해제」, 월간중앙 편 『오늘의 북한』(중앙일보사, 1989), 209~215쪽; Dae-Sook Suh ed., *Documents of Korean Communism: 1945-1980*(Honolulu: The University Press of Hawaii, 1981).
133) 이곳에서의 연구에 대한 지침은 다음에 나와 있다. Hong N. Kim, *Scholars' Guide to Washington, D.C. for East Asian Studies*(Washington, D.C.: Smithsonian Institution Press, 1979), 52~109쪽; 김홍락·프랑크 조세프 슐만, 「워싱톤 소재 미국정부 문서 자료와 제2차대전 후 한국 연구」, 『정신문화』 6호(1980. 4), 14~15쪽.
134) 앞서 언급한 바와 같이 『한국전쟁과 한미관계』라는 이름으로 번역되었다.
135) 심지연, 「한국현대사연구의 현단계」, 『월간경향』, 1987년 4월, 351~52쪽.
136) Bruce Cumings, *The Origins of the Korean War*, 473쪽.
137) 한국 국립중앙도서관에 소장된 다음 자료가 있다. 『군정청관보』(1946); 『남조선과도정부공고』(1946~48); 『남조선과도정부공보』(1947. 7~10). 또한 한국 국회도서관에는 『주한미군정청 관보』가 1945년 9월 7일자부터 1948년 7월 30

일까지 모아져 있다.
138) Samuel I. Rosenman이 편집한 다음 연설문집이 있다. *The Public Papers and Addresses of Franklin D. Roosevelt*(New York: Harper and Brothers, 1950).
139) 이외에 여러 연구서가 있으며 최근에는 『北朝鮮現代史入門』(東京: 批評社, 1988)과 『韓國現代史入門』(東京: 批評社, 1987)을 간행했다.
140) 또한 모윤숙은 유엔임시위원단 단장인 인도의 K.P.S. Menon의 연설을 묶어 『메논 박사 연설집』(문화당, 1948)을 간행하기도 했다.

해방전후사의 인식 4

지은이 정해구 외
펴낸이 김언호

펴낸곳 ㈜도서출판 한길사
등록 1976년 12월 24일 제74호
주소 10881 경기도 파주시 광인사길 37
홈페이지 www.hangilsa.co.kr
전자우편 hangilsa@hangilsa.co.kr
전화 031-955-2000~3 팩스 031-955-2005

인쇄 예림 제책 예림바인딩

개정 제 1 쇄 1989년 8월 25일
개정 제19쇄 2022년 8월 16일

값 20,000원
ISBN 978-89-356-0003-8 34910

• 잘못 만들어진 책은 구입하신 서점에서 바꿔드립니다.